教育部哲学社会科学研究重大课题攻关项目

北京大学儒学研究院
北京大学《儒藏》编纂与研究中心
承担

中國儒學史

汤一介 李中华 主编

—— 魏晋南北朝卷 ——

李中华 著

北京大学出版社

总　序

一、儒学与中华民族的复兴

（一）儒学的“反本开新”

我们为什么要编著一部《中国儒学史》，这是由于中华民族正处在伟大民族复兴的进程之中。民族的复兴必然与民族文化的复兴相关联，而“儒学”在我国的历史上曾居于主流地位，影响着我国社会生活的方方面面。因此，儒学的复兴和中华民族的复兴是分不开的，这是由历史原因形成的。儒学自孔子起就自觉地继承着夏、商、周三代的文化，从历史上看它曾是中华民族发育、成长的根，我们没有可能把这个根子斩断。如果我们人为地把中华民族曾经赖以生存和发展的根子斩断，那么中华民族的复兴就没有希望了。因此，我们只能适时地在传承这个文化命脉的基础上，使之更新。就目前我国发展的实际情况看，我估计在二十一世纪儒学作为一种精神文化在中国、甚至在世界(特别是在东亚地区)将会有新的发展。为什么儒学会有一个新的发展?原因当然是多方面的,有政治的、经济的原因,更与“西学”(主要指作为精神文化的西方哲学等等)对中国传统文化(特别是儒学)所进行的全方位的冲击有着更密切的关系。回顾百多年来中国的历史,在相当长的时期里,中国文化(“中学”)在与西方文化(“西学”)的搏击中节节败退,“全盘西化”(或“全盘苏化”)占尽上风,甚至“打倒孔家店”成为某些中国知识分子标榜“进步”的口号。可是在这样艰难的“中学”日衰的形势下,中国仍然有一代又一代的学人,一方面坚忍地传承着中国文化的优秀传统,另一方面又以广阔的胸怀融合着“西学”的精华。他们深信“中学”,特别是“儒学”不会断绝,自觉地承担着中国传统文化“存亡继绝”和复兴中国文化的使命。因此,正是由于“西学”对中国文化的冲击,使得我国学者得到了对自身文化传统进行自我反省的机会。我们逐渐知道,在我们的文化传统中应该发扬什么、应该抛弃什么,以及应该吸收什么。因而在长达一百多年中,我们中国人在努力学习、吸收和消化“西学”,这为儒学从传统走向现代奠定了基础。新的现代儒学必须是能为中华民族的复兴、能为当今人类社会“和平与发展”的前景提供有意义的精神力量的儒学;应该是有益于促进各民族结成团结、友好、互信、互助、和睦相处的大家庭的儒学;新的现代儒学该是“反本开新”的儒学。“反本”才能“开新”,“反本”更重要的是为了“开新”。“反本”必须要对儒学的源头有深刻的了悟,坚持自身文化的主体性。我们对儒学的来源及其发展了解得越深入,它才会越有对新世纪的强大生命力。“开新”要求我们全面、系统地了解当今人类社会所面临的亟待解决的生存和发展的重大问题和思想文化发展的总趋势,这必须对儒学作出适时的、合乎时代的新解释。“反本”和“开新”是不能分割的,只有深入发掘儒家思想的真精神,我们才可能适时地开拓儒学发展的新局面;只有敢于面对当前人类社会存在的新问题,才能使儒学的真精神得以发扬和更新,使儒家在二十一世纪的“反本开新”中“重新燃起火焰”，以贡献于人类社会。

（二）儒学与“新轴心时代”

当今世界处于全球化的形势下，人类社会面临着的是一个大变动的时代，正因为在这人类社会处于全球化的时代，使得各国、各民族在政治、经济、文化诸多方面处在错综复杂、矛盾重重的关系之中。人类社会如何从这种复杂的矛盾关系之中找出一条出路？在进入第三个千年之际，世界各地的思想界出现了对“新轴心时代”的呼唤，这就要求我们更加重视对古代思想智慧的温习与发掘。回顾我们文化发展的源头，希望从人类的历史文化智慧中找出一条能使世界走上健康合理的“和平与发展”道路，这无疑是各国人民所希望的前景。“轴心时代”的概念是由德国哲学家雅斯贝尔斯（1883—1969）提出的。他认为，在公元前500年前后，在古希腊、以色列、印度、中国、古波斯都出现了伟大的思想家。在古希腊有苏格拉底、柏拉图，以色列有犹太教的先知，印度有释迦牟尼，中国有老子、孔子，古波斯有索罗亚斯特，等等，形成了不同的文化传统。这些文化起初并没有互相影响，都是独立发展起来的。这些文化传统经过两千多年的发展，在相互影响中已成为人类文明的共同精神财富。雅斯贝尔斯说：“人类一直靠轴心时代所产生、思考和创造的一切而生存，每一次新的飞跃都回顾这一时期，并被它重新燃起火焰。自那以后，情况就是这样。轴心期潜力的苏醒和对轴心期潜力的回忆，或曰复兴，总是提供了精神力量。对这一开端的复归，是中国、印度和西方不断发生的事情。”[①]例如，我们知道，欧洲的文艺复兴就是把其目光投向其文化的源头古希腊，而使欧洲文明重新燃起新的光辉，并对世界产生重大影响。中国的宋明理学（新儒学）在印度佛教文化的冲击后，充分吸收和消化了佛教文化，再

---

① 〔德〕卡尔·雅斯贝尔斯：《历史的起源与目标》，魏楚雄、俞新天译，华夏出版社，1989年，第14页。

次回归先秦孔孟,把中国儒学提高到一个新的水平,并对朝鲜半岛、日本、越南的文化发生过重大影响。

在人类社会进入新千年之际,人类文化是否会有新的飞跃?雅斯贝尔斯为什么特别提到中国、印度和西方对轴心期的回忆,或曰“复兴”的问题?这是不是意味着,中华文化又有一次“复兴”的机会?我认为,答案应是肯定的。当前,中华民族正处在民族复兴的进程之中,而民族的复兴要以民族文化的复兴为精神支柱。毋庸讳言,“国学热”的兴起,可以说预示着我们正在从传统中找寻精神力量,以便创造新的中华文化,以“和谐”的观念贡献于人类社会。我们可以看出,自上个世纪末,我国学术界出现了对中国传统文化研究重视的趋势;而进入二十一世纪则逐渐成为一种社会潮流,“读经”、“读古典诗词”,恢复优良的道德修养传统,蔚然成风,不少中小学设有读《三字经》、《弟子规》、《论语》、《老子》等等的有关课程内容。社会各阶层、团体、社区也办起了读古代经典的讲习班和讲座等等。这一潮流,也影响着我国的高层领导人。胡锦涛总书记在十七大的报告中提出“弘扬中华文化,建设中华民族共有精神家园”,将对有力地推动中华文化的发展产生重要影响。我们应特别注意的是,中国一批知识分子在深入研究中国自身文化传统的同时,对当今世界文化发展的总趋势更加关注,并已有较深的研究。他们知道,中国文化必须在传承中更新,这样中国文化才能得以真正的“复兴”,而“重新燃起新的火焰”。我们还可以看到,世界各国人民对中国文化的重新认识和欢迎,两百多所“孔子学院”的建立,儒学经典将要被译成外国的八种文字,这无疑可以说是儒学在“新轴心时代”得以“复兴”的明证。我认为,中国文化必须在坚持自身文化的主体性中“复兴”,必须在吸收其他各民族文化、特别是西方先进文化的优秀成果中“复兴”,必须在深入发掘中国文化的特殊价值以贡献于人类社会中复兴,当然也必须在努力寻求我们民族文化中具有“普世价值”意义的资源中“复兴”。因此,我们期待着和各国的学者一起,为建设全球化形势下文化的“新轴心时代”而努力。在欧洲,经过解构性的后现代主义对“现代性”思潮的批判之后,出现了以过程哲学为基础的“建构性的后现代主义”,他们认为:“建设性的后现代主义对解构性的后现代主义的立场持批判态度,……以建构一个所有生命共同福祉都得到重视和关心的后现代世界。”[①]建构性的后现代主义还认为,在崭新的时代,每个人的权利都获得尊重,如果说第一次启蒙的口号是“解放自我”,那么新世纪的第二次启蒙的口号则是尊重他者,尊重差别,他们提出“人和自然是一生命共同体”的宇宙有机整体观,以此反对“现代二元论的科学主义和工具理性”。里夫金在他的《欧洲梦》中强调,在崭新的时代,每个人的权利都获得尊重,文化的差异受到欢迎,每个人都在地球可以维持的范围内享受着高质量生活(不是奢侈生活),而人类生活在安定与和谐之中。[②] 因此,他们认为,必须对自身前现代传统的某些观念加以重视,要重视两千多年前哲人的智慧。印度在1947年取得了独立。在争取独立的过程中,许多民族运动的领袖都把印度的传统思想作为一种精神武器。国大党的领袖甘地采取把印度教和民族运动结合在一起的策略,因此国大党在指导思想和人员构成上都有明显的印度教特征。[③] 二十世纪中期印度思想家戈尔瓦卡就提出:印度必须建立强大的印度教国家,他特别强调“印度的文明是印度教的文明”。[④] 他们认为,只有把印度人民的宗教热忱和宗教精神注入到政治中,才是印度觉醒和复兴的必要条件。因此,印度民族的复兴必须依靠其自身印度教的思想文化传统。印度人民党同样崇奉印度教,它是一种以“印度文化为核心的民族主义或者

---

① 《为了共同福祉——约翰·科布访谈》(王晓华访问记),上海:《社会科学报》,2002年6月13日。

② 参见〔美〕杰里米·里夫金:《欧洲梦》序言,杨治宜译,重庆出版社,2006年,第8页。

③ 参见丁浩:《浅析印度国大党的教派主义倾向及其影响》,见于《重庆科技学院学报(社会科学版)》,2007年第1期。

④ 参见汝信总主编:《世界文明大系·印度文明卷》,中国社会科学出版社,2004年,第554页。

称为‘印度教特性’”。他们认为,“可将印度现在同过去的光辉连接起来”,“以印度教意识和认同来重建印度”。[1] 人民党的思想家乌帕迪雅耶提出的“达磨之治论”,就是要把印度教“种姓达磨”观念与现代人道主义思想结合起来,其目的是要用这种学说来捍卫印度教的传统文明和精神,抵御西方文化的侵袭和影响。国大党和人民党交替执政,就说明印度教在印度的复兴。[2] 这有力地说明印度正是“新轴心时代”兴起的一个重镇。这是不是可以说,在全球化的情况下,中国、印度和欧洲都处在一个新的变革时期,他们都将再一次得到“复兴”的机会?我认为,雅斯贝尔斯的看法是有远见的。这里,我必须说明,我并没有要否定其他民族文化也同样将会得到“复兴”的机会,如拉美文化、中东北非地区的伊斯兰文化等等。但是,无论如何,中国、印度、欧洲(欧盟)的“复兴”很可能预示着“新轴心时代”的到来。

(三) 儒学的三个视角

在这可能即将出现的“新轴心时代”,面对着的与两千多年前的那个“轴心时代”的形势是完全不同了。全球化已把世界连成一片,任何国家、任何民族所要解决的不仅是其自身社会的问题,而且要面向全世界。因此,世界各国、各民族理应将会出现为人类社会走出困境的大思想家或跨国大思想家集团。实际上,各国各民族的有些思想家已在思考和反省人类社会如何走出当前的困局、迎接一个新时代的种种问题。在此情况下,各国、各民族的历史文化经验和智慧,无疑是十分重要的。因此,对影响中国社会两千多年历史的主流文化“儒学”应有一总体的认识和态度是很必要的。

由于儒学是历史的产物,又有两千多年的历史,对它有种种不同的看法应说是很自然的。在今天全球化、现代化的时代,我们应该或

---

① 参见曹小冰:《印度特色的政党和政党政治》,当代中国出版社,2005 年,第 237 页。

② 参见汝信总主编:《世界文明大系·印度文明卷》,第 555—558 页。

可能怎样看儒学,我认为也许可以从三个不同的角度来考察儒学:一是政统的儒学,二是道统的儒学,三是学统的儒学。(一)政统的儒学:政治化的儒学曾长期与中国历代专制政治结合,所提倡的“三纲六纪”无疑对专制统治起过重要作用。儒家特别重视道德教化,因而对中国社会在一定程度上起着稳定的作用。但是,把道德教化的作用夸大,使中国重“人治”而轻“法治”,而且很容易使政治道德化,从而美化政治统治;又使道德政治化,使道德成为为政治服务的工具。当然,在专制政治统治的压迫下,儒家的“以德抗位”、“治国平天下”的“王道”理想也并非完全丧失。不过总的说来,政治的儒学层面对当今的社会而言可继承的东西并不太多,它存在着较多的问题。(二)道统的儒学:任何一个成系统有历史传承的学术派别,必有其传统,西方是如此,中国也是如此。从中国历史上看,儒、道、释三家都有其传统。儒家以传承夏、商、周三代文化为己任,并且对其他学术有着较多的包容性,他们主张“万物并育而不相害,道并行而不相悖”。但既成学派难免就会有排他性。因此,对“道统”的过分强调就可能形成对其他学术文化的排斥,而形成对异端思想的压制。在历史上某些异端思想的出现,恰恰是对主流思想的冲击,甚至颠覆,这将为新的思想发展开辟道路。(三)“学统的儒学”是指其学术思想的传统,包括它的世界观、思维方法和对真、善、美境界的追求等等。虽不能说儒学可以解决人类社会存在的一切问题,但儒学在诸多方面可为人类社会提供有意义的、较为丰厚的资源是无可否认的,应为我们特别重视。我这样区分,并不是说这三者在历史上没有关系,甚至可以说在历史上往往是密不可分的,只是为了讨论方便,为了说明我们应该更重视哪一个方面。基于此,我认为,当前甚至以后,儒学的研究不必政治意识形态化,让学术归学术;而且儒学应更具有“海纳百川”的气度,在与各种文化的广泛对话中发展和更新自己。

既然我们对儒学要特别重视的是其“学统”,那么我们应该如何从

"学统"的角度来看儒学,我有以下四点看法:(一) 要有文化上的主体意识。任何一个民族的生存与发展必须植根于自身文化土壤之中,必须有文化上的自觉,只有对自身文化有充分的理解与认识,保护和发扬,它才能适应自身社会合理、健康发展的要求,它才有吸收和消化其他民族文化的能力。一个没有能力坚持自身文化的自主性的民族,也就没有能力吸收和融化其他民族的文化以丰富和发展其自身文化,它将或被消灭,或被同化。(二) 任何文化要在历史长河中不断发展,必须不断地吸收其他民族文化,在相互交流与对话中才能得到适时的发展和更新。罗素说得对:"不同文明的接触,以往常常成为人类进步里程碑。"[①]在历史上,中华文化有着吸收和融化外来印度佛教文化的宝贵经验,应该受到重视。在今天全球化的时代,面对西方的强势文化,我们应更加善于吸收和融合西方文化和其他各民族的优秀文化,以使中华文化更具有世界意义。(三) 社会在不断发展,思想文化在不断更新,但古代思想家提出和思考的文化(哲学)问题,他们的思想的智慧之光,并不因此就会过时,有些他们思考的问题和路子以及理念可能是万古常新的。雅斯贝尔斯认为:在科学方法的运用上,我们可以说我们所处的时代是超过了亚里士多德,但就哲学本身而言,我们很难再达到苏格拉底和柏拉图的水准。哲学历史的某些发展是显而易见的,但我们并不能由此得出结论说,后代的哲学家就一定超过前代。[②] (四) 任何历史上的思想体系,甚至现实存在的思想体系,没有完全正确的,没有放之四海而皆准的绝对真理的学说,它必然有其局限性,其体系往往包含着某些内在矛盾,即使其中具有普遍意义(价值)的精粹部分也往往要给以合理的现代诠释。恩格斯在《反杜林论》草稿片断中说:"在黑格尔以后,体系说不可能再有了。十分明显,世

---

① 《中西文明的对比》,见罗素:《中国问题》,学林出版社,1996 年,第 146 页。

② 参见《论雅斯贝尔斯的世界哲学及世界哲学史的观念——代"译序"》,载〔德〕雅斯贝尔斯:《大哲学家》,李雪涛等译,社会科学文献出版社,2005 年,第 12 页。

界构成一个统一的体系，即有联系的整体。但是对这个系统的认识是以对整个自然界和历史的认识为前提的，而这一点是人们永远也达不到的。因而，谁要想建立体系，谁就得用自己的虚构来填补无数的空白，即是说，进行不合理的幻想，而成为一个观念论者。”[①]这里所说的“体系”是指那种无所不包的、自以为是放之四海而皆准的“绝对真理”。“绝对真理”往往都是谬误之论。罗素在其《西方哲学史》中说：“不能自圆其说的哲学决不会完全正确，但是自圆其说的哲学满可以全盘错误。最富有结果的各派哲学向来包含着显眼的自相矛盾，但是正为了这个缘故才部分正确。”[②]我认为这两段话对我们研究思想文化都很有意义。因为任何思想文化都是在一定历史条件下产生的，它不可能完全解决人类社会今天和明天的全部问题，就儒学来说也是一样的。正因为儒学是在历史中的一种学说，才有历代各种不同诠释和批评，而今后仍然会不断出现新的诠释，新的发展方向，新的批评，还会有儒家学者对其自身存在的内在矛盾的揭示。在人类社会进入全球化的时代，不断反思儒学存在的问题（内在矛盾），不断给儒学新的诠释，不断发掘儒学的真精神中所具有的普遍性意义和特有的理论价值，遵循我们老祖宗的古训“日日新，又日新”，自觉地适时发展和更新其自身，才是儒学得以复兴的生命线。

（四）儒学与“忧患意识”

“儒学”在中国传统文化中相对于佛道有一特点，即它的“入世”精神，并基于此“入世”精神而抱有较为强烈的忧患意识。《周易·系辞

① 〔德〕恩格斯：《世界是有联系的整体·对世界的认识》，载《恩格斯著〈反杜林论〉参考资料》附录，北京大学哲学系编，1962年，第137页。

② 〔英〕罗素：《西方哲学史》下册，马元德译，商务印书馆，1963年，第143页。

下》中说:"作《易》者,其有忧患乎?"[①]自孔子以来,从中国历史上看,儒家学者多对社会政治抱有"以天下为己任"的忧患意识。儒家的这种"忧患意识"也许可以说是儒家不同于现代知识分子的一种对社会政治的中国士大夫特有的批判精神。它是由于儒家始终抱有的对天下国家一种不可推卸的社会责任感和历史使命感而产生的。孔子生活在"天下无道"的春秋时代,《说苑·建本篇》说:"公扈子曰:春秋,国之鉴也。春秋之中,弑君三十六,亡国五十二。"孔子对此"礼坏乐崩"的局面有着深刻的"忧患意识",我们查《论语》,有多处讲到"忧"(忧虑,忧患),其中"君子忧道不忧贫"可说是代表着孔子的精神。"道"是什么?就是孔子行"仁道"的理想社会,其他富贵贫贱等等对孔子是无所谓的。《论语·阳货》中有一段表现孔子"忧国忧民"的抱负:"公山弗扰以费畔,召,子欲往,子路不悦,曰:'末之也,已,何必公山氏之之也!'子曰:'夫召我者,而岂徒哉!如有用我者,吾其为东周乎!'"孔子认为,假若有人用他治世,他将使周文王、武王之道在东方复兴。可见,孔子所考虑的问题是使"天下无道"的社会变成"天下有道"的社会。在《礼记·檀弓下》有一则孔子说"苛政猛于虎"的故事,这深刻地表现着他"忧国忧民"的"忧患意识"。这种"忧患意识"体现着孔子"仁民"的人道精神,同时也表现了他对"苛政"的批判意识。孟子有句常为人们所称道的"名言":"生于忧患而死于安乐",这种"忧患意识"正是因为他要"以天下为己任",而批判那些"入则无法家拂士,出则无敌国外患"的诸侯君王。我们读《孟子》也许只有十分深切地感受到中国士大夫所有的"富贵不能淫,贫贱不能移,威武不能屈"的精神,才能真正地立于天地之间而无愧。我认为,这不能不说是中国儒者特有的批判精神。有这种精神,就可以抵制和批判一切邪恶,甚至可以"大义灭亲"、

---

① 《周易·系辞下》中还说:"君子安而不忘危,存而不忘亡,治而不忘乱,是以身安而国家可保也。"司马迁《报任安君书》中说:"盖西伯拘而演《周易》,……大氐圣贤发愤之所为作也。"周文王演《周易》正是基于其"忧患意识"。

“弑父弑君”。[①] 周公不是为了国家百姓杀了他的亲兄弟吗?[②] 管仲不是初助公子纠,后又相桓公,孔子还说他“如其仁,如其仁”吗?[③] 当齐宣王问孟子:“汤放桀,武王伐纣,有诸?”孟子回答说:那些残害“仁义”的君王之被杀只是杀了个“独夫”吧![④]

在中国古代的传统社会中,君王对社会政治无疑起着极大的作用,因此臣下能对君王有所规劝是非常重要的。《郭店楚简·鲁穆公问子思》一条:

> 鲁穆公问于子思曰:“何如而可谓忠臣?”子思曰:“恒称其君之恶者,可谓忠臣矣。”公不悦,揖而退之。成孙弋见,公曰:“向者吾问忠臣于子思,子思曰:‘恒称其君之恶者,可谓忠臣矣。’寡人惑焉,而未之得也。”成孙弋曰:“噫,善哉言乎!夫为其君之故杀其身者,尝有之矣。恒称其君之恶,未之有也。夫为其君之故杀其身者,效禄爵者也。恒称其君之恶者,远禄爵者也。为义而远禄爵,非子思,吾恶闻之矣。”

这段故事说明,历史上有些儒者总是抱着一种“居安思危”的情怀,为天下忧。子思认为能经常批评君王的臣子才是“忠臣”,成孙弋为此解释说:只有像子思这样的士君子敢于对君王提出批评意见,这正因为他们是不追求利禄和爵位(金钱与权力)的。中国历史上确有一些儒学者基于“忧国忧民”的“忧患意识”而能持守此种精神。汉初,虽有文景之治,天下稍安,而有贾谊上《陈政事疏》谓:“进言者皆曰天下已安已治矣,臣独以为未也。曰安且治者,非愚则谀,皆非事实知治乱之体者也。”贾谊此《疏》义同子思。盖他认为,治国有“礼治”和“法治”两套,“夫礼者禁于将然之前,而法者禁于已然之后,是故法之所用

---

① 事见《左传》隐公四年。
② 事见《史记·管蔡世家》。
③ 见《论语·宪问》,又见《左传》庄公八年和九年。
④ 见《孟子·梁惠王下》。

易见,而礼之所为生难知也。”他并认为此“礼治”和“法治”两套对于治国者是不可或缺。此“礼法合治”之议影响中国历朝历代之政治制度甚深。在中国历史上有“谏官”之设,《辞源》“谏官”条说:“掌谏诤之官员。汉班固《白虎通·谏诤》:‘君至尊,故设辅弼置谏官。’谏官之设,历代不一,如汉唐有谏议大夫,唐又有补阙、拾遗,宋有左右谏议大夫、司谏、正言等。”按:在中国历史上的“皇权”社会中,“谏官”大多虚设,但也有少数士大夫以“忧患意识”之情怀而规劝帝王者,其“直谏”或多或少起了点对社会政治的批判作用。此或应作专门之研究,在此不赘述。

宋范仲淹有《岳阳楼记》一篇,其末段如下:

> 嗟夫!予尝求古仁人之心,或异二者之为,何哉?不以物喜,不以己悲;居庙堂之高则忧其民,处江湖之远则忧其君。是进亦忧,退亦忧。然则何时而乐耶?其必曰“先天下之忧而忧,后天下之乐而乐”乎。噫!微斯人,吾谁与归!

这段话可说是表达出大儒学者之心声。盖在“皇权”统治的专制社会中,儒学之志士仁人无时不能不忧,其“忧民”是其“仁政”、“王道”理想之所求,而此理想在那专制制度下,是无法实现的,故不能不忧。其“忧君”,则表现了儒家思想之局限,仅靠“人治”是靠不住的。在“皇权”的专制制度下,仁人志士之“忧”虽表现其内在超越之境界,但终难突破历史之限度。儒学者可以“杀身成仁”、“舍生取义”,但不仅不能动摇“皇权”专制,反而可能在某种程度上帮助巩固了皇权统治。这或是历史之必然,不应责怪这些抱有善良理想良知之大儒,他们的主观愿望是可歌可涕的。个人的善良愿望必须建立在变革这专制制度上才可能有一定程度上之实现。

儒家的“忧患意识”虽说对“皇权”专制有一定的批判作用,但它毕竟不同于现代社会中知识分子的“批判意识”。这是因为现代知识分子的“批判意识”是建立在“人人平等”的基础之上。现代知识分子的“批判意识”不仅仅是对某个个人批判，而必须是根据理性对某种制度的批判。面对今日中国社会风气败坏、信仰缺失之现实，必须把儒家原有的具有一定程度批判精神的“忧患意识”，提升至对社会政治制度的批判，而不能与非真理或半真理妥协，因此它应当是得到“自由”和“民主”保障的有独立精神的批判。[①] 可是话又要说回来，无论如何，儒家这种“居安思危”的“忧患意识”中包含的某种程度的批判精神和勇气，仍然是我们要在继承的基础上认真总结，并把它提高到现代知识分子的批判精神上来的。在中华民族伟大复兴的过程之中，儒家基于社会责任感和历史使命感的“忧患意识”在我们给以新的诠释的情况下，将使我民族能够不断地反省，努力地进取，并使儒学得以日日新，又日新，中华民族得以常盛不衰。

（五）儒学与“和谐社会”建设

在二十一世纪初，我国提出建设“和谐社会”的要求，这将对人类发展的前景十分重要，并会对人类社会健康合理生存产生深远影响。我们知道，“和谐”是儒学的核心概念，在我国传统儒学中包含着“和谐社会”的理想以及可以为建设“和谐社会”提供的大量有意义的思想资源。《礼记·礼运》中的“大同”思想可以说已为中华民族勾画出一幅“和谐社会”的理想蓝图。《论语》中的“礼之用，和为贵”，将会对调节

---

① 参见拙作《五四运动的反传统与学术自由》，台湾联经出版事业公司，1989年。该文中有如下两段：“中国知识分子大都对社会有着强烈的社会责任感和历史使命感；‘天下兴亡，匹夫有责’，他们为了尽社会责任和完成历史使命可以‘杀身成仁’、‘舍生取义’。中国知识分子这种对国家和民族命运的关怀，无疑是十分可贵的。但是也正因为这种过分强烈的社会责任感和历史使命感，而使他们陷于‘急功近利’，而要直接参与政治，去从政做官了。我不知道这对中国社会是‘幸’还是‘不幸’，不过我私以为‘不幸’的成分为多。照我看，知识分子应该是以创造知识和传播知识为谋生手段。他们对政治的意义在于批判、议论，他们应有不与非真理和半真理妥协的良心。”“中国知识分子由于超强的社会责任感和历史使命感往往由‘不治而议’走向‘治而不议’，把‘做官’看成是他们最重要的使命，从而失去他们对社会政治的批判功能，并且很可能成为政治权利的附庸。”

人们社会生活之间的关系有着重要的意义；“和而不同”，又可以为不同民族和民族之间的“和平共处”提供某种理据。《中庸》中的“中和”思想，要求在各种关系之间掌握适合的度，以达到万事万物之“和谐”的根本。特别是《周易》中的“太和”[①]观念经过历代儒学思想家的阐发，已具有“普遍和谐”的意义。“普遍和谐”包含着“人与自然”、“人与人”（人与社会、国家与国家、民族与民族）、“人的自我身心内外”等诸多方面“和谐”的意义，所以王夫之说“太和”是“和之至”，意即“太和”是最完美的“和谐”。所有这些包含在儒家经典中的“和谐”思想，为中国哲学提供了一种对人类社会极有价值的世界观和思维方式。

复兴儒学要有“问题意识”。当前我国社会遇到了什么问题，全世界又遇到了什么问题，都是复兴儒学必须考虑的问题。对“问题”有自觉性的思考，对“问题”有提出解决的思路，由此而形成的理论才是有真价值的理论。当前，我国以及全世界究竟遇到些什么重大问题？近一二百年来，由于对自然界的无量开发，残酷掠夺，造成了生态环境的严重破坏。由于人们片面物质利益的追求和权力欲望的无限膨胀，造成了人与人之间以及国家与国家之间的矛盾与冲突，以至于残酷的战争。由于过分注重金钱和感官享受，致使身心失调，人格分裂，造成自我身心的扭曲，吸毒、自杀、杀人，已成为一种社会病。因此，当前人类社会需要解决，甚至今后还要长期不断解决的“人与自然”、“人与人”（人与社会、国与国、民族与民族）、“人自我身心”之间的种种矛盾问题，无疑是人类要面对的最大课题。其中“人”的问题是关键。

针对上面提出的三个方面的问题，我认为，儒学可以为当今人类社会提供若干有益的思想资源。

（一）儒家“天人合一”（合天人）的观念将会为解决“人与自然”之间的矛盾提供某些有意义的思想资源。1992 年世界一千五百七十五

---

① 《周易·乾卦·彖辞》：“乾道变化，各正性命，保合太和，乃利贞。”

名科学家发表的《世界科学家对人类的警告》说："人类和自然正走上一条相互抵触的道路。"造成这种情况不能说与西方哲学曾长期存在"天人二分"的思维模式没有关系。罗素在《西方哲学史》中说："笛卡尔的哲学，……它完成了、或者说极近乎完成了由柏拉图开端而主要因为宗教上的理由经基督教哲学发展起来的精神、物质二元论……笛卡尔体系提出来精神界和物质界两个平行而彼此独立的世界，研究其中之一能够不牵涉另一个。"[①]这就是说，在西方哲学中长期把"天"和"人"看成是相互独立的，研究"天"可以不牵涉"人"；研究"人"也可以不牵涉"天"，这可以说是一种"天人二分"的思维模式(但进入二十世纪，西方哲学有了很大变化，已有西方哲学家打破"天人二分"的定式，如怀德海[②])。而中国"天人合一"是说在"天"和"人"之间存在着相即不离的内在关系，研究其中一个必然要牵涉另外一个。《周易》是我国一部最古老重要的大书，它是中国哲学的源头。《郭店楚简·语丛一》："易，所以会天道人道也。"《周易》是一部会通天道、人道所以然的道理的书。也就是说它是一部讲"天人合一"的书。对如何了解"天人合一"思想，朱熹有段话很重要，他说："天即人，人即天。人之始生，得于天也；既生此人，则天又在人矣。"[③]"天"离不开"人"，"人"也离不开"天"。人初产生时，虽然得之于天，但是一旦有了人，"天"的道理就要由"人"来彰显，即"人"对"天"就有了责任。"天人合一"作为一种世界观和思维模式，它要求人们不能把"人"看成是和"天"对立的，这是由

---

① 〔英〕罗素：《西方哲学史》下册，马元德译，商务印书馆，1988年，第91页。

② 《怀德海的〈过程哲学〉》(刊于2002年8月15日上海《社会科学报》)中说："(怀德海)的过程哲学(process philosophy)把环境、资源、人类视为自然中构成密切相连的生命共同体，认为应该把环境理解为不以人为中心的生命共同体。这种新型生态伦理，对于解决当前的生态危机具有重要的现实意义。过程哲学是生态女性主义的思想之根，因为生态女性主义的哲学基础是彻底的非二元论，是对现代二元思维方式的批判，而怀德海有机整体观念，正好为它提供了进行这种批判的理论根据。"可见，现代一些西方哲学家已经对"天人二分"的二元对立的思维模式作出反思，并且提出了"自然"与"人"构成"密切相连的生命共同体"。

③ 《朱子语类》，中华书局，1986年，第387页。

于"人"是"天"的一部分,破坏"天"就是对"人"自身的破坏,"人"就要受到惩罚。因此,"天人合一"学说认为,"知天"(认识自然,以便合理地利用自然)和"畏天"(对"自然"应有所敬畏,要把保护自然作为一种神圣的责任)是统一的。[①] "知天"而不"畏天",就会把"天"看成一死物,不了解"天"乃是有机的生生不息的刚健大流行,所以《周易·乾·象》中说:"天行健,君子以自强不息。"这即是说"天"与"人"为持续发展着的"生命的共同体"。"畏天"而不"知天",就会把"天"看成外在于"人"的神秘力量,而使人不能真正得到"天"(自然)的恩惠。所以"天人合一"思想要求"人"应担当起合理利用自然,又负责任地保护自然的使命。"天人合一"这种思维模式和理念应该说可以为解决当前"生态危机"提供某些有意义的思想资源。

(二)"人我合一"(同人我)的观念将会为解决"人与人(社会)"之间的矛盾提供某些有意义的思想资源。"人我合一"是说在"自我"和"他人"之间存在着一种相即不离的内在关系。为什么"自我"和"他人"之间存在着相即不离的内在关系?《郭店楚简·性自命出》中说:"道始于情。"人世间的道理(人道)是由情感开始的,这正是孔子"仁学"的出发点。孔子的弟子樊迟问"仁",孔子回答说"爱人"。这种爱人的品质由何而来呢?《中庸》引孔子的话说:"仁者,人也,亲亲为大。""仁爱"的品德是人本身所具有的,爱自己的亲人是最根本的。但孔子的儒家认为"仁爱"不能停留在只是爱自己的亲人,而应该由"亲亲"扩大到"仁民"以及"爱物"。孟子说:"亲亲而仁民,仁民而爱物。"[②]

---

① 康德的墓志铭上写着:"有两样东西,我们愈经常愈持久地加以思索,它们愈使心灵充满不断增长的景仰和敬畏:在我们之上的星空和我心中的道德法则。"是不是说,康德也认为应对"天"有所敬畏呢?这和孔子的"畏天命"是不是有相通之处呢?

② 见《孟子·尽心上》。《中庸》中说:"唯天下至诚,为能尽其性;能尽其性,则能尽人之性;能尽人之性,则能尽物之性;能尽物之性,则可以赞天地之化育;可以赞天地之化育,则可以与天地参矣。"此可以为孟子"亲亲而仁民,仁民而爱物"之开展。因此,孔孟之"仁爱"学说,不仅可以为解决"人与人"之间关系,也可以为解决"人与自然"之间关系,提供有意义的思想资源。

所以《郭店楚简》中说："孝之蚉，爱天下之民"，"亲而笃之，爱也；爱父其继爱人，仁也"。如果把爱自己的亲人扩大到爱他人，那么社会不就可以和谐了？如果一个国家、一个民族把爱自己国家、自己民族的"爱"扩大到对别的国家、别的民族的爱，那么世界不就可以和平了吗？把"亲亲"扩大到"仁民"，就是要行"仁政"。在《论语》中虽然没有出现"仁政"两字，但其中却处处体现着"仁政"思想，如"博施于民，而能济众"，"举贤才"，"泛爱众"，"导之以德，齐之以礼"等等，都是讲的"仁政"。孔子的继承者孟子讲"仁政"，意义也很广泛，我认为最重要的是他说："民之为道也，有恒产者有恒心，无恒产者无恒心。"意思是说，对老百姓的道理，要使老百姓都有一定的固定产业，他们才能有一定的道德观念和行为准则。没有一定的固定产业，怎么能让他有相应的道德观念和行为准则呢！所以孟子说："夫仁政，必自经界始。""仁政"，首先要使老百姓有自己可以耕种的土地。我想，我们今天要建设"和谐社会"，首要之事就是要使我们的老百姓都有自己的固定产业，过上安康幸福的生活。就全人类说，就是要使各国、各民族都能自主地拥有其应有的资源和财富，强国不能掠夺别国的资源和财富以推行强权政治。所以"人"与"人"、"国家"与"国家"之间的协调和相互爱护的"人我合一"思想对建设"和谐社会"、"和谐世界"应是有意义的。

（三）"身心合一"（一内外）将会为调节自我身心内外的矛盾提供某些有意义的思想资源。"身心合一"是说肉体生命与精神生命之间存在着一种相即不离的和谐关系。儒家认为达到"身心合一"要靠"修身"。《郭店楚简·性自命出》中说："闻道反己，修身者也。"意思是说，知道了做人的道理，就应该反求诸己，这就是"修身"。所以《大学》认为，"修身"、"齐家"、"治国"、"平天下"，"自天子以至于庶人，壹是皆以修身为本，其本乱而末治者否矣。"《中庸》里面也说："为政在人，取人以身，修身以道，修道以仁。"社会靠人来治理，让什么人来治理要看他自身的道德修养，修养是以符合不符合"道"为标准，做到使社会和谐就要有“仁爱”之心。这里，把个人的道德修养（修身）与“仁”联系起来，正说明儒家思想的一贯性。《郭店楚简·性自命出》中说：“修身近至仁”。修身是为达到实现“仁”的境界的必有过程。因此，儒家讲“修身”不是没有目标的，而是为了“齐家”、“治国”、“平天下”，即希望建设“和谐社会”。《礼记·礼运》中所记载的“天下为公”的“大同”社会就是儒家理想和谐社会的蓝图。如果一个社会有了良好的制度，再加之以有道德修养的人来管理这个社会，社会上的人都能“以修身为本”，那么这个社会也许就可以成为一个“和谐的社会”，世界就可以成为一个“和谐的世界”吧！

冯友兰先生把“人生”分成四种“境界”：自然境界，功利境界，道德境界，天地境界。所谓有“自然境界”是说人和动物一样，只是为活着，对于人生的目的没有什么了解（觉解）。所谓有“功利境界”，是说一切为了“利益”，为他自己的利益（私利）。所谓“道德境界”是说，他的行为是为了“行义”，也就是为了“公利”，也可以说他的行为是为了“奉献”。“天地境界”的人，他的行为也可以说是“奉献”，但他不仅是“奉献”于社会，而且“奉献”于宇宙。如果人能达到“道德境界”，“天地境界”，那么他不仅与“他人”（社会）和谐了，与宇宙和谐了，而且“自我身心内外”也和谐了。孔子有一段话，也许可以作为“修身”的座右铭，他说：“德之不修，学之不讲，闻义不能徙，不善不能改，是吾忧也。”意思是说，不修养道德，不讲求学问，听到合乎正义的话不能去身体力行（实践），犯了错误而不能改正，是孔子最大的忧虑。孔子这段话告诉我们的是做人的道理，“修德”并不容易，那就必须有崇高的理想，有为人类长远利益考虑的胸怀；“讲学”同样不容易，它要求人们天天提高自己的知识和能力，这样才可以负起增进社会福祉的责任；“徙义”是说人生在世，听到合乎道义的话应努力跟着做，应日日向着善的方向努力，把“公义”实现于社会生活之中；“改过”，人总是会犯这样那样的错误，问题是要勇于改正，这样才可以成为合格的人。“修德”、“讲学”、“徙义”、“改过”，是做人的道理，是使人自我身心内外和谐的路径。这就要求“修身”，以求得一“安身立命”处。[①]

在儒家看，想要解决上述的种种矛盾，“人”是关键。因为，只有人才可以“为天地立心，为生民立命，为往圣继绝学，为万世开太平”。是不是我们可以说，当今人类社会遇到的问题，儒学可以为其提供某些有意义的思想资源？善于利用儒学的思想资源来解决当今人类社会存在的种种问题，是不是可以说为儒学的复兴提供了机会？当然，我们必须注意到，孔子的儒家思想并不是十全十美的，它并不能全盘解决当今人类社会存在的诸多复杂问题，它只能给我们提供思考的路子和有价值的理念（如世界观、人生观、价值观等等的理念），启发我们用儒学的思维方式和人生智慧，在给这些思想资源以适应现代社会和人类社会发展前途新诠释的基础上，为建设和谐的人类社会作出它可能作出的贡献。

司马迁说的“居今之世，志古之道，所以自镜也，未必尽同”是很有道理的名言。我们生活在今天，要了解自古以来治乱兴衰的道理，把它当作一面镜子，但是古今不一定都相同，需要以我们的智慧在传承前人有价值的思想中不断创新。因此，我们今天的任务是对自古以来的有价值的思想（包括儒家思想）进行现代诠释，创造适应现代社会需要的新学说、新理论。

二、儒学与“普遍价值”问题

如果说儒学能为解决“人与自然”、“人与人（社会）”、“人自身的身

---

① 朱熹《四书或问》说：“但能致中和于一身，则天下虽乱，而吾身之天地万物不害为安泰；其不能者，天下虽治，而吾身之天地万物不害为乖错。其间一家一国，莫不皆然，此又不可不知耳。”盖人生在世，必有一“安身立命”之原则和境界。黄珅校点，上海古籍出版社、安徽教育出版社，2001 年，第 56 页。

心内外”的矛盾提供某些有意义的思想资源，那么我们能不能说这些思想资源针对某些特定的问题包含着“普遍价值”的意义呢？我认为，这应是肯定的。“价值论”是当今一种很流行的学说，[1]它涉及各个学科，如宗教、哲学、文学、艺术、政治、经济，甚至科学技术，等等，而其中“价值哲学”是讨论“价值问题”最重要的学科。“价值哲学”是一种什么样的学科呢？概括起来说，它是讨论某种哲学学说，如孔子的“仁学”；某一哲学命题，如“天人合一”、“道法自然”；某一哲学概念，如“忠恕”(朱熹说“尽己谓之忠”、“推己谓之恕”)等等的价值问题。我认为，必须承认世界上各不同民族文化中都有某些“普遍价值”意义的因素。这是在当今全球化境域下，多元文化中寻求文化中的“普遍价值”的意义所要求的。当前，在我国学术界对文化(哲学)中的“价值”问题已不少讨论，而比较集中的是讨论文化(哲学)中是否存有“普遍价值”的问题，有些学者或政治家对文化(哲学)中存有“普遍价值”持否定的态度。我认为，这是大成问题的。这是因为，不承认在各个不同民族的文化中都具有“普遍价值”意义的因素，那么很可能走上文化的“相对主义”，认为没有什么“真理”(哪怕是相对意义的“真理”)，只能是“公说公有理”、“婆说婆有理”，这样在不同文化之间很难形成对话，很难找到共同语言，很难对遇到的共同问题的解决达成“共识”。这种看法对当前世界全球化将是一种极为有害的消极力量，是不利于人类社会健康合理发展的。同时，如果我们不讲文化中具有“普遍价值”，那么其他文化，特别是西方文化却大讲他们文化中的“普遍价值”，这岂不是把我们讲“普遍价值”的权利给了西方文化，这将有助于西方某些学者和政客鼓吹有利于他们的“普遍主义”大行其道，而使他们具有了

---

① 冯平在《现代西方价值哲学经典》(北京师范大学出版社，2009年)的“序言”中说：“现代西方价值哲学是一场哲学运动，这场运动发轫于19世纪40年代，起始于新康德主义。”最早将现代西方价值哲学介绍到中国来的是张东荪先生。张东荪先生在1934年出版了以他在燕京大学的讲义为基础的《价值哲学》一书。

“话语霸权”。因此,发掘各个不同民族文化中的“普遍价值”,对促进全世界各个民族、各个国家共同发展将是十分有意义的。

(一) 藉文化沟通与对话寻求共识

自上个世纪九十年代以来,在中国逐渐掀起了“国学热”的浪潮,相当多的学者,特别注意论证中国文化的民族特性和它的特殊价值之所在。为什么会发生这种情况,我认为这和世界文化发展的形势有关。因为自上世纪后半叶,西方殖民体系逐渐瓦解,原来的殖民地民族和受压迫民族为了建立或复兴自己的国家,有一个迫切的任务,他们必须从各方面自觉地确认自己的独立身份,而自己民族的特有文化(宗教、哲学、价值观等等)正是确认自己独立身份的最重要的因素。在这种情况下,正在复兴的中华民族强调应更多关注自身文化的主体性和特有价值,是完全合理的。但与此同时,西方一些国家已经成功地实现了现代化,而且许多发展中国家也正在走着西方国家已经完成的工业化和现代化的道路。因此,西方发达国家出现了一种“普遍主义”(universalism)的思潮,认为只有西方文化中的理念对现代社会才具有“普遍价值”(universal value)的意义,而其他各民族的文化并不具有“普遍价值”的意义,或者说甚少“普遍价值”的意义,或者说非西方的民族文化只有作为一种博物馆中展品被欣赏的价值。我们还可以看到,某些取得独立的民族或正在复兴的民族,也受到“普遍主义”的影响,为了强调他们自身文化的价值而认为他们的文化可以代替西方文化而成为主导世界的“普世”文化。例如,在中国就有少数学者认为,二十一世纪的人类文化将是“东风”压倒“西风”,只有中国文化可以拯救世界,这无疑也是一种受到西方“普遍主义”思潮影响的表现,是十分错误而有害的。因此,当前在中国,在发展中国家,更多地关注各民族文化的特殊价值,各发展中国家更加关注自身文化的“主体性”,以维护当今人类社会文化的多元发展,反对西方的“普遍主义”,

反对“欧洲中心论”，是理所当然的。当然也要防止在民族复兴中受西方“普遍主义”影响而形成的民族文化的“至上主义”或“原教旨主义”。

现在的问题是，我们反对“普遍主义”，是不是就要否定各个民族文化中具有的“普遍价值”？所谓“普遍主义”可能有种种不同的解释。本文把“普遍主义”理解为：把某种思想观念（命题）认定为是绝对的、普遍的，是没有例外的，而其他民族的文化思想观念（命题）是没有普遍价值甚至是没有价值的。“普遍价值”是说：在不同民族文化之中可以有某些相同或相近的价值观念，而这些相同或相近的价值观念应具有“普遍价值”的意义，它可以为不同民族普遍地接受，而且这些具有“普遍价值”意义的观念又往往寓于特殊的不同民族文化的“价值观念”之中。正是具有“普遍价值”意义的思想往往是寓于某些不同民族文化的“特殊价值”之中，才需要我们去努力寻求其蕴含的“普遍价值”的意义。这在哲学上是“共相”与“殊相”的问题。在我看来，在各个不同民族文化中可以肯定地说存在着“普遍价值”的因素。所以我们必须把“普遍价值”与“普遍主义”区分开来。在强调各民族文化的特殊价值的同时，我们应努力寻求人类文化中的“普遍价值”的因素及其意义。当前人类社会虽然正处在经济全球化，科技一体化的形势下，但是由于二战后殖民体系的瓦解，“欧洲中心论”的消退，文化呈现着多元化的趋势。因此，要求在不同文化中寻求“普遍价值”必须通过不同文化间的沟通与对话，以致达成某种“共识”，这大概是我们寻求不同文化间“普遍价值”的必由之路。

（二）寻求不同文化间“普遍价值”的途径

为什么我们要寻求各民族文化的“普遍价值”？这是因为同为人类，必然会遇到需要共同解决的问题，在各种不同文化中都会有对解决人类社会遇到的问题有价值的资源。这些能解决人类社会所遇到的“共同问题”的有价值的思想资源，我认为就具有“普遍价值”的意义。

如何寻求人类文化中的“普遍价值”，也许有多条不同的途径，我在这里提出三条可以考虑的途径供大家批评指正：

（一）在各民族的文化中原来就有共同或者是相近的有益于人类生存和发展的理念，这些共同理念无疑是有“普遍价值”的意义。1993年在美国芝加哥召开的世界宗教大会，在寻求“全球伦理”问题的讨论中提出寻求伦理观念上的“最低限度的共识”，或者叫做“底线伦理”。为此，在闭幕会上发表了一份《走向全球伦理宣言》，认为“己所不欲，勿施于人”在各民族文化中都有与此相同或相似的理念，它可以被视为“道德金律”。在《宣言》中特别举出佛经所说：“在我为不喜不悦者，在人亦如是，我何能以己之不喜不悦加诸他人？”佛经中这句话可以说十分深刻而精确地表述了具有“普遍价值”意义的“道德金律”。在《宣言》中还列举了一些宗教和思想家的思想中对“己所不欲，勿施于人”的各种表述，[①]因此认为它具有“普遍价值”的意义。又如，恩格斯在《反杜林论》中提出“勿盗窃”应具有“普遍价值”的意义。这类思想、理念在人类各种文化中是并不少见的。例如佛教的“五戒”中的“不盗、不邪淫、不妄语”和基督教《摩西十戒》中的“不可奸淫”、“不可偷盗”等等都有“普遍价值”的意义。

（二）在各不同民族文化的不同理路中寻求“普遍价值”。例如中国儒家的“仁”，西方基督教的“博爱”，印度佛教的“慈悲”，虽然形式不同，出发点不同，甚至理路中也有差异，但却都具有“普遍价值”的意义。

孔子的“仁”，是把“亲亲”作为出发点，作为基础，樊迟问仁，孔子曰“爱人”。为什么要爱人，“爱人”的出发点是什么？《中庸》引孔子的话

---

① 在孔汉思和库合尔编、何光沪译的《全球伦理——世界宗教议会宣言》中《全球伦理普世宣言的原则》罗列了许多与孔子“己所不欲，勿施于人”相同或相近的话，如《圣经·利未记》：“要爱自己的人，像爱自己一样。”犹太教的主要创立者希勒尔说：“你不愿施诸自己的，就不要施诸别人。”《摩诃婆多》：“毗耶婆说：你自己不想经受的事，不要对别人做。”第149、150页。

“仁者,人也,亲亲为大”。[①] “仁爱”是人本身所具有的,爱自己的亲人是最根本的。但儒家认为,“亲亲”必须扩大到“仁民”以及于“爱物”,[②]才是完满的真正的“仁”(仁爱),所以《郭店楚简》中说:“孝之蚉,爱天下之民。”“爱而笃之,爱也;爱父其继爱人,仁也。”且儒家也有以“博爱”释“仁”者。[③] 这就是说,孔子的“仁”虽是从爱自己的亲人出发,但它最终是要求爱天下老百姓,以实现其“治国平天下”的目标。因此,我们可不可以说,孔子的“仁”的理念具有某种“普遍价值”的意义。

基督教的“博爱”,当然我们可以从多方面理解它的涵义,但它的基础是“在上帝面前人人平等”,而由“在上帝面前人人平等”,可以引发出来的“在法律面前人人平等”,这对人类社会也应是具有“普遍价值”的意义,因为这样人类社会才能有公平和正义。“在法律面前人人平等”从表现形式上看是近代西方法律制度的一条重要原则,但其背后支撑的伦理精神理念则是“博爱”,把所有的人都看成是上帝的儿子。[④]

佛教的“慈悲”,《智度论》卷二十七中说:“大慈与一切众生乐,大悲拔一切众生苦”,其出发点是要普度众生脱离苦海,使众生同乐在极乐世界。《佛教大辞典》的“普度众生”条谓:“佛谓视众生在世,营营扰扰,如在海中。本慈悲之旨,施宏大法力,悉救济之,使登彼岸也。”[⑤]由小乘的“自救”到大乘的“救他”,这种“普度众生”的精神,我认为也是具有某种“普遍价值”的意义。

---

① 《郭店楚简》中的《性自命出》说:“道始于情。”人与人之间的关系开始是建立在“情感”的基础上。

② 《中庸》:“唯天下至诚,为能尽其性。能尽其性,则能尽人之性。能尽人之性,则能尽物之性。能尽物之性,则可以赞天地之化育。可以赞天地之化育,则可以与天地参矣。”

③ 《孝经·三才章》:“‘君王’则天之明,因地之利,……是故先之以博爱,而民莫遗其亲。”如果能使“博爱”(即如天地一样及人、及物)成为社会伦理准则,那么就不会发生违背家庭伦理的事。

④ 《圣经·加拉太书》:“你们因信基督耶稣都是神的儿子。你们受洗归入基督的,都是披戴基督了。并不分犹太人和希腊人,自由人和奴隶,男人和女人,因为你们在基督里都成为一了。”《圣经·马太福音》记有耶稣的《登山教训》中说:“使人和睦的人有福了,因为他们必称为上帝的儿子。”

⑤ 丁福保编:《佛教大辞典》,文物出版社,1984 年,第 1046 页。

孔子的“仁”、基督教的“博爱”、佛教的“慈悲”虽然出发点有异，理路也不大相同，而精神或有相近之处。故而是不是可以说有着某种共同的价值理念，这种共同价值的理念核心就是“爱人”。[①] “爱人”对人类社会来说无疑是有着极高的“普遍价值”的意义。

（三）在各不同民族文化中创造出的某些特有的理念，往往也具有“普遍价值”的意义。

要在各民族文化的特有的理念中寻求“普遍价值”的意义，很可能有不同的看法。我想，这没有关系，因为我们仍然可以在“求同存异”中来找寻某些民族文化特有理念中的“普遍价值”的意义。因为我对其他民族文化的知识了解不在行，我只想举一两个中国儒家哲学中的某些理念谈谈我的一点想法。

在不同民族文化中存在着不同的思想观念（如宗教的、哲学的、风俗习惯的、价值观的等等），这是毫无疑义的，而且可能因文化的不同而引起矛盾和冲突，这不仅在历史上存在过，而且在当今世界范围内也存在着。在这种情况下，“和而不同”的观念是不是对消除“文明的冲突”会有“普遍价值”的意义？“不同”而能“和谐”将为我们提供可以通过对话和交谈的平台，在讨论中达到某种“共识”，这是一个由“不同”达到某种程度的相互“认同”，这种相互“认同”不是一方消灭另一方，也不是一方“同化”另一方，而是在两种不同文化中寻求交汇点，并在此基础上推动双方文化的提升，这正是“和”的作用。就此，我们是不是可以说“和而不同”对当今人类社会的“文明共存”具有某种“普遍价值”的意义？

前面我们曾引用过 1992 年世界一千五百七十五名科学家发表的一份《世界科学家对人类的警告》在开头的一句话：“人类和自然正走

---

① 在佛教的“十二因缘”中有“爱”，但“十二因缘”中的“爱”是指“欲望”的意思，有“占有”义，而“慈悲”是一种无“占有欲”、无功利目的的“爱”，是“普度众生”的“博爱”。这里可能有翻译问题。

上一条相互抵触的道路。”为什么会发生这种情况，就是因为人们对自然无序无量的开发，残暴的掠夺，无情的破坏，把“自然”看成是与“人”对立的两极。针对这种情况也许中国的“天人合一”的理论会对解决这种情况提供某些有意义的思想资源。王夫之《正蒙注·乾称上》中有一段话讲到“天人合一”，大意是说：我考察自汉以来的学说，都只抓到先秦以来《周易》的外在表象，不知《周易》是“人道”的根本，只是到了宋朝周敦颐才开始提出了“太极图说”，探讨了“天人合一”道理的根源，阐明了人之始生是“天道”变化的结果，是“天道”运动的实在表现。在“天道”的变化中把精粹部分给了人，使之成为“人”之“性”，所以“人道”的日用事物当然之“理”与“天道”阴阳变化之秩序是一致的，是统一的，这个道理不能违背。王夫之这段话，可以说是对儒学“天人合一”思想，也是对“易，所以会天道人道也”很好的解释。“人道”本于“天道”，讨论“人道”不能离开“天道”，同样讨论“天道”也必须考虑到“人道”，这是因为“天人合一”的道理既是“人道”的“日用事物当然之理”，也是“天道”的“阴阳变化之秩序”。“人道”本于“天道”，“人道”是“天道”的显现，因此“人”对“天”有着不可推卸的责任。这样的思想理论对当前遭受惨重破坏的“自然界”，可以说是很有意义的，因而也可以说它有“普遍价值”的意义。其实这种观点，在当今西方学术界也有，例如过程哲学的怀德海曾提出“人和自然是一生命共同体”这样的命题，这个命题深刻地揭示着人和自然之不可分的内在关系，人必须像爱自己的生命那样爱护自然界。这个理念应该说有着重要的“普遍价值”的意义。

《论语·颜渊》记载着孔子的一段话，他说：“克己复礼为仁。一日克己复礼，天下归仁焉。为仁由己，而由人乎哉？”这句话，在中国历朝历代就有着不同的诠释，而这种种“诠释”都是与诠释者所处时代和他个人的学养、境界息息相关的。那么，我们今天是否可以给它以一种新的诠释呢？费孝通先生对“克己复礼”有一新的诠释，他说：“克己才能复礼，复礼是取得进入社会、成为一个社会人的必要条件。扬己和克己也许正是东西文化的差别的一个关键。”[①]这样的诠释是有其特殊意义的。朱熹对“克己复礼为仁”的解释说：“克，胜也。己，谓身之私欲也。复，反也。礼者，天理之节文也。”这就是说，要克服自己的私欲，以便在进入社会的人际关系中很好地遵循合乎“天理”（宇宙大法）的礼仪制度。“仁”是人自身所具有的内在品德，“爱生于性”，“性自命出”，“命由天降”，[②]“礼”是规范人的社会行为的外在礼仪制度，它的作用是为了调节人与人之间关系，使之和谐相处。“礼之用，和为贵。”要人们遵守合乎“天理”的礼仪制度必须是自觉地，出乎内在的爱人之心，它才合乎“仁”的要求，所以孔子说：“为仁由己，而由人乎哉?”仁爱之心是发自内心的，不是由外力来强迫而有的。因此，孔子认为有了追求“仁”的自觉要求，并把人们具有的“仁爱之心”按照合乎“天理”的规范实践于社会生活中，这样社会就会和谐安宁了。“一日克己复礼，天下归仁焉。”《论语·颜渊》中孔子所说的这段话是为“治国安邦”说，“治国安邦”归根结底就是要行“仁政”。“治国平天下”应该行“仁政”，行“王道”，不应行“苛政”、“霸权”。行“仁政”行“王道”才能使国泰民安，使不同民族、国家和睦相处，而共存共荣。孔子儒家的“仁政”对“现代化”是否也可以有所贡献呢？如果我们对此有所肯定，那是不是也可以说具有一定的“普遍价值”的意义呢？因此，如果各国学者一起努力发展各民族、各国家文化中存在的“普遍价值”的资源，而不要坚持唯我独尊的“普遍主义”，那么世界和平就有希望了。实际上，在各民族、各国家的文化中都存在着“普遍价值”意义的因素，问题是需要我们去发掘它，并给以合理的诠释。这是因为各民族、各国家文化中所具有的“普遍价值”意义的因素往往是寓于其特殊理论体系的形式

① 费孝通：《文化论中人与自然关系的再认识》，见北京大学中国社会与发展中心、北京大学社会学系、北京大学社会学人类学研究所《ISA 工作论文》，2002 年。

② 见于《郭店楚简》中的《语丛》和《性自命出》。

之中，这就要我们善于从中揭示其有益于人类社会发展的内在价值资源。有责任感的学者应该是既能重视和保护自身的文化“普遍价值”，同时又能尊重和承认其他民族和国家文化中的“普遍价值”。“有容乃大”的精神也许是有活力的文化能得以不断发展的原则。

（三）“多元现代性”的核心价值

最后，我想谈谈“多元现代性”的问题。对“多元现代性”可能有多种说法，至少有两种很不相同的解释：一种是，现代性是多元的，不同民族有不同的“现代性”；另一种看法是，“多元现代性”就是“现代性”，有着共同的基本内涵，只是不同民族进入现代化的道路不同，形式有异，实现方法更可能千差万别。我个人的意见，也许第二种意见较为合理。我们知道，“现代性”就其根源性上说是源自西方，因为西方早已实现了现代化，而且现在许多发展中国家也正在走现代化的道路。因此，就“现代性”说必有其基本相同的核心价值。什么是作为根源性的“现代性”核心价值？这里我想借用严复的观点谈谈我的看法。

严复批评“中学为体，西学为用”，他认为，不能“牛体马用”，这是基于中国哲学的“体用一源”（“体”和“用”是统一的）而言。[①] 他基于此“体用一源”的理念，认为西方近现代社会是“自由为体，民主为用”的社会。[②] 我想，严复所说的“西方近现代社会”不仅仅是指“西方近现代社会”，而是说的人类社会的“近现代社会”。那么，我们能不能说“近现代社会”的特征是“自由为体，民主为用”的社会，而“自由”、“民主”从根源性上说是“现代性”的核心价值？我认为是可以这样说的。对现代社会而言，“自由”是一种精神（包括自由的市场经济和个体的

---

① 严复在《与〈外交报〉主人书》中说：“善夫金匮裘可桴孝廉之言曰：体用者，即一物而言之也。有牛之体，则有负重之用；有马之体，则有致远之用。未闻以牛为体，以马为用者也。……故中学有中学之体用，西学有西学之体用，分之则并立，合之则两亡。”见《严复集》第三册，中华书局，1986 年，第 558—559 页。

② 语见严复：《原强》，《严复集》第一册，中华书局，1986 年，第 11 页。

“人”的“自由”发展，因为“自由”是创造力），而“民主”从权力和义务两个方面来使“自由”精神的价值得以实现。就这个意义上说，“自由”和“民主”虽源自西方，但它是有着“普遍价值”的意义。我们不能因为它源自西方就认为不具有“普遍价值”的意义。当然，如何进入“近现代社会”，所走的道路，所采取的方法，所具有的形式可能是不同的。但它不可能是排除“自由”和“民主”的社会。

如果我们用中国哲学“体用一源”的思维模式来看世界历史，也许会有一个新的视角。我们可以把“现代社会”作为一个中间点，向上和向下延伸，我们可以把人类社会分成“前现代社会”、“现代社会”和“后现代社会”，如果用中国的“体用一源”的观点看，我们是不是可以说“前现代社会”是以“专制为体，教化为用”类型的社会；“现代社会”是以“自由为体，民主为用”类型的社会；“后现代社会”是以“和谐为体，中庸为用”类型的社会。

人类社会在前现代时期，无论是中国的“皇权专制”或是西方中世纪的“王权专制”（或“神权专制”），虽然形式不同，但都是“专制”社会，要维持其“专制”就要用“教化”作为手段。中国在历史上自汉以来一直是“皇权专制”，它把儒学政治化用来对社会进行“教化”以维持其统治。[①] 当前中国社会可以说正处在由“前现代”向“现代”过渡之中。其他许多发展中国家大概也都是如此。西方中世纪“王权或神权”的“专制”社会，他们用基督教伦理作为“教化”之手段，以维持他们的统治。[②] 因此，当时的世界是一个“多元的前现代性”的世界。关于“现代性”的价值问题上面已经说过，在这里再多说一点我的看法。“自由”是一种

---

① 《白虎通义·三纲六纪篇》说：“《含嘉文》曰：君为臣纲，父为子纲，夫为妻纲。又曰：敬诸父兄，六纪道行，诸舅有义，族人有序，昆弟有亲，师长有尊，朋友有旧。……所以疆理上下，整齐人道也。……是以纲纪为化，若罗网之有纪纲，而万目张也。”

② 恩格斯在《费尔巴哈与德国古典哲学的终结》中说：“在中世纪，随着封建制度的发展，基督教形成为与封建制度相适应的宗教，……中世纪把哲学、政治、法律等思想体系的一切囊括在神学之内，变成神学的分科。”张仲实译，人民出版社，1949 年，第 46 页。

精神,“民主”应是一种维护“自由”得以实现的保证。但是,在现代社会中“自由”和“民主”也不是不可能产生种种弊病。因为任何思想体系都会在其自身体系中存在着矛盾。[①] 任何制度在一时期都只有相对性的好与坏,“自由”、“民主”等等也是一样。但无论如何“自由”和“民主”对于人类社会进入“现代”是有着根本性意义的。[②] 人们重视“自由”,因为“自由”是一种极有意义的创造力。正因为有“自由经济”(自由的市场经济)才使得工业化以来人类社会的财富极大增长,使人们在物质生活上受益巨大。正因为有“自由思想”,使得科学、文化日新月异。但不可讳言,“自由经济”却使贫富(包括国家与国家的、民族与民族的以至于同一国家、民族内部)两极分化日益严重;特别是自由经济如果不受到一定程度的控制,将会引起经济危机和社会混乱,近日发生的金融危机就是一明证。[③] “科学主义”、“工具理性”的泛滥扼杀着“人文”精神,弱化了“价值理性”。“现代性”所推崇的“主体性”和主客对立哲学,使得“人和自然”的矛盾日益加深,因而出现了对“现代性”的解构思潮,这就是“后现代主义”。关于“后现代”问题,我没有多少研究,只能粗略地谈点看法。在上个世纪六十年代兴起的后现代主义是针对现代化在发展过程中的缺陷提出的,他们所作的,是对“现代”的解构,曾使一切权威性和宰制性都黯然失色,同时也使一切都零碎化、离散化、浮面化。因此,初期的后现代主义目的在于“解构”,企图粉碎一切权威,这无疑是有意义的。但是它却并未提出新的建设性主张,也并未策划过一个新的时代。到二十世纪末,以“过程哲学”为

---

① 罗素:《西方哲学史》中说:“不能自圆其说的哲学决不会完全正确,但是自圆其说的哲学满可以全盘错误,最富有结果的各派哲学向来包含着显眼的自相矛盾,但正因为了这个缘故才部分正确。”见《西方哲学学》下册,第 143 页。罗素这段话应说对任何哲学都有意义。

② 《北京晚报》2007 年 3 月 16 日刊温家宝总理答法国《世界报》记者问说:“民主、法制、自由、人权、平等、博爱,这不是资本主义所特有的,这是整个世界在漫长的历史过程中共同形成的文明成果,也是人类共同的追求的价值观。”

③ “自由主义既使人免于市场经济之前时代的束缚,也使人们承受着金融和社会灾难的危机。”见耶鲁大学教授保罗·肯尼迪:《资本主义形式会有所改变》,《参考消息》,2009 年 3 月 16 日。

基础的“建构性后现代”提出将第一次启蒙的成绩与后现代主义整合起来，召唤“第二次启蒙”。例如，怀德海的过程哲学（process philosophy）认为，不应把“人”视为一切的中心，而应把人和自然视为密切相连的生命共同体。他并对现代西方社会的二元思维方式进行了批判，他提倡的有机整体观念，正好为他提供了批判现代二元论（科学主义）的理论基础。过程研究中心创会主任约翰·科布说：“建设性后现代主义对解构性的后现代主义的立场持批判态度，……我们明确地把生态主义维度引入后现代主义中，后现代是人与人，人与自然和谐相处的时代。这个时代将保留现代性中某些积极性的东西，但超越其二元论、人类中心主义、男权主义，以建构一个所有生命共同福祉都得到重视和关心的后现代世界。”“今天我们认识到人是自然界的一部分，我们生活在生态共同体中，……”[①]这种观点，也许会使中国儒家的“天人合一”思想与之接轨。他们还认为，如果说第一次启蒙的口号是“解放自我”，那么第二次启蒙的口号是尊重他者，尊重差别。例如里夫金在他的《欧洲梦》中强调，在崭新的时代，每个人的权利都获得尊重，文化的差异受到欢迎，每个人都在地球可维持的范围内享受着高质量的生活（不是奢侈生活），而人类能生活在安定与和谐之中。他们认为，有机整体系统观念“都关心和谐、完整和万物的互相影响”。[②] 上述观点，在某种程度上也许和中国儒家中的“和谐”观念有相通之处。过程哲学还认为，当个人用自己的“自由”专权削弱社会共同体的时候，其结果一定会削弱其自身的“自由”。因此，必须拒绝抽象自由观，走向有责任的深度自由，要把责任和义务观念引入自由中，揭示出“自由”与义务的内在联系。这与中国传统文化所强调的人只能在与他人

---

① 《为了共同的福祉——约翰·科布访谈》（王晓华访问记），上海《社会科学报》，2002 年 6 月 13 日。

② 参见杰里米·里夫金：《欧洲梦》，第 326 页。

的关系中才能生存的观点有着某种相似之处。[①] 因此,有见于建构性的后现代主义在西方逐渐发生影响,那么相对于"现代社会",后现代社会将可能是以"和谐为体,中庸为用"的社会。"和谐"作为一种理念它包含着"人与自然的和谐"、"人与人的和谐"(社会的和谐)、"人自我身心的和谐"等极富价值的意义。在这种种"和谐"中必须不断地寻求平衡度,这就要求由"中庸"来实现。如果中国社会能顺利地走完现代化过程,这当然是非常困难而且漫长的。但是由于在儒家文化中,有着丰富的关于"和谐"和"中庸"的思想资源,如果我们给这些有意义的思想资源以适应人类社会发展的新的诠释,[②]也许我国社会很可能比较容易进入"建构性的后现代社会"。正如科布所说:"中国传统思想对建设性后现代主义是非常有吸引力的,但我们不能简单的回到它。它需要通过认真对待科学和已经发生的变革的社会来更新自己。前现代传统要对后现代有所裨益,就必须批判地吸收启蒙运动的积极方

---

① 在中国传统文化的儒家思想中,特别是先秦儒家思想认为,人与人之间有着一种相互对应的关系,如"君仁臣忠"、"父慈子孝"、"兄友弟恭"等等。《礼记·礼运》:"何谓人义? 父慈子孝,兄良弟弟,夫义妇听,长惠幼顺,君义臣忠,十者谓之人义。"《左传·昭公二十六年》:"君令臣共,父慈子孝,兄爱弟敬,夫和妻柔,姑慈妇听,礼也。"

② 关于"和谐"观念在中国典籍中论述颇多,如《周易·乾卦·彖辞》:"乾道变化,各正性命,保合太和,乃利贞。"(《张子正蒙注》:"太和,和之至。")《论语》中有"礼之用,和为贵";"和而不同"。《国语·郑语》:"夫和实生物,同则不继。"在西方,莱布尼兹哲学被称为是一种"和谐的体系"(system of Harmony),他的思想建立在所谓普遍的和谐(universal Harmony)之上,他的"单子论"是视宇宙整体为和谐系统的一种学说,而在分殊性中看出统一性来。关于"中庸"的观念,如《书经·大禹谟》:"允执厥中。"《论语》:"子曰:中庸之为德也,其至矣乎,民鲜久矣。"(朱熹《四书集注·论语集注》:"中者,不偏不倚无过不及之名,庸,平常也。")《中庸》中的"中和"("中也者,天下之大本也;和也者,天下之达道也。"),郑玄《礼记·中庸》题解:"名曰中庸者,以其记中和之用也。庸,用也。""执其两端,用其中于民。"西方哲学中有"mean"一词,我们把它译成"中庸"。亚里士多德把"中庸"和节制相联系,并提出一套系统的理论。他认为,万物皆有其中庸之道,如"10"这个数"5"居其中;人的心理状态、情感中,欲望过度是荒淫,不及则是禁欲,节制是适度。中庸有两种,自然界的中庸是绝对的,人事的中庸则是相对的。在伦理学上,人的一切行为都有过度、不及和适度三种状态,过度和不及都是恶行的特征,只有中庸才是美德的特征和道德的标准。美德是一种适中,是以居间者为目的。他还把这种中庸原则运用于政治国家学说。他认为,由中等阶级治理的国家最好,因为拥有适度的财产是最好的,最容易遵循合理的原则,最不会逃避治国的工作或拥有过分的野心,是国家中最安稳的公民阶级;由中等阶级的公民组成的城邦,是结构最好的和组织最好的,因此有希望把国家治理得很好。

面，比如对个体权利的关注和尊重。”[1]科布的这段话，对我们应该说是很有教益的。因而，寻求不同文化中的“普遍价值”必将成为当前学术界关注的一个重点。

让我们回到“多元现代性”的问题。前面我们已经说过，就“现代性”来说必有其基本相同的核心价值，但不同民族、不同国家如何进入“现代社会”，它们所走的道路，所采取的方法，所具有的形式可能很不相同。为什么会出现这种情况，我认为这是由不同民族、不同国家的历史文化原因所造成的，不可能要求完全相同。因此，我们可以设想，中国的儒家思想是不是可以在接受“自由”、“民主”等现代性的核心价值的情况下，创造出不同于西方的道路，并为此补充某些新的内容，从而可以对消除“现代性”所带来的弊端起积极作用。

我认为，儒学的“民本”思想、“宽容”精神以及责任意识应可成为接引“自由”、“民主”、“人权”等现代精神进入中国社会的桥梁。儒家的“民本”思想虽不即是“民主”，但它从本质上并不是反民主的，其根据就在于“民为邦本”。“民为邦本”虽仍是由“治人者”的角度出发的，但它却知道“民”作为国家根基的重要性，因此从理论上说“民主”进入中国社会应不太困难。又，儒学有着对其他文化较为宽容的精神，如它主张“道并行而不相悖”，因此“自由”应比较容易被容纳。中国许多儒者都有着“居安思危”、“先天下忧而忧，后天下乐而乐”的社会责任感，这种特殊的批判精神和责任伦理引入“民主”、“人权”等现代意识应是有意义的。在历史上，中国接受印度佛教文化就是一例。如果我们能把儒学的“民本”思想，“宽容”、“责任”意识等精神融合在“自由”、“民主”、“人权”之中，那么是不是可以走出一条新的进入“自由为体，民主为用”的现代社会呢？我想，它也许是一条使中国较快而且较稳

---

① 《为了共同的福祉——约翰·科布访谈》(王晓华访问记)，上海《社会科学报》，2002年6月13日。

妥实现现代化的路子。

西方现代社会发展到今天,它的种种弊病已经显现,而且如不改弦易辙,那么将使人类社会走向毁灭其自身的道路。因而在西方有"后现代主义"思潮的出现。如果我们从儒家学者所具有的社会责任感和历史使命感中总结出某种"责任伦理",这是不是可以减轻"现代化"所带来的弊病呢?如果"自由"、"民主"是一种负责任的"自由"、"民主",这样的社会也许是可以比较合理的发展。法国人类进步基金会的主席卡拉梅就提出过"责任伦理"的问题,并认为除"人权合约"之外,应有一"责任公约",这是很有见地的。[①] 同时,实际上中国的学者也已经注意到这个问题。我最近注意到西方的某些"中国学"专家已开始从儒家思想发掘有益于人类社会合理发展的思想因素。如法国当代大儒汪德迈在他的《编纂〈儒藏〉的意义》中说:"面对后现代化的挑战,……曾经带给世界完美的人权思想的西方人文主义面对近代社会的挑战,迄今无法给出一个正确答案。那么,为什么不思考一下儒家思想可能指引世界的道路,例如'天人合一'提出的尊重自然的思想,'远神近人'所提倡的拒绝宗教的完整主义以及'四海之内皆兄弟'的博爱精神呢?"[②]美国学者安乐哲、郝大维在《通过孔子而思》一书中说:"我们要做的不只是研究中国传统,更是要设法使之成为丰富和改造我们自己世界观的一种文化资源。儒家从社会的角度来定义'人',这是否可用来修正和加强西方的自由主义模式?在一个以'礼'建构的社会中,我们能否发现可利用的资源,以帮助我们更好理解哲学根基不足却颇富实际价值的人权观念?"[③]法国索邦大学查·华德教授认为:"孔子思想中充满信仰、希望、慈悲,具有普遍性。在二十一世纪的

---

① 参见《建设一个协力、尽责、多元的世界》,《跨文化对话》第九集,上海文化出版社,2002年。

② 该文见于《光明日报》,2009年8月31日。

③ 〔美〕郝大维、安乐哲:《通过孔子而思》中译本序,何金俐译,北京大学出版社,2005年,第5页。

今天不仅有道德的示范作用，更有精神的辐射作用。”[①]“自由”、“民主”、“人权”等等是现代社会的财富，“责任”、“民本”、“宽容”等等同样是现代社会的财富。现在社会不能没有“自由”、“民主”、“人权”等等，这是“现代性”社会必具备的核心价值，否定它们就没有现代社会。但是，某些民族和国家的文化中不仅会有丰富“自由”、“民主”、“人权”的内涵的思想因素，甚至会存在着制约“自由”、“民主”、“人权”等等可能发生的负面作用的思想资源。正是因为有可能制约“自由”、“民主”、“人权”可能产生的弊病，也许在人类社会发展到后现代时，各个民族和国家文化中具有特殊价值的因素将会成为更重要的“普遍价值”的资源。

我们编著《中国儒学史》，其目的之一也是希望揭示中国儒学的特殊价值中所存在的对人类文化具有“普遍价值”意义的因素以贡献于世界。

三、儒学与经典诠释

《中国儒学史》是2003年教育部哲学社会科学研究重大课题攻关项目《〈儒藏〉编纂与研究》中的一个子项目，共分九册：先秦儒学，两汉儒学，魏晋南北朝儒学，隋唐儒学，宋元儒学，明代儒学，清代儒学，近代儒学和现代儒学。这部《中国儒学史》仍是把研究的重点放在儒家的哲学思想方面，但同时我们也多少注意到不要把“儒学”仅仅限在哲学思想方面，因此希望在写作中也力图扩大“儒学”的某些研究内容。当然，我们做得如何，有待读者的评论。在写作本书时，我们特别考虑到它应包含某些“经学”的内容。

---

① 《中法学者沪上共论孔子思想》，上海《文汇报》，2009年4月18日。

1938 年,马一浮应浙江大学校长竺可桢约至该校为学生讲论“国学”,后集为《泰和会语》。在《楷定国学名义(国学者六艺之学)》中说:“六艺者,即是《诗》、《书》、《礼》、《乐》、《易》、《春秋》也。此是孔子之教,吾国二千余年来普遍承认一切学术之原皆出于此,其余都是六艺之支流。故六艺可以该摄诸学,诸学不能该摄六艺。今楷定国学者,即是六艺之学,用此代表一切固有之学术,广大精微,无所不备。”[1]马一浮这个说法确有其独特见地。盖“六艺之学”即“六经”,它为中国学术之源头,而其后之学皆原于此,并沿此之流向前行,是“源头”与“支流”的关系。正因在我国历史上“六艺之学”(“经学”)代有大儒发挥之,并吸取其他文化以营养之,故作为中华学术文化之源头的“六艺”,其中必有其“普遍价值”之意义。任何民族的学术文化都是在特定的历史环境中形成的,都是有其特殊意义的学术文化,而学术文化的“普遍价值”往往寄寓其“特殊价值”之中。如孔子的“仁者,爱人”,基督的“博爱”,释迦的“慈悲”,虽出发点不同、理路不同,但“爱人利物”则有着相同的“价值”,而具有“普遍价值”的意义。既然学术文化之“普遍价值”往往寄寓“特殊价值”之中,那么马一浮所说“六艺不唯统摄中土一切学术,亦可统摄现在西方一切学术”,应亦可解。盖因“人同此心,心同此理”也。人类所遇到的问题常是共同的,人类对解决这些问题的思考往往也是大同小异的。因此,我中华民族当然应由其自身学术文化中寻求有益于人类社会生活的“普遍价值”,这并不妨碍在其他民族学术文化中寻求“普遍价值”,古云“道并行而不相悖”也。所以马一浮说:弘扬“六艺之学”并不是狭义地保存国粹,也不是单独发挥自己的民族精神,是要使此种文化普遍地及于人类。

六十多年之后的 2001 年,著名学者、国学大师饶宗颐先生在北京大学的一次演讲中提出应重视“经学”的研究和经典的整理,他说:“经

① 马一浮:《马一浮集》第一册,浙江古籍出版社、浙江教育出版社,1996 年,第 10 页。

书是我们的文化精华的宝库，是国民思维模式、知识涵蕴的基础；亦是先哲道德关怀与睿智的核心精义，不废江河的论著。重新认识经书的价值，在当前是有重要意义的。'经学'的重建，是一件繁重而具创辟性的文化事业，不应局限于文字上的校勘解释工作，更重要的是把过去经学的材料、经书构成的古代著作成果，重新做一次总检讨。'经'的重要性，由于讲的是常道，树立起真理标准，去衡量行事的正确与否，取古典的精华，用笃实的科学理解，使人的生活与自然相调协，使人与人的联系取得和谐的境界。"[①]现在我们编撰《中国儒学史》必须注意"经学"的研究，以期使"经学"能成为此书的重要部分。

如果我们把孔子看作是儒家的创始人，那么可以说，自孔子起就自觉地继承着夏、商、周三代的文化，而"六经"正是夏、商、周三代文化的结晶。("六经"又称"六艺"[②])虽然从文献考证的角度上说，"六经"(或"五经"，因"乐经"早已失传)并非成书于夏、商、周三代之时，但"六经"所记却可被视为记载夏、商、周三代文化的基本传世文本。1993年于湖北出土的"楚简"中有一段关于"六经"的重要记载：

> 礼，交之行述也。
>
> 乐，或生或教者也。
>
> 书，□□□□者也。
>
> 诗，所以会古今之诗也。
>
> 易，所以会天道、人道也。

---

① 见于饶宗颐先生近日所写的《〈儒学〉与新经学及文艺复兴》一文，《光明日报》，2009年8月31日。

② "六艺"之名始见《史记》中《伯夷传》、《李斯传》等，后刘歆编纂《七略》，其一为《六艺略》。马一浮先生把"国学"定为"六艺之学"甚有道理。参见拙作《论马一浮的历史地位与思想价值》，见《儒学天地》，2009年1期。

春秋，所以会古今之事也。[1]

这段话说明了战国中期对“六经”的看法：《礼》，是人们（各阶层或谓各种人际关系）规范交往的行为规则的书；《乐》，是陶冶人的性情（生者，性也）和进行教化的书；《书》，因缺字，但据其他文献可知应是“记事”之书；《诗》，是把古今的诗会辑在一起的一部“诗集”；《易》，是会通天道人道所以然的道理的书，即司马迁所说的“通天人之际”的书；《春秋》，是会通古今历史变迁之轨迹的书，即司马迁所说的“达古今之变”的书。从古代文献记载，可以说“六经”包括了夏、商、周三代的器物文化、制度文化、思想文化。《论语·述而》中说：“子曰：述而不作，信而好古，窃比于我老彭。”意思是说，孔子所“述”、所“好”是古代的典籍文献，即“六经”。《庄子·天运》：“孔子谓老聃曰：丘治《诗》、《书》、《礼》、《乐》、《易》、《春秋》六经，自以为久矣。”又，《论语·述而》：“子曰：加我数年，五十以学《易》，可以无大过矣。”[2]《孟子·滕文公下》：“孔子成《春秋》，而乱臣贼子惧。”这样的材料在先秦文献中还有多处，不一一详列。孔子把“六经”作为自己治学、为人、行事所依的典籍，同时也把“六经”作为教学的基本教材。[3] 从今天看来，恐怕离开了“六经”，我们很难了解中国文化的源头，更难了解儒学的精神。但到汉朝，《乐经》失传，而只有“五经”了。汉武帝“罢黜百家，独尊儒术”，并于建元五年（前 136 年）设“五经博士”，使《易》、《书》、《诗》、《礼》、《春秋》在我国确立了“经”的地位。此后的历史上虽有“七经”（或“六

---

① 《庄子·天下》：“《诗》以道志，《书》以道事，《礼》以道行，《乐》以道和，《易》以道阴阳，《春秋》以道名分。”《荀子·儒效篇》：“圣人也者道之管也。天下之道管是矣，百王之道一是矣，故《诗》、《书》、《礼》、《乐》之道归是矣。《诗》言是其志也，《书》言是其事也，《礼》言是其行也，《乐》言是其和也，《春秋》言是其微也。”

② 《史记·孔子世家》：“孔子五十而学《易》，韦编三绝。”

③ 《礼记·经解》：“孔子曰：入其国，其教可知也。其为人也，温柔敦厚，《诗》教也；疏通知远，《书》教也；广博易良，乐教也；挈静精微，《易》教也；恭俭庄敬，《礼》教也；属辞比事，《春秋》教也。”

经”)、“九经”、“十经”、“十一经”、“十二经”以及“十三经”之设，[①]但其中《易》、《书》、《诗》、《礼》、《春秋》在儒学中的根本性地位是不言而喻的。

近几年来，“北京大学《儒藏》编纂与研究中心”承担着教育部《〈儒藏〉编纂与研究》重大攻关研究项目。“中心”已联合我国二十余所高校和研究院以及韩、日、越三国学者编纂《儒藏》精华编，并为以后编纂《儒藏》大全本作准备。《儒藏》精华编收书近五百种，按四部分类，其中“经部”有二百余种。另外尚专设“出土文献类”。《儒藏》精华编还有一特色，即我们还把日本、韩国、越南儒学者以汉文写作的儒学典籍有选择的收入，约有一百五十余种。预计 2015 年完成校点。同时组织我校各方面力量编辑《儒藏总目》，现在《总目·经部》已经完成，所著录者有一万四千余种之多。从中我们可以看到，历代儒学大家无不对“五经”的“注疏”、“论述”、“考订”等等方面用力甚勤。这次我们编著《中国儒学史》虽注意到“经学”方面，但很难说比较完满，因在这方面的研究成果不多，对此我们将会继续关注这个方面的新进展，以便再版时对这方面有所加强。学术研究是无止境的，从总体上说定是“日日新，又日新”地前进着。

儒家的“经书”不仅应包括已有的“五经”或“十三经”，而且应包括自上个世纪末出土的儒家文献。饶宗颐先生在前面提到的演讲中说：“现在出土的简帛记录，把经典原型在秦汉以前的本来面目，活现在我们眼前，过去自宋迄清的学人千方百计求索梦想不到的东西，现在正如苏轼诗句‘大千在掌握’之中，我们应该再做一番整理工夫，重新制订我们新时代的‘圣经’(Bible)。”这是 2001 年饶先生说的一段话，意思是说新出土的先秦文献更能表现秦汉以前经典原型的本来面目。在 2001 年，我们能看到的重要出土文献主要是长沙马王堆出土的“帛

① 参见《中国儒学大观》，北京大学出版社，2001 年，第 24 页。

书”和1993年在湖北荆门地区出土的《郭店楚简》;其后1994年,上海博物馆于海外购得战国竹简一千二百多支;2008年清华大学又由海外购得战国竹简两千余支,如此等等。这批简帛虽非全为儒家典籍,但可以说归属于儒家者占首位。这批归属于儒家的典籍其价值自不待言,应可与传世“五经”的地位相当,例如其中的《帛书周易》、上博《周易》、《五行篇》、《孔子诗论》以及与《尚书》的篇章等等有关的文献。这批文献又可补自孔子至孟子之间儒学之缺。因此,它是我们研究儒家思想要给以特别重视的。

我国历代儒家学者都十分重视对“五经”的诠释,因而可以说我们有着十分雄厚的诠释经典的资源。中国自古就是一个非常重视历史传统的国家,故有“六经皆史”的说法。孔子说他自己对“经典”是“述而不作,信而好古”。这就是说,孔子对三代经典(“六经”)只是作诠释,而不离开经典任意论说;对经典信奉而且爱好,以至于“不知老之将至”。孟子以“祖述尧舜”、“宪章文武”、“述仲尼之志”为己任。荀子认为“仁人”之务,“上则法尧舜之制,下则法仲尼、子弓之义”。实际上,孔、孟、荀及先秦儒学者所述严格地说都是对“六经”的诠释。如先秦之《易传》是对《易经》的诠释;《大学》中则多有对《书经》、《诗经》的诠释;上博《战国楚竹书》中的《孔子论诗》是对《诗经》的一种诠释(《中庸》和《五行》同样包含着对《诗经》的诠释);《礼记》可说是对《礼经》的诠释;《春秋》三传是对《春秋》经的诠释。现试以《左传》对《春秋经》和《易传》对《易经》的解释为例说明先秦儒家对经书的诠解方式。

《左传》是对《春秋》的解释,相传是由左丘明作的,但近人杨伯峻考证说“我认为,《左传》作者不是左丘明”,“作者姓何名谁已不可考”,“其人可能受孔丘影响,但是儒家别派”。杨伯峻并认为:“《左传》成书于公元前403年魏斯为侯之后,周安王十三年(前386年)以前。”这里我们暂且把杨伯峻先生的论断作为根据来讨论《左传》对《春秋》的解释问题。据杨伯峻推算《左传》成书的时间,我们可以说《左传》是目前知道的最早一部对《春秋经》进行全部诠释的书，或者也可以说是世界上现存最早的解释性的著作之一。这就说明中国的经典解释问题至少有着两千三四百年的历史了。

《春秋》隐公元年记载："夏五月，郑伯克段于鄢。"《左传》对这句话有很长一段注释，现录于下：

> 初，郑武公娶于申，曰武姜，生庄公及共叔段。庄公寤生，惊姜氏，故名曰寤生，遂恶之。爱共叔段，欲立之。亟请于武公，公弗许。及庄公即位，为之请制。公曰："制，岩邑也，虢叔死焉。佗邑唯命。"请京，使居之，谓之京城大叔。祭仲曰："都，城过百雉，国之害也。先王之制，大都，不过参国之一；中，五之一；小，九之一。今京不度，非制也，君将不堪。"公对曰："姜氏欲之，焉辟害？"对曰："姜氏何厌之有？不如早为之所，无使滋蔓！蔓，难图也。蔓草犹不可除，况君之宠弟乎？"公曰："多行不义，必自毙，子姑待之。"既而大叔命西鄙、北鄙贰于己。公子吕曰："国不堪贰，君将若之何？欲与大叔，臣请事之；若弗与，则请除之，无生民心。"公曰："无庸，将自及。"大叔又收贰以为己邑，至于廪延。子封曰："可矣。厚将得众。"公曰："不义，不暱。厚将崩。"大叔完聚，缮甲兵，具卒乘，将袭郑，夫人将启之。公闻其期，曰："可矣。"命子封帅二百乘以伐京。京叛大叔段。段入于鄢。公伐诸鄢。五月辛丑，大叔出奔共。书曰：郑伯克段于鄢。段不弟，故不言弟；如二君，故曰克；称郑伯，讥失教也，谓之郑志。不言出奔，难之也。[1]

《左传》这样长长一段是对经文所记"郑伯克段于鄢"六个字的注释，它是对历史事件的一种叙述。它中间包含着事件的起始，事件的曲折过程，还有各种议论和讨论以及事件的结尾和评论等等，可以说是一相

---

① 杨伯峻：《春秋左传注》，中华书局，1981年，第1册，第10—14页。

当完整的叙述式的故事。《左传》这一段叙述如果不是对《春秋》经文的铺陈解释，它单独也可以成为一完整历史事件的叙述，但它确确实实又是对《春秋》经文的注释。如果说"郑伯克段于鄢"是事件的历史(但实际上也是一种叙述的历史)，那么相对地说上引《左传》的那一段可以说是叙述的历史。叙述的历史和事件的历史总有其密切的关系，但严格说来几乎写的历史都是叙述的历史。叙述历史的作者在叙述历史事件时必然都和他处的时代、生活的环境、个人的道德学问，甚至个人的偶然机遇有关系，这就是说叙述的历史都是叙述者表现其对某一历史事件的"史观"。上引《左传》的那一段，其中最集中地表现作者"史观"的就是那句"多行不义，必自毙"和最后的几句评语。像《左传》这种对《春秋》的解释，对中国各种史书都有影响。我们知道中国有"二十四史"，其中有许多"史"都有注释，例如《三国志》有裴松之注，如果《三国志》没有裴注，这部书就大大逊色了。裴注不专门注重训诂，其重点则放在事实的解释和增补上，就史料价值说是非常重要的。《三国志·张鲁传》裴注引《典略》"熹平中，妖贼大起，三辅有骆曜。光和中，东方有张角，汉中有张修。骆曜教民缅匿法，角为太平道，修为五斗米道"云云一长段，大大丰富了我们对汉末道教各派的了解。裴注之于陈寿《三国志》和《左传》之于《春秋》虽不尽相同，但是都是属同一类型，即都是对原典或原著的历史事件的叙述式解释。

《易经》本来是古代作为占卜用的经典，虽然我们可以从它的卦名、卦画、卦序的排列以及卦辞、爻辞等等中分析出某些极有价值的哲理，但我们大概还不能说它已是一较为完备的哲学体系，而《易传》中的《系辞》对《易经》所作的总体上的解释，则可以说已是较完备的哲学体系了。[1]《系辞》把《易经》看成一个完整的整体性系统，对它作了整

---

① 《易传》中除《系辞》，还包含其他部分，都可作专门讨论，但限于篇幅，本文只讨论《系辞》对《易经》的解释问题。

体性的哲学解释，这种对古代经典作整体性的哲学解释，对后世有颇大影响，如王弼的《老子指略》是对《老子》所作的系统的整体性解释，《周易略例》则是对《周易》所作的系统的整体性解释。[①] 何晏有《道德论》和《无名论》都是对《老子》作的整体性解释，如此等等在中国历史上还有不少。[②]《系辞》对《易经》的解释，当然有很多解释问题可以讨论，本文只就其中包含的本体论和宇宙生成论两大问题来略加探讨，而这两个不同的解释系统在实际上又是互相交叉着的。

《易经》的六十四卦是一个整体性的开放系统，它的结构形成为一个整体的宇宙架构模式。这个整体性的宇宙架构模式是一生生不息的有机架构模式，故曰："生生之谓易。"世界上存在着的事事物物都可以在这个模式中找到它一一相当的位置，所以《系辞》中说：《易经》(或可称"易道")"范围天地之化而不过，曲成万物而不遗"。在宇宙中存在的天地万物其生成变化都在《易经》所包含的架构模式之中，"在天成象，在地成形，变化见矣。"天地万物之所以如此存在都可以在《易经》中的架构模式中找到其所以存在的道理，找到一一相当的根据，"天下之理得，而成位于其中。"因此，"易与天地准，故能弥纶天地之道。"《易经》所表现的宇宙架构模式可以成为实际存在的天地万物相应的准则，它既包含着已经实际存在的天地万物的道理，甚至它还包含着尚未实际存在而可能显现成为现实存在的一切事物的道理，"故神无方易无体"，"易"的变化是无方所的，也是不受现实存在的限制的。这就说明，《系辞》的作者认为，天地万物之所以如此存在着、变化着都可以从"易"这个系统中找到根据，"易"这个系统是一无所不包的宇宙模式。这个模式是形而上的"道"，而世界上已经存在的或者还未

① 王弼大概还有专门对《系辞》作的玄学本体论解释，这不仅见于韩康伯《周易系辞注》中所引用的王弼对"大衍之义"的解释，还见于杨士勋《春秋穀梁传疏》中引用王弼的话。

② 《世说新语·文学篇》"裴成公作《崇有论》"条，注引"晋诸公赞曰：自魏太常夏侯玄、步兵校尉阮籍等皆著《道德论》"云云。

存在而可能存在的东西都能在此“易”的宇宙架构模式中找到其所以存在之理，所以《系辞》中说：“形而上者谓之道，形而下者谓之器。”在中国哲学中，从现有的文献资料看，最早明确提出“形上”与“形下”分别的应说是《系辞》。我们借用冯友兰先生的说法，可以说“形而上”的是“真际”，“形而下”的是“实际”，“实际”是指实际存在的事物，而“真际”是实际存在事物之所以存在之“理”（或“道”，或“道理”）。[①] 这就是说，《系辞》已经注意到“形上”与“形下”的严格区别，它已建立起一种以“无体”之“易”为特征的形而上学体系。这种把《易经》解释为一宇宙架构模式，可以说是《系辞》对《易经》的形而上本体论的解释。

这种对《易经》本体论的解释模式对以后中国哲学的影响非常之大，如王弼对《系辞》“大衍之数”的解释，王弼《老子指略》对《老子》的解释。韩康伯《周易系辞注》“大衍之数五十，其用四十有九”条中说：“王弼曰：演天地之数所赖者五十也，其用四十有九，则其一不用也。不用而用以之通，非数而数之以成，斯易之大极也。四十有九，数之极也，夫无不可以无明，必因于有，故常于有物之极，而必明其所由之宗也。”“宗”者，体也。这里王弼实际上用“体”与“用”之关系说明“形上”与“形下”之关系，而使中国的本体论更具有其特色。[②]《老子指略》中说：“夫物之所以生，功之所以成，必生乎无形，由乎无名。无形无名者，万物之宗也。”用“无”和“有”以说“体”和“用”之关系，以明“形上”与“形下”之关系，而对《老子》作一“以无为本”之本体论解释。

在《系辞》中还有一段对《易经》的非常重要的话：“易有太极，是生两仪，两仪生四象，四象生八卦，……”“易”包含着一个生成系统。这

---

① 冯友兰先生所用“真际”一概念，在佛教中已普遍使用，如《仁王经》上说：“以诸法性即真际故，无来无去，无生无灭，同真际等法性。”《维摩经》说：“非有相非无相，同真际等法性。”丁福保《佛学大辞典》谓“真际”即至极之义。“道”虽不是实际存在的事物，但它并不是“虚无”，而是“不存在而有”（non-existence but being），这是借用金岳霖先生的意思。（参见冯友兰：《中国现代哲学史》，第217页，广东人民出版社，1999年）陆机《文赋》：“课虚无以责有，叩寂寞而求音。”正是“不存在而有”的最佳表述。

② 《周易王韩注》第三十八章：“万物虽贵，以无为用，不能舍无以为体也。”

个生成系统是说《易经》表现着宇宙的生生化化。宇宙是从混沌未分之“太极”(大一)发生出来的,而后有“阴”(--)“阳”(—),再由阴阳两种性质分化出太阴(⚏)、太阳(⚌)、少阴(⚍)少阳(⚎)等四象,四象分化而为八卦(☰、☷、☳、☴、☵、☲、☶、☱),这八种符号代表着万物不同的性质,据《说卦》说,这八种性质是:“乾,健也;坤,顺也;震,动也;巽,入也;坎,陷也;离,丽也;艮,止也;兑,说也。”这八种性质又可以用天、地、雷、风、水、火、山、泽的特征来表示。由八卦又可以组成六十四卦,但并非说至六十四卦这宇宙生化系统就完结了,实际上仍可展开,所以六十四卦最后两卦为“既济”和“未济”,这就是说事物(不是指任何一种具体事物,但又可以是任何一种事物)发展到最后必然有一个终结,但此一终结又是另一新的开始,故《说卦》中说:“物不可穷也,故受之以未济终焉。”天下万物就是这样生化出来的。“易”这个系统是表现着宇宙的生化系统,是一个开放性的系统。《系辞》中还说:“天地细缊,万物化醇,男女构精,万物化生。”《序卦》中说:“有天地,然后有万物;有万物,然后有男女;有男女,然后有夫妇;有夫妇,然后有父子;有父子,然后有君臣;有君臣,然后有上下;有上下,然后礼仪有所错。”这种把《易经》解释成为包含着宇宙的生化系统的理论,我们可以说是《系辞》对《易经》的宇宙生成论的解释。这里有一个问题需要作些分疏,照我看“太极生两仪……”仅是个符号系统,而“天地细缊,化生万物……”和“有天地,然后有万物”就不是符号了,而是一个实际的宇宙生化过程,是作为实例来说明宇宙生化过程的。因此我们可以说,《系辞》所建立的是一种宇宙生化符号系统。这里我们又可以提出另一个中国哲学研究的新课题,这就是宇宙生成符号系统的问题。汉朝《易经》的象数之学中就包含宇宙生成的符号问题,而像“河图”、“洛书”等都应属于这一类。后来又有道教中的符箓派以及宋朝邵雍的“先天图”、周敦颐的“太极图”(据传周敦颐的“太极图”脱胎于道士陈抟的“无极图”,此说尚有疑问,待考)。关于这一问题需另文讨论,非本文所应详论之范围。但是,我认为区分宇宙生成的符号系统与宇宙实际生成过程的描述是非常重要的。宇宙实际生成过程的描述往往是依据生活经验而提出的具体形态的事物(如天地、男女等等)发展过程,而宇宙生成的符号系统虽也可能是依据生活经验,但其所表述的宇宙生成过程并不是具体形态的事物,而是象征性的符号,这种符号或者有名称,但它并不限定于表示某种事物及其性质。因此,这种宇宙生成的符号系统就象代数学一样,它可以代入任何具体形态的事物及其性质。两仪(--和—)可以代表天地,也可以代表男女,也可代表刚健和柔顺等等。所以我认为,仅仅把《系辞》这一对《易经》的解释系统看成是某种宇宙实际生成过程的描述是不甚恰当的,而应了解为可以作为宇宙实际生成系统的模式,是一种宇宙代数学,我把这一系统称之为《系辞》对《易经》解释的宇宙生成论。像《系辞》这类以符号形式表现的宇宙生成论,并非仅此一家,而《老子》的"道生一,一生二,二生三,三生万物,万物负阴而抱阳,冲气以为和",也是一种宇宙生成的符号系统,也是一种宇宙代数学,其中的数字可以代以任何具体事物。"一"可以代表"元气",也可以代表"虚霩"(《淮南子·天文训》谓"道始于虚霩",虚霩者尚未有时空分化之状态)。"二"可以代表"阴阳",也可以代表"宇宙"(《天文训》谓"虚霩生宇宙",即由未有时空分化之状态发展成有时空之状态)。"三"并不一定就指"天、地、人",它可以解释为有了相对应性质的两事物就可以产生第三种事物,而任何具体事物都是由两种相对应性质的事物产生的,它的产生是由两种相对应事物交荡作用而生的合物。[1] 然而汉朝的宇宙生成论与《系辞》所建构的宇宙生成论不同,大都是对宇宙实际生成过程的描述,此是后话,当另文讨论。[2]

我们说《系辞》对《易经》的解释包括两个系统,即本体论系统和宇宙生成论系统,那是不是说《系辞》对《易经》的解释包含着矛盾?我想,不是的。也许这两个系统恰恰是互补的,并形成为中国哲学的两大系。宇宙本身,我们可把它作为一个平面开放系统来考察,宇宙从其广度说可以说是无穷的,郭象《庄子·庚桑楚》注:"宇者,有四方上下,而四方上下未有穷处。"同时我们又可以把它作为垂直延伸系统来考察,宇宙就其纵向说可以说是无极的,故郭象说:"宙者,有古今之长,而古今之长无极。"既然宇宙可以从两个方面来考察,那么"圣人"的哲学也就可以从两个方面来建构其解释宇宙的体系,所以"易与天地准"。"易道"是个开放性的宇宙整体性结构模式,因此"易道"是不可分割的,是"大全",宇宙的事物曾经存在的、现在仍然存在的或者将来可能存在的都可以在"易"这个系统中找到一一相当的根据。但"易道"又不是死寂的,而是一"生生不息"系统,故它必须显示为"阴"和"阳"(注意:但"阴"和"阳"细缊而生变化,"阴阳不测谓之神")相互作

---

① 关于"三"的问题,庞朴同志提出"一分为三"以区别于"一分为二",这点很有意义。如果从哲学本体论方面来考虑,"一分为三"的解释或可解释为在相对应的"二"之上或之中的那个"三"可以是"本体",如"太极生两仪",合而为"三","太极"是"本体",而"两仪"是"本体"之体现。我在一篇文章中讨论过,儒家与道家在思想方法上有所不同,儒家往往是于两极中求"中极",如说"过犹不及"、"叩其两端"、"允执其中",而道家则是于"一极"求其对应的"一极",如"天下皆知美之为美,斯恶已"。(参见《论〈道德经〉建立哲学体系的方法》,《哲学研究》,1986年第一期)儒家于"两极"中求"中极",这"中极"并不是和"两极"平列的,而是高于"两极"之上的。就本体意义上说,这"中极"就是"中庸",就是"太极"。因此,就哲学上说,"一分为三"与"一分为二"都是同样有意义的哲学命题。就哲学意义上说"一分为三"实是以"一分为二"为基础。

② 例如《淮南子·天文训》中说:"道始于虚霩,虚霩生宇宙,宇宙生元气,元气有涯垠,清阳者薄靡而为天,重浊者凝滞而为地。"《孝经纬·钩命诀》:"天地未分之前,有太易、有太初、有太始、有太素、有太极,是为五运。形象未分,谓之太易。元气始萌,谓之太初。气形之端,谓之太始。形变有质,谓之太素。质形已具,谓之太极。五气渐变,谓之五运。"可见,汉朝的宇宙生成论大体上都是"元气论"。

用的两个符号(不是凝固的什么东西),这两个互相作用的符号代表着两种性质不同的势力。而这代表两种不同性质的符号是包含在“易道”之中的,“易道”是阴阳变化之根本,所以说“一阴一阳之谓道”。杨士勋《春秋穀梁传疏》中引用了一段王弼对“一阴一阳之谓道”的解释,文中说:“《系辞》云:一阴一阳之谓道。王弼云:一阴一阳者,或谓之阴或谓之阳,不可定名也。夫为阴则不能为阳,为柔则不能为刚。唯不阴不阳,然后为阴阳之宗;不柔不刚,然后为刚柔之主。故无方无体,非阴非阳,始得谓之道,始得谓之神。”阴和阳代表着两种不同的性质,此一方不能代表彼一方,只有“道”它既不是阴又不是阳,但它是阴阳变化之宗主(本体),故曰“神无方,易无体也”。就这点看,《系辞》把《易经》解释为一平面的开放体系和立体的延申体系的哲学,无疑是有相当深度的哲学智慧的。再说一下,《系辞》对《易经》的整体性哲学解释和《左传》对《春秋》的叙述事件型解释是两种很不相同的解释方式。

李零教授说:“汉代的古书传授有经、传、记、说、章句、解故之分。大体上讲,它们的区分主要是,‘经’是原始文本,‘传’是原始文本的载体和对原始文本的解说(类似后世所说的‘旧注’)。‘经’多附‘传’而行,‘传’多依‘经’而解,……‘记’(也叫‘传记’)是学案性质的参考资料,‘说’则可能是对‘经传’的申说(可能类似于‘疏’),它们是对‘传’的补充(这些多偏重于义理)。‘章句’是对既定文本,……所含各篇的解析,……‘解故’(也叫作‘故’),则关乎词句的解释。”李零教授说清了“经”与诠释“经”的“传”、“记”、“说”、“解”、“注”、“笺”、“疏”等等之间的关系。① 今天,我们要读懂“五经”,是不能不借助历代儒学大家的注疏的。同时,在我国对经典的诠释中常需具备“训诂学”、“文字学”、“音韵学”、“考据学”、“版本学”、“目录学”等等的知识,也就是说具备这些方面的知识才能真正把握中国诠释经典的意义。

---

① 李零:《郭店楚简校读记》,北京大学出版社,2002年,第72页。

1998 年,我曾提出"能否创建中国解释学"的问题,其后写了四篇文章讨论此问题。[1] 在中国,自先秦以来有着很长的诠释经典的历史,并且形成了种种不同的注释经典的方法与理论。而各朝各代诠释经典的理论与方法往往也有所不同。例如在汉朝有用所谓"章句"的方法注释经典,分章析句,一章一句甚至一个字一个字地详细解释。据《汉书·儒林传》说,当时儒家的经师对"五经"的注解,"一经之说,至百余万言。"儒师秦延君释"尧典"二字,十余万言;释"曰若稽古"四字,三万言。当时还有以"纬"(纬书)证"经"的方法,苏舆《释名疏证补》谓:"纬之为书,比傅于经,辗转牵合,以成其谊,今所传《易纬》、《诗纬》诸书,可得其大概,故云反复围绕以成经。"此种牵强附会的解释经典的方法又与"章句"的方法不同。至魏晋,有"玄学"出,其注释经典的方法为之一变,玄学家多排除汉朝繁琐甚至荒诞的注释方法,或采取"得意忘言",或采取"辨名析理"等简明带有思辨性的注释方法。王弼据《庄子·外物》以释《周易·系辞》"言不尽意,书不尽言",作《周易略例·明象章》,提出"得意忘言"的玄学方法,而开一代新风。[2] 此是一典型解释儒经的新方法。郭象继之而有"寄言出意"之说,其《庄子·逍遥游》第一条注说:

> 鹏鲲之实,吾所未详也。夫庄子之大意,在乎逍遥游放,无为而自得,故极大小之致,以明性分之适。达观之士,宜要其会归,而遗其所寄,不足事事曲与生说,自不害其弘旨,皆可略之。

这种"寄言出意"的注释方法自与汉人注释方法大不相同。《大慧普觉禅师语录》卷二十二中说:"曾见郭象注庄子,识者云:却是庄子注郭

---

① 此五篇论文均收入拙著《和而不同》一书中,辽宁人民出版社,2001 年。

② 王弼《周易略例·明象》:"夫象者,出意者也;言者,明象者也。尽意莫若象,尽象莫若言。言生于象,故可寻言以观象;象生于意,故可寻象以观意。意以象尽,象以言著。故言者所以明象,得象而忘言;象者所以存意,得意而忘象。"参见汤用彤先生《魏晋玄学论稿》中之《言意之辩》。《汤用彤全集》第四卷,河北人民出版社,2000 年,第 22 页。

象。”如果说汉人注经大体上是“我注六经”，那么王弼、郭象则是“六经注我”了。

郭象注《庄子》还用了“辨名析理”的方法，这种方法和先秦“名家”颇有关系，盖魏晋时期“名家”思想对玄学产生有所影响。郭象《庄子·天下注》的最后一条谓：

> 昔吾未览《庄子》，尝闻论者争夫尺棰连环之意，而皆云庄生之言，遂以庄生为辩者之流。案此篇较评诸子，至于此章，则曰：其道舛驳，其言不中，乃知道听途说之伤实也。吾意亦谓，无经国体致，真所谓无用之谈也。然膏粱之子，均之戏豫，或倦于典言，而能辨名析理，以宣其气，以系其思，流于后世，使性不邪淫，不犹贤于博弈者！故存而不论，以贻好事也。

这里郭象把“辨名析理”作为一种解释方法提出来，自有其特殊意义，但“辨名析理”几乎是所有魏晋玄学家都采用的方法，所以有时也称魏晋玄学为“名理之学”。如王弼说：“夫不能辨名，则不可言理；不能定名，则不可以论实也。”嵇康《琴赋》谓：“非夫至精者，不能与之析理也。”就这点看，魏晋玄学家在注释经典上已有方法论上的自觉。至宋，有陆九渊提出“六经注我，我注六经”的问题，[①]实在魏晋时已开此问题之先河，不过当时并未把它作为一问题提出。至清，因考据之学盛，有杭世骏论诗而对“诠释”有一说：“诠释之学，较古昔作者为尤难，语必溯源，一也；事必数典，二也；学必贯三才而穷七略，三也。”[②]意思是说，诠释这门学问，就今人对诗文的诠释说比古昔作者更加困难，原因是首先应了解其原意，其次要知道所涉及的典故；再次是必学贯天、地、人三学而对“七略”知识有所了解。杭世骏所言之“诠释”虽非今日

---

① 陆九渊著，钟哲点校：《陆九渊集》，中华书局，1980年，第522页。《陆氏年谱》记载有杨简曾闻：“或谓陆先生云：‘胡不注六经？’先生云：‘六经当注我，我何注六经。’”

② 杭世骏：《李义山诗注序》，《道古堂全集·文集》卷八。

所说之西方“诠释学”(Hermeneutics)之“诠释”,但也可看到自先秦两汉以来,我国学者在各学科中均意识到对著作之文本是需要通过解释来理解的。因此,对中国儒学的研究,必须注意历代对“经书”的注释,以使人们了解在我国的历史传统确有对“经典”诠释颇为丰富的理论与方法的资源。通过《中国儒学史》的撰写,对儒家经典的诠释历史加以梳理,总结出若干有意义的理论与方法,也许对创建“中国诠释学”大有益处。[①]

四、儒学与外来文化的传入

罗素说:“不同文明的接触,以往常常成为人类进步里程碑。”[②]在两千多年的儒学发展史中,我们可以清楚地看到,“儒学”的每一次发展除其自身内在自觉地更新外,都是在与我国国内存在的各学派交流中得到发展的,汉儒吸收了道家、法家、阴阳家的学说而有“两汉经学”;魏晋南北朝时期,诸多玄学家均有注儒家经典者,而“以儒道为一”。[③] 儒学在我国历史上与我国原有各学派之间的相互影响无疑是在研究儒学史时应予注意的。这方面已有论述较多,兹不详述。也许更应关注的是外来文化传入对儒学发生重大影响的问题。

在儒学发展史上,可以说有两次重大的外来文化传入对我国儒学

---

① 参见拙作《论创建中国解释学问题》,《中国哲学》第二十五辑,辽宁教育出版社,2004年。

② 《中西文明的对比》,见罗素:《中国问题》,第146页。

③ “向子期(秀)以儒道为一。”(谢灵运《辨宗论》),汤用彤《王弼之〈周易〉、〈论语〉新义》说:“陈寿《魏志》无王弼传,仅于《钟会传》尾附叙数语,实太简陋。然其称弼‘好论儒道’,‘注《易》及《老子》’,孔老并列,未言偏重,……盖世人多以玄学为老、庄之附庸,而忘其亦系儒学之蜕变。”汤著《向郭义之庄周与孔子》中说:“郭序曰,《庄子》之书‘明内圣外王之道’。向、郭之所以尊孔抑庄者,盖由此也。”其时有王(弼)韩(康伯)《周易注》、何晏《论语集解》、王弼《论语释疑》、向秀《周易注》、郭象《论语体略》《论语隐》、皇侃《论语义疏》等等。

产生过重大影响,第一次是自公元一世纪以下,印度佛教文化的传入,它成为宋明理学(道学)产生的重要原因之一。如果不算唐朝传入的景教和在元朝曾发生过一定影响的也里可温教,因为这两次外来文化的传入都因种种原因而中断了。第二次文化外来是西方文化大规模的进入中国。自十六世纪末,特别是自十九世纪中叶西方文化全方位的传入,大大地影响和改变了儒学在中国社会生活中的地位。那么,我们需要问,今天应该如何看儒学与西学的关系?我想,这也许涉及到文化发展中"源"与"流"的关系问题。

我们知道,任何历史悠久且仍然有着生命力的民族文化必有其发生发展的源头,也就是说有其发源地,它可被称为该民族文化之"源"。例如今日欧洲文化的源头可以说主要是源自古希腊,印度文化的发源地在南亚的恒河流域。中华文化源远流长,有五千年的历史,它的源头在东亚的黄河、长江流域。在这些有长久历史的民族文化发展过程中总是在不断吸收着其他地区民族文化以滋养其自身,而被吸收的种种文化对吸收方说则是"流"。一个有长久历史仍然有着生命力的文化就像一条不断流着的大江大河,它必有一个源头,它在流动之中往往会有一些江河汇入,这些汇入主干流的江河常被称为"支流",甚至某些支流在一定情况下其流量比来自源头的流量要大,但"源"仍然是"源","流"仍然是"流"。因此,我们在讨论一种文化的发展时必须注意处理好文化的"源"与"流"的关系。

(一) 儒学与印度佛教的传入

儒学自孔子起就自觉地继承着源自中华大地的夏、商、周三代的文化,在长达两千多年的历史中曾是中华文化的主体,因而也可以说它的学说是来自中华大地文化的源头。印度佛教文化在一世纪传入中国之后曾对中国社会的宗教、哲学、文学、艺术、建筑、医学等等诸多方面有着重大影响,这一事实是中外学界所公认的。但是,上述的所有学科在历史上仍然体现着中华文化内在的精神面貌。因此，中国固有文化仍然是“源”，而印度佛教文化只是“流”。佛教传入中国的历史很长，在魏晋时有着广泛的影响，然就其与“魏晋玄学”的关系说，并非因佛教的传入而有“玄学”，而恰恰相反，是因有“玄学”而佛教才得以在我国比较顺利地流行。印度佛教对魏晋南北朝时期中国的思想文化起着重大作用，但它只是一个“助因”，并不能改变中国思想文化的根本性质和发展方向。“玄学是从中国固有学术自然的演进，从过去思想中随时演进的‘新义’，渐成系统，玄学的产生与印度佛教没有必然关系。易而言之，佛教非玄学生长之正因。反之，佛教倒是先受玄学的洗礼，这种外来思想才能为我国所接受。所以从一个方面讲，魏晋时代的佛学也可以说是玄学。但佛学对玄学为推波助澜的助因是不可抹杀的。”[①]例如在中国有影响的佛教学说僧肇和道生所讨论的许多问题仍是中国原本在“玄学”中所讨论的问题，如僧肇四论：动静、有无、知与无知、圣人人格等问题都是自王弼、郭象以来玄学讨论的主题，可以说《肇论》是接着“玄学”讲的。而道生之顿悟，“实是中印学术两者调和之论，一扫当时学界两大传统冲突之说，而开伊川谓‘学’乃以至圣人学说之先河。”[②]到隋时，据《隋书·经籍志》记载：当时“民间佛经，多于六经数十百倍”，但也未能改变儒学在社会上的正统地位。因而至隋唐，在我国出现了若干受我国固有的儒、道学术文化影响的佛教宗派，其中在我国最有影响的天台、华严、禅宗实是中国化的佛教宗派。另虽有玄奘大师提倡的唯识宗，流行三十余年后则渐衰。天台、华严、禅宗所讨论的重要问题是心性问题。“心性问题”本来是中国儒家思想所讨论的问题（近期出土文献对此问题讨论甚多）。天台有所

---

① 参见汤用彤：《魏晋玄学的发展》，见《汤用彤全集》第四卷，河北人民出版社，2000 年，第 112 页。

② 参见：汤用彤《谢灵运〈辨宗论〉书后》，《汤用彤全集》第四卷，第 96—102 页。

谓“心生万法”；[1]华严宗有融“佛性”于“真心”；禅宗则更认为“佛性”即人之“本心”(本性)。由于佛教的中国化，使得中国化的佛教宗派、特别是禅宗大大改变了印度佛教的原貌；佛教在中国从“出世”走向世俗化，认为在日常生活中就可以成佛，因而原来被佛教排斥的儒家“忠君”、“孝父母”[2]和道家的“顺自然”[3]等等思想也可以被容纳在禅宗里面。在世界历史上，文化也曾发生过异地发展之问题，印度佛教文化在中国的发展就是一例。公元八、九世纪佛教在印度已大衰落，然而在中国却大发展，而有天台、华严、禅宗等。中国佛教这些宗派直接影响着朝鲜半岛、日本等地。因此，我们可以说中国文化曾受惠于印度佛教，而印度佛教又在中国得到发扬光大。

至宋，理学兴起，一方面批评佛教，另一方面又吸收佛教。本来中国儒学是入世的“治国平天下”之道，而非如佛教的“出世”寻求“西方极乐世界”，两者很不相同，但理学不仅吸收了华严宗“理事无碍”、“事事无碍”的思想，而有“人人一太极，物物一太极”和“理一分殊”等思想，有助于程颐、朱熹传承先秦孔孟的“心性”学说，而建立了以“理”为本的形而上学。[4] 陆九渊、王阳明则更多地吸收禅宗的“明心见性”等思想，传承先秦儒家“尽心、知性、知天”的思想，而有“吾心便是宇宙”和“心外无物”等思想，建立了以“心”为体的形而上学。[5] 程朱的“性即

---

① 智顗《修习止观坐禅法要》：“一切诸法，皆由心生。”

② 契嵩本《坛经·无相颂》：“恩则孝养父母，义则上下相邻。”宋宗杲大慧禅师说：“予虽学佛者，然爱君忧国之心，与忠义士大夫等。”“学不至，不是学；学至而不用，不是学；学不能化物不是学。学到彻头处，文亦在其中，武亦在其中，事亦在其中，理亦在其中，忠义孝道乃至治身治人安国安邦之术无不在其中。”

③ 无门和尚《颂》：“春有百花秋有月，夏有凉风冬有雪，若无闲事挂心头，便是人间好时节。”

④ 《朱子语类》卷一中，朱子曰：“太极只是天地万物之理。在天地言，则天地中有太极，在万物言，则万物中各有太极。未有天地之先，毕竟是生有此理。”“伊川说得好，曰‘理一分殊’。合天地万物而言，只是一个理，及在人，则又各有一个理。”

⑤ 《陆九渊集》中《与曾宅之》写到：“盖心，一心也；理，一理也；至当归一，精义无二，此心此理，实不容二。”王阳明《传习录上》中说：“心即理也，天下又有心外之事，心外之理乎？……心即理也，此心无私欲之蔽，即是天理，不须外面添一分。”

理”和陆王的“心即理”虽理路不同,但都是要为“治国平天下”的理想找一形而上学的根据;这样就使宋明理学较之先秦儒学有了更加完善的理论体系。这一发展正是由于理学吸收、消化和融合了隋唐以来中国化的佛教宗派而形成的。但是,从根本上说,理学仍然是先秦以来儒家“心性”学说的发展,佛教只是助因。从这里我们也可以看出文化的“源”和“流”的关系。

(二)儒学与“西学”的传入

在十九世纪末,由于西方列强的入侵,大大有利于西方文化(西学)在中国的传播。因此,引起了“中西古今之争”,此“中西古今之争”一直延续至今。所谓“中西古今之争”无非是说中国文化面临着三个相互联系的问题:如何对待西方文化;如何看待我国本民族的固有文化;在现时代如何创建我国自身的新文化。一个多世纪以来,西方学术思想像潮水一般地涌入我国,最早有影响的西方学说是严复翻译的《天演论》,因而进化论思想影响着中国几代人。其后,继之而有叔本华哲学、尼采哲学、康德哲学、古希腊哲学、无政府主义、马克思主义,英国经验主义、欧洲大陆理性主义、十九世纪德国哲学、实用主义、实在论,分析哲学、现象学、存在主义、结构主义,解构主义、解构性后现代主义以至建构性后现代主义等等,先后进入我国。中国学界面对如此众多的学术派别(西学),我们如何接受,如何选择,无疑是个大难题。

我们是不是可以根据百多年来的历史,对“西学”输入中国作一些分析?照我看,从中国社会发展的情况看也许可以把“西学”对中国学术思想的影响分成:中国社会迫切需要的思想、有利于促进中国哲学更新和发展的思想,以及和中国哲学较相近,能对中国社会发生巨大影响的思想等几类。当然也还有其他西方学术派别影响着我国学术界,此处就不一一详谈了。

第一，中国社会迫切需要的思想：自鸦片战争以来，中国社会迫切需要的是如何改变我国落后、挨打的局面。为了自强图存，再守着过时的思想文化传统，提倡什么“奉天承运”、“三纲六纪”、“中学为体，西学为用”已经不行了，中国社会必须“进化”，于是西方的“进化论”思想自严复的《天演论》译出之后无疑成为影响中国社会的主要思潮。其时，中华民国的缔造者孙中山即是“进化论”的信徒。至于我国学术文化界，无论是激进派的，如陈独秀、鲁迅、郭沫若等等，自由主义派的，如张东荪、胡适、丁文江等等都接受了“进化论”思想，甚至保守派的，如梁漱溟、杜亚泉等也不反对“进化”。[①] 其后，尼采的“重新估价一切”的思想深深地影响中国学术界，这正适合中国社会急遽变化之需要。中国必须改变，因而需要对过去的一切进行重新评估。1904 年，王国维介绍尼采时，指出尼采学说的目的是要“破坏旧文化而创造新文化”，为“弛其负担”而“图一切价值之颠覆”，并“肆其叛逆而不惮”，盛赞尼采的“强烈之意志而辅以极伟大之知力”。其后，鲁迅、陈独秀、沈雁冰(茅盾)、郭沫若等等无不要求以“强固的意志”去对旧传统“进行战斗”。特别是蔡元培在一次演讲中说：“迨至尼采(原注：德国之大文学家)，复发明强存弱亡之理，……弱者恐不能保存亦积极进行，以与强者相抵抗，如此世界始能日趋进化。”而傅斯年在《新潮》杂志上号召：“我们须提着灯笼沿街找超人，拿着棍子沿街打魔鬼”，赞扬尼采是一个“极端破坏偶像家”。所以尼采思想在“五四运动”前后都有过重大影响。[②] 其他如无政府主义思想也曾发生过一定影响，盖因其反对“专制政权”甚激烈。

第二，有利于中国哲学得到更新和发展的思想：宋明理学在中国

---

① 杜亚泉《接续主义》中说：“国家之接续主义，一方面含有开进之意味，一方面又含有保守之意味。盖接续云者：以旧业与新业相接续之谓。有保守而无开进，则拘墟旧业，复何用其接续乎！”

② 参见乐黛云：《尼采与中国现代文学》，收入《比较文学与中国现代文学》，北京大学出版社，1987 年。

统治了近千年,这一学说日愈僵化,逐渐成为束缚人们思想的教条。因此,有了现代新儒学的出现。人们一向以自熊十力开创,而经牟宗三等发展,至今而有第三代如杜维明、刘述先等为现代新儒学的代表。但是,实际上在中国另外还有一些企图吸收"西学"来发展儒学的学派,例如以冯友兰为代表的"新理学"派和以贺麟为代表的"新心学"派。

熊十力的"新唯识论"体系虽颇有创见,但相对地说还是比较传统地继承着儒家哲学,不过我们已可以看出,他对"西学"确颇有认识,如他说:"西学以现象为变异,本体为真实,其失与佛法等。"同时熊先生也看到中国哲学在"认识论"有不重"思辨"之缺点,故"中国诚宜融摄西洋而自广",使两者结合而成"思修交尽之学"。[①] 可见,熊十力已注意到必须吸收西方哲学之长而为中国哲学开拓新的方面。其后,牟宗三则多吸收与融合康德哲学;而杜、刘等则以开放的心态面对西方哲学,而维护儒学传统则未变。

冯友兰的"新理学"之所以新正是在把柏拉图的"共相"与"殊相"和"新实在论"(如"潜在"的观念)引入中国哲学。他把世界分成"真际"(或称之为"理",或称之为"太极")和"实际",实际的事物依照所以然之理而成为其事物。冯先生之创建"新理学",其意图主要是使中国哲学中的"形上学"更加凸显,以说明宋明理学可发展为与西方哲学媲美的形上学。[②]

贺麟的"新心学"的思想也许可以说包含在《儒家思想的新开展》一文中。他认为:(1) 必须以西洋的哲学发挥儒家理学(此"理学"指"性理之学")。由于中国哲学特别重视的在于道德精神的建构,而并非一种注重学说知识体系建构的哲学,如能会合融贯、吸收借鉴西洋

---

① 参见《熊十力全集》第五卷,第 57、58、63 页,第四卷,第 105、111 页,湖北教育出版社,2001 年。

② 可参见冯友兰:《三松堂全集》第四卷《新理学》,河南人民出版社,1986 年。

哲学，不仅可作道德可能的理论基础，且可奠定科学可能的理论基础。(2) 必须吸收基督教的精华以充实儒家的礼教。(3) 必须领略西洋艺术而使新诗教、新乐教、新艺术与新儒学一起复兴。[①] 为什么贺麟要从这三个方面来讨论“儒家思想的新开展”？我认为，正是因为西方哲学一向重视对“真”、“善”、“美”问题的讨论，而贺麟正是希望在吸收西方文化的基础上发展“新儒学”。因此，他在《中国哲学与西洋哲学》中说：“今后中国哲学的新发展，有赖于对西洋哲学的吸收与融会，同时中国哲学家也有复兴中国文化、发扬中国哲学，以贡献于全世界人类的责任。”[②]

汤用彤先生为什么在写完《汉魏两晋南北朝佛教史》之后，就开始研究“魏晋玄学”，主要是要梳理中国哲学自汉至魏晋南北朝之变化。他认为，中国哲学就思想上说自有其自身发展内在逻辑，印度佛教的传入虽对“玄学”的发展有推进作用，但它只是“助因”，而非正因。[③] 这也就是文化发展的“源”与“流”的问题吧！但这一研究的结果，却说明中国哲学自有其“本体之学”，而其“本体论”或与西方哲学不同，[④]其“道”、“无”、“理”、“太极”等虽为“超越性”的，但它不离万事万物，而内在于万事万物，故“体用如一”，[⑤]而其人生境界又是“即世间而出世

---

① 贺麟：《儒家思想的新开展》，见《文化与人生》，商务印书馆，1988 年，第 8—9 页。

② 见贺麟《哲学与哲学史》，商务印书馆，1990 年，第 127 页。

③ 参见《魏晋思想的发展》，《汤用彤全集》第四卷，第 112 页。

④ 汤用彤：《魏晋玄学流派略论》中指出，魏晋玄学与东汉有根本之不同，他说：“魏晋玄学已不复拘拘于宇宙运行之外用，进而论天地万物之本体。汉代寓天道于物理，魏晋黜天道而究本体，以寡御众，而归于玄极(王弼《易略例·明象章》)；忘象得意，而游于物外(《易略例·明象章》)。于是脱离汉代宇宙论(Cosmology or Cosmogony)而留连于存存本本之真(Ontology or Theory of Being)。”按：张东荪否认中国有“本体论”(参见张耀南：《张东荪知识论研究》，台湾洪叶文化事业有限公司，1995 年)。又，俞宣孟教授也反对中国有本体论(参见上海《社会科学报》，2004 年 9 月 9 日)。这是由于他们企图用西方本体论学说规范中国哲学之故。

⑤ 《周易注》引王弼曰：“演天地之数，所赖者五十也。其用四十有九，则其一不用也。不用而用之以通，非数而数之以成，斯易之太极也。四十有九，数之极也。夫无不可以无明，必因于有，故于有物之极，而必明其所由之宗也。”郭象《庄子注》：“夫圣人虽身在庙堂之上，然其心无异于山林之中，世岂识之哉！”

间”的。

从以上几例可以看出，上个世纪中叶中国哲学的研究者们特别注意自身哲学研究所未展开的方面，如认识论、形上学（本体论）、宗教精神、纯艺术精神，从而努力吸收西方哲学“以自广”。

第三，和中国哲学较相近而对中国社会发生较大影响的思想：

中国哲学的创造者，无论儒、道还是先秦其他诸子，都是有社会关怀的“士”，这一传统十分久远，我们从《尚书·说命》中“非知之艰，行之惟艰”就可以看到儒家的精神是入世的，要“明明德”于天下。要“明明德”于天下，就不仅是个理念问题，必须实践，必须身体力行，必须见之于事功。所以孔子说：“吾岂匏瓜也哉？焉能系而不食？”所以儒家哲学是一种“治国平天下”的实践的哲学。[1] 马克思《关于费尔巴哈的提纲》中说：“哲学家们只是用不同的方式解释世界，问题在于改变世界。”“全部社会生活在本质上是实践的。”[2]因此，他们在“实践”问题上可有相同之处。马克思主义自上个世纪以来一直影响着中国社会，除了中国社会确实需要一巨大的变革外，我认为这和儒家思想重视“实践”（道德修养的实践，社会政治生活的实践）有着密切的关系。毛泽东的《实践论》就是证明，这是大家都了解的。同时，儒学与马克思主义又都是带有理想主义的学派。儒学有其“大同”社会的理想；马克思

---

① 参见拙作《论知行合一》，收入《反本开新——汤一介自选集》中，首都师范大学出版社，2008年。

② 《马克思恩格斯全集》第三卷，人民出版社，1960年，第8页。

主义有其共产主义的理想。[1] 他们的理想主义或许带有某种"空想"成分,但无疑都有对人类社会发展前景的乐观主义的期盼,我们必须珍视。

中国学术界无疑都十分关心马克思主义中国化的问题,从哲学这个层面讲,我认为做得比较成功的应该是冯契同志。已故的冯契同志是一位有创造性的马克思主义者,他力图在充分吸收和融合中国传统哲学和西方分析哲学的基础上使马克思主义哲学成为中国化的马克思主义哲学。他的《智慧说三篇》可以说是把马克思主义的实践唯物辩证法、西方的分析哲学和中国传统哲学较好结合起来的尝试。[2] 冯契同志在他的《智慧说三篇·导论》中一开头就说:"本篇主旨在讲基于实践的认识过程的辩证法,特别是如何通过'转识成智'的飞跃,获得性与天道的认识。"冯契同志不是要用实践的唯物主义辩证法去解决西方哲学的基本问题,而是要用实践的唯物主义辩证法解决中国哲学的"性与天道"的问题;而如何获得"性与天道"的认识,又借用了佛教哲学中的"转识成智",以此来打通"天"与"人"的关系问题。他说:"通过实践基础上的认识世界与认识自己的交互作用,人与自然、性与天道在理论与实践的辩证统一中互相促进,经过凝道而成德、显性以宏道,终于达到转识成智,造成自由的德性,体验到相对中的绝对、有限中的无限。"接着冯契同志用分析哲学的方法,对"经验"、"主体"、"知

---

① 《礼记·礼运》:孔子曰:"大道之行也,与三代之英,丘未之逮也,而有志焉。大道之行也,天下为公,选贤与能,讲信修睦。故人不独亲其亲,不独子其子,使老有所终,壮有所用,幼有所长,矜、寡、孤、独、废、疾者皆有所养,男有分,女有归。货,恶其弃于地也,不必藏于己;力,恶其不出于身也,不必为己。是故谋闭而不兴,盗窃乱贼而不作,故外户而不闭。是谓大同。"《马克思、恩格斯、列宁、斯大林论共产主义社会》:"在共产主义社会高级阶段,迫使人们奴隶般的服从社会分工的现象已经消失,脑力劳动和体力劳动的对立也随之消失,劳动已不仅仅是谋生的手段,而且成了生活的第一需要,生产力已随着每个人的全面发展而增长,一切社会财富的资源都会充分地涌现出来,……只有在那时候,才能彻底打破资产阶级法权的狭隘观点,社会才能把'各尽其能、各取所需'写在自己的旗帜上。"(人民出版社,1958 年,第 11 页)

② 参见拙作《读冯契同志〈智慧说三篇〉导论》,上海《学术月刊》1998 年增刊。

识”、“智慧”、“道德”等等层层分析，得出如何在“认识世界和认识自己的过程中转识成智”。首先，冯契同志把金岳霖先生的“以经验之所得还治经验”，扩充为“得之以现实之道还治现实”，而这个“得之以现实之道还治现实”必须有一个主体，这个“主体”即“我”。我认为这点很重要，因为没有离开“主体”的“现实”（“现实”已不是自在的，而是“为我之物”了），必须有一个主体，才可以在“认识世界和认识自己的过程中转识成智”。而“我”这个主体在现实生活中，必定是一“知识”的主体，又是一“道德”的主体。我想这里可能产生两个必须回答的问题：第一个问题是：“转识成智”，即是由“知识”领域进入“智慧”领域（境界），也就是说要由“以物观之”进入到“以道观之”。由此就要超越这个作为主体的“我”，这样，作为主体的“我”必须达到“与道同体”（王弼语）的境地，才是“以道观之”。第二个问题是：作为知识的主体（认识世界的主体）和自由道德人格的主体（认识自己的主体）在“转识成智”的过程中是同一的还是不同一的？如果是不同一的，“转识成智”将不可能，因为这样就不可能在“自证中体认道（天道、人道、认识过程之道）”。我认为，冯契同志正是运用实践唯物主义辩证法解决这两个问题的，也就是说用实践唯物主义辩证法来解决“性与天道”这一古老又常新的哲学问题。

冯契同志有一非常重要的命题：“化理论为方法，化理论为德性。”他对这个命题解释说：“哲学理论一方面要化为思想方法，贯彻于自己的活动，自己的研究领域；另一方面又要通过自己的身体力行，化为自己的德性，具体化为有血有肉的人格。”而无论“化理论为方法”，还是“化理论为德性”，都离不开实践。照我的理解，“化理论为方法”不仅是取得“知识”的方法，而且也是达到“智慧”的方法。冯契同志说：“知识和智慧、名言之域和超名言之域的关系到底如何，便成为我一直关怀、经常思索的问题。”“知识”的取得无疑离不开实践，而“智慧”是否也只能靠实践才能体证呢？冯契同志说：“在实践的基础上认识世界和认识自己的交互作用中如何转识成智,获得关于性与天道的认识?这样一种具体的认识是把握相对中的绝对,有限中的无限,有条件的东西中的无条件的东西。这里超名言之域,要通过转识成智,凭理性的直觉才能把握的。"这里可以注意的是:认识世界和认识自己都必须在实践的基础上实现。世界和自我都是一个实在的发展过程,人生活在这个过程之中离不开实践的活动,没有实践就没有人的"世界"和人的"自我",当然也就没有"性与天道"的问题;只有在实践中人才可以把"世界"和"自我"内化,而有"性与天道"的问题。对"性与天道"的证悟,是把握相对中的绝对、有限中的无限。当然,我们说"转识成智"这种具体的认识是把握"相对中的绝对、有限中的无限"也是具有相对性的。对于一个哲学家来说,他可以完成"转识成智",但是对于人类来说,由于只要有人类存在,人们的实践活动总是要继续下去的,而且要不断地使人们的认识在实践的基础上,由具体到抽象,再由抽象上升到具体。因此,实践的唯物主义辩证法作为一种方法,它不仅是取得"知识"的方法,而且也是体证"智慧"的方法。但是,正如冯契同志所说,"知识"和"智慧"不同,"知识"所及为可名言之域,而"智慧"所达为超名言之域,这就要"转识成智"。照冯契同志看,"转识成智"要"凭理性的直觉才能把握"。对这一点冯契同志也有一个解释:"哲学的理性的直觉的根本特点,就在于具体生动地领悟到无限的、绝对的东西,这样的领悟是理性思维和德性培养的飞跃。"(按:这有点像熊十力先生所提出希望建立"思修交尽"的"量论"那样)"理性的直觉"这一观念很重要,照我看,它是在逻辑分析基础上的"思辩的综合"而形成的一种飞跃。如果没有逻辑分析,就没有理论的说服力;不在逻辑分析基础上作"思辨的综合",就不可能形成新的哲学体系。因而,"理性的直觉"不是混沌状态的"悟道",而是清楚明白的自觉"得道"。我们从冯契同志许多论文中,特别是《导论》中,可以体会他运用逻辑分析和思辨综合的深厚功力,正由于此,实践唯物主义辩证法才更具有理论的力量,这也说明他研究的目的归根结底是为了用实践唯物辩证法来解决"性与天道"这一古老又常新的中国哲学问题,以贡献于世界。

前面我们已经讲到,冯契同志的"智慧"学说就是要解决"性与天道"问题的学说,他说:"关于道的真理性认识和人的自由发展内在地联系着,这就是智慧。"这里冯契同志非常注重"道的真理性的认识"和"人的自由发展"的内在联系。从这一点看,冯契同志的"智慧"学说也是颇具有中国哲学的特色的。"涵养须用敬,进学在致知"。前者是属于道德修养的问题,后者是属于知识学问的问题。在中国哲学史中,特别是在儒家哲学中,"道德"和"学问"是统一的,学以进德。朱熹说:"为学,须思所以超凡入圣。"[①]冯契同志认为,"转识成智"是在实践基础上认识世界和认识自己交互作用所达到的飞跃。我认为这里有两点很重要:第一是认识世界和认识自己都必须在实践的基础上才有可能实现;第二是认识世界与认识自我是一个统一的过程。只有在它们的交互作用中才能实现"转识成智"。对此,冯契同志把"德性之知"引入他的哲学体系。他特别申明:"我不赞成过去哲学家讲德性之智时所具有的先验论倾向,不过,克服了其先验论倾向,这个词还是可以用的。"在中国哲学史中,张载首先提出"德性之知",他说:"见闻之知,乃物交而知,非德性所知;德性所知,不萌于见闻。"[②]张载把"见闻之知"与"德性之知"割裂开来,因此确有先验论顷向。为什么在张载的哲学里会发生这样的问题呢?我认为,他没有认识到在实践的基础上"见闻之知"和"德性之知"可以统一起来。而冯契同志解决了这个问题,他说:"主体的德性自在而自为,是离不开化自在之物为我之物的客观实践活动过程的。"我认为冯契同志的这个看法是接着中国哲学的问题讲的,对中国哲学中关于"知识学问"与"德性修养"的关系给了更为

---

① 《朱子语类》,第 135 页。

② 《正蒙·大心篇》,《张载集》,中华书局,1978 年,第 24 页。

合理的解决。

从中国哲学的传统看,"做学问"与"做人"应是统一的,一个人学问的高下往往是和他境界的高低相联系的。冯契同志认为,"做学问"首先要"真诚"。《中庸》说:"唯天下至诚,为能尽其性;能尽其性,则能尽人之性:能尽人之性,则能尽物之性;能尽物之性,则可以赞天地之化育;可以赞天地之化育,则可以与天地参矣。"学问要作到"转识成智",要达到"参天地,赞化育"的境界,必须有一至诚的心。"做学问"要"真诚","做人"同样要"真诚",真诚的人才可以作到"化理论为方法,化理论为德性"。这无疑是儒家理想的生活态度,也是马克思主义者理想的生活态度。冯契同志在这两方面都为我们作出了榜样,而且他的"智慧学说"之所以有其理论的力量也正在于此。

近半个世纪以来,要想作一个真正有创造性的哲学家是很难的,这点我们大家都有体会,正因为如此,《智慧说三篇》就更有其特殊的价值。我之所以用比较长的篇幅来讨论冯契同志的《智慧说三篇》,这是因马克思主义中国化对当前中国哲学的发展是个最重大的问题。司马迁作《史记》对自己有个要求,这就是要求他的书能"究天人之际,通古今之变,成一家之言",冯契同志的《智慧说三篇》不正也是一部努力追求"究天人之际,通古今之变,成一家之言"的智慧书吗？有真诚之心做学问的学者们多么希望有更为宽松的学术环境,使他们能充分发挥自己的才智,创作更多更好的体现我们这个时代的哲学著作来。

从印度佛教文化(哲学)的传入到西方文化(哲学)的传入毕竟有一个"源"与"流"的关系。我认为,从文化(哲学)发展的"源"与"流"的关系看,中国文化(哲学)的前景可以有两个不同的提法:一是新的中国文化(哲学)将沿着中国化的马克思主义发展;另一是新的中国文化将会是吸收马克思主义和其他各民族的优秀文化(哲学)的中国自身的文化(中国哲学)。说法或有差异,前者的重点是在马克思主义吸收了中国特有文化而成为新的中国文化;后者是说中国自身文化传统吸收了马克思主义而成为新的中国文化。我认为，这两个发展方向也许并不对立，或可互补？但是，中国文化毕竟应是中国自身的文化，这样才有“根”，才是由其源头发展下来的中国文化。无论如何，建设新的中国哲学、新的儒家哲学是需要我们长期、深入不断研究的。

《中国儒学史》是由多位学者合力撰写的，在学术思想上不可能完全一致，甚至可能是很不一致，如何办？我认为，或许不一致并不是坏事，而是好事，因为这样可以留下继续讨论、更加深入研究的余地。我们只要求史料有根有据，论说“持之有故，言之成理”，表达清楚明白，并有自己的创新见解，这样就可以了。也就是说，《中国儒学史》虽是一部书，但仍应可体现“百家争鸣”的精神。当然，在写作的“体例”上，我们希望能尽可能地一致。

这篇“总序”并不代表参与《中国儒学史》编撰的众多学者的看法，也没有经过大家讨论，因此它只是我个人的一些看法，所以不能算是一篇真正的“总序”。欢迎大家批评指正。

汤一介

2010 年 4 月 3 日完成

目　　录

第一章

绪　论

从公元220年曹丕称帝到589年陈朝灭亡，前后历时369年，是中国历史上的魏晋南北朝时代，也是中国历史上自秦统一后分裂最长的时期。先是东汉末年的黄巾大起义，随后形成了魏、蜀、吴三国鼎立的局面，后来虽有西晋的短暂统一，但不久又出现了八王之乱和北方十六国的分裂。接着西晋灭亡，晋室南迁，建立东晋。东晋亡后，又形成了长期的南北朝对峙局面。这是中国历史上最为黑暗和混乱的时期之一。在这一期间，政治腐败，战争频繁，人民生活在水深火热之中。但在这种情况下中国思想文化的发展不但没有停滞，而且还得到较大的发展，涌现出一批名垂青史的思想家和哲学家。

第一节　汉末儒家名教之治的衰落与危机

自从汉武帝“罢黜百家，独尊儒术”以后，儒家就成了封建社会的正统意识形态。两汉四百年间，儒家占有绝对的统治地位。在这期间，儒家在维持封建社会的政治制度、等级名分、伦理道德规范等方面起了非常重要的作用。因此，两汉是以儒家名教治理天下的。所谓“名教”，即“以名为教”或“因名立教”。所谓“名”就是指封建礼教所规范的每个人在社会上所处的地位，以及与此地位相符合的行为准则。广义上的名教则是为封建社会的政治制度、等级名分、伦理道德规范及社会意识形态服务的封建礼教的总称。

虽然名教对于当时的国家治理起了非常重要的作用，但到了东汉末年，随着政权的腐败，儒家的名教逐渐暴露出了严重的弊端和危机。一方面它在人民心目中的地位大为下降，不能起到维护社会、人心的作用。如《后汉书·孔融传》说：“父之于子，当有何亲？论其本意，实为情欲发耳。子之于母，亦复奚为？譬如寄物瓶中，出则离矣。”父子关系乃是儒家名教最基本的内容之一，孔融却认为父子之间没有什么亲情可言。所谓父亲的本意，不过是发泄自己的情欲。儿子与母亲的关系就如某种东西与瓶子的关系一样，东西离开瓶子就与瓶子没有关系了，儿子离开母亲也与母亲没什么关系了。孔融直接否定了儒家所规定的名教关系，后来因为这一点他被曹操所杀。对于儒家思想的否定不仅是孔融一个人的看法，这种现象在当时是比较普遍的。魏杜恕就明确地指出了这一点，他说：“今之学者师商韩而上法术，竞以儒家为迂阔，不周世用，此最风俗之流弊。”[①]另一方面，在这种思想指导下选

---

① 《三国志·魏书·杜恕传》，中华书局1959年版，第502页。

拔出来的官吏出现了很多虚伪之士和鸡鸣狗盗之辈。东汉选拔官僚的制度是“察举”制。这种制度先由地方推荐，然后再由中央征辟。因此，人物品鉴在当时就变得非常重要。朝廷以“名”察举官吏，士人亦以逐名来博得自己的声望，从而为进入仕途打好基础。一种制度行之既久，不免产生弊端。在这种情况下，就出现了很多欺世盗名之徒。《后汉书·符融传》记载的一则故事很能说明这一问题：

> 时汉中晋文经、梁国黄子艾，并恃其才智，炫曜上京，卧托养疾，无所通接。洛中士大夫好事者，承其声名，坐门问疾，犹不得见。三公所辟召者，辄以询访之，随所臧否，以为与夺。融察其非真，乃到太学，并见李膺曰：“二子行业无闻，以豪桀自置，遂使公卿问疾，王臣坐门。融恐其小道破义，空誉违实，特宜察焉。”膺然之。二人自是名论渐衰，宾徒稍省，旬日之间，惭叹逃去。后果为轻薄子，并以罪废弃。[①]

晋文经、黄子艾并没有什么德行，靠他们的小聪明，而在京师获得很大的名气。他们自恃名声很大，很多士大夫前去探望，他们甚至都不接见；朝廷征他们做官，他们也不应征。后来还是大名士符融、李膺出来揭发，才使他们原形毕露，不得不逃离京师。当时还有个叫赵宣的人也是这类虚伪之徒。《后汉书·陈蕃传》载：

> 民有赵宣葬亲而不闭埏隧，因居其中，行服二十余年，乡邑称孝，州郡数礼请之。郡内以荐蕃，蕃与相见，问及妻子，而宣五子皆服中所生。蕃大怒曰：“圣人制礼，贤者俯就，不肖企及。且祭不欲数，以其易黩故也。况乃寝宿冢藏，而孕育其中，诳时惑众，诬污鬼神乎？”遂致其罪。[②]

按照儒家礼制，父母亡故，子女要守三年之丧，以报父母养育之恩。守

---

① 《后汉书》卷六十八，中华书局 1965 年版，第 2232—2233 页。

② 《后汉书》卷六十六，第 2159—2160 页。

丧期间，耳不能闻乐，口不能吃荤，男不能娶，女不能嫁，夫妻不能交接。但是赵宣为了获取孝名，居然在墓道中守了二十多年的丧。后来其在乡里也博得“乡邑称孝”的美名，州郡的长官也数次请他出来做官。但却不知道赵宣是一个伪君子，在守丧期间竟然生了五个孩子。他是利用孝名企图达到个人的目的。

以上两个例子说明当时名不副实的现象非常严重，已经成了一种不可逆转的腐败风气。汉魏间的很多人对这一现象进行了深刻地揭露和批判，如王符说：

尽孝悌于父母，正操行于闺门，所以为烈士也。今多务交游以结党助，偷世窃名以取济渡，夸末之徒，从而尚之，此逼贞士之节，而衒世俗之心者也。[①]

徐幹说：

至于父盗子名，兄窃弟誉，骨肉相诒，朋友相诈，此大乱之道也。故求名者圣人至禁也。……夫为名者，使真伪相冒，是非易位，而民有所化，此邦家之大灾也。[②]

葛洪说：

灵、献之世，阉官用事，群奸秉权，危害忠良。台阁失选用于上，州郡轻贡举于下。夫选用失于上，则牧守非其人矣；贡举轻于下，则秀孝不得贤矣。故时人语曰：“举秀才，不知书。察孝廉，父别居。寒素清白浊如泥，高第良将怯如鸡。”又云：“古人欲达勤诵经，今世图官免治生。”盖疾之甚也。[③]

当时偷世窃名、盗名窃誉之风甚盛，父子、兄弟、朋友之间相互欺诈，都无信任可言，何况其余。秀才本来应该是有文化的，结果连字都不认

① 王符：《潜夫论·务本》。

② 徐幹：《中论·考伪》，上海古籍出版社 1990 年版，第 27—28 页。

③ 葛洪：《抱朴子·外篇·审举》，杨明照：《抱朴子外篇校笺》，第 393 页。

识。被举为“孝行”的人，徒有虚名，和父母还分着过，根本就没有侍奉父母。名义上是“寒素清白”，两袖清风，但实际上同污泥一样混浊。高门出身并号称“良将”的人，实际上他们的胆子却只有鸡那么大。这些就叫名实相乖，名不副实。

东汉统治者本来想利用名教来维护自己的统治，但长期推行的结果，却使名教意识形态教条化、虚伪化，结果是选举出来的官吏都是一些与名号相反的人。王符说：

> 群僚举士者，或以顽鲁应茂才，以桀逆应至孝，以贪饕应廉吏，以狡猾应方正，以谀谄应直言，以轻薄应敦厚，以空虚应有道，以嚚闇应明经，以残酷应宽博，以怯弱应武猛，以愚顽应治剧。名实不相副，求贡不相称，富者乘其材力，贵者阻其势要，以钱多为贤，以刚强为上。凡在位所以多非其人，而官职所以数乱荒也。[①]

本来政府要征辟一些“茂才”、“至孝”、“廉吏”、“方正”等德才高尚的人作官，但实际上却征来一批“顽鲁”、“贪饕”、“狡猾”、“谀谄”之人。任用这样一批官吏怎么能够治理好国家呢？这样的时代势必要求一种新的理论体系来对儒家的名教重新论证，以达到重新发挥其作用的需要。

第二节　学术思想的转型与新旧思潮的对立

当原有的占统治地位的思想理论体系不起支配作用的时候，新的思想形态及理论方法就会随之产生。当然，新的理论形态并不是一蹴而就，也不是绝对翻新，而只能是从原有的思想体系中逐渐发展、蜕变

① 王符：《潜夫论·考绩》。

出来的。如果从汉献帝初平元年(190)算起,到魏齐王芳正始元年(240),其间大约50年的时间,可以说是魏晋学术思想的转型时期。

这种思想转型,在学术上的表现首先是“名理之学”的出现。所谓“名理之学”,即是以名实问题为纲,品评人物及时事的一种政治理论。这是当时学者有鉴于汉末清议和品评人物渐失实际,从而造成“名实相违”或“名不准实”而提出的。“名理之学”主要代表人物有崔寔、仲长统、王符、徐幹、刘廙等人。崔寔说:“常患贤佞难别,是非倒纷,始相去如毫厘,而祸福差以千里,故圣君明主,其犹慎之。”[①]仲长统说:“天下之士有三可贱。慕名而不知实,一可贱;不敢正是非于富贵,二可贱;向盛背衰,三可贱。”[②]王符说:“有号必称于典,名理者必效于实,则官无废职,位无废人。”[③]徐幹和刘廙对名实关系作了更为深入的论述。徐幹说:“名者,所以名实也。实立则名从之,非名立而实从之也。故长形立而名之曰长,短形立而名之曰短。非长短之名先立,而长短之形从之也。仲尼之所以贵者,名实之名也。贵名乃所以贵实也。”[④]刘廙也说:“夫名不正,则其事错矣;物无制,则其用淫矣。错则无以知其实,淫则无以禁其非。故王者必正名以督其实,制物以息其非。名其何以正之哉?曰行不美则名不得称,称必实所以然,效其所以成,故实无不称于名,名无不当于实也。”[⑤]这些论述说明当时名、实不符的问题是非常严重的,因此,当时的思想家要站出来来纠正这种现象。

从上面的论述我们可以看出,当时人们对于名、实关系,大多只重名而不重实。因此,这些思想家要通过强调“实”的重要性来摆正名、实关系。他们认为,在名、实关系上,实是居于首要地位的。有其实方可有其名,无其实则不可有其名。名由实立,实由名显,统治者要通过

---

① 崔寔:《政论》,《全后汉文》卷四十六,商务印书馆1999年版,第463页。

② 仲长统:《昌言》,《全后汉文》卷四十六,第900页。

③ 王符:《潜夫论·考绩》。

④ 徐幹:《中论·考伪》,第28页。

⑤ 刘廙:《政论·正名》,《全三国文》卷三十四,商务印书馆1999年版,第349—350页。

“正名”来督察其实际效果，这样才能“实无不称于名，名无不当于实”。这些思想是由汉末欺世盗名所引发的名教危机所造成的直接结果。同时，它也是曹魏在谋取政权时的一种“务实”表现。魏初人士论名实，首先重视的便是对人物的实际考察和对政治得失的具体探讨，具有鲜明的政治、伦理色彩和就人论人的倾向。但这种论人的方法，不免出现很多遗漏。因为一个具体的人，在其一生中总是随着时间、条件和不同环境的变化而有不同的表现，所以这种从研究名实出发的名理之学只能一般地解决当时用人的问题，而不能解决人才为什么有高下卑劣之分的问题。也就是说，人们已经不满足于就事论事的考察人物，而开始探求隐藏在人物品格背后更为本质的东西。因此，当时从理论上出现了很多探讨品鉴人物的著作，如《隋书·经籍志》记载的姚信的《士纬新论》、卢毓的《九州人士论》、魏文帝的《士操》、刘劭的《人物志》等。其中刘劭的《人物志》可谓当时人物品鉴学的总结之作。

刘劭认为，观人察物应该通过其情性来认识。他说：“盖人物之本，出乎情性。情性之理，甚微而玄，非圣人之察，其孰能究之哉？”[①]因为人物的本性是通过情性来表现的，因此，观察人物，应该察其情性。然而情性之理是非常玄妙难知的，只有圣人才能究察。在刘劭看来，人的情性是由元气、阴阳和五行构成的。他说：

> 凡有血气者，莫不含元一以为质，禀阴阳以立性，体五行而著形。苟有形质，犹可即而求之。凡人之质量，中和最贵矣。中和之质，必平淡无味，故能调成五材，变化应节。是故观人察质，必先察其平淡，而后求其聪明。[②]

正因为人物都是“含元一以为质”、“禀阴阳以立性”、“体五行而著形”，所以可以通过这些来寻察人物之本。由于人物所含的形质不同，所以

---

① 刘劭：《人物志·九征》，文学古籍刊行社 1955 年版，第 1 页。

② 刘劭：《人物志·九征》，第 1—2 页。

才性也有中庸、偏至等不同。在刘劭看来，中庸之德是“其质无名”的。这种中庸之德，他又称作“中和”。“中和之质必平淡无味，故能调成五材，变化应节。”这是说圣人的本性是平淡的，因此不能用某一具体的、固定不变的质去称谓他，因为他的本性不是由某种固定不变的质构成，而是由各种质加在一起的中和。正因如此，圣人的本性才具有“咸而不碱，淡而不醴，质而不缦，文而不缋”的特点，这样才能把各种各样的质性的人调和在一起，以适应社会的各种变化。刘劭“中庸之德其质无名”的思想，看到了人才问题上的一般与特殊的关系，是对人的认识的进一步深化。从哲学上看，名理学家们讨论的人物理论，纳入了“其质无名”的道家系统，后来的何晏、王弼正是从这一点上突破了传统的理论架构，从人物质性的“无名”，扩展到对天地万物的认识，从而导致了魏晋玄学的产生。

魏晋时期注重的经典主要有《老子》、《庄子》和《周易》，这在当时被称作“三玄”。虽然当时的玄学家对《论语》、《周易》等儒家著作都有注解，但这种注解都是以道家思想为基础的。在此基础上，他们试图调和儒道，会通名教与自然，以使其适应魏晋时期社会、政治和人生的需要。从理论上来看，魏晋玄学在内容、趋向和方法上，都是对汉代经学和汉代哲学思想的突破。因此，相对两汉经学来说，魏晋玄学是一种新的理论形态。

玄学和经学属于两种理论体系，其思想内容和方法均有不同。大体来说，汉代经学又有今文经学和古文经学之分。今文经学注重经典中的“微言大义”，其弊端是把经学神秘化和宗教化。古文经学则注重从名物训诂角度来解释经典，其弊端是把经学烦琐化和教条化。而玄学就是在这些弊端日益严重的情况下产生的。因此，玄学形成初期，就受到了旧有的经学思想的抵制。

《三国志·魏书·管辂传》注引《辂别传》说：“若欲差次老、庄而参爻象，爱微辩而兴浮藻，可谓射侯之巧非能破秋毫之末也。”这是管辂对何晏《易》学的评论，认为其用老庄来谈论爻象，是喜微辩而兴浮华，就如射侯之巧不能破秋毫之末一样无用。管辂的易学还属于汉代的象数易学系统，其认为谈《易》应当“步天元，推阴阳，探玄虚，极幽明”。因此，他对何晏的《易》学嗤之以鼻，认为其是华而不实、虚而无用之说。他对何晏的评价是“说老、庄则巧而多华，说《易》生义则美而多伪”。这是新旧学说冲突的具体表现之一。

何劭《王弼传》说：“弼注《易》，颍川人荀融难弼《大衍义》，弼答其意。”汤用彤先生说：“融之学不知果如何。但融之叔祖爽有《易》注。其叔悦谓爽书据爻象承应阴阳变化之义。而虞翻谓諝之注有愈俗儒。清人类言虞氏主消息，荀氏主升降，均汉《易》也。……融之从子崧，东晋初请置郑《易》博士，则亦重旧《易》者。按魏晋恒家世其学，荀氏治《易》者如爽，如凯，如崧，均主旧学。然则荀融之《易》，恐亦本之汉儒。”荀融对于王弼《易》学的批判是新旧学说冲突的又一表现。[①]

玄学不但在理论上与旧思想体系发生冲突，而且在现实政治中也受到政敌的压制和排斥。《三国志·魏书·王肃传》说：

> 时大将军曹爽专权，任用何晏、邓飏等。肃与太尉蒋济、司农桓范论及时政，肃正色曰：“此辈即弘恭、石显之属，复称说邪！”[②]

王肃是当时的经学大家，本来在经学上，有革新之义，但与玄学家比起来，又大显不足，故他把何晏等人比作西汉佞臣弘恭、石显，除政治斗争因素外，亦有思想的激进与保守之分。

到了东晋，著有《春秋穀梁传集解》的经学大家范宁对玄学也作了强烈的批评，《晋书·范宁传》说：

> 时以浮虚相扇，儒雅日替，宁以为其源始于王弼、何晏，二人之罪深于桀纣，乃著论曰：……王、何蔑弃典文，不遵礼度，游辞浮

---

① 汤用彤：《魏晋玄学论稿》，《汤用彤全集》第四卷，河北人民出版社 2000 年版，第 54 页。

② 《三国志》卷十三，第 418 页。

> 说,波荡后生,饰华言以翳实,骋繁文以惑世。搢绅之徒,翻然改辙,洙泗之风,缅焉将坠。遂令仁义幽沦,儒雅蒙尘,礼坏乐崩,中原倾覆。古之所谓言伪而辩、行僻而坚者,其斯人之徒欤?①

范宁认为,何晏、王弼蔑弃经典,不遵礼度,游辞虚说,贻误后人,遂使儒学沉沦,中原倾覆。因此,他作《穀梁集解》扶持名教,抵制虚浮。这是经学与玄学冲突的又一例证。

大体来说,汉魏之际代表新学思潮的玄学主要盛行于荆州和江东一带,而旧学则主要集中在关中、洛阳等地。曹操吞并荆州之后,荆州学风北传。后来东晋南迁,这种学风又随政权南移,而北方仍以旧学为主。随后是南北的长期对立,这种对立不仅是政治上的,还是思想上的。直到隋唐统一天下,这种对立的学风才逐渐改变。

第三节　思想的多元化发展及其融合

魏晋南北朝时期,虽然玄学思潮广为流行,但并没有像汉代"罢黜百家,独尊儒术"那样独尊玄学。因此,这一时期的思想文化呈现出多元化发展的趋势,儒、玄、道、佛等思想都取得了很大的成就。由于佛教的传入给中国文化带来了新的因素,从而刺激了道教和儒家思想的发展,因此,三教的冲突与融合也是这一时期思想文化发展的一个特点。

由于东汉末年经学衰落,人们试图在儒家之外寻找统治国家的理论,因此,在这时期有不少人开始从事先秦诸子的研究。当时名、法、墨、纵横、兵家等思想学说都得到不同程度的复兴。在这几种学说中,法家和名家都曾受到重视。东汉末年,名教衰微,儒家思想在很大程

① 《晋书》卷七十五,中华书局1974年版,第1984页。

度上失去号召力。当时魏、蜀之治皆以法家作为指导思想。《晋书·傅玄传》说:“近者魏武好法术,而天下贵刑名。”《三国志·魏书·杜恕传》也说:“今之学者师商韩而上法术,竞以儒家为迂阔,不周世用,此最风俗之流弊。”这些都反映了法家在当时的影响。法家之外,还有名家。《晋书·隐逸传》说:

> 其(鲁胜)著述为世所称,遭乱遗失,惟注《墨辩》,存其叙曰:名者所以别同异,明是非,道义之门,政化之准绳也。孔子曰:“必也正名,名不正则事不成。”墨子著书,作《辩经》以立名本,惠施、公孙龙祖述其学,以正别名显于世。孟子非墨子,其辩言正辞则与墨同。荀卿、庄周等皆非毁名家,而不能易其论也。……自邓析至秦时名家者,世有篇籍,率颇难知,后学莫复传习,于今五百余岁,遂亡绝,《墨辩》有上下《经》,《经》各有《说》,凡四篇,与其书众篇连第,故独存。今引说就经,各附其章,疑者阙之。又采诸众杂集为《刑》《名》二篇,略解指归,以俟君子。①

在鲁胜看来,名家对于政治教化有着非常重要的作用,因此,他对《墨经》作注,并集出《刑》《名》两篇。此刑名即形名之学。《三国志·魏书·钟会传》说:“及会死后,于会家得书二十篇,名曰《道论》,而实刑名家也。”除了法家、名家之外,纵横家、兵家等思想也有不同程度的复兴。如《钟会传》引何劭《王弼传》说:“淮南人刘陶善论纵横,为当时所推,每与弼语,常屈弼。”西晋王衍亦“好论纵横之术”。兵家方面有曹操、沈友等人的《孙子兵法注》、诸葛亮的《兵要》等书。由此可以看出汉末魏晋时期诸子之学的复兴情况,这也反映了儒家独尊地位的削弱。

儒家思想在魏晋时期虽然式微,但也并非没有发展。这种发展首先表现在经学上。东汉末年,儒家官方经学虽然遭到极大的破坏,但私人经学却兴盛起来,其代表人物当首推郑玄。郑玄曾师事马融,精

---

① 《晋书》卷九十四,第2433—2434页。

通今古文经学,著作百余万言。《后汉书·郑玄传》说:

> 凡玄所注《周易》、《尚书》、《毛诗》、《仪礼》、《礼记》、《论语》、《孝经》、《尚书大传》、《中候》、《乾象历》,又著《天文七政论》、《鲁礼禘祫义》、《六艺论》、《毛诗谱》、《驳许慎五经异义》、《答临孝存周礼难》,凡百余万言。[①]

郑玄在当时影响很大,学生遍于天下。王粲说:"世称伊洛以东,淮汉以北,康成一人而已。"[②]当时与郑玄经学并存的还有荀爽、虞翻的《易》学。荀属费氏《易》,虞为孟氏《易》,皆属汉代旧学。此外,荆州学派在当时也有很大的影响。当时战乱频繁,刘表统治的荆州地区相对安定,因此,不少学者都到那里避难,著名的如宋忠、綦毋闿等人。刘表还组织学者撰定五经章句,"删减浮辞,芟除烦重",谓之"后定"。王粲、王肃、尹默、李仁等人皆受到这种学风的影响。后来王肃独自成学,专与郑学相抗,从而形成了郑、王对抗的局面。《三国志·王肃传》说:

> 初,肃善贾、马之学,而不好郑氏,采会同异,为《尚书》、《诗》、《论语》、《三礼》、《左氏》解,及撰定父朗所作《易传》,皆列於学官。其所论驳朝廷典制、郊祀、宗庙、丧纪、轻重,凡百余篇。时乐安孙叔然,受学郑玄之门,人称东州大儒。征为秘书监,不就。肃集《圣证论》以讥短玄,叔然驳而释之,及作《周易》、《春秋例》,《毛诗》、《礼记》、《春秋三传》、《国语》、《尔雅》诸注,又注书十余篇。[③]

郑、王之学虽然对立,但基本上还是汉代经学的延续。随着玄学的兴起,经学也开始受到玄学的影响。何晏的《论语集解》、王弼的《周易注》与《论语释疑》、郭象的《论语体略》以及黄侃的《论语义疏》等都是

---

① 《后汉书》卷三十五,第1212页。

② 《新唐书·儒林·元行冲传》,中华书局1975年版,第5692页。

③ 《三国志》卷十三,第419—420页。

这一时期玄学化经学的代表,其特点是在解释儒家经典的过程中融入道家思想,重在义理,不重章句。除上面所说之外,这时期经学的重要著作还有杜预的《春秋左传集解》、范宁的《春秋穀梁传集解》、干宝的《周易注》等。经学之外,还有一些较为重要的著作也体现了儒家思想在这一时期的成就,如裴頠的《崇有论》、葛洪的《抱朴子外篇》、刘昼的《刘子》、颜之推的《颜氏家训》等。

佛教起源于印度,约在公元 1 世纪传入中国,当时人们把它看做是与黄老道家相似的学说。《后汉书·楚王英传》说其“晚节更喜黄老,学为浮屠斋戒祭祀”。汉明帝永平八年(65)诏令天下有死罪的人可以用缣赎罪,楚王英送了三十匹缣赎罪,于是明帝说:“楚王诵黄老之微言,尚浮屠之仁祠,絜斋三月,与神为誓,何嫌何疑,当有悔吝?其还赎,以助伊蒲塞桑门之盛馔。”[①]在东汉,佛教是作为一种道术流行的。牟子《理惑论》说:“道有九十六种,至于尊大,莫尚佛道也。”汉魏之际,随着佛教传播的深入,佛经翻译的增多,佛教逐渐分为小乘佛教和大乘佛教两个系统,前者以安世高为代表,后者以支娄迦谶为代表。魏晋时期,玄学盛行,对佛教的思想有着重大的影响,如当时般若学“六家七宗”所讨论的本末有无问题都是对玄学理论的一种发展。当时佛教的代表人物有慧远、僧肇、道生等人。慧远著有《沙门不敬王者论》、《三报论》、《明报应论》等,提出现报、生报、后报的“三报论”,并试图解决佛教与中国传统道德观念不合的矛盾,提出孔、释不殊的思想。僧肇则著有《不真空论》、《物不迁论》、《般若无知论》等。僧肇在《不真空论》中进一步论证了佛教的“万法皆空”的思想,在《物不迁论》中则否定了事物变化的连续性,在《般若无知论》中则论证了般若是佛教的最高智慧。道生则孤明先发的提出了“一阐提皆有佛性”的学说,认为佛性普遍存在于一切众生中。

道教是中国土生土长的宗教。它是从古代原始宗教的巫术和战

---

① 《后汉书》卷四十二,第 1428 页。

国秦汉时期的神仙方术以及黄老道家思想等发展而来的一种宗教。道教开始便有两个派别,一个是以张道陵为首的五斗米道,一个是以张角为首的太平道。张角领导的黄巾大起义失败以后,太平道便衰落了。后来张道陵的五斗米道亦被曹操招抚,道教便变成统治阶级统治人民的工具。魏晋以后,道教在理论上得到较大的发展,重要的代表人物有葛洪、陶弘景、寇谦之等人。葛洪的代表作是《抱朴子》,其有内篇二十卷,外篇五十卷。内篇主要讲神仙方药、养生延年、禳邪却祸之事,属于道家。外篇则主要讲人间得失、世事臧否,属于儒家。陶弘景则著有《真灵位业图》、《真诰》等。他在《真灵位业图》中按照世俗社会的等级秩序,建构了一套等级森严的神仙世界,在《真诰》中则提出了道生元气生万物的宇宙论思想。寇谦之的贡献则主要在于对旧天师道进行改革,“除去三张(张修、张衡、张鲁)伪法、租米钱税及男女合气之术”。从而把道教变成一种“专以礼度为首”和“服食闭练”的新宗教。

佛教的传入给中国文化注入了新的血液。其传入之后就不免要与中国本土文化发生碰撞和冲突。一方面刺激了本土宗教道教的产生、发展和系统化;另一方面对以家庭为本位的中国传统思想中的仁孝观念和君臣大义等核心价值观形成了严峻的挑战。由于中国文化所具有的非宗教特点和浓厚的人文主义传统,宗教的出世思想自古以来就不甚发达。而佛教鼓吹灵魂不灭、三世报应、六道轮回、剃度出家等宗教教义和宗教戒律,在哲学上和理念上都与中土文化不相谐调,因此引起了儒、释、道三教的长期争论。这种争论从汉末就开始了,最早记录儒、释、道三教关系的是牟子《理惑论》。《理惑论》从儒、道角度出发提出了很多佛教与中土文化不合的疑问,如其设问说:“佛道至尊自大,尧舜周孔何不修乎?七经之中不见其辞。子既耽《诗》、《书》,悦礼乐,奚为复好佛道,喜异术?岂能逾经传、美圣业哉?”又设问说:“《孝经》言,身体发肤受之父母,不敢毁伤。曾子临没,启予手,启予足。今沙门剃头，何其遗圣人之语，不合孝子之道也？"又设问说："王乔、赤松，入仙之箓，神书百七十卷，长生之事，与佛经岂同乎？"等等。到了南北朝时期，这种争论不断加深，较为著名的有"白黑论"之争、"达性论"之争、"夷夏论"之争和"神灭论"之争。

《白黑论》是刘宋时期的沙门慧琳所作，其主要从佛教学者的立场来批判佛教理论。其文假设白、黑二位先生进行论战，前者代表中国本土文化，后者代表佛教理论。通过争论，其得出佛教虽然指出万事万物为"空"，但实际上不损事物的实际性质和作用，"今析豪空树，无伤垂荫之茂。离材虚室，不损轮奂之美。"慧琳的文章引起了何承天和宗炳之间的辩论，何承天对慧琳大加称赞，而宗炳则站在佛教的立场对慧琳进行了批评。何承天又作《达性论》，以儒家的三才论来反对佛教的众生说，旨在批评佛教的轮回学说。颜延之则为佛教的轮回学说进行辩护，认为因果报应就像物类相感一样不容怀疑。道士顾欢的《夷夏论》把当时已有的"夷夏之辨"推向了高潮。顾欢认为佛、道二教虽然原理相同，但适用范围则不能无异。他认为，道教适用中土，而佛教适用于夷狄，因此，不能互相代换。这实际上把佛教排斥出中国文化之外。《夷夏论》一出，立刻遭到很多人的批判，如谢镇之的《与顾道士书》、《重与顾道士书》、朱广之的《谘顾道士夷夏论》、慧通的《驳顾道士夷夏论》等，都对佛教进行了维护，认为"夷夏同贵"、"夷夏不异"。当时儒、佛争论最著名的例子莫过于"神灭"与"神不灭"之争。这场辩论发生在梁武帝和范缜之间。范缜不像以前儒家学者那样，只从伦理、道德及夷夏之辨的角度展开讨论，而是紧扣形神关系，从理论上证明形神不能分离，提出了"形神相即"、"神质形用"、"人之质质有知"等著名观点，并以"利刃之喻"批评"薪火之喻"，从而改变和扬弃了中国传统哲学中以精气解释精神的形神二元论思想。指出形神所以相即，在于精神与肉体不是两个实体。精神是人之形体或肉体的功能和属性，它是从属于肉体或依赖于肉体的。范缜的这种思想，有力地批评了佛教的“神不灭”思想，达到了古代形神讨论的最高水平。

魏晋南北朝时期，三教之间的争论虽然十分激烈，但相互争论的过程也是三教相互吸收、相互补充、相互融合的过程。这种争论一直持续到唐末宋初，至宋代理学的产生，才真正使儒、释、道三教思想融会贯通，形成中华文化的整体结构。

总之，魏晋南北朝的儒学，即是在上述“汉末儒家名教之治的衰落与危机、学术思想的转型与新旧思潮的对立，以及思想多元化的互动、发展及其融合的大背景下展开的”。

第一章

三国魏晋之际的儒学

三国及魏晋之际，是指从曹操独揽东汉朝廷大权的汉献帝建安十三年(208)起，至西晋武帝司马炎太康元年(280)灭吴止，其间所经历的大约72年的历史，一般史籍称其为魏、蜀、吴三国鼎立时期。因东吴政权比魏、蜀政权灭亡都晚，其间与西晋政权有近15年的历史交叉，故此时期的儒家学者，所经历的历史时期，不仅仅是“三国”时期，还有一个司马炎于泰始元年(265)称帝的西晋初期。故此章的章名所涵盖的历史时期应称作“三国魏晋之际”才比较确切。

在中国思想史或文化史上，三国及魏晋之际是一个非常复杂、特殊和重要的历史时期。从儒学发展史的角度看，在这段历史中所发生的最突出的思想文化变故，便是魏晋玄学的酝酿与产生及道教与佛教的发轫。这种文化思想新格局、新态势的出现，对儒学的生存、发展都产生了重要影响。这种影响,使儒学朝两个方向发展:一是玄学化儒学的产生,我们可称之为魏晋“新儒学”;二是正统儒学或传统儒学的延续和发展。本章所述,即是以该历史时期的正统儒学为核心而展开。

第一节　三国政权与儒学

一、曹魏政权与儒学

曹操崛起北方,于汉献帝建安元年(196)迎汉献帝于许昌后,曹操便挟天子以令诸侯,用了不到十年的时间,便大败袁术、袁绍,基本上统一了中国北方的政权。历史上虽然对曹操褒贬不一,但基本上认为其所遵循的思想和政治措施,皆为名法之治而不重道德名节,从而影响了整个时代。如顾炎武在其《日知录》中说:“孟德既有冀州,崇奖跅弛之士,观其下令再三,至于求负污辱之名,见笑之行,不仁不孝,而有治国用兵之术者,于是权诈迭进,奸逆萌生。……夫以经术之治,节义之防,光武、明、章数世为之而未足;毁方败常之俗,孟德一人变之而有余。”①顾炎武把魏晋以降士风日下的责任全部推到曹操一人身上,有欠公允。因为汉末儒学权威的下降实是时代使然,早在曹操占有冀州之前就已明显;其次,就是曹操本人也未完全否认儒学的作用,往往是“治平尚德行,有事赏功能”,他曾有“天下尚未安定,未得遵古”的遗令。这就是说,他认为得天下不仅需要武力和军事,更需要权谋和法术;而治天下则需要礼义与文德。当时兵革未休,经术之治不足以得天下,故他在《孙子兵法序》中说:“操闻上古有弧矢之利,《论语》曰足食足兵,《尚书》八政曰师,《易》曰师丈人吉,《诗》曰王赫斯怒,爰征其

---

① 顾炎武:《日知录》卷十三《两汉风俗》,上海古籍出版社,1985年版。

旅。黄帝汤武咸用干戚以降世也……圣贤之于兵也，戢而时动，不得已而用之也。”[1]但一旦政权稳定，社会转过头来鼓吹儒学，这似乎已成为中国历史上的一个共通的规律。建安八年，当曹操击败袁绍占领邺城，自领冀州牧后，北方局势稍平，曹操便下令修学。他在《修学令》中说：

> 丧乱以来，十有五年，后生者不见仁义礼让之风，吾甚伤之。其令郡国各修文学，县满五百户置校官，选其乡之俊造者而教学之，庶几先王之道不废，而有以益于天下。[2]

这里，曹操承认“仁义礼让”与“先王之道”有益于天下，这就是承认儒学对巩固其政权的作用。曹操《修学令》一下，侍中鲍衡便提出具体步署，并得到曹操的赞同。鲍衡在其奏疏中说：

> 按王制立大学小学，自王太子以下，皆教以《诗》、《书》，而升之司马，谓之贤者，任之以官，故能致刑措之盛，立太平之化也。今学博士，并设表章而无所教授。兵戎未戢，人并在公，而学者少。可听公卿一千石、六百石子弟在家及将校子弟见为郎舍人，皆可听诣博士受业。其高才秀达，学通一艺，太常为作品式。[3]

从鲍衡的奏议中可以看到，当时由于战祸连绵，兵戎未息，“人并在公而学者少”。在这种情况下提出公卿大夫、将校子弟的儒学教育问题，可见曹操及当时士大夫对儒学的重视。

曹操统一北方政权，当然主要靠的是名法之治，但对儒学也不是一概排斥。上述《修学令》决非如一些史学家所说，乃曹操的自我粉饰之言，而是出于安定既得政权的需要。这一点在曹操的许多表令中都可反映出来。如《军谯令》、《整齐风俗令》、《求贤令》、《存恤从军吏士

---

① 《太平御览》卷九百四十。

② 曹操：《修学令》，安徽亳县《曹操集》译注小组：《曹操集译注》，中华书局 1979 年版，第 88 页。

③ 《通典》卷五十三，中华书局 1988 年版，第 1463—1464 页。

家室令》、《让县自明本志令》等等，都在不同程度上表现了儒学的心态和精神。另一方面，从曹操所任用的人材来看，也并非如其《求贤令》中所说的那种“不仁不孝”之徒，而多是具有儒学精神的人。如王郎、华歆、王肃、乐祥、杜畿、刘劭、高堂隆、蒋济、袁涣、卫觊、王粲、王象、隗喜、邯郸淳、贾洪、苏林等，都是曹操当时所提拔的人物，他们当中有的累世儒学，有的雅好经术，有的以儒学名世。他们大多数人后来都成为曹魏政权的核心和主张以经术治国的儒林之士。如“举动必以礼”的袁涣曾向曹操进言，主张以仁义道德治国，据《三国志》载：

> 布诛，涣得归太祖。涣言曰：“夫兵者，凶器也，不得已而用之。鼓之以道德，征之以仁义，兼抚其民而除其害。夫然，故可与之死而可与之生。……若夫兼爱天下而反之于正，虽以武平乱而济之以德，诚百王不易之道也。”……太祖深纳焉。……魏国初建，为郎中令，行御史大夫事。涣言于太祖曰：“今天下大难已除，文武并用，长久之道也。以为可大收篇籍，明先圣之教，以易民视听，使海内斐然向风，则远人不服可以文德来之。”太祖善其言。……官数年卒，太祖为之流涕。[①]

袁涣不仅以道德仁义进言，他迁为梁相时，每敕诸县：“务存鳏寡高年，表异孝子贞妇。常谈曰‘世治则礼详，世乱则礼简’，全在斟酌之间耳。方今虽扰攘，难以礼化，然在吾所以为之。”[②]为政崇教训德治，百姓思之。

曹操早期，不仅以名法为治，而且参酌今古，采纳儒学，任用儒吏，故能较快地统一北方，建立起曹魏政权。

曹操死后，魏文帝曹丕登帝位，开始尊儒祀孔，并以仁义忠信为标榜，吏部尚书陈群立九品官人法，州、郡、县俱置大小中正，各以诸府公卿及台省郎吏中德充才盛者为之，以道义言行为准则，选其优异者以

---

①② 《三国志·魏书·袁涣传》。

进。“始除旧汉限年之制，令郡国贡举，勿拘老幼，儒通经术，吏达文法，则皆试用”。[①] 又令“时称儒宗”的王象和“敦崇教化，百姓称之”的刘劭等，“集五经群书，以类相从，作《皇览》”[②]。

曹丕称帝第二年，即黄初二年(221)，下诏修复孔庙，诏令说：

> 昔仲尼资大圣之才，怀帝王之器，当衰周之末，无受命之运，在鲁、卫之朝，教化乎洙、泗之上，悽悽焉，遑遑焉，欲屈己以存道，贬身以救世。于时王公终莫能用之，乃退考五代之礼，修素王之事，因鲁史而制《春秋》，就太师而正《雅》、《颂》，俾千载之后，莫不宗其文以述作，仰其圣以成谋，咨！可谓命世之大圣，亿载之师表者也。遭天下大乱，百祀堕坏，旧居之庙，毁而不修，褒成之后，绝而莫继，阙里不闻讲颂之声，四时不睹蒸尝之位，斯岂所谓崇礼报功，盛德百世必祀者哉！其以议郎孔羡为宗圣侯，邑百户，奉孔子祀。[③]

曹丕修复孔庙，封孔子后裔为侯，并在孔庙之外，广为屋室以居学者，这说明曹魏政权开始儒家化。不久，又采取一系列措施，如黄初五年，立太学，制五经课试法，置《春秋穀梁》博士。《三国志·魏书·王肃传》注引《魏略》说：“从初年之元，至建安之末，天下分崩，人怀苟且，纲纪既衰，儒道尤甚。至黄初元年之后，新主乃复始扫除太学之灰炭，补旧石碑之缺坏，备博士之员录，依汉甲乙以考课。申告州郡，有欲学者，皆遣诣太学。”五经课试法，《三国志》不载，唐杜佑《通典》略有所记。《通典》卷五十三说：“魏文帝黄初五年，立太学于洛阳。时慕学者，始诣太学为门人。满二岁，试通一经者，称弟子；不通一经，罢遣。弟子满二岁，试通二经者，补文学掌故；不通经者，听须后辈试，试通二经，亦得补掌故。掌故满二岁，试通三经者，擢高第为太子舍人，不第

① 《通典》卷十四，《选举二》。

② 《三国志·刘劭传》及《杨俊传》注引《魏略》。

③ 《三国志·魏书·文帝纪》。

者,随后辈复试,试通亦为太子舍人。舍人满二岁,试通四经者,擢其高第为郎中;不通者,随后辈复试,试通亦为郎中。”太学始开,便有弟子数百人,后达千数。这种“五经课试法”,完全采取了以儒学经典取仕的办法,虽然因“中外多事,人怀避就”,志学之士遂复凌迟,效果不佳,但它却是曹魏政权企图恢复儒学的最好说明。

黄初五年,文帝崩,曹叡继位,是为明帝。魏明帝更尊崇儒学,在他继位的第二年(太和二年,228),便下诏郡国以经学贡士。其诏曰:

> 尊儒贵学,王教之本也,自顷儒官或非其人,将何以宣明圣道?其高选博士,才任侍中常侍者。申敕郡国,贡士以经学为先。①

这里明确提出儒学是“王教之本”,“贡士以经学为先”,标志魏晋政权从名法之治向以经术治国的转化。太和四年,明帝又下诏课试郎吏,策试罢退浮华,企图用儒学抑黜已经出现的浮虚不实的学风,其诏曰:

> 世之质文,随教而变。兵乱以来,经学废绝,后生进趣,不由典谟。岂训导未洽,将进用者不以德显乎?其郎吏学通一经,才任牧民,博士课试,擢其高第者,亟用;其浮华不务道本者,皆罢退之。②

于是又下诏制礼作乐,议定“庙乐及舞”,改“太予乐”为“太乐”;置崇文观,从王肃议“禘祫之礼”;改正朔服色,改太和历为景初历,“以明受命之运”;宽简刑狱,议定科令;使刘劭作《都官考课法》考核百官;继绝兴嗣,举郑玄之孙郑小同为侍中,等等。在曹魏诸帝中,魏明帝崇奖儒学是最突出的,他唯恐儒术不彰,六经绝续,故在他驾崩的前一年,还下诏科郎吏从当时硕儒受经。据《三国志·魏书·明帝纪》载:

---

①② 《三国志·魏书·明帝纪》。

景初中，帝以苏林、秦静等并老，恐无能传业者。乃诏曰："昔先圣既没，而其遗言余教，著于六艺。六艺之文，礼又为急，弗可斯须离者也。末俗背本，所由来久。故闵子讥原伯之不学，荀卿丑秦世之坑儒，儒学既废，则风化曷由兴哉？方今宿生巨儒，并各年高，教训之道，孰为其继？昔伏生将老，汉文帝嗣以晁错；穀梁寡畴，宣帝承以十郎。其科郎吏高才解经义者三十人，从光禄勋隆（高堂隆）、散骑常侍林（苏林）、博士静（秦静），分受四经三礼，主者具为设课试之法。……今学者有能究极经道，则爵禄荣宠，不期而至，可不勉哉！"

自曹丕称帝建魏以至灭亡，凡四十六年。实际上曹魏政权的建立主要是靠曹操以武力统一北方。从东汉建安元年(196)起，曹氏便逐渐掌握了实际上的军政大权。

魏明帝曹叡死后，齐王芳继位，改元正始。曹芳继位时年仅七、八岁，由曹爽与司马懿共同辅政。曹魏的政权又转移到司马氏手中。从齐王正始元年至魏元帝咸熙二年(240—265)是曹魏政权名存实亡的时期。在这一时期的二十六年中，思想意识形态发生了较大变化。先是曹爽专权，爽喜尚浮华，与何晏、夏侯玄、王弼等以玄风相扇，曾一度蔚为风气。玄学的创始者何晏、王弼的主要活动及著述均发生在这一时期。玄学主要在一部分名士之间发生影响，而对曹魏政权及同时的蜀、吴政权并未发生重大影响，也并未成为官方的意识形态，这一点常为学术界所忽视。在何、王著述玄论的同时，官方所注意的仍是儒学。据刘汝霖《汉晋学术编年》载，何晏作《道德论》在正始五年(244)前后，王弼则卒于正始十年。这期间，儒学却相当活跃。正始六年，卫尉刘靖上疏，请整顿太学并陈儒训之本，其疏曰：

夫学者，治乱之轨仪，圣人之大教也。自黄初以来，崇立太学二十余年，而寡有成者，盖由博士选轻，诸生避役，高门子弟，耻非其伦，故无学者。虽有其名而无其人，虽设其教而无其功。宜高

> 选博士,取行为人表,经任人师者,掌教国子。依尊古法,使二千石以上子孙,年从十五,皆入太学。明制黜陟荣辱之路,其经明行修者,则进之以崇德;荒教废业者,则退之以惩恶;举善而教不能则劝,浮华交游,不禁自息矣。阐弘大化,以绥未宾;六合承风,远人来格。此圣人之教,致治之本也。[①]

同年,朝廷立王朗《易传》于学官,为振兴儒教,重书古文、篆、隶三种并刻三体石经,写《春秋》、《尚书》二部,又写《左氏》,共三十五碑。魏末诸帝皆好儒学,魏齐王芳、高贵乡公曹髦、元帝曹奂等,虽然在他们当位时,大权旁落,但都主张以经学治国。曹髦屡幸太学,常与诸儒讲论经义,并亲率群司,躬行古礼,尊王祥、郑小同等当时名儒为三老五更,其在诏书中说:"夫养老兴教,三代所以树风化垂不朽也。必有三老、五更,以崇致敬,乞言纳诲,著在惇史,然后六合承流,下观而化。易妙简德行,以充其选。关内侯王祥,履仁秉义,雅志淳固。关内侯郑小同,温恭孝友,帅礼不忒。其以祥为三老,小同为五更。"[②]按儒家之《礼》,始立学必先释奠于"先圣先师",及行事必用币。"魏齐王正始二年二月,帝讲《论语》通,五年五月,讲《尚书》通,七年十二月,讲《礼记》通,并使太常释奠,以太牢祠孔子于辟雍,以颜回配"。[③] 此皆反映对儒学的信仰。

总之,曹魏政权虽以曹操的名法之治起家,但一经掌握了政权,便开始转向儒学,并使政权儒家化,这是魏晋南北朝时期儒学的基本立足点。不仅曹魏政权如此,三国时期蜀、吴政权亦是如此。

二、蜀汉政权与儒学

刘备建立的蜀汉政权,向以忠义或道义自许,实际上在刘备身上

---

① 《三国志·魏书·刘馥传》。

② 《三国志·魏书·高贵乡公髦》。

③ 《晋书·礼志上》。

比曹氏父子确实有更浓厚的儒家风格。刘备常以复兴汉室为己任，当曹丕称帝的消息传到巴蜀，刘备便为汉献帝制服发丧，以汉室后裔的名义称尊继位，并立国号为汉，企图仍以儒学维系人心。历史上也多称刘备忠诚仁厚，以礼义为先。辅佐刘备治国的丞相诸葛亮亦忠节之士。虽然在其治蜀过程中，亦用名法，但从整体看来，他的鞠躬尽瘁与忠义精神，多显出儒家特色。他的澄清吏治、劝民农桑、应权通变、信赏必罚等内政外交政策又贯穿了法家的治术。因此，可以说诸葛亮是把法家治术融合到儒学治本的精神中，是三国时期吸收法家思想的儒家政治家。

章武三年(223)，刘备病笃，临死时对诸葛亮说："君才十倍曹丕，必能安国，终定大事，若嗣子可辅，辅之；如其不才，君可自取。"亮涕泣答曰："臣敢不竭股肱之力，效忠贞之节，继之以死。"[①]刘备重贤才，诸葛亮重忠节，这表现的都是真正的儒家精神。综观诸葛亮的《出师表》和《诫子》，都反映了儒学的面貌。其《诫子》说：

> 夫君子之行，静以修身，俭以养德。非澹泊无以明志；非宁静无以致远。夫学须静也，才须学也；非学无以广才，非志无以成学。慆慢则不能励精，险躁则不能治性。年与时驰，意与岁去，遂成枯落，多不接世，悲守穷庐，将复何及？
>
> 夫酒之设，合礼致情，适体归性，礼终而退，此和之至也。主意未殚，宾有余倦，可以致醉，无致迷乱。[②]

这里强调"修身"、"养德"、"明志"、"好学"、"励精"、"治性"、"接世"、"惜时"、"合礼致情"等，均是儒家所汲汲追求的。在刘备、诸葛亮的影响下，魏正始年间的玄学之风，终未扇及巴蜀之地，相反却出现许多正统的儒学之士，如杜微、杜琼、许慈、胡潜、孟光、郤正、来敏、尹默、李

① 《三国志·蜀书·诸葛亮传》。
② 《全三国文》引《艺文类聚》、《太平御览》。

譔、谯周等等。

在蜀汉政权的建设中，也多用儒学指导。刘备初定蜀，便置儒林校尉、典学校尉、劝学从事等官，以推行经术。特别是蜀汉偏安西南，承丧乱历纪，学业衰废，乃鸠合典籍，沙汰众学，设立博士。“先主定益州，使尹默领牧，以为劝学从事，以默为仆(射)，以《左氏传》授后主……子宗传其业，为博士”。[①] “延熙元年，后主立太子，以李譔为庶子，迁为仆(射)，转中散大夫、右中郎将，犹侍太子。……著古文《易》、《尚书》、《毛诗》、《三礼》、《左氏传》、《太玄指归》，皆依准贾、马，异于郑玄”；[②]孟光从中原入蜀，博物识古，无书不览，尤锐意三史，长于汉家旧典，好《公羊春秋》而讥呵《左氏》。刘备定益州，拜为议郎，与许慈等并掌朝廷礼仪制度，后迁大司农；来敏亦由中原入蜀，涉猎群书，雅好儒学，尤善《左氏春秋》，特精于《仓》、《雅》训诂。初从刘备，为典学校尉，及立太子，以为家令，后为虎贲中郎将。其子忠，亦博览经学，以经术协赞姜维。维善之，以为参军。

诸葛亮领益州牧，以西南大儒谯周为劝学从事。谯周是巴西西充国人，以儒学传世。其父善《尚书》，兼通诸经。周亦精研六经，尤善书札。著有《论语注》、《五经然否论》、《古史考》、《五教》、《丧服图》、《礼祭集志》、《后汉纪》、《蜀本纪》、《益州志》等十多种。[③] 亮卒，蒋琬领益州刺史，徙周为典学从事，总州之学者。后主立太子，亦以周为仆，转家令，以儒学教太子。后迁光禄大夫，位亚九列，“周虽不与政事，以儒行见礼，时访大议，则据经以对，而后生好事者亦咨问所疑焉”。[④] 从上述可知，蜀汉政权重用儒士并与儒学有密切关系。

---

① 《三国志·蜀书·尹默传》。

② 《三国志·蜀书·李譔传》。

③ 刘汝霖:《谯周著述表》,《汉晋学术编年》下册，中华书局 1987 年版，第 81—82 页。

④ 《三国志·蜀书·谯周传》。

三、孙吴政权与儒学

曹丕称帝后十年，孙权改元黄龙，称帝于武昌，旋迁建业。孙权得有江东，是由于其继承其父孙坚、其兄孙策所奠定的基业，而建立起东吴政权。东吴政权初建时，所依靠的多是北方人，如张昭、鲁肃、周瑜、程普、吕蒙等。这些人死后，才逐渐起用顾、陆、朱、张等江南吴郡大姓。由于东吴政权地处东南，与中原的交通比巴蜀方便，经济上的开发也比巴蜀为早，故在文化上比蜀地发达，在三国中，不下曹魏。

孙吴政权在政治上与魏、蜀两国亦有不同特点。魏以名法起家，在制度上多承汉制；蜀以汉室宗亲起家，但偏安西南，地势与中原割绝，政治上也较封闭；而吴则凭借孙权父兄的武力经营，依靠旧部推行世将法，赐奉邑、赐复、赐田宅等制度，由此逐渐形成吴地大姓，靠几大势力集团的联姻关系维持政权，与中原地区大姓一起，成为门阀世族的前身。陆机《乐府·吴趋行》说：

> 大皇自富春，矫手顿世罗。邦彦应运兴，粲若春林葩。属城咸有士，吴邑最为多。八族未足侈，四姓实名家。文德熙淳懿，武功侔山河。礼让何济济，流化自滂沱。淑美难穷纪，商榷为此歌。[①]

诗中所谓“四姓”，即上面所述朱、张、顾、陆。《世说新语·赏誉下》注引《吴録士林》说：“吴郡有顾、陆、朱、张为四姓。三国之间，四姓盛焉。”可见，孙吴所属，号称多士，吴郡之地，人文会萃，而儒家者流，盖“粲若春林葩”。其儒风所扇，产生“礼让何济济，流化自滂沱”的文化传统。东吴政权重门第，而维持门第繁荣的最好手段则是文德与武功，故东吴多以经术传世者。其政权亦显示了儒学的特色。如东吴大儒陆绩、虞翻、韦昭等皆受孙吴政权的礼遇，孙权周围的名臣如张昭、顾雍、诸

---

① 萧统编：《文选》卷二十八，上海古籍出版社1986年版，第1309—1310页。

葛谨等亦博览经籍、兼采儒风。

张昭字子布，彭城人，生平博览群书，尤精《左氏春秋》。孙策慕其才学，辟为长史，抚军中郎将，并以师友之礼待之。策临亡，以弟孙权托昭，深得孙权雅重。曾著《春秋左氏传解》及《论语注》。孙权继立后，曾使张昭、孙绍、滕胤、郑礼等，采周汉之制撰定朝仪。“权尝问卫尉严畯：‘宁念小时所闇书不？’畯因诵《孝经·仲尼居》。昭曰：‘严畯鄙生，臣请为陛下诵之。’乃诵‘君子之事上’，咸以昭为知所诵”。[①] 其博通儒学经传可知。卫尉严畯亦以儒学名世，少耽学，善《诗》、《书》、《三礼》，又好《说文》，著有《孝经传》。避乱江东，与诸葛谨、步骘齐各友善，其于人物，忠告善道，志存补益。张昭进之孙权，深得重用。先为骑都尉、从事中郎。权称尊号，擢为卫尉，使至蜀，诸葛亮深善之，后为尚书令。孙权重用儒臣可知。

顾雍为相十九年，与张昭、诸葛谨等都是东吴政权的核心人物，主张损狱轻刑，恭敬为节，颇有儒臣之风。其子邵亦承父风，博览书传，少与其舅陆绩齐名。妻策女，起家为豫章太守。礼贤儒士，优待其后，“禁其淫祀非礼之祭者，小吏资质佳者，辄令就学，择其先进，擢置右职，举善以教，风化大行”。[②]

诸葛谨是孙权谋臣，曾拜为大将军、左都护，领豫州牧。谨为人有容貌思度，于时服其弘雅，权亦重之，大事咨访。“遭母忧，居丧至孝，事继母恭谨，甚得人子之道”，其才虽不及弟，“而德行尤纯”，“妻死不改娶，有所爱妾，生子不举，其笃慎皆如此”。治《毛诗》、《尚书》、《左氏春秋》，儒风淳正。[③]

东吴三大名儒陆绩、虞翻、韦昭，也深得孙吴政权的重视。此三人均生吴郡，在一定程度上代表了江东儒学的水平。陆绩字公纪，吴郡

---

① 《三国志·吴书·张昭传》。

② 《三国志·吴书·顾雍传》。

③ 引文见《三国志·吴书》本传及注。

吴人。初，孙策在吴，尝与张昭、张纮、秦松共论四海未泰，须当用武治而平之。绩年少末座，遥大声言曰："昔管夷吾相齐桓公，九令诸侯，一匡天下，不用兵车。孔子曰：'远人不服，则修文德以来之'。今论者不务道德怀取之术，而惟尚武，绩虽童蒙，窃所未安也。"[①]其服膺儒教如此，昭等异焉。绩"幼敦《诗》、《书》，长玩《礼》、《易》，博学多闻，星历算术，无不统览。孙权统事，辟为奏曹掾，以直道见惮。出为郁林太守，加偏将军。绩有足疾，又志在儒雅，故虽有军事，著述不废，作有《周易述》、《周易日月变例》、《太玄经注》、《浑天图》、《京房易传注》、《积真杂占条例》等"。[②]

虞翻字仲翔，会稽余姚人。先从王朗为功曹，后投孙策，出为富春长。孙权以为骑都尉，性疏直，善于尽言，常犯颜谏争，故被孙权徙放交州。"虽处罪放，而讲学不倦，门徒常数百人"。虞翻博通六经，尤精于《周易》，自其高祖虞光至翻，累世治《易》，世传其业。据《释文·叙录》、《隋志》、《唐志》等文献所载，虞翻著述甚多，著有：《周易注》、《周易日月变例》、《京氏律历注》、《周易集林律历》、《论语注》、《孝经注》、《郑注五经违失事因》、《春秋外传国语注》、《太玄经注》、《川渎记》、《老子注》等十余种，可惜大部亡佚。现仅存《奉上易注》、《奉郑玄解尚书违失事因》部分佚文，保存在裴松之《三国志》注中。从这些佚文中可知，虞翻对《周易》经传精研甚深，对历代《周易》注家如荀谞、马融、郑玄、宋忠等皆有纠正，"所览诸家解不离流俗，义有不当实，辄悉改定，以就其正"。对郑玄所注《尚书》及马融《尚书》训注也多所批评，认为"玄所注五经、违义尤甚者百六十七事，不可不正。行乎学校，传乎将来，臣窃耻之"。[③]

东吴通儒韦昭字弘嗣，吴郡云阳人，少好学，能属文，从丞相掾。

---

① 《三国志·吴书·陆绩传》。

② 陆绩著作均佚，其著述名称散见史传，参阅刘汝霖《汉晋学术编年》《陆绩著述表》。

③ 《三国志·吴书·虞翻传》注引《翻别传》。

孙权即尊位，使昭依古义改立东吴礼乐，制《铙歌》十二曲，以述功德受命。后迁太子中庶子。会稽王孙亮继位，表昭为太史令，与儒士华覈、薛莹等共撰《吴书》，其以儒学，得与史官。孙休践祚，以韦昭为中书郎、博士祭酒，命昭以刘向故事校定群书。其任太子中庶子时，著《博奕论》，以儒道戒太子。其论说："……今世之人，多不务经术，好玩博奕，废事弃业，……技非六艺，用非经国。立身者不阶其术，征选者不由其道。求之于战阵，则非孙吴之伦也；考之于道艺，则非孔氏之门也；以变诈为务，则非忠信之事也；以劫杀为名，则非仁者之意也。……君子之居室也，勤身以致养；其在朝也，竭命以纳忠。临事且犹旰食，而何博奕之足耽？夫然，故孝友之行立，贞纯之名彰也。"[①]其儒学之意可知。孙皓即位，以儒学封高陵亭侯，迁中书仆射，职省为侍中，常领左国史。因孙皓欲为其父和作纪，昭执以和不登帝位，宜名为传。又不信瑞应，渐见责怒，收昭付狱。昭在狱中作《官制训》及《辨释名》，以正当时官爵乖误。又因古历错缪，寻按传记，考合异同，作《洞纪》以纠其缪。著述甚丰，博通经史，著有《汉书音义》七卷、《吴书》五十五卷、《春秋外传国语注》二十二卷、《孝经解赞》一卷、《洞纪》四卷、《官仪职训》一卷、《辨释名》、《三吴郡国志》、《与朱育等毛诗答杂问》七卷、《博奕论》、《集》、《录》等。[②]

除上述东吴三大儒及孙吴政权的核心人物崇奉儒学外，尚有一大批朝臣亦儒士出身，并得到孙氏政权的重用。如阚泽、唐固、谢承、程秉等均以儒术进身。阚泽字德润，会稽山阴人。究览群籍，兼通历数。权称尊号，以泽为尚书。嘉禾中，为中书令、加侍中，拜太子太傅。曾为朝廷简化礼文，推行出入。"泽以经传文多，难得尽用，乃斟酌诸家，刊约《礼》文及诸注说以授二官，为制行出入及见宾仪"。[③] 又著《乾象

① 《全三国文》卷七十一，第719页。

② 以上见《隋志》、《七录》、《三国志·吴书·韦昭传》等著录。

③ 《三国志·吴书·阚泽传》。

历注》以正时日。每有朝廷大议或经传所疑，则咨访之，孙权亦常从其议。其所受礼遇如此，故虞翻称其为："阚生矫杰，盖蜀之扬雄"；"阚子儒术德行，亦今之仲舒也。"[1]阚谦恭笃慎，动必依礼，行而有正，"以儒学勤劳，封都乡侯"。其卒，"权痛惜感悼，食不进者数日"，其尊儒如此。

又有阚泽州里先辈丹杨唐固，修身积学，称为儒者。著有《国语注》、《公羊传注》、《穀梁传注》等，讲授常数十人。"权为吴王，拜固议郎，自陆逊、张温、骆统等皆拜之。黄武四年为尚书仆射，卒。"[2]汝南程秉，亦从儒学进。秉曾师事汉末大儒郑玄，后避乱交州，与刘熙考论大义，遂博通五经。孙权闻其名儒，以礼征，拜太子太傅，深见优礼。权为太子孙登聘周瑜女，秉守太常，迎妃于吴。秉进言孙登说："婚姻人伦之始，王教之基，是以圣王重之，所以率先众庶，风化天下，故《诗》美《关雎》，以为称首。愿太子尊礼教于闺房，在《周南》之所咏，则道化隆于上，颂声作于下矣。"[3]其重礼教如此。病卒官，著有《周易摘》、《尚书驳》、《论语弼》等凡三万言。

孙吴政权的儒学之风，至景帝孙休时尤显突出。孙休优膺儒教，志善好学，"锐意于典籍"，常与韦昭及博士盛冲讲论道艺。永安元年曾下诏兴学，命置学官并立五经博士。其诏曰："古者建国，教学为先，所以道世治性，为时养器也。自建兴以来，时事多故，吏民颇以目前趋务，去本就末，不循古道。夫所尚不惇，则伤化败俗。其案古置学官，立五经博士，核取应选，加其宠禄；科见吏之中及将吏子弟有志好者，各令就业。一岁课试，差其品第，加以位赏。使见之者乐其荣，闻之者羡其誉。以敦王化，以隆风俗。"[4]又下劝农桑诏："欲偃武修文，以崇大化。"只是当时孙吴政权已趋没落，所倡兴学之议更难推行，其死后，孙

---

① 裴松之注《三国志·吴书·阚泽传》引《吴録》。

② 《三国志·吴书·阚泽传》。

③ 《三国志·吴书·程秉传》。

④ 《三国志·吴书·三嗣主传》。

皓即位。皓穷淫极侈，滥用刑罚，肆行残暴，东吴政权遂告灭亡。

第二节　蒋济及其《万机论》

蒋济字子通，楚国平阿（今安徽怀远）人。生年不详，卒于魏齐王芳嘉平元年（249）。曹操时辟为丞相，主簿西曹属，深得曹操重用。操曾嘱令于蒋，称“舜举皋陶，不仁者远；藏否得中，望于贤属矣”，说明曹操对他的希望很大。蒋济仕历四世（曹操、曹丕、曹叡、曹芳），累迁要职，生性孤直，敢言直谏。魏文帝时，入为散骑常侍。时文帝钟爱征南将军夏侯尚，在诏书中称“卿腹心重将，特当任使。恩施足死，惠爱可怀。作威作福，杀人活人”。夏侯尚以诏示济，济深忌之。恰遇文帝，文帝问他对天下风教如何看法？济对曰：“未有他善，但见亡国之语耳。”[①]他把文帝给夏侯尚的诏书，敢于直称“亡国之语”，可见其亮直敢言。他对文帝诏书的批评，反映了儒家对君臣关系的看法，即反对大臣擅权和滥用刑罚，因此对文帝诏书中“作威作福，杀人活人”，名之为“亡国之语”。

魏明帝继位，赐爵关内侯。时明帝欲专任中书监，以统朝政，蒋济既反对大臣擅权，于是又上疏指陈专任一官之弊，他在表疏中说：

> 大臣太重者国危，左右太亲者身蔽，古之至戒也。……若此，藏否毁誉，必有所兴，功负赏罚，必有所易；直道而上者或壅，曲附左右者反达。……三官任一臣，非周公旦之忠，又非管夷吾之公，则有弄机败官之弊。当今柱石之士虽少，至于行称一州，智效一官，忠信竭命，各奉其职，可并驱策，不使圣明之朝有专吏之

---

① 《三国志·魏书·蒋济传》。

名也。[1]

蒋济反对专任一官的目的，在于主张君主要兼听任贤，不塞忠谏之路，使政治趋于合理，以达社会清明。为此，他反对耗用民财，主张使民以时。景初中，明帝对外用兵，对内大兴土木，而年景又饥俭，蒋济上疏呼吁“今其所急，唯当息耗百姓，不至其弊”。主张“凡使民必须农隙，不夺其时”，一切都要量民力而行。这些思想当然均属儒学传统，正统儒家思想，向以百姓疾苦，政治清平为念。而曹魏后期，由于玄风所扇，职官多不亲所司，蒋济与曹爽、何晏、丁谧、邓飏等人不睦，正反映出儒学与玄学的矛盾。魏齐王芳即位，济为领军将军，进爵昌陵亭侯，迁太尉。是时曹爽秉政，又轻改法度，会有日蚀之变。诏群臣议其得失。蒋济认为自然界的变化应该引起君臣的戒惕，朝廷用人应该敬慎其类，防止比周与朋党之私；国家法度的更改应有利于民，有益于治。他说：

> 昔大舜佐治，戒在比周；周公辅政，慎于其朋；齐侯问灾，晏婴对以布惠；鲁君问异，臧孙答以缓役。应天塞变，乃实人事。今二贼未灭，将士暴露已数十年，男女怨旷，百姓贫苦。夫为国法度……岂中下之吏所宜改易哉？终无益于治，适足伤民，望宜使文武之臣各守其职，率以清平，则和气祥瑞可感而致也。[2]

这里，蒋济虽然也打着天人感应的祥瑞之说，但其重心在强调人事。以舜佐尧、周公辅政均戒慎于比周朋党之鉴，影射当时辅政的曹爽有用人之失。

汉魏之际多尚权谋，重法任诈，当时兵戈未休，儒家经术之治，不足以得天下。这一思想，曹操表达的最为明确。他在夺取政权之时，推行名法之治，并有“天下尚未安定，不得遵古”的遗令。其子曹丕称帝后，遂逐渐抛弃了曹操推行的法家路线，而倾向于道家的无为政治，

---

①② 《三国志·魏书·蒋济传》。

并由此开启了旷达轻浮的玄学风气。汉魏之际法家与道家思想的流行,导致刑名之学的滥觞;社会的混乱和军阀的争权,又刺激了刑法的严酷。这二者常常是联系在一起的。故蒋济著《万机论》,以儒家立场反对当时的法术之治。

《万机论》全书已佚,其部分佚文保存在《群书治要》、《太平御览》及《北堂书钞》等类书或辑佚书中。严可均据以上各书辑出三篇,盖以各书所征引,收在《全三国文》中,并在案语中谈到历代对此书的著录及版本流传情况,称《万机论》"《隋志》杂家,《蒋子万机论》八卷,蒋济撰。《旧唐志》同,《新唐志》作十卷。《直斋书录解题》作二卷,称'《馆阁书目》十卷五十五篇,今惟十五篇,非完书也'。至明而二卷本亦亡。焦竑《国史经籍志》以八卷入儒家,以二卷入杂家,虚列书名,又误分为两种,不足据"。[1] 即是说,《万机论》至明代以后亡佚。且称其为杂家亦不妥。现仅从其佚文的内容,可知其所持乃儒家思想。

据《全三国文》所辑《万机论》佚文,可知蒋济的儒学思想颇为正统,且在当时有很大影响。可惜该书已佚,不得见其儒学全貌,据其仅存佚文,其儒学思想可归纳为以下几点:

一、选官重在择人

尚贤任能是儒家的传统思想,而蒋济《万机论》正是坚持这一观点,认为君主治理国家,不能单靠君主一人,也不能专任一官,而是靠君臣的密切合作,贤才辅佐,"相须而行"。即所谓"圣不独立,智不独治,神武之王,亦须佐辅"。[2] 这样既可避免君主的独裁,亦可防止大臣的擅权。故又说:"夫君正之治,必须贤佐,然后为泰。故君称元首,臣为股肱,譬之一体,相须而行也。"[3]蒋济的这一思想,虽然还夹杂着一

① 《全三国文》卷三十三,第340页。
② 《全三国文》,引《太平御览》四百一,第344页。
③ 《万机论·政略》,《全三国文》上册,第340页。

些"法术"观念，并且极力地维护君权，但他以贤为重，强调君臣共治，基本上是属于儒学的范畴。

二、随俗树化，重在因民

蒋济在强调择人的同时，亦重视君主因民的重要。"因民"的观念，最早是由法家提出的，如慎到有"天道因则大"，"因也者，因人之情也"。[①]《管子》亦有"无为之道因也，无益无损也"，"故道贵因"。[②] 但法家讲"因"，多是从道家而来，往往用"因循"之道反对尚贤，即"立君而尊贤，是贤与君争，其乱甚于无君"。[③] 而蒋济强调因民，乃以儒家立论，一面主张尚贤，一面主张君主要随时体察民情，了解民间疾苦，"息耗百姓"，"使民以时"。故他在《万机论》中说："夫随俗树化，因世建业，慎在三而已：一曰择人，二曰因民，三曰从时。……民望而不因，违人之咎也；好善而不能择人，败官之患也。三者失，则天人之事悖矣。夫人乖则时逆，时逆则天违，天违而望国安，未有也。"[④]择人即是选贤用能，因民即是顺从民意，从时则不违背时代。而在这三者中，因民占有主要地位。由此可知，蒋济把民望看得极重，一国之君若失民望，就得不到人民的拥护，而人民则因此互相乖离分裂，像一团散沙，从而导至"时逆"、"天违"，在这种情况下，欲想求治，不可得也。儒家早有"天时不如地利，地利不如人和"的观念。蒋济所谓"因民"，即有此意，这与道法家的因循观念是不同的。

三、近纳英儒，任德不任刑

任德不任刑向来是儒家的一贯主张，孔子有"道之以政，齐之以刑，民免而无耻；道之以德，齐之以礼，有耻且格"的名言。在儒家看

---

① 《慎子·因循》。

② 《管子·心术上》。

③ 《慎子》逸文，《艺文类聚》卷五十四。

④ 《万机论·政略》，《全三国文》上册，第 340 页。

来,重刑罚不能唤起人们自觉的道德意识,只能积累怨恨,即所谓“刑罚积而民怨倍”。而汉魏之际,常以儒家的德治思想为迂阔,故严刑重罚,任法用诈的法术思想比较流行。蒋济在其《万机论》中,针对这种轻儒重法的倾向给以批评,认为严刑罚往往导致小人专政,使生民受苦,所以它是国家政治的一大祸患,足以乱家败国。他以后汉宣、元二帝为例,“汉元帝为太子时,谏‘持法太深’,求用儒生,宣帝作色怒之云:‘俗儒不达不足任。’乱吾家者太子也,据如斯言,汉之中灭,职由宣帝,非太子也”。[1] 在蒋济看来,汉室中衰非由太子重儒,而恰恰是由于宣帝重法任刑所带来的必然结果。他援引历史说:

> 昔秦穆公近纳英儒,招致智辨,知富国强兵。至于始皇,乘历世余(当有“业”字或“威”字)灭吞六国,建帝号,而坑儒任刑,疏扶苏之谏,外蒙恬之直,受胡亥之曲,信赵高之谀,身没三岁,秦无噍类矣。前史书二世之祸,始皇所起也。……宣帝受六世之洪业,继武、昭之成法,四夷怖征伐之威,生民厌兵革之苦,海内归势,适当安乐时也。而以峻法绳下,贱儒贵刑、名。是时则石显、弘恭之徒,便僻危险,杜塞公论,专制干事,使其君负无穷之谤也。如此,谁果乱宣帝家哉?向使宣帝豫料柱石之士,骨鲠之臣,属之社稷,不令宦竖秉持天机,岂近于元世栋桡榱崩,三十年间,汉为新家哉?推计之,始皇任刑,祸近及身;宣帝好刑,短丧天下。不同于秦,祸少者耳。[2]

蒋济认为,汉室中衰是由宣帝贱儒贵刑所致,秦始皇祸近及身,秦二世三岁而亡,亦是坑儒任刑的结果。因此刑罚不足恃,名法不足循,“患之巨者,狡猾之狱焉”。《万机论》中有《刑论》一篇,现仅存部分佚文。从这部分佚文中可以看到,蒋济反对滥用刑罚,尤其痛恨那些无事生

---

① 《万机论·用奇》,《全三国文》上册,第341页。

② 《全三国文》第341—342页。

非、造谣诽谤之徒，他们往往利用重法任刑之弊，随便罗织罪名，陷害无辜，“遂使无罪并门灭族，父子孩耄，肝脑涂地，岂不剧哉”！蒋济所以有如此议论，盖与亲身经历有关。曹操时，“民有诬告济之谋叛主率者，太祖闻之，指前令与左将军于禁等曰：‘蒋济宁有此事！有此事，吾为不知人也。此必愚民乐乱，妄引之耳。’促理出之”。[1] 为此，蒋在《刑论》中把“妄造诽谤，虚书叛逆”者及那些“诈忠者知而族之”的“求媚之臣”，列为“国之大残”。

蒋济的儒学思想虽不系统，但却能以此指斥时弊，进谏上言，不失儒者风范。

第三节 桓范及其《世要论》

桓范字元则，沛国人。生年不详，卒于魏嘉平元年(249)。范出身冠族，建安末入丞相府，旋为羽林左监。因擅长文学，曾与当时大儒王象等典集《皇览》。明帝时为中领军尚书，迁征虏将军、东中郎将，使持节都督青、徐诸军事，正始中拜大司农。范在阁台号为晓事，司马懿称其为“智囊”。高平陵事件中，与曹爽、何晏、邓飏、李胜、丁谧、毕轨等皆伏诛。其在曹氏与司马氏集团的政治斗争中，与上节蒋济相反，属曹爽集团的核心人物。

桓范的儒学思想主要表现在他所著的《世要论》中。此书至南朝亡佚，现仅存佚文。《隋书·经籍志》著录“《世要论》十二卷，魏大司农桓范撰，梁有二十卷，亡”。桓范此作，历代称谓不一。严可均《全三国文》：“《旧唐志》作《代要论》十卷。各书征引，或称《政要论》，或称《桓范新书》，或称《桓范世论》，或称《桓公世论》，或称《桓子》，或称《魏桓

① 《三国志·魏书》本传。

范》,或称《桓范论》,或称《桓范要集》。互证之,知是一书。宋时不著录。《群书治要》载有《政要论》十四篇”。[①] 严氏据各书征引,补改缺伪,定为一卷,载《全三国文》中,以下所引均据《全三国文》。

《隋书·经籍志》引《世要论》于法家类中,实有不妥。今察《世要论》所存佚文,明显表现出儒家倾向,其中虽夹杂着一些法家思想,但其成分甚少。实际上,魏晋南北朝时期,除儒学的经学系统和纯粹的经学家外,大部分儒家学者或儒学思想家,都多多少少夹杂着一些道家、法家、名家、阴阳家甚至佛教的思想。这正说明,此一时期的儒学受到儒学以外各种新思潮的影响,力求吸收各家的学说,以增强自己的适应能力,并以自己的理论架构和传统观念改换和同化儒学以外的思想,使之变成自己的一部分。桓范的《世要论》正带有这一特点并表现出儒学的特色。

一、德刑合用,以德为主

以孔孟为代表的先秦儒家,专讲仁政德治,反对法家的专任刑罚。至汉代董仲舒便开始吸收法家思想,并以阴阳五行说论证德、刑关系,讲阳德阴刑。因此汉代以后的儒家一般都不排斥刑法在政治上的作用。魏晋时期,由于军阀混战,社会不安,政治混乱,统治者专任刑罚以钳制人口,弹压反叛,甚至滥杀无辜,草菅人命。故“魏晋之际,天下多故”,不仅百姓常陷于刑戮,就是名士学者,亦“少有全者”。如桓范说,动依典礼,事念忠笃之臣,一旦“或为邪臣所谮、幸臣所乱,听一疑而不见信,事似然而不可释,忠计诡而为非,善事变而为恶,罪结于天,无所祷请,激直言而无所诉,深者即时伏剑赐死,浅者以渐斥逐放弃,盖比干、龙逄所以见害于飞廉、恶来,孔子、周公所以见毁于管、蔡、季孙也”。[②] 魏晋之际,这种猜忌之风和强权政治所带来的后果之一,便

① 《世要论》案语,《全三国文》卷三十七,第380页。

② 《世要论·臣不易》,《全三国文》卷三十七,第383页。

是人才遁迹,"庸人众而贤才寡",贤者或退隐山林,或随世俯仰;不肖者悦主取容,图禄干进,遂使政治愈发昏昧。

蒋济、桓范虽属不同的政治派别,但在反对专任刑罚,提倡德治这一点上却是相同的。桓范认为,治国虽需刑法,但不能偏用,必须刑德合用,以德为主。他说:"夫治国之本有二:刑也,德也。二者相须而行,相待而成矣。天以阴阳成岁,人以刑德成治。故虽圣人为政,不能偏用也。"①桓范的这一看法显然来自汉儒的阳德阴刑说。虽然德刑"相须而行,相待而成",但在他看来,还是有所侧重,即人君必以"至德加于天下","阐化立教,必以其道"。他援引历史说:

> 故任德多,用刑少者,五帝也;刑德相半者,三王也;杖刑多,任德少者,五霸也;纯用刑强②而亡者,秦也。夫人君欲治者,既达专持刑德之柄矣,位必使当其德,禄必使当其功,官必使当其能。此三者,治乱之本也。③

这里,桓范以历史上由于专用刑罚而导至灭亡的强秦为例,说明偏用刑罚的弊害。他所说的"五帝"、"三王"、"五霸"刑德相间的情况未必符合实际情况,但他所提出的问题,乃在于强调德治的重要,以提醒统治者要吸取秦朝灭亡的教训,使为政者持刑德之柄,达治乱之道,则"位必使当其德",即从上到下使有德者当位,或当位者必副其德,此即孔子"君君、臣臣、父父、子子"之谓。使有德者当位,"则贤者居上,不肖者居下",然后"禄当其官","官当其能",天下即可得治。

从上述可知,桓范虽然把刑、德二者均作为"治国之本",但其所强调的乃是德治,尤其重视官吏的职分必与其自身的道德相当,他居官时向朝廷推荐徐宣、管宁,皆以忠义、亮直、笃行、清节为标准,可见他对儒家人伦道德的服膺。

---

① 《世要论·治本》,载《全三国文》,第 384 页。

② 《初学记》、《太平御览》均无"强"字。

③ 《世要论·治本》,载《全三国文》卷三十七,第 385 页。

二、正身节欲，体恤民艰

桓范刑德并用，以德为主的主张再具体化，便回到先秦儒家“正身修己”的轨道上来。他认为，尧治天下以安，幽、厉治天下以危，“后之国士人民，亦前之有也；前之有，亦后之有也”。天地未易，民众未异，而治乱殊趣，其因何在？曰：“遇禹汤则为良民，遭桀纣则为凶顽，治使然也。”[①]然何谓治？曰：

> 善治国者，不尤斯民，而罪诸己；不责诸下，而求诸身。《传》曰：“禹、汤罪己，其兴也勃焉；桀纣罪人，其亡也忽焉。”由是言之，长民治国之本在身，故詹何曰：“未闻身治而国乱者也。”若詹者，可谓知治本矣。[②]

这就是说，为政在德治，德治在治身，此为治国之本。这是由刑到德，由德到身的递进过程。因此对治国之本的了解，不能停止在刑德合用上，因为用刑还有一个用的问题。禹汤用之则治，桀纣用之则乱，其因在德，而这个德的具体表现，则是严诸己而宽诸人，不责诸下而责诸身。即从为政者自身的道德表现下手，不能把责任推给别人，也不能用道德作借口，只要求别人而不要求自己。这种罪人先罪己，正人先正己的观念完全是儒家传统。在中国漫长的封建社会中，统治者向来习惯于罪责于人，法律为民所设，道德为民所讲，而自己却可以逍遥于法律道德之外。故桓范此论确实有其合理性。社会风气的好坏固然与当权者自身的道德行为有密切关系，但他把社会治乱完全归结为统治者自身的道德行为，这又夸大了道德的力量，夸大了个别人物在历史上的作用。桓范所以把统治者的治身看做是治国之本，在于两个因素：其一是道德的示范作用，其二是法律的示范作用，如他说：

> 凡吏之于君，民之于吏，莫不听其言而则其行。故为政之务，

---

①② 《世要论·治本》，《全三国文》，第384页。

> 务在正身。身正于此，而民应于彼。《诗》云："尔之教矣，民胥效矣。"……故君子为政，以正己为先，教禁为次。若君正于上，则吏不敢邪于下；吏正于下，则民不敢僻于野。国无倾君，朝无邪吏，野无僻民，而政之不善者，未之有也。[①]

由"治身"到"正身"，进一步明确了从君主到吏民的"修己"原则。桓范认为，只有在上者"正己"，在下者则不敢邪僻，若邪僻则可以德化之，以法治之。因上边做出了榜样，这样的道德之化，刑法之罚，就化之有由，罚之有理，是谓真正的刑德合用者。去此，则非为正。《论语·颜渊》载："季康子问政于孔子，孔子对曰：'政者正也，子帅以正，孰敢不正？'"自己的道德行为端正，才有资格管理别人，别人也就会心悦诚服地接受管理。这种正身正己的原则推于政治，即是德治，故孔子说："为政以德，譬如北辰，居其所，而众星拱之。"[②]

桓范也说："正身于庙堂之上，而化应于千里之外"，"至德加于天下，惠厚施于百姓。"这样，百姓对君主则"仰之如天地，爱之如父母，敬之如神明，畏之如雷霆"。[③] 但如何自正其身呢？桓范认为，治身之要，首先在于节欲。因为人的欲望与生俱来，"物之感人也无穷，而情之所欲也无极"，以无极之欲，寻难穷之物，必使人"化于物欲"，而"天理灭矣"。[④] 桓范的这一思想，实开宋明理学家"存天理，灭人欲"之先河。为避免人化于物欲，或人被物欲所化，他提出节欲的主张，并认为这是修身治国的关键。他说：

> 夫欲至无极，以寻难穷之物，虽有圣贤之姿，鲜不衰败。故修身治国之要，莫大于节欲。《传》曰："欲不可纵。"历观有家有国，其得之也，莫不阶于俭约；其失之也，莫不由于奢侈。俭者节欲，

---

① 《世要论·政务》,《全三国文》,第384页。

② 《论语·为政》。

③ 《世要论·为君难》,《全三国文》,第381页。

④ 《世要论·节欲》,《全三国文》。

奢者放情;放情者危,节欲者安。[1]

桓范提出的节欲包括两个方面:其一是节制私欲,如酒色犬马之乐必克制消除;其二是戒奢侈,薄税赋,以安民丰财。他举尧、舜、禹为例,此三者,其居不过土阶三等,其衣不过夏葛冬裘,卑宫室而菲饮食。"此数帝者,非其情之不好,乃节俭之至也"。因其节俭,"故其所取民赋也薄,而使民力也寡,其育物也广,而兴利也厚。故家给人足,国积饶而群生遂。"[2]在他看来,民众是国家的主体,有德之君,应体恤人民的艰辛,"服一丝则念女功之劳,御一谷则恤农夫之勤",这样才能保持君民之间的和谐,并得到人民的拥护。由此可知,桓范主张正身节欲,其目的在治国安民,此即孔子"修身以安百姓"之谓。德治——正身(修己)——节欲——安民,完全是儒家传统。

三、谏争决雍,用贤辨能

《世要论》中有《谏争》、《决雍》、《辨能》三篇,皆从儒家立场阐述致治之节,君臣之道,在魏晋之世亦属难得。桓范认为,有道之君,不仅能正身节欲,而且能广开言路,以广视听,即所谓"兼听者明"。如果君主被左右所雍制,则"有目而无见,有耳而无闻,积无闻见,必至乱正"。[3] 他认为,中国历史上,有很多昏君闇主,即是受雍臣的蒙蔽而不自知,终于导致政乱国危。"晋公好色,骊女乘色以雍之;吴王好广地,太宰陈伐以雍之……",由此他得出结论说:"古今亡国多矣,皆由雍蔽于帷幄之内,沉溺于谄谀之言也"。因此"决雍"便成为君主为政的主要内容。他说:

为人君之务,在于决雍;决雍之务,在于进下;进下之道,在于博听;博听之义,无贵贱同异,隶竖牧圉,皆得达焉。若此则所闻

---

①② 《世要论·节欲》,《全三国文》,第384—385页。

③ 《世要论·决雍》,《全三国文》,第388页。

见者广，所闻见者广，则虽欲求雍，弗得也。[1]

这就是说，君主要避免被倖臣所蔽，惟一的办法是广闻博听，不论地位贵贱，也不论立场和观点的同异，都要随时听取他们的意见，及时了解情况，使下情上达，言路畅通，这样就不致偏听一面之辞而导致国家的败亡。

“决雍”是对君主的要求，而“谏争”则是对大臣的要求。桓范站在儒家立场又规定了为臣之道。“所谓大臣，以道事君也”，即“竭忠义之道”，“尽忠义之节”，“以安上治民，宣化成德，使君为一代之圣明，己为一世之良辅”。[2] 桓范的这一主张，基本上反映了儒家仕途之理想，即政治上的“圣君贤相”论。同时，亦强调臣对君尽忠义之道。“以忠臣之事主，投命委身，期以成功立事，便国利民，故不为难易变节，安危革行也”。[3]但桓范所强调的忠义或忠节，并不是盲目的或无条件的，如果为臣者对君主的错误行为一味的迁就顺从，这就谈不上所谓“忠”。以忠臣之事主者，必须不避危辱甚至死亡，去纠正君主之错误。他说：

夫谏争者，所以纳君于道，矫枉正非，救上之谬也。上苟有谬，而无救焉，则害于事。害于事，则危道也。故曰“危而不持，颠而不扶，则将焉用彼相”？扶之之道，莫过于谏矣。故子从命者，不得为孝；臣苟顺者，不得为忠。是以国之将兴，贵在谏臣；家之将盛，贵在谏子。若托物以风喻，微言而不切，不切则不改。唯正谏、直谏，可以补缺也。[4]

桓范提出的“谏争”原则，对儒学有所坚持。孔子说：“天下有道则见，无道则隐”；“用之则行，舍之则藏。”未曾谈到“谏争”。当然君主有谬，不能等同于无道，但从“无道则隐”、“舍之则藏”的观点看来，桓范的谏

---

① 《世要论·决雍》，《全三国文》，第388页。

②③ 《世要论·臣不易》，《全三国文》，第382页。

④ 《世要论·谏争》，《全三国文》，第388页。

争,更趋于积极入世,这是对儒学的一点发展。同时他对“忠”、“孝”的理解,也有独到之处,认为无条件地服从并不是“忠”、“孝”的表现,只有不避死辱,取于矫枉正非,进谏纠谬,方可谓忠。如他说:“蒙危辱之灾,逆人主之鳞,及罪而弗避者,忠也,义也。”①

上有决雍之君,下有谏争之臣,同时还要辨能用贤,方可为治。因此桓范又提出“辨能”的主张。所谓“辨能”,即“定能否之分”。也就是说,不能因“人间之士所称,听声用名者众”,便称其为能,而要看其实际“处理百姓之务”的治事能力。这里,桓范对魏晋之际的浮辞谈说,喜名好辩之风给以批评,认为正是此风搅乱了“辨能”的标准,致使执政者“听浮游之誉,或受其戚党贵势之托,……则寄寓游行幅巾之士言其能也”,②故世间称誉不已,选用不废。这种不正之风不除,世事就不能得治,因为“幅巾之士”所谓“能”者,非但无能,而且简直是盗贼。他说:

> 晚世之所谓能者,乃犯公家之法,赴私门之势,废百姓之务,趣人间之事,决烦理务,临时苟辨,但使官无谴负之累,不省下民吁嗟之冤,复是申、韩、宁、郅之罪人也。③

在他看来,这些都是假名士、假法家。法术本不足取,但他们比“务行苛克”,“专以残暴为能”的申、韩、宁、郅之徒都不如,因为真法家毕竟还有“抑强抚弱”等可取之处,而这些假名士、假法家却毫无可取之处。桓范此处虽打着“辨能”的招牌,实际上是对正始以来流行的崇尚虚无、逃避现实、不务政事、不遵礼教之风的批评。由此亦可看出其儒家立场。

四、慎刑息兵,仁义为本

前面已谈到,桓范主张“德刑合用”,以德为主,这是汉代以来儒学

---

① 《世要论·谏争》,《全三国文》,第388页。

②③ 《世要论·辨能》,《全三国文》,第387页。

的传统,但这并不等于说可以随便滥用刑罚。在儒家看来,刑固可以禁奸,兵固可以救亡,但都是出于不得已,所以不能穷兵黩武,严刑峻罚,而要把这两者建立在德治仁政的基础上,实行"慎刑息兵"和"以仁义为本"。桓范在《世要论》中,也阐述了这一点。他认为,为政者所以要"慎刑",就在于免杀无辜。因为刑法是残酷的,稍一不慎,就会使无辜者受戮。一旦刑死,便不能复生,往往使"死者含恨,生者含忿",忿恨并作,太平无基。故无辜者受戮即是不义,此即孟子所谓"行一不义,杀一不辜,而得天下,皆不为也"。[①] 桓范说:

> 夫刑辟之作,所从来尚矣。圣人以治,乱人以亡。故以古昔帝王,莫不详慎之者,以为人命至重,一死不生,一断不属故也。……罪若有疑,即从其轻,此盖详慎之至也。故苟详则死者不恨,生者不忿;忿恨不作,则灾害不生;灾害不生,太平之治也。[②]

这就是说,太平之治非徒尚刑所能达致,圣人之治天下,应轻刑慎罚,以仁义为本,以教化为先,不得已而用刑罚,也是为了惩暴伐恶,劝善敦仁,决不是以暴易暴,以刑生刑。因此,君主之治,官吏之能,不在刑杀而在德治。而历史上的法术之治,恰恰以尚刑滥杀为能,"商鞅、申、韩之徒,其能也,贵尚谲诈,务行苛克,废礼义之教,任刑名之数,不师古始,败俗伤化,此则伊尹、周、邵之罪人也。……逮至汉兴,有宁成、郅都之辈,放商、韩之治,专以杀伐残暴为能,顺人主之意,希旨而行,要时趋利,敢行祸败,此又商、韩之罪人也"。[③] 这些都大失详刑慎罚之义,而深违仁义道德之教,甚至把刑杀变为目的,结果造成血腥的恐怖统治。桓范非常重视刑法的目的性,认为,如果对刑罚问题处理得好,它可以减少社会上的犯罪现象,同时刑罚也逐渐减少;反之则会造成恶性循环,他说:

---

① 《孟子·公孙丑上》。

② 《世要论·详刑》,《全三国文》,第385页。

③ 《世要论·辨能》,《全三国文》,第387页。

是以圣主用其刑也，详而行之，必欲民犯之者寡，而畏之者众。明刑至于无刑，善杀至于无杀，此之谓矣。夫暗乱之主，用刑弥繁，而犯之者益多，而杀之者弥众，而慢之者尤甚者何？由用之不详而行之不必也。不详则罪不值，所罪不值则当死反生；不必则令有所亏，令有所亏则刑罚不齐矣。失此二者，虽日用五刑，而民犹轻犯之。故乱刑之刑，刑以生刑；恶杀之杀，杀以致杀。此之谓也。[①]

这一段内容很能代表儒家的刑法观，即认为刑法的目的在于以儆效尤，使社会上犯法者少，因此必须“用之详，行之必”，即运用刑法要仔细、慎重，这样实行起来，才准确、恰当。不冤枉无辜者，能受到人民拥护，以至最后达到“无刑”、“无杀”。而若以刑法为主，必然用刑弥繁，“用之不详而行之不必”，就会造成滥杀无辜，引起社会的不满和反抗，结果会恶性循环，即“乱刑之刑，刑以生刑，恶杀之杀，杀以致杀”，从而导致社会的混乱。

不仅刑法如此，用兵亦如此。在儒家看来，用兵是不得已的事，因为出兵打仗，必有杀伤，故孔子称赞管仲辅桓公“九合诸侯，不以兵车”，“如其仁，如其仁”；[②]孟子也说：“如有不嗜杀人者，则天下之民皆引领而望之矣。”[③]这都可以反映儒家尚仁去兵的德治思想及和平态度。桓范对此亦有阐发，他不是笼统地反对战争，而是对战争的功能、作用做了具体的规定。他认为“圣人之用兵也，将以利物，不以害物也；将以救亡，非以危存也，故不得已而用之耳”。[④] 这就是说，战争的目的是“利物”、“救亡”，即是用来维护国家的安全和保护人民及财产不受外来侵略者的危害；而不是“害物”、“危存”，即不是用来侵略别

① 《世要论·详刑》，《全三国文》，第 385 页。
② 《论语·宪问》。
③ 《孟子·梁惠王上》。
④ 《世要论·兵要》，《全三国文》，第 386 页。

人，也不是用来破坏和平和建设的。他充分肯定战争所具有的反侵略（“救亡”）和保护人民生命财产（“利物”）的功能，因此对于国家来说，既不能穷兵黩武，又不能绝对地放弃武装，故他说：“好战者亡，忘战者危，不好不忘，天下之王。”这种对战争的全面看法，正是建立在上述的战争观念之上。就此，桓范又提出战争必以仁义为本。他说：

> 夫兵之要，在于修政。修政之要，在于得民心；得民心，在于利之；利之之要，在于仁以爱之，义以理之也。故六马不和，造父不能以致远；臣民不附，汤武不能以立功。故兵之要在得众，得众者，善政之谓也；善政者，恤民之患，除民之害也。故政善于内，则兵强于外也。历观古今用兵之败，非鼓之日也。民心离散，素行豫败也；用兵之胜，非阵之朝也，民心亲附，素行豫胜也。故法天之道，履地之德，尽人之和，君臣辑睦，上下一心，盟誓不用，赏罚未施，消奸慝于未萌，折凶邪于殊俗，此帝者之兵也。德以为卒，威以为辅；修仁义之行，行恺悌之令；辟地殖谷，国富民丰；赏罚明，约誓信；师不越境，旅不涉场，而敌人稽颡。此王者之兵也。[①]

“仁以爱之”、“义以理之”、“得众”、“得民心”、“尽人之和”、“修仁义之行”等等，都是善政的基础，也是刑法、战争的基础。离开这些善政的基本因素，就必然“众叛亲离”或“叛逆众多”，最后导至败亡。究其由，皆因“不以仁义为本者也”。

桓范的《世要论》对儒家的许多重要政治原则都有新的阐发，并吸收了不少法家思想，因此它是魏晋之际一部重要的儒学著作。

---

① 《世要论·兵要》，《全三国文》，第 386 页。

第四节　杜恕及其《体论》

杜恕(198—252)字务伯,京兆杜陵(今陕西西安东南)人。魏明帝太和中,因其父杜畿有功于魏,擢拜散骑常侍,旋补黄门侍郎。杜恕出身望门,累世儒学。自幼受其父亲尊儒贵德的影响,“推诚以质”,不治名饰,卓然以儒家自立。其弟理、宽亦以经学名世。其子杜预则为西晋著名经学大师。恕在朝廷,“不结交援,专心向公,每政有得失,常引纲维以正言”,有疏奏三篇,议论亢直,故“不得当世之和,屡在外任”。魏嘉平初,出为幽州刺史,加建威将军,使持节,护乌丸校尉。至官未期,因与边将程喜不睦,遭喜弹劾,免为庶人。徙章武,遂潜思著述,嘉平四年卒于徙所。

杜恕所处的时代,正是曹魏政权从全盛转向低落的时期。曹魏在统一北方过程中所推行的名法之治,及此一时期军阀混战所激起的崇刑尚武之风,对北方的思想文化都产生了重大影响。再加上曹魏后期司马氏政治势力的崛起,曹魏集团与司马氏集团炽热的政治斗争和残酷的互相杀夺,使这一时期的经济、政治、文化以及君臣、父子、朋友等人际关系都笼罩了一层阴影。这种现象投射到思想文化上,便产生不同的思想流派和代表人物,分别对这一时期的政治、经济、法律、军事及思想、道德做出不同的反映和评价。其中有以法家思想为中心的名法派,以道家思想为中心的玄谈派,及以儒家思想为中心的德礼派。这三派实际上分别代表了中国文化中的儒、法、道三家思想,只是在新的历史条件下,各有不同的表现。名法派排斥儒家,提倡刑法之治;玄谈派排斥法家和儒家,提倡自然无为,蔑视礼法;德礼派则排斥刑名与玄谈,主张儒家的仁义和礼教。他们互相排斥,但又互相吸收。玄谈派吸收名理,以资谈辩;德礼派吸收法治观念,刑德合用,但以仁义为本;只有名法之士孑然独立,故遭到玄谈派与德礼派的夹攻。上两节所述的蒋济、桓范和本节的杜恕都是德礼派的儒家学者,但蒋济、桓范注意吸收法家思想,而杜恕则是站在纯儒家的立场排斥玄谈,攻击名法的儒家学者。

杜恕的著作据《三国志·魏书》本传载,有《体论》八篇,《兴性论》一篇,疏奏三篇。《体论》隋志有著录,入儒家。同时并著录《笃论》四卷,入杂家。据严可均《全三国文》说,《兴性论》乃《笃论》之首篇,本传三疏皆当在《笃论》中,东晋后合为《杜氏新书》。《体论》、《笃论》至唐而亡。其部分佚文保存在《群书治要》、《意林》及《太平御览》等辑佚书中。严可均据此录出并校定为一卷,载《全三国文》卷四十一,其所奏三疏存本传。

杜恕与上节桓范属同时代人,桓范卒于官,杜恕卒于徙所。其遭遇比较坎坷,故其言论比桓范激烈,而思想深度则不如桓范。但其特点是儒学思想比较淳正,是魏晋之际典型的纯儒。据本传的三篇奏疏及《体论》佚文,其儒学观点可归纳如下几个方面。

一、德礼之治,治之上也

杜恕的儒学思想,着重在"德"、"礼"、"仁"、"义"四个字上。他所著《体论》,根据目前保存下来的材料看,分别为君、臣、言、行、政、法、听察、用兵八篇,而贯穿这八篇的中心观念则是"礼"。他在《体论·自叙》篇中,特别强调了这一点。他说:

> 以为人伦之大纲,莫重于君臣;立身之基本,莫大于言行;安上理民,莫精于政法;胜残去杀,莫善于用兵。夫礼也者,万物之体也,万物皆得其体,无有不善,故谓之《体论》。[1]

由此可知,儒家的德礼观念是杜恕思想的总纲,无论是人伦、立

---

[1] 《三国志·魏书·杜恕传》注引《杜氏新书》,第507页。

身，还是安上、理民，都必须以礼为体。就君臣关系说，他认为，人伦之大纲，莫重于君臣，而君臣之间的关系，亦应以礼为体，而不应重法任术，他说："君使臣以礼，则臣事君以忠。晏平仲对齐景公：'君若弃礼，则齐国五尺之童，皆能胜婴，又能胜君。所以服者，以有礼也。'今末世弃礼，任术之君之于其身也，得无所不能胜五尺之童子乎？"[①]杜恕认为，重法任术，不能保持君臣之间的正常关系，因为他们都是从互相利用出发，君以术御臣，臣亦以术挟君，遂使君臣相疑，上下离心，虽五尺之童亦不能胜之矣，究其原皆无礼故也。因此君臣之间必须以礼为体。就人的立身说，也必须以礼为基础，"凡士之结发束脩，立志于家门，欲以事君也，宗族称孝焉，乡党称悌焉。及志乎学，自托于师友，师贵其义，而友安其信，孝悌以笃，信义又著，以此立身，以此事君，何待乎法然后为安？"[②]这就是说，以礼立身能养成忠、孝、信、义等道德品质，其于人伦关系，就能和谐相处，"进不失忠，退不失行"，大有益于教化。

杜恕重礼，主要还在于为政。他认为，如果君臣都能以礼为体，便可施仁政于民，因为仁政的根本在德治而不在法治。在德治之下，"民有小罪，必求其善，以赦其过；民有大罪，必原其故，以仁辅化"。[③] 这样，便可"上下亲而不离，道化流而不蕴"，这即是"以道御政"。杜恕以德治仁政为标准，把治道分为"治之上"、"治之次"、"治之下"三等。他认为，以法治政，"治之下也"。因为以法治之必专求于法，专求于法则忠孝不笃而民俗偷薄，常使民免而无耻，无所措其手足，这种政治实际上是"以军政虏其民也"。在杜恕看来，最好的政治是德礼之治，他说：

> 然则德之为政大矣，而礼次之也。夫德礼也者，其导民之具欤。大上养化，使民日迁善，而不知其所以然，此治之上也。……

---

① 《体论·君第一》，《全三国文》卷四十二，第 436 页。

② 《体论·臣第二》，《全三国文》，第 437 页。

③ 《体论·政第五》，《全三国文》，第 440 页。

> 善御民者，壹其德礼，正其百官，齐民力，和民心，是故令不再而民从，刑不用而天下化治。[①]

杜恕鼓吹德礼之治，完全是儒家传统，其目的在于反对当时盛行的刑名法术之治，提倡恢复儒学，故其思想在当时不受重视，他自己亦说："今之学者师商韩而上法术，竞以儒家为迂阔，不周世用，此最风俗之流弊，创业者之所慎也。"[②]

二、治乱在人而不在法

既然以儒家的德治为治化之本，就必然把为政的重点转移到人治上来，这是中国儒学的一个主要特征。也就是说，儒家的人治观念向来以为政治的好坏，取决于为政者人格道德的好坏，所以总希望能得到圣君贤相、清廉的官吏和淳朴的人民。同样的制度，有好人便有好的政治，没有好人便没有好的政治，即《中庸》所谓"人存政举，人亡政息"。杜恕在其《体论》中充分地发挥了儒家的这一思想。他说：

> 三代之亡，非其法亡也，御法者非其人也。苟得其人，王良、造父，能以腐索御奔驷；伊尹、太公，能以败法御悍民。苟非其人，不由其道，索虽坚，马必败；法虽明，民必叛。奈何乎万乘之主释人而任法哉！[③]

政在治人而不在治法，故君主执政法不可专任，而应把主要精力放在选贤任能上。君主有贤才辅佐，便可官得其人，政治清明。因此杜恕主张，"以人择官，不为官择人"，"官得其人，则政平讼理；政平故民富实，讼理故囹圄空虚"。[④]"是以为政者，必慎择其左右，左右正则主人正矣，人主正则夫号令安得曲邪"。[⑤]这里，杜恕所强调的"人"，基本上包括三个方面：其一指人心，即人的思想、道德；其二指人情，即人的好

①⑤　《体论·政第五》，《全三国文》，第440页。

②④　《三国志·魏书》本传。

③　《体论·君第一》，《全三国文》，第436页。

恶、亲疏等情感,其中包括人性在内;其三指人才,即人的能力。这三者构成人的完整内容,是决定政治好坏的基本因素。因此君主不能释人而专任法,“若使法可专任,则唐、虞可不须稷、契之佐,殷、周无贵伊、尹之辅矣”。[①] 也就是说,君主者专任法,则堵塞了进贤的道路,人才便得不到发展,同时也大失人情。在杜恕看来,人情与法治应相参以行,不能排斥人情而独任法,即所谓“法不独立”。他说:“凡听讼决狱,必原父子之亲,立君臣之义,权轻重之叙,测浅深之量,悉其聪明,致其忠爱,然后察之”。[②] 这是说,断案者必须从多方面考虑案情,不能专以法律断之。在他看来,有“公之于法”和“私之于法”的区别。所谓“公之于法”,即顺乎民心,依乎人情。对于“百姓之所恶者”,刑之,残之,刻剥之,“虽过乎当,百姓不以为暴者,公也”;对于那些由于“怨旷饥寒”而陷于法者,就需要宽而宥之,虽及于刑,必加隐恻,“百姓不以我为偏者,公也”。所谓“私之于法”者,即只知“辩轻重之文,不本百姓之心”,“未讯罪人,则驱而致之意”,“不察狱之所由生”而强为之断,此皆不明法有公私之分。由此杜恕得出结论:“是以为法参之人情也,故《春秋传》曰‘小大之狱,虽不能察,必以情’。”[③]

杜恕“以情断狱”或“法必缘于情”的主张,具体反映了他的“人治”观念。虽然他所说的“情”,并非“取货赂者也,立爱憎者也,祐亲戚者也,陷怨仇者也”,但由于强调人或情的因素对法律的制约,就不可避免地使法律带有一定的主观性,正如他自己所肯定的那样,“公之于法,无不可也,过轻亦可,过重亦可”,[④] 从而忽略了法律的客观性和法律面前人人平等的原则,这也是中国政治中人治重于法治的传统长期流行的结果。

三、安民在于丰财,丰财在于务本

安民或爱民,是儒家的重要观念,从孔子、孟子、荀子一直到魏晋

---

① 《体论·政第五》,《全三国文》,第440页。

②③④ 《体论·法第六》,《全三国文》,第441页。

南北朝的儒家，都始终强调安民或爱民的原则。他们常常把爱民、恤民作为政治的出发点和取得政权、巩固政权的基础，同时也把它作为德治仁政的重要内容。杜恕作为一个典型的儒家学者，对此亦十分关心。他曾几次上疏，主张安民丰财，务本节用，并以此作为治国的根本政策。因为在杜恕所处的时代，正是诸侯割据，三国鼎立，所谓"此自熊虎之士展力之秋也"。从上到下，尚武崇力，遂使当时事农桑者少，而武士劲卒从军者多，百姓疾苦，民不聊生。杜恕对此十分不满，认为如此下去，实为亡国之兆，他曾上疏说：

> 帝王之道，莫尚乎安民；安民之术，在于丰财。丰财者，务本而节用也。方今二贼未灭，戎车亟驾，此自熊虎之士展力之秋也。然搢绅之儒，横加荣慕，搤腕抗论，以孙、吴为首，州郡牧守，咸共忽恤民之术，修将率之事。农桑之民，竞干戈之业，不可谓务本。帑藏岁虚而制度岁广，民力岁衰而赋役岁兴，不可谓节用。……所以统一州之民，经营九州之地，其为艰难，譬策羸马以取道里，岂可不加意爱惜其力哉？[①]

这里，杜恕从当时的实际情况出发，提出"安民"、"丰财"、"务本"、"节用"的主张。其中的"务本"即农业生产，他认为农业生产是立国之本，立本之业不修，天下无以堪其重，这就如同人体与四肢一样，农桑不修，则腹心空虚，腹心空虚则四肢运作无力，"究此之术，岂在强兵乎？武士劲卒愈多，愈多愈病耳"。[②]重农务本的目的在于丰财，丰财则百姓安居，安居则天下太平。因此他又主张节用，尤其强调君主官吏都应体会人民的艰难，减轻税赋，爱惜民力。他认为，对人民的态度如何，可以直接关系到国家的存亡，他说：

> 恶之则国亡，爱之则国存。故曰庶民水也，君子舟也，水所以载舟，亦所以覆舟，御民者必明此要。故南面而临官，不敢以其富

①② 《三国志·魏书》本传，第498—499页。

贵骄人。……故为政者，不可以不知民之情。知民之情，然后民乃从令。己所不欲，不施之于人，令安得不从乎？①

杜恕的“舟水之喻”，直接来源于荀子，他似乎看到人民的力量足以使任何政权为之倾覆，故一再呼吁统治者“必明此要”，劝导统治者体民之艰，知民之情，爱民之力，己所不欲，不施之于人。但中国的历朝君主，由于其高踞于民众之上，与人民的生活有着天壤之别，故对人民的疾苦难于“体觉”，杜恕对此作了比较深刻的揭露，他说：

夫人君……欢康之虞，则严乐盈耳，玩好足目，美色充欲，丽服适体。……将当何从体觉穷愁之戚悴，识鳏独之难堪乎？食则膳鼎几俎，庶羞兼品，酸甘盈备，珍馔充庭，奏乐而进，鸣钟而彻，……将当何以体觉饥馁之厄艰，识困饿之难堪乎？暑则被雾縠，袭纖絺，处华屋之大厦，居重荫之玄堂，褰罗帷以来清风，列凝冰以遏微暑，侍者御粉扇，典衣易轻裳，飘飘焉有秋日之凉，将当何从体觉炎夏之郁赫，识毒热之难堪乎？寒则服绵袍，袭轻裘，绵衾貂蓐，叠茵累席，居隩密之深室，处复帘之重幄，炽猛炭于室隅以起温，御玉卮之旨酒以御寒，焰焰焉有夏日之热，将当何从体觉隆冬之惨烈，识毒寒之难堪乎？此数者诚无从得而知之者也。②

这一大段对封建帝王从衣食住行到吃喝玩乐的揭露，深刻反映了杜恕对劳动人民的同情。这一具有人民性的思想，可以说是儒家的传统，它揭示了深居皇宫之中的人与身在寒暑困饥煎熬之中的人思想、感情的差别，高高在上的皇帝天子，怎么能够“体觉”下层百姓的疾苦呢？

四、仁义之道为用兵之体

儒家主张仁义礼乐，其于用兵很少从战术上着眼，故孔子答卫灵

---

① 《体论·政第五》，《全三国文》，第440页。

② 《体论·听察第七》，《全三国文》，第442页。

公问阵，言“军旅之事，未之学也”。[①] 但这并不是说儒家不关心用兵，他们之所关心，常在战略上，即从军事与政治的关系上着眼，故荀子专有《议兵篇》以论证“用兵之本在乎一民”的道理。这也是儒家论兵的传统。

杜恕与上节桓范一样，非常重视军事与政治的关系，主张仁义之道为用兵之体，这是他《体论》的一个重要观点。他认为战争的作用在于“威不轨而昭文德，讨强暴而除残贼”，因此战争的性质在义而不在暴。在明确战争的作用和性质的基础上，他认为“兵不可去”，尤其在乱世或衰世的情况下，更应以“义兵”为民除暴。为此他从正反两个方面论述了“兵之体”的问题。他说：

> 滥杀无辜之民，以养不义之君，非兵之体也；殚天下之财，以赡一人之求，非兵之体也；怙其率卒之强，矜其变诈之谋，欲以定威取名，非兵之体也；虏其君，隶其臣，迁其社，易其民，非兵之体也。[②]

杜恕举出以上四个方面，为“非用兵之体”。所谓“体”，有“本”、“原”之意。“非用兵之体”，即没有用兵的根据。在杜恕看来，用兵若失去根据，便为不仁不义。其中特别强调，“不义之君”的穷兵黩武，目的完全在满足私欲。他们滥杀无辜，殚尽天下之财，定威取名，都是为了维护一私一姓的专制独裁统治(“以养不义之君”，“以赡一人之求”)。这样的战争，不仅失去了为民除暴、禁暴的作用和根据，它本身即成为残暴的根源，成为正义战争铲除的对象。因为正义之战，“始之以义，终之以仁，将以存亡，非以危存也。将以禁暴，非以为暴也”。[③] 他认为，这样的战争必将得到人民的支持和拥护。此兵之来也，“以除不义而援德，克其国而不伤其民，废其君而不易其政，尊其俊秀，显其贤良，赈其

① 《论语·卫灵公》。

②③ 《体论·用兵第八》，《全三国文》，第444页。

孤寡,恤其穷困,百姓闻之欣然,箪食壶浆,以迎其君,奚之迟也”![1] 杜恕在阐述“非用兵之体”之后,又阐述了“用兵之体”的四个方面,即用兵所持的根据,他说:

> 所谓善用兵者,先弱敌而后战者也。若乃征之以义,以责其过;振之以武,以威其淫;怀之以德,以誓其民;置之以仁,以救其危。此四者,用兵之体,所谓因民之欲,乘民之力也。[2]

这就是说,仁德之政是军事的基础,没有仁义,就不能得民心,此即荀子所谓“秦之锐士,不可以挡桓文之节制;桓文之节制,不可以敌汤武之仁义”。[3] 在儒家看来,这是战争的基础。因此杜恕认为:“夫德义足以怀天下之民,事业足以当天下之怠,选举足以得贤才之用,则兵之所加,若劲风振槁”,[4]这是最重要的用兵条件,也是战争的最重要基础。杜恕把“用兵之体”分为上下两等,在他看来:

> 治家国,理境内,施仁义,布德惠,明劝赏,黜幽昧;功臣附亲,士卒和辑,上下一心,君臣同德,指麾而响应,此上兵之体也。……知地之形,因险厄之利,明奇正之变,审进退之宜,援枹而鼓之,黄尘四起,乃以决胜,此用兵之下,非兵之体也。[5]

杜恕重视战争的基础,把仁义德治作为用兵之体,始终强调政治对军事的作用,这是儒家的一贯传统,有其重要的战略意义;但也忽视战术的作用,把军事战术上的“奇正之变”、“进退之重”、“险厄之利”等看做是可有可无,显露出儒家对军事问题的迂阔,故历史上的儒家对中国军事战术理论发明甚少,这不能不是一件遗憾的事。

---

①②⑤ 《体论·用兵第八》,《全三国文》,第444页。

③④ 《荀子·议兵篇》。

第三章

西晋时期的儒学

魏嘉平元年(249),以“高平陵事变”为转机,司马懿全面掌握了曹魏的军事政治大权。在以后的十几年中,司马氏逐渐剪除了曹魏集团中的主要人物及地方军事势力,曹氏成为政权的傀儡。至咸熙元年(264),司马昭进位为晋王。次年昭死,子炎嗣爵,十二月,以“禅让”的形式,正式登位,是为晋武帝,改元泰始。后来史家对西晋政权多所诋諆,甚至疾恶如仇。吕思勉在其《两晋南北朝史》一书中谓“晋之宣、景、文则诚所谓欺人孤儿寡妇,狐媚以取天下者”;又评晋代臣僚“非乡愿之徒,则苟合之士,此等人而可以托孤寄命哉”?诚然如史家所述,西晋政俗之败坏,皆历历可指。但同时也应看到,在中国历史上,西晋政权尽管统治时间不长,仅经历了武、惠、怀、愍四帝,历时五十二年。但它却使分裂了五十余年的中国又重新获得统一,并于太康年间出现过短暂的繁荣,[①]使历经丧乱的人民得到暂短的喘息。故吕思勉又谓"后汉以来,政治、风俗之积弊,百端待理者,实皆萃于武帝之初。此其艰巨,较诸阴谋篡窃,殆百倍过之。虽以明睿之姿,躬雄毅之略,犹未必其克济,况如武帝,以中材而涉乱世之末流乎? 承前世之积弊,而因受恶名,亦可哀矣"。西晋政权经历了半个世纪的运转,其儒学思想的发展亦经历了一个比较复杂的发展过程。

第一节　西晋政权与儒学

司马炎称帝之前,其政令既已显示出儒家倾向,他曾下令各州郡中正以六条标准选拔人才,其六条的内容为:"一曰忠恪匪躬,二曰孝敬尽礼,三曰友于兄弟,四曰洁身劳谦,五曰义信可复,六曰学以为己。"[②]这六条标准基本上是从儒学的立场出发而制定出来的。晋承丧乱,百端待理,基于制度尤不可缺。而制度典章又从传统儒学中来,无论如何改朝换代,长期形成的儒家礼乐制度则始终保持其完整性和稳定性,成为中国封建社会不可缺少的统治工具。正如《宋书·礼志》所云,"夫有国有家者,礼仪之用尚矣。然历代损益每有不同,非务相改,随时之宜故也"。初,魏承汉末之乱,旧韦殄灭,司马昭一为晋王,便命朝廷儒臣撰定新礼,以为新政权服务。使侍中王粲、尚书卫觊革创朝仪。使贾充定法律,裴秀议官制。又命太尉荀顗因魏代前事,参酌古今,更其节文,撰定新礼。羊祜、任恺、庾峻、应贞等并共刊定成一百六

---

① 对晋武帝太康年间的暂时繁荣,史家多所评述,如干宝《晋纪总论》说:"太康之中,天下书同文,车同转,牛马被野,余粮栖亩,行旅草舍,外闾不闭。民相遇者如亲,其匮乏者,取资于道路,故于时有天下无穷人之谚。"(《艺文类聚》十一,及《群书治要》二十九,《全晋文》一百二十七)此虽有溢美之嫌,但可反映太康年间出现的短暂繁荣。

② 《晋书·武帝纪》。

十五篇。尚书郎挚虞上表说："臣典校故太尉顗所撰五礼，臣以为夫革命以垂统，帝王之美事也，隆礼以率教，邦国之大务也，是以臣前表礼事稽留，求速讫施行。"[①]所谓"五礼"，是指冠、婚、祭、会、丧服五种礼仪制度。这些制度，在儒家的重要典籍《周礼》、《仪礼》中论之详矣。但因时代变化，所处具体历史条件不同，故历代均有损益。但无论如何增减，其基本原则，主要功能都保持不变，成为历代政权的治国常经和典要，故挚虞称其为"邦国之大务"。如五礼中的"会礼"，包括朝宗、觐遇、会同、晨贺等多项内容，每项内容都有严格的礼仪规定，如汉仪有"正会礼"，"正旦，夜漏未尽七刻，钟鸣受贺，公侯以下执贽夹庭，二千石以上升殿称万岁，然后作乐宴飨"。[②] 晋武帝曾更定"元会仪"，西晋政权初建，臣僚儒士上书定仪，不绝于书。晋武帝践祚，又命傅玄改汉之短箫铙歌曲，制为二十二篇，述以功德代魏。之后，又命傅玄、荀勖、张华等，各造正旦行礼及王公上寿酒食举乐歌诗。荀勖上疏说："魏氏行礼、食举，再取周诗《鹿鸣》为乐章。又《鹿鸣》以宴嘉宾，无取于朝，考之旧闻，未知所应。"乃除《鹿鸣》旧歌，更作行礼诗，先陈三朝朝宗之义，又为正旦大会，王公上寿歌诗并食举乐歌诗，共十三篇。[③]荀勖又因杜夔所制律吕，校太乐、总章、鼓吹八音，与律吕不合，乃作古尺，作新律，以调声韵，并典知乐事，启朝士解音律者共掌之。

从上述可知，西晋政权伊始，便用儒学隆礼作乐，以为新朝楷式，并使之成为政权建设的重要内容。隆礼制乐，不能离开儒家常典，于是又命朝臣整理图籍。荀勖和张华都是晋初儒臣，泰始九年，二人依刘向《别录》，整理记籍。荀勖在魏《中经》的基础上，更著新簿，分甲、乙、丙、丁四部，总括群书。又立书博士，置弟子教习。晋武帝初，尝有意为治，诏郡国守相及二千石以上官吏巡行属县、敦喻五教、纠察秽浊，荐举贤能，擢拔寒素。其诏曰：

---

①③ 《晋书·礼志上》。

② 《晋书·礼志下》。

> 郡国守相，三载一巡行属县，……敦喻五教，劝务农功，勉励学者，思勤正典，无为百家庸末，致远必泥。士庶有好学笃道，孝悌忠信，清白异行者，举而进之；有不孝敬于父母，不长悌于族党，悖礼弃常，不率法令者，纠而罪之。田畴辟，生业修，礼教设，禁令行，则长吏之能也。……下陵上替，礼义不兴，斯长吏之否也。若长吏在官公廉，虑不及私，正色直节，不饰名誉者，及身行贪秽，谄黩求容，公节不立，而私门日富者，并谨察之。扬清激浊，举善弹违，此朕所以垂拱总纲，责成于良二千石也。①

晋武帝的这一诏令，最值得注意者有三：其一，十分重视“敦喻五教”，“思勤正典”。此“五教”、“正典”，皆指儒学；其二，在“五教”、“正典”中，尤重“孝悌忠信”、“礼义”、“公节”，并把它们作为鉴别官吏能否的标准；其三，把以弘扬儒学为内容的“扬清激浊，举善弹违”，提高到“垂拱总纲”的地位，表明其以儒学治国的态度。此即晋武帝《立皇太子诏》中“方今世运垂平，将陈之以德义”之谓。于是又效仿汉武帝举贤良对策，擢拔儒臣，以为晋王朝揽集人才。其在《举贤良方正直言诏》中说：“省诸贤良对策，虽所言殊涂，皆明于王义，有益政道。欲详览其对，究观贤士大夫用心。”②泰始九年(273)，举贤良方正，挚虞、夏侯湛等十七人，策为下第，拜郎中。又征陆机、文立、皇甫谧等。这些被举之士，才学俱佳，皆西晋硕儒。皇甫谧著有《周易解》(《周易正义》引)、《帝王世纪》十卷(《隋志》著录)、《年历》六卷(《唐志》著录)、《玄晏春秋》三卷、《高士传》六卷、《逸士传》一卷、《烈女传》六卷等(以上皆《隋志》著录)。夏侯湛著有《弟诰》，专述儒家孝友之道。挚虞著有《决疑要注》、《畿服经》、《三辅决录》、《族姓昭穆》等。束皙则著有《五经通论》、《汲冢书释》、《汲冢书释难》、《三魏士人传》、《帝纪》等(《晋书·本传》)。此外，西晋朝还有著名大儒杜预、傅玄等。

---

① 《责成二千石诏》，《全晋文》卷三，第21页。

② 《诏诸贤良方正直言会东堂》，《全晋文》，第22页。

中国自汉代以来，崇尚儒学文教，魏晋之世，虽遭丧乱，“其学犹存”，朝廷每获小安，即思尊孔兴学。武帝泰始三年十一月，改封宗圣侯孔震为奉圣亭侯，又诏太学及鲁国，四时备三牲以祀孔子。[①] 晋初太学，承袭魏世，据《宋书·礼志》载，泰始八年，有司奏“太学生七千余人，才任四品，听留”。武帝诏曰：“已试经者留之，其余遣还郡国。大臣子弟堪受教者，令入学。”这就是说，晋初仍有太学。又据《晋书·职官志》载：“晋初承魏制，置博士十九人。”《宋书·百官志》载，东汉太常博士十四人，分掌五经：《易》施、孟、梁丘、京氏；《尚书》欧阳、大小夏侯；《诗》齐、鲁、韩；《礼》大小戴；《春秋》严、颜等各一博士，而聪明有威重者一人为祭酒。晋初置博士十九人，未言各掌何经。但据《三国志·王肃传》载，“肃善贾、马之学而不好郑氏，采会同异，为《尚书》、《诗》、《论语》、《三礼》、《左氏解》，及撰定父朗作《易传》，皆列于学官”。晋初承魏制，而肃因晋武帝为其外孙，其学行于晋初。由此可推知，晋初所立十九博士，应多属王肃之学，故皮锡瑞说：“晋所立博士，无一为汉十四博士所传者，而今文之师法遂绝。”[②]

《晋书·职官志》载：“及咸宁四年(278)，武帝初立国子学，定置国子祭酒，博士各一人，助教十五人，以教生徒。博士皆取履行清淳，通明经义者，若散骑常侍、中书侍郎、太子中庶子以上，乃得召试。”《武帝本纪》载此事在咸宁二年。而《南齐书·礼志》载曹思文上表，其中说：“今之国学即古之太学。晋初太学生三千人，既多猥杂。惠帝时，欲辨其泾渭，故元康三年始立国子学，官品第五以上，得入国学。天子去太学入国学，以行礼也；太子去太学入国学，以齿让也。太学之与国学，斯是晋世殊其士庶，异其贵贱耳。然贵贱士庶，皆须教成，故国学太学两存之也。”[③]上述三项记载，虽然年代有所出入，但西晋政权立国子学

---

① 《晋书·礼志下》。

② 皮锡瑞：《经学历史》，台北：鸣宇出版社 1970 年版，第 150 页。

③ 《南齐书·礼志上》，中华书局 1974 年版，第 145 页。

以教生徒则是事实。按曹思文的说法,是在太学之外又立国学,以殊其士庶、异其贵贱,“故国学太学两存之也”。这皆可反映西晋政权对儒学教育的重视。

元康初,“时天下暂宁”,裴𬱖又奏修国学,刻石写经。“皇太子既讲,释奠祀孔子,饮飨射侯,甚有仪序。又令荀藩终父勖之志,铸钟凿磬,以备郊庙享礼乐”。[①] 晋代诸帝多习儒学,所谓“皇太子既讲”,盖指“武帝泰始七年,皇太子讲《孝经》通。咸宁三年,讲《诗》通。太康三年,讲《礼记》通。惠帝元康三年,皇太子讲《论语》通”。[②] 可见,儒学重要经典《孝经》、《礼记》、《诗经》、《论语》等均是西晋太学、国学,特别是皇太子及朝廷高级官员子弟所必修的课程。

除中央的儒学教育外,地方郡县亦立学。《太平御览》五三四引《晋令》说:“诸县率千余户立一小学,不满千户亦立。”同时许多地方官吏亦常措意于此。如武帝时尚书都令史虞溥,于咸宁年间,除鄱阳内史,大修庠序,广招学徒,并移告属县开学崇教,其辞说:

> 学所以定情理性而积众善者也。情定于内而行成于外,积善于心而名显于教,故中人之性随教而移,善积则习与性成。唐虞之时,皆比屋而可封,及其废也,而云可诛,岂非化以成俗,教移人心者哉!自汉氏失御,天下分崩,江表寇隔,久替王教,庠序之训,废而莫修。今四海一统……宜崇尚道素,广开学业,以赞协时雍,光扬盛化。[③]

虞溥非常重视教育作用,认为它可以“化以成俗,教移人心”,改变鄙陋,从而定情理性,光扬盛化。由于他的热心推行,“于是至者七百余人”。从他为生徒所作的《奖训之诰》来看,当时的教育内容亦多属儒学,“夫工人之染,先修其质,后事其色,质修色积而染工毕矣。学亦

---

① 《晋书·裴𬱖传》,《晋书》,中华书局 1974 年版,第 1042 页。

② 《晋书·礼志上》,《晋书》,第 599 页。

③ 《晋书·虞溥传》,《晋书》卷八十二,第 2139—2140 页。

有质,孝悌忠信是也。君子内正其心,外修其行,行有余力,则以学文,文质彬彬,然后为德”。[①] 把儒家的忠孝信义作为立德的基础。再如前面所提到的束皙,赵王伦秉政时,辞疾罢归,以儒学经论教授门徒,其卒时,门生故人为之立碑。由此亦可看出,西晋时期,教育内容仍注重儒学。

西晋政权共维持五十二年,其中,晋武帝司马炎统治时间将近二十五年。其后,晋惠帝临朝,政权趋于衰落。尤以八王之乱为起点,前后达十六年之久,此后便一蹶不振。至永嘉之乱后,晋室南迁,西晋灭亡。因此在西晋政权的五十二年历史中,大体上可以晋惠帝继位或八王之乱为中介,划分为两个时期。前一时期为武帝司马炎专政时期;后一时期为惠、愍、怀三帝专政时期。据《世说新语》及《晋书》所载,惠帝之时,老庄之学大兴,“庄周著内外数十篇,历世才士虽有观者,莫适论其旨统也,秀乃为之隐解,发明奇趣,振起玄风,读之者超然心悟,莫不自足一时也。惠帝之世,郭象又述而广之,儒墨之迹见鄙,道家之言遂盛焉”。[②] 这就是说,自魏正始以来,何晏、王弼所倡导的玄学,至惠帝元康时期掀起高潮,致使“儒墨之迹见鄙”。

但玄学只在名士之间流行,而在官方则很少见用。又因玄学崇尚玄虚,贵无贱有,故遭到当时许多企图保持儒学传统的人士之反对。如卫瓘、庾亮等,主张崇贤举能,不拘爵位,使“人知善否之教不在交游,即华竞自息”,“人知名不可虚求,故还修其身”,请废九品官人法,恢复古代的乡举里选,以复“通经之道”。杨泉曾“诏拜郎中,不就”,事在武帝太康元年。可知杨泉亦经武、惠之世。杨泉尖锐批评“虚无之谈,尚其华藻,无异春蛙秋蝉聒耳而已”。[③] 也正于此时,裴頠奏修国学,刻石写经,皇太子讲《论语》并释奠孔子。元康六年(296),尚书郎

① 《晋书·虞溥传》,第2140页。
② 《晋书·向秀传》,第1374页。
③ 杨泉:《物理论》。

陆机策问纪瞻，瞻在答策中亦再三强调“宣五教以明令德”的重要，他说：

> 序君臣之义，敦父子之亲，明夫妇之道，别长幼之宜，自九州，被八荒，海外移心，重译入贡……。今贡贤之涂已阖，而教学之务未广，是以进竞之志恒锐，而务学之心不修。若辟四门以延造士，宣五教以明令德，考绩殿最，审其优劣，厝之百僚，置之群司，使调物度宜，节宣国典，必协济康哉！[①]

纪瞻的答策反映了当时朝廷中仍以儒学为先。朝廷所选师保亦重儒行，如贺循累世以《礼》传家，言行举动，必以礼让，好学博闻，尤善《三礼》。元康八年，号称洛阳三俊的陆机、陆云、顾荣，共同上疏荐循，或称其“德量邃茂”，服膺道素，遂召为太子舍人。元康九年，裴頠著《崇有论》，“頠深患时俗放荡，不尊儒术，何晏、阮籍素有高名于世，口谈浮虚，不尊礼法，尸禄耽宠，仕不事事，至王衍之徒，声誉太盛，位高势重，不以物务自婴，遂相放效，风教凌迟，乃著《崇有论》以释其蔽”。[②]

西晋时期，玄学大盛，儒学处于低潮。但在政权建设及朝廷用人方面，儒学仍很活跃，前期有杜预、荀顗、裴秀、羊祜、荀勖、刘毅、傅玄，后期有挚虞、刘寔、束皙、张华、裴頠等，这些人都是西晋政权的重臣名儒或礼法之士，并多以儒术、儒行、儒论、德业或事功闻于当世，他们当中许多人都是治礼专家。杜预、傅玄是西晋大儒；刘毅、刘寔提出一些儒学议论；裴頠则在理论上对儒学有新的发展。因此，西晋时期的儒学，一方面表现为朝廷的制礼作乐及具体朝仪制度，另一方面则表现为朝廷的政治、伦理及各项政策，同时还有一批保守的腐儒，拘守儒家学说的繁文末节，引经据典，歌功颂德，以取媚于当权者。总之，西晋儒学在玄学冲击下，有许多复杂的表现，因此不能一概而论，那种笼统

---

① 《晋书·纪瞻传》，第 1817 页。

② 《晋书·裴頠传》，第 1044 页。

地否定这一时期儒学的存在和崇玄贬儒的观点都是不符合历史事实的。

第二节　袁凖及其《袁子正书》

袁凖字孝尼，陈郡扶乐(今河南淮阳县)人，魏郎中令袁涣第四子。《三国志》无传，仅有裴松之《三国志·魏书·袁涣传》注引《袁氏世纪》说："凖字孝尼，忠信公正，不耻下问，唯恐人之不胜己。以世事多险，故常恬退而不敢求进。"裴又引荀绰《九州纪》称"凖有儁才，泰始中为给事中"。《晋书·袁瓌传》所附凖传，亦有一简短材料，仅说他"以儒学知名，注《丧服经》，官至给事中"。由于史籍记述过于简略，故其生卒年及事迹不可详知。考其父袁涣卒于建安末及其事魏情况，可推知袁凖属魏末晋初人，在魏因世多险，未仕，入晋始登仕途，官至给事中。袁凖出身望族，其祖袁滂为汉司徒，其五代孙袁山松(宏)名位显著，是东晋著名学者。袁氏累世儒学，其父袁涣一向主张以儒学经世，曾进言曹操，为政必"鼓之以道德，征之以仁义，兼抚其民而除其害"。[①] 由于受其父影响，袁凖仕不求进，专以儒学立言，"著书十余万言，论治世之务，为《易》、《周官》、《诗》传，及论五经滞义，圣人之微言，以传于世。"[②]

关于袁凖的著作，《隋书·经籍志》著录《袁子正论》十九卷，入儒家。梁又有《袁子正书》二十五卷，亡。《旧唐志》儒家，有《政论》二十卷，《正书》二十五卷，为袁凖撰。《新唐志》著录《正论》二十卷，袁凖撰。"各书或称袁凖，或称袁准，或称袁淮，盖隶俗变凖为准，因误为

① 参见第二章第一节。

② 《三国志·魏书·袁涣传》注引《袁氏世纪》。

准,止是一人,《政论》即《正论》之误,亦止一书。……唐初人似未知袁淮即袁準,故《群书治要》载《正书》题曰袁淮。而《晋书》于準所著,但言《丧服经》,不言《正论》、《正书》,盖误分袁準、袁淮为两人”。[①] 以上袁準所著书,至唐宋间均亡,严可均据《北堂书钞》、《太平御览》、《群书治要》、《艺文类聚》、《通典》等书辑得《袁子正论》二十余条,《丧服经》注一条,《袁子正书》十七篇加二十余条无篇名者,合为两卷,入《全晋文》。[②]

从以上各书著录可知,袁準是魏晋之际一位经、论兼通的儒家学者,因其经传所遗佚文甚少,故其经学思想不能详知,但其儒论佚文保留的较为完整,故可从中窥见其儒家思想的一般面貌。依《袁子正书》的佚文,其儒学思想大致表现为以下几个方面:

一、先仁而后法,先教而后刑

袁準的儒学思想形成于魏末晋初,与前面所述之桓范、杜恕有显著差别。曹魏时期的纯儒家学者,往往不遗余力地攻击法术之治,片面地追求仁义德化,把儒法两家的思想截然对立起来,因此常常被当权者视为迂阔,不被采纳。魏末晋初,社会问题暴露得更加明显,使一些儒家学者认识到刑法的重要性,认为对于治国经邦来说,仁义与刑法都不可缺少,袁準的政治理论即明显表现出这一倾向。他认为仁义与刑法不可偏废,不应只看到一方面的作用而忽视或排斥另一方面;但二者又不是完全平列的,仁义是本,刑法是末,本立而后末生,末生而后本存。他说:

> 夫仁义礼制者,治之本也;法令刑罚者,治之末也。无本者不立,无末者不成。何则?夫礼教之治,先之以仁义,示之以敬让,使民迁善日用而不知也。儒者见其如此,因谓治国不须刑法,不

① 《全晋文》卷五十四严可均按,第564页。

② 以下引文均见《全晋文》。

知刑法承其下，而后仁义兴于上也。法令者，赏善禁淫，居治之要会，商韩见其如此，因曰治国不待仁义，不知仁义为之体，故法令行于下也。是故导之以德，齐之以礼，则民有耻；导之以政，齐之以刑，则民苟免，是治之贵贱者也。先仁而后法，先教而后刑，是治之先后者也。夫远物难明，而近理易知，故礼让缓而刑罚急也，是治之缓急也。[①]

这里，袁準对仁义礼制与刑法二者的关系，作了具体的说明，认为二者对于治国，虽然不可偏废，但它们却有贵贱、先后、缓急之分。这三个方面的区别多是就仁义礼制与刑法的不同作用和性质而言。所谓贵贱之别，在于强调礼义和刑法的不同层次，即所谓"礼正君子而法治小人"；先后之别，是强调礼义的仁德本质和刑法的补充作用，法令刑罚应在仁政、教化之后，不先有教育的开导而用刑罚，实是残酷不仁；缓急之别，则强调礼义的长久作用和刑法的迫切性、权宜性。它们各自有自己的不同作用，故善为治者，必须了解贵贱、先后、缓急之分，才能更好地运用刑法以达仁义之治。因此他对上述的区别又具体地加以说明：

夫仁者使人有德，不能使人知禁。礼者使人知禁，不能使人必仁。故本之者仁，明之者礼也，必行之者刑罚也。先王为礼以达人之性理，刑以承礼之所不足。故以仁义为不足以治者，不知人性者也，是故失教。失教者，无本也。以刑法为不可用者，是不知情伪者也，是故失威。失威者，不禁也。故有刑法而无仁义，久则民怨，民怨则怒也。有仁义而无刑法，则民慢，民慢则奸起也。故曰，本之以仁，成之以法，使两通而无偏重，则治之至也。夫仁义虽弱而持久，刑杀虽强而速亡，自然之治也。[②]

袁準的上述议论，其中心在"本之以仁，成之以德"。即以仁为本，以礼

①② 《袁子正书·礼政篇》，《全晋文》卷五十五，第570页。

为用,以德为行,三者合一以为治。这一思想是对魏晋儒学的一个发展,是以儒学为基础对法家思想的综合,因此他的思想在魏晋南北朝时期的儒学中占有重要地位。尤其值得注意的是,袁準企图把“本之以仁,成之以法”的思想,建立在儒家人性论的基础之上,用人性善恶理论说明礼、法结合的合理性和必要性。他认为人性有善有不善,“凡万物生于天地之间,有美有恶。物(包括人在内)何故美?清气之所生也;物何故恶?浊气之所施也”。[①] 因此,善者贤者出于性,恶者不肖者亦出于性。“先王为礼,以达人之性”,故贤者可遵礼;同样,刑法所以惩恶,因人性有伪,故措之法以补礼之所不足。所以他说“以仁义为不足以治者,不知人性者也”;“以刑法为不可用者,是不知情伪者也”。反对把仁义与刑法对立起来。

但袁準毕竟出身儒学,故仍把儒家的仁义德治摆在第一位,成为他的思想的核心内容。在他看来,“恃门户之闭以禁盗者,不如明其刑也,明其刑不如厚其德也”。[②] 所以“厚德”比“明刑”重要,因为“仁义虽弱而持久,刑杀虽强而速亡”。他又说:

> 不能止民恶心,而欲以刀锯禁其外,虽日刑人于市,不能制也。明者知制之在于本,故退而修德。为男女之礼,妃匹之合,则不淫矣;为廉耻之教,知足之分,则不盗矣;以贤制爵,则民德厚矣。故圣人贵恒,恒者德之固也,圣人久于其道,而天下化成,未有不恒而可以成德,无德而可以持久者也。[③]

强调仁政德治为治化之本,这向来是儒家本色。袁準的特点在于,强调“以仁义为本”的同时,亦强调刑法。这种德法并用,以德为主的说法,在一定程度上,减少了一般儒家学者的理想主义和空想成分。这也是魏晋之际,现实社会状况所决定的。

---

① 《艺文类聚》卷二十一引。

②③ 《袁子正书·厚德篇》,《全晋文》卷五十五,第 574—575 页。

二、富民为治乱之急务

孔子说:“足食、足兵,民信之矣。”孔子把“足食”摆在富国强兵的首位,起码能够说明儒家对国计民生的关心。这一思想成为儒学的传统。袁準在其《正书》中亦十分强调这一点。他认为,“治国之要有三:一曰食,二曰兵,三曰信。三者国之急务,存亡之机,明主之所重也”。①这里,袁準把“足食”提到治国之要的首位,并认为它是“国之急务”,“存亡之机”,似乎比孔子更重视“足食”对国计民生的影响。他之所以重视“足食”,是因为他把这种经济因素看做是推行礼、法之治的基础。他说:

> 民之所恶者莫如死,岂独百姓之心然,虽尧舜亦然。民困衣食,将死亡,而望其奉法从教,不可得也。夫唯君子而后能固穷,故有国而不务食,是责天下之人而为君子之行也。②

这就是说,衣、食是人民最基本的生活需要,这一点如果不能满足,就必然面临死亡的威胁。人本身面临死亡之时,仁义之教化再好,刑法之惩罚再严,也只能是纸上谈兵,因为对一般民众来说,没有比死亡更严峻的了。因此,礼义、刑法必须建立在“足食”的基础上,否则就不会有任何作用。故《管子》有“仓廪实则知礼节,衣食足而知荣辱”、孟子也一再高谈“治民之产”、“无恒产则无恒心”之说,都是在同样的意义上强调道德的经济基础。而袁準不仅把“足食”看做是仁义道德的基础,也把“足食”看做是刑罚法律的基础,在衣食这个基本的民生问题解决之前,再好的政治理论也不会被人民接受。

在袁準看来,一个国家或一个政权,如果不能使自己的人民“丰衣足食”,不去努力开发经济,提高人民的物质生活条件,而只在道德上或法律上要求人民,使人民遵礼守法,这实际上不但做不到,反而会使

①② 《袁子正书·治乱篇》,《全晋文》,第576页。

道德败坏,法律失去约束的作用。他认为,虽然在困难的环境下,“唯君子而后能固穷”,但这也有损于人性的圆满和道义的充实。他以伯夷和管仲为例:

> 伯夷饿死于首阳之山,伤性也;管仲分财自取多,伤义也。夫有伯夷之节,故可以不食而死;有管仲之才,故可以不让而取。然死不如生,争不如让,故有民而国贫者,则君子伤道,小人伤行矣。君子伤道则教亏,小人伤行则奸起。[①]

贤人君子尚且有“伤性”、“伤义”之行,何况广大民众,贤不足以当伯夷,才不足以拟管仲,故当贫困之时,行为上必然与法律相乖,思想上也必然与道德相违,即所谓“有民而国贫者,则君子伤道,小人伤行矣”。伤道,则教化不行,伤行则奸诈事起,教亏奸起,欲国之为治,不可得也。这里,袁準提出了一个很重要的问题,即国贫而伤道,食不足则奸起的问题。

也就是说,道德理想和道德行为均受经济条件的制约,在国贫民穷的条件下,对于大多人来说,不可能有更高的道德理想和规范化的道德行为。道德理想受挫,行为也必然随之低落,这二者互为前提,互为因果。袁準因此而得出结论说:“夫民者,君之所求用也。民富则所求尽得;民贫则所求尽失。用而不得,故无强兵;求而皆失,故无兴国。明主知为国之不可以不富也。”[②]治国的当务之急,是发展生产,使民富足。民富则国强,民富国强则所求尽得。袁準在强调“足食”时,并不排斥道德教化作用;在强调道德仁义时也不忽视经济条件。开始摆脱儒家的迂阔和空疏。

三、重农贱商,以货均财

袁準作为一个儒家学者,在经济思想上没有突破儒家“重农抑商”

---

①② 《袁子正书·治乱篇》,《全晋文》,第576—577页。

和“不患寡而患不均”的思想传统，基本上是沿袭了孔、孟以来历朝政权所推行的以农业为本的政策，以此作为富国富民的基本办法。他在《袁子正书》中提出的“富国八政”（富国的八条措施），基本上可以反映他的这种经济思想，他说：

> 明主知为国之不可以不富也，故率民于农。富国有八政：一曰俭以足用，二曰时以生利，三曰贵农贱商，四曰常民之业，五曰出入有度，六曰以货均财，七曰抑谈说之士，八曰塞朋党之门。[①]

在袁準的这八条富国措施中，后两条已不属经济范畴，只有前六条可以反映他的经济思想。他进一步解释说：

> 夫俭则能广，时则农修，贵农则谷重，贱商则货轻，有常则民一，有度则不散，货布则并兼塞，抑谈说之士则百姓不淫，塞朋党之门则天下归本。知此八者，国虽小必王；不知此八者，国虽大必亡。[②]

由上述材料可知，袁準的八条富国措施完全体现了儒家精神，其中尤其重视农业生产，他所谓的“常民之业”，即指农民所从事的农业活动。他认为，保护这种“常民之业”的作用和意义，不仅在于增加生产，而且能够使农民安于现状，保持稳定和一致（“常则民一”），这样就会有利于国家的管理。为了能够维持“常民之业”，最重要的政策莫过于“贵农贱商”和“以货均财”。他认为，抑制工商业的发展，避免财富的过度集中，是保证占人口绝大多数的农民安居乐业的重要条件，也是保持社会稳定的基本因素。在他看来，“贵农则谷重”、“贱商则货轻”，“货布则并兼塞”。谷重货轻就会避免农民弃农经商；财货平均流布，就会避免巨商大贾通过对经济的垄断而达到对土地财产的兼并。

中国自古以来就是以农业立国，因此在历代儒家学者的经济思想

---

①② 《袁子正书·治乱篇》，《全晋文》，第577页。

中，都强调以农业为本，而轻视工商业的发展。以农为本的经济政策及其所带来的经济效果，往往与中国自给自足的自然经济相适合，很难突破已有的生产力水平，达到一个完全富足的程度。因此要想“足食”，又必须辅之以节俭。尽力抑制社会的消费水平，使社会成员之间保持一定的均平，以避免两极分化。这样，节约均平的思想又成为农业社会的重要观念。只要以农业为主，农民的收入就易于平均，因为天时是大家共同的条件。只要在相差无几的地力水平之上，投入相同的人力，所获得的劳动产品也几乎相差不多，人们享受的成果无论从质到量都差别不大。最易于突破这种自然经济而导致均平的破坏，莫过于商业。因为商业与农业有极大的不同，它虽然也多少受自然条件的影响，但不像农业那样受到决定性的制约。它与经商者自身的能力、水平、才干都有重要关系，因此它的收获差别极大。一个不合格的农民可以靠几亩地糊口，但一个不合格的商人却可能遭到破产，同时一个精明的商人又可能获取巨额利润。这种农业与商业的不同，决定了它们自身在农业社会中所扮演的角色及所遭受的待遇。正因商业具有突破平均主义的功能，故能引起一系列政治、经济及社会问题，这也是中国历代重农抑商的一个基本原因。

四、用贤使能，去私贵公

儒家的用人路线，多崇尚贤能，袁凖在其《正书》中亦如此主张，但其特点却更强调公私之别，认为凡有国有家者，以公则治，以私则乱。因此他把“去私贵公”作为“用贤使能”的前提和治家治国的重要原则。他认为：“为官长非苟相君也，治天下也；用贤非以役之，尚德也。行之以公，故天下归之。”[①]这里说，用贤使能的目的在治国，而不是专为君长个人服务，故不能把贤能都当做工具来役使，而是要处以公心，讲究道德，这样天下贤才也就乐于归附。如果“论士不以其德，而以其旧，

---

① 《袁子正书·用贤篇》，《全晋文》，第575页。

考能不以其才，而以其久”，这便是废公而立私，以此求才，不可得也。这里，袁凖提出了一个很重要的用人标准和用人原则的问题，即选用人才应以其德、才，而不应依其“旧”、“久”。“旧”，指故旧，包括朋友、乡党、门生、故吏等关系好的熟人。“久”，指资历、年龄等因素。这就是说，袁凖当时就反对在用人方面的论资排辈和裙带关系，并把它作为“公”、“私”对立的一个重要原则，提到“治国之本”的高度。这是袁凖用人思想的重要儒学表现。

袁凖认为，要真正做到“用贤使能”，用人者必须遵循五条原则：“一曰以大体期之，二曰要其成功，三曰忠信不疑，四曰至公无私，五曰与天下同忧。”[①]这里，他非常强调对人的信任、宽容和去私立公。“以大体期之”，即包含了宽容的内容，对人不求全责备，宽以待人。在他看来，“宽则得众，虚则受物，信则不疑，不忌讳则下情达而人心安”。[②]若以尖刻为能，以苛察为明，以忌讳为深，“三物具则国危矣”。袁凖的这些思想，在现代亦有其参考价值。

在上述诸项原则中，袁凖最重视“去私立公”的原则，这也是儒家政治思想的一个重要传统。袁凖认为，如果一个人被私欲所蔽，就会不辨清浊，不分是非。他举例说，“古之人有当市繁之时，而窃人金者，人问其故，曰：吾徒见金，不见人也。故其爱者必有大迷”。他认为这就是受私欲所蔽的结果，“故心倚于私者，即所知少也；乱于色者，即目不别精粗；沈于声者，则耳不别清浊；偏于爱者，即心不别是非。是以圣人节欲去私”。[③] 袁凖主张的“去私立公”，主要是针对为政者而言，这是魏晋南北朝的儒学与宋明儒学在公私问题上的一个主要区别。对一般百姓的私欲，主要是“瞻民心而立法”，其私若触犯法律，则以法治之，而非以道德强求。但对于为政者（君主、官吏）则不然，面对私

① 《袁子正书·用贤篇》，《全晋文》，第 575 页。
② 《袁子正书·悦近篇》，《全晋文》，第 575 页。
③ 《袁子正书·贵公篇》，《全晋文》，第 576 页。

心、私欲对公利的破坏,为政者一方面以法律刑罚处之,更重要的则是以身作则,用道德来感化。他说:

> 明主知其然也,虽有天下之大,四海之富,而不敢私其亲,故百姓超然背私而向公。公道行,即邪私无所隐矣。向公即百姓之所道者一,向私即百姓之所道者万。一向公,则明不劳而奸自息;一向私,则繁刑罚而奸不禁。故公之为道,言甚约而用之甚博。[1]

在袁準看来,百姓之私与为国者之私有密切关系,“凡有国而以私临之,则国分为万矣”。也就是说,不能只要求百姓去私立公,为政者首先要以身作则,然后百姓才能风行草偃,这仍是“君子之为政,以正己为先”的儒学传统。中国儒学向私欲斗争了几千年,但至今私欲不断,这急需现代新儒家为之作现实的与理论的检讨,方能使儒学的这一重要传统在现代社会有新的表现。

第三节　傅玄及其《傅子》

傅玄字休奕,北地泥阳(今陕西耀县)人,生于汉献帝建安二十二年(217),卒于晋武帝咸宁四年(278)。曹魏时期曾任弘农太守,领典农校尉,封鹑觚男爵。入晋为散骑常侍,进爵为子加驸马都尉,泰始四年(268)为御史中丞,旋迁太仆,转司隶校尉。

傅玄仕官于魏晋两朝,《晋书》本传称他“所居称职,数上书陈便宜,多所匡正”。“然玄天性峻急,不能有所容”,每有奏劾,直言不忌,“抗辞正色,补阙弼违,谔谔当朝”,于是“贵游慑服,台阁生风”。可见傅玄是位疾恶如仇,不阿权贵,敢于犯颜直谏的骨鲠之士。

① 《袁子正书·贵公篇》,《全晋文》,第576页。

西晋初建，傅玄依儒家制礼作乐的精神改汉之短箫铙歌曲，制为二十二篇。又与儒臣中书监荀勖、黄门侍朗张华等各造正旦行礼及王公上寿酒食举乐歌诗等，为西晋政权草创朝仪，隆礼作乐。傅玄崇儒尚学，尊礼重道，极其推重儒家思想，以为治国之务，莫过复儒兴学，崇化贵业，提出“儒学者，王教之首也”。认为为政者必以儒学为先，“尊其道，贵其业，重其选”，黜放荡之论，贬浮游之说，贵农而贱商，经国而治事，极力反对魏晋时期由于重道家之言所掀起的虚无放荡的风气。

傅玄是魏晋之际著名大儒，善道好学，泛观博览，终生著述不辍，“撰论经国九流及三史故事，评断得失，各为区例，名为《傅子》，为内、外、中篇，凡有四部、六录，合百四十首，数十万言，并文集百余卷行于世”。[①] 向来学者多以傅玄为杂家，《隋书·经籍志》即列《傅子》于杂家类中。但考其观点，窥其涵蕴，傅玄实为儒家者流。这一点，与傅玄同时代的王沈早已说得清楚。王沈在给傅玄的信中说：“足下所著书，言富理济，经纶政体，存重儒教，足以塞杨墨之流遁，齐孙、孟于往代，每开卷，未尝不叹息也。”[②]王沈把傅玄的著作与荀、孟的言论齐观，可见傅玄所具有的多是儒家精神。王沈卒于司马炎称帝的第二年，即泰始二年(266)，在此之前，他就看到了傅玄的著作，可见，《傅子》一书的成书年代当在魏而不在晋。

《隋书·经籍志》、新旧《唐书·艺文志》著录《傅子》一百二十卷，《崇文总目》仅著录五卷二十三篇。可见此书至唐、宋以后，已大部分亡佚。所存佚文散见于唐以后的各种类书或辑佚书中，如《文选注》、《太平御览》、《艺文类聚》、《北堂书钞》、《初学记》、《群书治要》、《意林》、《永乐大典》等，均载有《傅子》佚文。由于各书称引不一，以至互相羼越，遂使此书佚文真伪舛误。清季严可均遍搜各书，重加排比，以《群书治要》、《永乐大典》等书所载整篇为二卷，以其他各书所载，为补遗

①② 《晋书·傅玄传》，《晋书》卷四十七，第1323页。

二卷,共辑得《傅子》佚文约四万余言。[①] 本节所述及所引傅语,皆据《晋书》本传及《全晋文》。

傅玄是魏晋间名儒大家,其著述广博,经史兼通,所著书多达数十万言,现存佚文不过十分之一,故其思想不可详知,但从目前保留下来的佚文看,其儒学思想仍表现得十分充分,大致有如下几个方面。

一、尊儒贵教,讲信修义

傅玄生活在魏晋之世,亲眼目睹,"贵力尚争"和"专任刑名"所带来的弊害,以为天下必行仁政,必遵人道而后能治,如果一味地"贵力尚争",则"父子相危"、"民不聊生","若夫商韩孙吴,知人性之贪得乐进,而不知兼济其善,于是束之以法,要之以功,使天下唯力是恃,唯争是务。恃力务争,至有探汤赴火而忘其身者,好利之心独用也。人怀好利之心,则善端没矣"。[②] 他认为社会上如果没有"善端",再加上"任法尚力",则"杀人如杀狗彘",将"无道甚矣"。"以不道遇人,人亦以无道报之。人仇之,天绝之,行无道,未有不亡者也"[③]。据此,他严厉批评魏晋之世的法术刑名之治和虚无放诞之论,是"亡秦之病复发于今",他说:

> 先王之临天下也,明其大教,长其义节;道化隆于上,清议行于下,上下相奉,人怀义心。亡秦荡灭先王之制,以法术相御,而义心亡矣。近者魏武好法术,而天下贵刑名;魏文慕通达,而天下贱守节。其后纲维不摄,而虚无放诞之论盈于朝野,使天下无复清议,而亡秦之病复发于今。[④]

在他看来,无论是刑名法术,还是玄虚之论,离开了"先王之制",

① 严可均辑《全晋文》卷四十七《傅子》按语。
② 《傅子·贵教》,《全晋文》,第491页。
③ 《傅子·问刑》,《全晋文》,卷四十八,第496页。
④ 《晋书·傅玄传》,《晋书》卷四十七,第1317—1318页。

即离开了儒家的仁义礼乐德化，因此都不能达到治国的目的。傅玄所以成为典型的儒家学者，就在于他把儒家的仁义、礼乐、德化作为其政治思想的核心内容，企图以此改变魏晋时代浇薄的世风。他的《傅子》一书，专有《仁论》、《义信》、《礼乐》、《贵教》等篇，阐发儒家的礼乐仁义教化。在刑名与玄论交相充斥的魏晋时期，傅玄高举儒家的旗帜，向统治者大声疾呼尊儒贵教是当务之急。他说："夫儒学者，王教之首也。尊其道，贵其业，重其选，犹恐化之不崇；忽而不以为急，臣惧日有凌迟而不觉也。"[①]他认为，儒家的礼乐仁义之教是人道的基础，偏法之士残礼乐，废人道，将导致"有国有家者亟亡"。他说：

> 能以礼教兴天下者，其知大本之所立乎？夫大本者，与天地并存，与人道俱设，虽蔽天地，不可以质文损益变也。大本有三：一曰君臣，以立邦国；二曰父子，以定家室；三曰夫妇，以别内外。三本者立，则天下正；三本不立，则天下不可得而正。天下不可得而正，则有国有家者亟亡，而立人之道废矣。[②]

何以知其然也？他以秦亡为例，说明儒家礼乐之教不可废。他认为，秦始皇任用商鞅，摧残礼乐，"贼九族，破五教，独任其威刑酷暴之政"。去礼乐之教的结果，虽荷戟百万，石城造天，威凌沧海，胡越不动，但一朝变故，便亲遇其祸，"身死未收"，而"奸发于内"；太子死于外，胡亥二岁亡，此诚"无尽忠效节之臣以救其难，岂非敬义不立，和爱先亡之祸也哉"！由此他得出结论说："礼义者，先王之藩卫也。秦废礼义，是去其藩卫也。夫赍不訾之宝，独宿于野，其为危败，甚于累卵，方之于秦，犹有泰山之安。《易》曰：'上慢下暴，盗思代之。'其秦之谓与！"[③]

在傅玄看来，不以仁义礼乐治天下，则天下必至于暴。以暴易暴，必然败亡。因为"仁者，盖推己以及人也。故己不欲，无施于人；推己

---

① 《晋书·傅玄传》，《晋书》，第1319—1320页。

②③ 《傅子·礼乐》，《全晋文》，第487页。

所欲,以及天下。推己心孝于父母,以及天下,则天下之为人子者,不失其事亲之道矣……”。[①] 只要能推己及人,推己以及天下,即使政有所失,亦不至“上害于下”或“下患于上”,就不会出现“以暴易暴”的行为。因为“尊儒贵学,则民笃于义”,“义成而教行,因义而立礼,礼设而义通”。傅玄认为,仁、义、礼三者是构成社会政治的基本要素,也是推行仁政的基本内容。与此同时,还要讲信。他说:“王者体信,而万国以安;诸侯秉信,而境内以和;君子履信,而厥身以立。古之圣君贤佐,将化世美俗,去信须臾,而能安上治民者,未之有也。”[②]“信”之所以重要,因为它也是“人道”的内容。在傅玄看来,人与人之间不讲信用,就会“君臣相疑于朝,父子相疑于家,夫妇相疑于室。上下纷然而竞相欺,人伦于是亡矣”。因此“讲信修义,而人道定矣”,“以信待人,不信思信;不信待人,信斯不信,况本无信者乎”。[③] 这样,儒家的仁、义、礼、信便成为傅玄儒学思想的基本观念,强调立于礼,兴于仁,笃于义,履于信,由此构成他的社会政治思想的核心内容。

二、明德慎罚,威德相济

傅玄是魏晋时期颇具改革思想的儒家学者,他虽然主张“尊儒贵教”,并对仁、义、礼、信等儒家的道德条目作了许多详尽的发挥,但他并不拘泥于此。他认为,“九家殊务,各有其长”,故不应盲目地相互排斥,而是应该相互吸收。他评论儒道两家说:“道家笑儒者之拘,儒家嗤道家之放,皆不见本也。”[④]盲目地相互排斥,就如同“知虎一毛,不知其斑”一样,必然导致片面的认识。由此,他对儒、道、墨、法各家的片面性都有所批评,并主张以儒家为主,兼收各家之长,即所谓“九流有主,贞一之道也”。他尤其重视礼法关系,认为儒家的礼教与法家的刑

---

① 《傅子·仁论》,《全晋文》,第 485 页。

②③ 《傅子·义信》,《全晋文》,第 486 页。

④ 《傅子·补遗上》,《全晋文》卷四十九。

罚都是治国所不可或缺的，他说：

> 治国有二柄：一曰赏，二曰罚。赏者，政之大德也；罚者，政之大威也。……赏一无功，则天下饰诈矣；罚一无罪，则天下怀疑矣。是以明德慎赏，而不肯轻之；明德慎罚，而不肯忽之。夫威德者，相须而济者也。故独任威刑而无德惠，则民不乐生；独任德惠而无威刑，则民不畏死。民不乐生，不可得而教也；民不畏死，不可得而制也。有国立政，能使其民可教可制者，其唯威德足以相济者乎！①

这就是说，礼与法，德与罚二者相须而行，不可独任，一旦独任刑罚或独任德惠，都会使政治走上片面。因为"独任"之失，不是无功受赏，就是无罪受罚。赏一无功，天下饰诈；罚一无罪，天下生疑，二者都离开了治国之道。因此"暴君昏主"与"柔愿之主"、"偏法之士"与"迂腐末儒"都不能正确处理礼与法、德与罚的关系。他说：

> 暴君昏主，刑残法酷，作五虐之刑，设炮烙之辟，而天下之民，无所措其手足。……柔愿之主，闻先王之有哀矜仁爱，议狱缓死也，则妄轻其刑而赦元恶。刑妄轻，则威政堕而法易犯；元恶赦，则奸人兴而善人困。……末儒见峻法之生叛，则去法而纯仁；偏法见弱法之失政，则去仁而法刑，此法所以世轻世重，而恒失其中矣。②

正确的办法，应该常使仁义礼德与法治刑罚"恒得其中"，不使之偏于某一方面，即"礼法并用"或"威德相须"，此即"礼法殊涂而同归，赏刑递用而相济也"。

傅玄的"礼法并用"或"赏刑相济"，充分表现了儒家对法家的吸收和综合，也是对汉代以来儒家思想的继承和发挥。中国二千多年的封

---

① 《傅子·治体》，《全晋文》卷四十七，第480—481页。

② 《傅子·法刑》，《全晋文》，第487—488页。

建统治,基本上是按照这一模式发展下来的。先秦儒家多讲仁政德治,而不太注意法治问题,西汉儒家讲阳德阴刑,开始吸收法家思想,并把法治附属于德治之下。至魏晋南北朝,法治思想趋向于独立发展,但始终未摆脱儒家人治传统的影响。这一点,在傅玄的政治思想中也有明显地表现。他虽然主强礼法并用,但在重要性上,仍十分强调仁义礼制在社会政治中的地位和作用,因此他较多地批评刑名法术和残酷的暴政,把注意力转向对下层百姓或一般民众的关心和同情上,这也构成他政治思想的一个特点。

三、贵本贱末,重农抑商

前面所述两点是傅玄的政治思想和法治思想。由于他基本上从儒家立场立论,故其经济思想亦体现了儒家特点,同时也反映了魏晋时代儒家对经济问题的看法。在这一问题上,傅玄与上节所述袁準持相同的观点,即以农为本,以商为末,主张“贵本贱末”,“重农抑商”,这也是儒家的一贯传统。与袁準稍有不同的是,傅玄虽然主张以农为本,但对商业并不是一概排斥。他认为商贾的功能在于“伸盈虚而获天地之制,通有无而一四海之财”,即具有互通有无,各得其所的作用。他说:

> 夫商贾者,所以伸盈虚而获天地之利,通有无而一四海之财,其人可甚贱,而其业不可废。盖众利之所充,而积伪之所生,不可不审察也。①

傅玄承认商业在社会经济发展中的作用在于互通有无,方便民生,故认为“其业不可废”。但如果处理得不好,它又可能成为贪婪、虚伪、欺诈、淫欲、奢侈和侵夺农民,使农业破产的根源。他认为中国的商业自秦汉以后即产生了这样的后果:

---

① 《傅子·检商贾》,《全晋文》,第483页。

> 及秦，乱四民而废常贱，竞逐末利而弃本业，苟合一切之风起矣。于是士树奸于朝，贾穷伪于市，臣挟邪以罔其君，子怀利以诈其父，一人唱欲而亿兆和。上呈无厌之欲，下充无极之求，都有专市之贾，邑有倾世之商。商贾富乎公室，农夫伏于陇亩而堕沟壑。上愈增无常之好以征下，下穷死而不知所归。哀夫！且末流滥溢而本源竭，纤靡盈市而谷帛罄，其势然也。[1]

这里，傅玄把农民破产的原因归咎于商业的发展，又把商业的发展归结为“上逞无厌之欲，下充无极之求”。因此，他提出抑商的主张，并以此作为扶助农业发展的基本原则。他说：

> 故明君止欲而宽下，急商而缓农，贵本而贱末。朝无蔽贤之臣，市无专利之贾，国无擅山泽之民。一臣蔽贤，则上下之道壅；商贾专利，则四方之资困；民擅山泽，则兼并之路开。而上以无常役，下赋一物，非民所生，而请于商贾，则民财暴贱。民财暴贱，而非常暴贵。非常暴贵，则本竭而末盈。末盈本竭，而国富民安，未之有矣。[2]

傅玄上述抑商政策，实际上主要包括取消商人的专卖权，禁止人民擅开山泽之利。也就是说，重要商品的专卖和水湖山泽之利，都应由国家控制起来。这一政策，从汉代起，中国就开始实行，至魏晋，由于政权屡易，国家失去了对商业的控制能力，因此出现了像糜竺、王恺、贾谧、石崇等官商巨贾，利用特权发财致富，奢侈无度。如石崇常与贵戚王恺、羊琇之徒以奢靡相尚，“恺以饴澳釜，崇以蜡代薪。恺作紫丝布幛四十里，崇作锦布幛五十里以敌之。崇涂屋以椒，恺用赤石脂”。[3]《世说新语》载：“石崇厕，常有十数余婢侍列，皆丽服藻饰。置

---

①② 《傅子·检商贾》，《全晋文》，第 484 页。

③ 《晋书·石崇传》，《晋书》卷三十三，第 1007 页。

甲煎粉、沉香汁之属，无不毕备。又与新衣箸令出，客多羞不能入厕。”[①]《笺疏》引《语林》说：“刘寔诣石崇，如厕，见有绛纱帐大床，茵蓐甚丽，两婢持锦香囊。寔遽反走，即谓崇曰：‘向误入卿室内。’崇曰：‘是厕耳。’”[②]这些官商巨贾争靡斗富如此，决不是一般提倡重农抑商所能解决。中国长期以来存在的商农矛盾，以及儒家长期以来所鼓吹与中国历代政权所推行的重农抑商政策，皆未认真触及“官商”的问题。财富与权势集于一身，既官且商，由他们来推行重农抑商政策，所抑者皆一般商人，而官商勾结的高官巨贾却得不到抑制。这是中国商业不发达的重要原因之一。

当然，傅玄的这些主张，更多的是强调“重农”。他在《陈要务疏》中，针对当时“游手多而亲农者少”的问题，提出“分数定制”的措施。他认为，士农工商各有分工，“农以丰其食，工以足其器，商贾以通其货”。但魏晋以来，这种传统的分工被搞乱了，遂使“百官子弟不修经艺而务交游，未知莅事而坐享天禄，农工之业多废”。[③] 因此他提出：

> 臣以为宜亟定其制，而通计天下若干人为士，足以副在官之吏；若干人为农，三年足有一年之储；若干人为工，足其器用；若干人为商贾，足以通货而已。……夫为政之要，计民而置官，分民而授事，士、农、工、商之分，不可斯须而废也。[④]

在傅玄的“分数定制”措施中，特别强调裁减冗官。他认为，文武之官既众，而拜赐不在职者又多，加以服役之兵，不得耕稼，“当农者之半，南面食禄者参倍于前”。这些冗官闲吏，凭空“坐食百姓”，成为社会的巨大负担。因此他主张，“计天下文武之官足为副贰者使学，其余皆归之于农”。傅玄的这一主张，虽然也难于做到，但它却揭示了中国社会长期存在的一个重要问题，即官僚机构的庞大，冗散官吏的繁多，严重

---

①② 《世说新语·汰侈》，余嘉锡《世说新语笺疏》，中华书局1983年版，第877页。

③④ 《陈要务疏》，《全晋文》卷四十六，第470页。

阻碍了当时农业的发展，同时它也是中国社会长期存在的一个通病。

四、平赋均役，附法宽民

在傅玄具有改革性、建设性的经济思想中，除上述“贵本贱末，重农抑商”外，他还提出了“平赋均役”的思想。在《傅子》中，专有《平赋役》与《安民》两篇，讨论赋役与国计民生的关系。他认为，国家兴赋役的最终目的是“安上济下，尽利用之宜”，因此，赋役之兴不能伤民之财，夺民之时，竭民之力。也就是说，赋役的轻重与国计民生、社会安定有直接的关系。他以历史为鉴，说明平赋均役的重要：

> 战国之际，弃德任威，竞相吞代，而天下之民困矣。秦并海内，遂灭先王之制，行其暴政。内造阿房之宫，继以骊山之役；外筑长城之限，重以百越之戍。赋过大半，倾天下之财，不足以盈其欲；役及闾左，竭天下之力，不足以周其事。于是蓄怨积愤，同声而起，陈涉、项梁之畴，奋剑大呼，而天下之民，响应以从之。骊山之基未闭，而乱国已收其图籍矣。[1]

由于魏晋之际，中国仍处封建割据状态，长期丧乱造成人口减少，而封建政权对徭役劳动力以及赋税的需求却不断增加，这就必然加重人民的负担，以至不堪忍受起来造反。傅玄似乎看到了这一问题的严重性，他呼吁统治者吸取秦朝灭亡的教训，特别在赋役方面要宽简、平均，“度时而立制，量民力以役赋”。如果背其常道，而“不度时而立制，不量民而役赋无常，横求相仍，弱穷迫不堪其命”，人民就会“蓄怨积愤”，总有一天会同声而起，推翻统治者。因此他主张“役赋有常，不过其节”。他说：

> 昔先王之兴役赋，所以安上济下，尽利用之宜。是故随时质文，不过其节。计民丰约而平均之，使力足以供事，财足以周用。

① 《傅子·平赋役》,《全晋文》卷四十八，第490页。

乃立一定之制，以为常典。甸都有常分，诸侯有常职焉。万国致其贡，器用殊其物，上不兴非常之赋，下不进非常之贡，上下同心，以奉常教，民虽输力致财，而莫怨其上者，所务公而制有常也。[①]

傅玄"赋役有常制"与其"重本贱末"、"重农抑商"的思想相一致，都是企图通过经济手段达到政治上的和谐，使人民"莫怨其上"而"堪其命"，从而维持和保障封建政权的长治久安。从这一意义上说，他提出的"计民丰约而平均之"的赋役制度的构想，对社会下层百姓还是有利的。尽管这些议论，在贪得无厌的门阀世族的统治下，具有空想的成分和理想主义的色彩，并且在现实中很难实现，但它反映了儒家经济理论与其政治思想的一致性，即从"爱民"、"恤民"、"安民"的角度出发，来制定其政治、经济政策，并以此推动政治、经济实际运作过程。如傅玄在其《安民篇》中提出七条安民的具体建议，可以反映他的上述思想。

第一，"分其业而一其事"。此即上文所说"士、农、工、商之分不可斯须废"，亦即保证社会上的各种分工，并使其专心致志从事于自己的工作。业分则不相乱，事一则各尽其力。如此，"则民必安矣"。

第二，"重亲民之吏而不数迁"。即鼓励和重视那些能够体察百姓，关心百姓疾苦的"亲民之吏"，使他们稳定地留在自己的岗位上，而"不流于它官"。这样就能使这些"清官"，"尽心恤其下，则民必安矣"。

第三，"附法以宽民者赏，克法以要名者诛"。若以"克民为能者进"，则民力必不堪用；"下力尽矣而用之不已"，则民必不安。这就是说，不能以法克民，而要以法宽民，这一条是儒家与法家的重要区别。

第四，"量时而置官，吏省而民供"。即根据实际情况设置官吏，不使管理机构臃肿或人浮于事。因为"吏省则精，精则当才而不遗力"。也即是说，为官者少而精，不但办事效率高，而且百姓负担也不重。负担不重，"民则供顺"；供顺，民则"思义而不背上"。如此则官民亲和而相安矣。

---

① 《傅子·平赋役》，《全晋文》，第489—490页。

第五,“笃乡闾之教,使民无迁志”。即根据儒家的礼乐精神教化百姓,使百姓之间团结友爱,“存知相恤,亡知相救”,存亡与共,“邻居相恃”(相互依赖,相互帮助),这样就能使人们有一种安全感,从而安居乐业,怀土而无迁志。

第六,“度时宜而立制,量民力以役赋”。各种政策和制度的确立要根据实际的需要,特别是取之于民的赋役贡税,更应谨慎对待,不应超出人民的实际能力和生活水平。“役赋有常,上无横求,则事事有储,而并兼之隙塞”。

第七,“图远必验之近,兴事必度之民”。除贡税赋役外,凡取之于民或用之于民者,也必须量民力而行,不能“视远忘近”、好大喜功,不知百姓“稼穑艰难而转用之”。若“重用其民,如保赤子,则民必安矣”。

以上七条,反映了傅玄经济思想和政治思想中的重民爱民的儒学传统。

五、重俭息欲,任公去私

上面提到,傅玄把商业的畸形发展归结为人的欲望,认为,“上呈无厌之欲,下充无极之求”,遂使商贾“穷伪于市”。因此他强调“重俭”、“息欲”和“任公去私”。他说:“上之人不节其耳目之欲,殚生民之巧,以极天下之变,一首之饬,盈千金之价,婢妾之服,兼四海之珍。纵欲者无穷,用力者有尽。用有尽之力,逞无穷之欲,此汉灵之所以失其民也。上欲无节,众下肆情,淫奢并兴,而百姓受其殃毒矣。”[1]傅玄所处的西晋时期,社会出现严重的两极分化,统治者穷奢极欲,达到了失常变态的程度。《世说新语》载:“武帝(司马炎)尝降王武子家,武子供馔,并用瑠璃器。婢子百余人,皆绫罗绔褶,以手擎饮食。烝豘肥美,异于常味。帝怪而问之,答曰:‘以人乳饮豘。’”[2]为了满足自己的欲

① 《傅子·校工》,《全晋文》卷四十七,第 483 页。

② 余嘉锡:《世说新语笺疏》,中华书局 1983 年版,第 878 页。

望,竟用人乳喂养小猪。可知统治者的奢靡已达何种程度。傅玄的上述言论完全是有激而发的。他又说:

> 天下之福,莫大于无欲,天下之祸,莫大于不知足。无欲则无求,无求者,所以成其俭也。不知足,则物莫能盈其欲矣。莫能盈其欲,则虽有天下,所求无已,所欲无极矣。海内之物不益,万民之力有尽,纵无已之求,以灭不益之物;逞无极之欲,而役有尽之力,此殷士所以倒戈于牧野,秦民所以不期而周叛,曲论之好奢而不足者,岂非天下之大祸邪。[①]

重视节俭,克制欲望,向来是儒家的传统。傅玄不仅继承了这一传统,主张节俭去欲,而且吸收了道家"祸莫大于不知足"的思想,从而把节俭、去欲、知足纳入其政治与经济理论中,认为物质资料的生产及自然界物质资源都是有限的,然而人的欲望及其所求却是没有止境的。这二者之间的矛盾只有靠"节欲"与"知足"来调节,否则将引起"天下之大祸"。在他看来,"殷士所以倒戈于牧野"、"秦民所以不期而周叛"、"汉灵之所以失其民",皆因"穷奢极欲"或"好奢而不知足"之故。所以他说:"不息欲于上,而欲求下之安静,此犹纵火焚林,而索原野之不凋废,难矣。"[②]又说:"夫经国立功之道有二:一曰息欲,二曰明制。欲息制明,而天下定矣。"[③]

傅玄如此看重节俭息欲的作用,甚至把它当做经邦治国立功之道,很重要的原因,在于中国是一个典型的农业社会。农业社会最主要的经济特点是自给自足的自然经济。所谓"自给自足",其中的含义之一便是凭借自然条件,生产供自己需求的物质生活产品。但由于在很大程度上靠天时地利的恩赐,生产的来源、产品的产量都受到一定的限制,而人口的增长、社会的需求却不断增加。在这种情况下,浪

① 《傅子·曲制》,《全晋文》卷四十八,第494—495页。
② 《傅子·检商贾》,《全晋文》卷四十七,第484页。
③ 《傅子·校工》,《全晋文》卷四十七,第483页。

费、奢侈、财富的集中、土地的兼并、官僚机器的庞杂等等，往往是对农业经济的最大破坏，它几乎成为中国历史上改朝换代的契机之一。因此，在中国封建社会中，长期以来形成的重农、抑商、均平、储蓄、节俭、去欲、知足等价值观念，深深地影响了儒、墨、道、法各家的思想，形成中国文化所特有的价值系统和价值取向，并对中国人的民族性格、文化心理均产生重要影响。

傅玄把“重俭息欲”作为扶助农业发展和维持社会安定的重要条件。一方面，它确实能够起到一定的社会调节作用，与中国农业社会有相应的一面，但同时也暴露了儒家对社会现实经济缺乏解决能力的弱点。因为“重俭息欲”思想，基本上是一种道德伦理观念，把这种观念夸大为社会发展的动因，必然忽视或抹杀人对基本生活物质条件的欲求，从而导致禁欲主义和唯道德论。宋明理学的天理人欲之辩和公私之别，正是在这一意义上被推向极端的。

傅玄把人的“欲求”、“欲念”或“欲望”，看做是个人的私事，因此常把“私”与“欲”联系在一起，与“无私”、“无欲”之“公”对立起来。也就是说，他以欲望的有无或大小去确定公私之别，因此又强调“任公去私”。他说：

> 佞人，善养人私欲也，故多私欲者悦之。唯圣人无私欲，贤者能去私欲也。有见人之私欲，必以正道矫之者，正人之徒也；违正而从之者，佞人之徒也。自察其心，斯知佞正之分矣。[①]

这里所谓“正道”，即他所谓的“公道”。他认为，人无私欲才能有公心，有公心才能行正道，能行公道者，众必归之。他说：“江海所以能为百谷王者，以其不逆之也，苟所有逆，众流之不至者多矣。众流不至者多，则无以成其深矣。夫有公心，必有公道，有公道，必有公制。[②]”这

① 《傅子·矫违》，《全晋文》卷四十八，第497页。
② 《傅子·通志》，《全晋文》，第493页。

样,他又把“息欲”、“去私”归结为“公心”,然后由“公心”(公正无私之心)出发,产生“公道”、“公制”。在他看来,“公心”在于无欲;“公道”在于去私。“私不去则公道亡。公道亡,则礼教无所立。礼教无所立,则刑赏不用情。而天下从之者,未之有也。夫去私者,所以立公道也,唯公然后可正天下”。[①]

傅玄的“去私任公”与其“重俭息欲”一样,都是企图从道德伦理的角度去改造社会,改造人生,充分肯定了道德对社会进化的作用,这也是儒家对中国文化的贡献。但由于过分强调道德的作用,导致中国文化的泛道德主义倾向,中国文化的这一特点,是经过历代儒家的发挥和积累造成的,傅玄即是其中一位。

六、正心修己,习以性成

既然承认道德对社会有强大的改造作用,因此培养每个人具有高尚的道德情操,就成为儒家礼乐教化的重要任务。特别是对于那些身居上位的人,担负着治国治人的重任,就更应该从自己做起,此谓“以正德临民,犹树表望影,不令而行”。傅玄与魏晋时期的其他儒家学者一样,都非常重视统治者自身的道德示范作用,因此一再强调正身修己。他说:

> 治人之谓治,正己之谓正。人不能自治,故设法以一之。身不正,虽有明法,即民或不从,故必正己以先之也。然则明法者,所以齐众也;正己者,所以率人也。夫法设而民从之者,得所欲也。法独设而无主,即不行;有主而不一,则势分。一则顺,分则争,此自然之理也。[②]

这段材料的中心意思,是分别道德与法律的不同作用。在傅玄看来,法律的作用是能够以强迫的手段,齐一人们的社会行为,从而使之遵

---

① 《傅子·问政》,《全晋文》,第 496 页。

② 《傅子·矫违》,《全晋文》,第 498 页。

守一定的社会规范。但“法设而民从之者，得所欲也”，即遵从法律往往是为了得到自己所要得到的。如果“不得所欲”，则民不乐从之，不乐从之，则民免而无耻。这就暴露了法律强制性的弱点，故必以道德导之，使人们的社会行为由不自觉变成自觉。这才是儒家的理想之治。

怎样才能使人们的社会行为变成自觉呢？傅玄认为，只有先从自己做起，此即“正己者，所以率人也”，“身不正，虽有明法，而民或不从，故必正己以先之”。而“正身”必须首先“正心”，“忠正仁理存乎心，则万品不失其偏矣”。因此，“心”的作用就非常重要，它是“立德”、“修己”的根本所在。傅玄说：

> 立德之本，莫尚乎正心。心正而后身正，身正而后左右正，左右正而后朝廷正，朝廷正而后国家正，国家正而后天下正。故天下不正，修之国家；国家不正，修之朝廷；朝廷不正，修之左右；左右不正，修之身；身不正，修之心。所修弥近，而所济弥远。禹汤罪己，其兴也勃焉，正心之谓也。[①]

傅玄的这套“正心”论，基本上是从《大学》搬来的。但亦有所不同。《大学》在“正心”下，还有“欲正其心者，先诚其意；欲诚其意者，先致其知；致知在格物”。傅玄直接砍掉了“诚意”、“致知”、“格物”三个阶段，而把“正心”作为“正天下”的最后归宿，说明傅玄更重视“心”的作用。同时也说明他更重视现实政治，从而避开了《大学》带有哲学知识论色彩的“致知”、“格物”说，直截了当地把儒家的知识论和修养论还原为政治哲学。如前所述，傅玄由“公心”推出“公道”，正在于他相信道德的感化作用。他认为“心者，神明之主，万物之统也”，因此只要“心正”，便可统率天下之人，甚至感化天下万物。他说：

> 动而不失正，天地可感，而况于人乎？况于万物乎？夫有正

---

① 《傅子·正心》，《全晋文》，第491—492页。

> 心，必有正德，以正德临民，犹树表望影，不令而行。……有邪心，必有枉行，以枉行临民，犹树曲表而望其影之直也。……古之君子，修身治人，先正其心，自得而已矣。能自得，则无不得矣。苟自失，则无不失矣。[①]

“正德”在“正心”，而“正心”在“自行”。这是傅玄对儒家修养论的一点发展。所谓“自行”，即“自德其性”或“自保其性”。傅玄认为，人性包含善恶两个方面，可以趋善，亦可以趋恶，因此后天的教化就十分重要。因为教化的作用可以“济其善端”，使其善的方面得到培养和发展。他所谓的“自行”，即是自己保持或求得善的一面，使“忠正仁礼存乎心”，“礼度仪法存乎体”，这样即可达到“正心”、“正德”的效果，此即“正其心，自得而已矣”。

由此可见，傅玄的“正心”说是建立在他的人性论的基础之上的。因《傅子》一书亡佚严重，其人性论不可详知，但根据仅有佚文，亦可略见其端倪。现将其有关论述先列于下：

> 人含五常之性，有善可因，有恶可改，……此先王因善教义，因义而立礼者也。……若夫商、韩、孙、吴，知人性之贪得乐进，而不知兼济其善，于是束之以法，要之以功，使下唯力是恃，唯争是务……好利之心独用也。人怀好利之心，则善端没矣。[②]
>
> 人之性，避害从利。故利出于礼让，即修礼让；利出于力争，则任力争。修礼让，则上安下顺而无侵夺；任力争，则父子几乎相危，而况于悠悠者乎。[③]
>
> 秦之虣君，目玩倾城之色，耳淫亡国之声，……犹未足以呈其欲，唯不推心以况人，故视用人如用草芥。使用人如用己，恶有不得其性者乎？古之达治者，……以率先天下，而后天下履正，而咸

---

① 《傅子·正心》，《全晋文》，第 492 页。

②③ 《傅子·贵教》，《全晋文》，第 491 页。

保其性也。[①]

人之性如水焉，置之圆则圆，置之方则方，澄之则淳而清，动之则流而浊。先王知中流之易扰乱，故随而教之，谓其偏好者，故立一定之法。[②]

夫金水无常，方圆应形，亦有隐括，习以性成，故近墨者黑。声和则响清，形正则影直。正人在侧，德义盈堂，鲍肆先入，兰蕙不芳。傅臣司训，敢告君王。[③]

以上五条材料均散见于《群书治要》、《意林》、《初学记》、《太平御览》等书中，很不成系统，但它却极为重要。因为魏晋南北朝时期，儒家的人性理论受到道家自然主义的影响，由人性善恶这一主题转变到圣人有情无情问题上来，故多以动静论性情，使人性论具有更多的思辨性，明显的带有道家色彩。傅玄的人性论基本上继承了儒家的传统，并综合了孟荀的说法，同时也吸收了告子的思想。

从上述材料看，他的人性理论主要有两个要点：第一，性可善可恶，因为人性中包含有善的成分，也包含有恶的成分，故“有善可因，有恶可改”，这是设礼作乐，崇仁贵义的基础。第二，人性如水，无所谓善恶，故“方圆应形”，“近墨者黑”。这在一定程度上肯定了道德观念的后天性和人性的流变。

上述两点，存在着一定的矛盾，承认人性中有先天的善端，这是受了孟子性善论的影响；认为人性“贪得乐进”、“避害从利”，这显然是受了荀子性恶论的影响；人性如水，方圆应形，则又来源于告子。这三者如何统一，由于材料的缺乏，故不可得知。但根据傅玄的其他议论，可以判断他的人性论的主要倾向则在于强调“方圆应形”、“近墨者黑”，故有“习以性成”的命题。

① 《傅子·正心》，《全晋文》，第492页。
② 《傅子·补遗上》，《全晋文》卷四十九，第501页。
③ 《太子少傅箴》，《全晋文》卷四十六，第475页。

总之,傅玄是魏晋时期的儒学大家,他的儒学思想不仅在魏晋时代占有重要地位,而且在隋唐时期也一直保持着重要影响。他的思想是多方面的,只是由于他的著作没有全部保存下来,故影响了对他的全面研究,这是一个重大的缺憾。

第四节　裴頠及其《崇有论》

裴頠(267—300),字逸民,河东闻喜(今属山西绛县)人。出身世家大族。其父裴秀,“儒学洽闻”,是西晋开国元勋之一,曾与儒臣荀顗创制朝仪,议定轨则,“总纳言之要,其所裁当,礼无违者”。曾著《易》及《乐》论,又画地域图十八篇,是西晋著名地理学家。秀卒,裴頠袭侯爵。太康初,征为太子中庶子,迁散骑常侍。惠帝继位,转国子祭酒,兼右军将军。后迁尚书左仆射,与司空张华同领朝政。

晋惠帝皇后贾南风系裴頠从母广成君长女(裴頠的姨表妹),“頠虽后之亲属,然雅望素隆,四海不谓之以亲戚进也,惟恐其不居位”。[①]贾南风是西晋有名的悍后,裴頠非但不以亲戚进,反而常恐贾后乱政,尝与张华、贾模等议废之,反对“崇外戚之望,彰偏私之举”,主张起用庶族德才之士。其廉惠亮直之操可知。初,赵王伦谄事贾后,頠甚恶之。伦数求官,頠与张华固执不许,由是深为伦所怨恨,永康元年(300)终为赵王伦所杀,死时三十四岁。

一、关于裴頠的学派归属问题

目前流行的中国哲学史或中国思想史著作,多把裴頠作为玄学家来研究。因据史籍所载,裴頠“善谈名理”,并常与当时清谈名士往

① 《晋书·裴頠传》,中华书局1974年版,第1043页。

来。如：

> 诸名士共至洛水戏。还，乐令（乐广）问王夷甫（王衍）曰：“今日戏乐乎？”王曰：“裴仆射（裴頠）善谈名理，混混有雅致；张茂先华论史汉，靡靡可听……”①
>
> （裴邈）少有通才，从兄頠器赏之，每与清言，终日达曙。自谓理构多如，辄每谢之，然未能出也。②
>
> 王夷甫长裴成公（裴頠）四岁，不与相知。时共集一处，皆当时名士，谓王曰：“裴令令望何足计！”王便卿裴。裴曰：“自可全君雅志。”
>
> 钟士季（会）目王安丰：阿戎了了解人意。谓裴公（頠）之谈，经日不竭。③
>
> 裴仆射时人谓为言谈之林薮。④
>
> 王丞相（导）过江，自说昔在洛水边，数与裴成公（頠）、阮千里（阮瞻）诸贤共谈道。羊曼曰：“人久以此许卿，何须复尔？”王曰：“亦不言我须此，但叹尔时不可得耳！”⑤
>
> 頠，……弘雅有远识，博学稽古，自少知名。御史中丞周弼见而叹曰：“頠若武库，五兵纵横，一时之杰也。”⑥

由以上材料很容易得出裴頠是当时的清谈名士，从而是一位玄学家的结论。玄学家必主玄学，而对“玄学”的定义，近年来有许多研究，如汤一介先生把它定义为：“魏晋玄学是指魏晋时期以老庄思想为骨架的一种特定的哲学思潮，它所讨论的中心为‘本末有无’问题。即是关于天地万物存在的根据的问题，也就是关于远离‘世务’和‘事物’的

① 《世说新语·言语》，余嘉锡：《世说新语笺疏》，中华书局1983年版，第85页。

② 《世说新语·雅量》注引《晋诸公赞》，余嘉锡：《世说新语笺疏》，第355页。

③ 《世说新语·赏誉》，第419页。

④ 《世说新语·赏誉》，第430页。

⑤ 《世说新语·企慕》，第631页。

⑥ 《晋书·裴頠传》，《晋书》卷三十五，第1041页。

形而上学本体论的问题。”[①]若按着这一定义来衡量裴𬱟的思想，就很难把裴𬱟说成是玄学家。因为裴𬱟与诸名士所谈之“道”，不但非以老庄为骨架，反而恰恰是以儒家名教为先。《群书治要》引南朝齐臧荣绪所撰《晋书》说：

> 𬱟深患时俗放荡，不尊儒术，魏末以来，转更增甚。何晏、阮籍素有高名于世，口谈浮虚，不遵礼法。尸禄耽宠，仕不事事。至王衍之徒，声誉太甚，位高势众，不以物务自婴，遂相放效，风教陵迟。𬱟著《崇有》之论，以释其蔽。世虽知其言之益治，而莫能革也。朝廷之士皆以遗事为高，四海尚宁，而有识者知其将乱矣。而夷狄遂沦中州者，其礼久亡故也。[②]

又《世说新语·文学》注引西晋傅畅所撰《晋诸公赞》说：

> 𬱟疾世俗尚虚无之理，故著《崇有》二论以析之。才博喻广，学者不能究。后乐广与𬱟清闲欲说理，而𬱟辞喻丰博，广自以体虚无，笑而不复言。[③]

又《三国志·魏书·裴潜传》裴注说：

> 𬱟理具渊博，赡于论难，著《崇有》、《贵无》二论，以矫虚诞之弊，文辞精富，为世名论。[④]

上面所引三条材料，都相当可靠，因傅畅、陆机、臧荣绪、裴松之等人均与裴𬱟时隔不远。从这三条材料可知，裴𬱟反对魏晋以来以老庄思想为核心的玄虚之论，主张尊儒兴教，“崇济先典”，此正与玄学“不遵礼法”、“谈笑忘宜”的人生哲学大异其趣，同时也与玄学“远离‘世务’和‘事物’的形而上学本体论”有极大差别。正因如此，故引起当时的玄学家或清谈名士如王衍、乐广与他展开辩论。由于裴𬱟能用当时的玄

---

① 汤一介：《郭象与魏晋玄学》，湖北人民出版社1983年版，第7页。

②③ 余嘉锡：《世说新语笺疏》注引《群书治要》三十引《晋书》第202页。

④ 《三国志》卷二十三，第673页。

学语言和方法，并“赡于论难”，遂使乐广“自以体虚无，笑而不复言”；“王衍之徒攻难交至，并莫能屈”。也正因如此，当时谈者也不以裴頠为玄学家。如孙盛《老聃非大圣论》说：“昔裴逸民（裴頠）作《崇有》、《贵无》二论，时谈者或以为不达虚胜之道。”[①]所谓“虚胜之道”，即“虚无贵胜之道”，亦指“以无为本”的玄学。孙盛所述，即反映了当时玄谈家对裴頠“善谈名理”的看法。即认为裴頠的“善谈名理”，正是用玄学的方法，论证儒家的仁义礼乐之不可废，主张尊儒、贵教、躬政、临民、亲事。由此可知，裴頠不是玄学家。而是一位深谙儒学思想的儒家学者。

二、裴頠生平事迹所反映的儒学倾向

裴頠生活在西晋中后期，在“八王之乱”中死于赵王伦之手。他在西晋政权中，身处“秉钧当轴之位”，故对西晋中后期的礼法刑政均有许多建设性的意见，这些意见和看法都在一定程度上反映了他的鲜明的儒学倾向。

元康初，裴頠官居侍中、国子祭酒。“时天下暂宁，頠奏修国学，刻石写经。皇太子既讲，释奠祀孔子，饮飨射侯，甚有仪序”。[②] 这条记载，说明裴頠在任国子祭酒时，重视儒学教育。“奏修国学，刻石写经”，即是加强国子学的具体措施。西晋国子学，晋初即有规模，建制承袭魏制，置博士十九人。后有荒废，至咸宁二年（276）又立，置国子博士各一人，助教十五人，并于诸县立小学。至裴頠任国子祭酒时，由于受当时思潮的影响，国子学的儒学教育似有不少问题。据《南齐书·礼志》引曹思文疏秦所载，其问题之一便是“太学生人多猥杂”，优劣混淆，泾渭不分。裴頠“奏修国学”，盖即指此。“于是制立国子学官，品第五以上，得入国学”。在裴頠督导下的国子学，恢复奠祀孔子的古

① 道宣：《广弘明集》卷五，上海古籍出版社 1991 年版，第 124—125 页。
② 《晋书·裴頠传》，《晋书》卷三十五，第 1042 页。

礼。元康三年(293),皇太子讲《论语》通,在裴颜的主持下,“释奠祀孔子,饮飨射侯,甚有仪序”。同时,“又令荀藩终父勖之志,铸钟凿磬以备郊庙朝享礼乐”。荀勖的儒学活动在当时就很活跃。其子荀藩,元康中为黄门侍郎,在裴颜的建议下,“受诏成父所制钟磬”,以备朝廷举行祭祀大典时按古礼奏乐之用。这些活动,皆可表明裴颜对宗庙祠祀、拾遗补阙朝仪礼制的重视及其儒家立场。

裴颜在朝显居要职,惠帝即位,转国子祭酒,尤值得注意。因为这一职务与他的儒学活动大有关系。杜佑《通典》说:“晋武帝咸宁四年(278),初立国子学,置国子祭酒一人。国子,周之旧名,《周官》有师氏之职,即魏国子祭酒。”杜佑在其自注中说:“周礼师氏以三德三行教国子,又有保氏而养国子,以道教之六艺也。……裴颜为祭酒,奏立太学,起讲堂,筑门阙,刻石写五经也。”[①]这就是说,国子祭酒的职责主要是“掌监学之政,皇太子受业则执经讲说”,并兼统诸经博士,故有时亦称“博士祭酒”或“儒林祭酒”。其职责即掌五经以教子弟,国有疑事,掌函问对,故常兼仆射、侍中等要职。故对这一职务的人选,历代均以“聪明而威重者”、“履行清淳,通明典义者”或“儒学优重者”为之。裴颜既为国子祭酒,必信奉儒学,明经行修,并具备深厚的经学造诣。

《通典》中保留有裴颜的一些经学议论。晋惠帝元康二年(292),各州中正检举太子家令虞濬、镇东司马陈湛、上庸太守王崇等多人“冒丧婚娶”之事。有司认为“冒丧婚娶,伤化悖礼”,故奏请“宜加贬黜”,尚书符下国子学处议。《通典》说:

> 国子祭酒裴颜以为,吉凶之别,礼之大端,子服在凶,而行嘉礼,非所以为训。虽父兄为主,事由已兴,此悉人伦大纲,典章所慎也。[②]

---

① 杜佑:《通典》卷二十七《职官典》,中华书局 1988 年版,第 763—764 页。

② 杜佑:《通典》卷六十《礼典》二十,第 1690 页。

按照古礼，天子成年都有一定的加服冠冕之礼，以为“礼仪之始在于正容体，齐颜色，顺辞令，而后礼义备，以正君臣，亲父子，和长幼。……古者圣王重冠，所以为国本也”。[1] 但至魏晋之际，对天子冠礼已有很多不同说法，有的主张天子十二而冠，有的主张十五而冠，还有的以为“天子继位之日即为成君冕服”，而不必问天子年龄。《通典》载有裴頠的一段议论：

> 裴頠答治礼问，“天子礼玄冠者，形之成也。为君未必成人，故君位虽定，不可孩抱而服冕弁。[2]

裴頠的经学议论，虽然只保留下来上述两条，但仍可反映裴頠是一位熟悉经学的儒家学者。他对吉凶之礼和天子冠礼的意见，都表明他对中国古代礼乐制度的服膺和继承。从这一侧面，反映裴頠的儒家立场。

裴頠不仅熟悉经学，而且对儒家的思想亦有许多发挥，尤其重视任贤使能。他说：

> 古之圣哲，深原治道。以为经理群务，非一才之任；照练万机，非一智所达。故设官建职，制其分局。分局既制，则轨体有断。事务不识，则其任易处，选贤举善，以守其位。委任责成，立相干之禁。……故称尧舜劳于求贤，逸于使能，分业既辨，居任得人，无为而治，岂不宜哉！[3]

在裴頠看来，独任“一才”、“一智”并不能治理好国家。圣人之治在于设官分职，选贤举善，充分发挥“群才”与“群智”的作用。也就是说，只有调动群才群智的积极性并加以合理分工，使“官当其位”，“人守其分”，社会避免互相牵制，互相干预，“故人知其务，各守其所，下无越分

---

① 杜佑：《通典》，第 1572 页。

② 杜佑：《通典》，第 1574 页。

③ 裴頠：《上疏言庶政宜委宰辅诏命不应数改》，严可均辑《全晋文》卷三十三，第 326 页。

之臣,然后治道可隆,颂声能举”。[1] 裴頠认为“任贤使能”,留心政治是治道的根本所在,故对“桑谷之异”、“水旱之灾”的反应并非一味地赦免所能解决。他有一篇《谏赦疏》说:“感神以政,应变以诚,故桑谷之异,以勉己而消。汉末屡赦,犹凌迟不返。由此言之,上协宿度,下宁万国,惟在贤能。慎厥庶政,但非孤赦所能增损也。”[2] 这些都是儒家注重人事,关心社会政治的人文传统。

此外,裴頠还有《陈刑法过当表》、《辞专任门下事表》、《言庶政疏》、《外戚不宜专任疏》等,都在一定程度上表现了他的儒学思想,并与其《崇有论》互为表里。

三、裴頠《崇有论》的儒学思想

据《三国志·魏书·裴潜传》注引陆机《惠帝起居注》,裴頠著《崇有》、《贵无》二论,以矫当时流行的虚诞之弊。《崇有论》保存在《晋书》本传中,《贵无论》早已亡佚。但据上述陆机的说法,《贵无论》虽以“贵无”名篇,其内容也是针对“虚诞之弊”而发的。可见裴頠是当时反玄学思潮的一位重要代表人物。

《崇有论》的主旨在于肯定儒学仁义礼制的合理性。他认为,贤人君子必“居以仁顺,守以恭俭,率以忠信,行以敬让”,“斯则圣人为政之由也”。[3] 很明显,“仁顺”、“恭俭”、“忠信”、“敬让”都是儒家政治伦理思想的基本内容。裴頠以这些基本内容为圣人治理社会的根本条件(“为政之由”),反映了裴頠的儒家精神。

在《崇有论》中,裴頠针对道家的无为说,特别强调儒学的有为政治。他说:“惟夫用天之道,分地之利,躬其力任,劳而后飨。……故大建厥极,绥理群生,训物垂范,于是乎在。”[4] 他认为,这种“有为”的精神,也是圣人治理社会的根本条件。裴頠“用天之道,分地之利”的思

①② 裴頠:《上疏言庶政宜委宰辅诏命不应数改》,《全晋文》,第 326 页。

③④ 裴頠:《崇有论》,载《晋书》卷三十五《裴頠传》,第 1044 页。

想,与荀子“制天命而用”的思想相当一致。

在先秦道家及魏晋玄学中,“天道”一词经常出现,但皆用以表达自然无为,人对天道的关系也只能是顺任、因循的关系。由此在道家及玄学中,对于“道”或“天道”决无“用”的含义。在他们看来,“道”或“天道”是不能“利用”的。如王弼说:“天地任自然,无为无造,万物自相治理,故不仁也。仁者必造立施化,有恩有为。造立施化,则物失其真;有恩有为,则物不具存。物不具存,则不足以备载矣。”[1]天道如此,人道亦如此,“圣人与天地合其德”,“因而不为,损而不失”。“舍己任物,则无为而泰;守夫素朴,则不顺典制”。[2] 由此可见,裴頠“用天之道”的思想,与道家玄学,特别是与王弼的思想有明显不同。因为在儒家看来,“天有其时,地有其财,人有其治”,所以就要“用天之道,分地之利,躬其力任”,“夫是之谓能参。舍其所以参,而愿其所参,则惑矣”。“人与天地相参”是儒家有为政治的理论依据,它基本上是建立在荀子“制天命而用”的天人观的基础上,后来又与孟子及《中庸》的“尽性”说相结合。孟子说:“尽其心者,知其性也,知其性则知天矣。”《中庸》进一步发挥军孟子的思想,认为“能尽人之性,则能尽物之性;能尽物之性,则可以赞天地之化育;可以赞天地之化育,则可以与天地参矣”。儒家的有为思想,是荀孟思想的综合。而裴頠所主张的“仁顺”、“恭俭”、“忠信”、“敬让”,也正是在充分发挥儒家“人与天地相参”的意义上,强调人的道德自觉,以参与对自然、社会、人事的改造。所以他的政治思想是“大建厥极,绥理群生,训物垂范”,即主张在人间建立最高的政治原则和德道原则,以教化和安抚百姓,从而达到儒家的“圣人之治”。

然而,道家否定仁义礼法的作用,玄学家亦如此。以至元康时期的放达派,进一步发挥了老庄的思想,把玄学应用到现实生活中,出现

---

① 王弼:《老子注》,楼宇烈:《王弼集校释》上册,中华书局 1980 年版,第 13 页。

② 《老子注》,第 95 页。

了“风教凌迟”、“时俗放荡”、“不尊儒术”的社会风气。裴頠认为，玄学思潮及其所带来的社会风气是对儒学和社会政治的最大破坏，与他的“大建厥极，绥理群生”的社会政治理想背道而驰。因此，他严厉抨击玄学贵无论“遗制”、“悖礼”所带来的危害，他说：

> 立言藉于虚无，谓之玄妙；处官不亲所司，谓之雅远；奉身散其廉操，谓之旷达。故砥砺之风，弥以凌迟。放者因斯，或悖吉凶之礼，而忽容止之表，渎弃长幼之序，混漫贵贱之级。其甚者至于裸裎，言笑忘宜，以不惜为弘，士行又亏矣。[①]

在裴頠的这段批评文字中，可以明显地看出，他反对玄学贵无论和放达派的主要目的，在于维护儒学的传统，表现了儒学在“处官”、“奉身”、“修养”、“礼制”、“仪表”、“长幼之序”、“贵贱之级”等一系列原则问题上与道家或玄学的根本分歧。在裴頠看来，玄学家和放达派“贵无”的结果，把一切现存的礼法制度都视为束缚人性的桎梏，从而主张“贱有之论”。而“贱有”的结果，又必然导致对儒家礼教的破坏。他说：

> 贱有则必外形，外形则必遗制，遗制则必忽防，忽防则必忘礼。礼制弗存，则无以为政矣。[②]

这里所谓的“外形”，即玄学家所指的“超然物外”、“形骸之外”。因此“外形”，就是使身心超脱各种外在事物的牵累和束缚，其中包括社会制度和各种规范。在裴頠看来，不把社会制度、法律条款、道德规范等放在眼里，则必然蔑视礼法，从而在行为上悖礼乱德，导致“礼制”的破坏。社会没有礼制，“则无以为政矣”。这就是裴頠所认为的“贱有”所带来的一系列严重后果。裴頠的这种看法，明显地反映了他维持儒家礼教的立场和对社会礼法的重视。

---

① 《崇有论》，《晋书》卷三十五，第1045页。

② 《崇有论》，《晋书》，第1044页。

裴頠在《崇有论》中，还特别分析了玄学贵无论产生的原因。他以儒家中庸思想为标准，认为在对待人的自身生命问题上，存在着违反儒家中道思想的两个极端，一个是纵欲主义，一个是禁欲(绝欲)主义。他说：

> 若乃淫抗陵肆，则危害萌矣。故欲衍则速患，情佚则怨博，擅恣则兴攻，专利则延寇，可谓以厚生而失生者也。悠悠之徒，骇乎若兹之衅，而寻艰争所缘。察夫偏质有弊，而睹简损之善，遂阐贵无之议，而建贱有之论。[①]

这就是说，纵欲之徒，往往因欲望太盛，专擅恣意，独揽利益，而导致仇怨、攻斗、招致盗贼的侵袭等一系列灾祸的降临，这可谓"以厚生而失生者也"。即由于过分重视生命，结果反而丧失生命。这是在对待自身生命问题上的一种极端。裴頠认为，贵无论看到这种一味追求外物所引起的"失生"的"偏质之弊"，于是提倡减损欲望。老子著五千文的目的，即在"表摭秽杂之弊，甄举静一之义"。在裴頠看来，老子的这一主张，确有使人"释然自夷"的作用，符合儒家《周易》中《损》、《谦》、《艮》、《节》四卦所包含的减省、谦让、静穆、节制的含义。但《周易》这四卦所推重的谦、静、节、减，只是君子之道的一个方面。如果把它夸大为是整个《周易》的基本精神，以为《周易》亦"以虚为主"或"以无为本"，这就歪曲了儒家经典。他说："静一守本无，虚无之谓也。损艮之属盖君子之一道，非《易》之所以为体守本无也。"[②]裴頠的这些说法，显然是针对玄学家特别是王弼"以老入易"、"以无入有"的主张。如王弼《周易·复卦注》说："复者，反本之谓也……寂然至无是其本矣。"这正是裴頠所批评的把《周易》的基本精神归结为"以无为本"的玄学观点。裴頠表面上批评王弼对《周易》的曲解，但实际上却主要是针对玄学所

---

① 《崇有论》，《晋书》，第1044页。

② 《崇有论》，《晋书》，第1045页。

依恃的老庄道家之学。他批评老子说：

> 观老子之书，虽博有所经，而云“有生于无”，以虚为主，偏立一家之辞，岂有以而然哉！……故其辞曰：“以为文不足。”若斯，则是所寄之涂，一方之言也。若谓至理信以无为宗，则偏而害当矣。[①]

裴頠认为，道家学说只是“一家之辞”或“一方之言”，就其反对“秽杂之弊”来说，有其一定的合理性。但若把它推向极端，认为“至理信以无为宗”，即把“以无为本”作为最终的归宿或最高的道理，就会产生片面性而导致谬误。

上述两种极端都违背儒家的中庸原则。在裴頠看来，正确的态度应该是“盈欲可损而未可绝有也，过用可节而未可谓无贵也”。这是说，过奢的欲望可以减少，但不可以完全禁绝；过分的欲求可以节制，但不能“以无为贵”，他说：

> 众理并而无害，故贵贱形焉；失得由乎所接，故吉凶兆焉。是以贤人君子，知欲不可绝，而交物有会。观乎往复，稽中定务。[②]

裴頠在《崇有论》中，正是用儒家“稽中定务”的思想，批评了在养生问题上的两种极端倾向，肯定了人的情欲“不可绝”。认为“人之既生，以保生为全；全之所阶，以顺感为务”，但不是放纵情欲，而必须“交物有会”与“择乎其宜”。所谓“会”，即恰到好处。很明显，裴頠所谓的“观乎往复，稽中定务”，就是儒家的中庸思想。所谓“众理并而无害”、“贵贱形焉”、“吉凶兆焉”等说法亦出自《易传》和《中庸》。在裴頠或儒家看来，“天地之所以为大”，正在于天道之诚。圣人效法天道，有包容宇宙万物的精神，因此对儒家来说，“万物并育而不相害，道并行而不相悖”。无论高低贵贱，都可相安无事。裴頠的这一说法也是反对玄学

---

① 《崇有论》，《晋书》，第1045—1046页。

② 《崇有论》，《晋书》，第1044页。

的。因为贵无论认为，“殊其己而有其心，则一体不能自全，肌骨不能相容”。[①] 从而主张“天地虽广，以无为心；圣王虽大，以虚为主”的贱有绝欲之论。裴頠承认“万物”与“众理”自身存在的合理性，反对以“无”来统率“众有”，主张以“慎乎所接”、“交物有会”的中庸思想为指导，来调节人与物、人与人之间的关系，所以强调礼制教化的作用。他说：

> 是以君人必慎所教，班其政刑一切之务，分宅百姓，各授四职，能令禀命之者不肃而安，忽然忘异，莫有迁志。况于据在三（疑三后脱“五”字）之尊，怀所隆之情，敦以为训者哉！斯乃昏明所阶，不可不审。[②]

裴頠认为，能不能以儒家思想来教化百姓，是政治昏乱或清明的关键所在。也就是说，他把儒家思想作为教化、政刑和国家政治及人君治国的指导思想。强调通过这种教化，使百姓“信于所习”，从而避免玄学贵无论的影响。这是他撰写《崇有论》的根本目的。

四、裴頠《崇有论》在儒学史上的地位及其对儒学的理论贡献

两晋之际的儒学，与当时盛行的玄学，在理论上有很大的差别。因为玄学以老庄思想为骨架，讨论本末有无问题，在理论上和思想方法上都比当时的正统儒学有更大的吸引力。它像一股清新的空气吹进当时的思想学术园地，使传统儒学在理论形态上有相形见绌之感。对此裴頠亦深有感触，他说：

> 盖有讲言之具者，深列有形之故[③]，盛称空无之美。形器之故有徵，空无之义难检；辩巧之文可悦，似象之言足惑。众听眩焉，溺其成说。虽颇有异此心者，辞不获济，屈于所狎，因谓虚无之

---

① 王弼：《老子注》，楼宇烈《王弼集校释》上，第 93 页。

② 《崇有论》，《晋书》卷三十五，第 1045 页。

③ 《晋书·裴頠传》校勘记说：“‘深列有形之故’，《通鉴》八二引‘故’作‘累’，此处作‘累’义长，盖因下文‘形器之故’而误。”

理，诚不可盖。唱而有和，多往弗反，遂薄综世之务，贱功烈之用，高浮游之业，埤经实之贤。人情所殉，笃夫名利。于是文者衍其辞，讷者赞其旨，染其众也。[1]

裴頠看到，玄学流行的原因之一，是听者感到眩惑，虽然存在着与玄学不同的想法，但由于“辞不获济”，因此很难与玄学展开辩论，时间一长，听者便“屈于所狎”，承认玄学在理论上的深刻性（“因谓虚无之理诚不可盖”），致使很多人在思想上成为玄学的俘虏。裴頠所谓的“辩名析理”、“辞不获济”，即是指儒学在语言上不能明确表达玄学的概念、逻辑及其中所包含的方法论等问题。也就是说，此时的玄学已在方法论上有所突破，其中尤以王弼的“得意忘言”和荀粲等玄学家的“言不尽意”为代表。他们以这样“新”的方法，论证天地万物“以无为本”的本体论。这与当时正统儒学比较起来，当然深刻得多。因此，儒学若不改变方法，就必然“辞不获济”。不是沉默寡言，束手无策；便是“屈于所狎”、“遂易门肆”。对这种状况，裴頠深感忧惧，他说：

頠用矍然，申其所怀，而攻者盈集，或以为一时口言。有客幸过，咸见命著文，擿列虚无不允之征。若未能每事释正，则无家之义弗可夺也。頠退而思之，虽君子宅情，无求于显，及其立言，在乎达旨而已。然去圣久远，异同纷纠，苟少有仿佛，可以崇济先典，扶明大业，有益于时，则惟患言之不能，焉得静默？及未举一隅，略示所存而已哉。[2]

这段话，可以表现裴頠捍卫儒家思想的使命感。第一，他主张“崇有”并非“一时口言”，即不是一时冲动或未经深思而随口说出的话。第二，他深感批评玄学贵无论并不是容易的事，认为要揭露贵无论的错误，必须在每一种事情上都有明确的要领和正确的方法（“每事释

① 《崇有论》，《晋书》卷三十五，第1045页。
② 《崇有论》，《晋书》，第1046页。

正"),否则贵无的理论就不能被驳倒。第三,他著《崇有论》的目的并不是为了出风头("君子宅情,无求于显"),而是在于"崇济先典,扶明大业,有益于时"。即弘扬儒家的经典教训,以恢复王者的事业,有益于时代的发展。正因裴頠注意到玄学的理论特点,因此在与玄学的辩论中,虽然"攻难交至"、"攻者盈集",但他"赡于论难"、"并莫能屈",表现了裴頠坚定的儒学立场。

裴頠《崇有论》的出现,标志魏晋南北朝的儒学进入了一个新阶段。其显著特点是正统的儒家学者也学会了使用玄学语言,并运用"辩名析理"的方法,与玄学思潮相抗衡,这为儒学在理论上的深化并建立儒家的哲学形上学和本体论创造了条件,开辟了道路。裴頠的《崇有论》即是儒学在理论上深化的代表作。因为玄学贵无论以"本末有无"问题为核心,建立起"以无为本"的本体论学说,裴頠亦借用"有"、"无"概念,并集中讨论二者的关系,从而建立起具有儒家特色的"崇有论"哲学。

按照玄学家的意思,"物之所以生,功之所以成,必生乎无形,由乎无名。无形无名者,万物之宗也"。[①] 这就是说,天地万物以无为本,"无"是宇宙万物的"本体",而"有"只是这个本体"无"的表现。裴頠则认为,在现实世界之外没有独立存在的所谓"本体"。这就是说,"有"之所以发生和存在,并非另一个东西使它如此,他说:

> 夫至无者无以能生,故始生者自生也。自生而必体有,则有遗而生亏矣。生以有为己分,则虚无是有之所谓遗者也。[②]

这里所谓"有",指有形有象的具体事物。他认为,绝对的无("至无")什么也生不出来,因此有形有象的具体事物"有",并不是"无"产生的,而是"自生"、"自有"的,即所谓"始生者,自生也"。因为"有"是"自

---

① 王弼:《老子指略》,楼宇烈:《王弼集校释》,第195页。

② 《崇有论》,《晋书》卷三十五,第1046页。

生”、“自有”,即依靠自身的存在而存在,因此“有”自身即是其存在的实体或本体,即所谓“自生而必体有”。这种明显地反对以无为本的说法,正是企图建立一种以有为本的本体论学说,以与贵无论划清界限。裴頠抓住了当时玄学所讨论的有无关系这一核心问题,认为“有”是个别的具体存在物,“有”一旦受到损害,生命也就会遭到亏损(“有遗而生亏矣”)。因此他强调“生以有为己分”,即生命的存在是以有为本分(本体),而“无”则是“有”的消失(“虚无是有之所谓遗者也”)。“有”消失了,就变成不存在或什么都没有的“无”,它不占有任何空间,不具有任何属性,只是表示“有”不复存在或“有”的一种消失状态。裴頠用“有”界定“无”,正与玄学相反,力图否定“无”的绝对性,以从根本上否定玄学家“以无为本”的观点。

裴頠提出以有为本的崇有论,目的在于肯定现存世界的合理性,这也是儒家重视现实社会和现实人生的思想传统。所不同的,只是裴頠企图从本体论的角度为这一思想传统提出理论的或逻辑的证明。因为在玄学家看来,个体事物总有其局限性,不能自存,因此整个“万有”都以“无”为自己存在的前提。裴頠不同意这种看法。他认为,宇宙的全体是由万有本身所构成,所以在万有之外,没有一个能脱离万有而独立存在的“道”或“无”。他说:

> 夫总混群本,宗极之道也。方以族异,庶类之品也。形象著分,有生之体也。化感错综,理迹之原也。夫品而为族,则所禀者偏;偏无自足,故凭乎外资。是以生而可寻,所谓理也。理之所体,所谓有也。有之所须,所谓资也。资有攸合,所谓宜也。择乎厥宜,所谓情也。识智既授,虽出处异业,默语殊途,所以宝生存宜,其情一也。①

这段话,可以说是裴頠《崇有论》的总纲。他从七个方面提出自己的理

---

① 《崇有论》,《晋书》,第1044页。

论纲领:第一,“总混群本,宗极之道也”。这是说,整个万有本身就是最根本的道,离开万有自身的存在就无所谓道;第二,“万有”或“有”又不是抽象的,它们按着自己的不同性质,区分为不同的类,即“方以族异,庶类之品也”。这就是承认宇宙万物都有自己不同的质的规定性,这些规定性是互相得以区分的基础;第三,“形象著分,有生之体也”。万有之间都因各有其不同的质的规定性,因此表现出不同的形象。这些不同的形象是实实在在的存在,因此它们是自身存在的“本体”;第四,“化感错综,理迹之原也”。即认为万物的变化和错综复杂的关系是寻求事物内在之理的根据。也就是承认世界的规律性,并且认为事物的规律性就表现在事物的变化和相互作用之中。因此,事物是可以被认识的,此即“生而可寻,所谓理也”;第五,既然理在事物之中,因此事物与其内在之理的关系就应该是统一的而非对立的。“理之所体,所谓有也”,事物的“理”不能脱离具体事物而存在,“理”所依靠的是万有的个别存在;第六,事物的存在以自身为根据,这是就其内在原因而说的。此外,事物还有其外部原因:“夫品而为族,则所禀者偏;偏无自足,故凭乎外资。”这句话的意思是说,万物既然各有所偏,就不能只靠自己才能存在,它必须同时依靠其他的条件。也就是说,每个具体事物的存在总是同其他事物联系在一起的,因此个体事物之间需要相互依靠,相互资助,这也是事物存在和发展的依据之一;第七,“资有攸合,所谓宜也,择乎厥宜,所谓情也”。既然事物的存在和发展需要相互资助,这就有一个依靠和资助的程度问题,裴頠称之为“宜”。即事物选择其适合存在的条件时,应合乎实际。

裴頠的上述论点都是围绕有无关系问题展开的。重点在于强调“有”的实在性和现实性。在与玄学贵无论的辩论中,裴頠阐明了崇有论的基本理论观点,从儒学的立场,用玄学“辩名析理”的方法回答了贵无论所提出的一系列哲学问题。

因此,《崇有论》或裴頠“以有为本”的本体论学说,是在儒学面对玄学的严峻挑战的情况下产生的。它的出现,使当时的儒学开始克服“辞不获济”、“屈于所狎”的被动局面。在一定程度上摆脱了理论和方法上的困境,对两晋南北朝及其以后的儒学的发展产生了重要影响。特别是裴頠提出的一些重要命题,如“始生者自生”、“济有者皆有”、“自生而必体有”、“虚无是有之所谓遗者也”、“总混群本,宗极之道”、“化感错综,理迹之原”等等命题,对以后的郭象、张载、王夫之等均产生了重要影响。

第四章

东晋时期的儒学

西晋永嘉二年(308),匈奴刘渊建汉称帝。二年后,其子刘聪继位,遂遣刘曜、王弥、石勒等会攻洛阳。永嘉五年,洛阳陷落,曜等入城,杀太子及百官士庶三万余人,劫怀帝北去并纵火焚烧宫庙,逼辱妃后,掘晋诸陵,图籍散佚,文物成灰,百姓奔逃,洛阳遭到巨大破坏。史称这次事变为“永嘉之乱”。后二年,怀帝遇害平阳,秦王司马邺于长安继位,是为愍帝。建兴四年(316),刘曜又攻破长安,愍帝出降。后一年亦遇弑于平阳,西晋灭亡。愍帝死后,琅琊王司马睿于建康称帝,是为东晋。

第一节　东晋政权与儒学

东晋政权建立后，有鉴于西晋王朝的灭亡，当权者及一大批知识分子开始总结前代得失，并十分注意对思想及意识形态的考察，特别是对正始以来所流行的玄学思潮及其对社会的影响给予了全面的反省。在反省中，大都以儒学立论，弘扬名数，而贬损老庄，无不以玄学为误国而提倡儒家经术。在大量的议论中可以看到东晋时期企图进一步复兴儒家的倾向。

如葛洪认为，怀愍之世，羌胡猾夏，中原倾颓，其重要原因，在于"反经诡圣"，"委弃正经"，而"竞治邪学"，遂使风教陵迟，人伦伤破。因此他激烈批评西晋之际的所谓玄远放达之风是"春蜩夏蝇之聒耳"，"丑女闇于自量之美"。他指出：

> 世人闻戴叔鸾、阮嗣宗傲俗自放，见谓大度。而不量其材力，非傲生之匹，而慕学之：或乱项科头；或裸袒蹲夷；或濯脚于稠众；或溲便于人前；或停客而独食；或行酒而止所亲。此盖左衽之所为，非诸夏之快事也。……余观怀、愍之世，俗尚骄亵，夷虏自遇。其后羌胡猾夏，侵掠上京。及悟斯事，乃先著之妖怪也。[1]

葛洪是东晋道教大师，但对儒学却十分尊崇，他对玄学思潮的批评也完全站在儒家立场。而且是东晋开国后，最先著书批评玄学的人。他认为，西晋之所以灭亡，并非出于偶然，而是"先著之妖怪"，即背弃礼教的放达之风破坏了伦常道德。两晋之际，放达派有"四友"、"四伯"、"八伯"、"八达"之称，[2]葛洪认为，"四通("通"疑"友"之误)八达，皆背

---

① 《抱朴子外篇·刺骄》，杨明照：《抱朴子外篇校笺》下册，中华书局1991年版，第29、36页。

② "四友"：西晋惠帝时，"王敦、谢鲲、庾敳、阮修皆衍所亲善，号为四友"。(《晋书·王衍传》)

叛礼教，而从肆邪僻，讪毁真正，中伤非党，口习醜言，身行弊事，凡所云为，使人不忍论也。夫古人所谓通达者，谓通于道德，达于仁义耳，岂谓通乎亵黩而达于淫邪哉”[①]？在葛洪看来，这些都是沉痛的历史教训，“今天下向平，中兴有征，何可不共改既往之失，修济济之美乎”。[②]他所谓的修济济之美，就是复兴儒学，以明君臣之义，从而使东晋王朝走上仁义礼让之途。

东晋明帝太宁三年，干宝撰《晋纪》成。其在《总论》中亦总结了西晋灭亡的教训，以为西晋之亡，除“师尹多僻”、“将帅争功”、“百官之邪”、“宠赂之彰”以及“戎狄之有衅”外，玄学流行、礼教崩弛亦是重要原因。他说：

> ……又加之以朝寡纯德之士，乡乏不二之老，风俗淫僻，耻尚失所。学者以老庄为宗而黜六经，谈者以虚薄为辩而贱名检，行身者以放浊为通而狭节信，进仕者从苟得为贵而鄙居正，当官者以望空为高而笑勤恪。是以目三公以萧杌之称，标上议以虚谈之名。……由是毁誉乱于善恶之实，情慝奔于货欲之塗，选者为人择官，官者为身择力，而秉钧当轴之士，身兼官以十数。大极其尊，小録其要。……先时而婚，任情而动，故皆不耻淫逸之过，不拘妬忌之恶，有逆于舅姑，有反易刚柔，有杀戮妾媵，有黩乱上下，父兄弗之罪也，天下莫之非也。又况责之闻四教于古，修贞顺于今，辅佐君子哉？礼法刑政，於此大坏。……国之将亡，本必先颠，其此之谓乎？故观阮籍之行，而觉礼教崩弛之所由……。[③]

干宝《晋纪》已佚，其《总论》保存在《艺文类聚》、《文选》等文献中。东晋始建，便立史官，由干宝领之，其《晋纪》“直而能婉，咸称良史”。从其上述《总论》中可以看出，干宝亦站在儒家立场批评放达之风对礼教

① 《抱朴子外篇·刺骄》，杨明照：《抱朴子外篇校笺》下册，第43页。

② 《抱朴子外篇·刺骄》，《抱朴子外篇校笺》，第36页。

③ 严可均辑《全晋文》下，第1368—1369页。

的破坏,反对玄学家的“黜六经”、“贱名检”、“狭节信”、“鄙居正”、“笑勤恪”,而主张“君子勤礼,小人尽力”,以此为“国家安危之本”。

范宁著《王弼何晏罪深于桀纣论》,更是陈辞慷慨,以为魏晋时期的玄谈虚论,游辞浮说都是“利口覆邦”之言,它不仅严重破坏了儒家的礼乐之教,而且使中原倾覆,故其罪大矣。追其源,实始于正始何晏、王弼。他说:

> 王、何蔑弃典文,不尊礼度,游辞浮说,波荡后生,饰华言以翳实,骋繁文以惑世。搢绅之徒,翻然改辙,洙泗之风,缅焉将坠。遂令仁义幽沦,儒雅蒙尘,礼坏乐崩,中原倾覆。古之所谓言伪而辩,行僻而坚者,其斯人之徒欤!……桀纣暴虐,正足以灭身覆国,为后世鉴戒耳,岂能迴百姓之视听哉!王、何叨海内之浮誉,资膏粱之傲诞,画螭魅以为巧,扇无检以为俗。郑声之乱乐,利口之覆邦,信矣哉!吾固以为一世之祸轻,历代之罪重,自丧之釁小,迷众之愆大也。[①]

范宁崇儒抑俗,率皆如此。此外尚有戴逵的《放达为非道论》、孙盛的《老子非大圣论》、《老子疑问反讯》、王坦之的《废庄论》以及袁宏的《后汉纪序》、范宣的《答庾爰之问》等等,都对魏晋玄风及老庄之学持批评态度,反映了东晋时期儒家思想的抬头及东晋政权向儒学的复归。

在上述这些批评中,多是以儒家立场出发而指责清谈家“崇尚老庄”所造成的严重恶果,即裴頠在《崇有论》中所说:“砥砺之间,弥以凌迟,放者因斯,或悖吉凶之礼,而忽容止之表;渎弃长幼之序,混漫贵贱之级”,使名教大伤。另一方面则造成“处官不亲所司”、“尸禄耽宠,仕不事事”。这两个方面使西晋政权的行政效率和西晋社会的伦常关系都遭到较大破坏。东晋政权有鉴于此,故不仅出现一批崇德明教的学者如干宝、孙盛、葛洪、范宁之流,同时也出现一批“经纶时务”、“劳谦

---

① 范宁:《王弼何晏罪深于桀纣论》,《晋书·范宁传》,第1984页。

匪懈”、怀抱兴复之志而深受儒学影响的文臣武士，如祖逖、陶侃、庾翼、谢玄之辈。

陶侃在军四十一年，“千绪万端，未尝壅滞”，常语人曰：“大禹圣者，乃惜寸阴，至于众人，当惜分阴，岂可逸游荒醉，生无益于时，死无闻于后，是自弃也。”[①]侃勤于吏职，恭而近礼，反对以戏谈废事，认为“老庄浮华，非先王之法言，不可行也。君子当正其衣冠，摄其威仪，何有乱头养望自谓宏达邪”。[②]东晋名臣庾翼，雅有大志，“欲以灭胡平蜀为己任”，曾代其兄庾亮镇武昌，“数年之中，公私充实，人情翕然，称其才干，自河以南皆怀归附”。其于西晋玄风亦有批评，他说：

> 王夷甫（衍），先朝风流士也，然吾薄其立名非真，而始终莫取。若以道非虞夏，自当超然独往，而不能谋始，大合声誉，极致名位，正当抑扬名教，以静乱源。而乃高谈《庄》、《老》，说空终日，虽云谈道，实长华竞。及其末年，人望犹存，思安惧乱，寄命推务。而甫自申述，徇小好名，既身囚胡虏，弃言非所，凡明德君子，遇会处际，宁可然乎？[③]

陶侃、庾翼，晋之武官也，虽不能在思想、学术上弘扬儒学，但能推深致远，躬行儒道，可略见儒学在东晋的影响及复兴的趋势。

与上述检讨政权得失相配合，东晋始建，便敦崇儒教，明经兴学。从三国至两晋，由于战争迭起，政权沦替，再加之玄风所扇，贵游子弟渐对儒学失去兴趣。因此历代国学、太学及地方教育屡兴屡废，儒学也随之起伏。尽管由于各种原因使儒学难于振作，但当权者总是不遗余力地提倡，这本身即表明政权与儒学的密切关系。如上节所述，东晋政权建立后，有鉴于前代灭亡的教训，在检讨得失，批评玄论的同时，亦大力提倡敦崇儒教，明经兴学，以此作为政权建设的主要内容和

---

①② 《晋书·陶侃传》。

③ 庾翼：《贻殷浩书》，《全晋文》卷三十七，商务印书馆1999年版，第382页。

首要任务。在司马睿继位头一年即建武元年(317),便有骠骑将军王导、征南将军戴邈上书兴学,可见东晋政权似乎把崇儒兴学作为当务之急。王导上书说:

> 夫风化之本,在于正人伦。人伦之正,存乎设庠序。庠序设,五教明,德礼洽通,彝伦攸叙,而有耻且格。父子、兄弟、夫妇、长幼之序顺,而君臣之义固矣。……人知士之贵由道存,则退而修其身以及家,正其家以及乡,学于乡以登朝,反本复始,各求诸己,敦朴之业著,浮伪之竞息,教使然也。故以之事君则忠,用之莅下则仁,孟轲所谓“未有仁而遗其亲,义而后其君者也”。……今若聿遵前典,兴复道教,择朝之子弟并入于学,……选明博修礼之士而为之师,化成俗定,莫尚于斯。[①]

戴邈上疏说:

> 臣闻天道之所大,莫大于阴阳;帝王之至务,莫重于礼学。是以古之建国,有明堂辟雍之制,乡有庠序黌校之仪,皆所以抽导幽滞,启广才思。盖以六四有困蒙之吝,君子大养正之功也。昔仲尼列国之大夫耳,兴礼修学于洙泗之间,四方髦俊斐然向风,身达者七十余人。……今或以天下未一,非兴礼学之时,此言似之而不其然。夫儒道深奥,不可仓卒而成。古之俊乂必三年而通一经,比天下平泰然后修之,则功成事定,谁与制礼作乐者哉?……圣朝以神武之德,值革命之运,荡近世之流弊,继千载之绝轨,笃道崇儒,创立大业。明主唱之于上,宰辅督之于下,……君子之德风,小人之德草,实在感之而已。[②]

王导、戴邈的奏疏,深得司马睿的赞许,遂于建武元年十一月丁卯立太学。这是东晋政权始建后敦崇儒学的重要表现。王导、戴邈的兴学

---

① 《晋书·王导传》,第1747页。

② 《晋书·戴邈传》,第1848页。

疏，从思想上看并无新的发展，与以往的兴学率教之论亦无重大区别。但就其疏的时间及其内容看，却比以往来得急迫，且非表面的官样文章。它是在分析魏晋以来政权得失、社会治乱、道德幽明的基础上提出来的，是一种具有战略性的政治主张。自此以后，东晋政权采取了一系列措施，加强儒学的名教化功能。大兴二年(319)，太常贺循，建议置经博士，以恢崇儒教，兼明经义，其奏疏曰：

> 尚书被符，经置博士二人。又多故历纪，儒道荒废，学者能兼明经义者少。且《春秋》三传俱出圣人，而义归不同。自前代通儒，未有能通得失，兼而学之者也。况今学义甚颓，不可令一人总之。今宜《周礼》、《仪礼》二经置博士二人，《春秋》三传置博士三人，其余则经置一人，合八人。[1]

至是，学校修立，遂置《周易》、《尚书》、《毛诗》、《周官》、《礼记》、《春秋左传》、《孝经》、《论语》等博士九人。时方减省博士，《春秋》公羊、穀梁、《仪礼》及郑氏《周易》皆未置博士。故太常荀崧于大兴四年，又上疏议增《仪礼》、《公羊》、《穀梁》及郑《易》等博士。会王敦之难，未能实行。但从荀崧的上疏中，可看出东晋的朝臣及东晋政权对儒学的尊崇和恢复儒学的努力。荀崧认为，“崇儒兴学”不仅是历朝政治的需要，也是改革社会，移风易俗的需要，故西晋以来，虽遭丧乱，但明经儒训不绝于庭。“太学有石经古文，先儒典训，贾、马、郑、杜、服、孔、王、何、颜、尹之徒，章句传注，众家之学，置博士十九人。九州之中，师徒相传，学士如林，犹选张华、刘寔居太常之官以重儒教”，何况东晋，恢复儒学，“於今为盛”，“故宜增诸经博士而不能减省”。元帝诏曰：“崧表如此，皆经国之务，为政所由。息马投戈，犹可讲艺，今虽不暇给，岂忘本而遗存耶！可供博议者详之。”[2]

---

① 《通典》卷五十三《太学》引，中华书局 1988 年版第二册，第 1465 页。

② 《晋书·荀崧传》。

由以上王导、戴邈、贺循、荀崧的奏疏及元帝之诏,反映了一个基本事实,即强调儒学"固君臣之义","顺父子、兄弟、夫妇、长幼之序"的伦理道德作用,并把它看做是"为政所由"。这是历代政权兴学复儒的根本目的。

东晋建国之初,存在着南北士族的矛盾。为安抚南方士族,稳定动荡不安的局面,元帝任用王导,采取了宽容舒缓的政策。提倡儒学,重用儒士即舒缓政策的一部分。因此,儒学在元帝统治时期,颇显活跃。但不久,王敦叛乱,元帝忧死,明帝在位三年即崩,太子衍继位,是为成帝,年仅五岁。咸和二年(327),又遭苏峻谋反,建康陷落,直到咸和四年才平定叛乱。王苏之乱,使东晋儒学又遭挫折。直到成帝咸康初,庾亮在武昌开置学官,提倡礼义,国子祭酒彭瓖上疏议立国学,儒学才又开始复苏。庾亮在《开置学官教》中说:

> 洙泗邈远,风雅弥替,后生放任,不复宪章典谟。临官宰政者,务目前之治,不能闲以典诰。遂令《诗》、《书》荒尘,颂声寂寞,仰瞻俯省,能弗叹慨!……今江表晏然,王道隆盛,而不能弘敷礼乐、敦明庠序,其何以训彝伦而来远人乎?魏武帝于驰骛之时,以马上为家。逮于建安之末,风尘未弭,然犹留心远览,大学兴业,所谓颠沛必于是,真通才也![1]

这里,庾亮又提出弘敷礼乐、敦明庠序的重要性,并称赞曹操在兵戈未息之时即留心远览,开学兴业,是谓通才。庾亮是东晋名臣,有恢复中原之志,于两次叛乱之后,再次提倡弘教兴学,完全反映了东晋政权对儒学的重视。这种重视非权宜之计,而是建立在对传统儒家文化虔诚信仰的基础上,深信其对政权的巩固和对人生的陶冶作用,故能使儒学于政治变乱、社会动荡的时代,续而不绝,微而不坠。

庾亮以武昌为中心,采取了一系列具体步骤,"便处分安学校处

---

① 《宋书·礼志一》。

所,筹量起立讲舍。参佐大将子弟,悉令入学,贵家子弟亦令受业。四府博学识义通涉文学经论者,建儒林祭酒,使班同三署,厚其供给。皆妙选邦彦,必有其宜者,以充此举”。[①] 又命与武昌临近的临川、临贺二郡,“并求修复学校,可下听之。若非束修之流,礼教所不及,而欲阶缘免役者,不得为生。明为条制,令法清而人贵”。[②] 咸康三年,国子祭酒袁瓌在朝亦上疏议立国学,建议朝廷“留心经籍,阐明学义”,以培养儒学人材,并具体提出“给其宅地,备其学徒,博士僚属粗有其官”。[③] 疏奏,成帝从之,于是国学又兴。

但这种局面维持不久,东晋政权屡次兴兵用武,朝廷上下连年忙于战事,遂使儒学又处低潮。殷浩西征,以军兴罢遣太学生徒,学校由此遂废。在东晋穆、哀、废、简四帝当政时期的三十余年间,桓温兴兵,西取巴蜀,殷浩三次北伐均以惨败告终。之后又有桓温三次北伐,虽偶有小胜,非但不能兴复中原,反而养奸蓄恶,意在篡夺。直至桓温死后,孝武帝临朝,由谢安、王彪之、王坦之三人秉政,东晋政治又开始走上正轨。太元元年(376),谢石上疏,请复儒兴学,谢石奏疏说:

> 立人之道,曰仁与义,翼善辅性,唯礼与学。虽理出自然,必须诱导。故洙泗阐弘道之风,《诗》、《书》垂轨教之典。敦《诗》悦《礼》,王化以斯而降;甄陶九流,群生于是乎穆。世不常治,道亦时亡。光武投戈而习诵,魏武息马以修学,惧坠斯文,若此之至也。大晋受命,值世多阻,虽圣化日融,而王道未备,庠序之业,或废或兴。……今皇威遐震,戎车方静,将洒玄风於四区,导斯民于至德,岂可不弘敷礼乐,使焕乎可观!请兴复国学以训胄子,班下州郡,普修乡校。[④]

疏奏,帝纳其言。于是选公卿二千石子弟为生,增选学舍一百五十五

---

①②④ 《宋书·礼志一》。

③ 《晋书·袁瓌传》。

间。但由于长期废业，学校的教学“品课无章，士君子耻于其列”。故又有国子祭酒殷茂上疏，建议朝廷，沙汰混杂，选内外清官子姪入学，并制定课程，“佥与后生，兴复儒肆”。

谢石、殷茂复兴儒教的主张，虽然施行时仍有许多曲折，但对弘扬儒学起到一定的推动作用。此后，由于政权的不稳定，再加之王恭叛乱，北方的军事搔扰，桓玄篡逆，以及孙恩、卢循的农民暴动等等。一连串的内乱外患，使东晋政权不得喘息，故其儒学的推行亦因此常常有始无终。尽管如此，朝廷和地方复儒兴学的运动仍不断进行。据《晋书·儒林传》载：

吴郡范平，研览坟素，敦悦儒学，姚信、贺邵之徒皆从受业。其三子奭、咸、泉“皆以儒学至大官”。泉子蔚，关内侯家世好学，有书七千余卷，“远延来读者恒有百余人”。

庐江杜夷，世以儒学称。少而恬泊，操尚贞素，居甚贫窭，不营产业，博览经籍百家之书，寓居汝、颍之间，十载足不出户，闭门教授，“生徒千人”。

陈留范宣，晋之大儒，博综群书，尤善“三礼”。平素虽闲居屡空，但常以讲诵为业，谯国戴逵等皆闻风宗仰，自远而至，讽诵之声，有若齐鲁。

范汪、范宁父子，世好儒学，“汪屏居吴郡，从容讲肆”，“在大郡大兴学校，甚有惠政”。范宁为余杭令时，“在县兴学校，养生徒，洁己修礼，志行之士莫不宗之。期年之后，风化大行”。太元中，为豫章太守，在郡大设庠序，“教授恒数百人”，又“取郡四姓子弟，皆充学生，课读五经”，“远近至者千余人”，“由是江州人士并好经学”。

从以上材料可知，东晋时期，儒学曾屡次兴起，故造成东晋政权的儒家化，并出现一批著述甚丰的儒家饱学之士。除上面所举的范宣、范宁、杜夷、范平、孙盛、袁宏等人外，尚有大儒贺循、孙衍、谢沈、范汪、虞喜等，这些儒学之士在中国儒学史上都应占有一定地位。由于他们的提倡和推动,使儒学思想始终成为东晋政权的指导思想。

第二节　葛洪《抱朴子外篇》的儒学思想

葛洪(283—343)是东晋著名道士和道教理论家。同时,他也是一位具有总结性、综合性的思想家、批评家和学者。在中国思想史上,葛洪是一位颇具传奇色彩的人物。他著述丰赡,学术视野宽厚。其笔触所及,上及天文,下及地理,旁及医药、丹术、兵略、经史、诸子、儒、墨、道、法,无所不包。可以说,他是东晋前期著述最多、思想体系庞杂的一位思想大家。其儒学思想,集中表现在《抱朴子外篇》中。

一、葛洪事迹及生卒年考

据《晋书》本传和《抱朴子外篇·自叙》等文献记载,葛洪字稚川,丹阳句容(今江苏省句容县)人。祖彬(《晋书》本传"彬"作"系",《抱朴子外篇·自叙》作"彬",今从《自叙》),仕吴历官吏部侍郎、御史中丞、庐陵太守、吏部尚书、太子少傅、大鸿胪、侍中、光禄勋、辅吴将军、封吴寿县侯。父悌,仕吴历官中书郎、中获军、拜会稽太守,入晋,为吴王司马晏郎中令、迁邵陵太守,卒于官。仅从以上可知,葛洪的祖、父两代皆为高官,故其出身为江南世家大族无疑。

至于葛洪的自身经历,虽《抱朴子外篇·自叙》有较详细记载,但由于史家对其生卒年说法不一,多少影响了对葛洪生平事迹的准确考察。[①] 其中,造成生卒年说法不一的主要因素有二:一是关于其生年,

① 对葛洪生卒年的考察至今仍未统一:《中国大百科全书》、任继愈主编的《中国道教史》、卿希泰主编的《中国道教》等均采王明《抱朴子内篇校释·序言》的说法,认为葛洪生于283年,卒于363年;《中国哲学大辞典》取葛洪生于284年,卒于364年;侯外庐《中国思想通史》取葛洪生于278年,卒于339年;杨明照《抱朴子外篇校笺》认为葛洪生于283年,卒于343年。

二是关于其年寿。关于其生年,杨明照先生在其《抱朴子外篇校笺》中,考订葛洪生于晋武帝太康四年(283 年),[①]而侯外庐先生在《中国思想通史》中,考订葛洪生年为晋武帝咸宁四年(278 年)。[②]

侯外庐《中国思想通史》据葛洪《自叙》有"齿近不惑"一语,推定洪之生年为晋武帝咸宁四年。其文说:"关于葛洪的生卒年岁,《自叙》及本传都无记载,但从《自叙》中,我们可以间接把近似的年岁推断出来。《自叙》说'今齿近不惑'。又说'今将遂本志,委桑梓,适嵩岳,以寻方平梁公之轨。先所作子书内外篇,幸已用功夫,聊复撰次,以示将来云尔'。又说'洪年二十余,乃计作细碎小文妨弃功日,未若立一家之言,乃草创子书。会遇兵乱,流离播越,有所亡失。连在道路,不复投笔十余年,至建武中乃定,凡著《内篇》二十卷,《外篇》五十卷。'……"[③]该书据此认定,此时即是建武中。"计上距年二十余草创子书之时凡十余年。二十余,加上十余年,正合'齿近不惑'"。[④] 该书又接着说,两晋时期,"建武"年号有两个:一是晋惠帝于公元 304 年秋七月改元"建武";另一个是东晋元帝以丞相琅琊王,晋位晋王时亦改元"建武"。两个"建武"年号,均不到一年即废。由此断定,"葛洪所指'建武',当为晋王之'建武'。……由此可知,在晋王'建武'初(317),洪'齿近不惑',那时封侯食邑,而子书内篇也已撰定。从这里上推四十年,为西晋武帝咸宁四年"。[⑤]

若按上述葛洪生于晋武帝咸宁四年考订,再与葛洪《抱朴子外篇》中的《吴失》、《自叙》等篇之所记对照,存在明显的矛盾。

首先,葛洪在《外篇·吴失》篇中明确地说"余生于晋世"。也就是说,葛洪生于吴灭亡之后,他才得以《吴失》为篇,专门讨论吴的过失和错误,总结吴灭亡的教训。吴亡于末帝孙皓天纪四年(280),显然,晋

---

① 见杨明照:《抱朴子外篇校笺》之《吴失》、《自叙》两篇笺,中华书局 1997 年版。

② 见侯外庐:《中国思想通史》第三卷第七章,人民出版社 1957 年版。

③ 侯外庐:《中国思想通史》第三卷,第 270 页。

④⑤ 《中国思想通史》第三卷,第 271 页。

武帝咸宁四年(278),吴尚未亡,故不得称洪生于晋武帝咸宁四年。

第二,按葛洪《自叙》篇所记,洪年二十余草创子书,“会遇兵乱,流离播越,有所亡失,连在道路,不复投笔十余年,至建武中乃定”;又言“昔欲诣京师索奇异,而正值大乱,半道而还,每至叹恨,今齿近不惑”云云。也就是说,葛洪在定稿《抱朴子》一书时,已近不惑之年。若以洪生于晋武帝咸宁四年(278)计,至东晋元帝建武中(317),时洪年整四十岁(古人不以周岁计),则正合“不惑之年”,而不应称“齿近不惑”。故称洪生于晋武帝咸宁四年,明显不确。

第三,若以葛洪生于晋武帝咸宁四年,而以洪《自叙》“年十三而慈父见背”计,其父当死于晋武帝太熙元年(290)。而《自叙》说,其父入晋,“发诏见用为吴王郎中令。正色弼违,进可替不。举善弹枉,军国肃雍。迁邵陵太守,卒于官”。[①] 查《晋书·武十三王传》,“吴敬王晏字平度,太康十年受封,食丹杨、吴兴、并吴三邻”。这就是说,洪父卒年与皇子司马晏受封吴王在同一年。如何在不到一年的时间里,洪父在郎中令上,“举善弹柱,军国肃雍”,且“迁邵陵太守”? 这同样存在明显的矛盾。

第四,葛洪在《自叙》中说:“洪既著《自叙》之篇,或人难曰:‘昔王充年在耳顺,道穷望绝,惧身名之偕灭,故《自纪》终篇。先生以始立之盛,值乎有道之运,方将解申公之束帛,登穆生之蒲轮,耀藻九五,绝声昆吾,何憾芬芳之不扬,而务老生之彼务?’”[②]这里,“始立之盛”,当指葛洪“荐名琅邪王丞相府”及“庚寅诏书赐爵关中侯”等事。[③] 这两件事分别发生在愍帝建兴三年(315)和元帝建武元年(317)。若以洪生于晋武帝咸宁四年计,发生上述两件事时,葛洪分别为37岁和39岁。这样的年龄只能称做“不惑之年”或“近不惑之年”,而不能称“始立之

---

① 《抱朴子外篇·自叙》,杨明照:《抱朴子外篇校笺》下册,中华书局1997年版,第650—651页。

② 《外篇·自叙》,《抱朴子外篇校笺》下册,第715页。

③ 《外篇·自叙》,《抱朴子外篇校笺》下册,第712页。

盛”。可见,侯书的考订同样与《自叙》所记有明显矛盾。

《全晋文》据《太平御览》卷三百二十八,辑得《抱朴子外篇》一条佚文。这条佚文的发现,完全可以纠正上述《中国思想通史》等书籍及文章对葛洪生卒年考辨的差误。这条佚文说:“昔太安二年(303),京邑始乱,三国举兵,攻长沙王乂。小民张昌反于荆州,奉刘尼为汉主。乃遣石冰击定扬州,屯于建业。宋道衡说冰,求为丹阳太守,到郡发兵以攻冰,召余为将兵都尉。余年二十一,见军旅,不得已而就之。”[①]据这条材料得知,葛洪参与讨伐石冰之乱时年 21 岁。又据该条佚文及《晋书·惠帝纪》等文献记载,石冰之乱发生在晋惠帝太安二年(303),由此即可推出葛洪当生于晋武帝太康四年(283)。

葛洪生年确定以后,其卒年即可迎刃而解。关于葛洪卒年,历史上基本有两种说法:一说卒于八十一者,以《晋书》本传、《艺文类聚》卷七十八、《御览》卷六百六十四引晋何法盛《晋中兴书》、清钱大昕《疑年录》及近人王明《抱朴子内篇校释》等为代表。一说卒于六十一者,以《太平寰宇记》卷一百六十引晋袁宏《罗浮记》、侯外庐《中国思想通史》、陈国符《道藏源流考》之《葛洪事迹考证》及杨明照《抱朴子外篇校笺》等为代表。

以上二说,虽各有所据,但主“卒于六十一”者之考辨,较为确当。如近人余季豫在《〈疑年〉录稽疑》一文中,以钱大昕考订“葛洪卒于晋咸和间年八十一”为大误。他认为,“若如钱氏所说,姑以咸和九年(334)起算,上推八十一年,是为吴大帝五凤元年(254),至吴亡时,稚川二十有七矣,尚得云‘生于晋世’乎?……姑以咸和九年卒年八十一推之,则当元帝纪元之岁,稚川已六十有四,尚得云‘齿近不惑’乎?……”[②]又陈国符《道藏源流考·葛洪事迹考证》,据《晋书·葛洪传》言葛洪后至广州,刺

---

① 严可均:《全晋文》卷一百十七,第 1246 页。

② 余季豫:《〈疑年录〉稽疑》,载 1941 年《辅仁学志》十卷一、二合期,转引自杨明照《抱朴子外篇校笺》下册,第 796 页。

史邓岳留不听去,乃止罗浮山,旋忽卒。邓岳至,已不及见云云。陈按吴廷燮《东晋方镇年表》,晋成帝咸和五年,邓岳始领广州刺史。康帝建元二年(344),岳卒,其弟逸代之。故葛洪至迟当卒于康帝建元二年。“据此,则《太平寰宇记》谓洪卒年六十一之说为是”。[①] 诸如此类的考证,多有说服力。所以,关于葛洪年寿,《太平寰宇记》引袁宏《罗浮记》所载六十一,与《自叙》完全相符,故葛洪年寿可确定为六十一岁。所谓“八十一”者,盖“八”为“六”之误也。由此推算,葛洪卒于东晋康帝建元元年(343)。

只有在确定了葛洪生卒年后,其一生事迹方可有确切着落,由此亦可断定葛洪一生所遇重大事件及这些事件对其著述思想的影响。

二、葛洪著述及《抱朴子外篇》的学派归属

葛洪著述十分丰富,其以博学多识名闻江左,所著书多达数百卷,近百种,数十万言。故本传称其“博闻深洽,江左绝伦,著述篇章,富于班马”;《四部正讹》称其“身所著书殆六百余卷,自汉以来,称撰述亡盛于洪”。其著述之多,史志及私人藏书著录各异,甚至造成一定程度的混乱,至今也未能完全一致。其中可能有许多重复甚至舛误,但其大部可信。其中,犹以葛洪在其《自叙》中为自己所列的著书目录,最为可靠。他说:

> 凡著《内篇》二十卷,《外篇》五十卷,碑、颂、诗、赋百卷,军书、檄移、表章、笺记三十卷,又撰俗所不列者为《神仙传》十卷,又撰高尚不仕者为《隐逸传》十卷,又抄五经、七史、百家之言、兵事、方伎、短杂、奇要三百一十卷,别有目录。[②]

从这个书目中可以看出,葛洪著述,有撰有抄。所谓撰,乃亲自撰著者;所谓抄,有时亦称“修撰”,意谓照抄原书之外,又间己意者。如《仪

---

① 转引自杨明照:《抱朴子外篇校笺》下册,第 799 页。

② 杨明照:《抱朴子外篇校笺》下册,第 698 页。

礼·丧服》，是《礼经》中最要篇目。晋儒都很重视并多加研究，葛洪即是如此。《隋书·经籍志一·经部礼类》载《丧服变除》一卷，晋散骑常侍葛洪撰。《经典释文·仪礼音义·丧服经传》第十一“一搤”《释文》：“王肃、刘逵、袁凖、孔伦、葛洪皆云‘满手曰搤’”等等，均引有葛洪说。[1] 可见，葛洪书目中所谓“抄”，非完全照抄，乃是间加己意的修撰，其对经书文献的研究均有意义。可惜，三百多卷的五经、七史、诸子等书抄均未能传世。上述目录所列，除《抱朴子》内、外篇及《神仙传》等保存下来外，其余撰著皆亡佚。故《抱朴子》内、外篇是研究葛洪思想最直接、最重要的史料。

至于《抱朴子外篇》的学派归属问题，葛洪在其《自叙》中曾有明确说明。他说，《抱朴子》“《内篇》言神仙、方药、鬼怪、变化、养生、延年、禳邪、却祸之事，属道家；其《外篇》言人间得失，世事臧否，属儒家”。[2]

但自隋至清，一千四百余年来，《外篇》的思想一直被看做是杂家。对《抱朴子》内、外篇，自葛洪《自叙》最早著录外，《晋书》本传、《隋书·经籍志》、新、旧《唐书·经籍志》、《宋史·艺文志》、《通志》、《崇文总目》、《郡斋读书志》等，一直到《四库全书总目提要》等，历代史志及私家藏书目录均有著录。虽著录卷数互有不同，但有一个共同特点，均把《内篇》归于道家，而把《外篇》入于杂家。也有极少数史志目录把《外篇》归于道家者，如《四库全书总目提要》称：“其书《内篇》论神仙、吐纳、符箓、尅治之术，纯为道家之言；《外篇》则论时政得失、人事臧否，词旨辨博，饶有名理。而究其大旨，亦以黄老为宗。故今并入之道家，不复区分焉。”[3]

葛洪自认《外篇》属儒家，而千百年来，儒林之士不但抑之不许，且通过对《内篇》的批评而否定《外篇》的价值。如宋高似孙在评论《抱朴子》内、外篇时说：“予自少惑于方外之说，凡丹经卦义，秘籍幽篇，以至

---

① 杨明照：《抱朴子外篇校笺》下册，第700页笺[六]。

② 杨明照：《抱朴子外篇校笺》下册，第698页。

③ 《四库全书总目》卷四六，中华书局1965年版，第1250页。

吐纳之旨，餐炼之粹，沈潜启策，几数百家。靡不竭其精而赜其隐，破其鋋而造乎中，犹未以为得也。于是弃去，日攻《易》，日读《系辞》，所谓天地之几，阴阳之妙，相与橐籥之，甄冶之，而吾之道，尽在是矣。……及间观稚川、弘景诸人所录及内、外篇，则往往皆糟粕而筌蹄矣。"[①]此即通过对《内篇》的批评，而又全盘否定了《外篇》的价值。

唐宋以来，儒者对葛洪的批评盖皆如此。如明代大儒宋濂亦批评说：葛洪"著《内篇》二十卷，言神仙黄白变化之事；《外篇》十卷，驳难通释。洪深溺方技家言，谓神仙决可学，学之无难；合丹砂、黄金为药而服之，即令人寿与天地相毕，乘云驾龙，上下太清。其他杂引黄帝御女及三皇内文劾召鬼神之事，皆诞亵不可训。……洪博闻深洽，江左绝伦，为文虽不近古，纡徐蔚茂，旁引而曲证，必达己意乃已。要之，洪亦奇士，使舍是而学《六艺》，夫孰御之哉？惜也"。[②] 高似孙、宋濂皆当时大儒，他们对葛洪的批评，皆有以偏概全之弊，皆因葛洪《内篇》的道家或道教信仰，而否定《外篇》的儒学倾向。

历史上，唯清代吴德旋在其《初月楼文钞》中，对《抱朴子外篇》作了充分肯定。他在文中说："葛洪生于衰晋之世，闵时俗之流荡，疾贪邪之竞进，故所著书辞，贱禄利，尚高节，匡世谬，贵绳检，其说美矣，顾乃列之《外篇》。而《内篇》专论黄白变化之术，内其所当外，外其所当内，何若斯之舛也！"[③]在此，吴氏并未因批评《内篇》而否定《外篇》，而且极力推崇《外篇》为"其说美矣"。不仅如此，他还引用桐城派学者姚文然的话，认为"《抱朴子外篇》依于儒家，言多足取；其《内篇》，绝鄙诞可笑。以洪之为人核之，言不宜有是。殆后世黄冠师伪为之，托名洪耶"？[④] 姚氏的这些看法，虽仍以"绝鄙诞可笑"一语全盘否定了《内篇》的价值，并怀疑《内篇》为伪托之作。但对于《外篇》却给予了肯定的评

---

① 高似孙：《子略》四《抱朴子》，见杨明照：《抱朴子外篇校笺·附录五》，第778页。

② 宋濂：《诸子辨》，载杨明照：《抱朴子外篇校笺·附录五》，第778—779页。

③ 杨明照：《抱朴子外篇校笺·附录四》，第764—765页。

④ 杨明照：《抱朴子外篇校笺·附录四》，第765页。

价,并打破了一千多年来把《外篇》归于杂家的传统说法,这是历史上对葛洪《抱朴子外篇》的学派归属确定为儒家的首次评价。但由于姚氏在当时的学术界影响不大,其"《外篇》依于儒家"的说法虽颇有见地,但并未产生太大的影响。

这种状况,一直到现代方有改观。上世纪四十年代,史家范文澜在其《中国通史简编》总结东晋的玄学和道教的发展时,提到葛洪的《抱朴子》一书,他说:

> 《抱朴子外篇》,完全是儒家的面貌,不见怪诞的语句。特别是《诘鲍篇》,用荀子和韩非子的观点驳斥道家学派鲍敬言"古者无君,胜于今世"的谬论,表现出社会进化思想。……这不仅否定了老庄学派,否定了今文经学和阴阳五行学派,甚至连自己《内篇》所讲的那些神仙术也否定了。[①]

当然,我们要判断葛洪《抱朴子外篇》的学派归属,只引征上述材料还是远远不够的。这里主要涉及两个问题:其一是"儒家"这一概念的内涵和标准问题;其二是《抱朴子外篇》的基本思想趋向。关于"儒家"概念的内涵和标准,历代宽简不同。如果简单地看,魏晋南北朝时期的儒家,其内涵及标准似乎比汉代宽泛得多,其中最明显的特点,是吸纳了法家的思想,因此常常被玄学家称之为"儒法之士"。虽然儒法之间仍存在差别,但自汉末以后,面对玄学与佛教的冲击,儒法思想首先实现了融合,因此魏晋以后,很难再有"纯儒"或"纯法"的学者。也就是说,随着汉末学术思想的转型,"儒家"概念的内涵打破了汉代的界限,并由于佛教的刺激,使已经扩大了内涵的儒家思想,进一步世俗化、民间化和政治化,并强调"军国得失"、"君臣之义"、"公私之别"、"安上治民"等具有经世意义的原儒精神。前章所述及的蒋济、桓范、杜恕、傅玄及裴頠等人皆有这样的特点。另一方面,若从思想观念形态和价值

---

① 范文澜:《中国通史简编》第二编,人民出版社1949年版,第428页。

理念上看，凡不排斥仁义道德，承认六经及孔子地位并从正面引征儒家经典，主张礼法对社会的作用，强调崇教勖学、任贤使能等，基本上均可划为儒家范畴。如果这些说法可以成立，那么《抱朴子外篇》应完全符合上述这些标准(具体论证见本节三)。

《抱朴子外篇》的儒学倾向是十分明显的，其中虽也夹杂一些道家思想，但观其立言宗旨，思想意境及其所关心的事物及对历史、世风、人物的褒贬等各个方面，均体现出一种儒者风范和儒家精神。这也是《外篇·自叙》之所以自认为儒家的原因。但历史上为什么多把《外篇》归于杂家或道家呢？这主要是受《内篇》言神仙、黄白、变化及修炼、符箓、劾治等道教信仰的影响。他们没有把内、外区分开来，或从传统或正统儒家的立场看问题的结果。再加之《外篇》的体裁、语言及逻辑形式，与传统儒家有很大区别。我们可以把它看做是对传统儒家思想方法或逻辑形式的突破，正如前述裴頠及后来的范缜一样，而不能把它看做是"诡辩"或"谬误"。[①]

综上所述，我们可以得出结论说，葛洪《抱朴子外篇》体现的是儒家思想，而这种儒家思想，正是在一定程度上突破了传统儒家的思想方法和语言常式，表现出"词旨辨博，饶有名理"的特征，故使传统的儒家学者不能辨其趣旨，甚至目其为玄谈。如近人刘师培在其《论文杂记》中即是把六朝文体与其思想并为一谈，称"六朝之士，崇尚老、庄，故六朝之文多道家言。"其本注说："如葛洪、孙兴公、王逸少、支遁、陶渊明、陶弘景之文，皆喜言名理，以放达为高。"[②]观葛洪《抱朴子外篇》，实际情况却正相反，葛洪正是通过批评玄学家的玄谈与放达而表现出儒家思想的。

---

① 侯外庐：《中国思想通史》第三卷七章，第 320—323 页。

② 刘师培：《论文杂记》及注，转引自杨明照：《抱朴子外篇校笺·附录五》，第 787 页。

三、葛洪《抱朴子外篇》的儒学思想

《抱朴子》一书在葛洪的众多著述中,据有核心地位。它之所以能够流传下来,即在于该书无论是《内篇》还是《外篇》,在当时都有一定的新意。其《内篇》作为道教的重要经典,在道教史上曾产生重要影响,这是学术界公认的。但其《外篇》的学术价值,在长期的历史发展中,却受到相对地冷落。前面所述历代史志将其著录为杂家便是明证。当然,其间亦有为葛洪鸣不平者,如明朱务本刻本《抱朴子》序说:

> 《外篇》备论时政得失,人事臧否,广驳曲引,穷搜远喻,凿凿允合于时,可以拯弊救乱,施诸行事。非若庄、列之虚怪,申、韩之深刻,管、晏之机啬也。推而论之,用则可以辅世长民,舍则可以全身远害,进则可以坐致王伯,隐则可以却长生,视天地为刍狗,以古今为逆旅。如《抱朴子》者,内精玄学,外谙时政,汉以来无其伦也。若泥而论之,则千载之下,《抱朴子》含冤多矣。①

这篇序文对葛洪《外篇》的评价,可谓高出历史上的一些名家硕儒,独有所见。把《外篇》的思想倾向与庄、列、申、韩、管、晏等思想作了区别。其中尤其强调对葛洪不能"泥而论之",即不能拘泥于学派立场或个别言辞而否定《抱朴子》一书的价值。上述说法实为确论。

《外篇》五十卷,含五十二篇长短不齐的文章,十余万言。葛洪自称《外篇》属儒家,此言亦不虚。下面仅从四个方面,探讨其儒学的具体内容及思想特点。

(一) 夫唯无礼,不厕贵性

葛洪《外篇》所表达的儒学思想,是多方面的。其中,"贵礼"思想最为突出,其主要表现在《疾谬》、《讥惑》、《刺骄》、《省烦》、《博喻》、《广喻》、《自叙》等篇中。魏晋以降,礼法制度受到严重破坏,以致影响到

---

① 转引自杨明照:《抱朴子外篇校笺·附录四》,第762页。

社会的方方面面。对此，葛洪几乎是“痛心疾首”，并作了大量的揭露。他说：

> 世故继有，礼教渐颓，敬让莫崇，傲慢成俗，俦类饮会，或蹲或踞，暑夏之月，露首袒体。盛务唯在摴蒱弹棋，所论极于声色之间，举足不离绮繻纨袴之侧，游步不去势利酒客之门。不闻清谈讲道之言，专以丑辞嘲弄为先。以如此者为高远，以不尔者为骏野。……嘲戏之谈，或上及祖考，或下逮妇女。往者务其必深焉，报者恐其不重焉。倡之者不虑见答之后患，和之者耻于言轻之不塞。周禾之芟，温麦之刈，实由报恨，不能已也。[1]

由于礼教颓靡，社会逐渐失去了行为规范和道德标准，从而演绎出卑劣的社会风气，最终导致社会人群之间的争斗和“报恨”，甚至彼此交恶、械斗不已，给社会带来灾祸。葛洪认为，造成这些恶果的原因，皆由“托云率性”、“背礼叛教”所致。由此，他转向了对魏晋风教和放达的批评：“轻薄之人，迹厕高深，交成财赡，名位粗会，便背礼叛教，托云率任，才不逸伦，强为放达。”[2]这些人倨傲孤高，妄行所在，无所不至。甚至“入他堂室，观人妇女”，“载号载呶，谑戏丑亵，穷鄙极黩，尔乃笑乱男女之大节，蹈《相鼠》之无仪。”[3]葛洪以《诗·相鼠》为喻，老鼠尚且有皮有齿有体，而人没有威仪，没有行止，没有礼义，那就连老鼠都不如，活着还有何意义？真是不如早点死去。他说：

> 世人闻戴叔鸾、阮嗣宗傲俗自放，见为大度，而不量其材力，非傲生之匹，而慕学之：或乱项科头，或裸袒蹲夷，或濯脚于稠众，或溲便于人前，或停客而独食，或行酒而止所亲。此盖左衽之所

---

① 《外篇·疾谬》，杨明照：《抱朴子外篇笺疏》上册，第601页。

② 《外篇·疾谬》，第619—620页。

③ 《外篇·疾谬》，第623页。《相鼠》为《诗经·鄘风》之一篇，其诗曰：“相鼠有皮，人而无仪。人而无仪，不死何为？相鼠有齿，人而无止。人而无止，不死何俟？相鼠有体，人而无礼。人而无礼，胡不遄死？”

> 为,非诸夏之快事也。……人而无礼,其刺深矣。夫慢人必不敬其亲也,盖欲人之敬之,必见自敬焉。不修善事,则为恶人。无事于大,则为小人。纣为无道,见称独夫。仲尼陪臣,谓为素王。则君子不在乎富贵矣。今为犯礼之行,而不喜闻遄死之讥,是负豕而憎人说其臭,投泥而讳人言其汙也。[①]

葛洪在这段文字里,两次提起前述的"相鼠"之喻:一是"人而无礼,其刺深矣";一是"今为犯礼之行,而不喜闻遄死之讥"。可见他对"人而无礼"或"犯礼之行"深恶痛绝。甚至以此为夷夏之辨和区分"独夫"与"素王"、君子与小人的重要标准。在葛洪看来,礼义不啻为人的生命和国家民族文明的标志,失去了它,就等于人失去生命,国家民族失去文明的标准,从而导致亡国败家,此即夷夏之辨的应有之义。他说:"昔辛有见被发而祭者,知戎之将炽。余观怀、愍之世,俗尚骄亵,夷虏自遇。其后羌胡猾夏,侵掠上京。及悟斯事,乃先著之妖怪也。"[②]这是说,葛洪似乎已预见到永嘉之乱及西晋的灭亡,其祸根即在于从上到下礼义的丧失。

由此,葛洪把批判的矛头指向了败坏礼教的公子王孙,以及那些自命为"通达"而实质乃是"通乎亵黩"、"达于淫邪"的骄慢之士。他说:

> 闻之汉末,诸无行自相品藻次第,群骄慢傲,不入道检者,为都魁雄伯,四通八达。皆背叛礼教,而从肆邪僻,讪毁真正,中伤非党,口习丑言,身行弊事,凡所云为,使人不忍论也。夫古人所谓通达者,谓通于道德,达于仁义耳。岂谓通乎亵黩,而达于淫邪哉!……此俗之伤破人伦,剧于寇贼之来,不能经久,岂所损坏,一服("服",当做时)而已。[③]

---

① 《外篇·刺骄》,杨明照:《抱朴子外篇校笺》下册,第29—34页。

② 《外篇·刺骄》,第36页。

③ 《外篇·刺骄》,第43页。

在葛洪眼中,汉晋间的“任达”、“放达”、“作达”或“通达”之士,其所作为及言说,都是背叛礼教的。由此他对所谓“通达”,站在儒家立场给予了新的解释:“古人所谓通达者,谓通于道德,达于仁义耳,”而决不是通于亵黩而达于淫邪!

可见,在对待礼教的问题上,葛洪的儒家立场是非常坚定的。在当时玄风盛行,“儒墨之迹见鄙,道家之言遂盛”的环境中,遵守礼义道德之士往往被人嘲笑,但葛洪坚守礼义的操守是明确的。他说:“夫节士不能使人敬之,而志不可夺也;不能使人不憎之,而道不可屈也;不能令人不辱之,而荣犹在我也;不能令人不摈之,而操不可改也。……困瘁而益坚,穷否而不悔。”[①]葛洪反对的正是那些随波逐流,甚至同流合污所造成的陋习恶俗,表达了“志不可夺”、“道不可屈”、“操不可改”、“荣由在我”的坚定立场。在葛洪看来,骄亵、淫邪等积习恶俗,对人伦礼义的破坏,更甚于寇贼。因为寇贼对社会人伦的伤害,可能只在一时而不能经久,而积习恶俗对社会人伦的破坏,却是长期的。因此,如果任凭它们扇播下去,便一发不可收拾,甚至会导致家国的败亡。他说:

> 夫桀倾纣覆,周灭陈亡,咸由无礼,况匹庶乎!……古人鉴淫败之曲防,杜倾邪之端渐,可谓至矣。修之者为君子,背之者为罪人。然禁疏则上宫有穿窬之男,网漏则桑中有奔随之女。纵而肆之,其犹烈猛火于云梦,开积水乎万仞,其可扑以箒篲,遏以撮壤哉![②]

这里,葛洪把夏、商、周三代灭亡的原因归之于“咸由无礼”。这一结论,虽然对礼的作用有些夸大,但从中可以看出他对礼的重视,并可以甄别出葛洪的儒学立场。“咸由无礼”之“礼”,从广义上说,可以理解

---

① 《外篇·刺骄》,第 42 页。

② 《外篇·疾谬》,杨明照:《抱朴子外篇校笺》上册,第 624—625 页。

为一种制度规范。在葛洪看来,任何社会,没有制度规范,这个社会就不能存在和发展。在中国古代,社会的制度规范主要体现在儒家通过对三代礼制的总结所制定和发展出来的礼乐典章。因此,从狭义上说,“咸由无礼”之“礼”,又是儒家具体的礼仪规范。对此,葛洪也多有阐发,并以这些具体的礼仪规范作标准,批判那些“穿窬”、“奔随”之徒。如他在批评“男女杂错”、“谑戏丑亵”的丑陋现象时,即是以具体的礼仪规范作标准。他说:

> 《诗》美雎鸠,贵其有别。在《礼》,男女无行媒,不相见,不杂坐,不通问,不同衣物,不得亲授。姊妹出适而反,兄弟不共席而坐。外言不入,内言不出。妇人送迎不出门,行必拥蔽其面。道路男由左,女由右。此圣人重别杜渐之明制也。[①]

葛洪的这些议论,均源自儒家经典。《诗·周南·关雎》:“关关雎鸠,在河之洲。”《毛傳》解释说:“关关,和声也。雎鸠,王雎也,鸟挚而有别。……后妃说乐君子之德,无不和谐,又不淫其色,慎固幽深,若关雎之有别焉,然后可以风化天下。夫妇有别则父子亲,父子亲则君臣敬,君臣敬则朝廷正,朝廷正则王化成。”[②]《礼记·曲礼上》:“男女非有行媒,不相知名”;又:“男女不杂坐;……叔嫂不通问”;又:“不同椸枷,不同巾栉,不亲受”;又:“姑姊妹女子已嫁而反,兄弟弗与同席而坐,同席而食。”[③]

以上均是葛洪在针对汉晋之际世风日下、沦溺败德之行所展开的批判中所表达的贵礼重德思想。同时,他也有贵礼思想的正面论述,提出“夫唯无礼,不厕贵性”、“礼者,人理之所急也”等命题。他说:

> 澄浊剖判,庶物化生。羽族或能应对焉,毛宗或有知言焉,于

---

① 《外篇·疾谬》,第614页。

② 《毛诗注疏》卷一,载《十三经注疏》整理本,北京大学出版社2000年版,第25页。

③ 《礼记·曲礼上》,见王文锦:《礼记译解》上,中华书局2001年版,第15—16页。

> 玃识往，归终知来，玄禽解阴阳，蚍螘远泉流，蓍龟无以过焉，甘、石不能胜焉。夫唯无礼，不厕贵性。[1]

这段话简短精赅，处处有典，持之有故。在葛洪看来，自宇宙开辟以来，万物生生化化，产生了包括人类在内的各种生命体。生物的多样性使宇宙大化千姿百态，功能各异：鹦鹉或能学语以应对，猩猩或似人而能言，于玃顾盼或识过去，归终聪颖或能预知未来，玄鸟云燕冬去春归知解阴阳之变，蛇、蚁穴居故能远避泉流，……。自然界的生物林林总总，千奇百怪，卜筮无能占其缘委，甘德、石申亦难测其奥玄。尽管如此，但它们与人类比较起来，最本质的差别乃在礼义道德。人类知礼而禽兽不能，此即："夫唯无礼，不厕贵性。"

我们可以把"夫唯无礼，不厕贵性"，看做是葛洪贵礼的重要命题。无礼，指禽兽；贵性，谓人。《抱朴子内篇·论仙》："有生最灵，莫过乎人，贵性之物，"又《内篇·黄白》："人之为物，贵性最灵"。这些说法，均指人为贵性之物。在葛洪看来，人之所以为人的本质特点，即在礼义，它是人的自觉的道德行为。他说："天秩有不迁之常尊，无礼犯遄死之重刺。是以玄洲之禽兽，虽能言而不得厕贵牲(牲当做性)；蛩蛩之负蟨，虽寄命而不得为仁义。"[2]葛洪认为，天道秩次有恒常的高低，人道亦效法天道，也有恒常的秩次和尊卑，这就是礼。因此，无礼之人还不如"遄死"。因为人如果失去了礼的道德自觉，就如同能言的禽兽，"不得厕贵性"，即不得列入人类的范畴。他用"蛩蛩负蟨"的典故，说明禽兽之间虽也有相互恃仰、相互寄命的关系，但皆出于生存本能，而非出于仁义这一人类所特有的道德自觉。

其实，葛洪的上述说法，对儒学并没有太多的发明和创见。他所提出的"夫唯无礼，不厕贵性"的命题，只是对自孔、孟以来，儒家所确立的礼义规范和基本价值理念所作的简要概括而已，其源头皆在儒家

---

① 《外篇·讥惑》，杨明照：《抱朴子外篇校笺》下册，第1页。

② 《外篇·博喻》，《抱朴子外篇校笺》下册，第252页。

经典。《礼记·曲礼》说:“鹦鹉能言,不离飞鸟;猩猩能言,不离禽兽。今人而无礼,虽能言,不亦禽兽之心乎!夫唯禽兽无礼,故父子聚麀。是以圣人作,为礼以教人,使人以有礼,知自别于禽兽。”[①]由此可见,葛洪的礼论并未超出前人的水平。但在魏晋这一特殊的历史时期,葛洪的礼论思想对于匡正时弊,即具有重要的现实性和紧迫性。他说:

> 厥初邃古,民无阶级,上圣悼混然之甚陋,愍巢穴之可鄙,故构栋宇以去鸟兽之群,制礼数以异等威之品:教以盘旋,训以揖让,立则罄折,拱则抱鼓,趋步升降之节,瞻视接对之容,至于三千。盖检溢之隄防,人理之所急也。[②]

这里,葛洪阐释了礼的起源及其作用,特别提出“礼数”是用来“异等威之品”和“检溢之隄防”。前者是肯定社会的等级尊卑及社会秩序;后者则强调如何保证社会等级尊卑的秩序不至于紊乱。针对魏晋之世由礼数的混乱所造成的社会失序,葛洪提出:“检溢之隄防,人理之所急也。”我们可以把这两句话概括为一个重要命题,即:“礼者,人理之所急也。”一个“急”字,反映了葛洪对魏晋之世礼教败坏的不安和焦虑。如何“坚隄防以杜决溢”?在葛洪看来,惟有守礼一途。他说:

> 故俨若冠于《曲礼》,望貌首于五事,出门有见宾之肃,闲居有敬独之戒。颜生整仪于宵浴,仲由临命而结缨。恭容暂废,惰慢已及。安上治民,非此莫以。盖人之有礼,犹鱼之有水矣。鱼之失水,虽暂假息,然枯糜可必待也。人之弃礼,虽犹靦然,而祸败之阶也。[③]

有见于“恭容暂废,惰慢已及”的礼教的废弃,葛洪提出“鱼水之喻”来强调“安上治民,非此莫以”的贵礼思想。人者鱼也,礼者水也。鱼失

---

① 王文锦:《礼记译解》上册,中华书局2001年版,第3页。

② 《外篇·讥惑》,杨明照:《抱朴子外篇校笺》下册,第4页。

③ 《外篇·讥惑》,第7页。

水，虽可苟延残喘而暂活，但其枯干腐烂则为必然。同样，人弃礼，虽可表面尊荣于一时，但其横遭祸败却是早晚会发生的。因此，鱼失水则糜，人弃礼则败。这是葛洪“鱼水之喻”所给出的必然结论。这里的人，既包括个体的人，也指整个国家乃至整个人类，尤其对国家来说更是如此。

总之，贵礼思想是葛洪《抱朴子外篇》儒家立场或儒学思想的主要表现，它构成《外篇》儒学思想的核心。

（二）崇教勖学，精六经之正道

东晋政权建立后，一大批才学之士，有鉴于汉晋以来的丧乱，在检讨得失，批评玄论的同时，都大力提倡敦崇儒教，明经兴学。葛洪在《抱朴子·外篇》之《百里》、《安贫》、《博喻》、《广譬》、《应嘲》、《百家》、《重言》、《崇教》、《勖学》等篇中，也大力鼓吹崇教、兴学，充分反映了他的儒学立场。他在《勖学》篇中说：

> 陶冶庶类，匠成翘秀，荡汰积埃，革邪反正。戢干戈，櫜弓矢，兴辟雍之庠序，集国子，修文德，发金声，振玉音。降风云于潜初，旅束帛乎丘园，令抱翼之凤，奋翮于清虚；项领之骏，骋迹于千里。使夫含章抑郁，穷览洽闻者，申公、伏生之徒，发玄纁，登蒲轮，吐结气，陈立素，显其身，行其道，俾圣世迪唐、虞之高轨，驰升平之广途，玄流沾于九垓，惠风被乎无外，五刑厝而颂声作，和气洽而嘉穟生，不亦休哉！[1]

这里，葛洪用铿锵壮丽的词汇，为人们展示了一幅和谐社会的美丽图景。一方面反映出他对汉末以来，风教凌迟、人伦伤破的忧心；另一方面又反映出他对太平盛世的向往。在他看来，走向“七耀遵度”、“旧邦惟新”的“升平之广途”，惟有崇教兴学之一途。

葛洪相信“教”与“学”的作用，可以改变人的性情和气质：“庶类”

---

① 《外篇·勖学》，杨明照：《抱朴子外篇校笺》上册，第137页。

通过陶冶，可以成为“楚秀”；“积埃”通过荡汰，可以变得清明；邪曲通过革新，可以变为纯正。“虽云色白，匪染弗丽；虽云味甘，匪和弗美”；“火则不钻不生，不扇不炽”；“水则不决不流，不积不深”。由此得出结论：“质虽在我，而成之由彼也。”葛洪认为，人的气质、性情、善恶等，都可以通过教育和自身的学习而得到改变。因此，崇教兴学是国家走上正途的必要条件。他在《勖学》篇中说：“夫学者所以清澄性理，簏扬埃秽，雕锻矿璞，砻炼屯钝，启导聪明，饰染质素，察往知来，博涉劝戒，仰观俯察，于是乎在，人事王道，于是乎备。”[①]

在葛洪看来，学习如此重要，即在于它可以使人反情治性，尽才成德，滌除尘垢，雕琢矿璞，磨去愚昧，开启聪明，提高素质，察往知来，博涉教训等等，从而为立功建业，实现王道准备充分的人才条件。这种尽人事、备王道的思想，完全是儒家的思想传统。

既然明确了“学”的重要性及其目的，接下来便是如何学习。对此，葛洪也有一番宏大的议论。他说：“贤人悲寓世之倏忽，疾泯没之无称；感朝闻之弘训，悟通微之无类；惧将落之明戒，觉罔念之作狂。不饱食以终日，不弃功于寸阴；鉴逝川之勉志，悼过隙之电速；割游情之不急，损人间之末务；洗忧贫之心，遣广愿之秽，息畋猎博弈之游戏，矫昼寝坐睡之懈怠；知徒思之无益，遂振策于圣途。学以聚之，问以辩之，进德修业，温故知新。”[②]

葛洪在这段几乎句句有典的议论中仍是以儒家的价值理念为核心，强调“疾泯没之无称”、“遂策第于圣途”。在他看来，人的一生是短促的，因此，如何在短促的一生中，爱惜光阴，割弃优游，以孔子川游之喻勉励自已，以坚毅之志，读书为学，从而“进德修业，温故知新”，以达“圣途”。这里的“圣途”，决不是道家的“圣途”。因为葛洪对“学”的态度，与庄子之“以有涯随无涯，殆矣”的态度，正是相反。在葛洪看来，

① 《外篇·勖学》，第111页。

② 《外篇·勖学》，第124页。

正因“过隙之电速”、“寓世之倏忽”，所以才要“不弃功于寸阴”、“矫昼寝坐睡之懈怠”。他说：“饰治之术，莫良乎学。学之广在于不倦，不倦在于固志。”[①]这里所谓“固志”，即孔子所谓“十有五而志于学”之志。有志于学，方能“洗忧贫之心，遣广愿之秽”。

汉晋之世，世风所以日下，即在于不学，即在于不能固志。葛洪对此进行了批判：“若夫王孙公子，优游贵乐，婆娑绮纨之间，不知稼穑之艰难，目倦于玄黄，耳疲乎郑、卫，鼻餍乎兰麝，口爽于膏粱；冬沓貂狐之缊丽，夏缜纱縠之翩飘；出驱庆封之轻轩，入宴华房之粲蔚；饰朱翠于楹棁，积无已于箧匮，陈妖冶以娱心，湎醽醁以沈醉；行为会饮之魁，坐为博弈之帅。省文章既不晓，睹学士如草芥；口笔乏乎典据，牵引错于事类。剧谈则方战而已屈，临疑则未老而憔悴。虽叔麦之能辨，亦奚别乎瞽瞶哉！”[②]葛洪生活在这样的时代，对社会的了解可谓深透，因此对它的批判，也可谓针针见血，鞭辟入里。也正是因为王孙公子，优游贵胄的侈靡腐败导致了教育的沦丧和社会的堕落，致使“世道多艰，儒教沦丧，文武之轨，遂将凋坠”。由此，他又批判说：

> 盖闻帝之元储，必入太学，承师问道。齿于国子者，以知为臣，然后可以为君；知为子，然后可以为父也。故学立而仕，不以政学，操刀伤割，郑乔所叹。触情纵欲，谓之非人。而贵游子弟，生乎深宫之中，长乎妇人之手，忧惧之劳，未常经心。或未免于襁褓之中，而加青紫之官；才胜衣冠，而居清显之位。操杀生之威，提黜陟之柄，荣辱决于与夺，利病感于唇吻；爱恶无时暂乏，毁誉括厉于耳。嫌疑象类，似是而非，因机会以生无端，藉素信以设巧言，交构之变，千端万绪，巧算所不能详，毫墨所不能究也。无术学，则安能见邪正之真伪，具古今之行事？自悟之理，无所感假，

---

① 《外篇·崇教》，杨明照：《抱朴子外篇校笺》上册，第145页。

② 《外篇·崇教》，第148页。

能无倾巢覆车之祸乎![1]

葛洪的上述批判,有三点值得注意:首先,为避免“文武之轨,遂将凋坠”,葛洪强调国家政权的接班者,一定要接受儒学的教育。即“必入太学,承师问道”。也就是在太学中,首先学会按年龄大小互相礼让,这才能“知为臣”、“知为子”,然后才可以“知为君”、“知为父”。葛洪此议,依据《礼记·文王世子》:“学之为父子焉,学之为君臣焉,学之为长幼焉,父子、君臣、长幼之道得而国治,”即是此意。第二,“学立而仕,不以政学”,意谓必先学而后为政,不能先入政而后再学。此亦儒家的原则主张。依据《左传》襄公三十一年:“子皮欲使尹何为邑。……子产曰:‘不可,人之爱人,求利之也。今吾子爱人则以政,犹未能操刀而使割也,其伤实多。……侨闻学而后入政,未闻以政学者也。若果行此,必有所害。’”第三,“触情纵欲,谓之非人”,典出《说苑·修文》:“触情从欲,谓之禽兽。”又《孟子·滕文公》“周霄”章赵岐注:“言人不可触情从欲,须礼而行”。

以上三点,是葛洪批判“不学”之害的经典依据。最后他得出一个结论:“无术学,则安能见邪正之真伪,具古今之行事?”这就是说,不读书,不学习,即为不学无术。一个不学无术的人,就不能分清邪正真伪和是非善恶,因此也就不能“具古今之行事”,不仅承担不了治国的重任,反而会导致“倾巢覆车”、国家败亡之祸。

在葛洪的思想逻辑中,“学”是主体,一个人能不能学,有学还是无学,可以上升到“人禽之别”的高度。因此,“学”是人的能动性的体现,它是主动的。葛洪不赞成“生而知之”,他所谓“何神之有,学而已矣”的命题,以及“人理之旷,道德之远,阴阳之变,鬼神之情,缅邈玄奥,诚难生知”[2]的思想,即是强调学习的主动性、能动性而反对“生而知之”。

葛洪在强调“学”的主体性、能动性的同时,又提出“教”的问题。

---

① 《外篇·崇教》,第151—152页。

② 《外篇·勖学》,杨明照:《抱朴子外篇校笺》上册,第114页。

葛洪针对汉晋以来的世风和学风之弊,对“师”的行为标准亦提出要求:“朋友师傅,尤亦精简。必取寒素德行之士,以清苦自立,以不群见惮者。其经术如仲舒、桓荣者,强直若龚遂、王吉者,能朝夕讲论忠孝之至道,正色证存亡之轨迹,以洗濯垢涅,闲邪矫枉,宜必抑情遵宪法,入德训者矣。”[1]

董仲舒、桓荣、龚遂、王吉四人,皆汉时名师大儒,葛洪标举此四人,实为标举此四人的学问、人品及其儒学风范和为师楷模之意。其提倡为人师表者,必须有德行、节操、经术等方面的修养,方能培养出廉洁之士和合格的治国人才。相比之下,葛洪对汉晋之世教育师资的腐败风气亦作了尖锐的长篇批判。他说:

> 汉之末世,吴之晚年,则不然焉。望冠盖以选用,任朋党之华誉,有师友之名,无拾遗之实。匪唯无益,乃反为损。故其所讲说,非道德也;其所贡进,非忠益也。唯在于新声艳色,轻体妙手,评歌讴之清浊,理管弦之长短,相狗马之勦驽,议遨遊之处所,比错途之好恶,方雕琢之精粗,校弹棋樗蒲之巧拙,计渔猎相掊之胜负,品藻妓妾之妍媸,指摘衣服之鄙野,争骑乘之善否,论弓剑之疏密。招奇合异,至于无限。盈溢之过,日增月甚。……是以雅正稍远,遨逸渐笃。其去儒学,缅乎邈矣。能独见崇替之理,自拔沦溺之中,舍败德之崄途,履长世之大道者,良甚鲜矣。嗟乎!此所以保国安家者至稀,而倾挠泣血者无筭也。[2]

“学”与“教”是一体之两面,有学即有教,有教即有学,教学相须,教学相长,这是儒家教育思想的主要原则和理念。葛洪著书,先立《勖学》,紧接着即是《崇教》。这两篇可称为《抱朴子外篇》的姊妹篇。在葛洪看来,无论教,还是学,其最终目的都是“保国安家”。而保国安家的重

---

① 《外篇·崇教》,杨明照:《抱朴子外篇校笺》,第156页。

② 《外篇·崇教》,第162—172页。

要手段即是教育,而教育的内容即是儒学。尤其在汉晋之际,儒学教育遭到破坏,“雅正稍远,遨逸渐笃”。在葛洪看来,风气大坏的主要原因是他们背离了儒家精神,丢弃了思想学术、乃至日常生活的价值标准和道德原则,以致堕落到“唯在于新声艳色”、“相狗马之勦驽”、“品藻妓妾之妍媸”,以至于“招奇合异,至于无限”。“其去儒学,缅乎邈矣”,即远离了儒学的道义精神和长世之道。由此,葛洪提出“竞尚儒术”、“撙节艺文”、“精六经之正道”等主张。他说:

> 今圣明在上,稽古济物,坚隄防以杜决溢,明褒贬以彰劝沮。想宗室公族,及贵门富年,必当竞尚儒术,撙节艺文,释老、庄之不急,精六经之正道也。①

这里,有两点最值得注意:其一,葛洪以“儒术”、“艺文”为防止决溢之“堤防”,清晰地表明了葛洪以儒家经术为治世之具和价值标准的重儒思想;其二,“释《老》、《庄》之不急,精六经之正道”,表明葛洪在儒道关系和经子关系上,选择了以“六经”为“正道”,以老庄为不急的重经思想。这里的“释老庄之不急”,虽暗指何晏、王弼的玄学,但也在一定程度上是对老庄的批评。特别是对庄子,葛洪在《应嘲》篇中,有严厉的批评。他说:

> 常恨庄生言行自伐,桎梏世业。身居漆园,而多诞谈。好画鬼魅,憎图狗马。狭细忠贞,贬毁仁义。可谓彫虎画龙,难以徵风云;空板亿万,不能救无钱;孺子之竹马,不免于脚剥;土柈之盈案,无益于腹虚也。②

显然,葛洪不满庄子“狭细忠贞,贬毁仁义”,“言行自伐,桎梏事业”。这里当然也暗含着对玄学的批评。但在葛洪看来,玄学也正是依傍着老、庄而流于虚诞。因此要正本清源,还是要回到儒家“六经”、

---

① 《外篇·崇教》,第173页。

② 《外篇·应嘲》,杨明照:《抱朴子外篇校笺》下册,第411页。

“正道”的立场。同时,也不排斥诸子百家。既要“变化旁通”,又不沦于“违正之邪径”,即主张以正经为“原本”,“精六经之正道”。

葛洪对诸子,采取兼收并蓄的态度,认为子学有助于正经。但也有“非圣过正”的不足,这些都可能助长虚无之风,他说:“浅近之徒则不然焉:辩虚无之不急,急细事以费言;论广修、坚白无用之说,诵诸子非圣过正之书;损教益惑,谓之深远;委弃正经,竞治邪学。”[①]这即是说,浅近之徒,正是利用了诸子“非圣过正”之言,“示巧表奇以诳俗”。这里的“非圣过正”,即是指诸子中的非儒倾向及对儒家仁义道德的否定。这里,葛洪以“正经”与“邪学”对举,标示了他对子学中的非儒成分持一种批评态度。由此,他论述了经子关系。他说:

> 正经为道义之渊海,子书为增深之川流。仰而比之,则景星之佐三辰也;俯而方之,则林薄之裨嵩岳也。虽津涂殊闢,而进德同归;虽离于举趾,而合于兴化。故通人总原本以括流末,操纲领而得一致焉。[②]
>
> 六艺备研,八索必该,斯则富矣;振翰摛藻,德音无穷,斯则贵矣。求仁仁至,舍旃焉如?……夫士以三坟为金玉,五典为琴筝,讲肆为钟鼓,百家为笙簧,使味道者以辞饱,酣德者以义醒。[③]

上述两段材料,可看出葛洪对经子关系的基本态度。“正经”,泛指儒家经典,其中包括所谓五经、六经、七经、三坟、五典、八索、九丘之类。在葛洪看来,经与子的关系,犹大海与川流、景星与三辰、林木与高山峻岭、金玉琴筝与钟鼓笙簧的关系。此说与刘歆《诸子略》、扬雄《法言》及杨泉《物理论》等观点正合。即以诸子为六经之流裔,经与子的关系是源与流的关系。它们虽“津塗殊闢”、“离于举趾”,但其作用皆“进德同归”、“合于兴化”。其稍有不同者,葛洪似乎注意到汉晋之

---

① 《外篇·重言》,杨明照:《抱朴子外篇校笺》下册,第640页。
② 《外篇·尚博》,杨明照:《抱朴子外篇校笺》下册,第98页。
③ 《外篇·安贫》,杨明照:《抱朴子外篇校笺》下册,第211、218页。

世风颓教沮之流弊,更有针对性的强调“总原本以括流末,操纲领而得一致”。即强调了儒家经典的“原本”和“纲领”的作用和意义。

(三)量材授官,贵贤任能

在《抱朴子外篇》中,专有《贵贤》、《任能》两篇。从其篇名看,应该是直接讨论“贵贤任能”的,但两篇文字加在一起,不足千字,与其他篇的文字数量不相值衡。因此两篇文字可能有所亡佚。但这并不影响我们对葛洪贵贤思想的研究,因为在《外篇》中,尚有《君道》、《臣节》、《钦士》、《审举》、《擢才》、《名实》、《清鉴》、《百里》、《接疏》、《汉过》、《吴失》等篇讨论到贵贤问题。甚至可以说,葛洪的“贵贤”、“任能”思想,贯穿于整个《外篇》中。

如果说,在葛洪的儒家思想中,贵礼、崇教的目的在于正本清源、匡正时弊,以免造成人伦、社会的进一步沉沦。那么,量材授官、贵贤任能,则是其贵礼、崇教思想在社会实践层面上的具体应用和落实。它集中代表或反映了葛洪的经世思想和对社会政治清明、官民和洽的向往。在葛洪看来,只有“贤无括囊之屈”、“才无失授之用”,社会才能得到有效的治理。然而,汉晋之世,官场实在是太污浊、太昏暗了。葛洪首先对此进行了揭露和批判。他说:

> 灵、献之世,阉官用事,群奸秉权,危害忠良。台阁失选用于上,州郡轻贡举于下。夫选用失于上,则牧守失其人矣;贡举轻于下,则秀、孝不得贤矣。故时人语曰:“举秀才,不知书;察孝廉,父别居。寒素清白浊如泥,高第良将怯如鸡。”又云:“古人欲达勤诵经,今世图官免治生。”盖疾之甚也。[①]

这里所谓“贡举”、“选用”,皆汉晋以来的选官制度。魏晋时期虽施行九品中正制,但“察举”仍为选官的辅助,甚至两者结合起来,产生比汉末更大的流弊。葛洪虽标举灵、献之世,实则皆为讽晋之作。在葛洪

---

① 《外篇·审举》,杨明照:《抱朴子外篇校笺》上册,第393页。

看来，从中央(台阁)到地方(州郡)，由于选用失人，导致贤愚颠倒，名实乖离，不正之风遍及朝野。他说：

> 于时悬爵而卖之，犹列肆也；争津者买之，犹市人也。有直者无分而径进，空拳者望途而收迹。其货多者其官贵，其财少者其职卑。故东园积卖官之钱，崔烈有铜臭之嗤。上为下效，君行臣甚。故阿佞幸，独谈亲容；桑梓议主，中正吏部，并为魁侩，各责其估。清贫之士，何理有望哉？……俗之随风而动，逐波而流者，安能复身于德行，苦思于学问哉！是莫不弃检括之劳，而赴用赂之速矣。斯诚有汉之所以倾，来代之所宜深鉴也。[①]

买官卖官，按职论价；上行下效，积习成风。官场变成市场，高官并为魁侩。上下勾结，操纵贡举。有钱者，虽无贤、无能，却粉墨登场；无钱者，即使有贤有能，亦只能望而却步。无怪乎与葛洪同时代的鲁褒著《钱神论》云："官尊名显，皆钱所致"，"钱多者处前，钱少者居后；居前者为君长，居后者为臣仆"。葛洪与鲁褒所见略同也。在葛洪看来，此岂仅有汉一代之所以哉！天下汹汹，盖皆如此。他说："吴之晚世，尤剧之病：贤者不用，滓秽充序，纪纲弛紊，吞舟多漏。贡举以厚货者在前，官人以党强者为右。匪富匪势，穷年无冀。德清行高者，怀英逸而抑沦；有才(当做财)有力者，蹑云物以官跻。主昏于上，臣欺于下。不党不得，不竞不进。背公之俗弥剧，正直之道遂坏。"[②]

正因为不能用贤，遂使纪纲弛紊，政风大坏。贡举选官，贿赂成风。上有昏主，下有欺臣；厚货在前，党强为右。权钱勾结，上下交征。遂使贤德之士沉沦下潦，有钱有势者青云直上。"秉维之佐，牧民之吏，非母后之亲，则阿谄之人也。进无补过拾遗之忠，退无听讼之干，虚谈则口吐冰霜，行己则浊于泥潦。"[③]在葛洪看来，这种腐败的选官制

---

① 《外篇·审举》，第396—399页。

② 《外篇·吴失》，杨明照：《抱朴子外篇校笺》下册，第142页。

③ 《外篇·吴失》，第143页。

度，必然造成官场上的贤愚颠倒和是非错乱。为此，葛洪列出了官场上的十大怪现象。他说：

> 或有不开律令之篇卷，而窃大理之位；不识几案之所置，而处机要之职；不知五经之名目，而飨儒官之禄；不闲尺纸之寒暑，而坐著作之地；笔不狂简，而受驳议之荣；低眉垂翼，而充奏劾之选；不辨人物之精粗，而委以品藻之政；不知三才之军势，而轩昂节盖之下；屡为奔北之辱将，而不失前锋之显号；不别菽麦之同异，而忝叨顾问之近任。[①]

大理，指晋时廷尉之官，主刑法狱讼；机要，指接近皇室的秘书郎之属，主掌机密文书之类；儒官，指国子祭酒、五经博士及助教等官；著作，指魏晋时期专掌史任的著作郎；驳议，指专门负责向皇帝进言之官，会公卿百官议事，而独执异议者；奏劾，指御史、中丞之官，主司按劾、绳愆纠谬之责；品藻，指魏九品之制所置中正之官，掌以论人才优劣，品评高下之责；轩昂节盖之下，指持节将军一类的军事高官；前锋，指大军作战时的先锋官，由高级将领充任；顾问，指在皇帝身边，掌侍左右，赞导众事，顾问应对之官，即魏晋时期的侍中、常伯之类。以上十类官职，都是魏晋时期国家的中枢要职，然而其任职者，均不忝其位，不胜其任，用非其人，"此破国亡家之先兆也"。

葛洪把能不能贵贤、擢才、任能，提高到关涉国家生死存亡的高度，"凶家害国，得罪竹帛"，"吴土之化为晋域"，"南民之变成北隶"，"良史无褒言，金石无德音"，总之，汉之所以亡，吴之所以灭，以及他所预见到的永嘉之乱，晋室南迁等等变故，"夫何哉？失人故也"。在葛洪看来，贵贤任能，乃是国家的长远之策，应见微知著，防范于未然："夫百寻之室，焚于分寸之飙；千丈之陂，溃于一蚁之穴。何可不深防乎！何可不改张乎！而秉斤两者，或舍铨衡而任情；掌柯斧者，或曲绳

① 《外篇·吴失》，第149—150页。

墨于附己。选之者，既不为官择人；而求之者，又不自谓不任。于是莅政而政荒，牧民而民散。”[①]

“秉斤两者”，指掌典选之官；“掌柯斧者”，指掌刑法之官。在葛洪看来，这些掌管国家神器的高官大吏，徇私舞弊，枉法。他们可以丢弃原则而任私情，歪曲或篡改规章制度以合己意。为人择官，为官贪赃立庙，遂使庸材、小人充塞官府。这样一来，就必然出现“奸伪荣显，则英杰潜逝；……举任并谬，则群贤括囊；群贤括囊，则凶邪相引；凶邪相引，则小人道长；小人道长，则梼杌比肩”。[②] 何可不深防乎！何可不改张乎！这种政治生态环境若不改变，岂止“政荒民散”？它将导致国家覆亡！葛洪看到了这一点，他说：

> 夫以玉为石者，亦将以石为玉矣；以贤为愚者，亦将以愚为贤者矣。以石为玉，未有伤也；以愚为贤者，亡之诊也。盖诊亡者，虽存而必亡；犹脉死者，虽生而必死也。可勿慎乎！於戏，悲夫！莫之思也。[③]

诊者，验也，断也，即今所谓诊断也。可以说，这是葛洪为晋世的贤愚颠倒、政治腐败所开出的诊断书。同时，也可看做是他对未来社会所做出的预言书。其“以愚为贤者，亡之诊也”，可以构成政治学上的一个命题。这里的“诊”字，可由验、断引申为征兆。死亡的征兆出现了，虽当时还可苟延残喘，但将来则必死无疑。这如同医生把脉一样，“脉死者，虽生而必死也”。在葛洪看来，以愚为贤，贤愚颠倒，是国家政治走向死亡的绝路，本应引起警惕，认真思考。然而当权者却“莫之思也”。他以吴亡为例：“吴主不此之思，不加夕惕，佞谄凡庸，委以重任。危机急于彍弩，亡征著于日月，而自谓安于峙岳，唐、虞可仰也。目力

---

① 《外篇·百里》，杨明照：《抱朴子外篇校笺》下册，第 52 页。

② 梼杌：古代传说中的一种怪兽，亦喻邪恶之人。《左传》文公十八年：“颛顼氏有不才子，不可教训，不知话言，告之则顽，舍之则嚚，傲很明德，以乱天常，天下之民，谓之梼杌。”引文见《外篇·审举》，杨明照：《抱朴子外篇校笺》上册，第 389 页。

③ 《外篇·擢才》，杨明照：《抱朴子外篇校笺》上册，第 462 页。

疲于绮粲，而不以览庶事之得失；耳聪尽于淫音，而不以证献言之邪正；谷帛靡于不急，而不以赈战士之冻馁；心神悦于爱媚，而不以念存亡之弘理。盖轻乎崇替之源，而忽乎宗庙之重者也。”[①]

危机在前，亡征昭著，却自以为安如四岳，自比于唐、虞。这是历史上所有亡国之君的致命之病。因此，要真正避免亡国破家，就要重视人才的选用，贵贤任能，量才授官，这是国家最高统治者的责任。即“招贤用才者，人主之要务也。”他说：

> 故圣君莫不根心招贤，以举才为首务，施玉帛于丘园，驰翘车于严薮，劳于求人，逸于用能，上自槐棘，降逮皂隶，论道经国，莫不任职。恭己无为，而治平刑措；而化洽无外，万邦咸宁。设官分职，其犹构室，一物不堪，则崩桡之由也。[②]

葛洪把招贤、举才，作为君主之“要务”、“首务”，并以此作为圣君、明君的标准。由此亦可看出葛洪对军国人事、国家政治的关心和重视，认为人尽其才，才尽其用，论道经国，莫不任职，方能官秩有序，政通人和，万邦皆安，以为至治。在葛洪看来，人才的选用，是一个系统工程，制度的建设是一个有机整体，这就像盖房子一样，只图表面亮丽，而不注重选材，低劣的材质或任何偷工减料，都会造成大厦的倾塌。因此，葛洪提出贵贤、任能、擢才的基本原则和综合性标准。他说：

> 考名责实，屡省勤恤，树训典以示民极，审褒贬以彰劝沮，明检齐以杜僭滥，详直枉以违晦吝。……匠之以六艺，轨之以忠信，莅之以慈和，齐之以礼刑。扬仄陋以伸沉抑，激清流以澄臧否。使物无诡道，事无非分。立朝牧民者，不得侵官越局；推毂即戎者，莫敢惮危顾命。悦近以怀远，修文以招携。阜百姓之财粟，阐

① 《外篇·吴失》，杨明照：《抱朴子外篇校笺》下册，第155页。

② 《外篇·审举》，杨明照：《抱朴子外篇校笺》上册，第382页。

进德之广途，杜机伪之繁务，则明罚敕法，哀敬折狱；淳化洽，则匿瑕藏疾，五教在宽。[1]

葛洪的上述原则和标准，多源自儒家的经世之道和举贤之法。其基本内容，仍是以儒家六艺、忠信、慈和、礼法为核心。因为在葛洪看来，自汉末乃至魏晋以来，由于"天下贡举不精久矣"，尤其举才不以试经，使贡士失去标准，举贤不以其道，枉直混杂，贤愚颠倒。于是葛洪呼吁改革贡举之法，恢复已被废除的考试制度："今太平已近四十年矣，犹复不试，所以使东南儒业衰于在昔也。此乃见同于左衽之类，非所以别之也。……今贡士无复试者，则必皆修饰驰逐，以竞虚名，谁肯复开卷受书哉？"[2]"古者犹以射择人，况经术乎？如其舍旃(焉)，则未见余法之贤乎此也。"[3]

在葛洪看来，恢复试经答策的考试制度，既可以防止修饰驰逐，以竞虚名，又可以鼓励有志于为官者修德进学，改造社会风气。在他看来，"但此一条，其为长益风教，亦不细矣。若使海内畏妄举之失，凡人息侥倖之求，背竞逐之末，归学问之本，儒道将大兴，而私货必渐绝，奇才可得而役，庶官可以不旷矣。"[4]可见，葛洪的贵贤任能主张，最终又回到了复兴儒学的立场。

(四) 诘鲍论君，辨证古今

葛洪《抱朴子外篇》的儒学思想，除上述几项主要内容外，还表现在他的历史观中。其中，以《诘鲍》篇为代表，比较集中地反映了葛洪颇具儒家特征的秩序主义的思想传统和古今之辨；即强调君臣之道和统治秩序的合理性、现实性及时代性。

《诘鲍》篇是以对话、辩论的形式，对鲍敬言"无君论"展开的批评。

---

① 《外篇·君道》，杨明照：《抱朴子外篇校笺》上册，第 177 页。

② 《外篇·审举》，杨明照：《抱朴子外篇校笺》上册，第 412 页。

③ 《外篇·审举》，第 407 页。

④ 《外篇·审举》，第 410 页。

关于鲍敬言其人其文,除葛洪《诘鲍》提及外,当时的其他史料均无记载,也未见称引,故其来历有些不明。但从《诘鲍》篇的行文看,葛、鲍的辩论非止一次,而是往复论难,故在葛洪的批评文章中,有“难曰”、“又难曰”、“余既驳之矣,后所答余文,多不能尽载”云云。足见这场辩论还是很激烈的。同时也说明鲍敬言的“无君论”,只是葛洪在与之辩论中所摘录的片断,远非“无君论”的全文或全貌。甚至其篇名,也值得商榷。葛洪在称引鲍敬言的观点时,只称其“贵上古无君之论”、“以为古者无君胜于今世”,而鲍敬言在文中也只称“曩古之世,无君无臣”。故鲍敬言“无君论”的篇名,准确地说,应称《上古无君论》,而不应简化为《无君论》。总之,这场辩论,涉及的问题很多,但概括起来,可归纳为以下几点。

首先,二者的辩论涉及君主或君臣之道乃至国家的起源问题。鲍敬言认为,君主及政府、国家的产生,是由强者、智者通过暴力手段强加给人民的。他说:“夫强者凌弱,则弱者服之矣;智者诈愚,则愚者事之矣。服之,则君臣之道起焉;事之,故力寡之民制焉。”[①]这就是说,君臣之道的起源,乃是由于社会上出现了智愚的差别和强弱的对立,于是产生了君主及“隶属役御”的国家政权。此为君主起源于暴力说。

葛洪认为,君主及国家的起源,并非由“诈愚凌弱”或“以强暴寡”的暴力而起,恰恰相反,君主的产生正是为了避免诈愚凌弱,制止私斗公战而产生的。即是说,暴力、剥削的根本原因,不是君主制度;而君主制度却是暴力剥削的结果。换句话说,凌弱暴寡的社会矛盾在前,君主制度产在后。二者在时序上是有先后的。他说:“贵贱有章,则慕赏畏罚;势齐力均,则争夺靡惮。是以有圣人作,……备物致用,去害兴利,百姓欣戴,奉而尊之,君臣之道,于是乎生,安有诈愚凌弱之理?”[②]

---

① 《外篇·诘鲍》,杨明照:《抱朴子外篇校笺》下册,第493页。

② 《外篇·诘鲍》,第516页。

这就是说，在社会已有等级差别之后，为使社会不致造成混乱，才有圣人出，一方面创造器物，去害兴利；一方面制定礼乐，以避免争夺。葛洪的这种说法，多是依据《易》、《诗》、《书》、《礼》及《孟子》、《荀子》等儒家文献和思想，如《荀子·礼论》说："人生而有欲，欲而不得，则不能无求，求而无度量分界，则不能不争。争则乱，乱则穷。先王恶其乱也，故制礼义以分之，以养人之欲，给人之求，使欲必不穷乎物，物必不屈于欲，两者相持而长，是礼之所起也。"[1]可见，葛洪的君主起源论，基本上源于荀子，即力图从社会物质生活方面说明君主及国家的起源。

第二，关于君主或君臣之道乃至国家的作用问题。鲍敬言认为，既然君主及政府、国家的产生，是由强者、智者通过暴力手段强加给人民的，因此它的作用只能是"肆酷恣欲"、"凌弱暴寡"、"宰割群生"、"荼毒天下"。在他看来，上古社会，"本无尊卑"，然而，"君臣既立，众慝日滋"。君主变本加厉地盘剥压迫，使人民"攘臂乎桎梏之间，愁劳于涂炭之中"，"聚敛以夺民财"、"严刑以为坑穽"。由于君主及其政权对人民的压榨，使人民陷于贫困，由此会产生更大的祸乱："民乏衣食，自给已剧，况加赋敛，重以苦役，下不堪命，且冻且饥，冒法斯滥，于是乎在。""劳之不休，夺之无已，田芜仓虚，杼柚之空，食不充口，衣不周身，欲令勿乱，其可得乎！"[2]

这就是说，君主及其政权的作用，不仅不能给人民带来福祉，反而却给人民带来痛苦和灾难。因此，君主、政府，乃至国家与人民的关系，有如獭和鱼、鹰和鸟的关系："夫獭多则鱼扰，鹰众则鸟乱；有司设则百姓困，奉上厚则下民贫。"[3]可见，在鲍敬言看来，君主与民众的关系可谓势不两立，对君主制度采取了全盘否定的态度。

葛洪对上述观点进行了批判。他认为，君主制度不能全盘否定，

---

① 《荀子·礼论》，北京大学《荀子》注释组：《荀子新注》，中华书局，1979年版，第308页。

② 《外篇·诘鲍》，杨明照：《抱朴子外篇校笺》下册，第545页。

③ 《外篇·诘鲍》，第522页。

社会如果无君，会造成更大的混乱：“若人与人争草莱之利，家与家讼巢窟之地，上无治枉之官，下有重类之党，则私斗过于公战，木石锐于干戈。交尸布野，流血绛路。久而无君，噍类尽矣。”[①]这里，葛洪虽然夸大了君主的作用，但其所关注的焦点，乃在于强调社会无君的危害。在他看来，社会如果无君，一切矛盾无法解决，社会秩序便无从谈起，人民的生活也就无法得到保障。故曰“久而无君，噍类尽矣”，即人类如果没有君主，就不能组织成社会，“是以礼制则君安，乐作则刑厝也”。这里的“礼”、“乐”，皆指封建等级制度、道德规范，即荀子所谓的“人道之极”。

葛洪在《诘鲍》篇中，针对鲍敬言《无君论》的观点，逐条给予驳斥。在葛洪看来，租税赋敛、军事外交、禁暴审罚、通译怀远、积谷备荒、彝伦之叙、纠奸惩斝、崇宝贵货、备豫不虞、靖难定祸等等，都需有君主和政府加以组织调整，而一日不可无之。尤其不能因为在一些重大问题上出现偏差，就否定君主乃至国家的作用，并由此主张无君，在葛洪看来，这都是错误和荒谬的。此皆“虑火灾而坏屋室，畏风波而填大川”；“何异负豕而欲无臭，凭河而欲不濡，无辔策而御奔马，弃桅橹而乘轻舟，未见其可也”。[②]“岂可事之有过，而都绝之乎”！“岂可以一蹶之故，而终不行，以桀纣之虐，思乎无主也”？[③]

这里，葛洪强调对事物要考详周密，不可一概而论。他既肯定鲍敬言对社会腐败现象的批评，又指出其全盘否定君主和国家作用的荒谬。他认为，“可以声桀纣之罪”，亦可以“讨无已之欲”，但却不能以偏概全，陷于绝对。比如：“鲍生欲弃甲胄以遏利刃，堕城池以止冲锋，若令甲胄既捐，而利刃不住，城池既坏，而冲锋犹集，公输、墨翟犹不自全，不省吾生计将安出乎？”[④]这即是说，不能因主张和平而全弃武备，

---

① 《外篇·诘鲍》，第 522 页。

② 《外篇·诘鲍》，第 535 页。

③ 《外篇·诘鲍》，第 566 页。

④ 《外篇·诘鲍》，第 577 页。

而应“取法乎《习坎》，备豫于未萌”，“击柝不辍，备于思危”。

因此，关于有君、无君的辩论，葛洪比鲍敬言更具辩证思维，同时也更备理据。他把社会看做是一个有机整体，君与臣、民与君、上与下、尊与卑等等，“邈实若一体之相赖也”，“无所宗统，则君子失所仰”。可以说，这都体现了儒家重视现存秩序、重视君主制度的历史主义传统。

第三，关于历史发展和文明演进之古今优劣问题。鲍敬言的《无君论》对此持一种历史和文明退化的立场，以论证其“古者无君胜于今世”的主张。

葛洪则采取与鲍敬言完全相反的态度，认为历史是发展的，人类文明也是进化的。不仅人类社会是如此，就是自然界及天地宇宙也同样经历了发展进化的过程。他说：“若夫太极混沌，两仪无质，则未若玄黄剖判，七耀垂象，阴阳陶冶，万物群分也。”[①]葛洪此论是针对《无君论》所言“夫混茫以无名为贵”所发，认为宇宙也是经历了从“太极混沌，两仪无质”，向“玄黄剖判，七星垂象”的发展过程。“子若以混冥为美乎？则乾坤不宜分矣；若以无名为高乎？则八卦不当画矣。岂造化有谬，而太昊之闇哉！”[②]

在葛洪看来，宇宙的开辟及万物的化生，体现了宇宙万物正常的进化过程，宇宙不会永远“混冥”，乾坤也不会永远“不分”。因此，若“以混冥为美”或“以无名为高”，即是否认宇宙的发展变化。

不仅自然界有进化过程，人类社会也有其进化过程。远古时期，人兽杂居，巢栖穴窜，茹毛饮血，“入无六亲之尊卑，出无阶级之等威”，“生无栋宇，死无殡葬，川无舟檝之器，陆无车马之用，吞啖毒烈，以至殒毙，疾无医术，枉死无限”。[③] 在葛洪看来，正是由于“后世圣人，改而

① 《外篇·诘鲍》，第513页。
② 《外篇·诘鲍》，第523页。
③ 《外篇·诘鲍》，第526页。

垂之”,备物致用,立功成器,立君臣之道,定尊卑之序,“民到如今,赖其后惠”。然而无君论者,“雅论所尚,唯贵自然”,葛洪反问道:如果以“上古无君无臣”为好,全盘否定社会的进化,难道要把人们拉回到上古时代吗?而上古时代,民知有母而不知有父,难道也要把上古生民的这种自然习性保存到现在吗?他说:“今使子居则反巢穴之陋,死则捐之中野。限水则泳之游之,山行则徒步负戴。弃鼎铉而为生臊之食,废针石而任自然之病。裸以为饰,不用衣裳。逢女为偶,不假行媒。吾子亦将曰不可也。况于无君乎!”[①]这是说,完全回复到上古,这是一条走不通的路。即使是主张复古、盛称无君的《无君论》作者,不但不会同意,而且也做不到。这说明,历史的发展、文化的演进,像一条大河,只能流向大海,而不可能倒流回它的发源地。

葛洪的《诘鲍》篇即是以这种抑古贵今的历史观为武器,批判了《无君论》的历史倒退论。这一思想可以说贯穿了《外篇》的始终,同时也是构成其儒学思想的重要内容之一。因为它涉及魏晋时期儒道两家的自然与名教之辨。道家贵自然,儒家重名教。《无君论》即是以“贵自然”为特征,而《诘鲍》篇正是以反对无君为核心,带有浓厚的重名教色彩。对此,我们应给以更多的研究和关注。

四、葛洪《抱朴子外篇》儒学思想的特点及评价

葛洪《抱朴子外篇》的学术性质,用葛洪自己的话说,“《外篇》言人间得失,世事臧否,属儒家。”《晋书》本传仅用“驳难通释”四个字概括了《外篇》的基本特点。通观《外篇》之言,葛洪的《自叙》及《晋书》本传的概括都是比较符合实际的。其中,“驳难通释”一语,即揭示出《外篇》儒学思想的两个特点:一为“驳难”,二为“通释”。

“驳难”,可理解为今日所谓“批判”。因此可以说,《外篇》儒学思想的最大特点,即批判性。这是贯穿整个《外篇》的一条基线。《外篇》

---

① 《外篇·诘鲍》,第527页。

共五十卷,含五十二篇文章,有些篇名本身即可直接表达出葛洪的批判性,如《酒诫》、《疾谬》、《讥惑》、《刺骄》、《省烦》、《汉过》、《吴失》、《应嘲》、《正郭》、《弹祢》、《诘鲍》等。其余篇名,虽本身看不出批判性质,但其所立论,亦皆有批判之意和驳难之辞。其中贯穿了葛洪对汉晋之际的社会政治、风俗习尚、学风思潮、人物品鉴、处世交友、利害得失及福祸成败、古今存亡等问题的批判精神。可以说,葛洪的儒学思想是在其对汉晋时期世风败坏的批判中建立起来的。或者说,葛洪对社会各种弊端的批判,是其儒学思想确立的直接导因。

如果说,魏晋清谈和玄学的产生,标志汉末名教危机刺激下的学术思想的转型,那么,葛洪《抱朴子外篇》儒学思想的楬櫫,又是对玄学清谈所催生的道德规范解体及社会评价标准的错位与失衡所进行的"匡正"和"纠偏"。这些以儒学思想为正面诉求的"匡正"与"纠偏",都是以批判的姿态出现的。因此,这种批判本身,即体现了《抱朴子外篇》的儒学特征。它为东晋以后,在总结西晋灭亡教训过程中所流行的"清谈误国"思潮和清算独任道家"自然"所导致的价值观错位及扭曲,提供了重新选择儒家应世价值的现实可能性。从这一意义上说,《抱朴子外篇》的儒学思想,虽然还未能建构一个完整、有机的儒学体系,但其批判精神及对汉末至西晋百余年间各种腐败现象的揭露,足以形成结束一个时代或开启一个时代的思想影响力,从而对重新唤起儒学对国家兴亡所固有的期许,多少尽了他所能尽的历史责任。

《抱朴子外篇》的儒学思想的再一个特点,即《晋书》本传所谓的"通释"。尽管对"通释"可以有多种解释,但结合《外篇》的思想内容,我们可以把《外篇》的儒学特点,概括为旁及多通的综合性。这一特点的主要表现,是葛洪在以儒学为主的基础上,对诸子思想的吸收。

如前所述,魏晋之世,由于学术思想的转型和汉末儒家名教的危机,儒家思想失去了两汉四百余年的一元独统地位。这一结果,为先秦诸子之学在魏晋时期的复兴创造了条件,遂使儒、墨、名、法、道各家思想，在新的历史条件下展开了新一轮的思想互动。互动的结果，产生两种基本倾向：一种倾向是以道家为主体吸收儒家思想，形成魏晋玄学。另一种倾向，则是以儒学为主体吸收法家思想，从而形成一种儒学新形态。这一新形态，由于缺少哲学的纯思，未能像玄学那样，建立新体系。但它们却是以批判为武器，不断为自己开辟道路，以维护和坚持儒家的传统价值观。前章所述及的裴頠及本章的葛洪、孙盛、戴逵等，应皆属此类。

就葛洪《抱朴子外篇》的儒学思想来说，他对名、法、墨均有吸收。其中对法家思想的吸收尤其明显，他在《广譬》、《用刑》等篇中，均强调法家刑罚的作用，特别提出"刑为仁佐"的命题。认为"无能纯仁以致治"，"无能废刑以整民"，仁与刑、儒与法二者应有机地结合起来，才能应世治民，使社会保持稳定。在他看来，"若以德教治狡暴，犹以黼黻御剡锋也"；反过来也不行，"以刑罚施平世，是以甲胄升庙堂也"。

由此，他针对晋世薄申、韩而嘉老、庄，弃刑法而贵自然所造成的危害进行了批判："世人薄申、韩之实事，嘉老、庄之诞谈。然而为政莫能错刑杀人者原其死，伤人者赦其罪，所谓土柈瓦胾，无救朝饥者也。道家之言，高则高矣，用之则弊，辽落迂阔，譬犹干将不可以缝线，巨象不可使捕鼠，……若行其言，则当燔桎梏，堕囹圄，罢有司，灭刑书，铸干戈，平城池，散府库，毁符节，撤关梁，掊衡量，膠离朱之目，塞子野之耳。汎然不系，反乎天牧（"牧"，旧本作"放"），不训不营，相忘江湖。朝廷阒尔若无人，民则至死不往来。可得而论，难得而行也。"①

从葛洪在这段材料的引文中亦可看出，他针对的不仅是玄学对礼法的蔑视，更直接批评了以老庄为代表的道家。可见，此时葛洪的儒学思想，已经吸收了法家的刑罚主张，即纳刑罚于儒学之中，使儒学的外延有所增加。不仅如此，葛洪还从儒家经典中寻找刑罚为儒家本有之义之根据，如"明罚用狱，著于《噬嗑》，系以徽纆，存乎《习坎》"、

① 《外篇·用刑》，杨明照：《抱朴子外篇校笺》上册，第361—362页。

“《易》称‘明罚敕法’,《书》有‘哀矜折狱’”等等,皆属此类。

葛洪对诸子的态度,正如其《尚博》篇所言,“虽津涂殊关,而进德同归;虽离于举趾,而合于兴化”,“百家之言,与善一揆”也。葛洪对诸子思想的吸收,扩大了儒学的视野,此为魏晋南北朝时期儒学所共有的特点,葛洪只是开其端而已。当然这也是葛洪在其《自叙》中所谓“竟不成纯儒”的原因之一。可以说,在魏晋南北朝多元思想的激荡中,“纯儒”已经失去了其自身存在的条件,只有“或因或革,损益怀善”,旁及诸子,综合吸收,方可长足而应世,《抱朴子外篇》的儒学思想即有此特点。

葛洪儒学思想的第三个特点,可谓“曲引远喻”、“无伤正言”。这一特点,涉及《抱朴子外篇》的写作方法或曰逻辑形式问题。有论者认为,《抱朴子外篇》在语言表达形式或写作体制上有显著的辞赋风格,“把连珠体作为主要形式来应用,以表达思想,我们说,这是葛洪在逻辑方面的形式。或是,葛洪并没有称之为‘连珠’,只是以《博喻》、《广譬》名篇而已,……因为他的这种形式逻辑是他进行理论诡辩的主要方法,实际上我们只要仔细分析他的前提和结论,他的论式常是谬误的”。[①] 论者的这一说法,是有待商榷的。我们承认《抱朴子外篇》在语言表达形式上,确如论者指出的“有辞赋风格”,且某些篇章如《博喻》、《广譬》也确与连珠体相类。但不能因文章体裁之不同,而否定其表达的内容。更不能因内容观点不符合论者口味,反过来又否定其文体。论者既然肯定“近人译形式逻辑的三段论式为连珠”,又肯定葛洪论式为连珠体,怎么能得出“他的论式常是谬误”的呢?说“他的论式是谬误的”,按照三段论式的逻辑,也必然得出三段论式也是谬误的结论,这本身即违背了三段论式的逻辑。

实际上,论者是想通过否定葛洪的文章体裁或论说形式,而否定葛洪用这种论说形式所表达的思想内容。绕了一个大弯,结果自己却

---

① 见侯外庐:《中国思想通史》第三卷,人民出版社1957年版,第332—333页。

犯了逻辑错误。连珠体只是中国古代的一种文体，它本身是不能被否定的，正如诗、词、曲、赋等不同文体本身不能被否定一样。文体本身不能被否定，而它所表达的思想内容却可以有高下深浅的区别。那么，葛洪用连珠体表达的思想内容如何呢？我们可以举一个被论者判定为谬误或诡辩的连珠论式中的内容为例："天秩有不迁之常尊，无礼犯遄死之重刺，是以玄洲之禽兽，虽能言而不得厕贵性，蛩蛩之负蹷，虽寄命而不得为仁义。"[①]

葛洪的这段话，即使如论者所说为连珠体，但并不影响其对思想内容的表达。这段话所包涵的思想信息可谓既丰富又深刻，它没有受到所谓连珠体的写作形式的束缚，明确地表达了儒家所一贯主张的以礼义道德作为"人禽之辨"的判别标准。[②] 葛洪《抱朴子外篇》的写作形式，正表现了葛洪儒学思想的特点。他改变了以往儒家学者直接援引儒家经典进行论述的"语言常式"，而采取了一种具有辞赋风格的"曲引"或"暗引"、"远喻"或"广譬"的写作风格。虽然不直接引用六经之文或其他儒家经典，但在其"曲引远喻"中，却几乎处处有典，出处有自，词旨辨博，饶有名理，言皆率实，杜绝嘲戏，此盖文章之要也。刘勰《文心雕龙》已论之甚详。他说："文虽杂而有质，色虽糅而有本，此立赋之大体也"；"夫文小易周，思闲可赡。足使义明而词净，事圆而音泽，磊磊自转，可称珠耳"；"凡说之要，必使时利而义贞，进有契于成务，退不阻于荣身。自非谲敌，则唯忠与信。披肝胆以献主，飞文敏以济辞，此说之本也。"[③]

刘勰上述文字，分别论述了辞赋、包括连珠体在内的杂文、论说等文体形式与内容的关系。以此衡量《抱朴子外篇》的论说形式与其内容的关系，应该说是比较符合《文心雕龙》所确立的标准。只要言之有

---

① 《外篇·博喻》，杨明照：《抱朴子外篇校笺》下册，第 252 页。

② 详见本节三(一)对"夫唯无礼，不厕贵性"的分析和论述。

③ 上述三段引文，分别引自刘勰《文心雕龙》《诠赋》、《杂文》、《论说》，见叶朗主编《中国历代美学文库·魏晋南北朝卷下》，高等教育出版社 2003 年版，第 95、119、141 页。

物，就不能因(文)体而废言。“进于道的诗”，尚可以“用负的方法讲形上学”[1]，更何况像《抱朴子外篇》用赋体或连珠体正面表述儒家思想，是不应该受到非难的。再说，《抱朴子外篇》的写作形式或体裁，大体上是杂文而非赋体。即使个别篇章有赋体或连珠体风格，但也是“精义曲隐，无伤其正言，微辞婉晦，不害其体要”。其“正言”、“体要”所表达的内容也正是《抱朴子外篇》的儒学思想。

第三节　孙盛的儒学思想及其对道、玄的批判

孙盛(约303—375)字安国，太原中都(今山西省平遥县东北)人。据《晋书》本传载，孙盛的祖父孙楚，曾为冯翊太守，父恂曾为颍川太守。“盛年十岁，避难渡江”。由此推知，孙盛约生于永嘉之乱前十年，即惠帝太安二年(303)前后。据《晋书》本传载，孙盛在其史学著作中直笔恒温“枋头之役”的失败，遭桓温威胁。盛子清删改之，孙盛大怒云云。“枋头之役”发生于太和四年(369)，此时孙盛犹在，可知其卒年必在“枋头之役”后，与上述推算相符。孙盛起家为佐著作郎。以家贫亲老，求为小邑，出补浏阳令。曾先后为陶侃、庾亮、庾翼、桓温的咨议参军。穆帝永和二年(346)，孙盛随桓温伐蜀。蜀平，畅爵安怀县侯，累迁桓温从事中郎，出补长沙太守。后因讽喻桓温，温怒，“复遣从事重案之，赃私狼籍，槛车收盛到州，捨而不罪”，并累迁秘书监，加给事中。

与“善谈名理”、“瞻于论难”的裴頠一样，孙盛生活在东晋的前期与中期，受到玄学方法论的影响，因此也用玄学语言和“辩名析理”的方法，与玄学思潮相抗衡。《晋书》本传说他“……及长，博学，善言名理。

---

① 见冯友兰:《新知言·论诗》,《三松堂全集》第五卷,河南人民出版社2000年版,第232页。

于时殷浩擅名一时，与抗论者，惟盛而已”。《世说新语·文学》注引南朝宋檀道鸾的《续晋阳秋》也说，孙盛善理义，时中军将军殷浩擅名一时，能与剧谈相抗者，唯盛而已。据《晋书》本传载“盛尝诣浩谈论，对食，奋掷尘尾，毛悉落饭中，食冷而复暖者数四，至暮忘餐，理竟不定”。孙盛不仅用玄学语言及方法，而且也用“尘尾”，说明他已经完全适应了当时的玄谈形式，但却不是玄学家。他以玄谈的形式，阐发儒学的内容，反映了两晋南北朝时期儒学的发展及其表现形态的改变，同时也反映了儒学的适应能力。

孙盛是东晋著名的儒家学者、思想家和史学家。他经史兼通，笃学不倦，自少至老，手不释卷。在《通典》、《宋书·礼志》等书中均保存有孙盛关于经学议论的部分佚文。《隋书·经籍志》史部编年类著录孙盛《魏氏春秋》二十卷，《晋阳秋》三十二卷；别集类著录《孙盛集》十卷。这些著作大部分已亡佚。其佚文多保留在《艺文类聚》、《太平御览》、《弘明集》、《广弘明集》及《三国志》裴松之注中。在保存下来的佚文中，有《老聃非大贤论》、《老子疑问反讯》、《致罗君章书》、《易象妙于见形论》、《评王弼易注》以及许多史评的材料。这些材料基本上可以反映出孙盛对当时流行的老庄道家思想、玄学思潮以及佛教的神不灭论所持的批评态度。从这些批评中可以显现他的儒家立场和儒学观点。

一、对老庄道家的批评

魏晋以来，由于玄学思潮的兴起，玄学家大力提倡老庄道家之学，引起思想学术界的混乱，于是出现了关于“孔老高下”、“儒道同异”、“圣人标准”、“成圣成贤”等一系列问题的辩论。玄学家虽然提倡老庄，但对儒学中的礼乐教化思想及典章制度又不能骤然放弃，故开始出现“儒道合一”的倾向。这种儒道调和论明显地表现在王弼、向秀、郭象等玄学家的思想体系中。孙盛作为一个典型的儒家学者，似乎不同意儒道互为表里的看法。他严厉地批评道家，尤其批评老子和庄子，反对当时流行的儒道调和论。他在《老子疑问反讯》中说：

或问老庄所以故发此唱，盖与圣教相为表里，其于陶物明训，其归一他。盛以为不然。夫圣人之道，广大悉备，犹日月悬天，有何不照者哉？老氏之言，皆驳于六经矣。宁复有所愆之，俟佐助于聃周乎！即庄周所谓"日月出矣，而爝火不熄"者也。至于虚诞谲怪矫诡之言，尚拘滞于一方，而横称不经之奇词也。[①]

孙盛认为，老庄之言"皆驳于六经"，故道家思想非圣人之论。在他看来，即使在某些方面，道家之学对儒家之经有所推衍，也不过是为我所用。这对儒学来说，好比在光天化日之下举火照明一样，完全是多余的。更何况那些"虚诞谲怪矫诡之言"，远离圣教，简直就是荒诞不经的奇词怪说（"横称不经之奇词也"）。

为了区别孔老、儒道的不同，孙盛著《老聃非大贤论》（《广弘明集》作《圣贤同轨老聃非大贤论》）以释其异。他说：

夫大圣乘时，故迹浪于所因，大贤次微，故与大圣而舒卷。所因不同，故有揖让与干戈。迹乖次，微道亚，故行藏之轨莫异。……大贤庶几，观象知器，预袭吉凶，是以运形斯同，御治因应，对接群方，终保元吉。……至于中贤，第三之人，去圣有间，故冥体之道，未尽自然，运用自不得玄同。然希古存胜，高想顿足，仰慕淳风，专咏至虚。故有栖峙林壑，若巢许之伦者，言行抗辔，如老彭之徒者，亦非故然，理自然也。[②]

这是说，大圣乘时而行，因时而迁，不拘于一方，故其治迹亦随时而变。大贤则稍次于大圣，但以大圣为法，随大圣而进退。因所遇到的客观条件不同，所以才有不同的表现，或揖让，或征伐，或出仕，或归隐。虽然治迹不同，但他们所遵循的规则却是相同的，即均以救世为宜。正因大贤近于大圣（"大贤庶几"），所以能够观象知器，按形势的变化，预

① 孙盛：《老子疑问反讯》，《全晋文》卷六十四，商务印书馆 1999 年版，第 671 页。
② 孙盛：《老聃非大贤论》，《全晋文》卷六十三，第 652—653 页。

测吉凶,从而“御制因应,对接群方”,始终不脱离时代的变化(“时运故也”),故能“终保元吉”。而老庄之徒,常“希古存胜,高想顿足”,仰慕含脯而熙,鼓腹而游的上古淳风,专以至虚为道,拘滞一方,不懂得唯变所适,应时当务。所以老聃既非大圣,又非大贤,顶多为“中贤第三”之流。

在此文中,孙盛也批评了裴颜的崇有论。以为“尚无既失之矣,崇有亦未为得也”。认为裴颜的错误乃在于“以见偏抗之辞,不复寻因应之适,睹矫诳之论,不复悟过直之失”。即认为裴颜有“矫枉过直”的毛病。但孙盛此文的重点还在于批评玄学贵无论和道家老子之说,如他说:

> 按老子之作……,其诡乎圣教者,是远救世之宜,违明道若昧之义也。六经何尝阙虚静之训、谦冲之诲哉?孔子曰:“述而不作,信而好古,窃比于我老彭。”寻斯旨也,则老彭之道,以笼罩乎圣教之内矣。且指说二事而已,非实言也。何以明之?圣人渊寂,何不好哉?又三皇五帝已下,靡不制作,是故易象经坟,烂然炳著,栋宇衣裳,与时而兴,……且颜孔不以导养为事,而老彭养之;孔颜同乎斯人,而老彭异之。凡斯数者,非(不)亚圣之迹,而其书又往往矛盾……①

这是说,老子或道家的思想,最大的问题是逃避现实(“远救世之宜”),这种错误违背了老子自己所说的“明道若昧”之义。因为在孙盛看来,所谓虚静、谦冲的思想,并非老子发明,它早已“笼罩乎圣教之内”。因此问题不在于道家讲虚静、谦冲。而裴颜把批评的重点放在道家的虚静上,没有抓住道家的要害。孙盛认为,老子“远救世之宜”的主要表现:一方面是一味地强调垂拱无为,不务制作,把虚静、谦冲绝对化;另一方面是“以导养为事”,“异乎斯人”。这实际上又是对东晋以来鼓吹

---

① 《老聃非大贤论》,第653页。

肉体成仙的道教之批评。西晋道士王浮曾作《老子化胡经》，宣扬老聃西游教化佛徒，以与佛教争正统，实际上宣扬了道教的神仙思想。

孙盛借此批评老子“远救世之宜”和违背圣教。他认为，所谓老子西游化胡之说，是一种自相矛盾的说法。因为按照儒家的教化观念，“圣人之教，自近及远”。老子既有“宣导殊类”之心，就应首先敷训诸夏。诸夏尚未教化好，而舍近求远，可知老聃西游，非关圣教。如果说老子西游是为了避祸归隐，亦违背儒家的“行藏之轨”。在孙盛看来，“惧祸避地，则圣门可隐，商朝鲁邦有无如者矣”，何必背井离乡，远走“戎貊之地”？其实这些都是托辞而已，说明老子对当时的社会并没有真正了解，因此对自然、社会、人生均“未得其道”，遂使其“行藏”（即“宣教”与“归隐”）违背圣人之旨，在此也就更谈不上什么朝隐而神仙了（“得无庶几于朝隐而神仙之徒乎”）。

孙盛揭露了老子西游之说的矛盾，目的在于说明老子并不是一位“体道者”，从而贬低道家的地位，亵渎道教的权威，打击玄学的流行，以恢复儒学的正统地位。这一立场亦表现在《老子疑问反讯》中。如他批评老子既讲“绝学无忧”，又讲“吾将以为教父”，对此他揭露说：

> 原斯谈也，未为绝学。所云绝者，尧孔之学邪？尧孔之学，随时设教；老氏之言，一其所尚。随时设教，所以道通百代，一其所尚，不得不滞于适变。此又暗弊所未能通者也。[①]

他批评老子“礼者，忠信之薄而乱之首”说：

> 老聃足知圣人礼乐非玄胜之具，不获已而制作耳，而故毁之何哉？是故屏拨礼学，以全其自然之论，岂不知叔末不复得返自然之道，直欲伸己好之怀。然则不免情于所悦，非浪心救物者也。非唯不救，乃奖其弊矣。[②]

① 孙盛：《老子疑问反讯》，《全晋文》卷六十四，第669页。

② 《老子疑问反讯》，第670页。

他又批评老子“绝圣弃智,民利百倍”说:

> 夫有仁圣,必有仁圣之德迹。此而不崇,刚陶训焉融?仁义不尚,则孝慈道丧。老氏既云绝圣,而每章辄称圣人。既称圣人,则迹焉能得绝?若所欲绝者,绝尧、舜、周、孔之迹,则所称圣者,为是何圣之迹乎?①

《老子疑问反讯》从《老子》一书中引出二十余条材料,一一加以批驳,以揭露老子的矛盾和道家思想的虚妄,从而印证“尧孔之学”、“仁圣之迹”的不可废。也就是说,儒家的圣人之道即表现于其推行的治迹中。礼乐典章、仁义孝慈等等都是圣人治迹的一部分。离开仁义孝慈之迹,就无所谓圣人之道。因此老庄道家及魏晋玄学“屏拨礼学”,“一其所尚”,必然“滞于适变”,此“非浪心救物者也”。

由此可知,孙盛批评道家和老子,其理论特点有三:第一,强调“唯变所适”、“大圣乘时”,用《周易》的思想解释《老子》,反对以《老子》思想解释《周易》;第二,强调“道”与“迹”的统一,反对“迹”外求道,即反对脱离形器和治迹,去追求抽象的道;第三,强调“救世之宜”和“浪心救物”,反对脱离人群,“异乎斯人”。

二、对玄学易论的批评

孙盛批评道家的目的,在于挖掘玄学的根源。因此,他的批评没有停留在道家身上,而是进一步批评玄学。但他对玄学的批评又多从具体问题上下手,而非一般的泛论,这也是他对裴頠崇有论不满意的原因之一。他在《老聃非大贤论》和《老子疑问反讯》两文中,都间接地批评了玄学。如他批评老庄“绝仁弃义,民复孝慈”说:

> 若如此谈,仁义不绝,则不孝不慈矣。……若谓不圣之圣,不仁之仁,则教所诛,不假高唱矣。逮至庄周云:“圣人不死,大盗不

① 《老子疑问反讯》,第669页。

> 止。”又曰：“田常窃仁义以取齐国。”夫天地陶铸，善恶兼育，各禀自然，理不相关。枭鸩纵毒，不假学于鸾凤；豺虎肆害，不借术于麒麟。此皆天质自然，不须外物者也。……而庄、李（指老子）掊击杀根，毁驳正训，何异疾盗贼而销铸干戈，睹食噎而绝弃嘉谷乎？后之谈者，虽曲为其义，辩而释之，莫不艰屯于杀圣，困踬于忘亲也。[①]

这里所谓“后之谈者”，即指魏晋时期的玄学家，尤其是指王弼的《老子注》。王弼推衍老子学说，以为“父子兄弟，怀情失直，孝不任诚，慈不任实，盖显名行之所招也。患俗薄而名兴行，崇仁义，愈致斯伪。况术之贱此者乎！故绝仁弃义以复孝慈，未渠弘也”。[②] 孙盛认为，玄学家通过对老子学说的解释，进一步发挥了道家绝仁弃义的“诡辞奇说”，企图弃绝儒家的“尧舜周孔之迹”，这都是“杀圣”、“忘亲”、背弃礼法的行为。

孙盛批评玄学，还明显地表现在他对《周易》的看法上，魏晋时期，由于玄学派易学的兴起和流行，大部分玄学家都通过《周易》一书阐发其玄学观点，如王弼作《周易注》及《周易略例》，皆援《老》入《易》。其著名的“大衍义”，即以道家思想解释《系辞传》。王弼说：“演天地之数，所赖者五十也。其用四十有九，则其一不用也。不用而用以之通，非数而数以之成，斯《易》之太极也。四十有九，数之极也。夫无不可以无明，必因于有，故常于有物之极，而必明其所由之宗也。”[③]这里，王弼用“一”与“多”、“有”与“无”的关系说明《系辞传》“大衍之数五十，其用四十有九，其一不用也……”这句话。《系辞传》的这段话本是讲筮法的，并无义理可言。但王弼运用老子的有无之义，对这段话作了新的解释，使之具有以无为本的本体论含义。这是王弼用老庄解释《周

---

① 《老子疑问反讯》，第 670 页。

② 王弼：《老子指略》，楼宇烈：《王弼集校释》上册，中华书局 1980 年版，第 199 页。

③ 王弼：《周易大衍义》，《王弼集校释》上册，第 547—548 页。

易》的最明显例证。东晋时期的韩康伯则进一步发挥王弼“以一为宗”的思想,用以解释《系辞传》的传文。玄学家的这些说法,遭到儒家学者的反对。

在孙盛之前,早有管辂、纪瞻等人,站在儒家立场反对玄学家以老庄观点解易。如管辂批评何晏易学说:“若欲差次老庄而参爻象,爱微辩而兴浮藻,可谓射侯之巧,非能破秋毫之妙也”;[①]“故说老庄则巧而多华,说易生义则美而多伪。华则道浮,伪则神虚”。[②] 孙盛继承了这一传统,他亦站在儒家立场,反对以老庄玄学观点解易。他批评王弼易学说:

> 易之为书,穷神知化,非天下之至精,其孰能与于此。世之注解,殆皆妄也。况弼(王弼)以附会之辩,而欲笼统玄旨者乎?故其叙浮义则丽辞溢目,造阴阳则妙赜无间,至于六爻变化,群象所效,日时岁月,五气相推,弼皆摈落,多所不关。虽有可观者焉,恐将泥夫大道。[③]

孙盛认为,王弼注易的偏失,在于完全排除汉易的传统,使儒学的易理变成笼统玄虚的老庄之论,这是牵强附会地以老庄解易所造成的必然结果。此亦管辂批评何晏“差次老庄而参爻象,爱微辩而兴浮藻”之谓。何、王用老庄观点解易的最大特点,在于以“取义说”反对汉代以来流行的“取象说”和“卦气说”,主张“象之所生,生于义也”。即认为先有某卦之卦义,方有某卦所取之物象。如王弼说:“夫易者,象也。象之所生,生于义也。有斯义,然后明之以其物,故以龙叙乾,以马明坤,随其事义而取象焉。”[④]王弼“随其义而取象”的说法,是把卦义摆在第一位,而卦象则服务于卦义,也即是把《周易》中的义理看成是存在

---

① 见《三国志·管辂传》裴注引《辂别传》,第 820 页。

② 《三国志·管辂传》,第 821 页。

③ 《三国志·钟会传》注引,第 796 页。

④ 王弼:《周易·乾·文言注》,楼宇烈:《王弼集校释》上册,中华书局 1980 年版,第 215 页。

于像数背后的超经验的抽象原则，从而得出“以无为本”的玄学结论。同时，按着这一原则，又可灵活解释儒家的经典，而不受经文的限制，这本是魏晋经学的一大变革。孙盛则是站在传统经学的立场，加以反驳，反映了孙盛儒学立场的保守性。

孙盛与玄学家的易论相反，不排斥取象说和卦气说，认为爻象的变化，体现了事物的变化，因此，事物及其变化之道皆显现于卦爻象及其所取物象之中，二者不能截然分开，此即“六爻变化，群象所效，日时岁月，五气相推”。孙盛认为，如果照王弼等玄学家的看法，把事物及其变化之道从卦爻象和所取物象中分离出来，就违背了《易经》“穷神如化”的道理，“恐将泥夫大道”。

孙盛的上述观点，在与东晋玄学家的辩论中有更明显的表现。《世说新语·文学》记载这一辩论的情况说：

> 殷中军（殷浩）、孙安国（孙盛）、王（王濛）、谢（谢尚）能言诸贤，悉在会稽王（简文帝司马昱）所。殷与孙共论“易象妙于见形”。孙语道合，意气干云。一坐咸不安孙理，而辞不能屈。会稽王慨然叹曰：“使真长（刘惔）来，故应有以制彼。”既迎真长，孙意已不如。……刘便作二百许语，辞难简切，孙理遂屈。[①]

殷浩、王濛、谢尚、刘惔都是东晋著名玄学家，为当时清谈宗祖，风流所归。殷浩“识度清远，弱冠有美名，尤善玄言，与叔父融，俱好老易”。[②]王濛“有风流美誉，……时人以为达。……能言理，辞简而有会”。[③]谢尚“脱略细行，不为流俗之事，司徒王导深器之，比之王戎”。[④]刘惔“少清远，有标奇，……尤好老庄，任自然趣”。[⑤]孙盛与殷浩论易，“一坐咸不安孙理”，即在座的玄学家都不同意孙盛的观点，但辞又“不能屈”，

---

① 《世说新语·文学》，余嘉锡：《世说新语笺疏》，中华书局1983年版，第238页。

② 《晋书·殷浩传》。

③ 《晋书·王濛传》。

④ 《晋书·谢尚传》。

⑤ 《晋书·刘惔传》。

于是又请刘惔与之辩论。可见孙盛与当时玄学家的易论在观点上有很大的不同。《晋书·孙盛传》、《刘惔传》均称孙盛著有《易象妙于见形论》。但其论不见《隋志》著录。刘孝标在《世说新语·文学》"殷与孙共论易象妙于见形"下注解说：

> 其论略曰：圣人知观器不足以达变，故表圆应于蓍龟。圆应不可为典要，故寄妙迹于六爻。六爻周流，唯化所适，故虽一画而吉凶并彰，微一则失之矣。拟器托象，而庆咎交著，系器则失之矣。故设八卦者，盖缘化之影迹也；天下者，寄见之一形也。圆影备未备之象，一形兼未形之形。故尽二仪之道，不与乾坤齐妙；风雨之变，不与巽坎同体矣。①

马国翰《玉函山房辑佚书》认为，这段话就是孙盛的《易象妙于见形论》的佚文。台湾学者黄庆萱在其《魏晋南北朝易学书考佚》中，亦把此文归为孙盛的易论。这一看法，可能有较大的偏差。第一，《世说·文学》说"殷与孙共论易象妙于见形"，可知殷浩与孙盛是就同一个问题而展开辩论，因此不能从题目上区分殷浩与孙盛的观点；第二，刘孝标注引这段话时，虽然没有明确说明此论作者是谁，但按着文言语法的一般惯例，此文应是殷浩的易象论，而非孙盛的观点；第三，严可均《全晋文》即注意到这一点，故认为此文是殷浩的易象论，而没有把它放在孙盛的佚文中；第四，也是最重要的一点，即从此文的内容看，与孙盛批评王弼易论及其在《老聃非大贤论》、《老子疑问反讯》中所强调的"六爻变化，群象所效"、"大贤庶几，观象知器"的"道器统一"观点不符。

由上述四点，我们可以推断，刘孝标所引，正是殷浩的《易象妙于见形论》，而孙盛的《易象妙于见形论》亡佚。虽然孙论不可详考，但由于殷论犹在，且知二者曾展开过辩论，其观点必然与殷论有诸多不同之处，因此可以从殷论的反面意义来窥测孙盛的观点。

---

① 《世说新语·文学》，余嘉锡：《世说新语笺疏》，第283页。

就刘孝标所引殷浩易论，其主要观点在于强调："观器不足以达变"，蓍龟不如六爻，而六爻不执于一事一物，故可寄万物之妙迹；系器则泥于一事一物，故不能达万事万物的变化。也就是说，通过物象和形器还不足以了解事物变化之道，所以又用蓍龟以补不足，但蓍龟的兆、数变化无常（"不可为典要"），故用六爻来寄寓万事万物变化的妙迹。在殷浩看来，如果看不到一爻之象所代表的不同意义，就不能得到变化之理；如果拘泥于一卦之象，同样也不能了解变化之道。此即"微一则失之矣"，"系器则失之矣"。由此可知，殷浩与王弼、韩康伯等人的易论同属魏晋时期义理学派的范畴，是通过象、义、道、器等易学概念，阐发"托象明义"、"尊道贱器"的理论，从而最后得出"圆影备未备之象，一形象未形之形"的玄学结论。

若从上述殷浩观点的反面意义上来了解孙盛的思想，则必然是对殷浩"观器不足以达变"，"一形兼未形之形"等玄学观点的反对。即是说，孙盛不赞成"象外求道"，认为《周易》所讲之道，即存在于卦爻象及其所取物象之中，卦爻象是有形的，因此不能舍有形而求无形之道，此即孙盛"易象妙于见形"与殷浩"易象妙于见形"之别。这也是孙盛在《老子疑问反讯》中，反对脱离圣人之迹而求圣人之道观点的进一步发展。正因如此，孙盛在与殷浩的辩论中，在座的玄学家都不赞成孙盛的观点（"一坐咸不安孙理"）。

三、《致罗君章书》的反佛倾向和儒家人文主义

东晋时期，佛教借助于道家思想和玄学思潮，开始在中国广泛流行。据《开元录》载，东晋时期（包括北方的后秦、西秦、前凉、北凉）共译经一千七百余卷，其中包括当时传播甚广的鸠摩罗什重译的《般若经》的大小品、解释《般若经》的《大智度论》及龙树的《中论》、提婆的《百论》等大小乘经论。随着儒家学者对道家及玄学思潮的批评，佛教思想的流行亦引起儒学者的注意，遂出现佛教思想与中国本土文化的矛盾与冲突。这一冲突表现在思想文化的各个层面，而在理论上则突

出表现为形神、空有、自然与因果、入世与出世等问题。佛教追求“涅槃”的彼岸世界,因此主张“神不灭论”和“三世轮回”、“因果报应”等思想,这与儒家的人文主义传统有较大冲突。故在东晋儒家阵营中,孙盛与戴逵首先提出反对意见,揭开了魏晋时期儒佛之争的序幕。

《致罗君章书》是孙盛与罗含辩论形神关系的一篇文章。罗含,字君章,桂阳来阳人(《世说》注引《罗含别传》为桂阳枣阳人)。官至宜都太守,郎中令,迁散骑常侍、侍中,转廷尉、长沙相。《晋书》本传称:“太守谢尚与含方外之好。”谢尚为晋世族,世代与佛教僧徒交往甚密。所谓“方外之好”,盖指二人皆信仰佛教而言。《本传》又说罗含为桓玄州别驾时,以廨舍谊扰,于城西池小洲上立茅屋,伐木为床,织苇为席,布衣蔬食,晏如也。其避世之心可知。罗含既有避世之心,又与谢尚结“方外之好”,其所著《更生论》一文,又含有佛教神不灭思想,故说他也信仰佛教并受佛教思想的影响盖不成问题。孙盛《致罗君章书》即是针对罗含《更生论》中的神不灭思想而发。

罗含在《更生论》中认为,世间的人与物都各有自己的“定数”。虽然“聚散、隐显”变化不已,但不会被消灭,它们永远“环转于无穷之途”。因此他认为“天地虽大,浑而不乱;万物虽众,区已别矣。各自其本,祖宗有序,本支百世,不失其旧”。[①] 这就叫做“更生”。在他看来,人与物正是在这种无究的“环绕”中,“还复其物”、“与运泯复”,并且“自然贯次,毫分不差”。由此可以看出,罗含用玄学本体论的语言和方法,论证了佛教的轮回思想。肉体的死亡,是可以靠感性经验来证明,而灵魂的存在与否却很难用感性经验来说明。既然认为人与物可以“环转于无穷之途”,那么,这一“环转”者,必然是灵魂。因为在罗含看来,灵魂是摸不着、看不见的超感性、超经验的东西,所以佛教便以“灵魂不灭”作为“环转”、“轮回”的承担者。罗含即是以“灵魂不灭”来论证“肉体可以更生”。他认为,人的生死不过是“神”与“质(肉体)”的

---

① 罗含:《更生论》,《全晋文》卷一百三十一,第1409页。

"离合之变"。他说:"神之与质,自然之偶也,偶有离合,死生之变化也。"[①]这就是说,人的精神与人的形体是两个独立的实体,它们有时相合,有时相离,合则为聚为显,离则为散为隐,因此人的生死就是肉体与精神的离合、聚散、隐显。他认为,一般人"皆悲合之必离",生则必死,而不知"散之必聚",死则可以更生的道理。罗含"神质相偶"、"神质冥期"的思想与佛教的神不灭基本一致,可以说罗含的更生论是东晋佛教盛行的产物。

孙盛针对罗含的上述思想,提出了"形既粉散,知亦如之"的神灭论命题,以驳斥罗含的《更生论》。他在《致罗君章书》中说:

> 省《更生论》,括囊变化,穷寻聚散,思理既佳,又指味辞致亦快,是好论也。然吾意犹有同异。以今万物化为异形者,不可胜数,应理不失,但隐显有年载。然今万化犹应多少,有还得形者无?缘尽当须冥远,耳目不复开逐,然后乃复其本也。吾谓形既粉散,知亦如之,纷错混淆,化为异物,他物各失其旧,非复昔日,此有情者所以悲叹。若然,则足下未可孤以自慰也。[②]

这就是说,如果认为人物变化,"各有其往,往有本分,故复有常物",那么,古今往来,万化无穷,究竟有谁"还得形者"?也即是说,没有哪一个人,死后复得更生,还得其形。在孙盛看来,所谓"更生复本",是感性经验所无法证明的,因此认为,"形既粉散,知亦知之"。即是说,形体既然死亡粉散。那么"神"也就与形体一起归于消亡。形体消亡后,一旦转化为异物(现代所谓物理的或化学变化),使失去原来的本质,即"物各失其旧,非复昔日"。因此决不可能再更生复本,"还复其物"。孙盛认为,正因人死不再复生,所以有情者常常悲叹死亡。孙盛的这封信言简意赅,对生死、形神问题虽然没有展开更多的议论,但其"形

① 《更生论》,《全晋文》卷一百三十一,第1409页。
② 孙盛:《与罗君章书》,《全晋文》卷六十三,第652页。

既粉散,知亦如之”的神灭观点,却极为鲜明,表现了“未知生焉知死”的传统儒家精神。

我们在第一章中谈到,中国儒学,从其创立时期起,一直到魏晋南北朝的儒家学者,始终对社会、人生抱极大的关注,因此,对宗教所宣扬的彼岸世界、天堂、地狱等观念缺乏热情。表现了一种关心现世的人文主义传统。孙盛的上述言论即是这一传统的体现。同时,他的人文思想还表现在他的史学著作中。

据《三国志·吴书·吴主传》载,孙权晚年崇尚巫术,迷信鬼神,“初临海罗阳县有神,自称王表。周旋民间,语言饮食,与人无异,然不见其形”。孙权闻之后,专门派人“斋辅国将军罗阳王印绶迎表”,并为之立馆舍,备酒食,听其说水旱灾异之事。孙盛对此批评说:

> 盛闻国将兴,听于民;国将亡,听于神。权年老志衰,谗臣在侧,废嫡立庶,以妾为妻,可谓多凉德矣。而伪设符命,求福妖邪,将亡之兆,不亦显乎![①]

又据同书《赵达传》载,河南有赵达者,能逆占天象,“谓东南有王者气,可以避难,故脱身渡江”。又能“治九宫一算之术”,“究其微旨,对问若神,至计飞蝗,射隐伏,无不中效”。孙权行师征伐,“每令达有所推步,有如其言”。孙盛对此亦持批评态度。他说:

> 夫玄览未然,逆鉴来事,虽裨灶、梓慎其犹病诸,况术之下此者乎?《吴史》书达知东南当有王气,故经举济江。魏承汉绪,受命中畿,达不能豫睹兆萌,而流窜吴越,又不知吝术之鄙,见薄于时,安在其能逆睹天道而审帝王之符瑞哉?……流俗好异,妄设神奇,不幸之中,仲尼所弃,是以君子志其大者,无所取诸。[②]、

上述两条材料,都明显反映出孙盛的儒家人文思想。他认为,孙权迷

---

① 《三国志·吴书·吴主传》裴松之注引,第1148页。

② 《三国志·吴书·赵达传》裴松之注引,第1426页。

信鬼神，伪设符命并不能挽救吴国的灭亡。一个国家的兴衰是由其政治、道德决定的，与鬼神、符命没有关系。而赵达以“吝术之鄙”，逆占天道，妄设神奇，更是违背历史事实，即使有时不幸而言中，也只是偶然的巧合，并不能说明符瑞迷信的灵验，也不能“玄览未然，逆鉴来事”，故为“仲尼所弃”。孙盛以春秋以来的人文主义传统和无神论精神驳斥了宗教神学及方士的虚妄迷信，这是魏晋南北朝儒学发展中的宝贵因素。

四、史评中的儒学观念

中国的早期史学，本为经学的一部分，如《尚书》、《春秋》、《左传》等。既属经学，又属史学，故后人有“六经皆史”的说法。由于儒家讲习诗、书、礼、乐，所以形成以诗书礼乐精神评断历史的儒学传统。司马迁作《史记》，即以《春秋》为法，故称“《春秋》采善贬恶，推三代之德”，“《春秋》者，礼义之大宗也”。[1] 这种史学中的儒学传统，是造成中国古代多数史学家大都是儒家的重要原因。

孙盛作为魏晋南北南时期的著名史学家，同样继承了上述传统。在他的史学著作中，完全贯穿了儒家精神。他站在儒家立场，以忠、孝、节、义、仁、礼、贤、德等儒家的重要观念为标准，评论古今得失，褒贬人物臧否，由此构成他的儒学思想的一个重要方面。他评论“法正说先主宜厚许靖”说：

> 夫礼贤崇德，为邦之要道，封墓式闾，先王之令轨，故必以体行英邈，高义盖世，然后可以延视四海，振服群黎。苟非其人，道不虚行。靖处室则友于不穆，出身则受位非所，语信则夷险易心，论识则殆为衅首，安在其可宠先而有以感致者乎？若乃浮虚是崇，偷薄斯荣，则秉直仗义之士，将何以礼义？正务眩惑之术，违

① 司马迁：《史记·太史公自序》。

贵尚之风，譬之郭隗，非其伦矣。[①]

法正是刘备的谋士，许靖是汉末人物品评家，汝南名士，与其从弟许劭知名海内，曾事刘翊、董卓、刘璋。刘备入蜀，“薄靖不用”，法正说曰：“靖之浮称，播流四海，若其不礼，天下之人以是谓主公为贱贤也。宜加敬重，以眩远近，追昔燕王之待郭隗。”[②]在孙盛看来，许靖在“出”、“处”、“信”、“识”等方面的表现均有背儒家的典训。在家“友于不穆”；作官“受位非所”；交友“夷险易心”；论识则“殆为衅首”。法正把这种“虚浮是崇，偷薄斯荣”的人作为典型来礼敬，不仅不能“振服群黎”，反而会使那些真正的贤能之人和忠贞诚信仗义之士疏而远之。孙盛批评法正的做法是“务眩惑之术，违贵尚之风”，不符合儒家“礼贤崇德”之义。

孙盛的这段评论包含了两方面的内容：一是反对法正思想中的权术观念，以为法正明知许靖是“获虚誉而无其实者”，却硬要刘备把他作为贤者加以礼敬，这就违背了儒家“礼贤崇德”的真实意义；二是涉及历史人物的评价标准问题。在孙盛看来，若用儒家仁义礼智信的标准来衡量，许靖还不够贤者的资格。这两点内容，均可反映孙盛的纯儒观念。

这种纯儒的观念，更明显地表现在他对“郤正以姜维为一时仪表”的评论中。据《三国志·蜀书·姜维传》载：蜀臣郤正曾著论论姜维为“一时之仪表”。孙盛评论说：

异哉郤氏之论也！夫士虽百行，操业万殊，至于忠、孝、义、节，百行之冠冕也。姜维策名魏室，而外奔蜀朝，违君徇利，不可谓忠；捐亲苟免，不可谓孝；害加旧邦，不可谓义；败不死难，不可谓节；且德政未敷而疲民以逞，居御侮之任而致敌丧守，于夫智

---

① 《三国志·蜀书·法正传》裴注引，第960页。

② 《三国志·蜀书·法正传》，第959—960页。

> 勇，莫可云也。凡斯六者，维无一焉。……而云人之仪表，斯亦惑矣。[①]

此亦以儒家的忠、孝、节、义、智、勇等德目，为评价历史人物的标准。他在评论“谯周说后主降魏”时说：

> 《春秋》之义，因君死社稷，卿大夫死位，况称天子而可辱于人乎！周（指谯周）谓万乘之君偷生苟免，亡礼希利，要冀微荣，惑矣。[②]

这里孙盛又引《春秋》之义，批评后主刘禅和蜀臣谯周，不能为社稷而死，而“亡礼希利”，“偷生苟免”，实为闇主驽臣。他认为，国家的兴盛与否，主要在于建立稳固的“道德之基”，这比“山水之固”、“合纵连横”都重要得多。在天时、地利、人和的三大因素中，人的因素最为重要，而后主、谯周既放弃地利，又不图人和，“匆匆遽自囚虏”，故导致家亡国破，不亦哀哉？所以他在评论蜀汉政权的联吴政策时说：

> 夫帝王之保，唯道与义。道义既建，虽小可大，殷、周是也。苟任诈力，虽强必败，秦、项是也。况乎居偏鄙之城，恃山水之固，而欲连横万里，永相资赖哉？昔九国建合纵之计，……夫以九国之强，陇汉之大，莫能相救，坐观屠覆，何者？道德之基不固，而强弱之心难一故也。而云“吴不可无蜀，蜀不可无吴”，岂不谄哉！[③]

孙盛对上述史实及人物的评价，无论从古代还是从现代的角度看，都未必恰当，但他所持的儒家立场和儒学观点则表现得十分鲜明。他的史学著作虽然没有保存下来，但从当时及以后史学家对他的征引来看，他的儒家正统史学观对东晋南北朝以后的史学发展，无疑产生了一定的影响。

---

① 《三国志·蜀书·姜维传》裴注引，第1068—1069页。
② 《三国志·蜀书·谯周传》裴注引，第1031—1032页。
③ 《三国志·蜀书·宗预传》裴注引，第1076页。

第四节　戴逵的儒学思想及其对玄、佛的批判

戴逵是东晋中后期著名学者、经学家、雕塑家、画家、无神论者。少博学，好谈论，善属文，工书能琴，兼治各种巧艺，是一位博学多通的艺术家兼思想家。他所生活的东晋中后期，玄学思潮已趋沉寂，而佛教思想崛起。佛道本有相通之处，故此时的玄学余波渐与佛教合流，儒、释、道之间开始了漫长的互动期。

在此背景下，戴逵的思想学术活动，主要表现在两个方面：一是继续总结西晋灭亡的思想教训，从儒家立场批判元康之际的虚无放达之风；二是开始针对佛教的基本教义，展开对佛教轮回、报应等思想的批判。戴逵的儒学思想，正是在这两方面的批判中表现出来的。他虽然没有专门的儒学著作，但其批判玄学放达之风和佛教的因果报应，都是比较自觉地站在儒家立场而立论，对当时及此后的儒学思想发展及儒释道三教的思想互动均产生了不同程度的影响。

戴逵的著作主要有《竹林七贤论》二卷、《集》十卷，但均散佚不存。其佚文有《放达为非道论》、《释疑论》、《答周居士难释疑论》、《与远法师书》、《重与远法师书》等，保存在《广弘明集》、《艺文类聚》等辑佚书中。本节所纪戴逵文字，以严可均《全晋文》为主。

一、戴逵事迹与生年考

戴逵（约336—395）字安道，谯国（今安徽亳县）人。其生平入《晋书·隐逸传》，记载简略。《世说新语·棲逸》注引《续晋阳秋》说："逵不乐当世，以琴书自娱，隐会稽剡山，国子博士徵，辞父疾不就。"[①]孝武帝

① 《世说新语·棲逸》刘注引，第660页。

时，以散骑常侍，国子博士累徵，皆不就。“后王珣为尚书仆射，上疏复请徵为国子祭酒，加散骑常侍，徵之，复不至。”[1]朝廷以其人品学识屡徵，但都遭到戴逵的拒绝，故《世说·雅量》注引《晋安帝纪》说：“逵……少有清操，恬和通任，为刘真长（刘惔）所知。性甚快畅，泰于娱生。好鼓琴，善属文，尤乐游燕，多与高门风流者游，谈者许其通隐。屡辞徵命，遂箸高尚之称。”时有太宰、武陵王晞，闻戴逵善鼓琴，即使人召之。逵破琴而对使者说：“戴安道不为王门伶人。”又有太傅谢安，尝与戴逵论琴书。谢乃名门世族，又居台辅，颇轻戴，“戴既无吝色，而谈琴书愈妙”。这都反映了戴逵不事王侯、不畏权贵的品格。

戴逵不仅是东晋中后朝的著名思想家，而且也是一位多才多艺的艺术家，他“能鼓琴，工书画，其余巧艺靡不毕综”。他曾用鸡卵汁调和白瓦屑，塑东汉大儒郑玄的雕像，并为文而自镌之，词丽器妙，时人莫不惊叹。他的绘画技巧至中年甚精妙，尤工人物、山水，其所画《南都赋图》，深得他的儒学老师范宣欣赏。范本来以绘画为无用，但看了戴逵的作品后，咨嗟不已，“甚以为有益，始重画”。[2] 关于戴逵的思想及其人品，其弟戴逯曾以颜回喻之。戴逯（《晋书·谢玄传》逯作遂）曾从谢玄参加淝水之战，为龙骧将军，骁果多权略，以军功封广信侯，位至大司农。逵历操东山，而逯以武勇显，谢安尝谓逯曰：“卿兄弟志业何殊？”逯曰：“下官不堪其忧，家弟（指载逵）不改其乐。”[3]可见，戴逵的隐逸多带有儒家的色彩。

至于他的儒学思想亦受其老师范宣的影响。范宣是东晋中期大儒，一生闲居屡空，“以清洁自立”。《世说新语·棲逸》说他：“未尝入公门，韩康伯与同载，遂诱俱入郡，范便于车后趋下。”其尚隐遁之情可知。范宣一生隐遁不仕，“加以好学，手不释卷，夜以继日，遂博综众

① 《晋书·戴逵传》，《晋书》卷九十四，中华书局 1974 年版，第 2459 页。
② 见《世说新语·巧艺》，余嘉锡：《世说新语笺疏》，第 719 页。
③ 《世说新语·棲逸》，余嘉锡：《世说新语笺疏》，第 661 页。

书，尤善《三礼》”。[1] 著述有《周易论》、《周易说》、《礼论难》、《礼记音》等。范宣家至贫俭，茅茨不完。庾爰之以宣素贫，厚饷给之，宣拒不受。爰问曰：“君博学通综，何以太儒?”宣答曰：“汉兴，贵经术，至于石渠之论，实以儒为弊。正始以来，世尚《老》、《庄》。逮晋之初，競以裸裎为高。仆诚太儒，‘丘不与易’。”[2]可见，范宣虽隐居不仕，但却以儒学自尊，对魏晋以来所流行的老庄玄学及裸裎放达之风持否定态度。范宣家于豫章，常以讲诵为业，“谯国戴逵等皆闻风宗仰，自远而至，讽诵之声，有若齐、鲁”。[3]《世说新语·巧艺》注引《中兴书》亦说：“逵不远千里，往豫章诣范宣，宣见逵，异之，以兄女妻焉。”清代万斯同在其《儒林宗派》中亦列戴逵于范宣门下，表明戴逵的师授系统及其思想渊源。

戴逵一生不仕，东晋孝武帝太元二十年(395)病卒。但关于其生年，史籍无确载。据《世说新语·识鉴》：“戴安道年十余岁，在瓦官寺画，王长史(王濛)见之曰：‘此童非徒能画，亦终当致名，恨吾老，不见其盛时耳!’”[4]又据《晋书·王濛传》：“濛性和畅，能言理，辞简而有会。及简文帝辅政，益贵幸之，与刘惔号为入室之宾。转司徒左长史。”[5]这就是说，王濛在简文帝辅政时，转司徒左长史。又据《晋书·简文帝纪》，“永和二年，骠骑何充卒，崇德太后诏帝专总万机”。即简文帝辅政在东晋穆帝永和二年(346)。又据《法书要录》卷九载张怀瓘《书断》称：“濛以永和三年卒。”可见，王濛在瓦官寺见戴作画时，必在永和二年或永和三年。而此时戴逵“十余岁”。由此推算，戴逵生年，当在东晋咸康二年或三年(336 或 337)。

又据《晋书·戴逵传》：“太元二十年(395)，皇太子始出东宫，太子太傅会稽王道子、少傅王雅、詹事王珣又上疏曰：‘逵执操贞厉，含味独游，年在耆老，清风弥劭。东宫虚德，式延事外，宜加旌命，以参僚侍。

---

① 《晋书·范宣传》,《晋书》卷九十一，第 2360 页。

②③ 《晋书·范宣传》，第 2360 页。

④ 见余嘉锡：《世说新语笺疏》，第 400 页。

⑤ 《晋书》卷九十二，第 2419 页。

逵既重幽居之操，必以难进为美，宜下所在备礼发遣。'会病卒。”[1]古代以六十岁为耆，如《礼记·曲礼上》：“六十日耆。”由此亦可知，戴逵卒时恰适六十岁（年在耆老）。由此上推，戴逵当生于东晋咸康二年（336）而非咸康三年。此与《王濛传》、《世说新语·识鉴篇》及《书断》等书所记均相符合。

二、戴逵对玄学放达派的批评

戴逵虽隐居不仕，并多与高门风流者游，但却始终保持着儒学的传统，“性高洁，常以礼度自处”。他严守师门之教，继承了他的老师范宣的反玄学精神，深患时俗放荡，乃著《放达为非道论》，以抨击玄学放达之非。他说：

> 夫亲没而采药不返者，不仁之子也；君危而屡出近关者，苟免之臣也。而古之人未始以彼害名教之体者何？达其旨故也。达其旨，故不惑其迹。[2]

这里，戴逵提出“名教之体”的问题。他认为，若从表面形迹看，“亲没而采药不返”和“君危而屡出近关”者，为不孝不忠之人。但若从儒家名教的本质说，这二者并不违反“名教之体”，因为他们的动机和行动都是为君、亲着想，采药是为了给父母治病，屡出近关是为了给君主办事。也就是说他们所以“未始以彼害名教之体”，原因就在于“达其旨”，即符合名教忠君孝父的原则。在戴逵看来，“达”有两种：一种是真正的达，它可以不讳名教；另一种是作达或假风流，则有违于名教。真正的达，是达其名教之旨，故不被外表的形迹所迷惑，不去盲目追求外表的形迹。根据这一思想，戴逵批评元康名士说：

> 若元康之人，可谓好遁跡而不求其本，故有捐本徇末之弊，舍

---

① 《晋书》，第 2459 页。

② 戴逵：《放达为非道论》，《晋书》，第 2457 页。

实逐声之行，是犹美西施而学其颦眉，慕有道而折其巾角，所以为慕者，非其所以为美，徒贵貌似而已矣。[①]

这就是说，元康名士的所谓放达，皆有违于“名教之体”。不达其旨，故惑其迹，即所谓“好遁跡而不求其本”。戴逵认为，元康之人只知追求外表的形迹，而丢掉了名教的基本原则和基本精神，故产生了“捐本徇末之弊”。这就如同“美西施而学其颦眉，慕有道而折其巾角”一样，只是表面貌似而已，其实质则完会丧失了“美之所以为美”的根据，故与名教精神大异其趣。

在戴逵看来，正因玄学放达派貌似而实非，故有较大的欺骗性和危害性。他认为：“夫紫之乱朱，以其似朱也。故乡愿似中和，所以乱德；放者似达，所以乱道。”这里，戴逵又明显区分了“放”与“达”的不同。所谓“达”，即上文所说“达其旨”，即符合儒家“名教之体”；所谓“放”，即仿效或模仿外表形迹，“遁跡而不求其本”，亦即满足于外表的形似而不求内心的精神实质。在戴逵看来，正因“放者似达”而非达，所以才有“越检”“乱道”之行。《世说新语·任诞》云：“阮浑长成，风气韵度似父，亦欲作达。步兵曰：‘仲容已预之，卿不得复尔。’”这里的“作达”一词，即仿效“放达”。因此刘孝标注引戴逵的《竹林七贤论》说：

籍之抑浑，盖以浑未识己之所以为达也。后咸兄子简，亦以旷达自居。……是时竹林诸贤之风虽高，而礼教尚峻，迨元康中，遂至放荡越礼。乐广讥之曰：“名教中自有乐地，何至于此？”乐令之言有旨哉！[②]

戴逵的这段话，特别标出了“达”与“所以为达”的不同。他认为追求表面形迹的“达”，不是真达；真达是知其“所以为达”，故“未始以彼害名教之

① 《放达为非道论》，第 2457 页。

② 《世说新语·任诞》注引，第 735 页。

体”。他认为,竹林时期的名士,虽然放达之风很盛,但由于当时礼教之防还很严格,所以对名教的破坏不大。迨至元康时期,情形则有所不同,名士们的放荡越礼,严重威胁了名教的存在,就连身为玄学家的乐广也对此不满。所以他称赞乐广“名教中自有乐地”为“有旨”之言。

戴逵区别“放”与“达”、“达”与“所以为达”的不同,目的在于强调放达为非道,即认为包括竹林时期的放达在内,都不符合儒家名教的要求。如他评论裴楷往吊阮籍母丧说:“若裴公之制吊,欲冥外以护内,有达意也,有弘防也。”[①]阮籍丧母,裴楷往吊,“阮方醉,散发坐床,箕踞不哭。裴至,下席于地,哭吊唁毕,便去”。[②]在戴逵看来,裴楷这种做法,是对阮籍越礼行为的纠正,因此,既有达意,又不越礼,所以说他“欲冥外以护内”,即把“内”“外”、“儒”“道”统一起来。这显然是对向秀、郭象“冥外以弘内”思想的进一步发挥。就此,他评论儒、道两家的宗旨说:

> 且儒家尚誉者,本以兴贤也,既失其本,则有色取之行。怀情丧真,以容貌相欺,其弊必至于末伪。道家去名者,欲以笃实也,苟失其本,又有越检之行。情礼俱亏,则仰詠兼忘,其弊必至于本薄。夫伪薄者,非二本之失,而为弊者必托二本以自通。夫道有常经,而弊无常情,是以六经有失,王政有弊,苟乖其本,固圣贤所无奈何也。[③]

这是说,儒家尚誉,其宗旨在于兴贤;道家去名,其目的在于笃实。兴贤与笃实都是名教不可或缺的内容。但玄学放达派舍本逐末,舍掉儒道两家兴贤与笃实的宗旨和目的,而片面追求“尚誉”与“去名”,必然导致“情礼俱亏”、“仰詠兼忘”,而出现“以容貌相欺”和“越检之行”。这种“伪薄”的发生,并不是“兴贤”与“笃实”本身有什么不对,而是为

---

①② 《世说新语·任诞》注引,第734页。

③ 《放达为非道论》,《晋书》卷九十四,第2458页。

弊者打着兴贤与笃实的招牌,“徒利其纵肆而已”。这里,戴逵指出了不能把一种学说本身可能存在的缺点与利用这种缺点达到某种目的混为一谈。也即是说,不能因为一种学说被某些人利用,从而否认这一学说本身存在的价值。“道有常经,而弊无常情”,一种学说被利用,被歪曲,“固圣贤所无可奈何也”。这是不以人的意志为转移的,因此对于一种学说或行为的判断和评价,必须“求其用心之本,识其枉尺直寻之旨,采其被褐怀玉之由”,即以无害于“名教之体”为最后标准。

由此可见,戴逵的《放达为非道论》,基本上反映了他的儒家立场和对儒家名教之治的维护,同时也在一定程度上肯定了道家的学说,表现了此一时期儒家学者注意到玄学家所倡导的“儒道合一”的理论并受其影响,开始逐步由批评道家转向联合道家,以共同应付佛教思想的挑战。

三、对佛教“善恶报应”说的批评

戴逵的反佛著作主要有:《释疑论》、《与远法师书》、《重与远法师书》、《答周居士难释疑论》、《答远法师书》等文章与信札。这些著作收在《广弘明集》卷二十和《全晋文》卷一百三十七中。

戴逵对佛教“善恶报应”说的批评,完全是站在儒家立场,并从维护儒家一贯主张的“劝教”、“体仁”、“入世”等一系列基本原则为出发点,鲜明地体现了他的儒家精神和儒学传统。先是戴逵作《释疑论》,批评佛教的“善恶报应”说,并把论文送庐山的慧远,同时写信给慧远说明他写《释疑论》的动机和目的。慧远在回信中说:“去秋与诸人共谈君论,并亦有同异观”,并附居士周道祖《难释疑论》一文,以表示反对意见。于是戴又作《答周居士难释疑论》,由此就佛教善恶报应问题,双方展开反复辩论,互相攻难。

在辩论中,戴逵以儒家思想为武器,坚决否认“幽司”的存在。他认为,佛教“一善一恶,皆臻冥应”的善恶因果报应说,常常把人引向对“幽司”的恐惧,从而“欣感于得失之间,沦溺于生死之域,故多祈验于冥中之报”。在他看来，祈验于冥中之报，就是“舍己而外鉴”，“未喻由于求己”。他说：

> 仆所为能审分命者，有呼识拔常均，妙鉴理宗，校练名实，比验古今者耳。不谓沦溺生死之域，欣戚失得之徒也。苟能悟彭殇之寿夭，则知修短之自然，察尧舜于朱均，以得愚圣之有分，推渊商之善恶，足明冥中之无罚，等比干盗跖，可知福祸之非行。既能体此难事，然后分命可审，不祈冥报耳。若如来难，宅情于理，则理未可喻，请求诸己，其明效矣。此乃未喻由于求己，非为无理可喻也。若舍己而外鉴，必不远而复矣。[1]

这就是说，寿夭、修短、愚圣、善恶、祸福等人生的遭遇，都有其自身的原因。寿命的长短是生理自然现象；愚圣之别是由愚者、圣者自身的性分决定的。在这些现象背后并没有“幽司”主宰，亦不是因果报应决定的。因此，对这些问题的了解，不能“舍己而外鉴”，而必须“请求诸己”，亦即人的自身“性分”决定寿夭、福祸、贤愚等等。

他说：“人之生也，性分夙定，善者自善，非先有其生，而后行善，以致于善也。恶者自恶，非本分无恶，长而行恶，以得于恶也。故知穷达、善恶、愚智、寿夭，无非分命。”[2]在戴逵看来，善者自善，恶者自恶，这都是每个人的“性分”或“分命”不同所造成的，因此一个人的福与祸，寿或夭，并不是前生行善或行恶的结果。亦即人的不同遭遇的原因不在人自身以外，而是随着生命产生就被自然决定了的。戴逵虽然对“性分”、“分命”等概念没有作进一步的分析，但从其内容看，基本上是儒家的人性论与命定论的一种综合。同时吸收了王充以来的自然气化说。如他说：

> 夫人资二仪之性以生，禀五常之气以育。性有修短之期，故

---

① 戴逵：《答周居士难释疑论》，《全晋文》卷一百三十七，第1487—1488页。

② 戴逵：《答周居士难释疑论》，《全晋文》卷一百三十七，第1489页。

有彭殇之殊；气有精粗之异，亦有贤愚之别。此自然之定理，不可移者也。[①]

很显然，戴逵是用天地之性、五常之气来解释人的生命现象，把人的生命看做是气化的结果，这正是王充的天地自然无为的思想路数。这里所谓“人资二仪之性以生，禀五常之气以育”，即有“天地合气，人偶自生”的含义。天地之气相交合，由此产生的人类自然含有天地的自然之性，这种由天地之性所赋予的人之性分，决定了人的寿夭、贤愚、穷达、善恶，从而排斥佛教所宣扬的“冥中之罚”和“善恶报应”的说法。

戴逵举出大量的历史事实和人生的经验来证明“善恶报应”说的虚妄。“尧舜大圣，朱均是育；瞽叟下愚，诞生有舜；颜回大贤，早夭绝嗣；商臣极恶，令胤克昌；夷叔至仁，饿死穷山；盗跖肆虐，富乐自终；比干忠正，毙不旋踵；张汤酷吏，七世珥貂。凡此比类，不可称数。验之圣贤既如彼，求之常人又如此，故知贤愚善恶，修短穷达，各有分命，非积行之所致也”。[②]这种与“善有善报，恶有恶报”完全相反的现象，在人类社会中几乎比比皆是，戴逵自己即有如此经历和体会。他在写给慧远的信中说：

弟子常览经典，皆以祸福之来，由于积行。是以自少束修，至于白首，行不负于所知，言不伤于物类。而一生艰楚，荼毒备经，顾景块然，不尽唯已。夫冥理难推，近情易缠，每中宵幽念，悲慨盈怀，始知修短穷达，自有定分，积善积恶之谈，盖是劝教之言耳。[③]

由此可以看出，戴逵写《释疑论》是在其晚年。此论是他经过了一生的曲折之后，对人生经验的总结。正如他在《释疑论》中所说：

又有束修履道，言行无伤，而天罚人楚，百罗备婴；任性恣情，

①② 《释疑论》，全晋文第1487页。

③ 戴逵：《与远法师书》，全晋文第1483页。

肆行暴虐，生保荣贵，子孙繁炽。推此而论，积善之报，竟何在乎！[①]

戴逵以人生的经验和历史的事实为根据，批评佛教善恶报应说的荒谬，反映了儒家的现实主义和尊重经验、尊重理性的特点。这一思想对戴逵以后的儒家学者产生一定的影响。

既然善恶报应之说不能成立，为什么在中国传统思想中，特别是在儒家著作中常有“积善之家必有余庆，积不善之家必有余殃”的说法呢？在东晋以后的儒佛之争中，佛家常引出《周易·坤·文言》中的这句话，作为“善恶报应”说的根据。戴逵认为，此“积善积恶之谈，盖是劝教之言耳”。“何以言之？夫人生而静，天之性也；感物而动，性之欲也。性欲既开，流宕莫检。圣人之救其弊，因神道以设教，故理妙而化敷，顺推迁而抑引，故功元而事适”。[②] 这就是说，人的欲望一旦开启，往往流于放任而不好控制，于是产生争夺、嫉恨、甚至相互残杀等一系列弊害。圣人为了救其流弊，疏导人们去恶扬善，故设积善积恶之说以劝诫百姓，这就是“因神道以设教”。在戴逵看来，“神道设教”只是手段，其目的只在于劝善，而不是真的相信冥冥之中有一个超自然的主宰者在那里主持报应。因此他又说：

是以六合之内，论而不议，钻之而不知所由，日用而不见所极，设礼乐而开其大朦，名法以束其形迹，贤者倚之以成其志，不肖企及以免其过，使孝友之恩深，君臣之义笃，长幼之礼序，朋执之好著。背之则为失之道人，讥议以之起，向之则为名教之十，声誉以之彰。此则君子行己处心，岂可须臾而忘善哉？何必循教责实，以期报应乎！[③]

正因“神道”是手段，“设教”劝善是目的，所以儒家的纲常伦理完全可

---

① 《释疑论》，《全晋文》，第1486页。

②③ 《释疑论》，《全晋文》，第1487页。

以起到这样的作用。“设礼乐而开其大朦,名法以束其形迹”,其目的都在于使人与人之间的关系趋于和谐。贤者依靠礼乐而成就自己的志向,不尚者也力求用礼乐免除自己的过失。礼乐教化的社会作用,会使父子有亲、君臣有义、长幼有序、朋友有信。因此,在戴逵看来,儒家的礼乐教化是建立在现实社会的基础之上,指导人们的行为和思想的有力武器。违背它则为“失道之人”,会受到人们的讥讽;维护它则为“名教之士”,会受到人们的尊敬。这样,人们在行为和思想上就会以儒家礼乐为标准,时时刻刻不会忘记对善的追求,何必一定要根据“神道设教”的形式而硬要证明“幽司”的存在,从而许以善恶报应呢?

由此可以看出,戴逵反佛的主要特点有三:第一,用“自然分命”说论证善恶由个人的“性分”决定,而非由前世修行所致。而个人的“性分”又是由天地之性和五常之气决定,它们都是自然的产物,从而否定了超自然的佛教轮回说,这种说法企图用自然的原因说明人类的生命现象及人生遭遇,有其合理性。但却忽略了个人的修行及社会方面的原因对人生遭遇及生命的影响,最终倒向机械命定论。第二,用历史事实和现实的人生经验证明报应说的虚妄,反映了儒家的现实主义和经验主义倾向,这一点对后来的反佛人物有较大影响。第三,用“神道设教”思想肯定“神”的形式而否定“神”的内容和作用,这是儒家的一贯传统。这一传统的核心内容是对现实社会人生的肯定,反对追求彼岸世界,从而肯定仁义礼乐的存在价值。这也是儒家人文主义和道德主义的具体表现。

戴逵正是从这三点上展开对佛教善恶报应说的批评,揭开了中国历史上儒佛之争的序幕,戴逵的反佛思想,在东晋南北朝的儒学发展史上占有一定地位。

第五章

南朝的儒学

南北朝时期,思想学术文化领域出现了不同于两晋时期的新形势,其主要表现于玄学思潮归于沉寂,而佛教思想大为流行。东晋张湛《列子注》的出现,标志玄学走向没落。而佛教经过东晋的大量译经,至南北朝时期则普遍地开花结果,并渗透到政治、经济、社会、文化的各个方面,出现了所谓“风惊雾起,驰荡不休”的局面。

在政治上,一些佛教的上层僧侣,与当权的统治者相互援结,自由出入宫廷,甚至直接参与政治。在经济上,由于出家者人数不断增加,“天下户口,几亡其半”。一方面造成社会劳动力的减少,同时也耗费了大量人力物力,广修庙宇,供养僧尼。宋元嘉十二年(435),丹阳尹萧摩之上疏说:“佛化被于中国,已历四代。形像塔寺,所在千数。进可以系心,退足以招劝。而自顷以来,情敬浮末,不以精诚为至,更以奢竞为重。旧宇颓弛,曾莫之修,而各务造新,以相姱尚。甲第显宅,于兹始尽,材竹铜綵,糜损无极。无关神祇,有累人事……不为之防,流遁未息。”[①]至南朝梁武帝时，佛教的发展有增无减，仅建康一地，就有大小寺庙五百余所，僧尼十余万众。

佛教的发展和兴盛，一方面对儒学提出严峻挑战，遂使中国文化史上出现第一次儒佛之争的高潮；同时，由于佛教在社会、文化各层面的渗透和急速膨胀，使原来的儒、玄、佛、道的相互关系及其历史格局发生了新的变化。儒家学者在思想、文化上的批评焦点，由东晋时期的老庄玄学转向了佛教，出现了一批反佛思想家如何承天、周朗、郭祖深、范缜、荀济等，他们站在正统儒家的立场批评佛教，而很少再批评道家和玄学。不但很少批评，反而常常孔老并提，援引道家思想以对抗佛教。这即是说，出于反佛的需要，至南北朝时期，儒道融合的趋势更加明显。这在范缜、刘峻、朱世卿等人的反佛言论中体现得最为充分。他们都在不同程度上吸收了老庄玄学本体论思想及道家的自然主义学说。

在儒佛关系方面，固然出现儒佛之争的高潮，但有许多信奉佛法的知识分子，在理论上不但不排斥儒学，反而援佛入儒或援儒入佛，认为佛教的许多戒律和观念都有助于儒家教化的推行和民风的敦厚，力图调和皈依佛教，但在思想深处，仍以儒学为标的。沈约著《难范缜神灭论》批评范缜的反佛观点，但自己却又主张“以华礼兴教”，并著《均圣论》，以为“内圣外圣，义均理一”。即主张孔子、释迦牟尼都是圣人，儒学与佛教在理义上，有许多共同点，故虽提倡佛教而不反儒学。刘勰早年便投身禅门，后又入仕。他对于儒、道、佛三者的关系，常以高下别佛道，而以内外别释儒。与沈约一样，虽推崇佛教，但不反儒学，其所著《文心雕龙》，亦以儒家六经为宗。

由以上看来，南北朝时期，特别是在南朝，儒学的发展呈现出与魏晋之际及两晋时期的儒学不同的面貌。此时期的儒学，已经吸取了魏晋的名法和两晋的道玄，并且通过儒佛之争，在一部分学者身上，体现

---

① 《宋书·天竺迦毗黎国传》，中华书局 1974 年版，第 2386 页。

了儒家对佛教的融合和吸取。

第一节　南朝政权与儒学

南朝起自公元 420 年刘裕代晋而建宋。之后，在长江流域以南继宋又先后出现齐、梁、陈共四个朝代，凡一百六十七年。期间刘宋政权(420—479)统治近 60 年；南齐(480—502)统治 22 年；梁(503—557)统治 54 年；陈(558—589)统治 31 年。在南朝四个朝代交替统治的近一百七十年间，虽然政权更迭频繁，思想、文化变迁急剧，但儒学的制度化与思想观念的意识形态化却始终如一，从未间断。其主要表现是儒学的制礼作乐、改定历法、撰史修文、开馆兴学等，始终都与政权紧密地联系在一起。因此，虽然在思想、文化及观念形态上，有儒、玄、佛、道之间的冲突和矛盾，但对于各朝政权来说，儒家思想仍占主流和主干地位。

一、刘宋政权与儒学

宋武帝刘裕代晋称孤后，所做的第一件事，便是制礼作乐。礼乐是儒学的专业，也是中国文化的大传统，它的本意在于以礼乐化民成俗，以维护和推动文化的统一。但中国历代政权基于自身政治利益的需要，逐渐把它演变为帝王登基和封建专制的缘饰品，成为中国传统政治中的官方意识形态和朝仪制度。对此，宋主当然不能例外。

永初元年(420)，即宋武帝登上皇帝宝座的第一年七月，有司便奏请设雅乐以应皇朝庙祀。“太常郑鲜之等八十八人各撰立新歌，黄门侍郎王韶之所撰歌辞七首,并合施用,诏可”。[1] 十二月,有司又奏:依旧正旦设乐,“参详属三省,改太乐诸歌舞诗。黄门侍郎王韶之立三十二章,合用,教试日近,宜逆诵习,辄申摄施行。诏可”。[2]

永初二年,黄门侍郎王淮之上疏,建议以郑玄礼注为准,统一丧礼。“先王之制礼,以大顺群心。丧也宁戚,著自前训。今大宋开泰,品物遂理,愚谓宜同即物情,以玄(郑玄)义为制,朝野一礼,则家无殊俗”。[3] 帝从之。

永初三年正月,宋武帝又亲自下诏兴学,其诏曰:“古之建国,教学为先,弘风训世,莫尚于此,发蒙启滞,咸必由之。故爰自盛王,迄于近代,莫不敦崇学艺,修建庠序。……今王略远届,华域载清,仰风之士,日月以冀。便宜博延胄子,陶奖童蒙,选备儒官,弘振国学。主者考详旧典,以时施行。”[4]

从上述三事可见,宋初建国伊始,便很注重儒学。史家对武、文二帝多微辞,尤其以为不注重子弟的教育,遂使宗室猜忌、刀光血影、杀戮不穷。实际上帝王宗室内部的残杀,决非教育所能克免,观武、文二帝,未尝不注意教育,且有宋一朝,历时六十年,前三十年有“元嘉之治”的美称,治乱相较,各占其半,这在魏晋南北朝杀伐频仍的时代也堪称难得。

至元嘉年间,天下稍安,宋文帝刘义隆与群臣讨论新撰礼论,并屡次下诏兴学。元嘉十五年(438),“征次宗至京师,开馆于鸡笼山,聚徒教授,置生百余人。会稽朱膺之、颍川庾蔚之,并以儒学,监总诸生。时国子学未立,上留心艺术,使丹阳尹何尚之立玄学,太子率更令何承天立史学,司徒参军谢元立文学,凡四学并建。车驾数幸次宗学馆,资给甚厚”。[5] 宋所立四学之中,有“玄学“一项,由何尚之主领。此“玄

①② 《宋书·乐志一》,第541页。
③ 《宋书·王淮之传》,第1624页。
④ 《宋书·武帝纪下》,第58页。
⑤ 《宋书·雷次宗传》,第2293—2294页。

学”非魏晋之玄学。何尚之是刘宋重臣，主张亲民举贤，“立身简约，车服率素，妻亡不娶，又无姬妾，秉衡当朝，畏远权柄，亲戚故旧，一无荐举”，深有儒臣之风。可知其主领之玄学，非玄虚之学也。次如朱膺之、庾蔚之、何承天等，亦皆以儒学经术立世。朱、庾是礼学专家，雷次宗虽服膺佛典，但精通丧礼，其于鸡笼山开馆讲学，盖以讲“丧服”为主。由此可知，宋所立四学，实以儒学为宗。

元嘉十九年正月，宋立国子学，文帝下诏说：

> 夫所因者本，圣哲之远教。本立化成，教学之为贵。故诏以三德，崇以四术，用能纳诸义方，致之轨度。盛王圣世，咸必由之。永初受命，宪章弘远，将陶钧庶品，混一殊风，有诏典司，大启庠序。而频遘屯夷，未及修建。永瞻前猷，思敷鸿烈。今方隅乂宁，戎夏慕向，广训胄子，实维时务。便可式遵成规，阐扬景业。[①]

于是以何承天领国子博士，与颜延之同为皇太子执经。皇太子讲《孝经》通，自是“胄子始集，学业方兴。“同年十二月，文帝又下《崇孔圣诏》，诏令营造孔祠，修葺鲁郡学舍，祭孔尊学，表彰儒学。其诏说：

> 自微言泯绝，逝将千祀，感事思人，意有慨然。奉圣之胤，可速议继袭。于先庙地，特为营造，依旧给祠置令，四时飨祀。阙里往经寇乱，黉校残毁，并下鲁郡，修复学舍，採召生徒。昔之贤哲及一介之善，犹或卫其丘垄，禁其刍牧，况尼父德表生民，功被百代，而坟茔荒芜，荆棘弗翦。可蠲墓侧数户，以掌洒扫[②]。

文帝尊孔如此，其崇尚儒学亦由此可知。元嘉末，文帝又令何尚之抄撰五经，访举通经学士。刘宋王朝，至文帝后，屡遭篡弑之祸。二十几年中，诸王之乱迭起，前后更换五个皇帝，但修葺庠序，编撰国史，兴儒立学，改制礼乐，却历代不绝，足证儒学对政权之不可或缺。

---

① 《宋书·文帝纪》，第 89 页。

② 《宋书·文帝纪》，第 89—90 页。

二、萧齐政权与儒学

宋顺帝昇明三年(479),太傅萧道成进位相国,封齐公,旋又进爵为齐王。四月迎顺帝下诏禅位,是为齐太祖高皇帝,至此宋灭而齐兴。萧齐一朝之事迹,几与刘宋孝建以后无殊。齐自高帝篡宋至和帝禅位于梁,凡七主二十三年。前十三年,可谓治世,后十年则篡弑横生。十年中更换五帝,改元七次,可谓乱世。

齐高帝萧道成仕宋而篡宋,以儒家眼光视之,实为乱臣贼子,但他篡宋后却以儒学为旨归,常以平治天下为志,生活俭朴,史称其"欲以身率天下,移变风俗"。据《南史·刘瓛传》载:

> 齐高帝践阼,召瓛入华林园谈语,问以政道。答曰:"政在《孝经》。宋氏所以亡,陛下所以得之是也。"帝咨嗟曰:"儒者之言,可宝万世。"又谓瓛曰:"吾应天革命,物议以为何如?"瓛曰:"陛下戒前轨之失,加之以宽厚,虽危可安。若循其复辙,虽安必危矣。"即出,帝谓司徒褚彦回曰:"方直乃尔,学士故自过人。"[①]

刘瓛是宋齐间知名大儒,笃志好学,博通五经,"儒业冠于当时,都下士子贵游,莫不下席受业,当世推其大儒,以比古之曹、郑",[②]性至孝,时有"今世曾子"、"关西孔子"之称。聚徒教授,学徒敬慕,竟陵王萧子良往修谒,从瓛学者,有彭城刘绘、顺阳范缜、建平严植之、河内司马筠等,皆为后世硕儒。梁武帝萧衍,少时亦从其学,尝经服膺。其著述有《周易乾坤义》一卷、《周易系辞义疏》二卷、《周易四德例》一卷、《毛诗序义疏》三卷、《毛诗篇次义》一卷、《丧服经传义》一卷、《集》三十卷。从上述齐高帝萧道成与刘瓛对话可知,齐帝颇崇信儒者及儒家之言,以为"儒者之言,可宝万世"。而有鉴于刘宋宗室骨肉相残的教训,欲以儒学教太子,令其"敦穆亲戚,委任贤才,崇尚节俭"。其对大儒刘瓛

---

① 《南史·刘瓛传》,中华书局 1975 年版,第 1236 页。

② 《南史·刘瓛传》,第 1237 页。

非常欣赏,以瓛为总明观祭酒,拜彭城郡丞,并除豫章王骠骑记室参军,并遣武陵昭王晕从其受听五经直讲,足见齐世重儒。

建元四年(482),齐立国学,高帝下诏说:

> 夫膠庠之典,彝伦攸先,所以昭振才端,启发性绪,弘字黎氓,纳之轨仪。是故五礼之迹可传,六乐之容不泯。朕自膺历受图,志阐经训,……今关燧无虞,时和岁稔,远迩同风,华夷慕义。便可式尊前准,修建斅学,精选儒官,广延国胄。[①]

于是立国学,"置学生百五十人,其有位乐入者五十人。生年十五以上,二十以还,取王公以下至三将、著作郎、廷尉正、太子舍人、领获诸府司马谘议经除敕者、诸州别驾治中等、见居官罢散者子孙,悉取家去都二千里为限"。[②] 正月下诏,三月会帝崩,此计划虽未得实行,但可见齐高帝对复兴儒学的重视。

齐高帝萧道成在位仅四年,死后,太子萧赜继位,改元永明,是为齐武帝。武帝在位十一年,遵守父训,崇奖儒学,"留心政事,总务大体,严明有断,郡县久于其职,长吏犯法,封刃行诛。故永明之世,百姓丰乐,盗贼屏息"。[③] 史称"永明之治"。齐武帝临政,颇重儒臣,如王俭、陆澄、何胤、张绪之徒,皆当时名儒。王俭位至侍中、中书令、太子少傅领国子祭酒、卫军将军、开府仪同三司、南昌公。据《南史·王俭传》称,俭精通儒术,朝仪礼则、晋宋以来施行故事,撰次谙忆,无遗漏者,于当朝理事,断决如流。"每博议,证引先儒,罕有其例。八坐丞郎,无能异者。令史谘事,宾客满席,俭应接铨序,傍无留滞。……朝野慕之,相与放效"。[④] 齐主深委仗之,士流选用,奏无不可。"寡嗜欲,唯以经国为务,车服尘素,家无遗财。手笔典裁,为当时所重"。[⑤] 其著

---

① 《南齐书·高帝纪》,中华书局1972年版,第37—38页。
② 《南齐书·礼志上》,第143页。
③ 《资治通鉴·齐纪四》,中华书局1956年版,第4333页。
④ 《南齐书·王俭传》,第436页。
⑤ 《南齐书·王俭传》,第438页。

述甚丰，有《尚书音义》、《丧服古今集记》、《丧服图》、《礼论要钞》、《礼答问》、《仪礼答问》、《吊答议》、《春秋公羊音》、《吉书仪》、《四部书目录》等十余种。[①] 齐武帝继位后，即依靠王俭等推行儒学。永明二年(484)又有伏曼容表定礼乐：

> 太子步兵校尉伏曼容表定礼乐。于是诏尚书令王俭制定新礼，立治礼乐学士及职局，置旧学四人，新学六人，正书令史各一人，干一人。秘书省差能书弟子二人。因集前代，撰治五礼。[②]

永明三年，武帝下诏立国学，创立堂宇，"召公卿子弟下及员外郎之胤，凡置生二百人"。陆澄、王俭又议国学置经。澄领国子博士，时于国学中置郑玄、王弼《易》，杜预、服虔《春秋》，何休《公羊》，麋信《穀梁》及郑玄《孝经》。陆澄在解释为何如此置经时说："元嘉建学之始，玄、弼两立，逮颜延之为祭酒，黜郑置王，意在贵玄，事成败儒。今若不大弘儒风，则无所立学，众经皆儒，惟《易》独玄，玄不可弃，儒不可缺。谓宜并存，所以合无体之义。"[③]其欲弘扬儒教如此。

国学既立，太子长懋于崇政殿讲《孝经》，王俭以擿句令太子仆周颙撰为义疏。是年冬，太子又与竟陵王子良、临川王暎等，亲临国学，与王俭、张绪诸儒讨论经义。永明五年，太子临国学策试诸生。太子以年长临学，亦前代未有。此外，沈约《宋书》、竟陵王萧子良的《四部要略》、王俭、贾渊的《百家谱》、晋安王萧子懋的《春秋例苑》，裴子野的《宋略》、王智深的《宋纪》等，皆在有齐一代完成。由于齐主深委重臣名儒，再加之王俭、陆澄等人的躬身提倡，于时南齐儒学大兴。《南史·王俭传》说：

> 俭以尚书右仆射领吏部。先是宋孝武好文章，天下悉以文采

---

① 见刘汝霖《东晋南北朝学术编年》卷四，《王俭著述表》，中华书局 1987 年版，第 280 页。

② 《南齐书·礼志上》，第 117—118 页。

③ 《南齐书·陆澄传》，第 684 页。

> 相尚，莫以专经为业。俭弱年便留意《三礼》，尤善《春秋》，发言吐论，造次必于儒教。由是衣冠翕然，并尚经学，儒教于此大兴。[1]

齐武帝死后，萧齐政权陷入混乱与杀夺之中，儒学又随之衰落。

三、萧梁政权与儒学

公元502年，南齐和帝下诏禅位于梁王萧衍。衍受禅后，改齐中兴二年为天监元年(502)，国号梁，都建业，是为梁武帝。

梁武帝是中国历史上博学能文的皇帝之一，他对于儒、释、道三家学说均有较深造诣，诗文书法亦颇精通。少时尝从南齐大儒刘瓛及其弟子游，服膺刘瓛经术。做过梁朝大儒、卫将军王俭东阁祭酒，深受王俭器重。竟陵王萧子良开西邸，招文学，衍又与沈约、谢朓、王融、肖琛、范云、任昉、陆倕等文学之士并游，时人号称"八友"。《梁书·武帝纪》称衍少而笃学，洞达儒玄，尤爱读书，"虽万机多务，犹卷不辍手，燃烛侧光，常至戊夜"。又说他"天情睿敏，下笔成章，千赋百诗，直疏便就，皆文质彬彬，超迈千古"。[2] 此中虽有史家的溢美之辞，但却可在一定程度上反映这位帝王的文儒风采。据《梁书》本纪载，梁武帝营造《制旨孝经义》、《周易讲疏》、《毛诗答问》、《春秋答问》、《尚书大义》、《中庸讲疏》、《孔子正言》等群经讲疏凡二百余卷，又造《通史》六百卷，这在中国帝王史上也是极为罕见的。

梁武帝不仅崇尚儒学，也信道教，至其晚年又专心事佛。他曾四次捨身佛寺，笃信正法，尤长释典。"制《涅槃》、《大品》、《净名》、《三慧》诸经义记，复数百卷"[3]，集儒、释、道于一身，并大倡三教同流之说，对后世儒佛道三教融合产生深远影响。尽管梁武帝笃信道教，晚年又沉湎于佛，但从梁朝政治来说，由于他的博学好文及早年积累的比较浓厚的儒学造诣，使有梁一朝的政治带有极浓厚的儒学色彩。

---

① 《南史·王俭传》，中华书局1975年版，第595页。

②③ 《梁书·武帝纪下》，中华书局1973年版，第96页。

梁祚共五十五年，武帝一人便历政四十八年。在其政权的前期，务在“拨乱反正”、“励精惟始”、“勤政恤民”，故开国后便大兴文教，选任人才，崇儒兴学，努力推行儒家的仁政，遂使梁朝政权较快地走上正轨，并出现政治清明、国内安定的局面，一度成为南朝盛世。

天监元年，即梁开国的头一年，梁武帝便注意宽缓政刑和律令的统一，诏中书监王莹等八人参定律令，纠正宋齐以来的律令不一和刑政混乱的现象。于此同时，又下诏收集图书典籍，定礼访乐，崇儒兴学，以维护刚刚得到的政权。他在《访百寮古乐诏》中说：

> 夫声音之道，与政通矣，所以移风易俗，明贵辨贱。……魏晋以来，陵替滋甚，遂使雅、郑混淆，钟、石斯谬，天人缺九变之节，朝宴失四悬之仪，历年永久，将堕于地。朕昧旦坐朝，思求厥旨，而旧事匪存，未获厘正，寤寐有怀，所为叹息。卿等学术通明，可陈其所见。[①]

梁武帝深知礼乐典章对社会和人心的影响，故欲厘清雅郑之音，兴礼作乐以移风易俗，以明贵贱伦常。他认为礼乐乃“经国所先”，是任何政权都离不开的，因此修定礼乐，“不能以情取人”，亦不能强调总一而忽略“稽古”。他在《答何佟之等请修五礼诏》中说：“礼坏乐缺，故国异家殊，实宜以时修定，以为永准。但顷之修撰，以情取人，不以学进。其掌知者，以贵总一，不以稽古，所以历年不就，有名无实。此既经国所先，外可议其人，人定，即便撰次。”[②]天监四年，又下《定选格诏》，以为官吏的擢拔，必须通过儒学经术的训练，“今九流常选，年未三十，不通一经，不得解褐。若有才同甘颜，勿限年次”。[③] 主张对人才的任用，年轻者须通一经以上，有德才者，亦可不限资历。

为广泛地求取人才，培养后进，天监四年，梁武帝又下诏开设五

① 《全梁文》卷二，商务印书馆 1999 年版，第 14—15 页。
② 《全梁文》，第 15 页。
③ 《梁书·武帝纪》，第 41 页。

馆,置五经博士。以儒家五经、六艺教授生员,以备国家任用。他在《置五经博士诏》中说:

> 二汉登贤,莫非经术,服膺雅道,名立行成。魏晋浮荡,儒教沦歇,风节罔树,抑此之由。朕日昃罢朝,思闻俊异,收士得人,实惟酬奖。可置五经博士各一人,广开馆宇,招内后进。[①]

于是开设五馆,每馆置五经博士一人主持教务,授生徒以五经之术。每馆学生数百人,均由政府提供膳宿。学生入学不限资格,有才艺者,寒门子弟亦可入馆。考试成绩若佳,即派充官职。武帝常亲临学馆,仿三代视学之礼,与之祭奠先师孔子并奖励勤学之士。

为提高经学教授质量,武帝又广求饱学硕儒以供学馆师资。本来,齐梁间名师硕儒多与武帝有旧,故其践阼后,屡次下诏征致。如大儒何胤,曾师事宋齐间名儒刘瓛,受《易》及《礼记》、《毛诗》,入梁后隐居云门山不出。武帝亲敕手书,招以从政,以为"世道浇暮,改俗迁风",有待儒者。屡诏不至,武帝乃遣生徒入山受业,并手敕胤曰:"顷者学业沦废,儒术将尽,闾阎搢绅,尠闻好事。吾每思弘奖,其风未移,当扆兴言为叹。……卿居儒宗,加以德素,当敕后进有意向者,就卿受业。想深思诲诱,使斯文载兴。"[②]于是,遣何子朗、孔寿等六人于东山受学,又分遣博士祭酒到州郡立学。同年六月立孔子庙。从上述材料中,可知梁政权对儒学经术的重视。

鉴于政治渐趋稳定和儒学教育的推广不足,天监七年,武帝又诏广开庠序,博延胄子,其诏曰:

> 建国君民,立教为首,砥身砺行,由乎经术,朕肇基明命,光宅区宇,虽耕耘雅业,傍阐艺文,而成器未广,志本犹阙,非以镕范贵游,纳诸轨度,思欲式敦让齿,自家刑国。今声训所渐,戎夏同风,

---

① 《梁书》卷四十二,第 662 页。

② 《梁书·何胤传》,第 737—738 页。

宜大启庠斅，博延胄子，务彼十伦，弘此三德，使陶钧远被，微言载表。[1]

这里，武帝明确道出了儒学教育的目的，即在于对社会广大人群“砥身砺行”，提高人们的道德修养，以使人际和谐，国家安定。特别是对那些贵游子弟，更要以儒学“鎔范”，使之“纳诸轨度”，以“式敦让齿”，有君子之德，以保持既得政权。从文化的角度而言，耕耘雅业，敦明经术，亦可使儒家的微言大义，“陶钧远被”，流传不废。由此可知，梁武帝对继承和传播儒家文化是有贡献的。

把弘扬儒家经术作为“建国君民”的首务，其中尤重通经取仕，不拘年限与资历，实际开始突破魏晋以来以世族阀阅取仕的框子，继南朝刘宋政权重视寒门的传统，开启隋唐庶族参政的先河。梁武帝自身即是如此，他为人恭俭近礼，“虽居小殿暗室，恒理衣冠”。他所信任的大臣，亦多太学博士起家，有儒者之风，且俭朴守法，家无蓄积，如周舍、徐勉等皆如是。这种亲事、勤俭、好学的政风，亦多与推行儒家经术教育有关。

天监八年，武帝又下《叙录寒儒诏》，进一步强调以经术取士的政策。他在诏书中说：

学以从政，殷勤往哲，禄在其中，抑亦前事。朕思阐治纲，每敦儒术，轼闾阙馆，造次以之。故负袟成风，甲科间出，方当置诸周行，饰以青紫。其有能通一经、始末无倦者，策实之后，选可量加叙录。虽复牛监羊肆，寒品后门，并随才试吏，勿有遗隔。[2]

其开馆兴学，在敦儒术；学以从政，在明治纲。只要能始终坚持不懈地努力学习并通一经，经过考核便可叙录登用，而不必追求门望出身，“虽复牛监羊肆，寒品后门”，都可“随才试吏”。这很有曹操“唯才是

---

① 《梁书·儒林传序》，第662页。

② 《梁书·武帝纪中》，第49页。

举”的味道，但所不同的是，梁武帝录用官吏的条件，恰恰强调“式敦让齿”、“砥身励行”等儒家的道德修养，把敦明儒术提到“建国君民”之“治纲”的高度。一直到他崇奉佛法，亲注《大品经》的时候，甚至一面宣称“周公、孔子等虽是如来弟子，而为化既邪，止是世间之善，不能革凡成圣”，“唯佛一道，是与正道，其余九十五种，皆是外道”。[①] 一面又命太子及王侯子弟从师学儒，并幸国子学，亲临讲肆。说明萧梁政权对儒学的需要。这一点在尚书仆射徐勉的《上修五礼表》中体现得尤其清楚。徐勉在表中说：

> 臣闻“立天之道，曰阴与阳；立人之道，曰仁与义”。故称“道之以德，齐之以礼”。夫礼，所以安上治民，弘风训俗，经国家，利后嗣者也。唐虞三代，咸必由之。……故祠祭不以礼，则不齐不庄；丧纪不以礼，则背死忘生者众；宾客不以礼，则朝觐失其仪；军旅不以礼，则致乱于师律；冠婚不以礼，则男女失其时。为国修身，於斯攸急。[②]

于是，上其所修“吉、凶、军、宾、嘉五礼”，凡一千一百七十六卷，八千一十九条，又副五经典书各一通，以梁武帝普通六年(525)修齐上闻。梁武帝亲为称制断疑，并下诏曰：“勉表如此。因革允厘，宪章孔备，功成业定，於是乎在。可以光被八表，施诸百代，俾万世之下，知斯文在斯。主者其按以遵行，勿有失坠。”[③]“于是穆穆恂恂，家知礼节”。

可见，梁武帝尊儒并极力推行儒家礼乐制度，并未受其崇奉佛法的影响，相反却认为佛法内典有助于教化，因此佛儒可并行不悖。直到他临死的前几年，还把他所著《孝经义疏》、《孔子正言章句》等儒家典籍列于学官，各置助教及生员授受。

由于梁武帝的提倡，有梁一朝儒学特盛。从京师到地方，讲学之

---

① 《敕舍道事佛》，《全梁文》卷四，商务印书馆 1999 年版，第 41 页。

② 《梁书·徐勉传》，第 379 页。

③ 《梁书·徐勉传》，第 383 页。

风不堕。大同中,于台西立士林馆,领军朱异、太府卿贺琛、舍人孔子祛等递相讲述,皇太子、宣城王亦于东宫宣猷堂及扬州廨开讲。地方州郡亦延聘学者讲学,邵陵王纶于南徐州聘请马枢讲学,听者多至二千人。于是四方郡国,趋学向风,云集于京师矣。同时,梁朝亦出现一大批文士名儒,除上面所提到的徐勉、周舍、朱异、贺琛、孔子祛等人外,还有何佟之、贺玚、严植之、明山宾、沈峻、伏曼容、何胤、皇侃、范缜等。他们多撰有儒学及经学著述。仅武帝、简文帝、元帝三人所撰儒学书目即达六百余卷。

此外,还有一批史学家或经史兼通的学者如沈约、阮孝绪、萧子显、裴子野;文学家或文学批评家钟嵘、刘孝标、萧统(昭明太子)、刘勰等。这些学者当中,有的本身就服膺儒学,有的则儒释兼通。他们都不同程度地受到儒学的熏陶和影响。梁朝文化在这些人物的推动下,可谓"济济焉,洋洋焉,魏晋以来,未有若斯之盛"。

四、陈朝政权与儒学

公元556年,梁将陈霸先迫梁敬帝逊位,仍以禅让的形式获得萧梁政权,改元永定,国号陈,是为陈武帝,都建康。梁历四主,凡五十五年,至是亡。

陈武帝建国于丧乱之余,疆土、户口锐减,再加之梁武帝太清二年(548)的侯景之乱(又称太清之乱)及梁末诸王的相互攻伐,使陈初经济,陷于瘫痪,文化亦遭破坏。东晋以来由于南方开发所带来的小康局面,至此遭到空前浩劫。

陈武帝建国之初,便遇到地方豪绅的割据和王琳之乱,在位不到三年便死去。此后陈政权又历经四帝,在南北战争不息,内部矛盾重重的形势下,延续近三十年而亡。

在陈朝政权的三十余年里,儒学又处于低潮。虽然在陈朝的五代皇帝中,不乏提倡儒学者,但由于治世的环境及条件已不复存在,故儒学亦难得立足。惟陈文帝天嘉三年(562),嘉德殿学士沈不害上书请立国学。他在疏奏中强调儒学的重要，以为“立人建国，莫尚于尊儒”，只有以儒学设训垂范，才能“人伦以睦，卑高有序，忠孝理明，君臣之道攸固”。[①] 陈文帝在诏书中亦加肯定，其诏曰：

> 省表闻之。自旧章弛废，微言将绝，朕嗣膺宝业，念在缉熙，而兵革未息，军国草创，常恐前王令典，一朝泯灭。卿才思优洽，文理可求，弘惜大体，殷勤名教。付外详议，依事施行。[②]

于是以儒臣沈文阿兼国子博士，于东宫讲《孝经》、《论语》。陈宣帝太建五年(573)，以儒臣周弘正领国子祭酒，亦于东宫讲疏《论语》、《孝经》，太子降情应礼，甚有师资之敬。天嘉中，国子助教王元规在东宫，为陈后主亲授《礼记》、《左传》、《丧服》等义，每国家议吉凶大礼，亦常参预。可知，陈政权同样以儒学中的礼乐仪则为其政教朝仪，并仍重视以儒家经传教育弟子。同样，地方亦有儒学教授，王元规后为南平王府限内参军。王为江州，元规随府之镇，“四方学徒不远千里来请道者，常数十百人”。[③]

太建中，太子陈叔宝(陈后主)征四方名儒讲于承光殿，陆德明始弱冠，往预，后迁国子助教，作《经典释文》，撰集五典、《孝经》、《论语》及《老》、《庄》、《尔雅》等音，凡三十卷，“古今并录，括其枢要，经注毕详，训义兼辩，质而不野，繁而非芜，示传一家之学，用贻后嗣”。[④] 此为陈代儒学建设的一大成就。

但毕竟唱者疏而合者寡，陈代儒学随着当时政治、经济、文化的衰退而呈现衰落景象。

---

① 《陈书·沈不害传》，中华书局1972年版，第446页。

② 《陈书·沈不害传》，第447页。

③ 《陈书·儒林王元规传》，第449页。

④ 陆德明：《经典释文·叙录》，中华书局2008年版，第9页。

第二节　何承天的儒学思想及其对佛教的批判

何承天(370—447),东海郯(今山东郯城北)人,南朝刘宋时期重要儒家学者和著名的天文历算学家、经学家、史学家。从祖伦,晋右卫将军。承天五岁丧父,由母亲徐氏抚养。徐氏是东晋礼学专家兼史学家徐广的姐姐,家世好学,有丰富的儒学传统。何承天受徐广及其母亲的影响,"幼渐训义,儒史百家,莫不该览"。[①]

何承天仕历晋宋两朝,东晋隆安四年(400),任南蛮校尉桓伟参军。后又任长沙公陶延寿辅国府参军。刘裕平桓玄,何承天出为抚军刘毅的行军参军。公元420年,东晋灭亡,刘宋王朝建立。何承天被刘裕召为尚书祠部郎,与傅亮共撰朝仪。宋武帝永初末(422),补南台治书侍御史。谢晦镇江陵,请为南蛮长史,后又为刘彦之右军录事等官。元嘉十六年(439),除著作佐郎,撰国史。又三年,宋立国子学,何承天以本官领国子博士。皇太子讲《孝经》,何承天与颜延之同为执经。后又迁御史中丞。元嘉二十四年病卒,年七十八。

何承天是刘宋时期著名大儒。《隋书·经籍志》著录何承天撰《礼论》三百卷、《春秋前传》十卷、《春秋前杂传》九卷、集二十卷,均佚。关于何承天的儒学思想,就目前保留下来的材料看,主要体现在他的反佛言论中。著有《达性论》、《报应问》及《与宗居士书》、《答宗居士书》、《重答颜光禄》等。此外尚有《安边论》、《新历叙》、《浑天象论》、《上元嘉历表》及一些有关礼论的佚文。保存在《全宋文》、《弘明集》等辑佚书中。

---

① 《宋书·何承天传》,第1701页。

一、《白黑论》引起的儒佛之争

继东晋的孙盛与戴逵之后，南北朝时期站在儒家立场排佛的代表人物主要有何承天与范缜。宋文帝元嘉十年(433)前后，沙门慧琳著《白黑论》[①]，以问答形式辩论儒释同异。实际上却是抑佛而扬儒，故得到何承天的支持。慧琳在《白黑论》中，借白学先生(儒家)之口，对黑学道士(佛家)的空无、报应、神不灭等观点进行了批驳。其主要论点有四：第一，认为佛教所谓"空其自性之有，不害因假之体"，"兴灭无常，因缘无主"等说法是经不住事实验证的。他批驳说："今析毫空树，无伤垂荫之茂；离材虚室，不损轮奂之美。"[②]意思是说，佛教把大树说成是"空"，但事实上却无损于大树的繁茂；把砖瓦砌成的房屋说成是"空"，也无损于耸立着的高大众多的房屋的真实之美。也就是说，佛教把事物的本性说成是"空"，但实际上却不能取消事物的存在。第二，佛教所谓"神变无不周，灵泽靡不覃(延及)"，主张神不灭。其实这些都是与事实不符的。因此，他们只能是"徒称无量之寿，孰见期颐之叟？咨嗟金刚之固，安见不朽之质"？[③] 佛教向人们昭示"幽冥之理"，"来生之化"，好像是"以慈悲存心"，但实际上却是愚弄百姓。因为"幽冥之理固不极于人事"，故儒家对此"疑而不辨"；而佛教要"废其显晦之迹"，故常常是"辨而不实"。第三，佛教立天堂地狱之说，劝诫人们积善去恶，以求解脱，故"叙地狱则民惧其罪，敷天堂则物欢其福"。慧琳认为，佛教的这些说法，是"热望来生之利"，"施一以徼百倍"，即企图以一分的本钱换取百倍的利益。其结果只能是"美泥洹之乐，生耽逸之虑"，"近欲未弭，远利又兴。虽言菩萨无欲，群生固以有欲矣，甫

---

① 据《高僧传》、《弘明集》及《宋书·天竺迦毗黎国传》载，慧琳俗姓刘，秦郡(今陕西)人，南朝刘宋时著名僧人。"善诸经及庄老，俳谐好笑语"，参与时政，深得宋文帝赏识，有"黑衣宰相"之称。其所著《白黑论》又名《均善论》、《均圣论》，载《宋书》本传中。

② 《宋书·天竺迦毗黎国传》，第2389页。

③ 《宋书·天竺迦毗黎国传》，第2389—2390页。

救交敝之氓,永开利竞之俗,澄神反道,其可得乎"?[1] 第四,批判佛教大兴土木,"树无用之事,割群生之急;致营造之计,成私树之权;务劝化之业,结师党之势"。[2]即指出佛教的流行,使国家在经济、政治上都受到损失。

慧琳《白黑论》的出现,标志这一时期儒佛之争进入了一个新的阶段。其所以如此,主要在于此论是从佛教营垒内部起来批评佛教的文章,实质上是儒家思想在佛教内部的反映。文中涉及的批评内容与佛教以外的儒学思想相默契。尤其涉及佛教的空无、因果报应、出世主义、形神观等重大理论问题。对这些问题,虽然还没有充分展开,但对于儒家学者反对佛教的流行无疑具有重要意义。因此,此论一出,"旧僧谓其贬黜释氏,欲加摈斥"。如慧远的"在家"弟子宗炳、名士颜延之、当朝权贵何尚之等都加入了对慧琳的围攻。何承天在谈到慧琳受佛教各派及笃信佛法之士的非难与攻击时说:"治城慧琳道人作《白黑论》,乃为众僧所排摈,赖蒙值明主善救,得免波罗夷耳。"[3]按照何承天的说法,慧琳所受到的责难相当严重,若无皇帝的保护,必受到严厉的惩罚。由此可以看出,《白黑论》在当时儒佛之争中的作用和影响。也正由于《白黑论》抑佛而扬儒,故得到何承天的支持。他认为,"若琳比丘者,僧貌而天虚,似夫深识真伪,殊不肯忌经护师,崇饰巧说,吾以是敬之"。[4] 何承天与慧琳的唱和,以及宗炳、颜延之等人站在佛教立场对何、慧的反驳,在何尚之《答宋文帝赞扬佛教事》一文中亦有明确记载,何尚之说:

> 是时有沙门慧琳,假服僧次,而毁其法,著《白黑论》。衡阳太守何承天,与琳比狎,雅相击扬,著《达性论》,并拘滞一方,诋呵释

---

①② 《宋书·天竺迦毗黎国传》,中华书局 1974 年版,第 2389—2390 页。

③ 何承天:《与宗居士书》,载《弘明集》卷三,上海古籍出版社 1991 年版,第 18 页。波罗夷,梵文音译,意译为"断头"、"重禁"、"无余"、"弃"等。《四分律》郑一称:"云何名波罗夷,譬如断人头,不可复起,比丘亦复如是,犯此法者不复成比丘,故名波罗夷。"

④ 何承天:《答宗居士书》,《全宋文》,第 221 页。

教。永嘉太守颜延之，太子中舍人宗炳，信法者也。检驳二论，各万余言。琳等始亦往还，未抵迹乃止。炳因著《明佛论》以广其宗。[①]

何尚之所谓的“假服僧次”、“与琳比狎”、“拘滞一方”、“未抵迹乃止”等说法，显然也是站在佛教立场，对慧琳、何承天所作的贬损之词。其实，当时双方并未分出胜负，它只是在新的历史条件下，中国文化史上儒佛之争的延续和南朝刘宋时期儒佛之争的开始。

在慧琳写成《白黑论》之后，由于何承天把这篇文章寄给宗炳，从而引起第一次辩论。此后不久，由于宗炳著《明佛论》以诘难慧琳，何承天著《达性论》驳斥宗炳的《明佛论》，从而引起与颜延之的辩论。第三次是何承天作《报应问》，驳斥佛教的因果报应说，从而引起与刘少府的辩论。这三次辩论，何承天都是站在儒家立场，以儒家的人性论、仁义学说和入世主义作为反佛的基本武器。

二、对佛教基本教义的批评

何承天在与宗炳、颜延之、刘少府等人的辩论中，比较集中的是对佛教“生死轮回”、“因果报应”的批评。他从儒家注重客观事实的经验论出发，批评佛教的所谓“因果报应”及“天堂”、“地狱”之说是毫无根据的。他在《报应问》中说：

西方说报应，其枝末虽明，而即本常昧。其言奢而寡要，其譬迂而无徵。乖背五经，故见弃于先圣；诱掖近情，故得信于季俗。夫欲知日月之行，故假察于璇玑，将申幽冥之信，宜取符于见事。故鉴燧悬而水火降，雨宿离而风云作，斯皆远由近验，幽以显著者也。[②]

---

① 何尚之：《答宋文帝赞扬佛教事》，《弘明集》卷十一，第70页。

② 何承天：《报应问》，《全宋文》，第226页。

这里,何承天以儒家传统的经验论揭露了佛教的虚妄,从生活经验上否认"报应"的存在。"即本常昧",是说佛教所讲的"报应"、"轮回"等,从根本上说是荒诞不经的。在他看来,儒家的基本精神是从现实社会和人生经验出发,"六合之外,圣人存而不论,六合之内,圣人论而不议",而佛教的"报应"、"轮回"等说,是高谈阔论而不得要领,比喻迂远而无验证,既不能借察于璇玑(天文仪器),也不符合表现出来的事实经验,因此是"乖背五经,见弃于先圣"。

佛教讲杀生受报,因此把不杀生作为严格的戒律。但事实上如何呢?何承天列举日常生活中的实例说,鹅作为一种禽类,常常浮游于清池之中,以春草为食,从不杀生,然而却往往死于厨师的刀案之上。燕子飞来飞去,专门吃蚊虫生物,"唯飞虫是甘,而人皆爱之"。不只是鹅、燕如此,在现实的日常生活中,还有许许多多这样的例子。但为什么燕子杀生反倒受人的爱护,鹅不杀生反倒不免于刀俎?由此他得出结论说:

> 是知杀生者无恶报,为福者无善应。所以为训者如彼,所以示世者如此,余甚惑之。若谓燕非虫不甘,故罪所不及,民食刍豢,奚独婴辜?若谓禽豕无知,而人识经教,斯则未有经教之时,畋渔网罟,亦无罪也。无故以科法入中国,乃所以为民陷阱也。彼仁人者,岂其然哉!故余谓佛经但是假设权教,劝人为善耳,无关实叙。①

这就是说,杀生与否与人的福祸没有必然联系。仁人者不应相信善恶报应,更不应去追求"无关实叙"的天堂地狱之说。在何承天看来,中国的传统从来是"圣人作制,推德翳物,我将我享"。即不断地创造物质财富和精神财富,来满足人类的需要。因此不排斥发明创造和"畋渔网罟",以享受自己的劳动成果。"脁肜豆俎,以供宾客;七十之

① 《报应问》,《全宋文》,第226页。

老，俟肉而饱。岂得唯陈列草石，取备上药而已”。[①] 此即所谓“宾庖豫焉”。中国食物烹饪的发达，实与儒家的这一传统有密切的关系。

佛教为了论证“生死轮回”、“因果报应”，还常常把人与其他生物等同，借以说明人与其他生物之间存在着一种互相“托生转化”的关系。因此他们把有生命的东西总称之为“众生”，以为这样便可证明人在达到“涅槃”之前，在所谓“六道”（天、人、阿修罗、地狱、饿鬼、畜生）中轮回不息的可能。宗炳认为，鸟兽鱼虫等有生命的东西，同人一样都有“精神”，形体可以死亡，精神却可以重新受形而处“六道轮回”之中。因此人就可以变成“畜生”而受苦。

何承天认为，若如佛教所识，人为“众生”之一，这便是排除人的特点。排除了人之所以为人的本质特点，实际上就完全否认了人的价值。把人看做是毫无“自性”的东西，从而论证人间是苦海。只有信仰佛教，严守戒律，拯救自己的精神，才可以使灵魂超脱，从而摆脱人间的苦难，以达到“涅槃”而成佛。可见，佛教的“众生”说，是为其天堂、地狱、轮回、果报及其理论基础神不灭等作论证的。何承天针对宗炳《明佛论》中的“众生”说，作《达性论》，以儒家的人性论对佛教展开批评。

何承天认为，人有自己的特殊本质，因此不能与其他生物并列为“众生”，即不能把人与其他生物完全等同。他说：

> 天以阴阳分，地以刚柔用，人以仁义立。人非天地不生，天地非人不灵。三才同体，相须而成者也。故能禀气清和，神明特达，情综古今，智周万物，妙思穷幽赜，制作侔造化，归仁与能，是为君长。[②]

这是说，天、地、人各有其不同的性质。天的本性是阴阳，地的性质是

---

① 何承天：《重答颜光禄》，《全宋文》，第223页。

② 何承天：《达性论》，《全宋文》，第232页。

柔刚，人的本性是仁义。如果没有天地，人就不能生存；如果没有人，天地间就没有聪明智慧，因此天地人三者相须而成。而人不仅与天地不同，与其他生物也不同。人禀清和之气以生，故有文明和智慧，能“情综古今，智周万物”，能认识和了解深奥的道理，能创造和发明新的器物，“九谷刍豢，陆产水育，酸咸百品，备其膳羞；栋宇舟车，销金合土，丝纻玄黄，供其器服；文以礼乐，娱以八音，庇物殖生，罔不备设”。[①]在何承天看来，衣、食、住、行等各项活动，都体现人类自身的文化演进。特别是制造工具，从事生产，文以礼乐，娱以八音，这是人类与动物的最根本的区别。因此他又提出人类所特有的“乐治之心”与“神明”、“谋虑”产生的原因。他认为：

> 夫民用俭则易足，易足则力有余，力有余则情志泰，乐治之心，于是生焉。事简则不扰，不扰则神明灵，神明灵则谋虑审，济治之务，于是成焉。故天地以俭素训民，乾坤以易简示物，所以训示殷勤，若此之笃也。安得与夫飞沈蠉蠕，并为众生哉！[②]

这里，何承天把“乐治之心”和“济治之务”作为人与其他生物的根本区别，接触到人的聪明智慧和神明谋虑产生的过程，提出了“用俭——易足——力有余——情志泰——神明灵——谋虑审——济治之务”这样一个程序。这个程序在今天看来，虽然还不够精密和科学，但在当时条件下回答了人与动物的区别，肯定了人所特有的本质。这对于抹杀人与其他动物的差别，把人降低到一般生物的水平上，从而为“轮回”、“果报”、“神不灭”作论证的佛教教义，是一种有力的批评。同时，何承天把“神明灵”、“谋虑审”看做是人所特有的，这对范缜“人之质非木之质”、“活人之质质有知”等观点有直接的启发作用。

佛教的“报应”说是和它的“来世”说相联系的。因此反对佛教的“报应”说，也就必须批判“彼岸”、“来世”的观点。何承天认为，佛教所

---

①② 《达性论》，《全宋文》，第 232 页。

谓的"来世"以及天堂、地狱之说，完全没有根据，是"无故以科法入中国，乃所以为民陷阱也"。在他看来，儒家不主张"来世"之说，这在孔子与仲由的对话中早已表现得一清二楚。他说："仲由屈于知死，赐也失于所问。不更受形，前论之所明言，所凭之方，请附夫子之对。"[①]这里所谓"夫子之对"，即指孔子"未知生，焉之死"、"未能事人，焉能事鬼"的活。何承天以孔子的话为根据，说明佛教的"来世"说与儒家的人文精神不合。他认为儒家注重人事，因此对于先王之事鬼神，皆以"神道设教"立说。生则尽养，死则尽享，取其"慎终追远"之意，无非是教天下之事人。而佛教"多采谲怪，以相扶翼"，"演君蒿之答，明来生之验，袨服盱衡而矜斯说者，其处心亦悍矣"。[②] 这是说，佛教为了让人相信有"来世"，故意渲染神秘气氛。身穿盛服，扬眉举目，夸耀其词，处心险恶。在何承天看来，这不过是一场骗局，实在是滑稽可笑。他说：

> 至于好事者，遂以为超孔越老，唯此为贵，斯未能求立言之本，而眩惑于末说者也。知其言者，当俟忘言之人。若唯取信天堂地狱之应，因缘不灭之验，抑情菲食，尽勤礼拜，庶几荫罗帐之盖，升弥镫之座，淳于生所以大谑也。[③]

荫罗帐之盖，意谓受佛家的保佑；弥镫之座，指佛座；淳于生，即淳于髡，战国时齐人，滑稽善戏谑的人。何承天把佛教宣扬的"天堂地狱之应"、"因缘不灭之验"讥讽为笑料，认为佛教设来世之说，往往把人们引向"抑情菲食"、"在生虑死"、"心系无量，志在天堂"，从而让人们放弃此生的努力。这样做的结果，不仅不能"除贪欲而息竞"、"剪荣冀以全朴"，反而使人们追誉逐利，"所尚以祈利，忘天属以要誉"。即弃绝父母妻子和纲常人伦，以追求"来世"的幸福。何承天对佛教"来世"

---

① 何承天：《答颜光禄》，《全宋文》，第222页。

② 何承天：《答宗居士书》，《全宋文》，第221页。

③ 《答宗居士书》，《全宋文》，第219页。

的批评，虽然在理论上显得薄弱，但其所表现的儒家立场却十分鲜明，即始终坚持儒家的人文传统和名教观念。

三、儒家的仁义学说和入世主义

从何承天与佛教信徒的三次论战所保留下来的材料看，他基本上是站在正统儒家的立场上排斥佛教的。但他与历史上援儒抑佛又不尽相同。由于他排佛的重点，在于揭露那些多与善恶观念有关的“轮回”、“报应”和“来世”的观点，因此，较多的选择了儒家的仁义学说，以对抗佛教的慈悲观念，以儒家的积极入世思想排斥佛教的出世主义。这是他以儒家思想为武器排佛的一个特点。如他说：“若果有来生报应，周孔宁当缄默而无片言邪？若夫婴儿之临坑，凡人为之骇怛，圣者岂独不仁哉？”[①]何承天认为，如果像佛教所说，真有报应的话，为什么周公、孔子没有说到呢？连一般人都有恻隐骇怛之心，更何况像周公、孔子这样的圣人呢？因此照他看来，仁爱之心人人都有，但这并不等于说有来生报应。反之，不讲来生报应，不等于不讲仁爱。也就是说，不应把仁爱与来生报应纠缠在一起。

宗炳在答书中反驳说：“若身死神灭，是物之真性，便当与周孔并力致教，何为诳以不灭，欺以佛理，使烧祝发肤，绝其牉合，以伤尽性之美？”[②]这是说，若如儒家学者所言，身死神灭是人的自然本性，那么佛教就应与儒家一起并力致教，为何还讲神不灭呢？为何还要费那么大的力气，宣扬佛理，甚至剃发烧肤，断其婚配，绝其苗裔，以伤尽性之美呢？何承天回答说：

> 华戎自有不同，何者？中国之人，禀气清和，含仁抱义，故周孔明性习之教。外国之徒，受性刚强，贪欲忿戾，故释氏严五戒之科。来论所谓圣无常心，就物之性者也。惩暴之戒，莫若乎地狱，

① 《答宗居士书》,《全宋文》,第 219 页。
② 《答宗居士书》,《全宋文》,第 220 页。

> 诱善之劝，莫美乎天堂，将尽残害之根，非中庸之谓。周孔则不然，顺其天性，去其甚泰，淫盗著于五刑，酒辜明于周诰，春田不围泽，见生不忍死，五犯三驱，钓而不网，是以仁爱普洽，泽及豚鱼。[①]

这里何承天是以儒家的人性论和仁义学说为根据，论证佛教理论的虚妄以及为什么不适于中国。他认为中国人禀气清和，内含仁爱，外明礼义，又有刑法的制约，道德的陶化，所以周孔之教往往是顺着人们的自然本性，使其去掉过分的要求，以普遍地推行仁爱。这样的教化与外国根本不同。外国人受性强悍，贪欲暴戾，所以佛教以五戒来制约，用地狱来恐吓，举天堂来劝诱。何承天企图用中国人与外国人的天性不同来论证他的反佛观点，虽然存在着许多错误，但已接触到以民族性的差别来分析不同民族的文化形态、文化心理的差别。其中特别强调了作为中国文化主流的儒家文化的基本特质，即它的“含仁抱义”的道德性格。

在人与其他动物的关系上，何承天也用儒家的仁义道德学说，特别是儒家关于人性的理论反对佛教人物合一的“众生”说。他认为：

> 夫阴阳陶气，刚柔赋性，圆首方足，容貌匪殊，恻隐耻恶，悠悠皆是。但参体二仪，心举仁义为端，取知欲限以名器，慎其所假，遂令惠人洁士，比性于毛群，庶几之贤，同气于介族，立象之意，岂其然哉？[②]

人之所以不能与“毛群”、“介族”相比拟，就在于人有“恻隐”的同情心和“耻恶”的道德感，同时又具有“参体二仪”的能动性和“观象制器”的创造性。这种“人贵于物”的思想，更是儒家的传统观念，从孔孟开始，都十分强调人与禽兽等其他动物的区别。荀子说：“水火有气而无生，草木有生而无知，禽兽有知而无义；人有气、有生、有知亦且有

---

① 《答宗居士书》，《全宋文》，第220—221页。

② 《重答颜光禄》，《全宋文》，第223页。

义，故最为天下贵也。”[①]告子讲“生之谓性”，孟子反对。在孟子看来，如按照“生之谓性”说，就不能区别人之性与牛犬之性的不同。他认为，人类所以高于一般动物的价值，乃在于人有道德意识，有恻隐羞恶辞让是非之心，即所谓“四端”。何承天正是继承了这种建立在“性善论”基础上的儒家正统人性学说，并以此作为反佛斗争的思想武器，其意义有三：第一，肯定人与动物的区别，重点在于否定佛教的“生死轮回”、“三世报应”的神学虚构；第二，人具有道德意识的自觉，从而可以通过圣人的教化而改恶迁善，不必通过修行而追求“涅槃”；第三，批判了佛教对人的价值的抹杀，从而有利于认识人生的目的，采取积极入世的态度。

何承天认为，佛教劝人“礼佛持戒”，无非是放弃今生的努力，追求“来世”的幸福，这不符合儒家先圣的教诲。他说：

> 圣人在上，不与百神争长。有始有卒，焉得无死之地？夫辩章幽明，研精庶物，反初结绳，终繁文教。性以道率，故绝亲誉之名，范围造化，无伤博爱之量。以畋以渔，养兼贤鄙，三品之获，充实宾庖，金石发华，笙籥协节，醉酒饱德，介兹万年，处者弘日新之业，仕者敷先王之教，诚著明君，泽被万物，龙章表观，鸣玉节趋，斯亦尧孔之乐地也。……何必陋积善之延祚，希无验于来世，生背当年之真欢，徒疲役而靡归。系风捕影，非中庸之美；慕夷眩妖，违通人之致。蹲膜揖让，终不并立，窃愿吾子舍兼而遵一也。[②]

这是说，人生在世，不要希求延祚，幻想毫无验证“来世”天堂的幸福，而是要抓住此生的大好时机，作“穷则独善其身，达则兼济天下”的努力。因此人生的快乐乃在于“弘日新之业，敷先王之教”，把身体力行周孔的道德教化，切切实实做一些于国于民有利的事业看做是“尧

① 《荀子·王制》。

② 何承天：《重答颜光禄》，《全宋文》，第224页。

孔之乐地”。这种积极入世的精神,是中国儒家思想中的合理因素。他尤其指出那些唯佛是好的人,“慕夷眩妖”,即羡慕外来文化,并把它推向极端,这是“系风捕影,非中庸之美”。在他看来,正确的态度应该是“舍兼而遵一”,即舍弃佛教,专以儒家思想、周孔之教为行为准则。因为佛教是外来文化,“但当谓外国之事,或非中华所务”。由此看来,魏晋南北朝的儒佛之争,乃是外来文化与本土文化之争,在这种争论中,“舍兼而遵一”的思想,并不符合人类文明交流和文明对话的法则。但由此亦可看出,南北朝时期的儒佛之争的主流,仍是相互排斥。对这一时期的儒教之争加以研究、总结,也许对今天及以后的文化讨论会有所补益。

第三节　范缜《神灭论》在儒佛之争中的地位和影响

南北朝时期的儒佛之争,至范缜达到高潮。此后便进入全面的儒佛融合阶段。因此,范缜不仅是南北朝时期杰出的哲学家、理论家和无神论者,而且也是中国文化史上儒佛之争的代表人物。他的《神灭论》一文,集中地反映了中国传统文化的人文主义特质和儒家的积极入世精神,同时也在理论上对中国长期以来存在的形神关系问题作了历史性的总结。

一、范缜的家世及其儒学师承

范缜(450—515)字子真,南乡舞阴(今河南泌阳县北)人。其先祖范晷作过西晋雍州刺史。曾高祖范汪字玄平,少孤贫,年六岁过江,依外家新野庾氏。荆州刺史王澄见而奇之曰:“兴范族者,必是子也。”汪历任东晋宛陵令、鹰扬将军、安远护军、武陵内史、中书侍郎、吏部尚书、安北将军、徐兖二州刺史等职。因军功赐都乡侯、武兴侯等爵。后屏居吴郡，从容讲肆，精通礼学。高祖范宁，是东晋著名经学家，封阳遂乡侯，又拜中书侍郎，曾为余杭令，临淮、豫章太守。曾祖范泰，字伯伦，历仕东晋天门太守，袭爵阳遂乡侯，迁南郡太守、东阳太守加振武将军等官。亦做过太学博士、国子博士、入为黄门郎、御史中丞，转度支尚书、徙太常、右卫将军加散骑常侍。宋受禅，拜金紫光禄大夫，领国子祭酒。范缜的祖父范璩之，亦做过中书侍郎。至范缜时，因其父范濛早卒，再加之南朝政权的更迭和仕途变幻无常，遂使范缜的家世趋于衰微。少孤贫，"恒芒屩布衣，徒行于路"。

正因范缜"少孤贫"，又曾与当时高门竟陵王萧子良及梁武帝萧衍等辩抗佛教事，故后世学者多以范缜出身寒门素族，并以此作为他激烈反佛的一条理由。其实这是对范缜家世出身的一种误解。以目前保存下来的史籍所考，范缜的家世堪称东晋南北朝时期典型的"士族"。东晋南北朝时所谓"素族"，是对宗室或家世显贵受封爵邑者而言。因此"素族"不但不能解释为寒门，而且恰恰相反，实即是对"士族"的互称。况且在范缜的家世谱系中，多数为朝廷命官，并袭封侯爵。如范汪受封都乡侯、武兴侯；范宁受封阳遂乡侯；范泰袭封阳遂乡侯；范弘之袭封武兴侯；范晔袭封武兴侯等。至范濛，因早卒或因其叔父范晔谋反坐罪，故仕途未显。但至范缜，又有复兴趋势。其从兄范云官至尚书右仆射、封霄城候。范缜官至晋安太守、尚书左丞，以中书郎、国子博士卒官。由此可知，范缜决非寒门细族。至于范缜反佛，主要原因在于其家世的儒学信仰及其自身所受的儒学教育。

两晋南北朝的士族，按其政治地位、艺文特长及立身处世之事迹等，可分为不同类别。台湾学者苏绍兴在其所著《两晋南朝士族》一书中，把士族分为权倾一时类、仕途显赫类、文学艺术类、清谈玄学类及德行高洁类等五大类别，而范缜所属的陈留范氏家族显然不包括在这五类中。在两晋南北朝四十余家士族中，范氏家族是以儒学标显于世，这是我们在研究范缜的思想时所应注意的一个问题。

附：

范缜世系表

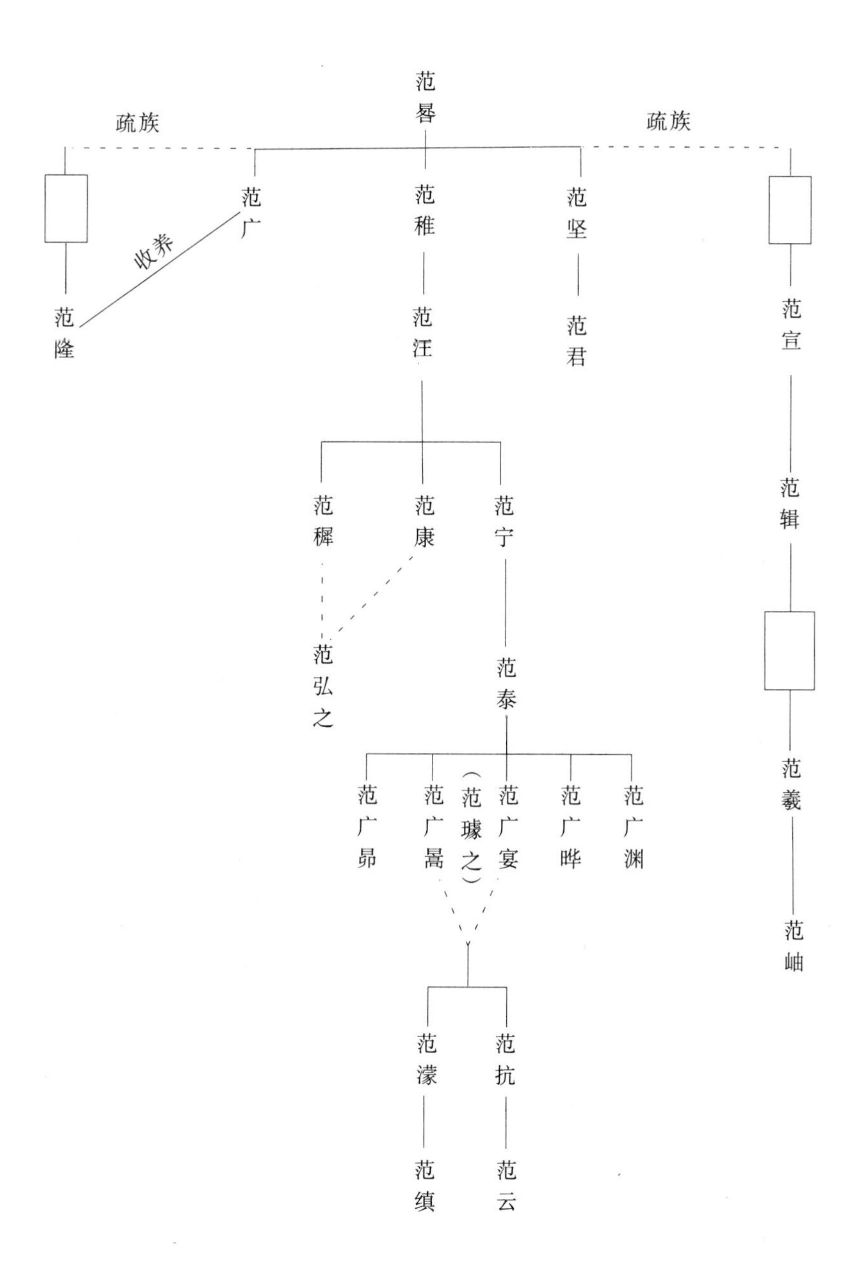
范晷
疏族
疏族
范广
范稚
范坚
收养
范隆
范汪
范君
范宣
范穉
范康
范宁
范辑
范弘之
范泰
范广昂
范广暠
（范璩之）
范广宴
范广晔
范广渊
范羲
范岫
范濛
范抗
范缜
范云

范缜出身儒学世家，这在其家世谱系中表现得尤其明显。其先祖范汪即精通礼学，《通典》中保留了不少范汪对礼学及丧服的议论。范宁、范泰都是晋宋大儒。范宁尤以经学著称。其为豫章太守时，在郡大设庠序，敦教五经，尊儒反玄，洁己修礼，“志行之士莫不宗之”，“自中兴以来，崇学敦教，未有如宁者”。包括范氏疏族在内，范隆、范宣、范弘之均入《晋书·儒林传》。其中范宣是东晋名儒，范弘之“以儒学该明，为太学博士”。范缜的叔祖范晔是中国史学大家，自幼好学，博通经史，所著《后汉书》亦常褒儒学。以为自《春秋》以来的史书，“所谈者仁义，所传者圣法也。故人识君臣父子之纲，家知退邪归正之路”。元嘉二十二年(445)，有人告发他与孔熙先等密谋拥立刘义康，以谋反罪名被处死。范晔死时，范缜已在幼年。

范缜有丰厚的儒学传统，他被列入《梁书·儒林传》并非偶然。同时他的师承关系亦可反映他的儒学背景。据《梁书》及《南史》本传载，范缜“年未弱冠，闻沛国刘瓛聚众讲说，始往从之，卓越不群而勤学，瓛奇之，亲为之冠”。刘瓛是南朝宋齐间著名儒家学者，其舅孔熙先与范晔同时以谋反罪被杀。他看到被卷入政治漩涡的知识分子，仕途变幻无常，故“素无宦情”，专心于授徒讲学。齐高帝萧道成、竟陵王萧子良、梁武帝萧衍等都亲自向他问学。“瓛恣状纤小，儒业冠于当时，都下士子贵游，莫不下席受业，当世推其大儒，以比古之曹、郑”。著有《周易乾坤义》、《周易系辞义疏》、《周易四德例》、《毛诗序义疏》、《毛诗篇次义》及《丧服经传义疏》等。范缜“在瓛门下积年”，学业既长，“博通经术，尤精《三礼》”。其子范胥“传父学，起家太学博士”。

由此看来，范缜所以能在佛教盛行之时，异军突起，以儒家的人文思想和入世精神为武器，写出中国思想史上难得的《神灭论》一文，是有其深厚的儒学背景和思想渊源的。

二、《神灭论》的儒学宗旨

范缜的著作，据《梁书》本传载，有文集十卷。《南史》本传载有文集十五卷。《隋书·经籍志》著录《范缜集》十一卷。以上三书，记载各有不同。可见范缜的著作，在陈隋间即开始散佚。至新、旧《唐书》已不见著录。《神灭论》一文因在当时影响较大，曾引起“朝野喧哗”，故得以保留在《梁书》本传及《弘明集》中。

从范缜“博通经术，尤精三礼”和其子范胥“传父学”的情况看来，范缜无疑是一位儒家学者。由于他的著作佚失，其儒学思想的全貌不可详知。但仅就《神灭论》一文看，亦可反映其儒学宗旨和儒家精神。

首先，范缜在《神灭论》中，明确表示他主张“神灭”的理由，乃是出于对现实社会和现实人生的关心。特别是佛教在政治、经济、风俗、道德等各方面所造成的社会危机，使范缜深感不安，故促使他“思拯其溺”。这种注重现世人生的精神正是儒家的一贯传统。他在《神灭论》中设问说：“知此神灭，有何利用邪？”答曰：

> 浮屠害政，桑门蠹俗，风惊雾起，驰荡不休，吾哀其弊，思拯其溺。夫竭财以赴僧，破产以趋佛，而不恤亲戚，不怜穷匮者何？良由厚我之情深，济物之意浅。是以圭撮涉于贫友，吝情动于颜色；千钟委于富僧，欢意畅于容发。岂不以僧有多稌之期，友无遗秉之报，务施阙于周急，归德必于在己！又惑于茫昧之言，惧以阿鼻之苦，诱以虚诞之辞，欣以兜率之乐。故舍逢掖，袭横衣，废俎豆，列缾钵，家家弃其亲爱，人人绝其嗣续。致使兵挫于行间，吏空于官府，粟罄于惰游，货殚于泥木。所以奸宄弗胜，颂声尚拥，惟此之故，其流莫已，其病无限。①

首先，范缜指出，由于佛教的流行，使许多人不顾倾家荡产，竭尽钱财去敬僧拜佛，而不肯帮助和照顾亲戚邻里，不同情和救济贫困之人，这都是出于自私自利的考虑。因为在信奉佛教的人看来，“僧有多稌之期，友无遗秉之报”，即把钱财捐给佛僧，可以得到好的报应。范缜认

① 《梁书·范缜传》，第670页。

为，有了这种求报的思想，自然会产生“济物之意浅”、“务施阙于周急”的功利观念，此即慧琳在《白黑论》中所说的“施一以侥百倍”，“热望来生之利”。这种图报的思想，正是与儒家“正其义不谋其利”的思想相矛盾。同时，范缜认为，报应说是一种“茫昧之言”，佛教正是以这种虚诞不实的言论，对人们“惧以阿鼻之苦”或“欣以兜率之乐”。“阿鼻”，梵语音译，佛教所谓八大地狱之一，是最苦处。“阿鼻之苦”，意谓受苦无间断。“兜率”也是梵语音译，佛教所谓六重天中第四重。“兜率之乐”，意谓极乐世界。这就是说，佛教诱惑人们相信天堂、地狱之说，遂使人们“舍逢掖，袭横衣，废俎豆，列缾钵”。这里，范缜明显地把儒佛对立起来。“逢掖”泛指儒家的服饰。“俎豆”，泛指儒家的礼乐制度。在他看来，抛弃儒家学说的结果：①“家家弃其亲受，人人绝其嗣续”；②“致使兵挫于行间；”③“吏空于官府”；④“粟罄于惰游”；⑤“货殚于土木；”⑥“奸宄不胜，颂声尚拥”。即从人伦、道德、军事、行政、经济、政治等方面揭示了背弃儒学、崇尚佛教所带来的危害。这表明范缜有浓厚的经世思想及对现实社会和现实人生的强烈关怀和责任感。

第二，范缜以“神道设教”解释祭祀鬼神，实际上即是主张无鬼论，以此反对佛教的神不灭论和人死为鬼的说法。这是儒家人文思想的典型表现。在范缜与佛教辩论中，佛教方面常常引证儒家的经典，证明神不灭和人死为鬼，企图以此驳难范缜。范缜在《神灭论》中自设问答说：

> 敢问“经云‘为之宗庙，以鬼飨之’，何谓也？”答曰：“圣人之教然也。所以弭孝子之心，而厉偷薄之意。神而明之，此之谓矣。”①

> 问曰：“《易》称‘故知鬼神之情状，与天地相似而不违’，又曰‘载鬼一车’，其义云何？”答曰：“有禽焉，有兽焉，飞走之别也。有

---

① 《神灭论》，《梁书·范缜传》，第669页。

人焉，有鬼焉，幽明之别也。人灭而为鬼，鬼灭而为人，则未之知也。"[1]

《神灭论》中的这两段话，集中反映了范缜对儒家经典中所谓鬼神的看法。他认为《孝经》、《易传》中有关鬼神的说法，其目的不在于论证鬼神的存在，而在于假借言教而劝化世人，这就是"神道设教"的作用。如果像佛教那样，以灵魂为不灭，以鬼神为实有，便违背了儒家圣人的初衷。"夫圣人者，显仁藏用，穷神尽变，故曰圣达节而贤守节也，宁可求之蹄筌，局以言教？夫欺者谓伤化败俗，导人非道耳。苟可以安上治民，移风易俗，二光明于上，黔黎悦于下，何欺妄之有乎？"[2]范缜认为，正因儒家以安上治民，经世致用为目的，故以鬼神为虚设，"郊丘明堂乃是儒家之渊府也，而非形神之滞意当如此"。在范缜看来，如果人们都能像圣人那样"达节"、"知本"，了解生死乃禀于自然就不必有宗教。问题在于，"黔首之情，常贵生而贱死。死而有灵，则长畏敬之心；死而无知，则生慢易之意。圣人知其若此，故庙祧坛墠，以笃其诚心；肆筵授几，以全其罔已。尊祖以穷郊天之敬，严父以配明堂之享。且忠信之人，寄心有地；强梁之子，兹焉是惧。所以声教昭于上，风俗淳于下，用此道也"。[3] 这就是说，儒家经典中的鬼神说教，完全是为了教化百姓，淳正风俗和安邦治国而设的。因为按着常人之情，总是只看到眼前个人的得失，不能敬始而慎终。故设神庙、祭先祖、配明堂、使其能够慎终追远，这样不仅可以使忠信之人有寄托哀思的场所，而且能够使强梁之子有所警惧，不敢为非作歹。范缜在《答曹舍人》一文中又引述孔子与弟子的对话说：

子贡问死而有知，仲尼云："吾欲言死而有知，则孝子轻生以殉死；吾欲言死而无知，则不孝之子弃而不葬。"子路问事鬼神，夫

① 《神灭论》，《梁书·范缜传》，第670页。

② 《答曹思文〈难神灭论〉》，《全梁文》卷四十五，第482—483页。

③ 《答曹思文〈难神灭论〉》，《全梁文》，第482页。

子云："未能事人，焉能事鬼？"适言以鬼享之，何故不许其事邪？死而有知，轻生以殉，是也，何故不明言其有，而作此悠漫以答邪？研求其义，死而无知，亦已审矣。宗庙郊社，皆圣人之教迹，彝伦之道，不可得而废耳。[1]

从范缜对孔子言论的解释和发挥，足以看出他的人文主义立场。他对鬼神、生死等问题的看法，是紧密地围绕现实人生来立论的，这是儒家的一贯传统。孔子即是以行道为其终极关怀，故言"未知生，焉知死"，"未能事人，焉能事鬼"。亦即"尽人事而俟天命"，"朝闻道夕死可也"。孟子亦寄死于生，有"生于忧患，死于安乐"的说法。荀子则一再强调"礼者谨于治生死者也。生人之始也，死人之终也，始终俱善，人道毕矣"。在儒家看来，最重要的事，莫过于使自己的生命更有意义。因此宗庙郊社之立，生死鬼神之谈，只是圣人的"教迹"，是使彝伦之道可得而行的手段和桥梁。其最终目的不在于论证鬼神的存在，而在于完成和实现"人道"的内容。范缜正是在这一意义上反对神不灭论，从而否定有脱离人生的彼岸世界的存在。这些思想都反映了儒学以人生为中心的本质特点，这也是儒家关于生死的智慧。

第三，范缜神灭思想的形而上学根据是儒道结合的"天理自然"的宇宙观，其理想的社会人生则是儒家的存天理，尽人事。他在《神灭论》的最后一段中说：

若陶甄禀于自然，森罗均于独化，忽焉自有，怳尔而无，来也不御，去也不追，乘夫天理，各安其性。小人甘其垄亩，君子保其恬素。耕而食，食不可穷也；蚕而衣，衣不可尽也。下有余以奉其上，上无为以待其下，可以全生，可以匡国，可以霸君，用此道也。[2]

范缜所描绘的这幅图景，具有一定的道家色彩，但其归宿仍表现为儒

---

① 《答曹思文〈难神灭论〉》，《全梁文》，第 482 页。

② 《梁书·范缜传》，第 670 页。

家的特性。“陶甄禀于自然”，是指万物的发生皆出于自然。“森罗均于独化”，是指万物的变化都是以自身为根据。这就是说，万物的发生发展或生长变化并没有一个造物主或神灵在背后主宰，它完全是一种自然而然的过程。因此对于一个具体事物或具体生命来说，它的产生与消亡都有其自身的根据或偶然性，都是“忽焉自有，况尔而无”。事物的这种自然本性，并不能依人的意愿及好恶改变它。所以对一个人的生死来去，不应有非分之想。“来也不御，去也不追，乘夫天理，各安其性”，即根据自然道理，安于自己的本性。

很明显，范缜“天理自然”的宇宙观和魏晋以来由道家脱胎出来的玄学自然观有着密切的关系。其中关于“独化”、“各安其性”等思想，是直接受了玄学家郭象的影响。他把这种儒道结合的“天理自然”的宇宙观推广到社会人生，便成为其反对佛教神不灭论和“尽人事而俟天理”的儒家生死智慧的哲学基础。这也正是对道家强调“自然”，儒家强调“人事”的一种结合，或为儒学的人文经世思想提出了形而上学的根据。因此，范缜《神灭论》的宗旨，仍在于强调儒家注重社会和人生的现实性品格。因为在范缜看来，认识“天理”(自然的道理)的目的，在于“乘夫天理”，即按着自然的本来面目去行动，这样人们就不会舍弃自己的本性，而去追求虚无缥缈的彼岸世界，从而使小人、君子各自努力，创造一个上下和谐的社会。“用此道也”，则能“全生”、“养亲”、“为己”、“为人”、“匡国”、“霸君”。这显然又回到了儒家的“尽人事”和修己、治人、经世的宗旨上来。

三、《神灭论》对道玄本体论的吸收

在方法论上，范缜《神灭论》的最大特点，是吸收了道家、玄学甚至佛教本体论思想。这是他在当时的儒佛之争中，之所以能够具有理论思维优势的重要原因。《神灭论》在理论上的主要贡献，在于提出了“形神相即”和“形质神用”的命题，改变了以往用精气说解释精神的形神二元论的理论缺欠。

在中国思想史上,形神关系一直是一个争论不休的问题。孔、孟时代,这一问题还不够突出。所以孔子、孟子对这一问题没有提出什么明确的看法。至荀子,对这一问题开始有所注意。荀子提出"形具而神生"的命题,虽然没有进一步阐发,但在原则上肯定了精神对形体的依赖关系。这可以代表儒家对形神关系的早期看法。到了汉代,由于谶纬、迷信及天人感应的流行,生死形神问题比较突出。故许多儒家学者对此发表意见,提出了一些基本的看法。如扬雄、桓谭、王充等人都主张生死乃自然之道。生之有长,长之有老,老之有死,若四时之代谢矣。人的死亡即生命的结束,这是自然规律。故汉代以后的许多儒家学者,继承了孔子"不语怪、力、乱、神"的传统,并把它发扬光大。汉代的桓谭"以烛火喻形神"。认为"精神居形体,犹火之燃烛矣"。形亡而神灭就像烛尽而火灭一样。"烛无,火亦不能独行于虚空"。同样,人的精神也不能使枯干了的形体重新润泽起来,"内外周遍,则气索而死,如火烛之俱尽矣"。[①] 王充亦否定灵魂不灭、人死为鬼的说法。认为人的精神依靠形体,精神不能脱离人的形体而单独存在,因此人死后不能变成鬼。在王充看来,"人死血脉竭,竭而精气灭,灭而形体朽,朽而成灰土,何用为鬼"?[②]

由以上看来,汉代以来的儒家学者,往往从人体的物质构成方面论证精神对形体的依赖关系。其理论思维建立在宇宙生成论的基础上,把精神看做是一种物质性的"精气"。因此人的生死就是精气的聚散、隐显。"人死精神升天,骸骨归土,故谓之鬼神。鬼者归也;神者,荒忽无形者也"。[③] 这样的解释,显然存在着理论上的矛盾。即一方面承认"人死精气灭",另一方面又认为"人死精神升天"。这种理论上的矛盾,至东晋南北朝时期,反被佛教用来论证神不灭。也就是说,古老

---

① 桓谭:《新论·祛蔽》,《全后汉文》卷十四,商务印书馆 1999 年版,第 129 页。

② 王充:《论衡·论死》,黄晖:《论衡校释》卷二十,中华书局 1990 年版,第 871 页。

③ 《论衡·论死》,第 871 页。

的精气说和宇宙生成论的原理,无论在理论和方法上,都不能适应南北朝时期思想文化领域内的斗争。儒家思想必须在新的形势下,有所更新和发展,才能有力地抵御佛教的思想及其教义的蔓延。范缜的《神灭论》正是在这种理论背景下产生的。

上面已经谈到,在宇宙观方面,范缜继承了王充以来的"偶适自然"的思想。这实际上也是对道家自然天道观的吸收。也就是说,在自然观方面,自汉代开始,儒家已注意建立自己的形而上学体系,以补充先秦儒家在此问题上的不足。至魏晋,由于注重对易学的阐发和研究,使儒家的形而上学也趋于形成。但在方法论上还没有完全适应这种理论上的变化。魏晋玄学在全面吸收道家学说的基础上,创立了中国哲学史上的本体论学说,即把两汉以来,以元气说为基础的宇宙生成论引向以本末有无问题为中心的本体论。生成论与本体论是人类对宇宙认识的不同层次和方法,它们既有联系又有区别。生成论注重研究宇宙万物的构成元素与这些元素产生的根源,因此在方法上往往与经验论或实证论相联系;本体论注重研究宇宙万物存在的根据及这个根据与现象世界的关系,因此在方法上则强调超越感性的限制,更注重理论或抽象思维。范缜的《神灭论》即是吸收了本体论的思维方法,在承认人体物质构成的基础上,把讨论的重点由以前的形神构成问题转移到形神关系问题。即是说,不管形与神是由什么构成,都不能排除二者的关系。只要在关系上能够证明精神对形体的依赖,就可以有力地抵御佛教宣扬的神不灭论。

在形神关系的本体论的论证中,范缜提出了"形神相即"和"形质神用"这两个基本命题。他针对佛教把形神看做是两种不同存在物的观点,提出"神即形也,形即神也,是以形存则神存,形谢则神灭"。[①]"即"字可以有多种解释,但从范缜《神灭论》的前后文义及其中心思想看来,"即"字在此只能作"即是"解。这就是说,范缜在形神关系上,强

---

① 《神灭论》,《梁书·范缜传》,第666页。

调二者的统一或同一,反对把二者说成是两个不同的实体。它们的关系是两者“相即”,而非两者“相合”。在范缜看来,若如佛教那样,把形神说成是两个实体,那么它们的关系则只能用“分”与“合”来解释。而实际上,形神是不相分离的。“神即形也,形即神也”,二者不相分离,“是以形存则神存,形谢则神灭”。也就是说,形与神不是两个不同的存在物,因此也就不存在“相合”或“相离”的问题。

为什么形神相即?范缜进一步展开他的论证,从而提出“神灭论”的第二个重要命题——“形质神用”。他说:“形者神之质,神者形之用,是则形称其质,神言其用,形之于神,不得相异也。”[①]质,指物质实体或物质质料;用,指作用、功能或属性。这就是说,人的形体是人的精神的物质实体,而人的精神则是人的物质实体的一种作用、功能和属性。精神不是物质实体,但必须依赖实体,它是由人的特殊物质实体(大脑)派生出来的。从这一意义上说,人的精神意识或所谓的“灵魂”,是不能离开人的肉体而独立存在的。它是随着(活着的)人体的存在而存在,随着(活着的)人体的死亡而死亡。此即“形存则神存,形谢则神灭”。

范缜还用“利刃之喻”来说明自己的论点。他说:“神之于质,犹利之于刃;形之于用,犹刃之与利。利之名非刃也,刃之名非利也。然而舍利无刃,舍刃无利,未闻刃没而利存,岂容形亡而神在?”[②]

刀刃与刀刃的锋利是两个不同的概念,其内涵不同,故其内容与本质也就不同。刀刃是实体(体),锋利是实体的功能或作用(用)。一体一用相联系,才能体现出二者的统一关系或一个问题的两个方面。因此不能离用而言体,更不能离体而言用。即不能把人的形体与人的精神对立起来,从而错误地把它们看做是两个可以完全独立的实体。

为了回答神灭论者的问难,范缜还从人的生命特点方面阐述了生

---

① 《神灭论》,《梁书·范缜传》,第 665—666 页。

② 《神灭论》,《梁书·范缜传》,第 666 页。

与死的本质区别，以论证“形神相即”和“形质神用”的确实性和合逻辑性。他认为，人是有生命的物质实体，它的特点是具有知觉作用。因此，“人之质”与“木之质”不同。“人之质质有知”，“木之质质无知”。人死失去知觉作用，便同“木之质”一样。“死者有如木之质，而无异木之知；生者有异木之知，而无如木之质也”。[①] 就是说，知觉是生命的本质属性，因此人的生命决非无知的形体同有知的精神的结合，而是活着的肉体自身所具有的精神的性能，所以人死则形神俱灭。

从以上的论述中，我们可以看到，范缜《神灭论》的理论特点，在于充分吸收了魏晋以来道家、玄学，其中包括佛教哲学在内的本体论和体用论思维，从而抛弃了传统的精气说形神二元的思维方式，这使得他的“神灭论”思想具有了相当深刻的理论思维水平和较强的战斗性。这也反映了儒学对佛道理论的吸收。

四、《神灭论》的理论贡献及其局限

从哲学史上看，范缜扬弃了以精气解释精神的形神二元论思想，指出精神乃是人的形体(肉体)的功能或属性，这在哲学史上占有重要地位。因为从理论上看，精气说的错误，是把人的精神现象归结为某种物质的运动。

如王充的“囊米之喻”和桓谭的“烛火之喻”即是如此。而范缜的形神论，则是把精神看成是运动着的物质(即有生命的肉体)的某种特殊功能或属性，从而改“囊米之喻”为“利刃之喻”。这是范缜唯物主义形神一元论的精华所在。原始的唯物主义所以不能正确解决这一问题，原因即在于把精神与形体看成是两个独立存在的实体，不了解精神对物质的依赖关系，结果被有鬼论或神不灭论所利用。范缜形神观的出现，标志中国哲学史上早期唯物主义形神观历史的结束。

范缜提出的“形神相即”和“形质神用”的命题及其理论意义，不仅

---

① 《神灭论》，《梁书·范缜传》，第665—666页。

在中国哲学发展史上占有重要地位，而且在世界哲学发展史上也同样占有重要地位。欧洲哲学直到 17 世纪，形神二元论的观点仍起支配作用。如西方近代哲学创始人之一的笛卡尔，即以二元论的观点，把人解释成物质和精神这两个似乎互不依赖的独立本质的结合。他把人的精神意识理解为一个特殊的闭塞的内部世界。他通过人体解剖学和生理学找到的大脑中间一个叫"松果腺"的腺体，人的灵魂便住在那里。这个灵魂通过血液的传递，指挥形体各部分的运动。灵魂驻守在松果腺里的说法，正是把人的精神意识看做是一种独立的实体，与人的形体保持一种二元平行关系。根据笛卡尔的学说，人的心理机能所固有的灵魂，即思维和意志乃是精神实体的表现，通过它可以超越肉体上升到神。此后，笛卡尔的追随者，如马勒布朗士、格林克斯等人，一直坚持二元论的观点，认为灵魂和肉体是两个实体，就好像两架时钟，一个指着十二点，另一个也指着十二点，并不用哪个去推动哪个，它们的关系是天然契合的。斯宾诺莎、莱布尼茨都在不同程度上接受了笛卡尔的影响，在形神关系上，有的走向泛神论，有的走向"前定和谐论"。[①]

为了反对决定论，直到近代的罗素，仍十分肯定笛卡尔的形神二元论学说。他认为笛卡尔的看法"有两点高明处：第一是，既然灵魂绝不受肉体的作用，所以这理论使灵魂在某个意义上完全不依附于肉体；第二是，它承认了'一实体对另一实体不能起作用'这个一般原理。实体有精神和物质两个，它们极不相似，起相互作用似乎是不可想象的事"。[②]

物质和精神是两种完全独立的实体的二元论观点，在西方哲学中，一直占统治地位。直到 18 世纪中后期，英国自然科学家和哲学家

---

① 参阅王太庆：《笛卡尔》，《西方著名哲学家评传》第四卷，山东人民出版社 1984 年版，第148—151 页。

② 罗素著，马元德译：《西方哲学史》下卷，商务印书馆 1982 年版，第 85 页。

普利斯特列，通过实验，提出了“精神实体”的非物质性观点。他认为，“精神实体”是完全没有广延性且与空间无关的实体。这就是说，它并没有物质所具有的任何属性，所以它本身不是物质的。在精神和物质的关系上，普氏力图克服二元论的影响，提出了类似范缜的“利刃之喻”。他把剃刀比作形体，把锋利比作精神。剃刀在浓酸中消蚀融解，其锋利亦随之消失。由此他得出结论说：“如果身体因腐烂而分解了，它的思想活动也就以同样的方式整个消灭。”①

范缜比普利斯特列早1300余年提出精神是物质的属性这一原理，不能不令人赞叹。当然，普氏的“剃刀之喻”及其结论是以近代自然科学，特别是人体解剖学为基础的，因此他所提出的论证和使用的方法是范缜不能比拟的。但作为哲学的一般原理，其所得出的结论及所选用的例证与范缜却有惊人的相似之处。从这一方面来考察，范缜的思想成果，也是与当时的医学发展有密切关系。如当时的太医令吴广为《难经》作注，其中谈到：“心为神，五脏之君，聪明才智皆由心出。故忧劳之甚则伤其心，心伤则神弱。”这一观点，把人的心智（精神活动）与心脏（物质实体）直接联系起来，扬弃了《黄帝内经》“血脉生神”的中间环节。“血脉生神”是精气说在医学上的应用，未摆脱精气说的影响。而范缜的“心病则思乖”、“心为虑本”的说法，则与吴广《难经注》的“心伤则神弱”是完全一致的。以这种医学发展水平为基础，得出精神是形体的功能、属性，就是合乎逻辑的了。

范缜的形神论，可以说达到了中国古代哲学关于形神讨论的最高理论水平。但同近代形神理论相比，仍有很大局限性。这也是范缜不能把形神一元论的观点坚持到底的根本原因。在论战中，对方提出：“形非即神也，神非即形也，是合而为用者也，而合非即矣。”②意思是说，形神可以相结合，但也可以相分离，因此二者的关系是“相合”而非

---

① 《普利斯特列选集》，1934年俄文版，第9页。

② 曹思文：《难范中书神灭论》，《弘明集》卷九，上海古籍出版社1991年版，第58页。

"相即"。以此解释生死,就变成了"生则合而为用,死则形留而神逝"。范缜在反驳对方时,作了让步,即承认了对方的前提。他说:"若合而用者,明不合则无用,如蛩駏相资,废一则不可。"[①]这是说,既然合为用,不合则无用,这不恰好说明形神废一不可吗?范缜的这一说法,被对方抓住漏洞,因为"蛩非驉也,驉非蛩也。今灭蛩蛩而駏驉不死,斩駏驉而蛩蛩不亡,非相即也"。[②] 曹思文列举"刃利之喻"与"蛩駏之喻"是矛盾的:"蛩駏相资是二物之合用",而"刃之于利是一物之两名","今引一物之两名,以征二物之合用,斯差若毫厘者,何千里之远也。"[③]曹思文的这一批评,同样也抓住了范缜的要害,因为"刃利之喻"体现了体用论思想;而"蛩駏相资"则是二元论的说法。蛩与駏是两个物质实体,而刃与利则只有一个物质实体。范缜的这一矛盾,也正体现了古代朴素唯物主义的局限性。

实际上,范缜仍摆脱不了精气说的影响。在辩论中,曹思文引用古代延陵葬子时所说"骨肉复归于土而魂气无不之"的话,来证明形亡神不灭。范缜即引用精气说来反驳曹思文。他说:"人之生也,资气于天,禀形于地,"即大地给我形体,上天给我精气,人的生命就是"天出其精,地出其形",由形和气结合而成。所以人死乃"形销于下,气灭于上",故曰"无不之"。[④] 这一说法,显然又回到了汉代王充的水平,说明范缜最终还是承认精神现象来源于精气。这当然又被对方抓住漏洞。曹思文反驳说:"论云形神是一体之相即,今形灭于此,即应神灭于形中,何得云形销于下,神灭于上,而云无不之乎?"[⑤]这是说,你既然承认人死后是形销于下,神灭于上,这就等于说,人死后,他的精神并未"灭

① 范缜:《答曹录事难神灭论》,《弘明集》,第59页。蛩駏:蛩蛩駏驉。《说苑》:"北方有兽,其名曰蹷……食得甘草,必啮以遗蛩蛩駏驉,蛩蛩駏驉见人将来,必负蹷以走。"《尔雅》作邛邛与駏驉为相互依靠的二兽,不相分离。

②③ 曹思文:《重难范中书神灭论》,《弘明集》,第60页。

④ 范缜:《答曹录事难神灭论》,第59页。

⑤ 曹思文:《重难范中书神灭论》,第60页。

于形中”,而是灭于天上,这不正是精神可以脱离肉体的明证吗？对于曹思文上述两项诘难,范缜不能把自己的理论贯彻到底,因此也就不能彻底驳倒神不灭论。但这并不影响范缜的神灭论在南北朝时期儒佛之争中的理论地位和影响。

第四节　刘勰及其《文心雕龙》的儒学思想

南朝刘宋时期,文学开始从其他文化部类中分离出来。至梁代,便完全成为一门独立的学科。因此,这门学科与经史的关系,以及由这种关系所影响的文章体裁、风格、形式、内容等一系列问题,引起了当时学者的关注。刘勰的《文心雕龙》即是这种普遍关注的产物。它总结了先秦至南朝宋齐时代文学创作和文学批评的丰富经验,探讨了文学与儒家经典的关系,提出了一系列文学批评的方法、观点和理论。因此,《文心雕龙》一书不仅在中国文学批评史上占有重要地位,而且也是研究这一时期儒学存在与发展必不可少的重要环节和重要资料。

本节所述,只在于探讨刘勰《文心雕龙》与儒学的关系,无意把他附会为儒家、道家或佛家。因为在《文心雕龙》五十篇中,摘引几句或儒或道、或法或佛的话是很容易的,关键在于把他放在此一时期的思想大潮中,寻出其思想渊源和思想脉络,以总结此一时期思想发展的轨迹,这才是本节的任务。

一、刘勰的生平、家世及其著作

刘勰(约 465—521)字彦和。东莞莒县(今山东莒县)人。关于其家世,史籍记载不详。据《梁书》本传载,其父刘尚,只做过越骑校尉的小官。祖父灵真,是宋司空刘秀之的弟弟。其父、祖履历不详,史籍亦无传略。但从目前保存下来的史籍材料中,还可粗略地窥见其家庭谱系的一般情况，这对研究刘勰的出身、门第及其思想也许有一定的参考价值。

刘勰的祖父灵真，盖有兄弟五人。长兄刘钦之(刘勰从祖)为刘宋重臣朱龄石右军参军，在战争中因败绩身亡。次兄刘秀之在刘宋时期颇为显赫，东海何承天雅相知器，以女妻之。刘秀之历任刘宋王朝的广平太守，梁、南秦、益、郢、雍等州刺史，征虏将军，右卫将军，丹阳尹，尚书右仆射，太子右卫率，散骑常侍，封康乐县侯。死后又追赠侍中、司空，增封邑为千户，谥为忠成公。《宋书·刘秀之传》载："秀之弟悴之，晋陵太守。"

在刘勰家庭谱系中，还有刘穆之一族。刘穆之是刘悴之的叔父(刘勰从曾祖)，为刘宋王朝的开国元勋之一，官至尚书左仆射、前将军、中军太尉司马、丹阳尹。"穆之内总朝政，外供军旅，决断如流，事无壅滞。宾客辐辏，求诉百端，内外咨禀，盈阶满室，目览辞讼，手答牋书，耳行听受，口并酬应，不相参涉，皆悉赡举。又数客暱宾，言谈赏笑，引日亘时，未尝倦苦。裁有闲暇，自手写书，寻览篇章，校定坟籍"。[①] 可谓权极一时的人物。穆之死后，追赠散骑常侍、卫将军、开府仪同三司。刘裕受禅后，又追进南康郡公，邑三千户，并谥文宣公。太祖元嘉九年(432)，配食高祖庙庭。他的后代子弟亦不断承袭祖辈之泽，在宋齐之际仍享受着政治遗产，直至梁代以后，才逐渐销声匿迹。

刘穆之、刘秀之是刘勰家族中较为显赫的人物。虽然刘勰本家自祖父以下并不通显，但在重视门第阀阅的六朝时代，其从祖辈的官职事功，对刘勰不能不产生一定的心理影响，他于天监初"起家奉朝请"，毅然走上仕途，盖与此不无关系。当然，随着族姓政权的更迭，至南朝时期，门第阀阅已不如两晋时期那样牢固，许多因军功、运筹、智谋起家的布衣之士，不断登上政治舞台，为寒素出身的知识分子提供了从政的机会。实际上，刘勰从祖辈的高官厚禄亦非世袭。刘穆之"爰自

---

① 《宋书·刘穆之传》，第 1306 页。

布衣”,刘秀之“少孤贫”。从史传记载看,刘穆之虽身居台辅之位,但其父、祖却不见经传。由此亦可知,他们并非世族,而是通过军功或计谋起家的布衣之士。

关于刘勰的生平,史籍十分简略,甚至生卒年亦不可详考。这一事实本身即可说明,刘勰属齐梁间由军功起家的较为显赫的家族逐渐衰败而成的孤门细族一类。

刘勰早年丧父,“家贫不婚娶,依沙门僧佑,与之居处,积十余年”。[①] 梁武帝天监初,勰始入仕途,起家奉朝请,先后担任过中军临川王萧宏记室、车骑仓曹参军、太末(今浙江衢县)令、南康王萧绩记室兼东宫通事舍人、步骑校尉兼东宫通事舍人等职。官位不高,皆属文职。后来,刘勰又奉梁武帝之命,与僧人慧震于定林寺(在今南京紫金山)编定佛经。完成后,启求出家为僧,得到梁武帝同意,乃于寺变服,改名慧地。其后不到一年,便去世了。[②]

关于刘勰的生卒年,据范文澜《文心雕龙注》的推测,约生于宋明帝泰始初(约465),卒于梁武帝普通元年至二年之间(520、521)。[③] 照此推算,我们可以把刘勰的一生分为四个阶段:第一阶段,幼年和青年时期(从出生至20岁),“幼早孤,志好学”,“予生七令乃梦彩云若锦,则攀而采之”,从青少年时期起,便有崇高志向。第二阶段,约20岁至36岁的十余年间,“家贫不婚娶,依沙门僧佑,与之居处,积十余年”,这一阶段是刘勰一生中重要的时期。他在定林寺与僧佑相处,得以研读佛典,遍览群籍,为撰写《文心雕龙》打下了坚实的基础。据清代学者刘毓崧对《文心雕龙》的考证,《文心雕龙》即成书于此时期(南齐和帝中兴元年至二年[501—502],此时刘勰36或37岁)。第三阶段,《文心雕龙》成书时间与萧梁开国时间正相仿佛,刘勰于“天监初,起家

① 《梁书》本传,第710页。

② 以上均见《梁书》本传。

③ 关于刘勰的生卒年可参阅:范文澜《文心雕龙注》;清刘毓崧《书文心雕龙后》,《通义堂文集》卷四十;刘汝霖《东晋南北朝学术编年》卷五。

奉朝请”。即从38岁左右，开始在朝廷任职，一直到56岁剃发为僧，其间18年左右的仕途生活，却一直没有升迁。在他生命的最后一年里，致仕出家，改名慧地，盖有忧郁之情，亦未可知。

刘勰的著作，目前保留下来的除《文心雕龙》外，尚有《灭惑论》[①]和《梁建安王造剡山石城寺石像碑》[②]两文。此两文都是站在佛教立场宣扬佛法的作品。

二、《文心雕龙》产生的时代与思想文化背景

南朝时代，上承三国两晋的文化发展余绪，学术思想日趋活跃。文学及文学批评继续受到道家、玄学和佛教的影响，同时也不断有传统儒学的渗透。但总的倾向是不重教化作用，力图摆脱传统儒家思想的束缚。

严格地说，六朝以前，中国并无纯文学观念。《诗》三百都是以儒家诗教为标的而使用于政治教化场合。至汉代赋体的出现，亦多供宫廷消遣娱乐之用，仍不失其为政治服务的功能作用。纯文学观念的觉醒，是伴随着两汉经学的衰落，道、玄、佛思想的凌厉冲击和儒家思想的动摇而发生的。至建安以后，文学开始走上独立发展的道路，开始以文学作品表现作者自身的日常生活及内心情感、人生寄寓等内容，以文学为作者个人的不朽之所寄，此即曹丕《典论·论文》所说：“盖文章，经国之大业，不朽之盛事。年寿有时而尽，荣乐止乎其身，二者必至之常期，未若文章之无穷。”这就是说，文章不仅对国家政治具有重要作用，而且对于个人亦是“不朽之盛事”。因为“生有七尺之形，死惟一棺之土。惟立德扬名，可以不朽，其次莫如著篇籍”。[③]

曹丕作为一国之主，已据有崇高的政治地位，但他仍孜孜以求文

---

① 载《弘明集》卷八。

② 载《艺文类聚》卷七十六。

③ 曹丕：《与王朗书》，《全三国文》卷七，第67页。

章垂世之不朽,可见此一时期著文以求不朽之风盛行。值得注意的是,中国古代的"三不朽"之说,首要的在于立德,其次在立功,再其次才为立言。而立言亦多指那些能够"拯风俗之流遁"、"救世途之凌夷"的子学著作。显然,中国文化中的"不朽"观念,是属儒家入世有为的思想传统。但曹丕《典论·论文》所说的不朽,在某种程度上改变了传统的说法,似乎更加注重形式,即"著篇籍"遗后,而不必过多地拘泥于"篇籍"的内容或体裁。这样就为后来蓬勃发展起来的其中包括诗、赋在内的各种体裁的文学作品,争得了广阔的发展空间,并提高了诗赋等文学作品在文章创作中的地位。

建安时代所出现的这种新现象,表明当时人对文学功能的理解,已经逐渐从传统的经学束缚中解放出来,并开始摆脱两汉时期狭隘的正统观念。使中国文学的发展,进入了一个繁荣自觉的时代。钱穆认为,"集部大兴自东汉,至魏晋南北朝而极盛"。据《隋志》,共五百五十四部,六千六百二十二卷,通计亡佚,有一千一百四十六部,一万三千三百九十卷。张鹏一《隋志补》,又增出专集七十二家。"卷帙之多,堪与史部相埒。以四百年计,每年平均当出一部到三部集,亦可谓每年出一位乃至三位专集作家。此即长治久安之世,前如汉,后如唐,亦难有此盛。"①

就文学体裁说,南朝尤以五言诗最为兴盛。当是之时,"词人作者,罔不爱好。今之士俗,斯风炽矣。才能胜衣,甫就小学,必甘心而驰骛焉。于是庸音杂体,人各为容。至使膏腴子弟,耻文不逮,终朝点缀,分夜呻吟"。② 连一般的儿童都为写作诗歌而奔走,何况那些富家子弟,更耻于自己的诗歌达不到水准而整天雕琢粉饰,整夜唱和苦吟。它几乎成为社会的普遍爱好,竞相吟咏,以至谢灵运在会稽,"每有一

---

① 钱穆:《略论魏晋南北朝学术文化与当时门第之关系》,《中国学术思想史论丛》第三集,台北:东大图书有限公司 1977 年版,第 147 页。

② 钟嵘:《诗品序》,《诗品全译》,贵州人民出版社 1990 年版,第 15 页。

诗至都邑，贵贱莫不竞写，宿昔之间，士庶皆遍，远近钦慕，名动京师”。[①]

除五言诗之外，南朝的辞赋、骈文也非常发达。这几乎成为这一时代文章和文学的象征。曹丕称“赋者，言事类之所附也”。汉代人言赋的文体特点，或重在铺陈，或云不歌而诵谓之赋。而刘勰认为，赋乃是由《诗经》而来，是《诗经》的“六义”之一。“赋”的语源即是“铺”，“赋者，铺也。铺采摛文，体物写志也。”[②]从先秦赋体开始形成，至魏晋南北朝之滥觞，赋与诗一样，成为文人士子“终朝点缀”的对象。它已深入到自然社会、人生名物的各个方面。以诗赋为主体的文学作品日益重视语言形式，讲求词藻、声韵、对偶、用典等。文体的增加和扩大，促进了中国文学语言的发展，从而逐渐冷淡了文学语言所表达的思想内容，不大关心政治与道德教化，明显表现出文学力图摆脱政治说教与传统儒学束缚的独立倾向。

这一时期的文学发展，从思想内容看，一是山水写景文学的兴盛，二是艳情诗的发达。山水写景文学取代了枯燥的玄言诗，影响既深且钜。这使得诗人能够“通神会性”，借写景来寄托玄远的情趣和个人的胸怀，遂求融个体于作品中，从而达到情与景的合一，为后世的意境说提供了前提，同时也造成中国文化热爱自然、回归自然的一脉传统。艳情诗的发达，是建立在歌咏男女思恋之情的六朝乐府诗的基础之上的。因乐中的清商曲辞婉转哀切，最具有打动人心的魅力，受到南朝贵族文人的喜好。由艳情诗发展到宫体诗，反映了六朝文学的贵族化过程。

同文学的发展相适应，可以说，在建安以前，没有文学批评。儒家对于文学，往往是抱着一种欣赏的态度。如《论语·泰伯》所谓“师挚之始，关雎之乱，洋洋乎盈耳哉”。另一方面则表现为功利主义的文学

① 《宋书·谢灵运传》，第67页。

② 《文心雕龙·诠赋》，周振甫：《文心雕龙今译》，中华书局1986年版，第76页。

观,儒家的诗教往往侧重于应用。至魏晋,始有曹丕的《典论·论文》及《与吴质书》,评论了孔融、王粲、徐幹等人的得失,具有初步的文学批评的性质。同时还探讨了文体的分类,把文体分为奏议、书论、铭诔、诗赋四类。这也是初步的文体论的雏形。继曹丕的《典论·论文》,晋初陆机写《文赋》,把文体分为诗、赋、碑、诔、铭、箴、颂、论、奏、说等类,比曹丕的分类明显地扩大了。此后又有挚虞的《文章流别论》、李充的《翰林论》、王微的《鸿宝》及颜延之的《论文》等。虽然多数已经佚失,但从遗文看,都具有文学批评的性质。

齐梁时期,不但是文学独立的时代,同时也是文学批评史上的自觉时代。这一时期出现了大量的批评著作,阐述了不同的批评见解。如沈约与陆厥等人关于音韵的辩论,钟嵘《诗品》的创作,以及萧统的《文选》、徐陵的《玉台新咏》等,都从文学批评的角度探讨了文学的体裁、声律的形成以及作家的得失等一系列问题。这些都是刘勰《文心雕龙》产生的时代酵母,它孕育着划时代的文学批评巨著的诞生。

文学与文学批评的独立,带来了另一方面的问题,即种种文弊的产生。这是任何时代的文化发展所共同具有的规律性问题。摆脱了儒学的控制,从一方面说,为此时期的文学创作带来了生机;但"为理事久则渎",若一味地任其发展、追求新奇,则又出现弊病,因此又要纠偏。纠偏如果过了头,则又带来了反效果。事物的发展即是这样一正一反地交替进行,这几乎是无法避免的。南朝文学也是如此。内容无关政治教化,却一头钻进"惟务吟咏"的狭小天地,则必然出现"竞一韵之奇,争一字之巧,连篇累牍,不出月露之形,积案盈箱,惟是风云之状"。[①] 至于艳情诗、宫体诗在齐梁之滥觞至陈乃发展到极端。梁简文帝萧纲有《美女篇》、《咏内人昼眠》,陈后主叔宝有《三妇艳词十一首》、《玉树后庭花》等,可谓宫体艳情诗之代表。《隋书·文学传》序云:"梁自大同之后,雅道沦缺,渐乖典则,争驰新巧。简文、湘东,启其淫放,

① 李谔:《上隋文帝请革文华书》,《隋书》,中华书局 1973 年版,第 1544 页。

徐陵、庾信,分道扬镳,其意浅而繁,其文匿而彩,词尚轻险,情多哀思。格以延陵之听,盖亦亡国之音乎!"[①]这种批评固然有其褊狭和片面之处,但可反映南朝文学独立后,有从一个极端走向另一个极端的倾向,即产生脱离实际的形式主义之风。这种文弊的产生及其表现,《南齐书·文学传论》概括为三种:一则"启心闲绎,托辞华旷,虽存巧绮,终致迂回。宜登公宴,本非准的。而疏慢阐缓,膏肓之病,典正可採,酷不入情"[②]。这是说,有的人则尽力地铺张推衍,堆砌华丽辉宏的辞藻,这样虽然用样巧妙盛美,但意思表达得毕竟曲迷迂回。因此,它用在一般的宴游场合还可以,但用在正规的场合则不够准确。其含义的阐述又往往轻忽迟缓,无可救药。这种文章在形式上典雅可取,但在内容上却过分地脱离实际。

次则"缉事比类,非对不发,博物可嘉,职成拘制。或全借古语,用申今情,崎岖牵引,直为偶说。唯睹事例,顿失清采"。[③]这是说,有的文章一写起来便广泛地收罗事物排比分类,不对仗则不落笔。这种广博的知识令人赞许,但以此为主成为惯例,便使文章受到限制。还有的一概借用古语,以表达现在的情况,东拉西扯,穿凿附会,强为对说。这种情况,一碰到具体事例,便立即失去它的风采。如沈括《梦溪笔谈》中有一生动的例子:"庆历中,河北大水。有公事使臣到阙。仁宗召问:'水灾如何?'对曰:'怀山襄陵'。又问:'百姓如何?'对曰:'如丧考妣。'上嘿然。既退,诏阁门今后武臣奏事,并须直说。"此即"全借古语,用申今情",一旦面对现实,则"顿失清采"。

再次则"发唱惊挺,操调险急,雕藻淫艳,倾炫心魂。亦犹五色之有红紫,八音之有郑、卫"。[④]《传论》认为,第三种弊病是文章写起来,一味标新立异,下笔求险拔,韵律求奇特,辞藻雕琢得淫靡艳丽,这就

---

① 《隋书》卷七十六,第1730页。

②③ 《南齐书》卷五十二,第908页。

④ 《南齐书》,第908页。

好像五色中的红色和紫色，八音中的郑、卫靡靡之音一样，使人为之心魂颠倒。

面对南朝文风的演化，文学批评家多数给以赞许。如萧统的《文选》序指出："譬陶匏异器，并为入耳之娱；黼黻不同，俱为悦目之玩。"这是说，各种文体的好文章，虽然各有不同，但正如不同的乐器一样，给人以美的享受。这里强调文学的美感享受，而不再像汉儒那样强调教化和美刺讽谕。简文帝萧纲、梁元帝萧绎也都是绮靡文学的积极倡导者和推行者。梁简文帝为太子，好主艳诗，境内化之。萧梁之代，君臣赠答，亦工艳情。在他们"不废郑声"、"为文须放荡"的言论倡导下，天下靡然向风。南朝文学所出现的这些新潮流、新学派，引起当时文学批评家及学者们的不同看法。如史学家裴子野站在儒家的立场作《雕虫论》，强烈反对绮靡文风。他说：

> 古者四始六义，总而为诗，既形四方之气，且彰君子之志，劝美惩恶，王化本焉。后之作者，思存枝叶，繁华蕴藻，用以自通。若悱恻芳芬，楚骚为之祖，靡漫容与，相如和其音。由是随声逐影之俦，弃指归而无执，赋诗歌颂，百帙五车，蔡邕等之俳优，扬雄悔为童子，圣人不作，雅郑谁分？其五言为诗家，则苏、李自出，曹、刘伟其风力，潘、陆固其枝叶。爰及江左，称彼颜、谢，箴绣鞶帨，无取庙堂。宋初迄于元嘉，多为经史。大明之代，实好斯文，高才逸韵，颇谢前哲，波流相尚，滋有笃焉。自是闾阎年少，贵游总角，罔不摈落六艺，吟咏情性。学者以博依为急务，谓章句为专鲁。淫文破典，斐尔为功。无被于管弦，非止乎礼义。深心主卉木，远致极风云，其兴浮，其志弱，巧而不要，隐而不深，讨其宗途，亦有宋之遗风也。若季子聆音，则非兴国，鲤也趋室，必有不敦。荀卿有言："乱代之徵，文章匿而采。"斯岂近之乎。[①]

---

① 《全梁文》卷五十三，商务印书馆 1999 年版，第 575—576 页。

裴子野与刘勰是同时代人,出身于史学世家,其曾祖裴松之、祖父裴骃都是著名史学家。裴子野站在儒家立场,反对文学脱离政治教化、脱离修齐治平的倾向,尤其反对最高统治者因个人爱好而造成朝野上下竞趋于诗文写作的社会风气,主张文学创作要"形四方之风","彰君子之志","劝善惩恶","止乎礼义"等等。即强调文学的社会政治功能。这些议论,代表了南朝时期文学批评史中的传统儒学观念。

裴氏的这些主张,在当时曾引起一些人的批评,梁简文帝萧纲《与湘东王书》即其中的代表。萧氏认为:"若夫六典三礼,所施则有地;吉、凶、嘉、宾,用之则有所。未闻吟咏情性,反拟《内则》之篇;操笔写志,更摹《酒诰》之作。迟迟春日,翻学《归藏》;湛湛江水,遂同《大传》。"[①]这些观点,与裴子野完全相反,主张文学创作不应以经典为楷模。

三、《文心雕龙》的儒学立场及其道论

从前面的叙述中,我们可以看到,南朝的文学和文学批评存在着不同思想的矛盾,争论的焦点在于:文学创作要不要以儒家经典为楷模。刘勰不仅参与了这场争论,而且对这场争论作了总结。

刘勰在《文心雕龙·序志》中明确表明了自己的立场态度,阐述了撰写此书的动机、目的以及文学创作所依据的原则等一系列问题。《序志》是《文心雕龙》的序言,在很大程度上可以反映刘勰的整体文学观点及其文学批评的基本立场。

他在《序言》中盛称孔子,认为孔子是人类有史以来最伟大的圣人。他说:

> 予生七龄,乃梦彩云若锦,则攀而采之。齿在逾立,则尝夜梦执丹漆之礼器,随仲尼而南行。旦而寤,乃怡然而喜。大哉圣人

---

① 《全梁文》卷十一,第115页。

之难见哉，乃小子之垂梦欤！自生人以来，未有如夫子者也。[①]

魏晋南北朝时期，儒、释、道三家互争长短，形成了孔、老（老子）、佛（释迦）谁是圣人的辩论。刘劭《人物志》在圣人问题上首倡儒道融合论，一方面推崇尧舜为圣人，另一方面又认为圣人无质无名，中和平淡，表现了从两汉正统向魏晋以后调和儒道的过渡性。王弼则有“老不及圣”论，认为：“圣人体无，无又不可以训，故不说也。老子是有者也，故恒言其所不足。”[②]把孔子看做是高于老子的圣人。至东晋，有孙盛《老聃非大贤论》、王坦之《废庄论》等，均站在儒家立场上发表议论，肯定孔子为圣人。南朝时期，这一辩论并未结束，沈约著有《辩圣论》、《均圣论》、《形神论》、《究竟慈悲论》等文章，认为“内圣外圣，义均理一”，孔子、释迦均为圣人。但实际上，沈约是站在佛教立场上，把周公、孔子释迦化，或赋予“外圣”以“内圣”的内容。梁武帝萧衍“周公孔子乃释迦弟子”之说，则更加明确地肯定“孔不及佛”。

从上述材料可知，六朝时期的圣人之辩，至齐梁之际，已由魏晋时期的“孔老孰圣”转变为“孔释孰圣”。老子、庄子等道家的圣人已无力与孔子和释迦争辩抗衡，而在儒家的孔子与佛教的释迦之间展开孰长孰短的争论，反映了这一时期佛教地位的提高。在贬儒崇佛的思想潮流中，上有皇帝如萧衍扬其波，下有重臣名流如沈约逐其流，遂使圣人之辩成为当时文化领域中一个十分敏感的问题。刘勰是一位文学批评家，论地位和影响都远不如沈约这样的名流学者，但他却没有随波逐流。在当时，由于佛教地位的提高，主张“孔不及佛”并不成问题。相反，如果盛称孔子，反倒容易被视为保守与迂阔。如前引裴子野的《雕虫论》，即多被非难和嘲讽。

在以往对刘勰《文心雕龙》的研究中，许多人认为刘勰的“徵圣”、“宗经”思想，只是一种权宜之计或一种招牌，实际上刘勰并不是真心

---

① 《文心雕龙·序志》，周振甫：《文心雕龙今译》，第 453 页。

② 何劭：《王弼传》，《三国志·钟会传》注引。

崇孔尊经。持这种观点的人,还援引古说,以刘勰对儒家经学造诣不深为理由,证明其宗经、徵圣思想的不足究。我们认为,这种看法未必贴切。因为在当时,儒家思想的地位并不如两汉那样崇高,文人著书立说也不必像贴标签那样为自己装潢门面。同时,对儒家经学的造诣深浅,也并不是衡量是否尊孔的标准。实际上,任何一个时代的文学创作或文学批评,都离不开传统文化带给它的影响,也离不开一定的思想意识形态的支配。当一种社会意识形态对社会的控制放松或逐渐失去权威时,在它指导下的文化各部类就会出现一个空前活跃和发展的相对自由时期,但这只是问题的一个方面。另一方面,文学创作和文学批评并非在真空中进行,它失去或摆脱了一种思想的支配,同时也就会接受另一种思想的支配。魏晋南北朝时期的文化,即是在儒、玄、佛、道四种思想交相支配或相互融汇的发展过程中。玄言诗之兴衰,即是其中一例。因此,任何一种文学创作或文学批评都自觉或不自觉地遵循着某种思想的轨迹。文学发展的前提乃是指导其发展的思想意识形态是否健康。处于病态思想和意识形态支配指导下的文学艺术,必然也带有某种病态。汉代经学的今古文之争,一直延续至近代,若从历史文化的发展角度看,无论今文经还是古文经,都有其必然性和合理性的一面,但如果一味地推衍和夸大这种合理性,就必然走向它自己的反面。今文经学的神学化,古文经学的烦琐考证都同样给自己带来不可避免的厄运。南朝文学的发展亦显示了这样的过程,此即上文所述及的文弊的产生。

为了纠正当时"饰羽尚画,文绣鞶帨"的文风,刘勰重新搬出儒家经典就不足为奇了。这就如同汉末经学走上教条虚伪,魏晋玄学家重新搬出老庄自然主义一样,都具有补偏救弊、正本清源之义。这一点,刘勰在《序志》中说得十分清楚。他说:

敷赞圣旨,莫若注经,而马、郑诸儒,弘之已精,就有深解,未足立家。唯文章之用,实经典枝条;五礼资之以成,六典因之致用;君臣所以炳焕,军国所以昭明;详其本原,莫非经典。而去圣久远,文体解散,辞人爱奇,言贵浮诡,饰羽尚画,文绣鞶帨,离本弥甚,将遂讹滥。盖《周书》论辞,贵乎体要;尼父陈训,恶乎异端。辞训之异,宜体于要,于是搦笔和墨,乃始论文。[①]

这段话有三个方面的含义:首先是说,《文心雕龙》为什么不是以注经的形式敷赞圣旨,是因为过去有马融、郑玄这些学者,已经把圣人的思想阐发得很精到了。但敷赞圣人的思想并非注经一途,其中文章亦可起到经世致用的作用。因为文章无非是经典的"枝叶",是由经典派生出来的。其次,既然文章都根源于经典,起到与经典相同的经世作用,因此就必须端正文风,不能本末倒置,为文章而文章,否则就会产生"辞爱人奇,言贵浮诡,饰羽尚画,文绣鞶帨"的弊病。不纠正这种毛病,就将"离本弥甚,将遂讹滥",使文章失去经世的作用。第三,儒家经典已为后世文章立下了规矩,如《周书》谈到运用言辞时,强调言辞要充分表达思想;孔子谈到思想时,也表示厌恶那些异端邪说。由此可见,无论言辞还是思想,都有正道与邪端之分,正确地了解文章的功能,正在于语言文学不能无的放矢。

这里,刘勰反复强调的一个中心问题即是:语言、文学不能脱离思想内容。它的功能正是要充分地表达思想,以起到经世作用。这一思想,与道家、玄学所提倡的远离事务大异其趣,应属儒家的思想范畴。也正是为了这一点,刘勰才"搦笔和墨,乃始论文"。在刘勰看来,"注经"与"论文"虽然体例不同,但其目的却是一样的,都是为了弘扬儒家传统。但因"注经"与"论文"各有分工,其所研究的对象和方法,一是经学的,一是文学的,因此二者又不能互相代替,正如今天政治、哲学的研究不能代替文学创作一样,它们各有自己的特点与分际。刘勰自觉地把"注经"与"文学"区别开来,并不意味反对注经。相反,他所强

---

① 《文心雕龙·序志》,周振甫:《文心雕龙今译》,第453页。

调的仍是文章不能离经叛道。他在评论汉魏以降的文学问题时说:

> 详观近代论文者多矣:至于魏文述典,陈思序书,应玚文论,陆机《文赋》,仲治《流别》,弘范《翰林》。各照隅隙,鲜观衢路。或臧否当时之才,或铨品前修之文,或泛举雅俗之旨,或撮题篇章之意。魏《典》密而不周,陈《书》辩而无当,应《论》华而疏略,陆《赋》巧而碎乱,《流别》精而少巧,《翰林》浅而寡要。又君山、公幹之徒,吉甫、士龙之辈,泛议文意,往往间出,并未能振叶以寻根,观澜而索源。不述先哲之诰,无益后生之虑。[①]

刘勰对曹丕、曹植、应玚、陆机、挚虞、李充、桓谭、刘桢、应贞、陆云等人的批评,虽然有些苛求,但其所表现的思想却很鲜明。除了对他们的文章所存在的不同缺点进行批评外,指出他们共同存在的问题是未能"振叶以寻根,观澜而索源;不述先哲之诰,无益后生之虑"。他把文学与儒学经典的关系比作枝叶与根干、波流与源头的关系。枝叶离开根干就会枯死;波流离开源头则会枯竭。在他看来,儒学经典固然不能代替文学创作和文学批评,但反过来,文学创作和文学批评也不能离开儒学经典的指导,这即是他所谓的"不述先哲之诰,无益后生之虑"。意思是说,文章若不遵守过去圣贤的遗训教诲,那么这些文章对于后人的思想行为便不会有任何补益。他在谈《文心》的写作原则时,即认为:

> 盖《文心》之作也,本乎道,师乎圣,体乎经,酌乎纬,变乎骚。文之枢纽,亦云极矣。[②]

所谓"枢纽",即关键之意,可引申为中心、原则、纲要等。刘勰认为《文心》写作的原则,是以"道"为本,以"圣人"为师,以儒家的经典为体制,在辞藻上斟酌纬书,在变化上参考《楚辞》。这样,文学的一系列关键

---

① 《文心雕龙·序志》,第 454 页。

② 《文心雕龙·序志》,第 456 页。

问题,便可迎刃而解了。

"以道为本",是指文学创作的指导原则。那么,刘勰所说的"道"是什么呢?从《文心雕龙·原道》篇所述的道之内容看,他所谓的道,有自然界、社会两个部分。其自然界的道包括天道与地道,它们是通过文采表现出来的,此即"玄黄色杂,方圆体分,日月叠璧,以垂丽天之象;山川焕绮,以铺理地之形:此盖道之文也"。[①] 天道、地道表现的文采,即天文、地文。这种天文、地文的特点是自然的,即"龙凤以藻绘呈瑞,虎豹以炳蔚凝姿;云霞雕色,有逾画工之妙;草木贲华,无待锦匠之奇。夫岂外饰,盖自然耳"。[②]

天地既生,再加上后来出现的人类,三者合起来,即所谓"三才"。三才之中,人"为五行之秀,实天地之心也"。人是万物的精英,天地的核心,人类不仅创造了文字语言("心生而言立"),而且可以参天地之化育("惟人参之")。宇宙间有了人,宇宙便大为改观。其表现是"言立而文明"。即有了语言文字,天、地、人的"文"便可进一步得到彰明。从《易》的出现,到《河图》、《洛书》的酝酿,再到《诗经》的产生,真是"雅颂所被,英华日新",这些都是人文彰明的表现。及至孔子的出现,更使人文放出光辉:

> 至夫子继圣,独秀前哲。熔钧六经,必金声而玉振;雕琢情性,组织辞令。木铎起而千里应,席珍流而万世响,写天地之辉光,晓生民之耳目矣。[③]

孔子继承往圣的事业,创造了比他的前辈更突出的业绩,其集中表现是对六经的整理。正如孟子所说:"孔子之谓集大成。集大成者,金声而玉振之也。"[④]孔子不仅提炼了自己的思想感情,而且组织了美

① 《文心雕龙·原道》,周振甫:《文心雕龙今译》,第 9—10 页。

② 《文心雕龙·原道》,第 10 页。

③ 《文心雕龙·原道》,第 12 页。

④ 《孟子·万章下》。

丽动人的辞令,这种情性与文章的结合使他成为道德教化的楷模,天下莫不风随影从。这种儒家的道德学问,流响万代而不衰。可谓体现了天地之间的精华,开启了人类的聪明才智。

刘勰大力赞扬儒家的圣人,认为从伏羲到孔子都是根据天文而成人文,“观天文以极变,察人文以成化”。由此可知,“道沿圣以垂文,圣因文而明道,旁通而无滞,日用而不匮”。它们依靠圣人而留存在文章中,圣人又通过文章不断地揭示它们的奥秘,此即《论语》“人能弘道,非道弘人”之意。由此亦可知“道心惟微,神理设教”的意义之所在,即圣人根据“道”的微妙之理来进行教育。“光采玄圣,炳耀仁孝”,圣人阐明忠孝仁义,仰观天文,写成文章,让人民都按着它来行动。

以上是《原道》篇的基本思想。这里有四点值得注意:第一,刘勰所谓的“道”是指客观存在的实际事物,它是通过“文”表现出来的,即“傍及万品,动植皆文”,道与文是一物之两名。因此,刘勰所称的“道”,并非道家老子所谓的“道”。它没有老子那种神秘的色彩,也没有玄学本体论的抽象意义。它取法于《周易》而裁定于裴頠。因此刘勰的道论,比较接近于裴頠“夫总混群本,宗极之道”的含义。同时它也具有自然界和人类社会存在的样式及其发展法则的含义。第二,“道”是客观的,但也是微妙的,因此圣人通过文章揭示或摹拟它们的本来面目,这就涉及对“文辞”使用的要求。“道”是客观存在的“质”,言辞是描述“道”的“文”,二者是统一的,即“形立则章成矣,声发而文生矣”。形与声皆道之自然,因此章与文亦应自然,二者不能偏胜。这一思想实际上是刘勰整个文论的哲学基础,也是心与物、文与质、情与气、内容与形式、理论与现实相统一的哲学基础,与儒家“诚者天之道,思诚者人之道”的思想相通。第三,充分肯定人在天地之间的地位。人“为五行之秀,实天地之心”,“两仪既生,惟人参之,性灵所钟,是谓三才”。这一思想与道家、佛教大相径庭,实乃儒家重要的思想文化传统。第四,强调“人文”的重要,乃至强调文章的重要。把文章作为沟通"道"与"圣人"之间的桥梁，并认为圣人"因文而明道"。"明道"这一概念被后来的儒家大加阐发，成为儒学思想中一个重要范畴。认为"道"需要"明"，这本身即强调了人的主观能动性和人的认识意义，这与老子"绝圣弃智"、"不窥牖见天道"的无为思想有着明显的区别。

从以上可以得出结论：作为《文心雕龙》一书序言的《序志》篇和作为全书首篇的《原道》篇，表明了刘勰的基本立场。这两篇的思想基本上应属儒家范畴，其观点与其说是取自《老子》，不如说是取自儒家，尤其是取自《易传》。其中，"道心惟微"、"神理设教"、"炳耀仁孝"、"经纬区宇"、"弥纶彝宪"等思想均为儒家的人文主义传统。

四、《文心雕龙》的徵圣宗经思想

《文心雕龙》站在儒家立场立论的具体标志，是其徵圣、宗经思想。继《原道》篇之后，刘勰又专门写了《徵圣》、《宗经》两篇。在刘勰看来，由于圣人的文章、作品能够"明道"，所以文学创作就应以圣人为法，以圣人的著作为学习的榜样。这即是"徵圣"的具体含义。

《徵圣》篇开宗明义，首先提出文学的功能和作用在于"陶冶性情"。他说："夫作者曰圣，述者曰明。陶铸性情，功在上哲。夫子文章，可得而闻，则圣人之情，见乎文辞矣。先王圣化，布在方册，夫子风采，溢于格言。"[①]刘勰认为，能创作的人叫"圣"，能阐述发挥的人叫"明"。古代圣贤的伟大功绩，在于能够用其创作和阐述的文章陶冶人的性情。孔子对《易》、《诗》、《书》、《礼》、《春秋》的阐述，历历在目，因此，圣人之情亦洋溢于文辞之间，可以作为后人效法的榜样。

这里提出了一个很重要的问题，即性情与文辞的关系。刘勰虽然不是哲学家，但他吸收当时哲学研究的成果，运用到文学批评中。首先他认为，"陶冶性情，功在上哲"。即认为性情是普遍存在的，同时也是需要陶冶的。这一观点本身即与道家不同。老庄道家认为性情是

---

① 《文心雕龙·徵圣》，周振甫：《文心雕龙今译》，第19页。

自然的,不能人为地加以陶冶,否则便是“矫情伤性”,违背自然。第二,“圣人之情,见乎文辞”。不仅认为圣人有情,而且认为此情可以用文辞表达出来,这一观点亦异于道家。第三,他引用《礼记·表记》的话说:“情欲信,辞欲巧”,即认为文学应当情文并茂,特别是思想感情要真实,同时语言要有文采。这涉及个人的道德修养问题。“信”是对儒学的继承,“辞欲巧”则是对儒学的发挥,其思想实质都异于道家。

在文学的功能和作用方面,刘勰《徵圣》篇认为圣人已为后人做出了榜样。他指出,孔子对于远古,祖述唐尧,认为“大哉,尧之为君也!……焕乎,其有文章”;对于近世,则盛称周代,以为“周监于二代,郁郁乎文哉,吾从周”。孔子对于传统文化的态度,反映了他对文章的重视。因此,刘勰十分肯定文学对政治教化、事物业绩、道德修养的作用。他说:

> 是以远称唐世,则焕乎为盛;近褒周代,则郁哉可从。此政化贵文之徵也。郑伯入陈,以文辞为功;宋置折俎,以多文举礼。此事迹贵文之徵也。褒美子产,则云“言以足志,文以足言”……此修身贵文之徵也。[①]

政化、事迹、修身,都是儒家历来强调的内圣外王的内容,正因为文学能对这些内容起到“文”的作用,所以文学也就具有了它自己的作用和功能,但它又不能脱离它所辅助的对象,因此提出思想要符合客观实际的问题。这是刘勰《徵圣》、《宗经》的主旨所在。文云:

> 夫鉴周日月,妙极机神;文成规矩,思合符契。或简言以达旨,或博文以该情,或明理以立体,或隐义以藏用。故《春秋》一字以褒贬,丧服举轻以包重,此简言以达旨也。邠诗联章以积句,《儒行》缛说以繁辞,此博文以该情也。书契断决以象《夬》,文章昭晰以象《离》,此明理以立体也。四象精义以曲隐,五例微辞以

---

① 《文心雕龙·徵圣》,第19页。

婉晦，此隐义以藏用也。故知繁略殊形，隐显异术，抑引随时，变通适会，徵之周、孔，则文有师矣。[1]

这是说，圣人的文章著作虽然表现手法不同，或简或博，或隐或显，但按照不同条件变通融会，使思想符合实际却是共同的，也是最重要的。因此，只要把周公、孔子的著作作为检验的标准，从事文学创作就算找到老师了。在刘勰看来，《春秋》用一个字即可蕴含褒贬，《丧服》用轻丧概括重丧，《邠诗》联章以积句，《儒行》文辞繁富却包涵丰富情感，文字写得利落，就像用《夬》卦表示决断，文章写得鲜明，就像《离》卦洞若观火，……等等，都是运用语言文字的典范。由此得出结论："是以子政论文，必徵于圣；稚圭劝学，必宗于经。"

为什么在原道、徵圣之后，还要宗经呢？这除了刘勰为反对当时浮诡绮丽文风寻找理论根据外，主要在于建立其思想体系的需要。一般《文心雕龙》的研究者，多从文学批评的角度探讨刘勰的思想，并把徵圣、宗经作为刘勰保守的一面加以批评。实际上《文心雕龙》之所以有重要价值，其自身的系统性与严密性起了巨大作用。它是把文学批评的视角牢固地建立在具有深厚传统的儒家思想之上，从而使自己的文学主张获得了逻辑与历史的统一、理论与创作实践的统一。这在儒、佛、道、玄四种思想体系交相角逐、交相辉映的时代，是较难做到的。因为在当时，多数人则举棋不定，或犹豫于儒佛之间，或游走于道玄之内，结果是或半斤八两，或头重脚轻，缺乏理论的一贯性和逻辑的严密性，影响了文学批评理论的系统化。

刘勰所以主张宗经，是其原道、徵圣思想的必然逻辑。因为既然"道沿圣以垂文，圣因文而明道"，那么圣人之文也就必然是所谓"五经"了。又因为"五经"（圣人之文）表现了最高的道，因此它也就自然成为天下文章的典范，作文也就必须取法于经书了。《宗经》篇开头

---

[1] 《文心雕龙·徵圣》，第20页。

便说：

> 三极彝训，其书言经。经也者，恒久之至道，不刊之鸿教也。故象天地，效鬼神，参物序，制人纪；洞性灵之奥区，极文章之骨髓者也。……自夫子删述，而大宝咸耀。于是《易》张“十翼”，《书》标“七观”，《诗》列“四始”，《礼》正“五经”，《春秋》“五”例。义既极乎性情，辞亦匠于文理；故能开学养正，昭明有融。然而道心惟微，圣谟卓绝；墙宇重峻，而吐纳自深。譬万钧之洪钟，无铮铮之细响矣。[①]

刘勰把儒家的经典抬到至高无上的地位，认为它们是永恒不变的最高真理，同时也是文章的最高典范。这显然是夸大了儒家在中国文化发展中的地位和作用，表明了刘勰对儒家文化，其中包括政治制度和纲常伦理的服膺。

刘勰尊崇“五经”的理由还在于：“五经”“义既极乎性情，辞亦匠于文理；故能开学养正，昭明有融”。意思是说，经过孔子整理和编订的儒家经典，不仅在思想内容上能够陶冶人们的性情，而且在语言形式上也能独具匠心，深入掌握文章写作的规律。所以它能够启发人们的思想，培养人们的道德，可谓光辉灿烂，融会贯通。因此，“五经”在思想、文辞诸方面都具有典范性。在刘勰看来，“五经”虽然具有各自不同的性质、内容，在表达方法上也有各自不同的方式，形式与内容均有不同特色，表现了圣人文章相异的风格。但其共同点却是一样的。他说：

> 至根柢槃深，枝叶峻茂；辞约而旨丰，事近而喻远。是以往者虽旧，馀味日新；后进追取而非晚，前修久用而未先。可谓太山遍雨，河润千里者也。[②]

---

① 《文心雕龙·宗经》，周振甫：《文心雕龙今译》，第 26 页。

② 《文心雕龙·宗经》，第 29 页。

不仅如此，刘勰还认为，由于“五经”内容丰富，议论精深，文辞美好，故对后代产生巨大影响。单就文体方面说，后代的许多文体亦源出“五经”。他说：

> 故论、说、辞、序，则《易》统其首；诏、策、章、奏，则《书》发其源；赋、颂、歌、赞，则《诗》立其本；铭、诔、箴、祝，则《礼》总其端；纪、传、铭、檄，则《春秋》为其根。并穷高以树表，极远以启疆，所以百家腾跃，终入环内者也。①

刘勰把“五经”作为“群言之祖”，列举论、说、辞、序、诏、策、章、奏等二十种文体，分别源出《易》、《书》、《诗》、《礼》、《春秋》五经，并且认为战国时代的诸子百家之言，亦不出“五经”范围，即所谓“百家腾跃，终入环内者也”。这里虽然有夸张之辞，但基本符合历史。刘勰所以强调文章体裁跳不出“五经”的圈子，是为其文必宗经的理论服务的，同时也是其《文心雕龙》建构文学批评系统框架的需要。

《文心雕龙》共五十篇，除极少几篇文章没有引徵“五经”的内容和名称外，其余对“五经”均有称引。这足以证明，刘勰的宗经思想完全是自觉的。

从《文心雕龙》的方法上看，我们也可以发现，刘勰得益于“五经”的地方很多，尤其对《周易》的吸收，可以说构成了《文心雕龙》的理论基础。其中的“天文”、“人文”说、“日新”说、“通变”论、“文质”论以及“刚柔”、“奇正”、“情采”等思想都来源于《周易》。

在中国哲学史或思想史上，“人文”的提法，最早见于《周易》。《周易》的《贲》卦《彖传》说：“刚柔交错，天文也。文明以止，人文也。观乎天文，以察时变，观乎人文，以化成天下。”《文言传》有“见龙在田，天下文明”，《系辞上传》有“在天成象，在地成形”，“仰以观于天文，俯以察于地理”，“遂成天下之文”等语，《系辞下传》有“物相杂，故曰文。文不

① 《文心雕龙·宗经》，第30页。

当,故吉凶生焉”。刘勰的“人文”说,即建立在《周易》“人文”说的基础之上,认为“心生而言立,言立而文明”,“形立则章成,声发则文生”,以及“人文之元,肇自太极”,“观天文以极变,察人文以成化”等,这些说法均脱胎于《周易》并与《周易》相符。

“通”与“变”的思想是《周易》的核心观念,也是《周易》哲学的精华所在。中国哲学中的“物极必反”、“对立统一”等辩证思维,构成中国哲学的一大传统。“通”与“变”的观念正是这一传统的重要内容。《系辞上》有“在天成象,在地成形,变化见矣”,“拟之而后言,议之而后动,拟议以成其变化”,“通变之谓事,阴阳不测之谓神”,“参伍以变,错综其数,通其变,遂成天下之文,极其数,遂定天下之象,非天下之至变,其孰能与于此”,“是故阖户谓之坤,辟户谓之乾,一阖一辟谓之变,往来不穷谓之通”,“圣人立象以尽意,设卦以尽情伪,系辞焉以尽其言,变而通之以尽利,鼓之舞之以尽神”,“化而裁之谓之变,推而行之谓之通”,“鼓天下之动者存乎辞,化而裁之存乎变,推而行之存乎通”等等。《系辞下》则更有“变通者,趣时者也”,“易穷则变,变则通,通则久”等名句。我们再看《文心雕龙》,可以说,“通”与“变”的思想贯穿《文心》全书。成为刘勰把《周易》的辩证思维运用到文学批评领域的重要尝试。《文心》专有《通变》篇,其文曰:“夫设文之体有常,变文之数无方,何以明其然也?凡诗、赋、书、记,名理相因,此有常之体也;文辞气力,通变则久,此无方之数也。”又说:“变则可久,通则不乏。趋时必果,乘机无怯。”《神思》篇有:“至精而后阐其妙,至变而后通其数”,“神用象通,情变所孕。”《镕裁》篇有“刚柔以立本,变通以趋时”等等,这与《系辞下》“变通者,趣时者也”如出一辙。刘勰的“通变”观,是把“变”与“通”统一起来,既反对“通而无变”,也反对“变而无通”。这实际上是对扬雄“因革”说的继承和发挥。也是对文学发展中“继承”与“革新”二者关系的辩证说明。这一思想无疑来源于《周易》。

与“通变”思想相关联的是“日新”说。《系辞上》有:“富有之谓大业，日新之谓盛德，生生之谓易。”《大畜》彖传有：“刚健笃实，辉光日新。”《礼记·大学》有：“汤之盘铭曰：‘苟日新，日日新，又日新’”等等。“日新”说是儒家刚健有为思想的传统表述，意谓奋发有为，不断创新，永不间断，有如天光山色，相映成辉，日日有新气象；亦有如君子洗面，日日洗涤，时时更新。《文心雕龙》强调宗经徵圣，并不是要人们“回到五经去”，而是针对当时“理不胜辞”、“绮丽浮诡”的文弊而提出来的。实际上，刘勰十分重视辞采的雕琢，此即“古来文章，以雕缛成体”。《文心雕龙》一书，亦自成一家风格，与经典之辞迥异。他反对互相因袭，而主张文章要不断创新。“日新其采者，必超前辙焉”（《封禅》）。只有不断地创新，文章才能超过前人，而不停止在同一个水平上。《杂文》篇有“苑囿文情，故日新殊致”。《哀吊》篇有“故能义直而文婉，体旧而趋新”。《练字》篇有“该旧而知新，亦可以属文”。《物色》篇有“善于适要，则虽旧弥新矣”，“使味飘飘而轻举，情晔晔而更新”。《原道》篇有“雅颂所被，英华日新”等等。显然，《文心雕龙》的“日新”说亦来自儒家经典。

在中国传统文化中，道家、佛家基本上不讲“情”。《老子》五千言，虽有“情”字，但非情感之情。《庄子》言情，有“致命尽情”，“万物复情”。其所谓“情”，乃“无情之情”，亦非儒家所谓情。佛家以情为迷，凡夫妄计一切之境界谓之“情有”。以“情”为“我法二执”之偏见和痴迷。儒家则大讲“情”。《周易·文言》有：“利贞者，性情也”，“六爻发挥，旁通情也”。《系辞上》有：“圣人立象以尽意，设卦以尽情伪”。《系辞下》有：“功业见乎变，圣人之情见乎辞”，“八卦以象告，爻彖以情言”，“变动以利言，吉凶以情迁”。《礼记》有：“君子礼以饰情”（《曾子问》），“是故情见而义立”（《乐记》），“称情而立文”（《三年问》），“无情者不得尽其辞”（《大学》），“是故情深而文明”（《乐记》）等等。儒家讲“情”，亦有多义，但以情义、情怀、情性、思想情感等含义居多。因为“情”字本身已成为中国文学批评史中一个极为重要的范畴，故《文心雕龙》讲“情”处甚多。其含义亦与儒家相同。如《定势》篇有:“夫情致异区,文变殊术,莫不因情立体,即体成势也”,“是以绘事图色,文辞尽情,色糅而犬马殊形,情变而雅俗异势”,“夫情固先辞,势实须泽”,“因利骋节,情采自凝”。《知音》篇有:“夫缀文者情动而辞发;观文者披文以入情”。《诠赋》篇有:“原夫登高之旨,盖睹物兴情。情以物兴,故义必明雅;物以观情,故词必巧丽”。《情采》篇有“依情待实”,“为情造文”,“文质附乎性情”。《物色》篇有:“情以物迁,辞以情发”等等。《文心雕龙》五十篇,只有很少几篇未言“情”字。

此外,在《文心雕龙》中还有许多直接引证“五经”及其他儒家典籍的话。如“修辞立其诚”、“至德以凝其化”、“形而上者谓之道,形而下者谓之器”等等,不一而足。因为刘勰是一位文学批评家,其作品自然以文学批评为主,这正如一位以史学为主的史学家一样,他们不是在自己的作品中直接阐述儒学思想,但这并不影响他运用儒学的立场、观点和方法看问题。任何时代的文学家,特别是文学批评家都不能超越他那个时代所存在的某种思想意识形态的指导。从这一意义上说,刘勰《文心雕龙》的立场、观点和方法是属于儒家的范畴。当然,这也是就其主要倾向而言,也就是说,并不排斥在刘勰的文论中杂有诸如道家、玄学及佛教的思想。

五、《文心雕龙》中的正统儒学观念

《文心雕龙》不仅明标宗经徵圣,提倡文章要效法经典,而且在详论历代的文学作品及阐述各种文体的内容要求时,也自觉地站在儒家立场上,运用了儒学的观点和方法。有些则完全是传统儒学的正统观念。

从《明诗》至《书记》共二十一篇,是《文心雕龙》的文体论。在这二十一篇里,刘勰的主旨在于阐明各种体裁的源流、特征、写作方法及各种文体之间的区别和联系,并列举有代表性的作品和作家,进行扼要的评价。这些都表现了刘勰在《序志》、《原道》、《宗经》、《徵圣》等篇中

所提出的根本原则。如果我们注意到刘勰对文体论的内容要求,便会发现,其中贯穿的思想基本上是儒家的传统观念。如诗教观念,史学直笔观念,孝义观念,诚信观念等等。

儒家的诗教观念由来已久,它几乎成为儒家文化中的一个重要传统。自孔子提出"《诗》三百,一言以蔽之,曰:思无邪"以后,儒家的诗教便以此为中心形成一套思想观念。其中包括孔子所说的"兴"、"观"、"群"、"怨"四种功能。在儒家看来,诗本性情,发为吟咏,最易感人,故能兴起人之好恶是非之心,所以称"可以兴"。诗为王官所采,贡于天子,列于乐官,故可通过世俗之美恶,而观察思考政治得失,所以称"可以观"。人不能离群索居,必辅仁会友,移风易俗,常赖于诗,所以称"可以群"。以风刺上,规讽时政,谲谏君主,故称"可以怨"。"思无邪"是儒家诗教的宗旨,其要求为"用意纯正,修辞诚恳",兴、观、群、怨是其宗旨的具体应用,也是儒家文学为政治服务的最重要的体现。于是儒家的诗教观念便逐渐演变为文学对政治、道德、修身、治国等内圣外王的辅助工具,构成儒家的文学观。《文心雕龙·明诗》篇开头便强调这一点,"大舜云:'诗言志,歌永言。'圣谟所析,义已明矣。是以在心为志,发言为诗,舒文载实,其在兹乎!诗者,持也,持人情性。三百之蔽,义归'无邪',持之为训,有符焉尔。"[①]"舒文载实","义归无邪",均指上述儒家诗教的基本精神。刘勰认为不仅诗如此,赋、乐府、颂、赞等其他文体亦均如此,在思想内容上必须体现儒家的诗教精神。

《乐府》篇说:"是以师旷觇风于盛衰,季札鉴微于兴废,精之至也。大乐本心术,故响浃肌髓,先王慎焉,务塞淫滥。敷训胄子,必歌九德,故能情感七始,化动八风。"

《诠赋》篇说:"原夫登高之旨,盖睹物兴情。情以物兴,故义必明雅。""文虽新而有质,色虽糅而有本,此立赋之大体也。"这是说,赋的思想内容,必须光明正大。它不管有什么漂亮的形式,却必须有纯正

---

① 周振甫:《文心雕龙今译》,第55—56页。

的内容。

《祝盟》篇说:“夫盟之大体,必序危机,奖忠孝,共存亡,戮心力;祈幽灵以取鉴,指九天以为正;感激以立诚,切至以敷辞:此其所同也。……忠信可矣,无恃神焉!”

《哀吊》篇说:“固宜正义以绳理,昭德而塞违,割析褒贬,哀而有正,则无夺伦矣。”这是说,对哀吊这种文体的内容要求,应该是思想纯正,表扬美德,杜塞违逆,对表扬什么,批评什么都应该弄清楚。

《论说》篇说:“凡说之枢要,必使时利而义贞,进有契于成务,退无阻于荣身。自非谲敌,则唯忠与信。披肝胆以献主,飞文敏以济辞,此说之本也。”

《奏启》篇说:“夫奏之为笔,固以明允笃诚为本,辨析疏通为首。强志足以成务,博见足以穷理,酌古御今,治繁总要,此其体也。”这是说,奏启这种文体,本来就以坦白忠诚为根本原则。

《议对》篇说:“夫动先拟议,明用稽疑,所以敬慎群务,弛张治术。故其大体所资,必枢纽经典;……又郊祀必洞于礼,戎事必练于兵,田谷先晓于农,断讼务精于律,然后标以显义,约以正辞。……若不达政体,而舞笔弄文,支离构辞,穿凿会巧;空骋其华,固为事实所摈;设得其理,亦为游辞所埋矣。”

以上引文所包含的内容,都不同程度地反映了刘勰对儒家诗教精神所推衍出来的文学功能论的服膺与推行,其中包括以“思无邪”为中心,以兴、观、群、怨为具体内容的忠、孝、贞、正、诚、信等儒家的正统观念。

这种儒家的正统观念还体现在刘勰对历代文史作家及作品的评论中。他对屈原《离骚》的评论即是典型一例。他认为,如果用儒家经典或儒家诗教的标准衡量屈原的《离骚》,则有四点相合,四点不合。合于经典的四个方面是:其一:“陈尧舜之耿介,称汤武之祗敬,典诰之体也。”即是说,《离骚》陈述唐尧虞舜的光明伟大,称赞成汤周武的虔诚敬肃，这就属于经典的体制。其二："讥桀纣之猖披，伤羿、浇之颠陨，规讽之旨也。"这是说，《离骚》讥刺夏桀、殷纣的狂暴淫乱，伤感羿、浇的颠覆毁亡，这正符合《诗经》劝诫讽喻的宗旨。其三："虬龙以喻君子，云霓以譬谗邪，比兴之义也。"用虬、龙比喻贤人君子，用云霓比喻奸邪的小人，这正是发挥了《诗经》比、兴的作用。其四："每一顾而掩涕，叹君门之九重，忠怨之辞也。"每一回望都门，便幽思而落泪，慨叹宫门紧闭而不得面君，表现了诗人的忠贞怨恨的文辞。不合经典的四个方面有："诡异之辞"、"谲怪之谈"、"狷狭之志"、"荒淫之意"。是指屈原作品中的"丰隆求宓妃，鸩鸟媒娀女"，"康回倾地，夷羿骅日，木夫九首，土伯三日"，"依彭咸之遗则，从子胥以自适"及"士女杂坐，乱而不分，指以为棠；娱酒不废，沉湎日夜，举以为欢"等。其标准，亦是儒学的正统观念，如"子不语怪、力、乱、神"及"男女授受不亲"之类。

刘勰对诸子的评价，也是依据上述标准。认为诸子之书因"述道言治"，都像枝条对干茎一样，是"五经"的附庸。其中思想纯正者，符合经典的规范；思想驳杂者则违反经书的法度。如："汤之问棘，云蚊睫有雷霆之声；惠施对梁王，云蜗角有伏尸之战；《列子》有移山跨海之谈，《淮南》有倾天折地之说，此踳驳之类也。"[①]他认为商鞅、韩非所以遭祸，也与他们的思想不合经典有关，"至如商、韩，六虱五蠹，弃孝废仁；轘药之祸，非虚至也"。[②] 他对魏牟批评公孙龙持肯定态度，认为公孙龙的"白马非马"、"孤犊未尝有母"等逻辑命题都是诡辩，"辞巧理拙"，故魏牟把公孙龙比作昼伏夜出的猫头鹰，"非妄贬也"。

对史传的评论，刘勰认为也必须以经典为标准。他称赞孔子修《春秋》的目的乃在于"举得失以表黜陟，徵存亡以标劝戒"。因此史传最忌"违经失实"的过失。他严厉批评司马迁和班固在《史记》与《汉书》中为吕后写本纪。认为这是违背经典，不合史实。他说：

① 《文心雕龙·诸子》，周振甫：《文心雕龙今译》，第159页。
② 《文心雕龙·诸子》，第160页。

> 及孝惠委机，吕后摄政，班史立纪，违经失实，何则？庖牺以来，未闻女帝者也。汉运所值，难为后法。牝鸡无晨，武王首誓；妇无与国，齐桓著盟；宣后乱秦，吕氏危汉。岂唯政事难假，亦名号宜慎矣。[①]

这一段评论，最能反映刘勰的正统儒学观念。他所谓"失实"是不正确的。其所谓"违经"，倒是符合儒学本义。因为自汉代以来，儒家学者中包括董仲舒、班固等人一直主张阳尊阴卑，对妇女持一种歧视态度。董仲舒的《春秋繁露》企图从理论上论证这一问题，班固主持编纂的《白虎通义》则进一步肯定了妇女的从属地位。班固的儒学立场已经很褊狭，但尚且在《汉书》中为吕后立传，而刘勰对此又持批评态度。由此可知，在某些问题上，刘勰的儒学立场要比班固更褊狭。这里值得注意的是，妇女不得参与政事的原则，确实是中国思想文化中的传统。"庖牺以来，未闻女帝者"，是无经籍可考，但在武王伐纣时的誓词中确有"牝鸡无晨"之语。《尚书·牧誓》："王曰：古人有言曰'牝鸡无晨'；牝鸡之晨，惟家之索。"武王也是引用"古人有言"。可见，这一思想的产生盖由来久远。

刘勰不仅批评司马迁与班固，也批评张衡。认为"张衡司史，而惑同迁固，元帝王后，欲为立纪，谬亦甚矣。寻子弘虽伪，要当孝惠之嗣；孺子诚微，实继平帝之体。二子可纪，何有于二后哉？"[②]从以上引述，可以看到刘勰的正统儒学观念是很强烈的，这导致了他在文学批评中的一些思想局限性。当然，刘勰也不单是为"牝鸡无晨"而发，他所强调的仍是史传或文章要为经国体制服务，即"原夫载籍之作也，必贯乎百氏，被之千载，表徵盛衰，殷鉴兴废"。[③] 因此，"立义选言，宜依经以树则；劝戒与夺，必附圣以居宗"。[④]

---

① 《文心雕龙·史传》，《文心雕龙今译》，第 145 页。

② 《文心雕龙·史传》，第 145 页。

③④ 《文心雕龙·史传》，第 149 页。

刘勰的创作论强调“积学”。而“积学”的主要内容,仍是向传统学习。他在《风骨》中要求“镕铸经典之范,翔集子史之术”。在《通变》中指出,“矫讹翻浅,还宗经诰”。在整个《文心雕龙》中,他即是以“矫讹翻浅,还宗经诰”的思想为指导,对历代文章进行评论,其中亦反映出许多正统儒学观念。

他批评曹植、左思、潘岳等人的文章中有违背传统儒家礼仪之处,如《指瑕》云:

> 陈思之文,群才之俊也,而《武帝诔》云,“尊灵永蛰”;《明帝颂》云,“圣体浮轻”。浮轻有似于蝴蝶,永蛰颇疑于昆虫,施之尊极,岂其当乎?左思《七讽》,说“孝而不从”。反道若斯,馀不足观矣。潘岳为才,善于哀文。然悲内兄,则云“感口泽”,伤弱子,则云“心如疑”。《礼》文在尊极,而施之下流;辞虽足哀,义斯替矣。[①]

刘勰认为,曹植用“永蛰”、“浮轻”的词语称颂武、明二帝,是极不恰当的。因为“轻飘飘的”(“浮轻”)有点和蝴蝶相像,“永远蛰伏”大致和昆虫相似。这种比喻对地位至高无上的人来说,就违背了尊卑之礼。至于左思的《七讽》,说孝道不必顺从父母的意旨,这更违背了孝悌之道。违道之论如此,其余论点就没有什么可观的了。潘岳是有才华的作家,尤善哀祭之文。但他所作《悲内兄》一文,却说“不忍再用其内兄的饮器,是因有感于内兄的口泽犹存”。为了伤悼自己的孩子而作的《伤弱子》,却用了《礼记》中用来哀悼父母的词语和意义。所有这些,都因违背了基本的礼仪常识,而有损于经典之道,因此,文章写得再好,也没有意义。刘勰的这些评论,基本上是从文章的思想内容不符合礼的规定出发的,反映了刘勰对传统儒学正统观念的执著。

---

① 《文心雕龙·指瑕》,《文心雕龙今译》,第364页。

第六章

北朝的儒学

北朝的儒家学者与南朝略有不同。除一大批专治儒家六经的经学大师外，也有一批发挥经义，企图借北方“胡人”政权以实现儒家理想的儒家学者。

由于北朝各政权都是由少数民族所建，再加上长期的丧乱，故北朝的儒学没有形成像南朝那样的思想、学术乃至文化中心。所以各地的名都大邑，往往成为留居北方的经学大师和儒家学者借以保存和发扬儒家文化的据点，遂使儒学的发展，趋于地方化与家门化。这些特点，决定了北朝儒学更重视家学传统。也正是由于这一原因，北朝的儒家学者受佛教的影响远不如南朝。

但由于受到南朝儒佛之争的影响，以及儒佛本身文化背景的不同及理论上的差异，北朝也同南朝一样，经历了两种不同文化的冲突。但在理论上并无太多建树，往往是通过政权手段，对佛教实行强制性压抑。因此，南朝排佛，侧重在思想、理论上的争论；北朝排佛则付诸行动。在儒佛之争中，道教则站在儒家一边，形成思想与文化上的儒道统一战线。而佛教的反击，又往往尽力避开直接与儒学发生冲突，把批评的矛头直指道教，遂使北朝的佛道之争更加激烈，甚至导致佛道同时被毁的结局。

总之，北朝儒学受上述综合背景因素的影响，其儒学立场和观点，比南朝更显正统、纯粹，同时也就更显保守。故史学家常称北方儒学为“旧儒学”。如作为北朝儒学“第一盛门”的清河崔氏，便是自魏晋以来在北方影响最大的儒学世家。其中的崔浩一支，又为崔氏门中最显之门。崔浩在北魏仕历三朝，常以经国济世为己任。他特别关心推行儒学及建立汉制，遍注儒家群经。他自称对“天文、星历、易式、九宫无不尽看，……专心思书，忘寝与食，至乃梦共鬼争义，遂得周公、孔子之要术”。[①] 并“留心于制度、科律及经术之言。作家祭法，次序五宗，蒸尝之礼，丰俭之节，义理可观”。[②] 他以承传儒家文化的强烈使命感，协助北魏皇帝排佛尊儒，以儒立国。这对于中国北方的统一，具有重要意义。但崔浩的旧儒学多滞留于汉代以降的旧观点，与南方儒学相比，缺乏创造性和灵活性。

由于少数民族在文化上不及汉文化发达，故北朝政权于建国之初，便多采用汉制。因此，也就需要熟悉汉文化的儒家学者。据万斯同《儒林宗派》载，北朝见于名传的儒家学者多达一百一十四位。除上述崔氏各支外，尚有卢氏、赵氏、李氏、刘氏、鲍氏等儒学的家传系统。其中亦出现许多著名的儒家学者，如卢玄、高允、刘献之、刘芳、徐遵明、卢辩、苏绰、沈重、熊安生、颜之推等。在这些儒家学者中，亦有一部分人，能够依据儒家经典而作创造性的发挥，从而摆脱经学的束缚，对当时北朝政治上的种种实际措施起到一定的推动作用。

---

① 《魏书·崔浩传》，《魏书》，中华书局1974年版，第825页。

② 《魏书·崔浩传》，第812页。

第一节　北朝政权与儒学

刘裕建宋后十九年，即宋文帝元嘉十六年(439)，鲜卑人所建立的北魏统一了北方，遂正式出现南北政权对峙的局面，亦即南北朝的开始。其后北魏发生分裂而出现东魏与西魏。东魏后为北齐所灭，西魏后为北周所灭。后来北周又灭了北齐，统一了北方政权。但不久，北周政权又为杨坚所建立的隋所取代，并于公元 589 年南伐灭陈，南北朝结束，中国重归统一。

从北魏统一北方，至杨坚灭陈，北方经历了北魏、西魏、东魏、北齐、北周五个政权。下面将分述在北朝五个政权之下儒学发展的一般概貌。

一、北魏政权与儒学

北魏之建国，可以追溯到东晋孝武帝太元十一年(386)，鲜卑人拓跋珪继其前人代公猗庐建立魏国，并于东晋隆安二年(398)于定都平城称帝，是为北魏道武帝(魏太祖)。从道武帝建立北魏起，至梁武帝中大通六年(534)北魏分裂为东魏、西魏止，期间历经十一主，凡一百四十九年。

北魏是由少数民族建立的政权，面对中原的广大地区和繁庶的人口，其游牧迁徙的生活方式，如何过渡到中原地区以农业为主的生产方式；其简陋单一的政权结构和崇刑尚力的统治方法，如何过渡到汉民族礼乐典章的德治轨道；以及其慓悍勇武的民族特性如何适应中原地区长期以来所保有的温文尔雅的儒学传统等等，成为北魏开国后所必须面临的迫切问题。因此，北魏时期，是阶级矛盾、民族矛盾交错复杂的时代，也是宗教信仰、思想文化等方面激烈冲突的时期。其中的儒学与佛教的冲突尤为激烈。这一思想上的斗争，反映了北魏政权在政治、文化上的走向。

从现有的史料看，有魏在近一百五十年的统治内，其思想、文化的发展变迁可大致分为四个阶段。其间，儒佛道三家思想交相角逐，高潮迭起，表现了异质文化在融合过程中对政治的影响。第一阶段，可称为北魏政权吸收儒学，并力图以儒学为指导的时期。道武帝采取了引用汉族知识分子和尽量接受汉族文化的政策，同时，永嘉之乱后留在故土而未南迁的世族亦多半投入了北魏政权。如世族崔宏在道武帝时曾官至吏部尚书，典学机要，魏的朝仪制度多由他手定。其子崔浩仕历三朝，显居要职。其他如崔玄伯、邓渊、高允、李灵、崔鉴、李先等，皆为北魏政权所引用。

引用汉族知识分子和接受汉族文化，首先就要遇到如何对待儒学传统的问题。魏道武帝称制不久，便有意于此。他常向儒臣崔玄伯询问古今旧事、王者制度、治世之则。他曾询问博士李先："天下何者最善，可以益人神智?"李先告诉他："惟有经书，三皇五帝政化之典，可以补王者神智。""太祖于是班制天下，经籍稍集"。[1] 由这一段对话可知，魏主早已留意儒家经籍。一经李先指点，便开始付诸实施，收集儒家典籍，并于天兴二年(399)春三月甲子，"初令五经群书各置博士，增国子太学生员三千人"。[2] 四年二月丁亥，"命乐师入学习舞，释菜于先圣、先师"。同年十二月辛亥，"集博士儒生，比众经文字，义类相从，凡四万余字，号曰《众文经》"。[3] 道武帝在位十三年，由于多用汉族知识分子并有意汉化，故其受到不少儒家思想的影响。尤其想慕汉儒所阐发的"《春秋》之义，大一统之美"和"继圣载德，天人合会"之说，故对阴阳玄象、灾异、谶纬、术数都感兴趣。但其所关注者，还是实际政治

① 《北史·李先传》，中华书局 1974 年版，第 978 页。

② 《北史·太祖道武帝纪》，第 19 页。

③ 《北史·太祖道武帝纪》，第 21 页。

与古今得失，并企图把北魏政治纳入道德、忠义之轨道，即儒家的仁政德治。如他在天兴三年所颁发的《官号诏》中说：

上古之治，尚德下名，有任而无爵，易治而事序，故邪谋息而不起，奸慝绝而不作。……秦汉之弊，舍德崇侈，能否混杂，贤愚相乱，庶官失序，任非其人。于是忠义之道寝，廉耻之节废，退让之风绝，毁誉之议兴，莫不由乎贵尚名位，而祸败及之矣。……苟以道德为实，贤于覆餗蔀家矣。……道之与德，神识之家宝。是故道义，治之本；名爵，治之末。名不本于道，不可以为宜；爵无补于时，不可以为用。用而不禁，为病深矣。能通其变，不失其正者，其惟圣人乎？[①]

从道武帝的这一诏书中，可以清楚地看到他所持的儒家思想道德观和政治立场，把“以道德为实”、“廉耻之节”、“忠义之道”、“退让之风”等，看做是思想意识和道德修养的重要归依（“神识之家宝”），是齐家治国的根本原则（“治之本”）。他认为只有在社会、政治、思想、文化等各种变动中始终保持这些原则才称得上圣人。无疑，这是一种儒家圣人观。

继道武帝之后，是北魏明元帝拓跋嗣（太宗），其在位十五年。他按照道武帝制定的汉化方针，仍推行德治教化的政策，未使佛教涉及朝政。据《魏书》本纪载：“帝礼爱儒生，好览史传，以刘向所撰《新序》、《说苑》于经典正义多有所阙，乃撰《新集》三十篇。采诸经史，该洽古义，兼资文武焉。”[②]“又改国子为中书学，立教授博士。”[③]史称明元帝“抱纯孝之心”，“以德见宗”，并非妄语。观其在位十五年所下诏书，如《赐王洛儿爵诏》、《简出宫人诏》、《赈贫穷诏》、《遣使巡省诏》、《敕有司劝课诏》等，即可略见其所受儒学的影响。他很重视“观民风俗，问民

① 《全后魏文》卷一，商务印书馆 1999 年版，第 2 页。

② 《魏书·太宗纪》，中华书局 1974 年版，第 64 页。

③ 《魏书·儒林传序》，第 1842 页。

间疾苦，察守宰治行”；提倡为臣之节“处家必以孝敬为本，在朝则以忠节为先”；认为“人生在勤，勤则不匮”，王教之基在于使民丰足，然后教以仁义。这些都属儒家政教范畴。

北魏政权的崇儒汉化政策至太武帝拓跋焘（世祖）时更进一步。太武帝是北魏诸帝中较有作为的一位。在他当政的二十九年中，北征柔然（蠕蠕），西讨仇池，吞并北凉北燕，使北方得到真正的统一。《魏书·世祖本纪》史臣说，世祖“扫统万，平秦陇，翦辽海，荡河源，南夷荷担，北蠕削迹，廓定四表，混一华戎，其为功也大矣”。[①]

在其统一北方的过程中，思想文化上继承了道武、明元二帝所推行的引用汉族知识分子和崇儒汉化政策，重用崔浩、高允等推行儒学。他继位后不久（始光三年），“便起太学于城东，祀孔子，以颜渊配”；又二年，“东幸广宁，临观温泉，以太牢祭黄帝、尧、舜庙”；又三年（神䴥四年）下诏征世胄遗逸，令州郡各举才学。其在诏令中认为，北方已告统一，“方将偃武修文，遵太平之化，理废职，举逸民，拔起幽穷，延登儁乂”。[②] 遂征卢玄、崔绰、李灵、邢颖、高允、游雅、张伟等儒雅儁乂之士数百人到朝廷任职。“于是人多砥尚，儒林转兴”。如当时名儒常爽，设馆温水之右，以儒家五经教授门徒，学生常达七百余人；中山张吾贵，与儒林刘献之齐名，海内皆曰儒宗，尤善《春秋》、《毛诗》等儒家经典，“吾贵每一唱讲，门徒千数”。由此可略见世祖之世儒学的兴盛。

世祖太武帝经略文武，非常重视以儒家经术达“太平之治”的目标，曾屡诏群臣，欲令百姓家给人足，必弘阐文教，兴于礼义。强调“士之为行，在家必孝，处朝必忠”，“直道正身，立功立事，无或懈怠”。太武帝虽归宗佛法，敬重沙门，但始终没有“存览经教，深求缘报”之意，故从太平真君元年（440）至正平元年（451）的十五年间，由于北魏政权

---

① 《魏书》卷四下，第109页。

② 以上引文均见《魏书·世祖本纪》。

的内部矛盾及其尚儒汉化的需要，再加之儒道联合排斥佛教，终使太武帝决心排佛。

太平真君五年下诏禁止王公以至庶人挟藏谶纬之书及容匿沙门师巫。同年又下诏，令王公以下至于卿士子弟皆诣太学，不听私立学校，以"整齐风俗，示轨则于天下"。太平真君七年又下诏诛沙门，毁佛寺，坑僧尼，造成中国佛教史上的一大惨案。历来史家对此次事件评说不一。有的以为太武帝生性好杀，不仅对僧尼如此，对于他的亲信，稍触其怒，亦必诛戮；有的则归咎于寇谦之、崔浩等恐太子晃摄政，遂密谗于帝，言晃纳结佛僧，别有异图，遂导致太武帝灭佛等等。其实，这些说法，都不可能成为太武帝灭佛的主因。其主要原因，如其毁佛诏所言：

> 昔后汉荒君，信惑邪伪，妄假睡梦，事胡妖鬼，以乱天常，自古九州之中无此也。夸诞大言，不本人情。叔季之世，暗君乱主，莫不眩焉。由是政教不行，礼义大坏，鬼道炽盛，视王者之法蔑如也。自此以来，代经乱祸，天罚亟行，民生死尽，五服之内，鞠为丘墟。千里萧条，不见人迹，皆由于此。朕承天绪，属当穷运之弊，欲除伪定真，复羲农之治。其一切荡除胡神，灭其踪迹，庶无谢于风氏矣。自今以后，敢有事胡神及造神像泥人铜人者，门诛。虽言胡神，问今胡人，共云无有。皆是前世汉人无赖子弟刘元真、吕伯强之徒，接乞胡之诞言，用老庄之虚假，附而益之，皆非真实。至使王法废而不行，盖大奸之魁也。有非常之人，然后能行非常之事。非朕孰能去此历代之伪物！有司宣告征镇诸军、刺史，诸有佛图形像及胡经，尽皆击破焚烧，沙门无少长悉坑之。①

太武帝的这一诏书，无疑是一篇剿佛檄文。其所以不惜用暴力灭佛，主要出于其巩固政权的需要。从他所宣布的佛教罪状来看，其一："事

① 《魏书·释老志》，第3034—3035页。

胡妖鬼以乱天常”;其二:“夸诞大言,不本人情”;其三:“视王者之法蔑如也”;其四:“五服之内,鞠为丘墟,千里萧条,不见人迹”;其五:“附而益之,皆非其实”。而导致太武帝灭佛的直接导火线是盖吴谋反。

时北地泸水人盖吴于杏城天台举兵反魏。魏主西伐至长安,牧马于沙门寺内麦中,其侍从发现寺内有许多弓矢矛楯,出以奏闻,魏主便疑佛徒与盖吴通谋反叛。在查抄这所佛寺时,又“大得酿酒具及州郡牧守富人所寄藏物,盖以万计。又为屈室,与贵室女私行淫乱,帝即忿沙门非法”。[①] 时又有崔浩等崇儒排佛,遂导致太武帝的毁佛事件。从文化的角度看,这亦是儒佛之争的结果。说明此时北魏政权倾向于儒学。在魏主毁佛的第二年,又颁崔浩所注《诗》、《论语》、《尚书》、《周易》等儒家经典,命天下习业。

从北魏第一代皇帝道武帝拓跋珪起,中经明元帝拓跋嗣,至第三代皇帝太武帝拓跋焘,共历五十余年。这是北魏政权吸收儒学,努力汉化的第一个阶段。在时间上它占据了北魏整个统治时期的三分之一。

其后,文成(高宗拓跋濬)、献文(显祖拓跋弘)两帝,又恢复佛教,崇尚释典,遂使儒学的发展受到一定的挫折。但也并非停顿,因为帝王之对佛教,多从“助王政之禁律,益仁智之善性”出发,以为对其政权及民风教化有利者,方奖崇施化,因此往往与儒学并行不悖。其所不同之处,除思想上的一些观念外,主要还是宗教与人文之别。佛教有完整的宗教组织,有固定的传道场所,有一定的寺庙土地财产。因此它比世俗儒家或世俗化之儒学,更易于组织。因此在它的传播过程中,也易于被政治异见者或奸邪迷信之徒所利用和假托,历史上的毁佛事件,往往多出于这种原因。因此佛教在传播过程中,曲折尤多。

儒学则不然,它既无组织保证,又无经济背景,往往散在四方,即使在比较集中的太学,因其内容多属人文、德道,一般不易被假托,故

① 《魏书·释老志》,第3033—3034页。

其对于封建政权利多弊少，能比较稳定地保持自己的存在。况且它一经制度化，便与封建政权联系在一起，不可分离。因此即使在佛教盛行的文成之世，其也必以儒学治国。如文成帝在其《曲赦京师诏》中说："夫圣人之教，自近及远。是以周文刑于寡妻，至于兄弟，以御家邦。化苟从近，恩亦宜然。"[①]又如其在《贵族不婚卑姓诏》中，也一再引用儒家以说明他所要采取的政策之合理性，其诏曰："夫婚姻者，人道之始。是以夫妇之义，三纲之首，礼之重者，莫过于斯。尊卑高下，宜令区别。"[②]无论是赦免囚徒，还是婚姻政策，都离不开制度化的儒学为其论证，故献文帝登基始毕(466)，文明太后，便引儒臣高允参决大政，并下诏命其置学官于郡国。其诏曰：

> 自顷以来，庠序不建，为日久矣。道肆凌迟，学业遂废，子衿之叹，复见于今。朕既纂统大业，八表晏宁，稽之旧典，欲置学官于郡国，使进修之业，有所津寄。卿儒宗元老，朝望旧德，宜与中、秘二省参议以闻。[③]

于是高允上表，进一步陈述兴儒崇教的重要性，以为"经纶大业，必以教养为先，咸秩九畴，亦由文德成务"。在高允的主持下，拟定了庞大的儒学教育计划，"请制大郡立博士二人、助教四人、学生一百人；次郡立博士二人、助教二人、学生八十人；中郡立博士一人、助教二人、学生六十人；下郡立博士一人、助教一人、学生四十人"。[④] 这一计划立即得到朝廷的支持，"显祖从之，君国立学，自此始也"。同时显祖又下诏隐括沙门，令民间不得容止无籍之僧，游化之僧必有印牒，断禁民间竭财事佛，断禁女巫妖觋，淫祀孔庙。

文成、献文二帝在位约二十年，其对佛教重新礼敬，但鉴于世祖时

---

① 《全后魏文》卷二，商务印书馆 1999 年版，第 16 页。

② 《全后魏文》，第 19 页。

③ 《魏书·高允传》，第 1077 页。

④ 《魏书·高允传》，第 1078 页。

期僧尼杂乱，混迹假托，寺庙不整等现象，对佛教进行了整顿，其对儒学采取了大量吸收的政策，并于北魏各郡建立郡学。在北魏政权的第二阶段，佛教的传播大于儒学，但崇佛并不排儒。因此在这一阶段中，可说是儒佛相安的时期。

献文帝在位六年，于公元471年传位于太子拓跋宏，是为高祖孝文帝。时宏仅五岁，五年后，由文明太后临朝称制。

文明太后，是北魏时期的重要政治人物。高宗文成帝死后，因献文帝年少，她曾临朝听政，擢拔高允，推行汉化。献文帝退位，孝文帝年幼，因此从公元471年至公元490年，她又再度临朝专政达十七年之久。她原是汉人，颇有才智，孝文帝初期定班禄、立户籍及推行均田制等重大政治经济政策，都是在她的策划下施行的。孝文帝后期掀起的尊孔崇儒的汉化高潮，亦与她的影响有密切关系。文明太后称制及孝文帝亲政共二十八年，这是北魏政权的第三个阶段，也是北魏的兴旺时期。

孝文帝对汉文化推崇备至，常雅好读书，手不释卷，遍览五经、史传、百家之言。他亲政后，修律令、正典礼、革鲜卑旧俗，悉力推行汉化，以期与南朝抗衡并向南进取。为此，他采取一系列措施。首先于太和十七年(493)从平城(今山西大同市东)迁都洛阳。其次，力改鲜卑旧俗。如禁止同姓为婚、断绝死囚裸形、礼化男女杂处、减省淫祀群神等等。第三，广泛推行汉语。太和十九年(495)六月，下诏"不得以北俗之语言于朝廷"，鲜卑人三十岁以下者，须悉用汉语。第四，禁止归葬。诏令凡"近洛之民，死葬河南，不得还北。于是代人南迁者，悉为河南洛阳人"。第五，改革度量。使鲜卑民间度量皆依《周礼》制度，"改为长尺大斗"。第六，提倡鲜卑人与汉族联姻。孝文帝为此专下诏书，令皇子皇弟聘汉族名门之女为正室，"前者所纳，可为妾媵"。第七，更改鲜卑人的复姓为单姓，以与汉族相同。太和二十年下诏改拓跋氏为元氏，其余功臣旧族亦悉令改姓。第八，禁止胡服。改鲜卑人的短狭之衣为汉人的宽衣长带，令其族人所穿衣服悉依汉制，并为朝廷官吏制定五等公服。[①]

魏孝文帝采取的一系列汉化措施，均以儒学为其根据，如其断诸北语、禁止胡服时所说："若仍旧俗，恐数世之后，伊洛之下复成被发之人。"表明了他对文明进化的关心。由于朝廷之提倡在上，故此时期的儒学得到推广，其优势大于佛教。如太和十年(486)改中书学为国子学，并诏起明堂辟雍。太和十一年，下诏恢复乡饮古礼，以敦民间风俗，其诏曰：

> 乡饮礼废，则长幼之叙乱。孟冬十月，民闲岁隙，宜于此时导以德义。可下诸州，党里之内，推贤而长者，教其里人父慈、子孝、兄友、弟顺、夫和、妻柔。不率长教者，具以名闻。[②]

献文帝初，儒臣高允定北魏学制，只限郡级。至孝文帝太和十五年(491)，高祐(高允从祖弟)又于西兖州各县立讲学，各党立小学。到此，北魏的儒学教育，上自太学、国子学，下至郡学、县学与乡党之学，均已充备。故北魏在当时已隐为中国教育中心之所在。

太和十六年，又诏祀唐尧于平阳，虞舜于广宁，夏禹于安邑，周文于洛阳。改谥宣尼曰文圣尼父，告谥孔庙。同年四月，"幸皇宗学，亲问博士经义"；八月尊立三老五更；十七年七月"幸太学，观石经"；十九年四月，"幸鲁城，亲祠孔子庙"，诏拜孔氏四人、颜氏二人为官；又诏选诸孔宗子一人，封崇圣侯，邑一百户，以奉孔子之祀；又诏"兖州为孔子起园栢，修饰坟垅，更建碑铭，褒扬圣德"；二十年，"命御史中尉李彪与吏部尚书任城王澄等妙选英儒，以崇文教，置四门博士四十人，助教二十人"；二十一年夏四月又遣使者"以太牢祭夏禹、虞舜"，诏修尧、舜、禹庙；同年七月亲为群臣讲《丧服》于清徽堂。[③] 这一连串的尊儒祭祀

---

① 以上均见《魏书·献文六王·咸阳王禧传》及《高祖纪》。

② 《魏书·高祖纪下》，第162—163页。

③ 以上引文，均见《魏书·高祖纪下》。

活动，表明北魏政权对汉族文化，特别是对儒学的认同。

北魏孝文帝在中国文化史上是一位有卓越贡献的人物，他为中国各民族的融合及中国文化在政治分裂的时代仍能继续保持其连续性和统一性，做出了巨大努力。

孝文帝死后，北魏政权又经历了宣武、孝明、孝庄、节闵、孝武五帝，历时三十余年。虽然也不断地兴学崇儒，但由于佛教兴盛，诸帝皆笃信佛教，不遗余力地穷土木之力，开凿石窟、营造佛刹寺塔，诸如洛阳龙门、大同云冈皆其属。据史籍所载，从景明元年(500)至正光四年(523)六月，“凡用工八十万二千三百六十六人”，“其诸费用不可胜计”。[①] 再加之倖臣、外戚、后宫的干政，使北魏政权日趋腐化，终于在梁中大通六年(534)分裂为东、西魏，北魏遂告灭亡。

二、东魏北齐政权与儒学

北魏分裂为东、西两魏后，大抵以今山西、陕西两省间的黄河为界，西魏占有黄河以西关陇之地，都长安；东魏则占黄河以东及淮北以北之地，都邺。

东魏仅历孝静帝一帝即亡，有国十七年。故其政权与儒学的关系不甚明显。从总体上说因东魏所占之地多属中原地区，上承北魏孝文帝汉化的成果，其文明程度及儒学的影响应高出关陇地区。但由于国祚有限，再加之高欢父子的专权，鲜卑勋贵的贪淫，遂使东魏国事日非，儒学停滞。公元 550 年，高欢子高洋迫孝静帝禅位，改国号为齐(为与南朝萧齐区别，史家称高洋所建之齐为北齐)，是为北齐文宣帝，于是东魏亡。

北齐历六主，凡二十八年。其文化上的表现亦显不振，对于儒学虽也曾提倡，但较北魏大所不及。北齐开国伊始，文宣帝即下诏修立学序：

---

① 见《魏书·释老志》。

诏郡国修立黉序，广延髦儁，敦述儒风。其国子学生亦仰依旧铨补，服膺师说，研习礼经。往者，文襄皇帝所运蔡邕石经五十二枚，即宜移置学馆，依次修立。①

先是，东魏高欢曾命移洛阳汉魏石经于邺，但在搬运途中，至河阳岸崩，石经多没于水，其得至邺者，仅五十二枚，此后又移置学馆，以鼓励学子敦述儒风。因为政治久不上轨道，朝廷欲整顿风俗，建立制度，故能稍重儒学。文宣帝天保七年(556)，下诏有司校定群书，以供朝廷览读，樊逊等十一人共同刊定，"凡得别本三千余卷，五经诸史，殆无遗阙"。② 孝昭帝皇建元年(560)，又下诏于国子寺备置生员，讲习经典，岁时考课，并命外州郡学，亦仰典司勤加督课。此后，齐主又命儒臣魏收、杨休之、颜之推等二十余人选录诸书，集论经传，撰成《修文殿御览》，供皇帝专读。

北齐政权虽然尊尚儒学，建立学官，但由于当时兵戈未息，当权者无心于学术，故国子虽有学官之名，而无教授之实。当时佛教亦非常流行，皇帝、后妃多皈依佛教，崇佛多于崇儒。据《续高僧传》载，时"昭玄一曹，纯掌僧録，以沙门法上为大统。令史员置五十许人，所部僧尼二百余万"。③ 又据《佛祖经纪》载，"所部僧尼四百余万，四百余寺，咸禀风教。齐主筑坛具礼，尊为国师。布法于地，令上统践之升座，后妃重臣皆受菩提戒"。④

佛教的流行，引起儒家学者的反对，北齐章子仇、李公绪、樊逊、邢劭等人站在儒家立场排佛，即反映了这一时期儒学所关心的问题。然而，佛教也并非完全为了出世，佛教的流行，虽由各种因素促成，但它往往多与社会混乱、政治黑暗以及人生困苦有关。北朝后期，佛教尤

---

① 《北齐书·文宣纪》，中华书局 1972 年版，第 53 页。

② 《北齐书·樊逊传》，第 614 页。

③ 《续高僧传》卷八，《大正藏》第 50 册 0485 页，1924—1934 年大正一切经刊行会。

④ 《佛祖统纪》卷三十八，《大正藏》第 49 册 0356 页。

盛,盖可反映在这一时期社会的混乱和残酷的杀夺。从这一意义上说,佛教本有劝善之用,但与儒学不同,佛教作为宗教,常“藉象以表真”,然其“象”无止,甚至导致“倾竭府藏”,“造制穷极”,引起很多经济问题,往往成为社会混乱的一大原因,与其劝善初衷相违。尤其在乱世,佛教更无助于治,北齐之末即如此,终于在577年被北周所灭。

三、西魏、北周政权与儒学

北魏孝武帝因高欢叛乱,逃赴长安,以宇文泰为大丞相辅政,是为西魏。

西魏时期,实权都掌握在宇文泰手中。宇文泰明达政治,且崇儒好古,不尚虚饰,“恒以反风俗,复古始为心”。但认为中国文化昌盛于周代,而周又发源关中,故中国文化正统即在关中,欲借此提高西魏在当时诸国中的地位。所以西魏与北周政权多重用儒臣,标榜儒学即由此可知。

由于宇文泰崇儒好古,故能礼贤儒士,留心治术,企图从儒学中寻找治国办法,厘定治国方略。如时有大儒苏绰,少好学,博览群籍,宇文泰召为行台郎中。初,泰未深识之,有一次宇文泰与公卿往昆明池观渔,行至城西汉故仓地,顾向左右,无有知者。召绰,具以状对,泰大悦。因问天地造化之始,历代兴亡之迹,绰对答如流。“遂留绰至夜,问以治道,太祖卧而听之。绰于是指陈帝王之道,兼述申韩之要。太祖(宇文泰)乃起,整衣危坐,不觉膝之前席。语遂达曙不厌”。① 于是任之以政,宠遇日隆。

时宇文泰正欲革易时政,故绰得尽其智能,赞成其事,减省官员,并置屯田,提出六条治国方案,宇文泰以此定为“六条诏书”,置诸座右,命百官司习诵并施行之。其六事为:第一曰清心;第二敦教化;第三尽地利;第四擢贤良;第五恤狱讼;第六均赋役。这六条诏书,完全

① 《周书·苏绰传》,中华书局1971年版,第382页。

是以儒家《大学》修齐治平的原则为指导制定出来的。如第一条的内容是，“治民之本，先在治心”，心治然后身治，身治先从君始，只有君主首先躬行仁义、孝悌、忠信、礼让、廉平、俭约八者，才能作臣民的楷模，国家才能兴旺。其后，宇文泰又任用苏绰及大儒卢辩依《周礼》建立官制，于朝廷置六卿之官，以革汉魏官繁，此亦苏绰所谓“清浊之由，在于官司之繁省”。

以上六条诏书，及其依《周礼》所建立的官制，成为西魏及以后北周治国的基本方略。它基本上是在儒家的伦理、政治、经济理论指导下建立起来的。宇文泰诏定百官“非通此六事及计账者，不得居官”。故其时民间风俗趋于敦实，吏治亦颇可观，在当时诸国中，可算是国富兵强，齐、梁皆不敢犯。这些制度在以后的隋唐两朝，亦常有沿用。

宇文泰死后，其子宇文觉嗣位，公元557年迫恭帝禅位，改国号为周(史称北周或后周)。西魏历文、废、恭三帝，凡二十三年，至此西魏亡。北周于公元577年灭北齐，重新统一北方，但四年后旋灭于隋。由于西魏自始至终由宇文泰秉政，故西魏、北周，虽国号不同，但在政治、经济、文化上实为一体，前后共四十七年都是在宇文氏的统治之下，故颇有政治、文化的连贯性。

北周世历五主，凡二十四年。但前后四主加起来执政不到六年。故二十四年中，北周武帝高祖宇文邕享国十八年。周武帝继位后，承继了宇文泰所创立的一系列基本国策，在思想文化上则更重儒学。在他执政的十八年中，多次幸太学，并为群臣亲讲《礼经》，礼贤儒士。如保定五年(565)，他听说南朝大儒沈重，明经行修，尤精《诗》、《礼》及《左氏春秋》，特遣使至后梁征之，并致书恳求。他在书中说：“有周开基，爰踪圣哲，……常思复礼殷周之年，迁化唐虞之世。惧三千尚乖于治俗，九变未叶于移风。欲定画一之文，思杜二家之说。知卿学冠儒宗，行标士则。……爰致束帛之聘，命翘车之招。”[1]周武帝的这封信，

---

① 《周书·沈重传》，第809页。

基本上表明了他招纳儒士、奖崇儒学的目的。即欲以儒家思想，特别是儒学中关于“礼”的思想来移风治俗，统一北周及中原的思想、文化(“欲定画一之文”)，以杜绝佛、道二教的流行(“思杜二家之说”)，从而达到重新统一北方的目的。此后，北周灭佛罢道崇儒的文教政策，在此已露端倪。

沈重至周后，诏令讨论五经，并校定钟律。天和中于紫极殿讲三教之义，“朝士、儒生、桑门、道士至者二千余人”(《册府元龟》卷九八“二”作“三”)。又于露门馆为皇太子讲《论语》。武帝授沈重骠骑大将军、开府仪同三司、露门博士。沈重在北周滞留十余年，其所撰《周礼义》、《礼记义》、《仪礼义》、《丧服经义》等儒家经典凡一百三十余卷，对北周政权儒学的推广及排佛黜道政策均产生重大影响。

北齐大儒熊安生，是当时北方著名经学大师，博通五经，尤善“三礼”。及北周灭北齐，安生命僮仆洒扫户庭，家人怪之，安生说：“周帝重道尊儒，必将见我。”没过多久，武帝果然亲幸其第，诏不听拜，亲执其手，引与同坐，遂拜露门博士，其尊儒如此。[①] 北周一朝，经师多兼达政术。以此进位大将军、露门博士、开府仪同者，为数不少，由此亦可知北周政权与儒学的关系。

北周政权崇儒的再一重要表现，即排佛罢道。自天和元年(566)武帝集群臣亲讲《礼记》后，便进一步加速其政权儒学化的步伐，遂引起民间佛徒道士的不安。因此发生一连串的关于三教关系的辩论。每次辩论，武帝都亲临讲说。建德元年(572)十二月，集群臣、沙门、道士，升座辨释二教先后，“以儒教为先，道教为次，佛教为后”。[②]

第二年，“佛、道二教俱废，经像悉毁，罢沙门道士，并令还俗”。于是国内僧尼反服者二百余万。当时北齐的佛教比北周兴盛，仅寺庙就达四万余所。及北周灭北齐，周主没收寺庙财产，四万余所佛寺并赐

① 见《周书·熊安生传》。

② 见《周书·武帝纪》。

王公充为第宅，“五众释门灭三百万，皆复军民，还归编户，融刮佛像，焚烧经教，三宝福财，簿録入官，登即赏赐，分散荡尽”。[①] 这是中国历史上继魏太武帝灭佛后的又一次大规模的灭佛事件。至此佛教在北方的势力遭受重大打击。

北周灭佛主要是出于经济上的原因，但亦如周武帝征聘沈重时所说，乃“欲定画一之文”，即企图定儒学为一尊，以服务于政权统一的需要。周武帝在平齐灭佛时说：“朕受天命，宁一区宇，世弘三教，其风愈远，考定至理，多愆陶化，今并废之。然其六经，儒教之弘，政术、礼、义、忠、孝，于世有宜，故须存立。”[②] 当时北方佛教大盛，北周国内“反服者二百余万”，灭齐后，又“五众释门灭三百万”，加起来就达五百余万。这对当时社会不仅造成经济负担，同时在政治上也是对王朝政权的极大威胁，这些都是促使北周统治者选定儒学的直接原因。

第二节　苏绰《六条诏书》的儒学新义

东晋孝武帝太元十一年(386)，起自漠北的鲜卑族拓跋珪在牛川(内蒙古呼和浩特东)即代王位，改国号为魏(史称北魏或后魏、元魏)。继而长驱直入中原，乃于晋隆安二年(398)称帝，历史上称之为北魏道武帝。其帝位传至其孙拓跋焘，遂尽灭北方诸国，于宋文帝元嘉十六年(439)统一了中国北方，史称北朝。

中国北方政权的统一，为经济的发展创造了条件。再加之北魏历代皇帝大量采用汉人制度，极力推行汉化，遂使北朝文化亦有相当规模的发展，出现了儒、释、道并兴的局面，同时也涌现出一大批三教学

①② 慧远：《周祖平齐召僧叙废立抗拒事》，《广弘明集》卷十，上海古籍出版社 1991 年版，第 159 页。

者，尤其突出的是儒家学者如徐遵明、崔浩、刘献之、卢辩、熊安生、颜之推等。苏绰即是其中有代表性的一位。

一、苏绰其人及其所处时代

苏绰(497—546)字令绰，武功(今陕西武功西)人。他是西魏少数民族政权革易时政、推行汉化，并根据《周礼》建制立官的枢要之臣，是一位对北朝后期的思想、政治、文化颇有影响的人物。

据《周书》、《北史》记载，绰为魏侍中则九世孙，累世二千石。父协，武功郡守，从兄让为汾州刺史。其弟春、其从兄亮、湛皆通显当世，名著西土。其子威仕历周、隋两朝，“尊重当时，朝臣莫与为比”。可见，苏绰乃关中极有影响的世族大家。“初为宇文泰行台郎中，寻除著作佐郎。后又拜大行台左丞，参典机密”。[①] 西魏文帝大统三年(537)，封美阳县伯。十一年，授大行台度支尚书，领著作，兼司农卿。绰性俭素，不事产业，家无余财。平生以海内未平，常以天下为己任。“博求贤俊，共弘政道，凡所荐达，皆至大官”。“绰常谓为国之道，当爱人如慈父，训人如严师。每与公卿议论，自昼达夜，事无巨细，若指诸掌。积思劳倦，遂成气疾”。[②] 大统十二年卒于官，时年四十九。绰死后，“周文(宇文泰)痛惜之，哀动左右”。及绰归葬武功，宇文泰与群臣步送出同州郭外，宇文泰亲于车后酹酒而言曰：“尚书平生为事，妻子兄弟不知者，吾皆知之。惟尔知吾心，吾知尔意。方欲共定天下，不幸遂舍吾去，奈何！”因高声恸哭，酒杯坠于手。其与宇文泰及西魏政权的关系，可见于此。周明帝二年(558)，以绰配文帝庙廷。隋开皇初追封邳国公。

苏绰所处的时代，正是继北魏孝文帝推行汉化，在思想和意识形态方面对儒学认同的时代。这一趋向至北魏末期并未因政权内部的

---

① 《北史·苏绰传》，中华书局1974年版，第2230页。

② 《北史·苏绰传》，第2242页。

分裂而减缓。梁中大通三年(531),对于北魏来说正是其政权内讧最严重的时期,两年内换了四个皇帝并五次改元,足见其政治的混乱。但即使在这种情况下,崇儒兴学的呼声仍很高。当时即有侍中羊深请修国学。他上书说:

> 臣闻崇礼建学,列代之所修;尊经重道,百王所不易。……且魏武在戎,尚修学校;宣尼确论,造次必儒。臣愚以为宜重修国学,广延胄子,使函丈之教日闻,释奠之礼不阙。并诏天下郡国,兴立儒教,考课之程,咸依旧典。苟经明行修,宜擢以不次。抑斗筲喋喋之才,进大雅汪汪之德。博收鸿生,以光顾问;縶维奇异,共精得失。使区寰之内,竟务仁义之风;荒散之余,渐知礼乐之用,岂不美哉!……魏主善之。①

羊深上疏得到魏主的赞许,然而政权内部的斗争却如火如荼,梁大同元年(535)北魏终于分裂。

北魏分裂为东、西两魏以后,上述汉化的趋势并未停止。掌握西魏实权的宰相宇文泰,明达政治,崇儒好古。时军国草创,政刑弛纵,坟典散逸。西魏政权采取一系列措施,力图使政治走上正轨。西魏文帝大统元年(535),宇文泰即起用苏绰为行台郎中,"始制文案程式,朱出墨入及计帐户籍之法",以适应西魏初建的需要。大统五年又有儒臣秘书监寇儁,"选置令史,抄集经籍,四部群书,稍得周备"。大统十年,北魏调整权衡制度,宇文泰又用苏绰损益三十六条之制,总为五卷,在全国颁行。为加强国力,宇文泰广招贤才牧守令长,皆按苏绰所损益的三十六条之制执行,"数年之间,百姓便之"。于此同时,为革除官繁之弊,泰又命苏绰与当时大儒卢辩,依《周礼》改创其事。依《周官》建制,"设六官,置公卿大夫士,并撰次朝仪,车服器用,多依古礼"。未几而绰卒,后由卢辩成之,并于西魏恭帝时推行。

① 《魏书·羊深传》,第1704—1705页。

东晋以来，文章竞为浮华。为革除其弊，大统十一年六月，宇文泰令苏绰仿《周书》作《大诰》，宣示群臣，戒以政事，并规定"自今文章皆依此体"。十二年，西魏正古今文字。宇文泰"以隶书批缪，命丞相府法曹参军赵文深、黎季明、沈遐等依《说文》及《字林》刊定六体，成一万余言，行于世"。

至此，西魏在制度朝仪、权衡、艺术、文字等诸方面均采取措施，并力图健全国家体制，以与东魏及南朝萧梁政权相抗衡。苏绰几乎全部参与了这些措施的制定，并以其儒学思想为指导，形成了西魏时期占主导地位的思想意识形态。

二、《六条诏书》的儒学思想

苏绰的著作，据《周书》及《北史》本传载，有《佛性论》、《七经论》，均佚。目前保存下来的仅有《奏行六条诏书》及《大诰》，载于《周书》和《北史》本传中。

《六条诏书》为西魏北周之经国大法，宇文泰令百官"习诵"，并规定牧守令长非通六条者，不得居官。据《通鉴》，《六条诏书》颁布于梁大同七年(541)九月。从思想内容看，《六条诏书》是有魏以来，北朝儒学较具代表性的作品，它虽以皇帝诏书的形式出现，但其内容却极为平实，语言也朴素简练。全文不足五千言，却涉及儒学的一系列基本思想和基本观念，实为魏晋南北朝儒学史上一篇难得的文章。

(一) 理人之要，在于清心

苏绰所处的时代，是兵戈不止、征伐与侵攻交至、杀戮与盗贼并行的时代。在这样的时代里，方伯守令，百僚卿尹，互争利害，往往是"物议横生，异端互起，退让寂寥，靡节竞驰"。如何纠正这种上层腐败的颓风、引导下层民众走上正途，苏绰提出了他的治理方案：

> 凡理人之体，当先理己心。心者，一身之主，百行之本。心不清静，则思虑忘生。思虑忘生，则见理不明。见理不明，则是非谬

乱。是非既乱，则一身不能治理，安能理人也？是以理人之要，在于清心而已。[①]

苏绰认为，身为冢宰、卿尹、百僚之官，其任务皆在管理民众。要把民众管理好，使社会得到治理，不能只去说教别人，而必须从自己做起，即首先清理自己的思想，使自己的思想保持清静，才能洞见真理，明察是非，而不是挂羊头，卖狗肉。那么何谓"清心"？

夫所谓清心者，非不贪货财之谓，乃欲使心气清和，志意端静。心和志静，则邪僻之虑无因而作。邪僻不作，则凡所思念无不皆得至公之理。[②]

"清心"的内容，是使"心气清和"，"志意端静"。这里强调了清、静、和、正(端)四个字。很明显，这已超出了先秦以来传统儒学所规定的内容(这一点，将在下文评论)。苏绰认为，"清心"并非专指"不贪货财之谓"，而是指心无邪僻之虑。心无邪僻之虑，则所思所念便"皆得至公之理"。这些看法，表现了此一时期儒学对修养提出的新观念、新要求，对以后儒学的发展亦有很大的启发作用。

按着儒家的大学之教，"心正而后身修"，"自天子以至于庶人，一是皆以修身为本"。苏绰即按此次第，在提出"清心"之后，又提出"理身"。他说：

其次又在理身。凡人君之身者，乃百姓之表，一国之的也。表不正，不可求直影；的不明，不可责射中。今君身不能自理，而望理百姓，是犹曲表而求直影也，君行不能自修，而欲百姓修行者，是犹无的而责射中也。[③]

在苏绰看来，人君是百姓的表率，自身不修而望百姓有良好的道德和操行，那是不可能的。这一思想是儒学的传统思想，如《大学》所谓"所

---

①②③ 苏绰:《六条诏书》,《北史》,中华书局1974年版,第2231页。

藏乎身不恕，而能喻诸人者，未之有也”。用现在的话说，教育者自身必须首先受教育，然后才能去教育别人。从政者更是如此。儒家的这一观念直到现在仍有其现实意义。

(二) 洗心革意，教化以成

教育者自身先受教育，这是敦厚道德、移风易俗的必要前提。苏绰认为，要使国家走上正轨，“诸牧守令长，各宜洗心革意，上承朝旨，下宣教化”。所谓“洗心”，如前所述，即首先端正自己的思想和行为，不断地排除“邪僻之虑”。所谓“革意”，是指改变观念，不能因循旧轨，便从权宜，无所作为。因为西魏立国之后，大难未弭，加之以师旅，因之以饥馑，凡百草创，率多权宜。致使礼让不兴，风俗未反。在这种情况下，如果一味地因循权宜，就只能是“唯兵革是闻”，“唯刑罚是用”，社会就不能得到更好的治理。用惯了“兵革”、“刑罚”，牧守令长等高官显贵便会头脑简单，只知对百姓实行“专政”，而不知以德柔化，使人心归从。此即孔子所谓“道之以政，齐之以刑，民免而无耻；道之以德，齐之以礼，有耻且格”。

苏绰十分重视教化作用，在《六条诏书》中，他把“修心”放在首位，居于第二位的便是“敦教化”。他说：

> 化于敦朴者则质直，化于浇伪者则浮薄。浮薄者则衰弊之风，质直者则淳和之俗。衰弊则祸乱交兴，淳和则天下自治。自古安危兴亡，无不皆由所化也。[①]

重“教化”是儒家的传统。它不仅表现了儒家的入世观念、人文精神，而且表现了儒家思想与社会政治的密切关系。中国几千年的社会政治一直是靠儒家的名教来维系的，因此苏绰也强调“安危兴亡，皆由所化”。那么，何谓“教”？何谓“化”？苏绰作了自己的解释：

> 夫化者，贵能扇之以淳风，浸之以太和，被之以道德，示之以

---

① 《北史》，第2232页。

朴素。使百姓亹亹，日迁于善，邪伪之心，嗜欲之性，潜以消化，而不知其所以然，此之谓化也。①

把“教”与“化”分而析之，这是对儒学的发展。“化”的观念虽来源于《易》，但这里显然是吸收了道家的说法。特别是“朴素”、“不知其所以然”都是道家常用的概念。但苏绰却赋以儒家的内容，如“使百姓亹亹，日迁于善”，而非道家“使百姓闷闷而混其心”。这里的“化”，是潜移默化。道德教化的功能即在于此。何谓“教”？苏绰作了传统的解释：

教之以孝悌，使人慈爱；教之以仁顺，使人和睦；教之以礼义，使人敬让。慈爱则不遗其亲，和睦则无怨于人，敬让则不竞于物。三者既备，则王道成矣。此之谓教也。②

儒家强调王道政治，其内容之一便是“教”，这是与霸道政治的重要区别。孔子把“屏四恶”作为从政的条件。其中“不教而杀谓之虐”，为“四恶”之首，就是强调教育的重要。孟子继承了这一思想，认为“不教民而用之谓之殃民”。儒家把“教”提到政治成败、国家兴亡的高度上，并且把“不教”作为暴政与殃民的根源，正是看到国家政治的好坏取决于人心的向背，即孟子所谓“善政不如善教之得民也。善政民畏之，善教民爱之。善政得民财，善教得民心”。苏绰所以把“敦教化”放在《六条诏书》的第二条，亦是其推行王道政治的需要。这完全是儒家的一贯传统。

（三）衣食足则知礼让

苏绰认为，要推行儒家的仁义教化，还有一个重要的前提，这便是衣食充足，此即孔子“先富后教”之义。苏绰说：

人生天地之间，衣食为命。食不足则饥，衣不足则寒。饥寒

---

①② 《北史》，第2232页。

切体，而欲使人兴行礼让者，此犹逆坂走丸，势不可得也。是以古之圣王知其若此，先足其衣食，然后教化随之。[①]

由此可见，苏绰并不是一位空头政治家或道德说教者，他力图把道德教化放在经济发展的基础上，认为没有经济发展，而要提高人们的思想、品德，这就如同企图让球滚到坡上去一样，"势不可得也"。这即是说，人们思想、品德的提高，并不依统治者的主观愿望为转移，它并不是建立在空话连篇的政治宣传上，而是建立在生产发展与衣食财富的充足上。

衣食怎样才能充足？苏绰认为，"夫衣食所以足者，由于地利尽。地利所以尽者，由于劝课有方。主此教者，在乎牧守令长而已"。在传统的农业社会，维持人们生存的生活物质资料主要来自农、桑。"麦秋在野，蚕停于室"，"男耕女织，不夺其时"，这便是对农业生产的基本要求。苏绰所以强调地利尽在于"劝课有方"，主要指不夺农时，这就与牧、守、令、长等各级官吏有密切关系。即"主此教者，在乎牧守令长而已"。按着这一逻辑发展下来，苏绰又提出"擢贤良"的问题。

(四) 选举之本，不限资阴，唯在得人

举贤任能，为政在人，这是儒家思想的一条重要原则。孔子说："善人为邦百年，亦可以胜残去杀矣。"又说："人能弘道非道弘人。"《中庸》进一步发挥孔子的思想，提出"为政在人，取人以身，修身以道，修道以仁"的十六字方针，由此奠定了儒学政治思想的基础。苏绰所以把"擢贤良"作为《六条诏书》中的一条，也是看到社会政治的好坏，与执政者有密切关系。特别是魏晋以来，按"九品中正制"擢拔官吏，致使上层政治，门户森严，不以才能志行进选，而以门第高低为限，出现"上品无寒门，下品无势族"的政治垄断局面。苏绰虽出身世族，但其主张，显然不满意政治垄断。他说：

---

① 《北史》，第2232—2233页。

> 自昔以来，州郡大夫，但取门资，多不择贤良；末曹小吏，唯试刀笔，并不问志行。夫门资者，乃先世之爵禄，无妨子孙之愚瞽；刀笔者，乃身外之末材，不废性行之浇伪。若门资之中而得贤良，是则策骐骥，而取千里也；若门资之中而得愚瞽，是则土牛木马，形是而用非，不可以涉道也。若刀笔之中而得志行，是则金相玉质，内外俱美，实为人宝也；若刀笔之中而得浇伪，是则饰画朽木，悦目一时，不可以充榱椽之用也。[①]

这里，苏绰提出“门资”与“材艺”两个问题。“门资”是相对于上层官吏的擢拔而言。苏绰认为，“门资”只能说明被擢拔者的家庭资望及先世爵禄，却不能说明被选用的人有才能。出身高门者，有贤良，但也有不肖，甚至有弱智低能者。因此选拔官吏，不能以“门资”为标准。若凭借“门资”，可能选出千里马似的人才；但也可能选出白痴与智商低下者。这种人，身居要职，或揆部掌府，或出将入相，但只是一个招牌，实则与“土牛木马”无异。土牛木马者“形似而用非，不可以涉道也”。总之，苏绰反对唯以“门第”授官而重“贤良”。他说：

> 今之选举者，当不限资阴，唯在得人。苟得其人，自可起厮养而为卿相，则伊尹、傅说是也，而况州郡之职乎？苟非其人，则丹朱、商均虽帝王之胤，不能守百里之封，而况于公卿之胄乎？由此而言，官人之道可见矣。[②]

除“门资”之外，还有“材艺”，这是相对于下层官吏的擢拔而言。苏绰认为，对下层官吏的擢拔，不应以文章（“刀笔”）材艺为标准。因为文章材艺与品德（“志行”）并非完全一致。有的人能写一手好文章，或有某种材艺，但品行可能很差，甚至可能是一个道德败坏的流氓。这种人，不过是“饰画朽木”，有如在一块腐烂的木头上涂上油彩，画上花卉，表面很漂亮，却不能“充榱椽之用”。因此苏绰也反对唯以“材

①② 《北史》，第2234页。

艺”授官而主张重“志行”。他说：

> 凡所求材艺者，为其可以理人。若有材艺而以正直为本者，必以材而为理也；若有材艺而以奸伪为本者，将因其官而乱也，何致化之可得乎？是故将求材艺，必先择志行，善者则举之，其志行不善则去之。①

由此可知，苏绰在举贤择官问题上，完全是按着儒家的传统思想进行思考的。同时也是针对魏晋以降“九品官人法”及曹操“举才不拘品行”所带来的弊病而发的。

此外，对官吏的选拔和任用，苏绰还提出“任之以事业，责之以成务”、“去虚取实”的考绩办法。批评了“邦国无贤、莫之所举”的妒贤嫉能思想。认为，“万家之都而云无士”，这只是对人才“求之不勤，择之不审，或授之不得其所，任之不尽其材”造成的。只要在上位者“求而审之”，贤良之才不难找到。他说：

> 彼贤士之未用也，混于凡品，竟何以异？要任之以事业，责之以成务，方与彼庸流较然不同。……若必待太公而后用，是千载无太公；必待夷吾而后任，是百世无夷吾。所以然者，士必从微而至著，功必积小以至大，岂有未任而已成，不用而先达也？若识此理，则贤可求，士可择。②

苏绰主张在使用中考察人才，而不要坐等贤才自然出现。他举历史上的大才吕望、百里奚、宁生、管夷吾为例，说明人才之得，“必由任而试之，考而察之”，甚至“起于居家，至于乡党，访其所以，观其所由”。这样，“贤与不肖别矣”。对于裁冗省官，苏绰亦有见地。他主张因事立官，而反对因人设庙。认为“善官人者，必先省其官。官省，则善人易充。善人易充，则事无不理”。如果官员人数太多，则必人浮于事，混

---

① 《北史》，第2234—2235页。

② 《北史》，第2235—2236页。

杂不善之人,“杂不善之人,则政必有得失”。因此,政事清浊与否,主要“在于官之烦省”。苏绰的这些思想,均有合理因素,至今仍有其现实意义和参考价值。

(五) 明慎庶狱,赏罚得中

苏绰认为,一个社会能否健全运行,君主所推行的政治能否得到人民的支持,除上述诸项措施外,“明慎庶狱,赏罚得中”是为政清浊的重要内容。在他看来,人的行为有善恶之分,因此,“赏罚得中”就能起到“止恶劝善”的作用。反之,“则人无所措手足”,从而产生“怨叛之心”。而社会上赏罚最明显莫过狱讼。冤枉善人,姑息或纵容恶人,都是不得人心的。因此察狱之官就很重要。

苏绰把统治者对狱讼的处理分为三等。最好的一条是,对狱讼能够调查研究并重证据,即“参之以证验,妙睹情状,穷鉴伏隐”,以便“使奸无所容,罪人必得”。然后“随事加刑,轻重皆当”,又能“消息情理,斟酌礼律”,这样便可使狱讼“无不曲尽人心,而远明大教,使获罪者如归”,“此则善之上者也”。苏绰最反对滥用刑罚,谬害无辜。他说:

> 若乃不仁恕而肆其残暴,同人木石,专用捶楚。巧诈者,虽事彰而获免;辞弱者,乃无罪而被罚。有如此者,斯则下矣,非共理所寄。①

在苏绰看来,要想使狱讼平正,必须深思远虑,“念存德教”,以仁爱为本。他引先王之制曰:“与杀无辜,宁赦有罪;与其害善,宁其利淫。明必不得中,宁滥舍有罪,不谬害善人也。”这一思想正是儒家仁政学说在狱讼问题上的体现,也是王道政治与残暴政治的根本区别之一。苏绰认为,有些从政者,缺乏人性之爱,他们做起事来,宁酷勿宽,宁左勿右,致使善人受害。他说:

> 今之从政者则不然,深文巧劾,宁致善人于法,不免有罪于

---

① 《北史》,第2237页。

刑。所以然者，非皆好杀人也，但云为吏宁酷，可免后患。此则情存自便，不念至公，奉法如此，皆奸人也。[①]

这是说，酷吏所以凶残，并非嗜杀成性，而是在他们的思想中总是错误地认为，做官必须残酷，才能免除后患，因此宁可错杀好人，也不能让坏人漏网。苏绰认为，这种宁酷勿宽的作法，完全是个人的主观随意性，根本不考虑社会公理，违背大众的意愿。这些酷吏，都是些残忍奸邪之徒。

对于刑狱为什么要如此戒慎？一方面从“止恶劝善”的功能论出发，论证刑罚不中必然引起人们的“怨叛”；同时，他又从儒家的人性论出发，论证刑罚不中有违人道。他说：

夫人者，天地之贵物，一死不可复生。然楚毒之下，以痛自诬，不被申理，遂陷刑戮者，将恐往往而有。是以自古以来，设五听三宥之法，著明慎庶狱之典，此皆爱人甚也。[②]

“五听三宥”，出自《周礼》。“五听”，谓以五声听狱讼，即：“辞听”，听其言；“色听”，观其色；“气听”，观其气；“耳听”，观其所聆；“目听”，观其眸子视。“三宥”，谓可宽恕之事有三：一宥曰不识；再宥曰过失；三宥曰遗忘。另一解谓宽恕之至三次。苏绰引征古礼，说明谨刑慎罚乃在于对人的生命的重视。他认为，人的生命只有一次，一死不可复生，如果错杀了无辜，将是无可挽回的。这只能是“伤天心，善和气”。他认为：

和气损而欲阴阳调适，四时顺序，万物阜安，苍生悦乐者，不可得也。故语曰，一夫吁嗟，王道为之倾覆，正谓此也。凡百宰守，可无慎乎！[③]

在苏绰看来，“一夫吁嗟”，便可能引起社会动乱，因此，错杀无辜，则有

---

①② 《北史》，第2237页。

③ 《北史》，第2237—2238页。

损"和气",这就如同阴阳失调,四时失序,苍天为之伤心("伤天心"),百姓为之悲哭,王道为之倾覆,社会求治不可得也。强烈反对错杀无辜这一思想直接来于儒家。同时也借鉴于道教(如"伤天心"一词即源于《太平经》)。如:"孟子见梁襄王,出,语人曰:望之不似人君,就之而不见所畏焉。卒然问曰,天下恶乎定?吾对曰,定于一。孰能一之?对曰:不嗜杀人者能一之……今夫天下之人牧,未有不嗜杀人者也。如有不嗜杀人者,则天下之民皆引领而望之矣。诚如是也,民归之,由水之就下,沛然谁能御之?"[①]

(六)以仁守位,以财聚人

苏绰《六条诏书》的第六条为"均赋役"。此条与第三条"尽地利"相一致,构成苏绰的经济思想。儒家经济思想的主要特点是重农抑商,轻赋役而均贫富。苏绰在《六条诏书》中一再强调农业生产的重要。他把尽地利、衣食足、聚财货作为王道政治的基础。他说:

> 圣人之大宝曰位。何以守位,曰仁。何以聚人,曰财。明先王必以财聚人,以仁守位。国而无财,位不可守。[②]

这里强调的是经济对政权的基础作用。"国而无财,位不可守",即是指出,国家如果不搞好经济,人民就会生活无着,贫困如洗,轻则远涉他乡,重则怒怨交至,起来造反,中国历史朝代屡迁,政权迭变,究其本因,即是经济匮乏造成的。此即孟子"无恒产则无恒心"之谓。但还有另一方面,儒家强调聚财有道。此即苏绰所谓"以仁守位"。亦即以仁爱之心取财,反对横征暴敛。他说:

> 租税之时,虽有大式,至于斟酌贫富,差次先后,皆事起于正长,而系之于守令。若斟酌得所,则政和而人悦;若检理无方,则吏奸而人怨。又差发徭役,多不存意,致令贫弱者或重徭而远戍,

---

① 《孟子·梁惠王上》。

② 《北史》,第2238页。

富强者或轻使而近防。守令用怀如此,不存恤人之心,皆王政之罪人也。[①]

取财于民"斟酌贫富",这样才能"政和而人悦"。而奸吏之徒,往往"检理无方",横夺暴取,"捶扑交至",使人民怨声载道,这便不是"以仁守位",而是以暴力维持政权。此即儒家的仁政与暴政之别。在苏绰看来,"用怀如此,不存恤人之心。皆王政之罪人也"。那么,如何"以仁守位"?如何"存恤人之心"?苏绰认为,莫过均平。他说:

是故三五以来,皆有征税之法。虽轻重不同,而济用一也。今寇逆未平,军国费广,虽未遑减省,以恤人瘼,然亦令平均,使下无怨。平均者,不舍豪强而徵贫弱,不纵奸巧而困愚拙,此之谓均也。故圣人曰:"盖均无贫。"[②]

均平思想是中国思想文化的一大特征,儒、释、道三家均讲均平。历代的农民起义也常以均平为号召。但几千年来,"均平"只是一个口号而已,在中国历史上,此一理想还从未实现过。其所以不能实现,即在于平均主义不符合历史发展的规律,尤其不符合经济发展的规律,尽管如此,对这一传统思想也不能全盘否定。在某种意义上,它具有抑制豪强、奸巧的作用。苏绰的平均主义思想即是在这一意义上被强调的。他对平均的解释亦有异于传统的说法,即强调在税收方面不能"舍豪强"、"纵奸巧",而并非指分配上的平均,也不是指税收数量的平均。

三、对苏绰儒学思想的评价及其在儒学史中的地位

苏绰的儒学思想对后世影响较大,因此在中国儒学史上占有一定地位。这主要是他的王道仁政学说和人性理论。

---

① 《北史》,第2238—2239页。

② 《北史》,第2238页。

其王道仁政学说的基本内容,即上文所阐述的"以仁守位"思想。这其中包括忠、孝、仁、爱、礼、义、敬、让、和、顺、廉、平、约、俭等一系列儒家的道德伦理规范和仁政思想。他在谈到道德修养时,提出了八条原则,作为人君推行仁政的思想理论基础,他说:

> 故为人君者……躬行仁义,躬行孝悌,躬行忠信,躬行礼让,躬行廉平,躬行俭约,然后继之以无倦,加之以明察。行此八者以训其人。是以其人畏而爱之,则而象之,不待家教日见而自兴行矣。[①]

以上八条,除"无倦"外,皆为儒家传统的道德伦理条目。苏绰认为,人君只有认真躬行这些道德规范,仁政才能自然兴行。人君自身的道德修养好了,才能做百姓的表率,然后"教之以孝悌,使人慈爱;教之以仁顺,使人和睦;教之以礼义,使人敬让"。在苏绰看来,慈爱、和睦、敬让这三者所起的作用,是使社会中的人群"不遗其亲","无怨于人","不竞于物",这是王道政治的基本目标,这三者做到了,"则王道成矣"。

总之,苏绰的理想政治蓝图,以其《六条诏书》的内容为基础,强调"德治",主张谨刑慎罚,反对滥杀无辜;强调"教化",主张以道德仁义移风易俗,反对"不教而用"、"不教而杀";强调"以仁守位",主张"和气"、"爱人",反对"为吏宁酷"的残暴政治。

苏绰的这些思想,在南北朝后期产生了一定的影响,因为他是以改革家的身份出现在政治舞台上。他在宇文泰的支持下,提出一系列改革措施,并得到推行。他与著名大儒卢辩依《周礼》所创制的"六官"体制,一直沿用到北周和隋代。其王道仁政思想亦受到隋唐以后儒家学者的重视。这些都反映了南北朝时期,北朝儒学的基本面貌及其在儒学发展演变过程中所占有的地位和所扮演的角色。

苏绰的人性理论比其王道仁政学说更有其特色。这主要表现在

---

① 《北史》,第2231页。

以下几个方面。

首先,苏绰继承了儒家人性学说中"人贵于物"的传统说法,认为"人者,天地之贵物",即承认人在宇宙中的地位,要比草木瓦石、飞潜动植等具有更高的价值。他说:

> 天地之性,唯人为贵。明其有中和之心,仁恕之行,异于木石,不同禽兽,故贵之耳。[①]

人之所以为"贵",在于人性中有"中和之心,仁恕之行"。这里所谓"中和"、"仁恕"皆儒学的传统概念。"中和"一词最早见于《中庸》,谓:"喜怒哀乐之未发,谓之中;发而皆中节,谓之和。""致中和,天地位焉,万物育焉。"这是儒学对"中和"含义的最早阐述。三国时刘邵著《人物志》,对"中和"也有阐发,他说:"凡人之质量,中和最贵矣。中和之质必平谈无味,故能调成五材、变化应节。"刘邵的说法多少离开了《中庸》的本意,把"中和"解释为"平谈无味",为玄学"以无为本"的本体论开了先河。苏绰对"中和"的阐述虽然没有展开,但把"中和"与"仁恕"对称,可见其含义本于《中庸》。在他看来,正因为人有"中和"之心,能使自己的喜怒哀乐之情发而中节,故有"仁恕"之行。这是人性中"善"的成分,也是区别于木石禽兽的根本所在。

苏绰的这种理解,从理论来源上,区别了道家、玄学乃至佛教对人性的看法。玄学对人性的理解,来源于道家,从不讲"人为万物之灵";而佛教把人同草木瓦石、飞潜动植混而为一,统称之为"众生",从而贬低或抹杀了人在宇宙中的地位。而儒家,从孔子开始便重视人的作用。荀子有"水火有气而无生,草木有生而无知,禽兽有知而无义,人有气、有生、有知、亦且有义,故最为天下贵"[②]的著名论述。此后《礼记》有"人者五行之秀气";《孝经》有"天地之精所以生物者莫贵于人";

---

① 《北史》,第2232页。

② 《荀子·王制》,北京大学《荀子》注释组:《荀子新注》,中华书局1979年版,第127页。

《白虎通》有“人者天地之贵物”等等。苏绰是南北朝时期恢复“人贵于物”这一儒家人学基本命题的代表人物之一。

其次,苏绰提出了“性善情恶”的人性思想。企图在理论上补充传统儒学对人性认识的不足,同时也为他的“止恶劝善”的赏罚论作理论论证。他说:

> 人受阴阳之气以生,有情有性。性则为善,情则为恶。善恶既分,赏罚随焉。[①]

先秦及两汉时期的人性理论,多重在讨论人性自身的善恶问题。故出现性善论、性恶论、性无善无恶论、性善恶混论等等。董仲舒作为汉代儒学大家,在人性问题上企图摆脱纠缠不清的善恶问题,提出“性三品”说,多少接触到性与情的关系。他认为,性之所以有恶,在于性中有情。“身之有性情也,若天之有阴阳也”,性为阳为善,而情为阴为恶。继董仲舒之后的《白虎通义》,也对性情作了区别,认为“性者阳之施,情者阴之化也”,“阳气者仁,阴气者贪,故情有利欲,性有仁也。”这就是说,在董仲舒和《白虎通义》的人性理论中,已经涉及“性善情恶”的内容,但没有提出这一命题。至汉末荀悦,在其《申鉴》中对各种人性理论都作了批评:“性善则无四凶,性恶则无三仁。人无善恶,文王之教一也,则无周公、管、蔡;性善情恶,是桀纣无性,而尧舜无情也……”[②]这是对“性善情恶”的最早概括。魏晋南北朝时期,玄学家们大谈圣人有情无情之说,而很少涉及善恶。至苏绰,继荀悦对“性善情恶”论的批评,又重新提出并肯定了这一说法,表现了苏绰对玄学人性论的不满,企图上接汉代儒学对人性理论的探讨,重新恢复儒学的正统地位。他的这一理论的提出,成为从汉至唐儒学人性理论发展的中间环节,并为唐代李翱“性善情恶”的复出提供了历史的与逻辑的

---

① 《北史》,第 2236 页。

② 荀悦:《申鉴·杂言下》,《诸子百家丛书》第五卷,上海古籍出版社 1990 年版,第 32 页。

依据。

第三，苏绰从人的禀赋上讲“性善情恶”，但并未把这一思想凝固化。他讲“性”、“情”的善恶，一方面为其赏罚论、教化论提供根据，同时也为其“人性可变”论提供理论的前提。他说：

> 性无常守，随化而迁。化于敦朴者则质直，化于浇伪者则浮薄。浮薄者则衰弊之风，质直者则淳和之俗。①

“性无常守，随化而迁”是苏绰人性论的重要命题，也是对儒家人性学说的重要发展。在苏绰以前的儒家人性理论中，很少有人明确提出人性可变的命题，其原因之一是儒家思想与道家比较起来，缺乏辩证思维。在儒家典籍中，只有《周易》含有丰富的辩证法因素，其“日新”、“变通”、“物极必反”等思想构成《周易》的重要内容。但《周易》并未把辩证法思想运用到人性理论上来。《墨子》有《所染》篇，《吕氏春秋》有《当染》篇，其中都引征墨子的话说：“染于苍则苍，染于黄则黄。”这一思想肯定了环境对人的影响作用，已接近了人性可变的后天形成论。但也未提出“人性可变”的命题。道家虽有丰富的辩证法思想，但由于过多地强调自然无为，故对人性理论建树不多。在隋唐以前的中国人性论史上，只有玄学家郭象提出过人性可变的命题。他说：“夫仁义者，人之性也。人性有变，古今不同也。”②苏绰继墨家的“当染”说与郭象的“人性有变”说之后，明确提出“性无常守，随化而迁”的重要命题，这在儒家的人性论史上占有重要地位。

第四，既然“性无常守，随化而迁”，善恶可以随环境、条件和时间、地点的改变而改变，那么如何防止人性向坏的和恶的方向发展，如何始终保持质直与淳和而“日趋于善”呢？苏绰认为，一方面要进行教化；另一方面则在于个人的修养，即通过“洗心革意”的功夫而达到“心

---

① 《北史》，第 2232 页。

② 郭象：《庄子·天运注》，郭庆藩《庄子集释》第二册，中华书局 1961 年版，第 519 页。

和志静"的境界。亦即"理人之要,在于清心","使心气清和,志意端静",就像一盆清水或一块洁白无瑕的美玉,("心如清水,形如白玉"),这样便可"邪僻之虑无作",使所思所念皆得至公之理。这一修养方法,成为唐代李翱"复性说"的前躯。李翱在其《复性书》中所提出的"不思不虑"、"不动心"的修养及其所使用的"理心"等概念,虽多来自佛教的影响,但与苏绰亦有一定的关系。尤其他的"水之性清澈,其浑之者沙泥也。方其浑也,性岂遂无有耶?久而不动,沙泥自沉,清明之性鉴于天地,非自外来也。……"[①]云云,可为苏绰"心如清水"的最好注脚。李翱的复性说也恰恰是建立在"性善情恶"的基础上。

李翱的复性说吸收了佛教的理论,而从苏绰的"清心"、"洗心"、"理心"、"修心"及其"清静"、"清和"、"端静"等思想中也可窥见其与佛教关系的信息,只是材料所限,不可详见而已。据《周书》和《北史》本传载,"绰又著有《佛性论》、《七经论》并行于世"。可知其对佛性问题亦有相当的研究。

第三节　刘昼及其《刘子》的儒学思想

刘昼(516—567)字孔昭,渤海阜城(今河北景县)人,北齐时期学者、思想家。其生平事迹不详。虽《北齐书》及《北史》皆有其传,但记述简略,且多有贬鄙之辞。对于其著作,更无详细记载,故造成《刘子》一书,犹孤子弱丧而不知归者。甚至直到今天,关于《刘子》一书的作者,尚在争论当中,并无统一认识。因此,要全面了解刘昼思想,必先确定《刘子》一书的作者及其产生的时代。

① 李翱:《复性书·中》,北京大学哲学系中国哲学史教研室选注:《中国哲学史教学资料选辑》上册,中华书局1981年版,第510页。

一、《刘子》一书的时代及其作者

关于《刘子》一书的作者及时代，自唐宋以来便有不同看法，至今未成定案。究其原委，其最大的问题在于其书的作者究竟是刘昼还是刘勰。

《隋书·经籍志》子部杂家类附录中有"《刘子》十卷，亡"。未记《刘子》作者是谁。但至《旧唐书·经籍志》子部杂家类，同样著录有"《刘子》十卷"，并增加了作者"刘勰撰"。这就是说，《隋志》著录"《刘子》十卷"为亡书且无作者，而《旧唐志》著录"《刘子》十卷"为"刘勰撰"。这是造成后来《刘子》书作者混乱的根源。

从历代史志对《刘子》一书的著录情况看，自《旧唐志》著录为刘勰撰以后，《新唐书·艺文志》、宋郑樵《通志艺文略》诸子类等，均著录为刘勰撰。《新唐志》成书于北宋中后期，而郑樵《通志艺文略》成书于南宋初，二者年代相近。故郑樵可能受《新唐书·艺文志》的影响，其《通志艺文略》著录《刘子》为刘勰撰。

与郑樵同时代的晁公武，在《郡斋读书志》卷十二杂家类著录《刘子》二卷，并言"齐刘昼孔昭撰，为唐袁孝政注。凡五十五篇。言修心治身之道，而辞多俗薄。或以为刘勰，或以为刘孝标，未知孰是。"晁氏《郡斋读书志》未照抄新、旧《唐志》"《刘子》为刘勰撰"的结论，在于发现了《刘子》的唐袁孝政注本。因此，南宋以后，直至明、清两朝的一些著名版本目录及训诂考据学家，如陈振孙、黄震、王应麟、孙星衍、严可均等，均对《刘子》的作者进行了考辨。考辨的结果，虽仍不能最后得到学术界的公认，但大部分人倾向于《刘子》一书为北齐刘昼所撰。

逮至近世，又有王重民、杨明照、余嘉锡、程天祜、傅亚庶等人，在前人发现、研究的基础上做了新的考证。[①] 其中，余嘉锡在《四库提要

---

① 见王重民《巴黎敦煌残卷叙录》第一辑卷三子部《刘子新论》、杨明照《刘子理惑》、余嘉锡《四库提要辨证》、程天祜《刘子作者辨》、傅亚庶《刘子作者辨证》。这些学者的分析考辨均超过了前人的水平。

辨证》一书中，对《刘子》一书作者的考辨最为精审，也最具代表性。他们都认为《刘子》的作者为北齐刘昼。

总括上述诸贤对《刘子》作者的考辨所使用的方法有二项：一为排除法，一为还原法。所谓排除法，是对历史上认为《刘子》一书的作者的多种说法一一给以排除。据傅亚庶《刘子作者辨证》一文，对《刘子》的作者归纳为七种：① 刘歆撰、② 刘孝标撰、③ 后人伪撰、④ 贞观以后人撰、⑤ 袁孝政伪撰并自注、⑥ 刘勰撰、⑦ 刘昼撰。[①] 对这七种说法，从清代纪昀，到近人杨明照、余嘉锡、王叔岷等人，均作了不同程度的考辨和反驳。

《四库全书提要》认为，《刘子》为刘歆所撰说，与《刘子·激通》篇称"班超愤而习武，卒建西域之绩"相违，因为刘歆死时，班超还未出生。仅此一条，《刘子》为刘歆所撰说，便可不攻自破。此后，杨明照、王叔岷又列举大量例证，否定了《刘子》作者为刘歆的说法。

《四库提要》认为，《刘子》为刘孝标所撰，亦无根据，《南史》、《梁书》俱无明文。杨明照更以刘孝标《辨命论》与《刘子·命相》、刘孝标《广绝交论》与《刘子·托附》相比较，二者大相径庭，有霄垠之别。因此亦排除了《刘子》为刘孝标所撰说。

至于《刘子》为"袁孝政伪撰并自注"说，最早是由宋代黄震在其《黄氏日钞》卷五十五《读刘子》一文中提出的。后又有清丁日昌、邵懿辰及《四库简明目录》、《四库提要》等续其说，但皆无具体考辨，只是一种推测而已。余嘉锡《四库提要辨证》及杨明照《刘子理惑》举三十余例，以证"袁孝政伪撰并自注"说为谬。如《刘子·观量》篇"文公种米，曾子植羊"袁注云："晋文学外国种米，曾参学外国人剉羊皮，用土种之，虽不生，言其志大。"余嘉锡认为，这是袁注杜撰的故事，"其余大抵穿凿附会，诬妄之处，举之不胜其举，殆是粗识之无、不通文义者之所

---

① 见傅亚庶：《刘子作者辨证》，《刘子校释·附录四》，中华书局 1998 年版，第 614 页。

为，此岂能作此书者乎？”[1]这样，亦排除了《刘子》为袁孝政伪撰之说。

至于《刘子》为后人伪撰说、贞观以后人撰说，此两说也仅为推测，未提出任何证据。《刘子》一书，《隋志》作为亡书著录，因此不能称其无著录。且按杨明照、余嘉锡所考，《北堂书钞》、《帝范》、湛然之《辅行记》、武后之《臣轨》等书，皆对《刘子》一书有所征引。其中，《北堂书钞》成于隋季，是先于贞观修史之年。敦煌写本，远在唐前，均早于袁氏加注之日。由此可见，“是书之原出六朝，信有徵也”，“是书之不容矫托，断可识也”。[2]

实际上，对《刘子》的作者，除上述傅亚庶归纳的七种外，还有一种。此种亦见余嘉锡《四库提要辨证》：清吴骞《尖阳丛笔》卷九云：“芚兮大令有抄本《刘处玄集》，纸墨甚旧，细视其书，即世所传之《刘子》五十五篇，不知何写作《刘处玄集》。按《道藏》目录有《仙乐集》五卷，乃刘处玄造，皆诗词歌颂耳，意者后人又以伪刘昼书托之处玄乎？大令谓刘昼书乃实处玄作，未知然否。”[3]余嘉锡考辨：“刘处玄为金末王嚞弟子，见《元史·释老传》，若《新论》果为处玄所作，何以宋人先为刻版，又有唐人为之作注，其言可发一噱。芚兮为海宁周春字，不识何以发此谬论。”[4]此条亦可看做是对《刘子》为刘处玄所撰之说的排除。

以上诸家对《刘子》作者的六项排除，皆有实据，难于否定。最后只余《刘子》一书究竟是刘昼所著还是刘勰所撰，至今仍有争论。因为前六者，虽有不同看法，皆为猜测之辞，且不合逻辑，如上述实为《刘子》五十五篇之文，却冠以《刘处玄集》之名，即是逻辑悖谬之例，确实“可发一噱”。但“刘勰撰”则不同，因为新、旧《唐志》及宋明以来的一些私家刻本和藏书，皆有标名“刘勰撰”者，因此，只有明其原委，探其缘由，内证与外证统一，历史与逻辑相侔，方可断定这一历史遗留下来

① 余嘉锡：《四库提要辨证》卷十四，中华书局 1980 年版，第 846 页。

② 余嘉锡：《四库提要辨证》，第 847—848 页。

③④ 余嘉锡：《四库提要辨证》，第 847 页。

的学术公案。前贤对此已有许多论证和发明,可概括为"还原法"。还《刘子》一书作者的本来面貌,按还原法,盖有两个方面的"还原"。

首先,可称"历史的还原"。宋陈振孙《直斋书录解题》首引袁孝政《刘子注》序文:"昼伤己不迁,天下凌迟,播迁江表,故作此书。旧人莫知,谓为刘勰、刘歆、刘孝标作。"这是一条很重要的材料。因为袁氏为《刘子》作注,必对所注对象有一番了解,这是一个起码的学术常识。今人尚且如此,何况古人乎!若对此条较原始的材料于不顾,即违背了历史。况且这条材料并非孤证,余嘉锡《四库提要辨证》检得宋刘克庄《后村大全集》卷一百七十九《诗话续集》引唐张鷟《朝野佥载》云:"《刘子》书咸以为刘勰所撰,乃渤海刘昼所制。昼无位,博学有才,窃取其名,人莫知也。"①

余嘉锡检得的这条材料,十分宝贵。短短三十余字,却向世人昭示了《刘子》一书作者的真相。这条材料在肯定该书为"渤海刘昼所制"的同时,也揭示了"咸以为刘勰撰"的原因,乃是"昼有才无位,积为时人所轻,故发愤著此,窃用刘彦和之名以行其书,且以避当时之忌讳也。人既莫知,故两《唐志》及诸传本皆题刘勰矣"。②据余嘉锡考辨,《朝野佥载》为唐张鷟所著(《旧唐书·张荐传》称鷟"聪警绝伦,书无不览","下笔敏速,著述尤多","是时天下知名,无贤不肖,皆记诵其文"),博学有才,且去北齐不远,其言必有所本,自足聚信。③

可以说,袁孝政《刘子注》序和张鷟《朝野佥载》所记这两条材料,都还原了《刘子》一书作者的真实情况,他们都揭示了《刘子》一书的真正作者是刘昼而非刘勰。袁孝政的生平史籍失载,但从张鷟的生平及对《刘子》一书作者的关注看,袁氏其人距北齐不会太远,甚至可能略早于张鷟。二人生活的时代盖与《隋书·经籍志》的成书年代相仿,或略晚于《隋书·经籍志》的成书年代。他们的说法当是针对《隋书·经籍志》断《刘子》为亡书及当时《刘子》传本题名刘勰撰这两项内容而发。

---

①②③ 余嘉锡:《四库提要辨证》,第837页。

张鷟《野野佥载》的这条记载，可以说还了《刘子》作者的历史真相，但并非所有人都能洞察历史。“晁公武未见《佥载》原书，陈振孙亦仅见节略之本，……至明其书遂亡，……为自来考据家所未见，且即令见之，又孰知小说、诗话中有此一事哉”。[①] 可见考据之艰辛。连晁、陈这样的版本考据大家都有所疏忽或不见，更何况不及晁、陈者乎！故新旧《唐志》沿袭题名刘勰的传本，也就不足为奇了。

其次可称“逻辑的还原”。考辨《刘子》作者，除注重历史还原的“外证”外，尚有“内证”一法，即从逻辑或思想方面进行对比，以揭示其思想、逻辑之差异。按《四库提要》，史惟称刘勰撰《文心雕龙》五十篇，不云更有别书，且《文心雕龙·乐府》篇称“有娀谣乎飞燕，始为北声”，而《刘子·辨乐篇》称“殷辛作靡靡之乐，始为北音”，与勰迥异。又史称勰长于佛理，后出家，改名慧地，而《刘子》末篇乃称归心道教，志趣迥殊。因此，《提要》认为“近本仍刻刘勰，殊为失考”。[②]

此后，余嘉锡、杨明照、程天祜、傅亚庶等又广增《四库提要》《刘子》与刘勰“迥异”说。余氏称，尝取《刘子》一书“反复读之，而确认其出于刘昼有四证焉”。[③] 余之“四证”，通过大量征引《刘子》之文与《北齐书》、《北史》刘昼本传的记载相比较，认为无论在思想上、语意上，皆“鍼芥相应”。余氏对“《刘子》为刘昼撰”的考辨，除个别之处还有待商榷外，可以说还原了《刘子》作者的逻辑真相。其考辨用力之深，挖掘之广，亦可称前无古人。

余嘉锡之后，又有傅亚庶《刘子作者辨证》一文，也是专从《内证》入手，分别就《刘子》与《文心雕龙》二书所反映出来的政治观点、思想倾向、美学思想；对《纬书》的不同看法、道德观、创作动机及语言风格等六个方面，进行了全面、细致的比较分析，最后得出“《刘子》的作者

---

① 余嘉锡：《四库提要辨证》，第 837 页。

② 见余嘉锡：《四库提要辨证》引《四库提要》文。

③ 余嘉锡：《四库提要辨证》卷十四，第 838—840 页。

不是刘勰。在当前情况下,属《刘子》为刘昼所撰,是比较稳妥”的结论[①]。

本文同意这些说法,取《刘子》一书为北齐刘昼撰。

二、刘昼其人及《刘子》书的历史评价及学派归属

既然判定《刘子》一书为刘昼撰,那么刘昼其人与《刘子》其书的学派归属便可有其着落。因为一本书与这本书的作者总是会有某种联系,这也为我们解开或提供了刘昼其人之所以入《北齐书》及《北史》两书《儒林传》的谜底或根据。

据《北齐书》刘昼本传,昼于“天统中,卒于家,年五十二”。天统为北齐后主高纬年号,共五年。因此,“天统中”,即天统三年(567)前后。由此可知,刘昼卒年当在公元567年前后(最大误差不会多于一年)。由此上推五十二年,可知其生年当约为北魏熙平元年(516)。

昼少孤贫,爱学,负笈从师,服膺无倦。据《北齐书》、《北史》两书《儒林传》刘昼本传载,昼从同乡儒者李铉(字宝鼎)受《三礼》,又从河间儒者马敬德习《服氏春秋》,俱通大义。(其师承关系,见下表)

刘昼经学(儒学)师承表[②]

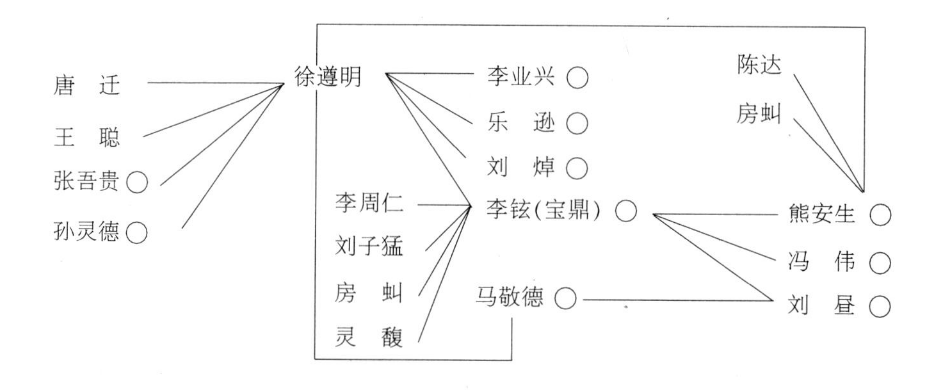

---

① 见傅亚庶:《刘子作者辨证》,载《刘子校释·附录四》,中华书局1998年版。

② 名后带○者,入《北史·儒林传》。

从上表中可以看出，刘昼师承李宝鼎、马敬德。而李宝鼎、马敬德与北齐另一大儒熊安生，又都曾受业于北朝大儒徐遵明。李铉居徐遵明门下五年，常称高第，主要受徐遵明《三礼》，后除太学博士，寻正国子博士，曾与邢劭、魏收等参议朝廷礼律，并教授太子高殷，撰定《孝经》、《论语》、《毛诗》、《三礼义疏》、《三传同异》、《周易义例》等合三十余卷，成为北齐重要经传大儒。刘昼的另外一位老师河间马敬德，其经历与李铉接近。师事徐遵明受《诗》、《礼》、《春秋》等。后投身政治，先擢国子助教，迁太学博士，又除国子博士，入为后主高纬侍讲，遂以师傅之恩，拜国子祭酒，加仪同三司，金紫光禄大夫，显赫一时。

从刘昼的师承关系及其早年所受的教育，可知其儒学根基并非浅薄。他在青年时期便师从李铉、马敬德习《三礼》、《服氏春秋》等儒家经典，奠定了儒学基础。此后又展转入都，四处求学，尝在邺令宋世良家教授子弟。宋家有书五千卷，昼“恣意披览，昼夜不息”。昼尝求秀才，十年不得。及得，但考策又不第，乃恨不学嘱文。于是缉缀辞藻，言甚古拙，制《六合赋》一首，自谓绝伦，并叹曰：“我读儒书二十余年，而答策不第，始学作文，便得如是。”但其学文的成绩并不大，当他把自谓绝伦的《六合赋》呈当时大才魏收、邢子才评阅时，得到的却是嗤笑和挖苦。收谓人曰：“赋名六合，其愚已甚；及见其赋，又愚于名。”[①]邢子才曰：“君此赋，正似疥骆驼，伏而无妩媚。”[②]可能受到这样的刺激，昼“发愤撰《高才不遇传》”，以泄胸臆。孝昭继位，好受直言，昼乃步诣晋阳上书，言亦切直而多非世要，故不见收采。于是编录所上之书为《帝道》。河清中，又著《金箱璧言》，以指机政之不良。

检刘昼一生及其学术活动，大约在四十岁以前，以研习儒家经传为主（“读儒书二十余年”）；四十岁以后，为求取功名，求秀才不得，得而考策又不第；建言上书，言虽直切但因多非世要又不采。故发愤著

---

① 《北齐书·儒林传·刘昼传》，第 589 页。

② 《北史·儒林传·刘昼传》，第 2730 页。

书，成为其学术活动的惟一指向。故其学术撰著活动，当集中在其生命的最后十年，其主要学术倾向亦在儒家义理。

至于其《刘子》一书，史籍本传虽未著录，但经前贤诸子的考证，为刘昼所撰盖无大的疑问。其中，《北齐书》、《北史》关于《刘昼传》传主之所以入《儒林传》的理由，除本传所记传主刘昼的儒学师承外，其学术经历及其所隐涵的儒学特征，亦与现存《刘子》一书的基本思想倾向相符合。因此，它为考察《刘子》一书的学派归属，提供了一定的学术背景和文献根据。

历史上，对《刘子》一书的评价及学派归属，自《旧唐志》著录以来，一直到清代，基本上列于杂家类。其有似于《吕览》、《淮南子》、《抱朴子外篇》之类。盖由历史上儒学正统思想的影响，使其不得预儒者之列。如晁公武轻其"辞颇俗薄"，黄震讥其文类俳，"杂取九流百家之说"，"不能自有所发明"，故"不足预诸子立言之列"。马端临《经籍考》列《刘子》为道家。《四库全书提要》称其书末篇"乃归心道教"，盖源于《刘子》一书为《道藏》所收。受此影响，近代以来亦有归《刘子》为道家类者，如余嘉锡认为，"昼好老、庄之学，故上书诋佛，此书之归心道家以此也"。

《刘子》一书的学派归属，也有归于儒家者，郑樵《通志略》即列之儒家。明李维桢《蒋本刘子十卷刘子叙》说："自宋诸儒以理学自命，直取濂、洛、关、闽，与邹、鲁相承；而孔孟以后千四百年，含经味道之士，诸所论著，率摈之余分闰位，不与正统，甚者比僭王受诛。《刘子》是书，何足辱宋儒唇物哉！……《刘子》咀英吐华，成一家言，其大指不谬于圣人，是所谓千里一贤犹比肩，百世而遇犹旦暮也，而必屏诸门外，无乃已甚乎？"[①]李氏此说，实有见地，《刘子》一书，"大旨不谬于圣人"。因此不必如宋儒限立门户，致使"有一言之几于道者，不得陈于前，何

① 李维桢：《蒋本〈刘子〉十卷〈刘子〉叙》，转引自傅亚庶《刘子校释·附录二》，中华书局 1998 年版，第 547—548 页。

示人不广也”？

明代又有《孙鑛评本王道焜北齐刘子序》。王道焜在其序中对刘昼及《刘子》书在历史上的遭遇给予了同情的理解，对书的行文内容作了充分肯定：“甚矣哉！立言之难也。凭意而敷，则率易而乏典雅；借古为镜，则捃摭而鲜空灵。高其旨，多迂而无当；卑其论，恒庸而无奇。质语也，似邻于野；藻语也，屡毗于芜。约言之，每促节而寡致；长言之，患支离而无伦。求其辩不诡于理，文不揜其情，虽一家之言，而擅众之长者，无有也，惟北齐《刘子》者足称焉。……读之，其浅处令人解颐；深处令人起舞。又不沦偏驳，不坠玄虚，求之诸子中，不一二屈指者。……且子书至是日叠若积薪，能以此书居上，是在善读书者。”[①]针对《刘子》一书在历史上的遭遇，序的作者十分感叹立言之难，因此对《刘子》不能求全责备，这才是善于读书者。

至清，有严可均《铁桥漫稿》，称《刘子》言治国修身之道，有大醇无小疵，并批评晁公武对《刘子》“词颇俗薄”的评价有失公允。又有周中孚在其《郑堂读书记》中，虽列《刘子》为杂家，但在对《刘子》与《文心雕龙》比较后，亦肯定《刘子》一书的基本思想倾向，乃杂论治国修身之道，“不失为儒者之言”。

逮至近世，对《刘子》的学派归属多称道家或道教。归于此类者多引征《四库提要》“刘子归心道教，与勰志趣迥异”之说，而少论证，尤其未顾及刘昼入《北齐书》、《北史》儒林传的事实。其中，余嘉锡《四库提要辨证》检出《广弘明集》卷六《辨惑篇》所载刘昼诋佛之言，从而证明《刘子》一书“归心道家”。此说最具代表性。

《辨惑篇》云：“刘昼……上书言佛法诡诳，避役者以为林薮。又诋诃谣（谣，当为淫之误）荡，有尼有优婆夷，实是僧之妻妾，损胎杀子，其状难言。今僧尼二百许万，并俗女向有四百余万，六月一损胎，如是则年族二百万户矣。验此，佛是疫胎之鬼也，全非圣人之言，道士非老庄

① 王道焜：《刘子序》，转引自傅亚庶《刘子校释·附录二》，第544—545页。

之本，籍佛邪说，为其配坐而已。”①余嘉锡在引此文之后，得出结论说：“是昼之为人，诋佛而不非老庄。盖自昌黎未出以前，凡辟佛者，皆老氏之徒，即傅奕亦然，情有所偏，遂入主出奴耳。昼好老庄之学，故上书诋佛，此书之归心道家以此也。”②

余嘉锡此说，虽在证明《刘子》非刘勰撰，但其所得《刘子》书“归心道家”之结论却有待商榷。首先，仅从上述所引刘昼反佛言论看，说刘昼“诋佛而不非老庄”是事实，但按着这一逻辑，说他“诋佛而不非孔孟”也可成立。因此，从逻辑上说，“诋佛而不非老庄”，并不能推出“归心道家”的结论。正如由“诋佛而不非孔孟”，亦不能推出“归心儒家”的结论一样。第二，“盖自昌黎未出以前，凡辟佛者，皆老氏之徒”的说法，也不能成立。如东晋以降的戴逵、何承天、范缜、肃摩之、郭祖深等著名的排佛人物，皆非老庄之徒。即使是傅奕，虽然曾注《老子》，但其对儒道取同尊态度，其诋佛疏亦多以儒家君臣父子之道为说。其临终戒子，亦以儒家六经名教为言。因此也不能说傅奕为老氏之徒。第三，刘昼诋佛，明言“佛是疫胎之鬼，全非圣人之言”。此处所谓“圣人”，应指儒家圣人。且指“道士非老庄之本，籍佛邪说，为其配坐而已”，明显在批评道教。第四，既然承认《刘子》为刘昼所撰，又说“《刘子》归心道家”，与刘昼入《儒林传》不符。

以上四条，可以说以余嘉锡为代表的“《刘子》一书归心道家或道教”说，不能成立。

三、刘昼及其《刘子》的儒学思想

《刘子》一书共十卷五十五篇，约三万余言。从其结构说，今本十卷的划分及各篇的排列顺序，基本上体现了作者的两种考虑：一是篇

① （唐）释道宣：《广弘明集》卷六，上海古籍出版社，第133页，据《影印宋碛砂版大藏经》本缩页影印，1991年版。余嘉锡《四库提要辨证》引此文多处有误。

② 余嘉锡《四库提要辨证》卷十四，中华书局1980年版，第839页。

幅及字数的均衡，即每卷平均五篇三千余字；二是大体上按文章的内容进行了划分与编排。但从现代的学术观点看，《刘子》一书各篇的内容大致可分为性情修养类、道德价值类、社会政治类、名实言辨类、际遇命时类、附俗杂感类等六大类。各类之间没有绝对的界限，在内容与形式上亦互有交叉，反映了作者在构造理论体系方面的不足。

从《刘子》一书的思想内容来看，五十五篇之文，大多以儒家思想为依托，杂以诸子百家之言。其对道家、法家、名家等思想均有吸收，表现了《刘子》思想的综合倾向。因此，《刘子》一书，既非"难预诸子立言之列"；又非"没有理论系统的单篇聚合"。其缺点，只是其理论深度不足而已，但不能因此排除其作为一部子书所具有的文化价值和历史地位。

（一）养生去情论

《刘子》一书，很重视对养生与性情的讨论，其书中的《清神》、《防欲》、《去情》、《韬光》四篇，可构成专门讨论养生与性情关系的一组文章。他在《防欲章》中说：

> 人之禀气，必有性情。性之所感者，情也；情之所安者，欲也。情出于性而情违性，欲由于情而欲害情。情之伤性，欲之妨情，犹烟冰之与水火也。烟生于火而烟郁火，冰出于水而冰遏水。故烟微而火盛，冰泮而水通；性贞则情销，情炽则性灭。是以殊莹则尘埃不能附，性明而情欲不能染也。[①]

刘昼的上述说法，是其性情论的总纲。其涵义有三：首先认为人之性情皆出于气禀；第二，认为"情出于性而情违性"；第三，"欲出于情而欲害情。"这三点构成刘昼性情论的基本内容。在刘昼看来，性、情、欲三者，是构成人生否泰的链条，能否处理好三者的关系，会直接影响人的贤智或庸愚，甚至关涉到人的生死。他说：

① 《刘子·防欲章》，傅亚庶：《刘子校释》，中华书局 1998 年版，第 10 页。

> 故林之性静,所以动者,风摇之也;水之性清,所以浊者,土浑之也;人之性贞,所以邪者,欲眩之也。身之有欲,如树之有蝎。树抱蝎则还自凿,身抱欲则还自害。故蝎盛则树折,欲炽则身亡。[①]

刘昼此说,是以动静、清浊论性情,即性静情动,性清欲浊。其语义及思想源头,仍不出《礼记·乐记》"人生而静,天之性也;感于物而动,性之欲也"之说。其所不同者,盖在于《礼记》所关注的是社会治乱,而刘昼所瞩目的却是个体生命的存亡。

刘昼认为,情与欲是导致心神躁动的主因,因此也是养生之大敌。在他看来,一哀一乐之情,尚有损正性,更何况"万物之众以拔擢,而能清心(静)神哉"![②] "故万人弯弧,以向一鹄,鹄能无中乎? 万物眩曜,以惑一生,生能无伤乎"?[③] 因此,最好的办法是"防欲"、"去情"。而防欲、去情的关键乃在"先敛五关"。他说:

> 五关者,情欲之路,嗜好之府也。目爱綵色,命曰伐性之斤;耳乐淫声,命曰攻心之鼓;口贪滋味,命曰腐肠之药;鼻悦芳馨,命曰熏喉之烟;身安舆驷,命曰召蹶之机。此五者,所以养生,亦所以伤生。耳目之于声色,鼻口之于芳味,肌体之于安适,其情一也。然亦以之死,亦以之生,或为贤智,或为庸愚,由于处之异也。[④]

此处的"五关"说及上文的"身之有欲如树之有蝎"之喻,盖源于嵇康《养生论》;"伐性之斤"、"攻心之鼓"、"腐肠之药"、"熏喉之烟"、"召蹶之机"等说法源自《吕氏春秋》;耳、目、口、鼻、肌体等盖源于《孟子·尽

---

① 《刘子·防欲章》,第10页。

② 此句"神"前疑脱"静"或"恬"字,因此篇标题为《清神章》,文中有"神恬心清"句,故其章题为"清神",乃"神恬心清"之简括耳,故此句"神"前脱"恬"或"静"字可知。

③ 《刘子·清神章》,《刘子校释》,第1页。

④ 《刘子·防欲章》,《刘子校释》,第10页。

心下》。刘昼把它们组合在一起，论证防欲去情之要，由此亦可见刘昼人性论之端倪，他不以耳、目、口、鼻及肌体之欲为性，正合孟子“君子不谓性也”之说。在他看来，声、色、嗅、味，既可以养生，又可以伤生，“亦以之死，亦以之生”，“或为贤智，或为庸愚”。因此关键要看如何对待它(“由于处之异也”)。他说：

> 声色芳味，所以悦人也，悦之过理，还以害生。故明者刳情以遣累，约欲以守贞。食足以充虚接气，衣足以盖形御寒。靡丽之华，不以滑性，哀乐之感，不以乱神。处于止足之泉，立于无害之岸，此全性之道也。[1]

可见，刘昼的“全性之道”，在于“刳情”、“约欲”，以避免声色芳味“悦之过理”，此亦有“以理约欲”、“以礼节情”之义。但由于刘昼在性情问题上，确实受道家影响较大，终由刳情、约欲，走上“塞情”、“禁欲”之途。他说：“人有牛马，放逸不归，必知收之；情欲放逸而不知收之，不亦惑乎？将收情欲，必在脆微。情欲之萌，如木之将蘖，火之始荧，手可掣而断，露可滴而灭。及其炽也，结条凌云，煸熛章华，虽穷力运斤，竭池灌火，而不能禁，其势盛也。嗜欲之萌，耳目可关而心意可钥。至于炽也，虽襞情卷欲，而不能收，其性败也。如不能塞情于未形，禁欲于脆微，虽求悔恪，其可得乎？”[2]这里，刘昼强调“塞情于未形，禁欲于脆微”，实与“悦之过理”有一定矛盾。既承认声色嗅味“所以养生，亦所以伤生”，又如何能“塞情于未形，禁欲于脆微”呢？这里的一塞一禁，使刘昼“以理节情”的初衷走向了极端，明显地归于老子“塞兑”、“闭门”之路，并由此主张“无情”说：

> 情者，是非之主而利害之根，有是必有非，能利亦能害。是非利害存于衷，而彼此还相碍。故无情以接物，在遇而恒通；有情以

① 《刘子·防欲章》，第10—11页。
② 《刘子·防欲章》，第11页。

接人，触应而成碍。由此观之，则情之所处，物之所疑也。[①]

“无情”说源于《庄子·德充符》：“惠子谓庄子曰：‘人故无情乎？’庄子曰：‘然。’惠子曰：‘人而无情，何以谓之人？’庄子曰：‘道与之貌，天与之形，恶得不谓之人？’惠子曰：‘既谓之人，恶得无情？’庄子曰：‘是非吾所谓情也。吾所谓无情者，言人之不以好恶内伤其身，常因自然而不益生也。’”[②]显然，刘昼的《去情章》完全脱胎于《庄子·德充符》。但庄子并未就此止步，其在《天地篇》中又讲“尽情”、“复情”。他说：“上神乘光，与形灭亡，此之谓照旷。致命尽情，天地乐而万事销亡，万物复情，此之谓混冥。”[③]可见，庄子的“无情”说最终是为“尽情”、“复情”。这是更高层次上的“有情”或谓“天地之大情”，这是道家所追求的最高精神境界。

而反观刘昼的无情论，多是从养生角度来阐释的。他说：“韬跡隐智，以密其外；澄心封情，以定其内。内定则神府不乱，外密则形骸不扰，以此处身，不亦全乎！”[④]又说：“弃智以全真，遣情以接物，不为名尸，不为谋府，混然无际，而俗莫能累矣。”[⑤]一个是“以此处身不亦全乎”；一个是“混然无际而俗莫能累”。显然，刘昼所关注的是，在他所处的那个黑暗动荡的年代，如何才能保全自己的生命。因此，他自觉或不自觉地把道家的境界论移植为养生论。这一移植，无疑降低了道家思想对《刘子》一书的整体性、全面性影响，而其在更高层次上的道德论和价值论的追求，则让位给儒家，这也是不能把《刘子》一书归于道家的原因之一。

其次，我们仔细阅读《刘子》关于性情论或养生论的讨论，会发现他的养生论颇受嵇康养生论的影响。前面提到的“身之有欲如树之有

---

① 《刘子·去情》，《刘子校释》，第 20 页。

② 《庄子·德充符》，陈鼓应：《庄子今注今译》，中华书局 1983 年版，第 164—165 页。

③ 《庄子·天地》，《庄子今注今译》，第 324 页。

④ 《刘子·韬光》，《刘子校释》，第 29 页。

⑤ 《刘子·去情》，《刘子校释》，第 21 页。

蝎”之喻,及其“将收情欲,先敛五关”之说,皆脱胎于嵇康养生论。嵇康说:“夫嗜欲虽出于人,而非道之正,犹木之有蝎,虽木之所生,而非木之宜也。故蝎盛则木朽,欲盛则身枯。”[①]以刘昼的“树蝎之喻”与嵇康此文对照,无疑是刘昼读过嵇康《养生论》及《答难养生论》,方有字句几乎完全相同的比喻。既然如此,刘昼的“先敛五关”说,也必源于嵇康的“养生五难”说。嵇康说:“养生有五难:名利不灭,此一难也;喜怒不除,此二难也;声色不去,此三难也;滋味不绝,此四难也;神虑消散,此五难也。”[②]以刘昼的“五关”说与嵇康“五难”说对照,我们发现一个本质差别:嵇康把“名利不灭”作为“养生有五难”之第一难,而刘昼之“先敛五关”中,却惟独没有“名利”一关,这绝非偶然。观《刘子》中的《崇学》、《惜时》、《思顺》诸篇及两史刘昼本传即可明了,刘昼治国经世之志及光身立名之意甚笃,此皆有关名利,故在其“先敛五关”中,排除“名利”一条,便在情理之中。此是不能把《刘子》一书归于道家的又一原因。

(二)因学鉴道论

崇学贵教一直是儒家思想的重要内容。从《论语》首篇《学而》,到《荀子》首篇《劝学》,再到《抱朴子·外篇》的《勖学》、《崇教》,都表达了儒家重学的传统,它甚至成为区分儒道两家的一条重要标志。《刘子》一书,专设《崇学章》,同样以儒家立场,阐明了“学”的重要性。他说:

> 至道无言,非立言无以明其理;大象无形,非立形无以测其奥。道象之妙,非言不传;传言之妙,非学不精。未有不因学而鉴道,不假学以光身者也。[③]

在这段文字中,“至道无言”、“大象无形”等均是道家常用的语言,但在

---

① 嵇康:《答难养生论》,戴明扬:《嵇康集校注》卷四,人民文学出版社1962年版,第168—169页。

② 嵇康:《答难养生论》,第191—192页。

③ 《刘子·崇学章》,《刘子校释》,第36页。

刘昼看来，即使是老子的“至道”、“大象”等概念，也必须用语言去描述它，否则就弄不明白其中的道理。“道”、“象”无论多么玄妙，也要通过语言去传达它。要使这些传达、解释的语言能够深刻地理解和反映道、象的内涵及其意义，离开学习就不会精审、深刻。因此不通过学习就不会明察道理并了解事物的本质；不通过学习也就不会提高并彰显自身的智慧和人生的价值。

刘昼不会不知老子的“绝圣弃智”、“绝学无忧”之说，然而却反其道而背其言，明确提出“因学以鉴道”、“假学以光身”的命题，这不能不说刘昼在骨子里还是以儒家崇教贵学为宗旨，表达的是一种积学明道、学以致荣的入世心态。如他说：“夫茧缫以为丝，织为缣纨，缋以黼黻，则王侯服之；人学为礼仪，丝(饰)以文藻，而世人荣之。”[①]蚕茧待缫，才能织成精细的绢绸并制成漂亮的礼服；人待学习才能熟知礼仪并陶冶文明。但“王侯服之”、“世人荣之”，则反映了刘昼并不回避学习的目的之一，便是“假学以光身”。这些思想都明显违背道家理念，然而却符合儒家精神。

有学者认为，《刘子》讲“至道无言”，明显是指老、庄之道，《文心》讲“道沿圣以垂文，圣因文而明道”，则是儒家之道、儒家之文。一儒一道，倾向分明。[②] 而实际情况并非如此，仅就《刘子·崇学章》就得不出上述结论。刘昼“因学以鉴道”与刘勰“因文以明道”，二者都讲“道”。他们所讲的“道”，是一个普遍性的概念，决不局限于某一家的“道”。因此在《崇学章》中，刘昼所讲的道，应该既包含道家之道，又包含儒家之道。因为在刘昼看来，无论是道家之道还是儒家之道，都需要通过学习来获得。这里，刘昼所强调的乃是“学习”本身的价值和意义，而非辨别什么道可以学习，什么道不可以学习。这才可以称得上是“崇学”而非“崇道”，但这并不排除“崇学”之“学”的内容，在《崇学章》中，

---

① 《刘子·崇学章》，《刘子校释》，第 36 页。

② 见程天祜《刘子作者辨》引，载傅亚庶《刘子校释·附录三》，第 610 页。

刘昼所推崇的“学”,基本上是指儒家之学。由此亦可反映他的儒学立场。他说:

> 青出于蓝而青于蓝,染使然也;冰由于水而冷于水,寒使然也;镜出于金而明于金,莹使然也;戎夷之子,生而同声,长而异语,教使然也。山抱玉而草木润焉,川贮珠而岸不枯焉,口内滋味而百节肥焉,心受典诰而五性通焉。故不登峻岭,不知天之高,不瞰深谷,不知地之厚;不游六艺,不知智之深。远而光华者,饰也;近而愈明者,学也。[①]

前面已引有“人学为礼仪”,此处又有“心受典诰而五性通”、“不游六艺不知智之深”等。“礼仪”、“典诰”、“六艺”,无疑皆为儒家文献,此即刘昼“崇学”之学的具体内容。由此亦可见,刘昼“因学鉴道”的命题及其所鉴之道的内涵,不仅以儒家“典诰”或“六艺”中的仁义礼智为主,且强调这些经典对人文、人性(五性)、智慧的开发润泽作用。因此,“因学鉴道”不仅包含学习本身,同时也包含所学的内容,二者在刘昼的这一命题中应该是统一的。也即是说,“因学鉴道”之道,虽可包含道家之道,但在刘昼的思想言行中,关注更多的是儒家之道。这也是他推崇孔子的主要原因。他说:

> 人不涉学,犹心之聋盲,不知远祈明师,以攻心术,性之蔽也。故宣尼临殁,手不释卷;仲舒垂卒,口不辍诵;有子恶卧,自焠其掌;苏生患睡,亲锥其股。以圣贤之性,犹好学无倦,矧伊庸人而可怠哉![②]

这条材料,可归纳为两个问题:一是强调“涉学”的重要性。人如果不涉学,就如同聋盲。“耳形完而听不闻者,聋也;目形全而视不见者,盲也”。即使有先天完好的听力和视力,但不经过后天的学习努力,也无

---

①② 《刘子·崇学章》,《刘子校释》,第37页。

法造就人才。也就是说,人的心性之蔽,主要是不学造成的。第二,以历史上的孔子、董仲舒、苏秦为例,证明学习对造就人才的重要性。这里,刘昼推许孔子为圣,董、苏为贤,表明刘昼对儒家宗师孔子的态度,是对魏晋以降,孔、老孰圣问题的回应。

刘昼"因学鉴道"的思想,对魏晋时期的"言意之辨"亦有回应。如前文所引:"至道无言,非立言无以明其理;大象无形,非立形无以测其奥。道象之妙,非言不传;传言之妙,非学不精。"只有承认言可以尽意,"因学鉴道"方有可能。因此,刘昼明确地表达了对"言意之辨"所持的立场。他说:

> 言以绎理,理为言本;名以订实,实为名源。有理无言,则理不可明;有实无名,则实不可辨。理由言明,而言非理也;实由名辨,而名非实也。今信言以弃理,非得理者也,信名而略实,非得实者也。故明者课言以寻理,不遗理而著言;执名以责实,不弃实以存名,然则言理兼通而名实俱正。……是以古人必慎传名,近审其词,远取诸理,不使名害于实,实隐于名。故名无所容其伪,实无所蔽其真,此谓正名也。[①]

这里,刘昼阐述了言与理、名与实的辩证关系,认为言是用来阐发义理的,如果无言,则义理就得不到揭示;义理虽然要由语言来阐发,但言词本身并非义理。同样,客观事物要由概念来分辨,而概念本身又非客观事物。因此,如果一味地相信言辞,就得不到义理;一味地相信概念而忽视事实,就得不到事物的真相。正确的方法或态度,应该是既考求概念以找出义理,又不能丢弃义理而专著言词;既根据概念去探求事实,又不能不顾事实真相而固守概念。刘昼认为,只有这样,才能"言理兼通而名实俱正"。

显然,刘昼的这些说法,与玄学家的"得意忘言"、"得意忘象"及

① 《刘子·审名章》,《刘子校释》,第155—156页。

“言不尽意”等观点大异其趣。其“言理兼通而名实俱正”的言可以尽意论，构成其“因学鉴道”的方法论基础。

同时，刘昼推论孔子为圣，不仅指孔子好学，手不释卷，而且蕴涵孔子之所学，皆属“典诰”、“六艺”之类，此谓好学与所学的统一，亦与玄学家盛称孔子为“圣人体无”有本质差别。这种差别可从他们的人性理论中找到根据。

以王弼为代表的玄学家的人性论，多源于道家，即“万物以自然为性”。把这种人性论运用到学，则有老子“绝学无忧”、“绝圣弃智”之论。王弼注“绝学无忧”云：“然则学求益所能，而进其智者也。若将无欲而足，何求于益？不知而中，何求于进？”[①]在道家或王弼看来，学是为了求能求进，专务外饰，根本违背了“因而不为”、“顺而不失”、“居无为之事，行不言之教”的人性自然。因此，“自然已足，益之则忧”，此即“绝学无忧”之大义。而刘昼的人性论，基本上是儒家传统，用此主张，“人性虽敏，必藉善言，以成德行”，“人性美而不鉴道者，不学也”。[②] 因此要鉴道、明道，则必须学而无已。

（三）人性谖惠论

如前文所述，刘昼的“因学鉴道”论与其言尽意论及人性论都有密切关系，三者在逻辑上有必然的内在联系。但在以往的研究中，对刘昼的人性理论关注不多，有些研究对这个问题有许多误解或不确之处。之所以如此，其中有两个重要原因：一是《刘子》一书本身的原因，即刘昼对问题的论述不够集中，思想理论不够深刻、也不够严谨。二是研究者的原因，以往的研究，往往多从语言、文字上评论其优劣，而忽视语言文字背后所蕴涵的思想与逻辑。因此，只能看到一些表面现象而不能认真玩味，甚至没有读懂《刘子》原文便妄下断语。其中，对刘昼人性论的理解尤其如此。

---

① 王弼：《老子二十章注》，楼宇烈：《王弼集校释》，中华书局1980年版，第46—47页。

② 《刘子·崇学章》，《刘子校释》，第37页。

《刘子》一书，在其《清神》、《防欲》、《去情》、《韬光》等被认为是“归心道家”的诸篇中，多是借用道家语言讲养生，并未更多地涉及人性论问题。其中，仅有“情出于性而情违性”一语，涉及人性论问题。而此句亦已多少透露出刘昼人性论的端倪，即认为性与情有别，虽然情出于性，且一旦“出”之，便与性不同。不仅不同，且与性相违。他所以主张“去情”，即认为情之为物，安于所欲，乃是因人的欲望而起。因此性是静的，情是动的，故“林之性静，所以动者，风摇之也；水之性清，所以浊者，土浑之也；人之性贞，所以邪者，欲眩之也”。[①]

这里刘昼用“林之性静”喻“人之性静”，以推出“人之性贞，所以邪者，欲眩之也”的结论。可见，刘昼以“贞”论性，以邪论情，可概括为“性贞情邪”。但何谓“性贞”？刘昼并没有十分明确地论证。但仔细玩味《刘子》一书，还是可以找到答案。首先，刘昼继承了儒家“人禽之别”的说法，认为人性与禽兽之性是不同的。他说：

> 累榭洞房，珠簾玉扆，人之所悦也，鸟入而忧；耸石巉岩，轮菌纠结，猨狖之所便也，人上而慄；五韺六誩，咸池箫韶，人之所乐也，兽闻而振；悬濑碧潭，澜波汹涌，鱼龙之所安也，人入而畏。飞鼯甘烟，走貊美铁，鸡日嗜蛇，人好刍豢。鸟兽与人受性既殊，形质亦异，所居隔绝，嗜好不同，未足怪也。[②]

这里，刘昼从居处、音声、食物三个方面，形象地阐述了人与禽兽的不同感受和嗜好，得出“鸟兽与人受性既殊”的结论。表面看，此段文字的表达形式，脱胎于《庄子·齐物论》，但文字背后所表达的思想却与庄子不同。庄子在《齐物论》中借人与禽兽以居处、美食、美色的不同感受，论证事物及人们对事物认识的相对性。而刘昼却借此表达了人性与禽兽之性的差异性，即人与禽兽的不同，乃在于“受性既殊，所居隔

① 《刘子·防欲章》，《刘子校释》，第 10 页。

② 《刘子·殊好章》，《刘子校释》，第 376 页。

绝”,故“嗜好不同,未足怪也”。

人禽之性既别,那么人性的涵义究竟如何?刘昼认为,人性是先天形成的,但又必须经过后天的加工,人性才能显现出来,这有如“金性苞水,木性藏火”,若不加“钻”、“炼”,水、火不能自发产生。“故炼金则水出,钻木而火生。人能务学,钻炼其性,则才惠发矣”[①]。又说:“越剑性锐,必托槌砧,以成纯钧;楚柘质劲,必资榜檠,以成弴弓;人性虽敏,必借善言,以成德行。”[②]这是说,原有的质性只能提供成务成德的基础,要使其质性得以实现,还必须通过后天努力。但就人之质性来说,刘昼也阐述了自己的看法。他说:“吴簳质劲,非筈羽而不美;越剑性利,非淬砺而不铦;人性譞惠,非积学而不成。”[③]

这里,刘昼提出了“人性譞惠”的命题。按《说文》:“譞,慧也。从言,圜省口为声。”《玉篇·言部》亦云:“譞,慧也。”又《广韵·仙韵》:“譞,智也。”可见,譞之本义为慧、智,可构成譞慧、智慧等同义复合词。再看“惠”字,傅亚庶《刘子校释》对“惠”的解释,引王叔岷:“‘惠’、‘慧’古通”,“‘譞惠’为复语。”[④]若按这种解释,譞本有慧义,惠亦为慧,那么,“人性譞惠”的内涵则仅为一个“慧”字。这不免拘限了这一命题的实际内涵,且不能仅仅根据宋本“人性譞惠”,为“人性譞慧”,即得出“惠、慧古通”或“譞惠为复语”的结论。这里,“惠”字当做本字解。

《说文》:“惠,仁也。”《书·皋陶谟》:“安民则惠。”蔡沈注:“惠,仁之爱也。”《论语·公冶长》:“其养民也惠。”刘宝楠正义:“惠者,仁也。”又《尔雅·释古下》:“惠,爱也。”《诗·邶风·北风》:“惠而好我,携手同行。”毛传:“惠,爱也。”又《尔雅·释言》:“惠,顺也。”《汉书·艺文志》:“德胜不祥,义厌不惠。”颜师古注:“惠,顺也。”又《礼记·表记》:“节以一惠。”郑玄注:“惠,犹善也。”可见,“惠”与“慧”虽古通,但其本字的普遍性涵

---

① 《刘子·崇学章》,《刘子校释》,第 36 页。

② 《刘子·贵言章》,《刘子校释》,第 315 页。

③ 《刘子·崇学章》,《刘子校释》,第 31 页。

④ 见《刘子校释·崇学章》注(一五)、(二六),第 41、44 页。

义,却应是仁爱、和顺、良善等义。据此,刘昼“人性谖惠”的命题,其涵义即为智、仁、善、顺等内容,明显地表现为儒家的人性说。

综上所述,刘昼人性论的基本趋向多同于儒家,即认为人性中含有智、仁、和、顺等善质,这些善质也即是人与禽兽的根本差别。在刘昼看来,人禽之别,乃在于“受性既殊,形质亦异”,未足为怪。但人之于人,却有许多令人费解的不同嗜好,这些差别与性有什么关系呢?刘昼试图对此也做出人性论的解释。他说:

> 人之与人,共禀二仪之气,俱抱五常之性,虽贤愚异情,善恶殊行,至于目见日月,耳闻雷霆,近火觉热,履冰知寒,此之粗识,未宜有殊也。声色芳味,各有正性,善恶之分,皎然自露。不可以皂为白,以羽为角,以苦为甘,以臭为香。然而嗜好有殊绝者,则偏其反矣。非可以类推,弗得以情测,颠倒好丑,良可怪也。[1]

这里,“五常之性”、“正性”等概念,多源于董仲舒和王充。董仲舒《举贤良对策》:“夫仁、义、礼、智、信五常之道,王者所为修饬也。”《论衡·物势》:“一人之身,含五行之气,故一人之行,有五常之操。五常,五常之道也。”又《问孔》:“五常之道,仁、义、礼、智、信也。”又《命义》:“亦有三性:有正,有随,有遭。正者,禀五常之性也”。据此,刘昼“俱抱五常之性”,当指仁、义、礼、智、信五种德性。这种解释,亦与上述“人性谖惠”的涵义相符。

在刘昼看来,人之与人,虽贤愚异情,善恶殊行,但其质性,“未宜有殊”,此亦有性相近之义。因此,对声、色、嗅、味的习染,亦“各有正性”。此处的“正性”,即王充“正者,禀五常之性也”。即以五常之性习染声、色、嗅、味,所得结果,便是“善恶之分,皎然自露。”同时,在刘昼的理解中,“声色芳味,各有正性”,还有另一层含义,即它们各有自己质的规定性。因此,“不可以黑为白,以羽为角,以苦为甘,以臭为香”。

---

① 《刘子·殊好章》,《刘子校释》,第376—377页。

在刘昼看来，这都属于正常情况。但也有不正常的情况：

> 赪颜玉理，盼视巧笑，众目之所悦也。轩皇爱嫫母之丑貌，不易落慕之丽容；……炮羔煎鸿，臛蠵臑熊，众口之所嗛也。文王嗜菖蒲之菹，不易龙肝之味。《阳春白雪》，《嗷楚》《采菱》，众耳之所乐也。而汉顺帝听山鸟之音，云胜丝竹之响；……郁金玄憺，春兰秋蕙，众鼻之所芳也。海人悦至臭之夫，不爱芳馨之气。若斯人者，皆性有所偏也。[①]

这些不正常的情况，刘昼以"性有所偏"来解释，即"嗜好有殊绝者，则偏其反矣"。由此他得出结论："美丑无定形，爱憎无正分也。"有学者认为，这一结论，表明刘昼回归到道家立场。如果从人性论角度来分析刘昼的上述思想，还不能简单地说刘昼回归道家。因为在刘昼看来，上述违反正常情况的现象，皆为"执其所好而与众相反"，或"嗜好殊绝者则偏其反矣"。这里的"偏"或"反"，均指偏离或反常，即偏离了"五常之性"或"正性"。这种偏离或反常，不是质性的问题，而是后天所习或另有原因。上面的故事，多采自《淮南子》、《吕氏春秋》及《抱朴子》。《吕氏春秋·遇合篇》："故嫫母执乎黄帝，黄帝曰：'厉女德而不忘，与女正而弗衰，虽恶奚伤。'"高诱注："言敕厉女以妇德而不忘失，付与女以内正而不衰疏，故曰虽丑何伤。"这说明黄帝之爱嫫母，非爱其丑，而爱其贤也。此与黄帝质性问题并无必然联系。其他故事亦皆属此类。

由以上可知，刘昼的人性论属儒学范畴，其谓"美丑无定形、爱憎无正分"，虽有道家色彩，但其所指多为后天习染，而非指先天。先天所性乃"人性譞惠"，犹如"丹可磨而不可夺其色，兰可燔而不可灭其馨，玉可碎而不可改其白，金可销而不可易其钢"一样，"士有忠义之

---

① 《刘子·殊好章》，第 377 页。

性，怀贞直之操，不移之质，亦如兹者也”①。因此，刘昼从“人性谖惠”这一命题为核心所构成的人性理论，并非简单重复前人的思想，而是有自己的选择与思考，体现出对道家、玄学乃至佛教人性论的批评与扬弃。

（四）声乐心和论

《刘子》一书有《辨乐篇》，是专门讨论音乐理论的，可称为刘昼的《乐论》。此篇与《适才》、《殊好》、《风俗》、《正赏》、《言苑》可构成一组，涉及刘昼的文艺美学思想。尤其是《辨乐篇》，是对《荀子·乐论》、《礼记·乐记》、《吕氏春秋》、《淮南子》及汉晋以降乐论的回应。

“乐”在中国有悠久的历史传统，特别是自殷周以来，在音乐的实践层面和思想层面都有很大的发展，并出现与国家体制紧密结合的倾向，此即后来所称为“礼乐典章制度”。进入春秋战国，音乐与礼制相结合，成为儒家鼓吹的重要内容。因此，在先秦诸子中，儒家对“乐”最为重视。从孔子开始，“乐”被列为“六经”之一，不仅强调其社会政治功能，而且把“乐”推广到社会生活的各个领域，与社会、人生、道德、教育、人性、修养，乃至社会治乱、国家存亡等多方面建立起普遍性联系。

儒家对“乐”的推崇，在诸子中引起反弹。老子首先从“道”的高度，对“乐”做出了自己的解释，以为“大音希声”、“大象无形”，真正的“乐”乃是“无声”。无声之乐，与道相合；有声之乐，令人耳聋。他把音乐比做美食，此两者虽然能吸引过客，但只能应时感悦人心，满足一时之欲，而不能像无形的大道、无声的大音，虽平淡无味，却能使人宁静、平和，用之不可穷极。墨子则作《非乐》，严厉批评儒家，与其有乐以听之，不若无乐以节之，以免影响君子听治、贱人从事。此后又有庄子、荀子等分别从不同的学派立场出发，对音乐理论进行了发挥与争辩，遂使“乐论”得到发展，并成为中国哲学或中国文化的重要组成部分。因此，作为六经之一的《乐经》虽失传，但历代“乐论”却连绵不绝，它几

---

① 《刘子·大质章》，《刘子校释》，第 359 页。

乎成为儒学研究的专门领域，成为儒家思想表现的重要舞台。

其中，影响最大的是荀子的《乐论》和《礼记·乐记》。因刘昼的《辨乐篇》基本上是抄自上述两书，因此须厘清这三者的关系。按学术界的一般看法，《乐记》为西汉河间献王刘德所编著。有如董仲舒综合先秦诸子而表彰儒学一样，刘德著《乐记》，也是在综合先秦诸子，特别是在吸收采纳荀子《乐论》的基础上，提出一套比较完整系统颇具儒家特点的音乐理论。荀子的《乐论》约一千五百字，其中有近一半的文字几乎原封不动地被《乐记》所采纳。而《乐记》作成后，又被《礼记》的编纂者几乎原封不动地全盘编入《礼记》。随后不久，又几乎原封不动地全部补入《史记·乐书》。东汉初，《乐记》的主要观点又被采入官方典籍《白虎通义》中。“此后，无论是官方史书中的乐志，还是私家乐论著作，几乎都将《乐记》视为经典，不断引用，它们本身的音乐思想几乎都没有超出《乐记》的思想范围。《乐记》成为中国封建社会正统的音乐思想，成为事实上的‘乐经’，一直统治了两千多年”[①]。蔡仲德先生对《乐记》的评价实为确论。

这样，刘昼的《辨乐》多抄自荀子《乐论》及《乐记》就不足为怪了。但我们也应看到，刘昼的乐论，虽然在思想、理论，甚至在文字语言上都未能超出前人水平，但其以“乐”立论的动机及其对《荀子·乐论》、《礼记·乐记》不同论点的选择，还是有其一定的历史意义和学术价值，这起码体现出刘昼对儒家思想的承传和对“乐”的关注。因此，《辨乐章》虽然只有区区九百余言，却可突显刘昼在其所处的历史背景下，通过对传统儒家乐论的传述及某些发挥所表现出来的儒学立场和儒家思想。首先，《辨乐章》传述了乐的本原及先王立乐的根据。他说：

> 乐者，天地之齐，中和之纪，人情之所不能免也。人心喜则笑，笑则乐，乐则口欲歌之，手欲鼓之，足欲舞之。歌之舞之，乐发

---

① 蔡仲德：《河间献王刘德评传》，蔡仲德《〈乐记〉、〈声无哀乐〉注释与研究》，中国美术学院出版社 1997 年版，第 192 页。

> 于音声，形于动静，而入于至道，音声动静，性术之变，尽于此矣。故人不能无乐，乐则不能无形，形则不能无道，道则不能无乱。先王恶其乱也，故制雅乐以道之。使其声足乐而不淫，使其音调伦而不诡，使其曲繁省而廉均，足以感人之善心，不使放心邪气得接焉，是先王立乐之情也。[①]

这段材料基本抄自《荀子·乐论》、《礼记·乐记》和《史记·乐书》。三书中不仅都有这些内容，且文字差异不大。但刘昼《辨乐章》抄录的这段内容却与“三书”略有不同，值得注意。其差异在《辨乐章》中有多处，仅在上文中即有三处：

其一，“歌之舞之，乐发于音声，形于动静，而入于至道”句，历来《刘子》一书的校刊，均认为“而入于至道”一句有误。如孙楷第曰：“自起至‘尽于此矣’，皆就人情立论，与‘至道’无涉。‘而入于至道，’当做‘人之道也’。《礼记·乐记》云：‘乐必发于声音，形于动静，人之道也。’(《史记·乐书》作‘人道也’，《荀子·乐论篇》作‘而人之道’，属下为句，亦误，当据正)声音动静，性术之变，尽于此矣。’即此文所本。”[②]按王叔岷说，“‘而入于至道’他本皆同，罗校敦煌本作‘而入至道者’，属下为句。‘入至道’与下文‘尽于此矣’义亦相因，此盖作者有意更改《礼记》、《荀子》、《史记》之文，不必强同”。[③]而傅亚庶又反对王说，认为“王氏臆说，此谓乐之起源，当从孙说”。[④]我们认为，王叔岷说较妥，因“入于道”一语，《刘子》他本皆同，因此没有误写之迹，为刘昼有意更改“三书”之文明矣。“入于至道”与“三书”之“人之道”、“人道也”，虽仅一语之差，却反映不同思想。“至道”的概念，儒道两家均有使用，但有差别。刘昼所谓“至道”，盖出于儒家，犹谓道之极、道之尽，或谓“最高的道”。“入于至道”一语，在刘昼这里，可含有两层意思：一是表达对

---

① 《刘子·辨乐章》，傅亚庶：《刘子校释》，第61页。

②③④ 见傅亚庶：《刘子校释·辨乐章》注(八)，第65页。

"乐"的推崇,认为乐既体现自然之和("天地之齐"),[①]又体现人的性情之和("中和之纪"),因此它是人类不可缺少的。二是这种自然之和与人的性情之和,体现的正是天人之乐和天人之和,因为它既包含天道,又包含人道,故可称为"入于至道"。刘昼用"至道"取代"三书"之"人道",其对乐的理解可谓更全面。

其二,"故不能无乐,乐则不能无形,形则不能无道,道则不能无乱"句,孙楷第、王叔岷、傅亚庶等校勘家,都认为"形则不能无道,道则不能无乱"句有误,并以《乐论》、《乐记》、《乐书》均作"形而不为道,则不能无乱"为证,以"三书"之文强校《辨乐》之"误"。实际上,刘昼此处亦同"入于至道"句相关,乃有意更改"三书"之文。按刘昼原文,不但不违背"三书"精神,且完全可以贯通文义,并使下句"故制雅乐以导之"更加有所指陈、有所着落。这里,刘昼似乎更加强调对"形"的引导。此句译成现代汉语,则更加清楚:人不可能没有快乐("人不能无乐"),快乐又不能不通过形体有所表现("乐则不能无形"),有所表现又不能不加引导("形则不能无道"),但引导可以有不同形式(如"濮上之音"、"郑卫之音"等),弄不好甚至造成混乱("道则不能无乱"),先王恶其乱也,故制雅乐以道之。而《乐记》等"三书",作"形而不为道,则不能无乱",只能释为有所表现却不符合道,不符合道则必带来混乱。这样,"形而不为道"之"道",一定是名词,而"形则不能无道"之"道",可读为"导","道则不能无乱"之"道",亦读"导"。刘昼对《乐记》等"三书"的改动,使文义显得更加具体和连贯。因此,不必强以"三书"校《辨乐》,如果强校,则会抹煞乐论思想的多样性。

其三,"使其声足乐而不淫,使其音调伦而不诡,使其曲繁省而廉均,足以感人之善心"句,其中"使其音调伦而不诡",《乐记》作"使其文

① 把"天地之齐"之"齐",解释为整齐化一,不确。《集韵·霁部》:"齐,和也。《周礼》:'八珍之齐'。"又《礼记·少仪》:"凡羞有湆者,不以齐。"郑玄注:"齐,和也。"因此,"天地之齐",指天地自然之和;"中和之纪",指人的性情之和。

足论而不息”;《乐书》作“使其文足以纶而不息”;《荀子·乐论》作“使其文足以辨而不諰”。刘昼未照抄“三书”文,而把“使其文”改为“使其音调”。“文”与“音调”虽有联系,亦有区别,刘昼以“音调”代“文”,体现其对乐的特点把握得更具体,因为“文”指文辞,音乐中虽有配乐之诗或配乐之歌,但也有不配诗、歌者。因此,以“音调”代替“文辞”,反映魏晋南北朝时期,“乐”已从诗、歌等“文”中独立出来。这一改动,也说明刘昼在撰写《辨乐章》时,并非盲目照抄经典,体现出“子学”的特点。

以上,仅就《辨乐章》首节所做的一些分析,以证明刘昼的乐论并非完全照抄“三书”,而是在继承儒家乐论基础上,有自己的思考。这种思考主要体现在他对以《礼记·乐记》为代表的儒家乐论经典“三书”观点的选择。《乐记》约近六千字,而刘昼《辨乐章》只有近九百字,不足《乐记》的六分之一。因此,刘昼《辨乐章》是以自己的眼光对儒家乐论观点的精心选择,其要点有四:

第一,关于乐的起源,其中在“乐者,天地之齐,中和之纪,人情之所不能免也”这几句话中。刘昼强调了“天地之齐”、“中和之纪”乃是由乐所贯通起来的天人合一,此即《乐记》所称“大乐与天地同和”之谓,亦即刘昼所说的“入于至道”。“至道”囊括天人之道,而“乐”最能体现“至道”。可见刘昼对乐的推崇。

第二,刘昼充分肯定雅乐对陶冶性情、善化人心及移风易俗的作用。这是对儒家乐论关于乐的功能、作用的认识,其中包括乐的社会教化功能及对人生、人性、人情、人心的陶冶作用。“先王闻五声,播八音,非苟欲愉心娱耳,听其铿锵而已”,即反对把音乐看成是单纯的娱乐形式,而强调其“成万物之性”、“和阴阳之气”、“调八风之韵”,从而“上能感动天地,下能移风移俗”。

第三,在仅有八百余字的《辨乐章》中,刘昼最为关心的是“乐之和”与“心之和”的关系。他认为,“怨思之声施于管弦,听其音者不淫则悲。淫则乱男女之辨,悲则感怨思之声,岂所谓乐哉”?“夫乐者,声乐而心和，所以为乐也”。这即是说，音乐的本质在于和谐，其作用亦在于使人心和谐。“乐不和顺，则气有蓄滞，气有蓄滞则有悖逆诈伪之心，淫泆妄作之事”。“使人心和而不乱者，雅乐之情也”。显然，刘昼以“声乐而心和”为音乐的最重要价值。他把传统儒家乐论所强调的“礼乐典章”、“王道”、“刑政”等属于外在范畴的内容，转移到对人的“理性”、“心志”、“性情”等内在范畴的关注。在《辨乐章》中，刘昼不谈“礼”而专谈“乐”，甚至在其文中，无一“礼”字出现，可以说这是刘昼乐论的最大特点。

第四，“声乐心和”的命题，不见于《荀子·乐论》、《礼记·乐记》、《史记·乐书》等，也不见于嵇康《声无哀乐论》，但明显受到嵇康的影响，但也不能由此把刘昼《辨乐章》的思想归于道家。因为从根源上说，刘昼显然未接受“声无哀乐”的思想，他所坚持的仍是儒家乐论的基本精神。《世说新语·文学》篇：“旧云，王丞相（导）过江左，止道声无哀乐、养生、言尽意（“言”字后疑脱“不”字）三理而已。然宛转关生，无所不入。”至此，我们看到刘昼对此“三理”皆有回应，且对“三理”的阐发，均与玄学家有别。由此亦可看出，刘昼思想的儒家属性。

（五）道德逆顺论

《刘子》一书有《履信》、《思顺》、《慎独》、《诫盈》、《明谦》、《大质》等篇。刘昼在这几篇文章中，广泛讨论了儒家的道德伦理规范，及仁、义、礼、智、信、忠、孝、诚、敬、让等具体道德条目。

在儒家诸德中，刘昼尤其重视诚信理念。《刘子》中专有《履信章》，以阐其义。他认为，“信者，行之基；行者，人之本。人非行无以成，行非信无以立”。他还以“舟楫之喻”说明诚信对立行的重要性。“信之于行，犹舟之待楫也。将涉大川，非舟何以济之？欲泛方舟，非楫何以行之？今人虽欲为善而不知立行，犹无舟而济川也”。[1] 这是说，诚信是人的行为的基础，人无诚信，则将一事无成，不仅无成，且遭

---

① 《刘子·履信章》，傅亚庶：《刘子校释》，第88页。

灾祸。他以历史人物为鉴:“秦孝公使商鞅攻魏,魏遣公子昂逆而拒之。鞅谓昂曰:‘昔鞅与公子善,今俱为两国将,不忍相攻,愿一饮燕,以休二师。’公子许焉,遂与之会。鞅伏甲虏公子,击破魏军。及惠王即位,疑其行诈,遂车裂于市。”[①]商鞅遭刑,未必全由于此,此刘昼借题而议耳,说明他对儒家诚信之德的推许。他说:

> 夫商鞅,秦之柱臣。名重于海内,贪诈伪之小功,弃诚信之大义,一为不信,终身见尤,卒至屠灭,为天下所笑也。呜乎!无信之弊,一至于此,岂不重乎!……君子知诚信之为贵,必抗信而后行。指麾动静,不失其符。以施教则立,以莅事则正,以怀远则附,以赏罚则明。由此而言,信之为行,其德大矣。[②]

在刘昼看来,不仅诚信如此,其他诸德亦如此。“忠孝者,百行之宝欤!忠孝不修,虽有他善,其犹玉屑盈匣,不可琢为珪璋;蚪丝满箧,不可织为绮绶。虽多,亦奚以为也”。[③] 孝为儒家一贯推崇的大德,孔子许孝为仁之本,孟子赞孝为尧舜之道,曾子以大孝名家,《孝经》以立身行道为孝之终,刘昼则以孝为百行之宝,诸善之基,可见其对儒家道统传续之意甚笃。

对于“仁”、“义”之德,刘昼倍加推许。他认为,“仁义所在,匹夫为重;仁义所去,则尊贵为轻”,[④]即不以尊卑贵贱论仁义之德。因此,作为仁者,不应以利害移其志;而追逐利害者,则背弃仁义之德。此即“为仁则不利,为利则不仁。”他说:“士有忠义之性,怀贞直之操,不移之质亦如兹者。是以生苟背道,不以为利;死必合义,不足为害。故不趋利而逃害,不忻生而憾死,不可以威胁而变其操,不可以利诱而易其心。昔子闾之劫也,拟之白刃而其心不倾,晏婴之盟也,钩以曲戟而其志不回。不可以利害移其情矣。”[⑤](傅氏《刘子校释》:“‘不以为利’、

---

①② 《刘子·履信章》,《刘子校释》,第 89 页。

③④ 《刘子·言苑章》,《刘子校释》,第 509 页。

⑤ 《刘子·大质章》,《刘子校释》,第 359 页。

‘不足为害’二句疑误倒。读作‘生苟背道,不足为善,死必合义,不以为利。’”)刘昼的这段话,颇有“杀身成仁、舍生取义”之义。可见其对儒家仁义的服膺。

无论是诚信、忠孝,还是仁义、礼智,在刘昼看来都是人道所需,人性所具,因此不能违背。就此,他提出“道德逆顺”论,用以阐释儒家道德理念的价值意义。他说:

> 七纬顺度,以光天象;五性顺理,以成人行。行象为美,美于顺也。夫为人失,失在于逆。故七纬逆则天象变,五性逆则人行败。变而不生灾,败而不伤行者,未之有也。[①]

这里,刘昼提出“逆”、“顺”概念来解释人的行为与道德的关系,以及由此产生的不同结果。“七纬”,指日、月、五星。“五性”,指人的五种常性。《大戴礼记·文王官人》:“民有五性,喜、怒、欲、惧、忧也。”在刘昼看来,只有使五性循理,才能使人的行为美善;如果五性逆理,则行为丑恶。这是不可逆转的人道法则,如同“七纬逆则天象变,变则生灾”的天道法则一样。由此,他得出结论说:“忠孝仁义,德之顺也;悖傲无礼,德之逆也。顺者福之门,逆者祸之府。”[②]这是说,儒家的忠孝仁义、礼智诚信等,皆为顺理之德,即符合人道的道德规范;遵守这些规范,就会给人带来福祉,违背这些规范,就会给人带来祸殃。他说:

> 后稷虽善播植,不能使禾稼冬生,逆天时也;禹虽善治水,凿山穴川,不能回水西流,逆地势也;人虽材艺卓绝,不能悖理成行,逆人道也。故循理处情,虽愚蠢可以立名;反道为务,虽贤哲犹有祸害。君子如能忠孝仁义,履信思顺,自天祐之,吉无不利也。[③]

刘昼的“道德逆顺”论,最终是企图证明:儒家的道德理念和道德

---

① 《刘子·履信章》,傅亚庶:《刘子校释》,第99页。

② 《刘子·履信章》,第99—100页。

③ 《刘子·履信章》,第100页。

规范，其中包括仁、义、礼、智、信、忠、孝、诚、敬、让等，都是循理顺势的人道之则，故不能违背，就像不能违背天时、地势一样。刘昼以履行道德为顺，违背道德为逆，此即为“道德逆顺”论。

为保证忠孝仁义等儒家道德始终成为人的行为准则而不被颠覆、破坏，刘昼又提出“慎独”、“戒盈”、“明谦”、“和性”、“随时”、“明权”等具有修养论和方法论性质的议题，以补充或调适其“道德逆顺”论的合理性、随时性、适应性及儒家经权统一的原则性、灵活性等。这些补充与调适，也都明显体现出刘昼伦理思想的儒家特征。以下仅就《刘子》中的《慎独章》和《明权章》以释刘昼之议。

《刘子》书专设《慎独章》，继《礼记·中庸》“莫见乎隐，莫显乎微，故君子慎其独也”的道德修养论而广其义。刘昼认为，“善者，行之总，不可斯须离也，若可离，则非善也。人之须善，犹首之须冠，足之待履。首不加冠，是越类也，足不蹑履，是夷民也。今处显而循善，在隐而为非，是清旦冠履而昏夜倮跣也”。[①] 这里，刘昼把忠孝仁义等儒家所提倡的诸德总括为善。善为诸德之总，因此对于人来说，无论是“隐”是“显”，都不能须臾离开这些善德，即使在“暗密”之处或在“独处”之时，亦不能损其德或改其操。在刘昼看来，道德之善对于人类，乃是文明的表现，因此应该是一贯的，而不能“显处循善”而“在隐为非”。刘昼特列举历史人物的表现，以证其“慎独”之要。他说：

> 故蘧瑗不以昏行变节，颜渊不以夜浴改容，勾践拘于石室，君臣之礼不替，冀缺耕于坰野，夫妇之敬不亏。斯皆慎乎隐微，枕善而居，不以视之不见而移其心，听其不闻而变其情也。[②]

这是说，“慎独”是君子居善的必要条件，是道德的自觉行为。因此，不能因处“隐”、“微”，而放松对自己的道德要求，更不能因无人监督而移

---

① 《刘子·慎独章》，傅亚庶：《刘子校释》，第105页。

② 《刘子·慎独章》，第106页。

其心志或变其情操。在刘昼看来,“修操于明,行悖于幽,以人不知。若人不知,则鬼神知之,鬼神不知,则己知之”。即使人不知,鬼神不知,但“行悖于幽”,自己总是知道。自己知道行为有悖于道德,就应避免。因此,在隐、微之际,独处之时,恰是对君子道德操行的考验,只有“为善孳孳”、“以善为乐”、“身恒居善”,使道德之善成为自觉,才能使自己的道德行为超越时间、地点、条件的限制,此即儒家所谓“慎独”的道德意义。有了这种“慎独”的修养工夫,“则内无忧虑,外无畏惧,独立不惭于影,独寝不愧于衾,上可以接神明,下可以固人伦。德被幽明,庆祥臻矣”。[①]

魏晋南北朝时期,由于玄、佛的崛起及学术思想的转型,儒家的“慎独”作为儒家的道德修养论,很少被人提及。即使是在儒家内部,也因时代变迁及儒学功能的弱化等原因,“慎独”观念逐渐被儒家学者所淡忘或忽视。而刘昼却在其《刘子》一书中,设专章给以讨论,足见其对儒学及其慎独思想的服膺和重视。

刘昼在其道德论中,还强调了儒家的经权统一思想,由此加强了《刘子》一书,在理解和诠释儒家道德论及其他思想时,所具有的灵活态度。这一点,也是魏晋南北朝时期一般儒家学者所缺少的。对于经权关系,《刘子》一书亦专设《明权章》以论其义。他说:“循理守常曰道,临危制变曰权。权之为称,譬犹权衡也。衡者,测邪正之形;权者,揆轻重之势。量有轻重,则形之于衡。”[②]这里,刘昼“权”与“道”对举,以“循理守常”为道,以“临危制度”为权。而“道”与“经”属同一范畴。道与权的关系,即经与权的关系。《说文·木部》:“权,反常。”又《广韵·仙韵》:“权,变也。反常合道,又宜也。”因此,经权是儒家关于遵守常道与通权达变的一对范畴。也是儒家对于处理事务所应持有的原则性与灵活性相统一的重要思想。刘昼继承了儒家的这一思想传统。

① 《刘子·慎独章》,第106页。

② 《刘子·明权章》,第410—411页。

他说：

> 人之于事，临危制变，量有轻重，衡之平，亦犹此也。古之权者，审于轻重，必当于理而后行焉。《易》称："巽以行权。"《论语》称："可与适道，未可与权。"权者，反于经而合于道，反于义而后有善。[1] 若棠棣之华，反而更合也。[2]

按傅亚庶《刘子校释》，"反于经而合于道，反于义而后有善"句，疑"道"、"义"二字误倒，此句当读作"反于经而合于义，反于道而后有善"。因为经权并称，始于《春秋公羊传·桓公十一年》："权者何？权者反于经，然后有善者也。"刘昼师承李宝鼎、马敬德，除受"三礼"外，亦受《春秋》经传。故刘昼"反于经合于义而后有善"，盖直接本于《春秋公羊传》亦有可能。只是刘昼在此处加上了"合于义"三字，是为了突出"义"对"权"的约束，此正与上引《广韵》"权，变也。反常合道，又宜也"相合。由此可以看出，刘昼的权变思想突出了"义"的作用，此为刘昼经权观之新义。即强调"权变"并非主观随意，而必须符合"义"的原则，方为合理。义者，宜也；宜者，合理者也。故刘昼称"古之权者，审于轻重，必当于理而后行焉"。他说：

> 孝子之事亲，和颜卑体，尽孝尽敬。及其溺也，则揽发而拯之，非敢侮慢，以救死也。故溺而捽父，祝则名君，势不得已，权之所设也。慈爱者，人之常情，然大义灭亲，灭亲益荣，由于义也。[3]

《说文·手部》："捽，持头发也。"祝，指古代宗庙祭祀中所设代鬼神传言之人。这是说，按礼，子之事亲，须尽孝尽敬，不违其心，不辱其体。臣之事君，尊卑有等，不能直衍其事，直呼其名。但也有非常之时、紧急

---

① "反于经而合于道，反于义而后有善"句，傅亚庶《刘子校释》："'道'、'义'二字疑误倒。……且下文'大义灭亲，灭亲益荣'，'义重则亲可灭'，当是对'义'的称颂，故'反于义而后有善'，与下文义不贯。此句当读作'反于经而合于义，反于道而后有善'。此当为钞者熟于《易·系辞》古注及古对经道之通释而臆改。"傅说甚是，当从。

②③ 《刘子·明权章》，《刘子校释》，第411页。

之势,如父亲溺水,情急之下,抓住父亲的头发,把他救起来;宗庙祭祀时,尸祝代鬼神传言而直称君名。此皆属"势不得已,权之所设","人之于事,临危制变"者也。而临危制变的条件,则须"权必合义",此即"反于经合于义而后有善"之谓。在刘昼看来,慈爱与正义比较,"义重则亲可灭",此谓"以义权亲"或"大义灭亲"。

除子事亲、臣事君有经权大义外,处理任何事务,都存在经权问题。因此,明权亦包括"顺时合宜"、"顺时制变"等涵义,刘昼在《随时章》中亦多有阐发。总之,刘昼之"明权"论,主张经与权、道与权、原则性与灵活性的辩证统一,对于匡矫时弊、反对经道绝对论等均有重要理论意义。

(六)贻爱不朽论

刘昼在《崇学章》中已有"因学以鉴道"、"假学以光身"之议,认为学习是实现人生价值的重要手段,"明道"与"光身"即是人生价值的实现。其在《履信章》中又强调"立行"、"立信"、"立德"对实现人生价值的重要性,即"用能德光于宇宙,名流于古今,不朽者也"。

"名流于古今",即"立名"者也。《北齐书》刘昼本传亦有"使我数十卷书行于后世,不易齐景之千驷"之语,及《北史》本传称其编录所上之书为《帝道》,河清初又著《金箱璧言》等,此又为"立言"者也。《本传》又称,孝昭即位,好受直言,刘昼闻之,喜曰:"董仲舒、公孙弘可以出矣,"于是"乃步诣晋阳上书,言亦切直",虽未被采纳,但其入世之意,求仕之心,溢于言表,此可谓急欲"立功"者也。

刘昼的上述言行,在《刘子·惜时章》中表现得淋漓尽致,此章可当做《刘子》一书的序言亦未尝不可。他说:

> 夫停灯于缸,先焰非后焰,而明者不能见;藏山于泽,今形非昨形,而智者不能知。何者?火则时时灭,山亦时时移。夫天回日转,其谢如矢,騕褭迅足,弗能追也。人之短生,犹如石火,炯然

以过，唯立德贻爱，为不朽也。[①]

“釭”，指灯座。“騕褭”，也作“要褭”，古良马名。《说文》：“炯，光也。”在刘昼看来，时间有如疾矢、有如神马、有如石火，在时间面前，人生短促，年岁不能存留，时光不能挽住，宇宙间一切事物，皆随时光流逝而消失殆尽。对此，《庄子》书论之详矣。刘昼所述亦多取自庄子，但其结论却与庄子不同。庄子认为，“吾生也有涯，而知也无涯”。以有限的生命去追求没有限度的知识、智慧，乃至道德，其结果一定是“殆已”。而刘昼却明确提出，“人之短生，犹如石火，炯然以过”，既然如此，如何度过一生？如何才能使生命具有意义？他的回答是，“唯立德遗爱，为不朽也”，这明显是儒家对人生的态度。

《左传·襄公二十四年》载，叔孙穆叔入晋，曾与晋国执政大夫范宣子讨论“何谓不朽”的问题时，叔孙豹提出“太上有立德，其次有立功，其次有立言，虽久不废，此之谓不朽”的“三不朽”说。又《左传·昭公二十年》：“及子产卒，仲尼闻之，出涕曰：‘古之遗爱也。’”这里所谓“爱”，即儒家的仁德。一生行仁德以遗后世，在儒家看来，这是最高的人生标准，此即“太上有立德”之谓。刘昼“立德遗爱为不朽”的论题，盖本于此。他还说：

昔之君子，欲行仁义于天下，则与时竞驰，不吝盈尺之璧，而珍分寸之阴。故大禹之趋时，冠挂而不顾；南荣之访道，踵趼而不休；仲尼栖栖，突不暇黔；墨翟遑遑，席不及暖。皆行其德义，拯世救溺，立功垂模，延芳百世。[②]

这里，刘昼列举大禹、南荣[③]、孔子、墨子四位历史人物，表其“立德”、

---

① 《刘子·惜时章》，傅亚庶：《刘子校释》，第503页。

② 《刘子·惜时章》，第504页。

③ 南荣，出于《庄子·庚桑楚》：“南荣趎赢粮，七日七夜至老子之所。”成疏：“姓南荣，名趎。”又《淮南子·修务》：“昔者，南荣畴耻圣道之独亡于己，身淬霜露，敕蹻趹步，跋涉山川，冒蒙荆棘，百舍重趼，不敢休息。”高诱注：“南姓，荣畴字，盖鲁人也。”“趎”、“畴”音近，为同一人，但其姓不知孰是。

"立功"之迹,以明垂世不朽之义。以上四人,为行仁义于天下,不惜宝璧而贵光阴,可谓"争分夺秒"。大禹治水,栉风沐雨,帽子挂在树枝上,都顾不得再戴上,鞋子脱落于地,也顾不得再穿上,一心为治水忙碌。南荣为了追求真理,步陟山川,展转道路,脚后跟都磨出了重茧,也顾不上休息。孔子、墨子更是食不安饱,居不安寝,突灶不至于黑,坐席不至于温,栖栖遑遑,历行诸国,务在匡时行道。在刘昼看来,这些人牺牲自己的利益,为的是推行德义和仁爱,以"拯世救溺,立功垂模"。这些人是人们学习的榜样,他们的功名美誉,必能流芳百世以致不朽。相比之下:

> 今人退不知臭腐荣华,划绝嗜欲,被丽弦歌,取媚泉石。进不能被策树勋,毗赞明时,空蝗粱黍,枉没岁华。生为无闻之人,殁成一棺之土,亦何殊草木自生自死者哉![1]

在刘昼看来,人生意义在于能够为社会和人群带来德义和仁爱,像大禹、南荣、孔、墨一样,"立功垂模"、"拯世救溺",而不能穷达失义,进退无据。而当今之世,有些人即贪恋荣华富贵,追求嗜欲享乐,沉迷于声色嗅味之间,取媚于游山玩水之乐。有些在位者,虽居官职,不但不能出谋划策,建立功勋,有助于时代的发展和进步。反而"尸禄耽宠,仕不事事",像蝗虫一样,白白地蚕食粮米,浪费年华。这些人一生默默无闻,"死惟一棺之土"。在刘昼看来,这样的人生,如同草木自生自灭一样,没有任何意义。

刘昼对生命的价值似乎颇有体悟,他对"立德"、"立功"、"立言"也倍加推崇,有时甚至达到痴迷的程度。这种功名之心,离道家精神可谓渐行渐远,但却成为他著书立说的基本动力。面对千变万化的大千世界和飘忽不定的古今人生,他甚至有一种没世无闻的悲凉之感。他说:

---

① 《刘子·惜时章》,傅亚庶:《刘子校释》,第504页。

> 岁之秋也，凉风鸣条，清露变叶，则寒蝉抱树而长叫，吟烈悲酸，萧瑟于落日之际，何也？哀其时命，迫于严霜而寄悲于菀柳。今日向西峰，道业未就，郁声于穷岫之阴，无闻于休明之世。已矣夫！亦奚能不霑衿于将来，染意于松烟者哉！[①]

《集韵·迄韵》："菀，茂也，《诗》：'有菀者柳。'通作郁、蔚。"郁，滞也；声，名也。王叔岷曰："'郁声'犹滞名。"岫，山洞、岩穴。穷岫，有穷山僻埌之意，引申为贫困之地。松烟：由松材加工而成的烟灰，用来制墨，引申为文章著述。刘昼的这段文字，有如一首婉转、悲怆、凄凉的哀时叹命的挽歌：悲"人之短生，犹如石火"；叹"行仁天下"，"立德遗爱"之未就。卢文弨在其《抱经堂文集·刘子跋》中说：观刘昼此言，"此其所以著书之意也。古人留意于身后之名若此，读此能不瞿然有动乎"？

古人著书，以求立言，刘昼有会于此，其所谓"染意于松烟"者，即留意于立言之表述。实际上，儒家的"三不朽"，可总归于"立名"，即刘昼所谓"名流于古今"者。从汉代的司马迁、扬雄、王充，到魏晋时期的曹丕、傅玄、葛洪，再到南北朝的刘勰、萧绎等，皆以文章传世为意。如曹丕《典论·论文》："盖文章，经国之大业，不朽之盛事。年寿有时而尽，荣乐止乎其身，二者必至之常期，未若文章之无穷。是以古之作者，寄身于翰墨，见意于篇籍，……而声名自传于后"；刘勰《文心雕龙·序志》："夫宇宙绵邈，黎献纷杂，拔萃出类，智术而已。岁月飘忽，性灵不居，腾声飞实，制作而已。……形同草木之脆，名逾金石之坚，是以君子处世，树德建言，岂好辩哉，不得已也。"无论是刘昼的"德光于宇宙，名流于古今"，还是曹丕的"寄身于翰墨而声名自传于后"，以及刘勰的"形同草木之脆，名逾金石之坚"，说的都是"立名"可以不朽。

立名可以不朽说，直接源于儒家。从孔子开始，即强调重名。《论语·卫灵公》："君子疾没世而名不称焉。"《礼记·哀公问》引孔子的话

① 《刘子·惜时章》，傅亚庶：《刘子校释》，第504页。

说:"君子也者,人之成名也。百姓归之名,谓之君子之子,是使其亲为君子也,是为成其亲之名也。"《孝经》亦云:"立身行道,扬名于后世,以显父母,孝之终也。""君子事亲孝,……是以行成于内,而名立于后世矣。"儒家对于名的重视,体现其强烈的入世精神和对人生价值的追求,故孔子有"杀身以成仁",孟子有"舍生以取义",文天祥有"人生自古谁无死,留取丹心照汗青"等闪烁古今的名言。此皆以"三不朽"之说建立起来的积极的人生观和生死观,在中国文化中有着重要影响。

重名,即有重名之弊。于是道家欲匡而矫之,故老子有"名与身孰亲?"之问,庄子有"神人无功"、"圣人无名"及"无以人灭天"、"无以得殉名"、"灭文章,散五彩"、"擢乱六律,铄绝竽瑟"等高言阔论,大力鞭挞儒家以"三不朽"为核心的"成名"、"立名"之说。可见,儒道两家,对"名"的态度截然相反。道家追求的是"无名"和"常道",其所针对的正是儒家的"可名"、"可道"、"立德"、"立功"、"立言"、"立名"所产生的种种流弊,可谓补儒家之不足。

刘昼上述所主张的正是儒家的思想传统,其与"崇学"、"辨乐"、"履信"、"思顺"、"慎独"、"慎言"、"知人"、"荐贤"、"贵农"、"爱民"、"适才"、"戒盈"、"明谦"、"知性"、"明权"、"惜时"等《刘子》诸篇,构成了以儒家思想为主体,以道家思想为辅助的较为松散的思想体系。梁朝萧绎在其《金楼子·立言篇》中,把当时学术分为学、笔、文三种:"今之儒,博穷子史,但能识其事,不能通其理者,谓之学;至于不便为诗如阎纂,善为章奏如柏松,若此之流,泛谓之笔;吟咏风谣,流连哀思者,谓之文。"[①]三者之中,笔者"退则非谓成篇,进则不云取义,神其巧惠,笔端而已";文者"惟须绮谷纷披,宫徵靡曼,唇吻遒会,情灵摇荡";而学者"率多不便属辞,守其章句,迟于通变,质于心用。……不能定礼乐之是非,辩经教之宗旨,徒能扬榷前言,抵掌多识,然而挹源知流,亦足可

① 萧绎:《金楼子·立言篇》,叶朗主编:《历代美学文库·魏晋南北朝卷下》,高等教育出版社2003年版,第397页。

贵”。[1] 这是说，笔者、文者，皆不言取义，即轻视义理。而学者亦多守其章句，迟于通变，甚至不能确定礼乐之是非，辨明五经儒教的宗旨，亦缺乏义理的贯通能力。这是当时儒家学者的通病。萧绎认为，在当时的情况下，对于一位儒家学者来说，“挹源知流”便已经是很可贵的了。按着萧绎对当时学者的看法，刘昼非守其章句者，亦非“尽于通变”者。这说明，在思想学术严重分化，重文、贵笔、忽学的魏晋南北朝时期，作为子学的《刘子》一书的出现，“亦足可贵”矣。

第四节　颜之推及其《颜氏家训》的儒学思想

门第与家教观念虽源于儒家，但在六朝却得到发展与强化。究其本，实为儒家所传礼法教训对于身处丧乱的士族知识分子具有全家保门的功能。对此，凉武昭王李嵩《写诸葛亮诫应璩奉谏以勖诸子》说得明白：“寻其始终，周孔之教，尽在其中矣。为国足以致安，立身足以成名。”此即儒家“穷则独善其身，达则兼济天下”之意。因此，六朝时代的家教与诫子几乎成为一种文章范式，其观念、内涵构成此一时期儒学的重要内容。颜之推即是运用这一形式表述儒学训诫功能的代表人物。他的《颜氏家训》一书，集中地反映了当时士族阶层及其知识分子，在世乱相乖时代守身治家之理想及其对人生所抱持的儒学态度。

一、颜之推生平与《颜氏家训》的产生

颜之推(531—591)字介，琅邪临沂(今山东临沂县北)人。其九世祖颜含，晋永嘉过江，元帝以为上虞令，历散骑常侍、大司农，豫讨苏骏有功，封平西县侯，拜侍中，迁光禄勋。“含少有操行，以孝闻”，入《晋

① 梁·萧绎：《金楼子·立言篇》，叶朗主编：《历代美学文库·魏晋南北朝卷下》，第397页。

书·孝友传》。颜之推八世祖颜髦,字君道,"少慕家业,淳于孝行",桓温叹其有"廊庙之望"。颜之推的祖父颜见远,"博学有志行",齐和帝时为治书侍御史兼中丞。梁萧衍受禅,"见远乃不食,发愤数日而卒"。颜之推的父亲颜协(《北齐书》作"勰"),"博涉群书,工于草隶",任萧绎湘东王国常侍兼府纪室。协"感家门事义,不求显达,恒辞辟召,游于蕃府而已"。大同五年(539)卒。此时颜之推 9 岁[1]。由此,可推知颜之推生年为梁中大通三年(531)。

颜之推幼年随父在绎府,"早传家业",读习礼传。年十九,释褐。萧绎世子方诸出镇郢州,以之推掌管记。值侯景之乱,陷郢州(今武昌),之推被俘,囚送建邺(今南京),时年 21 岁。越明年,乱平,还江陵,时萧绎已继帝位,以之推为散骑侍郎,奏舍人事。梁元帝承圣三年(554)十一月,西魏攻取江陵,元帝萧绎被杀,颜之推被迫迁往弘农(今河南灵宝北),掌平阳公李远书翰。时之推 24 岁。其在西魏只羁留一年有余,因常怀东奔之心,故于丙子(556)岁旦,借黄河水涨,携妻牵子,乘船漂河,水路七百里,一夜而至邺。至邺(北齐所都)后,本想还南归梁,但正值陈兴而梁灭,遂不得南还,时之推 26 岁。从此颜之推淹留北方达 25 年之久。

颜之推在北齐深受文宣帝高洋的赏识。即除奉朝请,引于内馆中,侍从左右。天保七年(556)高洋欲授中书舍人,未遂。河清末(565),被举为赵州功曹参军,寻待诏文林馆,除司徒录事参军,时年 34 岁。之推"聪颖机悟,博识有才辩,工尺牍,应对闲明",武平中(573),署文林馆,寻迁通直散骑常侍,领中书舍人,后除黄门侍郎,时年 42 岁。陈太建九年(577),北周伐齐,齐后主除推之为平原太守。不久,北齐为北周所灭,时颜之推 47 岁。二十多年中,颜之推三为亡国之人,此即"予一生而三化,备荼苦而蓼辛。"

颜之推于齐亡后入周,大象末(581)为御史上士,时年 50 岁。隋

① 《家训·序致》云:"年始九岁,便丁荼蓼。"此以苦莱荼蓼喻失父之苦辛。

开皇中(590),太子召为学士,甚见礼重,寻以疾终。《家训·终制》篇有"吾已六十余"一语,可见颜之推卒年当在隋开皇十一年(591)以后。

颜之推的一生正是北朝后期,东西南北势力互相消长,陈与北周、北齐三国鼎立,战争频繁,兼并激烈的时期,同时也是中国历史上分久必合之前的社会政治大改组、大动荡的时期。颜之推亲身经历了这场巨大的"废君而诛相"、"变朝而易帝"的历史大变局,对他的思想具有刻骨铭心的刺激。他从忧患中体会到,"春秋以来,家有奔亡,国有吞灭,君臣固无常分矣"。[①] 不但君臣如此,就是一家一乡父子兄弟之间亦是如此:"父兄不可常依,乡国不可常保,一旦流离,无人庇荫,当自求诸身耳。"[②]颜之推身经多次改朝换代,亲眼看到各种人的不同遭遇,从士族地主阶级自身利益出发,教训自己的子弟如何保身全家。他说:"自荒乱以来,诸见俘虏。虽百世小人,知读《论语》、《孝经》者,尚为人师;虽千载冠冕,不晓书记者,莫不耕田养马。以此观之,安可不自勉耶?若能常保数百卷书,千载终不为小人也。"[③]这种君子小人之分,耕田读书之别,可以说反映了当时一般士大夫在"战争频繁,兵连祸结"的时代所共同具有的心理状态,也是儒家的传统观念和思想局限性。

颜之推以读书传家的儒学传统教导子弟,然而自己又常常因"世乱乖离"、"流离播越"而产生强烈的思想矛盾。他在自传性的《观我生赋》一文的结尾处无可奈何地表述说:"向使潜于草茅之下,甘为畎亩之人,无读书而学剑,莫抵掌以膏身,委明珠而乐贱,辞白璧以安贫,尧舜不能荣其素朴,桀纣无以汙其清尘,此穷何由而至,兹辱安所自臻!而今而后,不敢怨天而泣麟也。"[④]这种对人生境遇的感慨,不免又带有一点道家遁世的味道和悲观低落的情绪。然而却包含着对动乱世道的沉痛记忆和对自身的深刻反省,同时也包含了对人生价值重新认识

① 《颜氏家训·文章》,王利器:《颜氏家训集解》,中华书局 1993 年版,第 258 页。

② 《颜氏家训·勉学》,王利器:《颜氏家训集解》,第 157 页。

③ 《颜氏家训·勉学》,第 148 页。

④ 《北齐书》卷四十五,中华书局 1973 年版,第 625—626 页。

的企图。《颜氏家训》即是在这种社会背景和个人际遇的基础上产生的。因此它不完全是个人的随意创造,而是反映了那个时代士族知识分子的普遍感受和共同心理。

颜之推的思想,基本上属于儒家范畴,但也接受了佛教道教的影响。《颜氏家训》专有《归心》、《养生》两篇,分别阐述了佛、道思想与儒学的关系。他尊崇儒家,但不排斥佛、道,特别对佛教有深厚的同情和虔敬。他站在儒释同宗的立场上,提出"内外一体"说,并以儒家仁义礼智信五德之义解释佛教的"五种之禁",企图以儒家传统为依据,兼收佛道二教的思想,实开唐代三教并行之先河。

此外,《家训》一书还涉及语言、文字、风俗、历史、人物、艺术、训诂、考据、文章、音韵等内容,并有许多独到的见解,是研究南北朝后期思想文化的重要材料,同时也是研究南北朝至隋唐时代儒学演变的中间环节。

颜之推的著作,目前保存下来的有《颜氏家训》和《观我生赋》,后者载于《北齐书》和《北史》的《文苑传》中。除上述著述外,见于各史籍著录的尚有:《承天达性论》、《训俗文字略》一卷、《证俗文字音》五卷、《急救章注》一卷、《笔墨法》一卷、《集灵记》二十卷、《冤魂志》三卷、《诫杀训》一卷、《八代淡薮》、《七悟》一卷、《稽圣赋》一卷等[①]。这些著作,有的存有辑本,但大部分亡佚。

二、《颜氏家训》对玄学的批评

颜之推是由南入北的儒家学者,在他身上既体现了南朝的文化传统,又体现了北朝的文化精神。待隋统一中国,南北方文化亦趋统一,但魏晋南北朝三百余年间所造成的社会动荡,为此一时期的知识分子留下深刻印象。《家训》一书,形式上是训诫子弟,实质上是这一时期的士族知识分子对社会政治、思想文化乃至人生经验的总结。其中包括对魏晋以来广为流行的玄学思潮的清算,反映了思想意识形态向儒

---

① 见王利器:《颜氏家训集解》附录《颜之推传》注文。

学复归的历史趋向。而玄学又来自老庄,故颜之推批评说。

> 夫老庄之书,盖全真养性,不肯以物累己也。故藏名柱史,终蹈流沙;匿迹漆园,卒辞楚相,此任纵之徒耳。①

此处斥老庄为"任纵之徒",实为颜氏晚年之论。《北齐书》本传载,颜氏"年十二,值绎(湘东王萧绎)自讲《庄》、《老》,便预门徒,虚谈非其所好,还习《礼》、《传》"。尽管《老》、《庄》非其所好,但毕竟预为门徒,"亲承意旨",本传亦讥其"多任纵,不修边幅"。其受老庄影响由此可知。但至其晚年,颜氏总结一生的经验,深感虚诞之弊,他说:

> 吾见世中文学之士,品藻古今,若指诸掌,及有试用,多无所堪。居承平之世,不知有丧乱之祸;处庙堂之下,不知有战陈之急;保奉禄之资,不知有耕稼之苦;肆吏民之上,不知有劳逸之勤,故难可以应世经务也。②

他认为,士君子之处世,贵在对社会人生有益,而不能专事高谈阔论,以放诞为务。他亲眼目睹晋室南渡后,由于崇尚浮华,积习成俗,致使为官者不晓为官之道,营家者不知为家之法。终日高谈阔论,左琴右书,未尝目观起一坺土,耘一株苗,不知几月当下,几月当收,安识世间余务乎!

更有甚者,由于悠闲所致,身体退化,"及侯景之乱,肤脆骨柔,不堪步行;体羸气弱,不耐寒暑。坐死仓猝者,往往而然"。他举例说,当时有一令官,由于平素优柔儒雅,不涉世务,未尝骑过马,当他见到骏马嘶鸣,奔突跳跃,则震慑不已,乃谓人曰:"正是虎,何故名为马乎?"

颜之推虽然不是一位哲学家和理论家,但他对南北朝士大夫阶层由于浮华和悠闲所造成的弊害,深入到对人之体质的考察,不能不说这一观察是极其深刻的,这涉及人类文化与人类体质的关系。从这一角度总结六朝玄虚之论与奢靡之风对社会、人生的影响,颜之推是先

---

① 《颜氏家训·勉学》,王利器:《颜氏家训集解》,第 186 页。

② 《颜氏家训·涉务》,王利器:《颜氏家训集解》,第 317 页。

觉者。

正是在这种对社会深入观察和体验的基础上，颜之推对玄学思潮提出了批评。他说：

> 何晏、王弼，祖述玄宗，递相夸尚，景附草靡，皆以农、黄之化，在乎己身，周、孔之业，弃之度外，……直取其清谈雅论，剖玄析微，宾主往复，娱心悦耳，非济世成俗之要也。[①]

在颜氏看来，玄学祖述老庄之学，背弃周孔之教，其功能只在"娱心悦耳"，而不能"济世成俗"，这是造成上述弊害的原因之一。所谓"济世成俗"，是指对社会人生、风俗、道德有救济与匡正的作用，而玄学作为清谈雅论的对象，不具有周孔之教的匡救功能。正因为这样，那些谈论玄学的人，其行为品性皆与其所谈的内容相左，成为后世讥笑的对象。颜氏举出魏晋玄坛领袖们的思想与行为的矛盾，以示玄学之不能"济世成俗。"其文说：

> 平叔（何晏）以党曹爽见诛，触死权之网也；辅嗣（王弼）以多笑人被疾，陷好胜之穽也；山巨源（山涛）以蓄积取讥，背多藏厚亡之文也；夏侯玄以才望被戮，无支离拥肿之鉴也；荀奉倩（荀粲）丧妻，神伤而卒，非鼓缶之情也；王夷甫（王衍）悼子，悲不自胜，异东门之达也；嵇叔夜（嵇康）排俗取祸，岂和光同尘之流也；郭子玄（郭象）以倾动专势，宁后身外己之风也；阮嗣宗（阮籍）沈酒荒迷，乖畏途相诫之譬也；谢幼舆（谢鲲）赃贿黜削，违弃其余鱼之旨也。彼诸人者，并其领袖，玄宗所归。其余桎梏尘滓之中，颠仆名利之下者，岂可备言乎！[②]

以上颜氏所列十人，均为魏晋时期的著名玄学家，其中何、王、夏侯氏是玄学的创始者，正始名士；嵇、阮、山涛预七贤之游，谓竹林名士；王

---

① 《颜氏家训·勉学》，王利器：《颜氏家训集解》卷三，第186页。

② 《颜氏家训·勉学》，第186—187页。

衍、谢鲲、郭象为“元康名士”。而荀粲“独好言道”,常以儒家六经为“圣人糠秕”,名擅当时。颜之推对这些玄学家的批评,虽然没有从理论上展开,但以他们所推崇的老庄玄论与他们的行为作对照,则更能揭示玄学的虚伪性,这对于当时思想领域回归儒学的趋向具有一定意义。

实际上,自玄学产生以来,儒家学者就从不同角度,对它进行了批评。尤其在西晋亡后,有孙盛、葛洪、戴逵、范宁等从历史兴亡的角度批评玄学误国。但东晋以后,一直到南朝齐梁间,玄学一直保持着它的影响,“洎于梁世,兹风复阐,《庄》、《老》、《周易》,总谓三玄”[①],并由玄谈变相发展为虚夸,即刘宋时期王僧虔《戒子书》中所云:“汝开《老子》卷头五尺许,未知辅嗣何所道,平叔何所说,马、郑何所异,《指》、《例》何所明,而便盛于尘尾,自呼谈士,此最险事。”[②]又说:“未窥其题目,未辩其指归;六十四卦,未知何名;《庄子》众篇,何者内外;……而终日欺人,人亦不受汝欺也。”[③]当时风气所至,常以谈士为高,究其实,则不但不经世务,而且亦不学无术,且有不知六十四卦名,《庄子》内外之分者,竟为欺人之谈。不仅南朝如此,北朝亦不例外。有博陵崔文彦者,尝向诸儒讲说《王粲集》中难郑玄《尚书》事,刚要开口,听者蹙眉,云:“文集只有诗赋铭诔,岂当论经书事乎?且先儒之中,未闻有王粲也。”[④]颜氏所言,与上述王僧虔所述,其所揭示的同属不学无述之类。这种风气的演成,都与魏晋以来的玄风所扇有关。

与这种不经世务,以谈士为高的弊端相伴而来的还有“空守章句,但诵师言,施之世务,殆无一可”的脱离实际的学风,颜之推批评说:

问一言辄酬数百,责其指归,或无要会。邺下谚云:“博士买

① 《颜氏家训·勉学》,第187页。

② 王僧虔:《戒子书》,载《全齐文》卷八,第81页。

③ 王僧虔:《戒子书》,第82页。

④ 《颜氏家训·勉学》,王利器:《颜氏家训集解》卷三,第183—184页。

驴，书券三纸，未有驴字。"使汝以此为师，令人气塞。孔子曰："学也禄在其中矣。"今勤无益之事，恐非业也。夫圣人之书，所以设教，但明练经文，粗通注义，常使言行有得，亦足为人。何必"仲尼居"即须两纸疏义，燕寝讲堂，亦复何在？以此得胜，宁有益乎？光阴可惜，譬诸逝水。当博览机要，以济功业；必能兼美，吾无间焉。①

颜之推把两汉以来经学的烦琐学风与魏晋玄学的空疏学风联系起来批评，认为二者的共同弊端在于"军国经论，略无施用"。不仅无以济功业，而且浪费光阴。更有甚者，"读书数十卷，便自高大，凌忽长者，轻慢同列"，致使人们"疾之如仇敌，恶之如鸱枭"。在颜氏看来，这种以学自损、高傲自大的人，还"不如无学"。因此，他强调读书学问的目的不在于"吟啸谈谑，讽咏辞赋"，而在于"开心明目，有利于行"，即强调读书问学与修身、齐家、治国等道德事功相结合，反对"但能言之，不能行之"的空疏学风，表现了传统儒学的经验论特点。

颜之推对玄学的批评及其对南北学风的比较研究，对隋唐时期的学术、文风均有影响，尤其对这一时期思想、文化向儒学复归的趋势起到推波助澜的作用。

三、《颜氏家训》的儒学思想

《家训》以训诫名书，告诫子孙遵循儒家传统，以立身、扬名、传家为其宗旨。《北齐书》本传云："之推早传家业。"其八世祖颜髦亦"少慕家业"。"家业"为何？盖指"虚谈非其所好，还习《礼》、《传》"之类。此处用"还习"二字，可见颜之推早年所"传"之家业，乃儒家经典。也就是说，颜氏家族有儒学传家的传统。这一点，从《家训》一书所撰述的主要内容来看亦可明了。

---

① 《颜氏家训·勉学》，第 177 页。

(一) 诚孝观念

“诚”与“孝”是儒学的基本范畴,颜氏在其《家训》中十分强调这一内容,认为这是立身传家的根本所在。其《家训》一书,开宗明义,即提出“诚孝”二字,他说:

> 夫圣贤之书,教人诚孝,慎言检迹,立身扬名,亦已备矣。……吾今所以复为此者,非敢轨物范世也,业以整齐门内,提撕子孙。[①]

《序致》篇可谓《家训》一书的序言,而诚孝、慎言、检迹、立身、扬名又为序言的开篇之语。诚孝,已如上述,为儒学的基本范畴;慎言检迹,亦为儒家所强调。《论语》有“慎言其余,则寡尤”、“慎行其余,则寡悔”,即“慎言检迹”之义。《孝经》有“立身行道,扬名于后世,以显父母,孝之终也”。可见,颜氏上述教训,均来自儒家,其宗旨可归纳为诚、孝二字。

以诚孝整齐门内,也是颜氏“家业”的传统。其九世祖含“以孝闻”,入《晋书·孝友传》;其八世祖髦“淳于孝行”;其父协,幼孤,养于舅氏。舅卒,“协以有鞠养恩,居丧如叔伯之礼,议者重焉”。颜之推继承了这种家教的传统,幼年便蒙诱晦,父母丧后,“每从两兄,晓夕温清,规行矩步,安辞定色,锵锵翼翼,若朝严君焉”。《礼记·曲礼上》:“凡为人子之礼,冬温而夏清。”又《冠义》云:“凡人之所以为人者,礼义也。礼义之始,在于正容色,齐颜色,顺辞令”。之推事兄如父,亦可谓孝矣。正因颜氏家族有孝行的传统,故其一再强调“孝”对于立身传家的作用,并以“孝为百行之首”,要求子弟传承不辍。

至于“诚”,相对于“伪”言。《家训》中专有《名实》篇以辩诚伪。他说:

> 虙子贱云:“诚于此者形于彼。”人之虚实真伪在乎心,无不见

① 《颜氏家训·序致》,《颜氏家训集解》卷一,第1页。

> 乎迹,但察之未熟耳。一为察之所鉴,巧伪不如拙诚,承之以羞大矣。[①]

一个人是诚是伪,虽然存在于思想深处,但总要通过行为表现出来。因此,人要立身扬名,必依乎诚,而不能投机取巧。因为奸诈之心伪装得再巧密,终有一天会暴露出来,这样承受的耻辱也就大了。颜之推以春秋时的伯石与汉代王莽为例,"当于尔时,自以巧密,后人书之,留传万代,可谓骨寒毛竖也"。由此他得出结论:"以一伪伤百诚者,乃贪名不已故也。"

颜之推强调诚孝观念,实乃固守儒家传统,对于儒学的内容并无新的发展,但其以诚孝教诫子弟,固可反映他的儒家立场。

(二) 节操观念

颜之推生于乱世,目睹了许多为追求富贵,不择手段,卖身投靠,竞事王侯的丑恶现象,故以"节操"观念教导子弟。他说:

> 君子当守道崇德,蓄价待时;爵禄不登,信由天命。须求趋竞,不顾羞惭;比较材能,斟量功伐,厉色扬声,东怨西怒;或有劫持宰相瑕疵,而获酬谢,或有谊聒时人视听,求见发遣;以此得官,谓为才力,何异盗食致饱,窃衣取温哉![②]

在颜之推看来,爵禄所得,在"守道崇德","信由天命",但偏有一些寡廉鲜耻之徒,多方钻营,追荣逐利,或专门捏造别人的缺点,换取酬取;或投其所好,左右舆论,笼络人心,以求谋得一官半职。这种人以卑鄙手段得官,却美其名曰有才能,其实与盗贼并无两样。有的人专以文章或技艺求宠,完全丧失尊严和气节。如"齐朝有一大大",就曾对颜之推夸耀说:"我有一儿,年已十七,颇晓书疏,教其鲜卑语及弹琵琶,

---

① 《颜氏家训·名实》,《颜氏家训集解》,第306页。《周易》恒卦九三爻辞:"不恒其德或承之羞。"王弼注云:"德行无恒,自相违错,不可致诘,故或承之羞也。"

② 《颜氏家训·省事》,《颜氏家训集解》,第334页。

稍欲通解,以此伏事公卿,无不宠爱,亦要事也。”颜之推就此训诫子弟说:“异哉训人之教子也,若由此业,自致卿相,亦不愿汝曹为之。”不以文章、技艺取媚于上,是颜氏节操观念的重要内容。他告诫子弟,无论绘画、书法,还是琴瑟、棋弈,均有陶情冶性、畅神愉志之功,故可作为个人爱好,却不能以此为要业,更不能以此见称。他说:

> 礼曰:君子无故,不彻琴瑟。……虽变于古,犹足以畅神情也。唯不可令有称誉,见役勳贵,处之下座,以取残杯冷炙之辱。戴安道犹遭之,况尔曹乎![1]

戴逵字安道,东晋著名学者,艺术家。少博学,善属文,能鼓琴。武陵王司马晞使人召之,逵对使者破琴,曰:“戴安道不为王者伶人。”[2]颜之推所谓“不可令有称誉”,以免“见役勳贵”,即有戴逵“不为王者伶人”之义。这一思想,亦来源于儒家。《周易·蛊》卦上九爻辞有“不事王侯,高尚其事”一语,乃指伯夷、叔齐不事周朝,饿死首阳之事。颜氏家族似有此一家风,颜之推祖父见远,原事萧齐,梁受禅,“见远乃不食,发愤数日而卒”。其父协,游于湘东王府,“感家门事义,不求显达,恒辞辟召”,亦盖有此义。

(三)中庸思想

在中国长期的封建社会中,改朝换代几乎是家常便饭,上述节操观念亦往往成为士大夫的缘饰品,有的甚至连一点缘饰也不要。前面所引齐士的教子之方,即是典型。颜之推“三为亡国之人”,虽心有感慨,但在行为上,也是三次为不同族性的政权服务,也无法做到“高尚其志”。因此只好来个中庸的办法,即技艺可好,却不可“令有称誉”。他说:

> 不屈二姓,夷齐之节也;何事非君,伊箕之义也。自春秋以

---

① 《颜氏家训·杂艺》,《颜氏家训·集解》,第589页。

② 《晋书·戴逵传》,第2457页。

来，家有奔亡，国有吞灭，君臣固无常分矣；然而君子之交绝无恶声，一旦屈膝而事人，岂以存亡而改虑？陈孔璋居袁裁书，则呼操为豺狼；在魏制檄，则目绍为虵虺。在时君所命，不得自专，然亦文人之巨患也，当务从容消息之。[①]

中庸之道，不走极端，是儒家思想方法的一大法宝。在儒家看来，夷、齐不食周粟，饿死首阳，实为节操之士，但伊尹“治亦进，乱亦进”，箕子不忍去国，被发为奴，也是节义之士。后来孔子又有“可以仕则仕，可以止则止，可以久则久，可以速则速”的中庸原则，遂使节操观念亦有了灵活性。颜之推引陈琳（字孔璋）为例：琳为袁绍制檄，骂曹操为“豺狼”。事魏，又制檄骂袁绍为“毒蛇”。在颜氏看来，陈琳的做法是出于不得已，而并不是失节。但他承认这是“文人之巨患”，并教诫子弟，遇到这种情况时，不能走极端。“消息”，谓损益、增减，可引申为斟酌。“从容消息之”，即根据当时情况斟酌裁定。此即儒家的中庸观念，或经权统一的思想。

中庸思想是颜之推教训子孙立身持家的基本道德原则和处世方法，它几乎贯穿《家训》全书。他在《止足》篇中引《礼记·曲礼》“欲不可纵，志不可满”为训诫，以“少欲知足”的中庸之道为原则，为其子孙规定：“常以二十口家，奴婢盛多，不可出二十人；良田十顷，堂室才蔽风雨，车马仅代杖策，蓄财数万，以拟吉凶急速，不啻此者，以义散之；不至此者，勿非道求之。”[②]这就是说，奴婢、土地、财产是要有的，但不能太多，多了就要遭到灾祸；官也是要当的，但也要处于“中品”。他说：

仕宦称泰，不过处在中品，前望五十人，后顾五十人，足以免耻辱，无倾危也。高此者，便当罢谢，偃仰私庭。……自丧乱以来，见因托风云，徼幸富贵，旦执机权，夜填坑谷，朔欢卓、郑，晦泣

① 《颜氏家训·文章》，《颜氏家训集解》，第 258 页。

② 《颜氏家训·止足》，《颜氏家训集解》，第 345 页。

颜、原者，非十人五人也。慎之哉！慎之哉！[①]

即使为“中品”之官，也还要处处小心谨慎。他告诫子孙，“为善则预，为恶则去”，“不预党人非议之事”。对于“谏诤”、“讼诉”、“对策”、“游说”，总此四途，亦“非士君子守法度者所为也”。日常待人接物不能不冷淡，也不可太热心。他说：

亲友之迫危难也，家财己力，当无所吝；若横生图计，无理请谒，非吾教也。墨翟之徒，世为热腹，杨朱之侣，世谓冷肠；肠不可冷，腹不可热，当以仁义为节文尔。[②]

这些训诫，似乎已偏离了儒家的中庸之道，成为地主阶级明哲保身的处世哲学。他所谓的“前望五十人，后顾五十人”，“肠不可冷，腹不可热”，颇有些滑头主义的味道，已经失去了任何积极意义。这种不前不后，不冷不热，不求有功，但求无祸的保守退缩思想，构成中国文化的消极成分，影响既深且钜。同时，我们也要看到，这种思想的形成决非偶然，它是颜氏所处的那个时代与社会的产物，此即颜氏所谓“自丧乱以来，见因托风云，徼幸富贵，旦执机权，夜填坑谷，朔欢卓、郑，晦泣颜、原者，非十人五人也”。社会的动荡，权力的变异，使人的身份、地位、处境、名誉等等瞬息万变。朝为权贵，夕为死囚；初一还在为富贵而欢乐，十五便因穷困潦倒而悲泣。仕途艰险，宦海浮沉，人君无道，才使社会失常，这是消极思想产生的总根源。

（四）教育思想

在魏晋南北朝士族制度下，世代相传的家学成为一种重要的教育形式，而诫子书、家训等又是家庭教育的一种形式。从这一意义上说，《颜氏家训》可称得上是一种家庭教育的课本，也是当时家庭教育思想的重要代表作。

---

① 《颜氏家训·止足》，第347页。

② 《颜氏家训·省事》，第338页。

颜之推的教育思想基本上继承了儒学的传统。首先,在教育内容上,强调以“仁孝礼义”为主,“行有余力,则可学文”。此即士大夫子弟,数岁以上,莫不被教,多者或至礼传,少者不失诗论。其中尤重《礼》的教育,“礼为教本,敬者身基”。颜氏重礼的思想,贯穿《家训》全书,认为“礼”是教育的根本,立身的基础。故常引《礼经》训诫子弟,其《风操》篇即是典型。其中涉及避讳、称呼、吊揖、饯别、哭祭、丧服、忌日、奏乐、燕宴等一系列礼的规定及习俗,以此作为《家训》教育的重要内容。

其次,强调经世致用,反对脱离实际的教育。“夫所以读书学问,本欲开心明目,利于行尔”。他批评“学而不行”说:

> 世人读书者,但能言之,不能行之,忠孝无闻,仁义不足。加以断一条讼,不必得其理;宰千户县,不必理其民;问其造屋,不必知楣横而棁竖也;问其为田,不必知稷早而黍迟也。吟啸谈谑,讽咏辞赋,事既优闲,材增迂诞,军国经纶,略无施用。[①]

教育的目的,不但使人能言,更重要的是使人能行。这即是颜之推的知行观。他认为,“知而不行”者,徒增夸诞,而对“军国经纶,略无施用”,这只能为人所嗤笑。颜氏强调能行,亦强调能用。他目睹六朝人事,当社会升平之时,不学无术的贵游子弟,靠权势取得优越地位,“从容出入,望若神仙”,十分得意。但当离乱之时,朝市迁革,旧党覆没,外无靠山,身无所能,失皮而露质,落魄于戎马之间,转死于沟壑之际,汲汲乎如丧家之犬,“当尔之时,诚驽材也”。而那些“有学艺者”,却能“触地而安”,得以自存,两相比较,不亦明乎!据此,他进一步指出:

> 夫明六经之指,涉百家之书,纵不能增益德行,敦厉风俗,犹为一艺,得以自资。……谚曰:积财千万,不如薄伎在身。伎之易

① 《颜氏家训·勉学》,《颜氏家训集解》卷三,第166页。

习而可贵者,无过读书也。[①]

颜氏强调"读书有用",实即孔子所谓的"学也,禄在其中矣"。透过"学而优则仕"这一儒家的传统教条,及其所鼓吹的仁义道德,我们可以发现,服膺儒学的颜之推非常重视教育的作用,这是值得今人借鉴的。

第三,颜之推主张及早对子女进行教育,因为"人在少年,神情未定",容易"熏渍陶染","潜移默化",既可以学好,也可以学坏,故在此时抓紧教育,可起到"如入芝兰之室,久而自芳"的作用。反之,则"如入鲍鱼之肆,久而自臭"。另一方面,"人生小幼,精神专利",只要教育得法,善于诱导,便能记忆快捷,印象牢固。待"长成以后,思虑散逸",故教育不如儿时容易。正因如此,"固须早教,勿失机也"。他甚至主张"胎教之法",即妇女"怀子三月",就要"出居别宫,目不邪视,耳不妄听,声音滋味,以礼节之"。待孩子出生后,便应确定"师保",以"仁孝礼义导习之",使之"习惯如自然"。[②]

在对儿童的教育上,颜之推反对娇惯与溺爱,认为溺爱对孩子的教育没有任何好处,"吾见世间无教而有爱,每不能然",那些溺爱孩子的人,往往对孩子"饱食运为,恣其所欲,宜诫翻奖,应诃反笑",等到"骄慢已习,方复制之",却为时已晚,即使鞭打至死也建立不起父母的威信,结果只能是"忿怒日隆而增怨",使家长与孩子之间产生隔膜,无法收拾。这种从小被溺爱的孩子,由于"有爱而无教",及其长大成人,往往"败德"、"招灾",甚至给家庭带来"倾宗覆族"的大祸。此外,《家训》一书,还从"严"与"简"、"专"与"博"、"早学"与"晚学"等多方面论述教育的重要性及其方法。它是中国教育史上一部具有重要参考价值的文献。

---

① 《颜氏家训·勉学》,第157页。

② 以上所引见《颜氏家训·教子》篇。

(五) 文艺思想

颜之推及其《家训》一书，发表了许多关于文学、艺术及文论方面的意见，反映了由南入北的文人对当时南北文学的看法。这些看法表现了颜之推的儒家立场及儒学观念。

首先，他强调文章源出《五经》，因此文章、文学要"经世致用"，要有利于风俗政教。同时，也不能以经代文，五经与文章虽同出一源，而流别各异，由此对文章不能忽视。他说：

> 夫文章者，原出《五经》。诏命策檄，生于《书》者也；序述论议，生于《易》者也；歌咏赋颂，生于《诗》者也；祭祀哀诔，生于《礼》者也；书奏箴铭，生于《春秋》者也。[①]

文章源出《五经》的说法，在颜氏之前已有许多阐发，如南朝的刘勰即是典型代表。颜氏在此问题上并未超出刘勰的水平，但可以反映颜氏对儒家经典的尊崇。其所以主张此说，目的有二：一是强调文章的功能不能脱离儒家经典所具有的"经世"与"教化"的宗旨，文章与经典是一致的，二者不能脱离；二是强调文章、文学的独立性，不能因为它"源出五经"，就忽视或贬低其自身所具有的作用，因此二者又是不能互相代替的。他说：

> 朝廷宪章，军旅誓诰，敷显仁义，发明功德，牧民建国，施用多途。至于陶冶性灵，从容讽谏，入其滋味，亦乐事也。[②]

文章的作用不仅是多方面的，而且还具有"陶冶性灵，从容讽谏"的功能，因此不能轻视它，他批评扬雄以文章为"童子雕虫篆刻，壮夫不为"的观点，认为"虞舜歌《南风》之诗，周公作《鸱鸮》之咏，吉甫、史克，《雅》、《颂》之美者"，皆为壮年所为，他征引孔子的话说：

> 孔子曰："不学《诗》无以言。""自卫返鲁，乐正、《雅》、《颂》各

---

① 《颜氏家训·文章》，《颜氏家训集解》，第237页。

② 《颜氏家训·文章》，第237页。

得其所。”大明孝道，引《诗》证之。扬雄安敢忽之也？[①]

第二，文章有本有末，有辞有理，因此为文必宗典正，不从流俗，反对奢靡浮艳文风，强调“理致”与“事义”并举，“制裁”与“辞调”两存，即主张内容与形式的统一，并提出改革文体的要求。他说：

> 文章当以理致为心肾，气调为筋骨，事义为皮肤，华丽为冠冕。今世相承，趋末弃本，率多浮艳。辞与理竞，辞胜而理伏；事与才争，事繁而才损。放逸者流宕而忘归，穿凿者补缀而不足。时俗如此，安能独违？但务去泰去甚耳。必有盛才重誉，改革体裁者，实吾所希。[②]

“理致”泛指文章内容，其中包括文章的条理、宗旨及思想、感情等。“气调”指文章的器度、气概及风格、风貌等。颜之推认为文章应以内容为根本，就如人的心肾与四肢身体一样，不能本末倒置，或趋末弃本，否则犹乘骐骥，虽有逸气，如不以衔策制之，任其流乱轨躅，则会“放意填坑岸也”。他认为，古人务本，今人趋末，而本末各有其用，故应本末并举，不可偏弃。他说：

> 古人之文，宏材逸气，体度风格，去今实远，但辑缀疏朴，未为密緻耳。今世音律谐靡，章句偶对，讳避精详，贤于往者多矣。宜以古之制裁为本，今之辞调为末，并须两存，不可偏弃也。[③]

可见，颜之推并非一味主张复古，而是在肯定近世文体优点的基础上，主张本末两存，古今结合。但强调“以古之制裁为本”，而以“今之辞调为末”，亦可反映他对近世文风的不满，从而希望有“盛才重誉”者出，担当起“改革体裁”的重任。

第三，强调文德统一，反对恃才傲物。充分体现了儒家“文以载

---

① 《颜氏家训·文章》，第 259 页。

② 《颜氏家训·文章》，第 267 页。

③ 《颜氏家训·文章》，第 268 页。

道”、“文以表德”的传统观念。他说：

> 然而自古文人，多陷轻薄：屈原露才扬己，显暴君过；宋玉体貌容冶，见遇俳优；东方曼倩，滑稽不雅；司马长卿，窃赀无操……今世文士，此患弥切，一事惬当，一句清巧，神厉九霄，志凌千载，自吟自赏，不觉更有傍人。加以砂砾所伤，惨于矛戟，讽刺之祸，速乎风尘，深宜防虑，以保元吉。[①]

颜之推列举了历史上五十余名包括帝王在内的著名文人学士，揭示其品德与文章的脱离。他的这些评论，均以儒家仁义忠孝为标准，以明哲保身、但求无祸的中庸思想为尺度。儒家的文艺观，把文学的功能和道德联系在一起，文学作品主要表现的是“人”而不是“文”，因此强调先有人格，然后有文章。颜之推的批评，从屈原到谢朓(字玄晖)的许多进步文学家都被他归结为“轻薄”之徒，并把屈原的“显暴君过”、赵壹的“抗竦过度”与扬雄的“败德美新”、李陵的“降辱夷虏”等相提并论，显示了颜之推反对显暴封建统治者罪恶的保守文艺观。儒家主张谨守君臣之道。在文学上虽说可以讽刺君上，但却主张“止乎礼义”，提倡怨而不怒，和而不流。颜之推即是谨守儒家文艺思想的学者，他强调文学的功能在于“敷显仁义，发明功德，牧民建国，施用多途”，即是儒家文艺思想的具体表现。他对屈原、赵壹、曹植、阮籍、嵇康等人的批评，即是以上述思想为标准，在历史上产生了一定的影响。

四、《颜氏家训》的历史评价

《颜氏家训》一书，自唐宋以来，在中国长期的封建社会中产生了广泛的影响，被历代学者尊为“家训之祖”。明代学者袁衷在其所记《庭帏杂录》中说：“六朝颜之推家法最正，相传最远。”考中国历史上的家训之书，源远流长者，确为此书。《家训·序致》篇有“吾家风教，素为

---

① 《颜氏家训·文章》，第237—238页。

整密”;《止足》篇亦有“先祖靖侯,戒子侄曰”云云,可知颜氏确有家训或诫子的历史传统。

由于《家训》一书传播久远,确如历代所评论的那样,它已超出了一家之内的训诫,“凡为人子弟者,可家置一册,奉为明训,不独颜氏”。在重视家教的中国封建社会中,《家训》一书已成为封建地主阶级共同的教材,无论就内容或形式来说,它都直接影响到唐宋以后所出现的一系列蒙学教材和蒙学教育。

《家训》一书之所以受到历代推崇,主要是因为在内容上“皆本之孝弟,推以事君上,处朋友乡党之间,其归要不悖《六经》,而旁贯百氏”。[①] 明代余慎行在《〈家训〉明万历甲戌颜嗣慎刻本后叙》中亦说:“夫其言阃以内,原本忠义,章叙内则,是敦伦之矩也;其上下今古,综罗文艺,类辩而不华,是博物之规也;其论涉世大旨,典而不诎,廉而不刿,有《大易》、《老子》之道焉,是保身之诠也;其撮南北风土,儁俗具陈,是考世之资也。统之,有关世教,其粹者考渚圣人不谬,儒先之慕用其言,岂虚哉。”[②]从宋到清,《家训》刻本历代不绝,再加上儒家学者的大肆渲染,佛门弟子的广征博引,遂使《家训》一书“由近及远,争相矜式”,几乎成为儒家训诫子弟的经典文献。

由于颜之推笃信佛教,证信因果,并杂有道家“全身保性”之说,故也引起一些儒家学者的不满,宋代学者胡寅在其《崇正辩》中严厉批评颜之佞佛,他说:“之推,先师之后也,既不能远嗣圣门,又诋毁尧、舜、周、孔,著之于书,训尔后裔,使当圣君贤相之朝,必蒙反道败德之诛矣。”胡寅完全站在护卫儒家道统的立场上,斥责颜之推“与释氏吹波助澜”,“颠倒迷谬”,“亦可笑矣,亦可哀矣,不知死生之故甚矣,亦不知鬼神之情状极矣,亦为先师不肖之子孙,辱其祖,无以加矣”。胡寅是北宋大儒胡安国之侄,世传家学,儒论纯正,他对颜之推的批评,可反

---

① 沈揆:《颜氏家训宋本沈跋》,见王利器《颜氏家训集解·附录》。

② 余慎行:《明万历甲戌颜嗣慎刻本后叙》,见王利器《颜氏家训集解·附录》。

映出宋代儒佛界限的严正，已非南北朝儒佛融合时期文化宽松之环境。

逮至清代，《家训》新刻本不断出现，因此批评者也接踵而至。批评的焦点，仍为颜之推的佛教观，如康熙时期的学者陶贞一在其《退菴文集》中比较系统地批评《家训·归心》篇的崇佛观点。《归心》篇对当时谤佛者作“五释”，陶贞一亦作“五释”以驳之。他说：“之推欲援儒以入佛，而复以君子之克己复礼，济时益物者为比，以为衍庆于天下，犹其延福于将来，而不知其说之鄙且倍也。”他力图区别“辟佛”与“谤佛”、“好佛”与“谄佛”的不同。韩愈是辟之而非谤，苏东坡、白居易是好之而非谄。“之推则陷矣。之推虽谄佛，而实无以窥其微，大抵皆俗僧福田利益之说，而又欲调停于儒释，以自掩其迹，是固不可以垂训也。”

任《四库全书》总编纂的清代学者纪昀，对颜之推批评尤烈，他在手批黄叔琳《家训节钞本》中，一再斥责颜之推与儒学乃“貌合而神离”。认为颜氏已离开了儒家立场，专以“利害”二字教诫子孙，故不足为训。他说：“此自圣贤道理，然出自黄门口，则另有别肠，除却利害二字，更无家训矣，此所谓貌合而神离。”《家训·治家》篇有“吾家巫觋祷请，绝于言议；符书章醮亦无祈焉，并汝曹所见也。勿为妖妄之费”。纪昀对此段批道：“极好家训，只末句一个费字，便差了路头。扬子曰：‘言，心声也。’盖此公见解，只列此段地位，亦莫知其然而然耳。”在纪昀看来，颜之推之所以教诫子孙不要祈祷祭神，勿为符箓妖妄等，只是怕耗费金钱，而并非在思想上自觉地遵循儒家观念。

胡寅批评颜之推“不知死生之故甚矣，不知鬼神之情状极矣”；陶贞一批评颜氏“虽谄佛，而实无以窥其微”；纪昀批评为“此公见解，只到此地位，亦莫知其然而然耳”。上述三人的批评，若从儒家立场看，确实抓住了颜氏的要害，若从现代的立场看，我们只能说，颜之推不是一位哲学家，也不是一位思想家，因此，他无论对佛教、道教，还是对儒学都缺乏理论修养。其《家训》一书的写作目的,也不是想在理论上阐述“性理之学”或“天人之际”,而仅在教诫子孙“务先王之道,绍家世之业”,“以正齐门内,提撕子孙”,即光大门庭,传家续业,这是封建社会一般士大夫所以训家的基本主题。

中国传统家庭不仅是社会生产的基本单位,也是中国文化表演的重要舞台,它对中国文化的形成与发展给予了强烈的影响。《家训》一书所展示的内容,即是与文化发展密切相关的,其中的儒家传统,礼法观念,对佛教、道教及巫鬼神仙的实用态度、现身说法的经验色彩、东西南北的风土人情、历史现实中人与人之间的利害关系以及官场的腐败、政治的得失、权力的沉浮、世代的兴衰等等,均融入颜氏一生的体验之中,并以其特有的方式著于书册,传于后世。因此,它最能真实地反映中国社会的变迁及那个时代士大夫的心理状态。从这一意义上说,《家训》一书可称为中国家庭教育的标本,是研究南北朝时期政治、思想、文化、道德、风俗及儒家真实面貌的极好教材。

第七章

魏晋南北朝的经学及经学思想

按皮锡瑞《经学历史》对中国经学历史分期的看法，魏晋南北朝时期的经学，分别为“中衰”和“分立”两个时期。实际上，若从经学的发展及其形式与内容变化的角度看，把它作为一个时期亦未尝不可。因为在魏晋南北朝近四百年的历史发展中，包括经学在内的学术思想的发展变迁，尽管受当时政权更迭以及政治、经济、地域等条件的制约，其表现各有不同，但其总的特点及趋势，却具有相对的同一性。且从历史与文化发展的历时性说，两汉经学历四百年，魏晋南北朝亦近四百年，隋唐至宋初亦近四百年。所以，魏晋南北朝的四百年，无论从思想、文化，乃至哲学、文学及经学，都可归为一个时期。这一时期的经学，相对于两汉经学来说，其内容、形式、特点及其基本性质都发生了巨大变化。其中虽然也有不同程度的差别，但其变化的总趋势、总特点所体现的正是魏晋南北朝思想学术转型的一部分。经学自不能例外，它与当时文化各部类的转型当是同步进行的。

魏晋南北朝经学的历史际遇及其转型，其总趋势是综合化和义理化。其具体表现则是在观点和方法上，综合儒道而力图创新。要实现这一目标，就需要打破两汉经学的今古文壁垒和师法家法的限制，熔义理与训诂、今文和古文、儒家与道家为一炉，以重新“冶炼”和“锻造”出更能适应时代变迁与社会政治、文化发展（特别是佛道二教的兴起）相适应的新经学。于是，所谓“玄学化经学”应运而生，从而构成魏晋南北朝经学发展的大趋势。

所谓“玄学化”，并非时下一般所理解的“道家化”。玄学化的本质乃在于儒道互补和综合创新。而互补和综合创新的最重要表现，则是道家的本体论和儒家道德论的有机结合。这一思想运动的潜流，实际上早在东汉时期即已开始，只是其视角还未完全投放到经学上。汉末的战乱及名教的危机，使这一潜流冲决了政治堤坝，到魏晋之际便正式形成显在的时代思潮呼啸而至。在这一历史进程中，尽管当时经学家对此认识并不完全一致，有的甚至持反对态度，但最终不但谁也未能阻止这一潮流，反而都自觉不自觉地卷入这一潮流中，从而创造出足以惊醒一个时代并可与汉人比肩的经学成就。

据皮锡瑞《经学历史》的叙述，世传《十三经注疏》，除《孝经》为唐玄宗御注外，汉人与魏晋人各居其半。郑玄笺《毛诗》，注《周礼》、《仪礼》、《礼记》；何休注《公羊传》；赵岐注《孟子》。凡六经，皆为汉人注。此外，王肃作《古文尚书孔安国传》；王弼、韩康伯注《周易》；何晏集解《论语》；杜预集解《左传》；范宁集解《穀梁》；郭璞注《尔雅》。凡六经，皆为魏晋人注。故皮氏曰：“以注而论，魏晋人似不让汉人矣。”[1]此外，南北朝时期，又涌现出一大批经学家，其经注、经疏、经解、经论等经学著作，亦多受魏晋玄学化经学的影响。其中，以保存下来并产生巨大

---

① 皮锡瑞：《经学历史》，台北：鸣宇出版社 1980 年版，第 158 页。

影响的皇侃《论语义疏》为代表,亦表现出明显的玄学化倾向。

总之,魏晋南北朝经学,是中国经学史的重要发展阶段,其对唐宋及其以后的经学来说,确有承上启下、发展创新的意义。本章所述,由于受全书体裁及篇幅的限制,仅选取了魏晋时期影响最大,最具代表性的王肃、王弼二人的经学为特例,力图以少见多,以窥该时期经学的总体倾向、时代精神及其思想特征。

第一节 王肃的经学思想

王肃(195—256)是魏晋时期最大经学家,博通经籍,遍注群经,尤善贾逵、马融之学,与郑玄学派对立,并独成一家,世称"王学"。其经学的特点,不分今文、古文,综合吸收汉代以来的各家经义,是魏晋时期经学综合化的典型代表。其所注群经,在晋代皆列于学官。由于他对郑学持"易而夺之"的态度,以及他与司马氏集团的姻亲关系和亲附立场,再加之伪造图书,以挟学林,故其经学及其人品,亦多遭后人病诟。皮锡瑞在其《经学历史》中说:"两汉经学极盛,而前汉末出一刘歆,后汉末生一王肃,为经学之大蠹。歆楚元王之后,其父向,极言刘氏王氏不并立。歆党王莽篡汉,于汉为不忠,于父为不孝。肃父朗,汉会稽太守,为孙策虏,复为曹操,为魏三公。肃女适司马昭,党司马氏篡魏,但早死不见篡事耳。二人党附篡逆,何足以知圣经!"[①]皮锡瑞对刘歆、王肃的批评,可谓严厉。其中"经学之大蠹"、"党附篡逆"、"何足以知圣经"三语,显然有过激之处。在今天看来,政治与学术固然有非常紧密的联系,但亦应有所区别,二者不能完全混为一谈。因为人的一生并非铁板一块,它总是随着社会、时代的变化而有所不同。尤其

① 皮锡瑞:《经学历史》,台北:鸣宇出版社 1980 年版,第 154 页。

生活在汉末及魏晋嬗代之际，由于政治斗争的复杂性，人们对政治的选择也是一个复杂变动的过程。王肃也是如此。

一、王肃生平及其学术与政治

王肃，字子雍，东海郯（今山东省郯城县）人，生于东汉献帝兴平二年（195），卒于魏甘露元年（256），享年61岁。综观王肃一生，其活动大致可划分为两个阶段。

第一阶段，从“自肃成童，始志于学”开始，至魏明帝景初三年（239）为断。这一年，明帝曹叡崩，曹魏政权开始逐渐为司马氏所蚕食。在此之前，司马氏虽有野心，并虎视眈眈地觊觎曹魏政权，但经过曹操、曹丕、曹叡三代经营，司马氏并没有太多的空子可钻。

按《孔子家语·序》，王肃自称从孩童时期起，就有志于学，并学从郑氏开始。18岁时，又从宋忠读《太玄》，并在宋忠《太玄》学基础上，“更为之解”，可见王肃入道之早。再加上王肃有丰厚的家学传统，因此，在他的青年时代，盖已完成了对儒家经典的传习，然后进入其经学创作阶段。可以说，王肃从18岁至44岁这二十六年间，是其从事学术活动的重要时期。其遍注群经的工作也基本上是在这一时期完成的。魏晋时期，学者早慧是普遍现象，许多大家的著述，基本上都是在40岁以前完成的。如王粲、陆绩、仲长统、嵇康、钟会、曹植、王弼等皆未活过40岁，但他们都在自己的学术领域，创造出名标学术史的成绩。其中尤以王弼为最，王弼仅活了24岁，但其《周易注》、《易略例》、《周易大衍论》、《论语释疑》等经学著作已成。若再加以数年，亦可遍议群经可知。

这就是说，王肃一生的第一阶段，应该是以学术活动为主，其经学著述亦多在此阶段完成。其中《七录》著录《扬子太玄经注》应为最早，可能是在王肃20岁以前完成，其次如《周易注》、《周易音》、《论语注》、《论语释驳》等，也差不多与《太玄经》注同时期完成。《魏志》本传载：“初，肃善贾、马之学，而不好郑氏，采会同异，为《尚书》、《诗》、《论语》、

《三礼》、《左氏解》，及撰定朗所作《易传》，皆列于学官。”这里的“初”，不知初为何时。刘汝霖《汉晋学术编年》把它排在魏文帝黄初五年(224)，这显然过早。《高贵乡公纪》言：“帝幸太学，与博士议郑王两家《易》及《尚书》。”又《晋书·百官志》云：“晋初承魏制，置博士十九人。”《晋书·荀崧传》又说：“太学有石经古文，先儒典训，贾、马、郑、服、孔、王、何、颜、尹之徒，章句传注众家之学，置博士十九人。”可见，王肃各经相继立于学官，至魏末晋初始得完备。由注经完成，到立于学官，还有相当一段时间。也就是说，王肃经学体系完成的时间要早于其诸经立于学官的时间，完成经学体系，是其学术活动的最主要成果，而其经学立于学官，则需要更多条件。其中，尤其是政治条件，王肃当时还不具备。

因为，在此阶段中，曹魏政权还相对稳固。王肃在魏文帝黄初三年(222)，为散骑黄门侍郎，此时王肃 27 岁，是他学术活动最活跃时期，也是其踏入政治仕途的开始。但这种官职，多为散官，虽可接近权力中枢，但并无实权，多为备位而已。何晏为吏部尚书时，推荐王弼为黄门侍郎，即属此类。王肃 33 岁时，其父王朗卒。王朗在魏，亦以学术起家，位至三公，地位显赫。其卒(太和二年)，王肃袭爵。明年，拜散骑常侍，时王肃 34 岁。散骑常侍，已比黄门侍郎跃升一大步，职责是在皇帝左右规谏过失，以备顾问，往往可预闻要政，然位尊而权轻，仍属“散骑”，并无实权。王肃在政治上投靠司马氏最关键的一步是其女嫁给司马昭。

据《晋书·文明王皇后传》，文明王皇后名元姬，“年十二，朗薨”，可推知其生于建安二十一年(216)。元姬“既笄，归于文帝”。古代女子成年曰笄。按《礼记·内则》：“十有五年而笄。”郑玄注：“谓应年许嫁者。女子许嫁，笄而字之，其未许嫁，二十则笄。”按此，王肃把女儿许嫁给司马昭，当在魏明帝太和五年(231)，此时王肃 36 岁。与司马氏联姻，表明王肃的政治立场完全转向司马氏。但此时，司马氏集团在与曹魏集团的政争中，仍不占优势。王肃虽于青龙中(约235)，以常侍领秘书监，并兼崇文观祭酒，但其活动仍限于规谏得失、典司图籍和掌管教育等。这些工作，皆未脱离他所擅长的学术及其经学著述与创作。直至景初末(239)魏明帝曹叡崩，齐王曹芳即位，改元正始，王肃始真正投入政治活动，此时王肃45岁。

曹叡一死，司马氏加紧了篡魏活动。王肃亦进入其生平活动的第二阶段。正始元年(240)，王肃出为广平太守，这是他第一次离开学术活动而专任地方长官。但不久，又调回中央任议郎、侍中，迁太常。短期内连迁三职，可见其政治活动的频繁。且侍中、太常之官，已进入朝廷权力中枢。侍中，侍从皇帝左右，出入宫廷；太常，九卿之一，掌宗庙礼仪，兼掌选试。时大将军曹爽辅政，任用何晏、邓飏、李胜、丁谧等人为辅翼。王肃对此颇有微辞，曾与太尉蒋济、司农桓范等论及时政，肃正色曰："此辈即弘恭、石显之属，复称说邪！"爽闻之，戒何晏等曰："当共慎之，公卿已比诸君前世恶人矣。"足见王肃在曹魏与司马氏两个政治集团的斗争中，所显露的政治立场和其所扮演的角色。

司马氏经过多年准备，于魏嘉平元年(249)春正月发动了高平陵政变。此时王肃54岁。史料虽未明载王肃直接参与政变，但在政变后，"诏使太常王肃册命太傅(司马懿)为丞相，增益万户，群臣奏事不得称名，如汉霍光故事。"①司马懿上书辞让，诏乃许之。可以说，王肃间接参与了司马氏策划的高平陵政变。

嘉平四年(252)，王肃57岁，徙河南尹。嘉平六年又以河南尹兰陵侯的名义参与了由司马氏一手导演的谋废魏帝的活动，与四十五名皆为朝廷重臣的司马氏党羽共诣永宁宫，向皇太后奏陈魏主曹芳罪名，请施废黜。之后，又"持节兼太常，奉法驾，迎高贵乡公于元城"，完成了司马氏篡夺曹魏政权的又一次重大部署。魏正元元年(254)，王肃59岁。镇东将军毌丘俭、扬州刺史文钦反，司马师请教王肃。肃亦

---

① 《三国志·魏书·三少帝纪》注引孔衍《汉魏春秋》，中华书局1959年版，第123页。

为之出谋划策,引孙权袭取关羽故事,暗示司马师急袭俭、钦。景王从之,遂破俭、钦,为司马氏扫荡曹魏残余势力,尽了最后努力。正元二年(255),王肃60岁,因平俭、钦之乱策划有功,迁中领军,加散骑常侍,增邑三百,并前二千二百户。明年,即魏甘露元年,王肃卒,时年61岁。死后追赠卫将军,谥曰景侯。王肃死后十年,其外孙司马炎正式称帝。

从上述王肃生平的两个阶段中,可以看出,其在第一阶段中,即从18岁至45岁,主要从事学术活动,其经学著述主要是在这一阶段完成的。当时,司马氏篡夺曹魏政权的前景并不明朗,其经学活动,其中包括对郑玄经学的"易而夺之",并非如后世所说的那样,是为司马氏篡魏服务。在其第二阶段中,即从45岁到61岁,主要从事政治活动,而且在司马氏集团中扮演了重要角色。虽然在主观上,王肃力图以其经学为司马氏出力,但其经学著述已为成品,不会在中途做更多改易,因此他只能是以经学权威的身份,加重其政治活动的分量而已。由此,可以说:王肃经学的产生是时代变迁、学术转型的产物,虽然与政治有关,但不是主要因素。

二、王肃的经学著述及其学术渊源

王肃是中国经学史上除郑玄外,经学著述最多的经学大家之一。据《三国志·魏书》本传、《晋书·礼志》、《宋书·乐志》、《隋书·经籍志》、《经典释文·叙录》、《七录》等史志所载,王肃一生的经学著作多达三十余种。

为方便起见,据刘汝霖《汉晋学术编年》,列出郑、王著述对照表,以便观览。

郑　玄		王　肃	
《周易注》十卷，录一卷。	(《释文叙录》)	《周易注》十卷	(《释文叙录》)
		《周易音》	(《释文叙录》)
《尚书注》九卷	(《隋志》)	《尚书传》十一卷	(《释文叙录》)
《尚书音》五卷	(《隋志》)	《尚书驳议》五卷	(《隋志》)
《尚书大传注》三卷	(《隋志》)	《尚书答问》三卷	(《隋志》)
《毛诗故训传笺》二十卷	(《叙录》)	《毛诗注》二十卷	(《释文叙录》)
《诗谱》二卷	(《叙录》)	《毛诗义驳》八卷	(《隋志》)
《诗音》	(《叙录》)	《毛诗奏事》一卷	(《隋志》)
		《毛诗问难》二卷	(《七录》)
		《毛诗音》	(《释文叙录》)
《周官礼注》十二卷	(《叙录》、《隋志》)	《周官礼注》十二卷	(《释文叙录》)
《周礼音》二卷	(《七录》、《叙录》)	《仪礼注》十七卷	(《隋志》)
《答临孝存周礼难》	(《后汉书》本传)	《丧服经传注》一卷	(《隋志》、《释文叙录》)
《仪礼注》十七卷	(《释文叙录》)	《丧服要记》一卷	(《隋志》)
《礼议》二十卷	(《唐志》)	《丧服变除》	(《晋书·礼志》)
《仪礼音》二卷	(《隋志》、《叙录》)	《礼记》三十卷	(《释文叙录》)
《礼记注》二十卷	(《叙录》)	《祭法》五卷	(《七录》)
《礼记音》二卷	(《七录》、《叙录》)	《明堂议》三卷	(《七录》)

续表

《丧服经传注》一卷	（《隋志》）	《宗庙诗颂》十二篇	（《宋书·礼志》）
《丧服纪》一卷	（《唐志》）	《三礼音》三卷	（《释文叙录》）
《丧服变除》一卷	（《新唐志》）		
《三礼目录》一卷	（《隋志》）		
《三礼图》	（《隋志》）		
《五宗图》一卷	（《七录》）		
《驳何氏汉议》二卷	（《隋志》）	《春秋左氏传注》三十卷	（《释文叙录》）
《发公羊墨守》一卷	（《唐志》）	《春秋外传章句》二十二卷	（《七录》）
《箴左氏膏肓》十卷	（《唐志》）		
《起穀梁废疾》三卷	（《隋志》、《唐志》）		
《春秋十二公名》一卷	（《七录》）		
《春秋左氏分野》一卷	（《七录》）		
《孝经注》一卷	（《隋志》）	《孝经解》一卷	（《隋志》）
《论语注》十卷	（《隋志》）	《论语注》十卷	（《释文叙录》）
《论语释义》十卷	（《旧唐志》）	《论语释驳》三卷	（《七录》）
《孔子弟子目录》一卷	（《隋志》）	《孔子家语》二十一卷	（《隋志》）
《六艺论》一卷	（《隋志》）	《圣证论》十二卷	（《隋志》）
《答甄子然》		《杨子太玄经注》七卷	（《七录》）
《驳许慎五经异议》	（《后汉书》本传）	《玄言新记道德》二卷①	（《唐志》）

① 《新唐书·艺文志》著录："王肃《玄言新记道德》二卷"，《旧唐书·经籍志》著录："《玄言新记道德》二卷，王弼注。"

续表

《鲁礼禘祫义》	(《诗·商颂·玄鸟正义》引)	《王子正论》十卷	(《隋志》)
《易纬注》九卷	(《七录》、《隋志》)		
《乾凿度注》	(李淑书目二卷、宋艺文志三卷)		
《通卦验注》	(李淑书目二卷,宋艺文志二卷)		
《尚书纬注》六卷	(《七录》、《隋志》)		
《尚书中侯注》八卷	(《七录》、《隋志》)		
《诗纬注》三卷	(《唐志》)		
《礼纬注》二卷	(《七录》)		
《春秋纬注》	(《文选·褚渊碑文》注)		
《孝经纬注》	(《文选·东京赋》注)		
《洛书灵準听注》	(《初学记》卷九引)		
《九宫经注》三卷	(《隋志》)		
《九宫行棊经注》三卷	(《隋志》)		
《九旗飞变》一卷	(《唐志》)		
《乐纬动生仪》	(《御览一》引)		
《乾象历注》	(《晋书·律历志》)		
《天文七政论》	(《宋书·历志》)		
《汉律章句》	(《晋书·刑法志》引)		
《汉宫香法注》	(宋张邦基《墨庄漫录》引)		
《日月交会图注》	(《七录》)		
《集》二卷	(《七录》)	《集》五卷	(《隋志》)
《录》一卷	(《七录》)	《录》一卷	(《隋志》)
《郑志》八篇	(门生相与撰玄答诸弟子问五经)	《家诫》	(《艺文类聚》二十三引)

从上述郑、王著述表的对比中,可以看出,王肃与郑玄的注经范围大体一致。但也有不同:第一,最大的不同是郑玄遍注纬书,而王肃经

注中却不见纬书踪影。第二,郑玄对《春秋》三传皆有注议,而王肃只注《左氏》而不注《公羊》、《穀梁》。第三,王肃注《太玄》,而郑玄阙如。在这些不同中,最值得注意者是王肃不注纬书,此为王肃之学务排谶纬之证。这也是魏晋思潮在王肃经学中的反映。其次,王肃解《太玄》,亦与其务排谶纬有关。扬雄著《太玄》,以《易》为基,以儒道为辅,企图综合会通一种新的思想体系。这在儒家经纬盛行的两汉之际,确是一种大胆的尝试,故曾受到班固、刘歆等人的批评或讥讽。王肃为《太玄》作解,亦反映王肃学术思想的开放态度,同时亦表现出魏晋学术思潮转型的特征。因此,王肃不注纬书,郑玄不注《太玄》,正反映出二人学术倾向的不同(后面还要论及)。

在郑、王著述的对比中,还有一点值得注意,即《新唐书·艺文志》道家类著录"王肃《玄言新记道德》二卷"。此书早佚,后世亦不见称引,故来历有些不明。查《旧唐书·经籍志》道家类著录有《玄言新记道德》二卷,王弼注。而"王肃《玄言新记道德》二卷",旧《唐志》却不见著录。又新《唐志》道家类除著录王肃《玄言新记道德》二卷外,同时又著录"王弼注《新记玄言道德》二卷"。两《唐志》均标王弼注,而新《唐志》只标王肃,并无"注"字。盖《玄言新记道德》二卷或《新记玄言道德》二卷,王弼为注,王肃为著,且"玄言"与"新记"颠倒,不知孰是。但两书均归道家类,且从书名看,言道德亦该归于《老子》,故对于王弼,此书盖《老子注》或《道德经注》之异称耳。但对于王肃,可能为"老子论"或"道德论"亦未可知。

从上述情况看,盖有三种可能:一为新《唐志》著录混乱,因王肃、王弼为同代人,故"王弼"误为"王肃"。但这种可能性不大,因新《唐志》在著录王肃《玄言新记道德》二卷的同时,又著录王弼《新记玄言道德》注二卷,一有"注"字,一无"注"字,且"玄言"与"新记"颠倒,似有意对二王的著录加以区分。第二种可能是二王各有自己关于《老子》的著述,书名相同是为常见,且儒家学者或经学家注释或阐说老子,在汉魏早有先例,如马融、虞翻都是著名经学家,他们皆注《老子》。此二人的《老子注》,后世亦很少有人称引。第三种可能是魏晋以后,好事者伪托王肃之名而成《玄言新记道德》。

上述三种可能,已无从详考。但第二种可能性最大。王肃的生活年代,与正始时期的玄学家何晏、夏侯玄、钟会、王弼等完全相值,且年龄也基本相当。除钟会外,其余三人皆死于王肃之前。这四位玄学家对《老子》都有所阐发,并皆以善老、庄而闻名当世。其中,钟会尝论易无互体,并注有《老子》(《道德真经取善记》引);王弼 19 岁时便已完成《老子注》;差不多同时,"何晏注《老子》未毕,见王弼自说注《老子》旨,何意多所短,不复得作声,遂不复注,因以所注为《道德》二论"。面对玄学思潮的崛起,作为经学大家的王肃,对此不可能没有任何反应,故其著《玄言新记道德》,便完全在情理之中。但因此书早佚,其观点已无从窥知。

关于王肃经学的学术渊源,学者已多所论及,但观点不尽相同,有的甚至完全相左。但据《魏志》本传、《孔子家语·序》、《后汉书·贾逵传》、《马融传》等文献记载,王肃经学的学术渊源及其与汉代今、古文经学的关系,还是清晰可见。王肃在《孔子家语·序》中自述其学术经历时称:"自肃成童,始志于学,而学郑氏学矣。然寻文责实,考其上下义理,不安违错者多,是以夺而易之,然世未明其疑情,不谓其苟驳前师以见异于前人。乃慨然而叹曰:'予岂好难哉,予不得已也。圣人之门,方壅不通;孔氏之路,枳棘充焉,岂得不开而辟之哉?若无由之者,亦非予之罪也。'"①

从这段材料中可知,王肃早年从学,是由郑氏学开始。后来发现郑玄经学中"违错者多",因此开始怀疑并"易而夺之",对郑学进行批评改造,遂造成经学史上"王郑之争"的重大学案。王肃对郑玄经学展开批评并"易而夺之",起码需要三个基本条件:一是对郑玄经学的熟

---

① 《孔子家语》,时代文艺出版社 2003 年版,第 3 页。

悉与了解;二是自身经学视野的扩大及郑玄以外经学思想的启示或引导;三是自己经学的积累和思想的成熟。王肃对郑玄经学的熟悉与了解,同时也就构成了王肃经学的学术渊源之一。实际上,在王肃的经学中,有相当多的成分来源于郑玄经学。也就是说,王肃注经,虽然比较自觉地与郑玄立异,但由于经学自身的特点,不可能使二者全异,如在文本、字句的解释等方面,有许多地方是不能回避的,因此也就在客观上使郑玄经学成为王肃经学的一个重要来源。第二,《魏志》王肃本传称,"肃年十八,从宋忠读《太玄》,而更为之解"。由此可见,王肃经学的学术渊源与荆州学派有密切关系。《后汉书·刘表传》云:"初平元年(190),……表为荆州刺史,……万里肃清,大小咸悦而服之。关西、兖、豫学士归者盖有千数,表安慰赈赡,皆得资全。遂起立学校,博求儒术,綦母闿、宋忠等撰立五经章句,谓之后定。"《三国志·尹默传》云:"益部多贵今文而不崇章句,默知其不博,乃远游荆州,从司马德操、宋仲子(即宋忠)等受古学。"又《李譔传》云:"李譔,字钦仲,……父仁,字德贤,与同县尹默俱游荆州,从司马徽、宋忠等学。……譔著古文《易》、《毛诗》、《三礼》、《左氏传》、《太玄指归》,皆依准贾、马,异于郑玄。与王氏殊隔,初不见其所述,而意归多同。"由这些材料可知,王肃与蜀地大儒李譔、尹默等,皆师从宋忠受《太玄》,并皆受荆州后定之学的影响。这里,尤其值得注意的是:李譔、尹默之经学"皆依准贾、马而异于郑氏",且在与王肃"殊隔"的情况下,"不见其所述而意归多同",说明他们都不同程度地受到宋忠的影响,从而成为他们经学的学术渊源之一。第三,李譔、尹默之"依准贾、马,异于郑玄",与王肃之"善贾、马之学而不好郑氏",几乎同出一辙,此亦并非出于偶然。这起码说明王肃从宋忠不仅仅只受《太玄》,而是通过宋忠的荆州后定之学,在受《太玄》的同时,也更多地接受了贾、马的经学。"意归多同",绝非仅指对《太玄》的阐释,而是如《尹默传》所云,"默知其不博,乃远游荆州,从宋忠等受古学"。因此,王肃经学的学术渊源,实与荆州学派有更密切的关系。其中,又通过荆州学派接受贾、马之古文经学的影响为最大。

第四,王肃经学的家学渊源。肃父王朗曾著“《易》、《春秋》、《孝经》、《周官》传,奏议论记,咸传于世”。[①] 王肃亦为“《尚书》、《诗》、《论语》、《三礼》、《左氏》解,及撰定父朗所作《易传》,皆列于学官”。[②] 王朗早年师事太尉杨赐。赐字伯献,少传家学。赐父秉,少传父业,兼明京氏易,侍讲太子《尚书》。秉父震,字伯起,“少好学,受欧阳《尚书》于太常桓郁,明经博览,无不穷究,诸儒为之语曰:‘关西孔子杨伯起。’”[③]震父宝,习欧阳《尚书》,哀、平之世,隐居教授。杨赐之子杨彪,与王朗同时,彪亦少传家学并以经学名家。可见,杨赐之儒家经学传统五世不绝。[④] 王朗师从杨赐,多得杨氏家学,而杨氏家学之京氏易、欧阳尚书等,皆今文经学。可见王肃经学通过其父王朗所传杨氏家学而得今文传统。故皮锡瑞在其《经学历史》中说:“肃父朗师杨赐,杨氏世传欧阳《尚书》,洪亮吉《传经表》以王肃为伏生十七传弟子,是肃尝习今文。”[⑤]

从上述可知,王肃经学的学术渊源,基本上是从郑玄经学(今古文并立),贾、马经学中之古文学,荆州学派的代表人物宋忠之《太玄》学(义理),以及通过其父王朗所授杨氏三代家学中的今文经学等四个方面得来。但王肃并不拘于所授,不拘一家之说,无论对郑玄、贾、马,乃至其父王朗,均有所取,亦均有所弃,盖各宗所见。此正如清儒张惠言在其《易义别录》中所说:“肃注书务排郑氏,故于《易》义,马、郑不同者

① 《三国志·魏书·王朗传》。

② 《三国·魏书·王肃传》。

③ 《后汉书·杨震传》。

④ 《后汉书·杨震传》注引《续齐谐记》曰:“宝年九岁时,至华阴山北,见一黄雀为鸱枭所搏,坠于树下,为蝼蚁所困。宝取之以归,置巾箱中,唯食黄花,百余日羽毛成,乃飞去。其夜有黄衣童子向宝再拜曰:‘我西王母使者,君仁爱救拯,实感成济’。以白环四枚与宝:‘令君子孙洁白,位登三事,当如此环矣。’”此可反映后世对杨氏累世清德与儒学之褒誉。

⑤ 洪亮吉《传经表》载《洪北江全集》,其图式为:伏胜——欧阳生——兒宽——欧阳生——(欧阳氏家学)——(欧阳氏家学)——欧阳高——林尊——平当——朱普——桓荣——桓郁——杨震——杨秉——杨赐——王朗——王肃。(转引自皮锡瑞《经学历史》,台北:鸣宇出版社 1980 年版,第 151 页注④。)

则从马，马与郑同者则并背焉。然其训诂大义，则出于马、郑者十七，盖《易注》本其父朗所为，肃更撰定，疑其出于马、郑者，朗之学也，其掊击马、郑者，肃之学也。”实际上，非止《易注》如此，其余经注盖皆如此，这一现象所反映的学术倾向，正在于王肃经学“依违诸家，不拘一法”的选择性和综合性特点。

三、王肃经学的主要内容及其思想倾向

王肃的经学著作，除《孔子家语》外，皆佚。现仅存部分佚文，保存在各类辑佚书及历代经学著作的引文中，直至目前，尚无一部王肃经学佚文的完整辑本。因王肃是魏晋以来的经学大家，又因经学史上“王郑之争”的巨大影响，故魏晋以后的经学家无不关注王肃的经学。但由于王肃经学佚文的零散，遂使对王肃的研究造成困难。一些学者多从宏观角度或仅从王郑对比中进行研究，往往缺乏对王肃经学思想的整体把握。本节试以微观与宏观结合的方式，从三个方面对王肃经学思想进行分析和评价。

（一）王肃的《易注》及易学思想

王肃《周易注》，《隋志》，新、旧《唐志》及陆德明《释文叙录》、《崇文总目》、《宋史·艺文志》等皆有著录，宋以后亡佚。该书本出于王朗，王肃复为撰定，故可视为王氏父子的合著。但王氏父子对于《周易》，亦有其不同，王朗受杨赐影响，受学亦多今文，如杨赐家学之京氏易，即属今文系统。而王肃受“荆州章句之后定”的影响，其学“本有得于宋忠”。“子雍善贾、马之学，而不好郑玄，仲子（宋忠）之道固然也。譔、肃之学并由宋氏，故意归多同。……宋忠之学，异于郑君，王肃之术，故讦康成。王粲亦疑难郑之《尚书》。则荆州之士踔跄不羁。守故之习薄，创新之意厚。刘表‘后定’，抹杀旧作。宋王之学，亦特立异”。[①]可见，王肃易学多出自费氏古文易，而非出自父朗京氏易也。但由于

① 汤用彤：《魏晋玄学论稿》，《汤用彤全集》第四卷，河北人民出版社2000年版，第73页。

其易注本其父朗所为，肃更撰定，故仅凭佚文，已很难厘清王氏父子易学观点的归趋，按着张惠言《易义别录》所确定的标准："疑其出于马郑者，朗之学也；其掊击马郑者，肃之学也。"这一说法，虽略显主观，但实属不得已，若以汤用彤"立异"之说衡之，则张氏之言，又实有所见。

如《坤》卦卦辞"西南得朋，东北丧朋"一节，据李鼎祚《周易集解》引马融、荀爽二家之说。其中马融注云："孟秋之月，阴气始著，而坤之位同类相得，故西南得朋，孟春之月，阳气始著，阴始从阳，失其党类，故东北丧朋。"马融的解释，明显以卦气说为据，实受《易纬》的影响，属今文之说。《易纬乾凿度》："八卦成列，……其布散用事也：震生物于东方，应在二月。巽散之东南，位在四月。离长之于南方，位在五月。坤养之于西南方，位在六月。兑收之于西方，位在八月。乾制之于西北方，位在十月。坎藏之于北方，位在十一月。艮终始之于东北方，位在十二月。"[①]这是说，乾、坤、坎、离、震、巽、艮、兑八卦分值八方，以配十二月，为马融所本。"坤养之于西南，位在六月"，而孟秋七月，位在西南之西，与坤在西南为邻，故称"坤之位同类相得"，以此解释"西南得朋"。孟春一月，位在东北之东，阳气开始增著，而阴气逐渐衰减，此正与西南坤位相违，故称"失其党类"，以此解释"东北丧朋"。马融的这些说法即以阴阳二气之消长及八卦配八方十二月解释《坤》卦卦辞，属汉代今文易之卦气说无疑。荀爽对这一节的解释，亦从马融。荀氏曰："阴起于午至申，三阴得坤一体，故曰西南得朋。阳起于子至寅，三阳丧坤一体，故东北丧朋。"（李鼎祚《周易集解》引）这是说，午为离为南属五月卦。阴气于午始生，至未为坤为西南六月卦。即由离之三阴到坤之六阴，谓"三阴得坤一体"，而申位在西南之西为七月卦，与坤相邻，故曰"西南得朋"。子为坎为北，属十一月卦。阳气于子始生，至丑为东北十二月卦，而寅位在东北之北为一月卦，该位正与西南之西的申相对，且阴阳消长与坤相反，故曰"东北丧朋"。显然，荀爽的解释与

---

① 林忠军：《易纬导读》，齐鲁书社2002年版，第79页。

马融相类，皆以卦气说论事。故遭李鼎祚的批评，谓“如荀说，从午至申经当言南西得朋，子至寅当言北东丧朋。以乾变坤而言丧朋，经以乾卦为丧也，此何异于马也？”①

据朱震《汉上易丛说》引王肃注云：“西南阴类，故得朋；东北阳类，故丧朋。”王肃此注，出于《坤·彖》和《说卦》。《说卦传》以乾、震、坎、艮为东北、西北之卦，属男性阳类；兑、离、巽、坤为西南、东南之卦，属女性阴类。《坤·彖》亦云：“西南得朋，乃与类行；东北丧朋，乃终有庆。”这里，《坤·彖》提出“类行”概念，与《说卦》相似。王肃从中抽取“类行”思想，再进一步加以抽象、概括，提出“西南阴类”、“东北阳类”的“类”概念，并以“类”区别“得朋”与“丧朋”，明显扬弃了具体、烦琐、细碎的卦气说，由此再前进一步，就会得出王弼“触类可得其象，合义可得其徵。义苟在健，何必马乎？类苟在顺，何必牛乎”的结论。②

又据李鼎祚《周易集解》引虞翻解《剥》卦卦辞云：“阴消乾也，与夬旁通，以柔变刚，小人道长，子弑其父，臣弑其君，故不利有攸往。”这里，虞翻以“旁通”说解释《剥》之卦辞。“旁通”者，指两卦爻象阴阳相反而相通，《剥》卦卦象（䷖）为五阴一阳之卦，与之旁通者为《夬》（䷪），《夬》为五阳一阴之卦。两卦相比较，爻象正相反对，然而却可以相通，其表现即阴阳交变，因此《剥》卦体现为阳消阴息，以柔变刚，小人道长，君子道消，故《剥》卦卦辞曰：“不利有攸往”。《剥》初六：“剥床以足，蔑贞凶。”虞翻曰：“此卦坤变乾也，动初成巽，巽为木、为床。复震在下，为足，故‘剥床以足’。蔑，无贞正也，失位无应，故‘蔑贞凶’。震在阴下，象曰：‘以灭下也。’”③虞翻的解释，所采用的方法是十分复杂的“卦变”说。“此卦坤变乾也”一句，是说《剥》卦乃是由《坤》卦在变动中得来。在《坤》卦变化过程中，主要表现对《乾》卦的变动。《剥》之初

① 李鼎祚：《周易集解》卷二《坤》卦引，中国书店1984年版。

② 王弼：《周易略例·明象》，楼宇烈：《王弼集校释》下册，中华书局1980年版，第609页。

③ 李鼎祚：《周易集解》卷五《剥》卦引，中国书店1984年版。

六，乃《坤》对《乾》之“初动”，即䷁→䷫，结果是由《坤》卦变为《姤》，《姤》是《乾》卦初爻由阳变阴，故其下卦为巽(☴)，此谓“初动成巽”。依《说卦》，巽为木，故称“巽为木、为床”。虞氏又据卦变中的“反对”说(即后世所谓“综卦”或“覆卦”)，寻找“足”象。《剥》之反对卦为《复》，即《剥》(䷖)之反转则为《复》(䷗)。这样，在《复》卦中便有了下卦的《震》(☳)象，依《说卦》，震为足，故曰：“复震在下，为足。”

以上便是虞翻以“卦变”说对《剥》之初六的解释，从中不难看出汉易的复杂性和烦琐性。虞翻是汉末至曹魏之际易学大家，其家学五世传孟氏易，至虞翻集大成并独创卦变之说，对互体、纳甲、旁通、半象、逸象诸说，皆有推阐及发明，其易学对后世有重要影响，代表了汉末至魏晋时期易学中的传统派。

王肃易学与之不同，李鼎祚在集解《剥》卦时，在引征虞翻的同时，恰好也引了王肃，这为我们提供了一个王、虞对比的机会。王肃曰：“在下而安人者，床也；在上而处床者，人也。坤以象床，艮以象人。床剥尽以及人身，为败滋深，害莫甚焉。故曰‘剥床以肤，凶也。’”[①]这里，王肃排除了迂回、烦琐的论证形式，不采卦变、旁通、反卦等说，故不取“巽木为床”之训，而直取《说卦》“坤为地……为大舆”的说法，即取地、舆负载万物，犹床之载人之义，故曰“坤以象床”。又《说卦》：“艮，三索而得男，谓之少男，”是艮有人象，故曰：“艮以象人。”综观王肃对《剥》之六四爻辞的解释，简洁明了：床则安人，床则载人，床被剥落殆尽，必危及坐床之人，故曰：“床剥尽以及人身，为败滋深，害莫甚焉。”这明显突出了《剥》卦的义理。可惜王肃易注佚失，仅得零星佚文，而不能得其全貌，但仅凭以上两条佚文，即可窥见其一斑矣。

王肃注《易》，不仅排除卦变、旁通、卦气等说，亦摒弃互体、爻辰说，此与郑玄注易的对比中，亦可见一斑。据惠栋《易汉学》卷六《郑康成易》所辑郑玄“以爻辰说易”十二条，其中三条与仅存的王肃易注相

---

① 李鼎祚：《周易集解》卷五《剥》卦引。

对应的三条相比照,即可一目了然。下列《郑、王三条〈易〉注对照表》

《易》经文	郑玄注	王肃注
《比》初六:有孚盈缶。	爻辰在未,上值东井。井之水,人所汲用。缶,汲器。(《诗正义》引)	缶者,下民质素之器。(《太平御览》七百五十八引)
《明夷》六二:明睇于左股。	旁视为睇。六二辰在酉,酉在西方。又下体《离》,《离》为目。九三体在《震》,《震》东方;九三又在辰,辰得《巽》气为股。此谓六二有明德,欲承九二,故云“睇于左股”。(《礼记正义》引)	般,旋也。(《经典释文》引)
《中孚》:豚鱼吉。	三,辰为亥为豕,爻失正,故变而从小名,言豚耳。四,辰在丑,丑为鼈蟹。鼈蟹,鱼之微者。爻得正,故变而从大名,言鱼耳。互体《兑》,《兑》为泽,四,上值天渊。二、五皆《坎》爻,《坎》为水,水浸泽,则豚利。五亦以水灌渊,则鱼利。豚鱼以喻小民也。而为明君贤臣恩意所供养,故吉。(《诗正义》引)	三、四在内,二、五得中。《兑》说而《巽》顺,故孚也。(李鼎祚《周易集解》引)

从以上郑、王易注三条佚文的对比中,可以看出二者的明显区别:郑玄以“爻辰”说解释卦爻辞,而王肃却扫除爻辰而不用,直以字义或爻位说解经。这体现了王肃易学对象数学的取舍与扬弃。所谓爻辰,是按六十四卦卦序,把每对立的两卦十二爻,配以十二辰(子、丑、寅、卯、辰、巳、午、未、申、酉、戌、亥),分别代表一年中的十二个月,用以推

算岁、月与所发生事情及与卦爻辞的联系。郑玄之爻辰法,即是以《乾》、《坤》两卦十二爻,配十二辰,以生十二律之位。《乾》之六爻依次配“子、寅、辰、午、申、戌”六辰;《坤》之六爻则依次配“未、酉、亥、丑、卯、巳”六辰。故《比》之初六,爻辰在未。《明夷》六二,爻辰在酉,九三在辰。《中孚》六三,辰在亥,六四辰在丑等。郑玄通过这些迂迴缭绕、牵强附会的解释,企图说明卦爻辞与卦爻象之间的必然联系。爻辰说本于《易纬》,而《易纬》又是在孟、京卦气说基础上发展而来。郑玄集《易纬》、孟、京卦气说之大成。郑玄以爻辰说易,是对孟、京、《易纬》及今文易说的发展,但也由此把易学推向支离、烦琐,并成为魏晋时期王弼易学革新的“酵母”和“催化剂”。

反观王肃对《比》卦初六爻辞的解释,只言“缶者,下民质素之器”;其注《明夷》六二,亦只注一个“般”字,认为“般,旋也”。明确不以郑玄“辰得巽气为股”之爻辰说。其注《中孚》,也仅以“三、四在内,二、五得中,兑说而巽顺,故孚也”十余字给以解说。三、四在内,是指《中孚》(䷼)卦六爻,六三、六四两爻为阴爻在内,故曰:“三、四在内。”外四爻为阳爻,其中九二、九五两爻居上下卦之中位,故曰:“二、五得中。”《中孚》卦之下卦为兑,上卦为巽,兑有悦义,巽有顺义,故曰:“兑说(悦)而巽顺,故孚也。”若按郑玄的解释,《中孚》之六三爻,辰在亥为豕,因六三不得位为失正,“故变而从小名,言豚耳”。此解《中孚》卦辞中“豚”的来历。为什么六三失位而“豕”称小名而言“豚”?同样为什么六四爻得位而“鼉蟹”得变大名而言“鱼”?这些解释完全是牵强附会,不得要领,且烦琐破碎,解《中孚》卦辞“豚鱼吉”三字,竟用了九十八个字。而王肃只用了十六个字,只依《易传》立说,且简单明了。

由上述引文及对比分析中,可以看出王肃解易的主要特点即在简明。要简明,唯扬弃汉易中的卦变、旁通、卦气、互体、爻辰等诸说,直以义理说易。朱伯崑先生在其《易学哲学史》中评价王肃易学说:“曹魏时期的经学大师王肃,乃古文经学派的集大成者。其《周易注》,继承了费氏易的传统,注重义理,以《易传》的观点解释经文,排斥今文学派和《易纬》解易的学风,不讲互体、卦气、变卦、纳甲等。……王肃的解易学风,在当时颇有影响。"[①]这一评价是符合王肃易学基本情况的。从现存王肃《周易注》的佚文看,其注虽然还没有完全摆脱汉易今文学的影响,但通过上述比照,其易学义理化倾向还是很明显的,这预示着魏晋经学中的易学系统面临巨大变革。如果说,以郑玄为集大成的汉代易学象数学走向支离、烦琐,从而成为魏晋时期王弼易学革新的"酵母"或"催化剂"的话,那么王肃易学则是直接为玄学化易学的兴起开辟了道路。这是魏晋时期学术思想转型的必然结果。

(二)王肃的《礼注》及礼学思想

王肃经学的重点,似在礼学。他一生遍注群经,对《礼》尤为重视,从其所存礼学注述的目录看,有《周官礼注》十二卷、《仪礼注》十七卷、《丧服经传注》一卷、《丧服要记》一卷、《丧服变除》、(《晋书·礼志》未著录卷数)、《礼记》三十卷、《祭法》五卷、《明堂议》三卷、《宗庙诗颂》十二篇、《三礼音》三卷。无论从种类和卷数看,都是其经注中数量最多的。但由于众注散佚,现仅存佚文百不足一,其礼注及其礼学思想已无法窥其全貌,现仅据晋以后群书所引及辑佚书所辑有限的礼注佚文,以观其礼学思想之大概。

首先,在王肃礼注中最具思想意义者,莫过其"五帝非天说",这是能够反映其通过对天、帝的解释而对传统今文礼学,特别是郑玄礼学的改造。《礼记·大传》:"礼,不王不禘。王者禘其祖之所自出,以其祖配之。"郑玄注云:

> 凡大祭曰禘。……王者之先祖,皆感大微五帝之精以生,苍则灵威仰,赤则赤熛怒,黄则含枢纽,白则白招拒,黑则汁光纪,皆用正岁之正月郊祭之,盖特尊焉。《孝经》曰:"郊祀后稷以配天",

---

① 朱伯崑:《易学哲学史》第一卷,昆仑出版社2005年版,第273—274页。

配灵威仰也;“宗祀文王于明堂,以配上帝”,汎配五帝也。[①]

又据《礼记·郊特牲》孔颖达疏引郑玄义云:“郑氏以为天有六天,天为至极之尊,其体只应是一。而郑氏以为六者,指其尊极清虚之体,其实是一;论其五时生育之功,其别有五:以五配一,故为六天。”[②]根据这些材料,可知郑玄以五帝配“清虚之体”,这“清虚之体”即“昊天上帝”或称“天皇大帝”。以五帝为天,又合“昊天上帝”或“天皇大帝”即为六,此郑玄六天说之大义。在郑玄看来,王者之先祖,皆感太微五帝之精以生。所谓五帝,即苍、赤、黄、白、黑,并皆以正月郊祭之。按《礼记·大传》“不王不禘”之说,这种禘祭,是祭其先祖所由生,谓郊祀天之大祭,故郑玄以正月郊祀五帝,即是以五帝为天。又据新《唐志》礼乐志引郑玄说:“玄以为天皇大帝者,北辰耀魄宝也。……玄以为青帝灵威仰、赤帝赤熛怒、黄帝含枢纽、白帝白招拒、黑帝汁光纪者,五天也。由是有六天之说,后世莫能废焉。”[③]又云:“天之五帝迭王,王者之兴必感其一,因别祭尊之。”[④]这两条材料与《礼记》孔颖达疏所引基本一致,即郑玄认为“天皇大帝”居于北辰,又有太微五帝分居五方,并在天上轮迭为王,地上之王必感五帝(五天)之一而生,是谓感生。

王肃主“五帝非天”说,认为“天惟一而已,安得有六”?在王肃看来,天有五行,其神谓之五帝。这五帝只能称其为天的辅佐,而不能称“上天”。据《礼记·祭法》孔颖达疏引王肃难郑“六天说”云:

肃难郑云:“案《易》‘帝出乎震’,‘震,东方’,生万物之初,故王者制之。初以木德王天下,非为木精之所生。五帝皆黄帝之子孙,各改号代变,而以五行为次焉。何太微之精所生乎?又郊祭,郑玄云‘祭感生之帝,唯祭一帝耳’。《郊特牲》何得云‘郊之祭大

① 《礼记·大传》郑玄注,《十三经注疏》整理本,北京大学出版社2000年版,第1162页。

② 《礼记·郊特牲》孔颖达疏,《礼记正义》,第892—893页。

③ 《新唐书》卷十三,中华书局1975年版,第333页。

④ 《新唐书》,第334页。

> 报天而主日’？又天惟一而已，何得有六？又《家语》云：‘季康子问五帝。孔子曰：天有五行，木、火、金、水及土，分时化育以成万物。其神谓之五帝’。是五帝之佐天也，犹三公辅王，王公可得称王辅，不得称天王。五帝可得称天佐，不得称上天。而郑玄以五帝为灵威仰之属，非也。”①

这里，王肃力辨“天惟一而已，何得有六”之“一天说”，而否定郑玄之“六天说”，其目的即在于强调人间之帝（五人帝）非出自上天之五天帝。他引《周易》《说卦》之文，以“帝出乎震”、“震，东方也”，说明万物之生，皆有所出。人间亦然，“初以木德王天下”，乃指地上的王者，效法天地万物之生，制以为序，改号代变，以五行之序为次焉。因此，“初以木德王天下”，只是说人类社会发展之初，效法五行之序，给其治体以称号而已，并不是以天下之帝为“五行之木精所生”，更非“太微之精所生”。在王肃看来，所谓“五帝”，乃人间五帝，都是黄帝的子孙，焉可如郑玄所谓为“太微五帝之精以生”哉？在王肃看来，郑玄之所以认为“王者之祖，皆感五帝之精以生”的根本原因，是混淆了“五天帝”与“上天”的区别。在王肃看来，所谓五天帝，不过是五行“分时化育以成万物”的自然过程，故称“其神谓之五帝”。“五帝”即“五行之神”，而这里的“神”，并非人格神，而是指木、火、金、水及土五种自然物的功能或作用。这种功能和作用实际上具有“佐天”的意义，故称“是五帝之佐天也”。五帝之佐天，犹三公之辅王；王辅不得称“天王”，亦犹天佐不得称“上天”一样，故称“五帝为灵威仰之属，非也”。

显然，在王肃反对“六天说”的议论中，潜在地渗透着一种自然主义精神，若以五帝为灵威仰之属，无疑是谶纬神学的复活，因为郑玄的说法，六天之说皆源自纬书，不仅“五帝”为灵威仰、赤熛怒、含枢纽、白招拒、汁光纪等神学虚构，就连“天皇大帝”之“耀魄宝”亦属虚渺之谈。

---

① 《礼记注疏》引王肃《圣证论》，《十三经注疏》整理本，北京大学出版社 2000 年版，第 1507—1508 页。

王肃力图清除谶纬迷雾，故通过否定六天说，坚持“一天说”，以恢复礼学的人间现实性。因为在王肃看来，其所坚持的“一天”之“天”，亦非人格之天。这可从唐高宗时期的礼部尚书许敬宗的奏议中略见端兆。许说：“按《周易》云：‘日月丽天，百谷草木丽于地。’又云：‘在天成象，在地成形。’足明辰象非天，草木非地。《毛诗传》云：‘元气昊大，则称昊天。远视苍苍，则称苍天。’此则苍昊为体；不如星辰之例。且天地各一，是曰两仪。天尚无二，焉得有六？是以王肃群儒，咸驳此义。”[①] 这段话虽以许敬宗的奏议出现，但却明显是在王肃“一天说”基础上发挥的，其中亦含王肃思想。从这段话中，我们可以看出，所谓“元气昊大”、“远视苍苍”等说法，已多少涵有自然之天的义蕴，此是从《周易》、《毛诗传》，一直到魏晋乃至王肃，自然之天思想向儒家经学中的渗透，在一定程度上反映了时代思潮的变迁与转型。

王肃礼学思想的再一个重要表现，是其“丘郊一祭”说。这一问题，实际上与“五帝非天”说是一个问题的两个方面。郊祀之礼，众说纷纭，莫衷一是。由于王肃礼注大多佚失，仅存佚文，不足以全面辨正，故仅以王肃礼注存者，与郑玄对照，仅得其大概而已。郑玄认为“圆丘”与“郊”是有区别的。按《礼记》，祀天地于郊，以其始祖配之，谓之禘。《礼记·大传》曰：“礼，不王不禘。王者禘其祖之所自出，以其祖配之。”郑玄注曰：“凡大祭曰禘。……大祭其先祖所由生，谓郊祀天也。王者之先祖，皆感太微五帝之精以生，皆用正岁之正月郊祭也。”[②] 又云：“禘、郊、祖、宗，谓祭祀以配食也。此禘，谓祭昊天于圆丘也，祭上帝于南郊曰郊。祭五帝、五神于明堂，曰祖、宗，祖、宗通言耳。下有禘、郊、祖宗。”[③] 这里，郑玄以“禘”为“圆丘”，祭昊天；以“郊”为“南郊”，祭感生之帝。即分丘郊为二也。

郑玄的“丘郊为二”说，受到王肃的诘难。王肃与郑玄相反，持“丘郊一祭”说，谓郊即丘、丘即郊，故丘郊一祭耳。他说：“玄（郑玄）以圆

①②③ 《礼记注疏》卷三十四引，《十三经注疏》整理本，第1162页。

丘祭昊天最为首礼，周人立后稷庙，不立喾庙，是周人尊喾不若后稷。及文、武以喾配至重之天，何轻重颠倒之失？所郊则圆丘，圆丘则郊，犹王城之内与京师，异名而同处。虞、夏出黄帝，殷周出帝喾，《祭法》四代禘此二帝，上下相证之明文也。《诗》云'天命玄鸟'，'履帝武敏歆'，自是正义，非谶纬之妖说。"[①]这是说，郑玄以圆丘祭昊天是诸祭中最重要的祭祀，以此区别郊祭感生之帝。在王肃看来，这种区分颠倒或割裂了"昊天"与"上帝"的关系，《祭法》所标示的虞、夏、殷、周四代所禘之黄帝、帝喾二帝，皆为"王者禘其祖之所自出"，而非郑玄所云"禘谓祭昊天于圆丘，郊为祭上帝于南郊"之谓。因此，在王肃看来，丘郊为二，乃"轻重颠倒之失"，其根源乃是受谶纬神学影响，把王之先祖皆看做是"感太微五帝之精以生"，因此祭祀应以祭统帅太微五帝的"昊天上帝"之禘为最重。

王肃认为，丘郊乃一祭之祭，不应为二，"郊则圆丘，圆丘则郊"，二者"犹王城之内与京师"，实乃"异名而同处"，故为一祭，而不应分祭。若依郑玄分郊丘为二，是"乱礼之名实"。《郊特牲》正义引王肃《圣证论》云："玄既以《祭法》禘喾为圆丘，又《大传》'王者禘其祖之所自出'，而玄又施之于郊祭后稷，是乱礼之名实也。按《尔雅》云：'禘，大祭也。''绎，又祭也。'皆祭宗庙之名。则禘是五年大祭先祖，非圆丘及郊也。"[②]王肃之所以不分郊丘为二，目的在于强调二者都是祭宗庙之名，无论是帝喾，还是后稷，皆周之先祖，皆以宗庙祭之，故不应再分郊丘二祭。而郑玄分郊丘为二，难免引起混乱，即一方面依《祭法》禘喾为圆丘，依《大传》禘其祖之所自出；而另一方面，"又施之于郊祭后稷"，岂后稷非其祖之所自出哉？此即"乱礼之名实"也。由此，王肃得出结论说：

郊即圆丘，圆丘即郊。所在言之则谓之郊，所祭言之则谓之

① 《祭法》正义引王肃《圣证论》，《十三经注疏》整理本，第1508页。

② 《郊特牲》正义引《圣证论》，《十三经注疏》整理本，第929页。

> 圆丘。于郊筑泰坛象圆丘之形。以丘言之,本诸天地之性,故《祭法》云:“燔柴于泰坛,则圆丘也。”《郊特牲》云:“周之始郊日以至。”《周礼》云:“冬至祭天于圆丘。”知圆丘与郊是一也。[1]

在王肃看来,所谓“郊”,是指祭祀地点;所谓“圆丘”,是指祭祀的名称。这好比在郊外某地筑泰坛,其坛象圆丘之形,其形本之于天地之性,二者本是一体,都体现为祭祀活动,如“燔柴于泰坛”,或“始郊日以至”,或“冬至祭天于圆丘”等。郑玄分郊丘为二,即是以“所在”为“所祭”,从而导致“所祭”失“所在”。这也构成王肃难郑“乱礼之名实”。郑玄混禘于郊,故有南郊之禘、圆丘之禘。其注《大传》云:“禘,大祭其先祖所由生,谓郊祀天也。王者之先祖皆感太微五帝之精以生。”此即南郊之禘。又注《祭法》云:“有虞氏禘黄帝,此禘谓祭昊天于圆丘也。”此即圆丘之禘。二禘所祀不同,故分丘郊为二。王肃不信谶纬,不从感生帝义,故谓丘郊一祭,并强调禘是“五年大祭先祖,非圆丘及郊也”。这实际上是否定郑玄禘为祭天之义,而力主禘为宗庙之祭。其争论的焦点,仍在“祖之所自出”这一问题上。承认禘为祭天,即等于承认“王之先祖皆感太微五帝之精以生”的纬书感生说;以“禘为宗庙之祭”,则追享其先祖所自出之帝,乃得姓所自出也。即前文所述“五帝皆黄帝之子孙,何太微之精所生乎”?

除上述“一天说”、“郊丘一祭说”外,王肃的礼学思想尚有“禘大袷小说”、“庙制议”、“丧礼议”等多项内容,其主旨多与郑玄相反。王肃之攻难郑氏礼制,反映了魏晋之际政治、思想、学术乃至礼仪典章制度的变迁与发展,同时也是时代思潮转型的重要表现。这种转型往往体现为政治与学术的综合运动,因此不能简单地把它归结为魏晋嬗代的政治斗争或政治需要,而是综合地、曲折地反映了时代的变迁和历史、思想、学术、文化的历史发展进程。

---

① 《郊特牲》正义引王肃《圣证论》,第929页。

（三）王肃的毛诗学及其要旨

从前面所列王肃与郑玄著述对照表中可知，王肃经学以礼学为最，其次便是诗学。郑玄诗学著述仅有三种，而王肃有五种。除《毛诗注》二十卷外，尚有《毛诗义驳》八卷、《毛诗奏事》一卷、《毛诗问难》二卷及《毛诗音》（未著录卷数）。

陆德明《经典释文·序录》说："郑玄作《毛诗笺》，申明毛义难三家，于是三家遂废矣。魏太常王肃，更述毛非郑。"《四库全书总目·诗类毛诗正义提要》亦云："自郑笺既行，齐、鲁、韩三家遂废。然笺与传义，时有异同。魏王肃作《毛诗注》、《毛诗义驳》、《毛诗奏事》、《毛诗问难》诸书，以申毛难郑。"但王肃的这些著作均已不传，马国翰《玉函山房辑佚书》分别辑有上述四书部分佚文及辑佚简序。对于《毛诗注》，马氏曰："辑录四卷，其说申述毛书往往与郑不同。案郑笺毛诗而时参三家旧说，故传笺互异者多。《正义》于毛郑皆分释之：凡毛之所略而不可以郑通之者，即取王注以为传意，间有申非其旨而十得六、七。"[①]《毛诗义驳》辑本序曰："肃注毛诗，以郑笺有不合于毛者，因复为此书。曰义驳者，驳郑氏义也。……辑录凡十二节。"[②]其对《毛诗奏事》曰："肃有毛诗义驳，专攻郑氏。此则取郑氏之违失，条奏于朝，故题奏事也。《隋志》以一卷著录，《唐志》不载，佚已久矣。今从《正义》採得四节……"[③]又于《毛诗问难》辑本序曰："此之问难，大抵亦申毛以难郑也。《隋志》云梁有二卷，亡。《唐志》复著录二卷，今佚。从《正义》所引辑录七节。与注及驳、奏相比次，王氏一家之学，萃于兹矣。"[④]

从上述对王肃毛诗学的叙述看，王肃诗学的建立，较之其易学、礼学来说，似乎更具有针对性。可以说，王肃诗学是在廓清或纠谬郑学基础上形成的，故要了解王肃的诗学思想，也必与郑氏诗学相对比，方

---

① 引文见马国翰：《玉函山房辑佚书》第1册，江苏广陵书社2005年版，第547页。

② 《玉函山房辑佚书》，第573页。

③ 《玉函山房辑佚书》，第575页。

④ 《玉函山房辑佚书》，第577页。

可知其大义。现仅从二者诗学佚文对比中，择其较具思想意义者论之。

王应麟《困学纪闻》卷三云："郑学长于礼，以礼训诗，是案迹而议性情也。"此说道出了郑玄诗学的一大特点，即以其擅长的礼学解释诗传，使其诗学失去了诗所特有的性情之趣，即泥于礼迹而有失性情。王肃攻郑，不以礼说诗，保持了诗体性情的特点，故其较得诗人作诗之原旨。

《邶风·绿衣》："绿兮衣兮，绿衣黄里。"《毛传》曰："兴也。绿，间色；黄，正色。"按《毛传》的解释："是以间色之绿不当为衣，犹不正之妾不宜嬖宠。今绿兮乃为衣兮，间色之绿今为衣而见，正色之黄反为里而隐，以兴今妾兮乃蒙宠兮。不正之妾今蒙宠而显，正嫡夫人反见疏而微。绿衣以邪干正，犹妾以贱陵贵。"[①]可见，绿、黄两色托喻贵贱失次，此《毛传》之义。王肃述毛，以《传》义释诗曰："夫人正嫡而幽微，妾不正而尊显。"[②]正是以绿、黄两色为间、正，为内、外，并以此喻贵贱失次之义，甚合《毛传》兴托之比，且简洁明了。反观郑玄，其《笺》曰："褖兮衣兮者，言褖衣自有礼制也。诸侯夫人祭服之下，鞠衣为上，展衣次之，褖衣次之。次之者，众妾亦以贵贱之等服之。鞠衣黄，展衣白，褖衣黑，皆以素纱为里。今褖衣反以黄为里，非其礼制也，故以喻妾上僭"。[③] 这里，郑玄以礼说诗，并改"绿"为"褖"，以附其礼说，实有违诗之托兴之体。按《周礼·天官·内司服》有"王后六服"说。诸侯夫人祭服有三种，祭服之下亦有三种，即郑玄所谓鞠衣、展衣、褖衣。按礼制，褖衣黑，以素纱为里，"今褖衣反以黄为里，非其礼制也，故以喻妾上僭"。郑玄破"绿"为"褖"，即是"案迹远情"之失也。不应以《周礼》无"绿衣"之称，而强改诗取绿衣之喻，"言礼者泥迹，兴喻者循情。情迹

---

① 《邶风·绿衣》孔颖达疏，《十三经注疏》整理本，第139页。

② 《毛诗正义》引，第139页。

③ 《毛诗正义》，第193页。

不同，义各有当，岂得强彼入此，而破字取义乎？论此者，难与论言外之旨矣”。[①]

又《小雅·甫田》：“倬彼甫田，岁取十千。”《毛传》解释说：“甫田，谓天下田也。十千，言多也。”郑玄《笺》云：“甫之言丈夫也。明夫彼太古之时，以丈夫税田也。岁取十千，于井田之法，则一成之数也。九夫为井，井税一夫，其田百亩。井十为通，通税十夫，其田千亩。通十为成，成方十里，成税百夫，其田万亩。欲见其数，从井、通起，故言十千。上地谷亩一钟。”[②]《毛传》仅用十数字解释“倬彼甫田，岁取十千”之义，而郑玄以井田之制释之，且训“甫”为丈夫，实拘于经制，系于实事，不免迂曲繁复，细碎杂芜，有碍诗之托物起兴，设譬言志之义，这样以礼说诗，易将诗意淹没在烦琐的礼制当中，造成诗礼混杂，各不成体，此应为说诗之一忌也。

王肃对这两句诗的解释，一反郑玄以礼说诗的体例，遵循毛传的说诗原旨，以为“太平之时，天下皆丰，故不系之于夫井，不限之于斗斛，要言多取田亩之收而已”。[③] 王肃述毛反郑，尤其指出对“倬彼甫田，岁取十千”的理解，不能像郑玄那样“系之于夫井”，“限之于斗斛”这些具体事物上，否则就会失去诗所表达的普遍性意义，从而使诗变成毫无意境的事物堆集。因此，“凡诗赋之作，皆总举众义，从多大之辞，非如记事立制，必详度量之数，‘甫田’犹下篇言‘大田’耳。言岁取十千，亦犹颂云‘万亿及秭’，举大数且协句。言所在有大田，皆有十千之收。推而广之，以见天下皆丰”。[④] 这就是说，王肃对诗的解释，反对拘泥于文字和名物的训诂，只有超越“记事立制”、“度量之数”、“丈夫井田”等具体“实事”，才能沟通义理，从而达到一种诗的意境和得到一

---

① 简博贤：《今存三国两晋经学遗籍考》，台北：三民书局1986年版，第224页。

② 《毛诗正义》引，《十三经注疏》整理本，第973页。

③ 《毛诗正义》，第975页。

④ 此为《毛诗正义》引孙毓说，有对毛传及王肃说之引申之义，见《十三经注疏》整理本，第975页。

种普遍性认识。可见，王肃的诗学，不仅仅楬櫫和还原以情言诗的义蕴，而且同其易学、礼学一样，在他的诗学中同样也潜涵着一种义理化倾向。

如前所述，在郑玄礼学中，以禘祭之礼及六天说，论证感生帝义。同样，在其诗学中，也屡引谶纬以阐其“感生说”。其中最典型的例子，是他对《商颂·玄鸟》、《长发》及《大雅·生民》等诗的解释。

其笺《商颂·玄鸟》“天命玄鸟，降而生商，宅殷土芒芒”句云：“天使鳦下而生商者，谓鳦遗卵，娀氏女简狄吞之而生契。……自契至汤八迁，始居亳之殷地而受命，国日益广大芒芒然。汤之受命，由契之功，故本其天意也。”[①]又笺《商颂·长发》“有娀方将，帝立子生商”句云：“帝，黑帝也。有女简狄，吞鳦卵而生契，尧封之于商，后汤王因以为天下号，故云‘帝立子生商’。”[②]因契谥号“玄王”，故称“黑帝”。按《礼纬》，商是水德黑帝之精，则殷人之祖出于汁光纪。此为郑玄在《礼·大传》注中所言：“王者之先祖，皆感太微五帝之精以生，苍则灵威仰，赤则赤熛怒，黄则含枢纽，白则白招拒，黑则汁光计。皆用正岁之正月郊祭之，盖特尊焉。”郑玄的这些看法，其指陈有二：其一，为天命玄鸟生商，乃是通过娀氏女简狄吞食燕卵而生契来实现的。故契即为感生之帝，出自太微五帝之一的黑帝汁光纪。其二，指陈天帝既命成汤有彼四方之国，所以不至危殆者，乃商之先君受天命之故，即“汤之受命，由契之功，故本其天意也”。这两点，实为“感生说”与“君权神授说”的具体表现形式，反映了郑玄对汉代“天人感应论”和“天命论”的继承和保留。

王肃在此虽失注（或有注而佚），但其所依据的《毛传》却不依谶纬，称：“汤之先祖有娀氏女简狄配高辛氏帝，帝辛与之祈于郊禖而生

① 《毛诗正义》《十三经注疏》整理本，第1700页。

② 《毛诗正义》《十三经注疏》整理本，第1709页。

契，故本其为天所命，以玄鸟至而生焉。"[①]《正义》释毛说："毛氏不信谶纬，以天无命鸟生人之理。……简狄高辛之妃，而云玄鸟至生商，则是以玄鸟至日祈而得之也，故以为春分，玄鸟降，汤之先祖简狄祈郊禖而生契也。玄鸟以春分而至，气候之常，非天命之所生契。"[②]这即是说，《毛传》认为，简狄非吞燕卵而生契，而是在玄鸟（燕子）于春分日从南方飞来时节，简狄随其丈夫高辛氏祈于郊禖（古之求子之祭）之后而生下契的。在《毛传》看来，简狄生契所以和玄鸟联系在一起，是因为其生契之时，正与玄鸟春分而至及从高辛氏祈于郊禖巧合在一起，"非天命之所生契"。故《正义》称"毛氏不信谶纬，以天无命鸟生人之理。"

对于郑玄笺所指陈的第二点"汤之受命，由契之功，故本其天意"，王肃驳曰："商之先君成汤受天命，所以不危殆者，在武丁之为人孙子也。"[③]即不以"天意"为命，而是以武丁之子孙善为天下，努力不懈为命。在王肃看来，汤之政权所以不危殆，不是由天意或天命决定的，而完全是人为的结果。王肃说诗，不依谶纬，不讲天命之义由此可见一斑。

郑王的上述之异，在解释《大雅·生民》关于姜嫄、后稷事则更为明显。《大雅·生民》一、二章原文："厥初生民，时维姜嫄。生民如何？克禋克祀，以弗无子。履帝武敏歆，攸介攸止。载震载夙，载生载育，时维后稷。诞弥厥月，先生如达。不坼不副，无菑无害。以赫厥灵，上帝不宁。不康禋祀，居然生子。"

郑玄笺"履帝武敏歆"曰："帝，上帝也。敏，拇也。介，左右也。夙之言肃也。祀郊禖之时，时则有大神之迹，姜嫄履之，足不能满。履其拇指之处，心体歆歆然。其左右所止住，如有人道感己者也。于是遂有身而肃戒，不复御。后则生子而养，长之名曰弃。舜臣尧而举之，是为

① 《毛诗正义》《十三经注疏》整理本，第1700页。
② 《毛诗正义》《十三经注疏》整理本，第1703页。
③ 《毛诗正义》《十三经注疏》整理本，第1705页。

后稷。"[1]这是说,在祀郊禖之时,有上帝大神留下的脚印,姜嫄见之,遂履此帝留下的脚印,因上帝大神的脚印太大,姜嫄履之而不能满,故仅履其拇指之处,时即心体歆然,意有所感,如有物在身之左右,且止住于身中,有如人道之精气感己者。于是则怀孕而有身,从此慎戒不复御。这是郑玄对《生民》诗第一章姜嫄如何怀孕所做的绘声绘色和充满想象力的解释。

接着郑玄又对《生民》二章"以赫其灵"以下四句作了解释,其《笺》曰:"康、宁皆安也。姜嫄以赫然显著之徵,其有神灵审矣。此乃天帝之气也,心犹不安之。又不安徒以禋祀而无人道,居默然自生子,惧时人不信也。"[2]这是说,姜嫄履迹而怀孕,并顺利产下后稷,这是神灵护佑的明证。但这毕竟是上帝的精气,而不是人的精气,天人道隔,而人生天胤,故姜嫄心不自安。又因只是通过禋祀神明而无人道交接,居处默然而生此子,因此又担心时人怀疑无夫而生子,心中更是惴惴不安,故有下章弃稷之文。

以上是郑玄对《生民》诗一、二章的主要释义,其核心思想仍是感生帝说。姜嫄履大神之迹而生后稷,与简狄吞燕卵而生契一样,同属感生之说。《河图》曰:"姜嫄履大人迹,生后稷。"《中侯·稷起》云:"苍耀稷生感迹昌。"《契握》云:"玄鸟翔水遗卵流,娀简吞之,生契封商。"《苗兴》云:"契之卵生,稷之迹乳。"[3]可见,郑氏感生说,盖皆本之谶纬取以笺诗也。

王肃申毛排郑,不信谶纬,而《毛传》解"履帝武敏歆"曰:"履,践也。帝,高辛氏之帝也。武,迹。敏,疾也。从于帝而见于天,将事齐敏也。歆,飨。介,大也。攸止,福禄所止也。"[4]毛氏的解释,以帝为人帝,以为禋祀郊禖之时,姜嫄随其夫高辛氏帝之后,故得践履其夫的

---

①④ 《毛诗正义》引,《十三经注疏》,第1240页。

② 《毛诗正义》,第1246页。

③ 《河图》、《稷起》、《契握》、《苗兴》之语,皆《毛传正义》引,见《十三经注疏》,第1245页。

脚印，行事敬而敏疾，故为神歆飨，于是为天神所佑，求子而得子。这种解释，排除了天人交接的神话，扬弃了谶纬感生之秘说，实为一种理性主义倾向，此亦《毛传》于三家诗之外，能够独传于世的主要原因。

针对郑玄"姜嫄不安"说，王肃注云："天以显著后稷之神灵降福而安之，言姜嫄可谓禋祀所安，无疾而生子。"[①]这里，王肃明显针对郑笺所谓姜嫄因"受天帝之气，心犹不安；又不安徒以禋祀而无人道"之"两不安"说。王肃认为，姜嫄无疾而生子，乃是"降福而安"、"禋祀所安"，持"两安"说，反对郑玄"两不安"说。王肃之所以持两安说，意谓姜嫄生稷，非履大神之迹而生，因此也就没有所谓"人生天胤"的问题，从而以"人生人胤"之进化说，化解"人生天胤"的感生说，这等于全盘否定了郑笺关于姜嫄生稷的神话。既然后稷非姜嫄感大神之迹所生，那么后稷是如何生育出来的呢？王肃取马融遗腹子义，以申毛难郑。其《生民》首章注曰：

> 帝喾有四妃，上妃姜嫄生后稷，次妃简狄生契，次妃陈锋生帝尧，次妃娵訾生帝挚。挚最长，次尧、次契。下妃三人，皆已生子，上妃姜嫄未有子，故禋祀求子。上帝大安其祭祀而与之子。身任之月，帝喾崩。挚继位而崩，帝尧即位。帝喾崩后十月而后稷生，盖遗腹子也。虽为天所安，然寡居而生子，为众所疑，不可申说。姜嫄知后稷之神奇，必不可害，故欲弃之，以著其神，因以自明。尧亦知其然，故听姜嫄弃之。[②]

王肃对姜嫄生稷的解释，完全消解了郑玄感生说所编织的神话，其意不信履大迹之事，而又不能申弃之意，故以为遗腹子，以驳"无夫生子"之说以及寡居遭嫌之议。王肃此解，虽也为编造，但却表达了"人生人胤"之历史观，扬弃了"天人感应"和"君权神授"的天命论及感

① 《毛诗正义》引，第1248页。
② 《毛诗正义》，第1249页。

生说。此正如其在《毛诗奏事》中所说："稷、契之兴，自以积德累功于民事，不以大迹与燕卵也。且不夫而育，乃载籍之所以为妖，宗周之所丧灭。"[①]这里，王肃把"稷、契之兴"与"宗周丧灭"作了历史的比较，得出兴亡之所由，正在于能否"积德累功于民事"。即天下兴亡在于"民事"，而不在于"大迹"、"燕卵"之神生、神佑。而周朝最后所以灭亡，正是由于幽王嬖爱"不夫而育"的褒姒，听信妖言，不务"积德累功于民事"，故导致宗周丧灭。

总之，王肃的诗学，与其易学、礼学一样，始终与郑玄相异，其中所贯穿的一条基本线索，即是对感生说的质疑和批判，从而动摇并削弱了郑玄经学的权威地位及其影响，为魏晋新思潮的出现，开辟了道路。其余如本节所未论及到的王肃书学、春秋学等等，其梗概大意亦多如此。

四、王肃经学评价及其意义

王肃生活于魏晋嬗代之际，政权的转移，社会的变迁，时代思潮的迭荡，以及思想学术的纷争纠葛等多种因素，无不对魏晋经学产生影响，并引起经学本身的内部运动。王肃经学思想的形成，即是这种多元互动的结果，同时也反映了经学家站在社会不同角度对原有传统经学的修正、调整，以适应现存社会需要的历史过程。这一进程往往不以人们的主观意愿为转移，它总是体现为思想与现实二者之间的因果互动，在这种互动之下，经学的发展变异便是不可避免的。从这一角度看王肃经学，皮锡瑞的"经学大蠹"之说便难能成立，而"党附篡逆"之言，也只能是学术批评的泛政治化表现而已。由此亦可以说，王肃经学的出现，乃是时代使然，此亦如郑玄经学的出现同样也是时代使然一样，单从政治或道德角度评说，就不足以揭示思想学术发展的内在根源。正因为郑玄是汉代经学的集大成者，故于时代转型之际，不

---

① 《毛诗正义》引，第1249页。

能不成为学术批评之鹄的，而这一过程早在王肃以前即已开始。

据《三国志·虞翻传》注引《翻别传》载，翻尝通过奏议，批评郑玄、荀諝、马融等对《周易》的解释，乃"多玩章句，虽有秘说，于经疏阔"。又奏"郑玄解《尚书》遗失事"，并认为："郑玄所注五经，违义尤甚者百六十七事，不可不正。行乎学校，传乎将来，臣窃耻之"。[①] 虞翻与孔融善，翻《易注》成，示孔融，融大为褒奖。由此可知，孔融亦对郑玄经学不满，其《与众卿书》云："郑康成多臆说，人见其名，学为有所出也。证案大较，要在五经四部书，如非此文，近为妄矣。若子所执，以为郊天鼓必当麒麟之皮也，写《孝经》本当曾子家策乎？"[②]可见，虞翻与孔融之唱和，非与康成意气之争也，时代变迁使然也。又据《颜氏家训》："吾初入邺，与博陵崔文彦交游。尝说王粲集中难郑玄《尚书》事"[③]云云，可知王粲亦难郑也。王粲曰："世称伊、洛以东，淮、汉以北，康成一人而已。咸言先儒多阙，郑氏道备。"[④]"粲窃嗟怪，因求所学，得《尚书注》，退思其意，意皆尽矣，所疑犹未谕焉，凡有二篇。"[⑤]由此可知，前有虞翻、孔融，后有王粲，此三人皆在王肃之前对郑玄经学产生怀疑和不满。且王粲又与荆州学派有关，按汤用彤、蒙文通等人的看法，荆州学派，乃是向郑学发难的主要学术阵地。汤用彤认为：

> 汉魏之际，中华学术大变。然经术之变为玄谈，非若风雨之骤至，乃渐靡使之然。……新义之生，源于汉代经学之早生歧异。远有今古学之争，而近则有荆州章句之后定。……宋忠之学异于郑君，王肃之术，故讦康成。王粲亦难郑之《尚书》。则荆州之士踔跑不羁。守故之习薄，创新之意厚。刘表"后定"，抹杀旧作。宋王之学，亦特立异。[⑥]

---

① 以上引文见《三国志·吴书·虞翻传》注引，第1322页。

② 《与众卿书》，载《全后汉文》卷八十二，商务印书馆1999年版，第839页。

③ 《颜氏家训集解》卷三，第183页。

④⑤ 引文见《新唐书·儒林下·元行冲传》，第5692—5693页。

⑥ 魏用彤：《魏晋玄学论稿》，《汤用彤全集》第四卷，第72—73页。

蒙文通亦言：

> 变汉儒之学者，始于刘表，大于王肃，而极于杜预、王弼、范宁、徐邈。刘表在荆州，集綦毋闿、宋忠、司马徽诸儒，为《五经章句后定》。是反康成异汉说者，莫不渊源于荆州，而子雍其最也。杜预、韦昭而下，集解之风大倡，莫不检取众家之长，而定一是说。专家之学息，而异说纷起。江左以来，遂滔滔莫之能止。[①]

据上述汤、蒙二先生之言，王肃经学的出现，实为汉魏之际时代变迁与学术思想转型的产物。其发展，乃“渐靡使之然”。其特点或意义简要地概括起来，可大致归纳为三个方面：

（一）摈弃谶纬，推引古学

《隋书·经籍志》曰：“王莽好符命，光武以图谶兴，遂盛行于世。汉时，又诏东平王苍，正五经章句，皆命从谶。俗儒趋时，益为其学，篇卷第目，转加增广。言五经者，皆凭谶为说。唯孔安国、毛公、王璜、贾逵之徒独非之，相承以为妖妄，乱中庸之典。故因汉鲁恭王、河间献王所得古文，参而考之，以成其义，谓之古学。当世之儒，又非毁之，竟不得行。魏代王肃，推引古学，以难其义。王弼、杜预，从而明之，自是古学稍立。”[②]从现存王肃经注佚文看，大体上符合《隋书·经籍志》的说法。如其《礼注》，以“一天说”反对郑玄的“六天说”，以“五人帝”取代“五天帝”。其《易注》，多以《易传》解经，反对郑玄以《易纬》立说；其诗学，亦反对郑玄以谶纬解释“天命玄鸟，降而生商”及“姜嫄履大神之迹以生稷”等感生说。

王肃力排谶纬，从前面所列郑王著述表的对比中可窥其一端，郑玄遍注纬书，王肃一无所述，这已清楚表明王肃对纬书的回避态度，故其经注不用谶纬便是一种自觉地选择，非出其偶然也。纬书在东汉所

---

① 蒙文通：《经史抉原》，转引自王志平：《中国学术史·三国两晋南北朝卷上》，江西教育出版社2001年版，第144页。

② 《隋书》卷三十二，中华书局1973年版，第941页。

以成为显学,原因固然很多,但其中的政治因素却十分明显,但仅从政治需要考察纬书的成因,也不够全面。从学术上看,它表现为神秘主义与理性主义的区别。如果说,魏晋时代是理性觉醒的时代,那么王肃排斥神秘主义的谶纬,便是其思想逻辑发展的应有之义。但由于谶纬之学在东汉经历了长达约二百余年的传播发展,几乎渗透到文化的各个方面,甚至大臣奏折,皇帝诏书,都动则称引纬书,其所形成的影响既深且钜,几乎成为一种思维贯性,就连力排谶纬的王肃本人,也难免受其影响。《三国志》王肃本传所载"鱼生武库"、"蚩尤之旗"等等,即为王肃所述。但不能因此抹杀他在经学中摈弃谶纬所具有的思想史意义及其对后世经学研究的深远影响。至于其"推引古学",也是一项基本事实。从《三国志》本传,到《隋书·经籍志》,再到皮锡瑞的《经学历史》,皆言王肃善贾、马古文,又兼通今文。而从王肃经注佚文看,其採古文说也大大多于今文说。故可谓王肃经学以古文为主,兼採今文。至于如何选取,则不拘一家,惟义所在(此点下面还会详述)。

(二) 删繁化简,引申义理

综观王肃经学佚文,并与郑玄对照,其有"删繁化简,引申义理"的特点。这在前面对王肃经学思想的分析中已可见一斑。如易学中,对《明夷》六二"明睇于左股"的解释,郑玄用 57 字,而王肃仅用 3 字;对《中孚》卦辞"豚鱼吉"的解释,郑玄用了 98 字,而王肃仅用了 16 字;在诗学中,对《噫嘻》"骏发尔思,终三十里;亦服尔耕,十千维耦"的解释,郑玄用 135 字,而王肃仅用了 15 字;对《烈祖》"嗟嗟烈祖,有秩斯祜"的解释,郑玄用 94 字,王肃仅用 10 字。在礼注中,对"天子犆礿,祫禘,祫尝,祫烝"的解释,郑玄用 112 字,王肃仅用 4 字;对"茧衣裳与税衣,纁袡为一"的解释,郑玄用 96 字,王肃仅用 6 字。等等,王肃注经之简约盖皆如此。

当然我们也应看到,对经典解释用字的繁简,只是一种形式,更重要的乃是形式与内容的统一。郑玄解经往往注重训诂而忽视义理,以其冗繁的训诂窒息了对经典所蕴涵的思想之诠释。这是汉代今古文的通病，而古文经学犹甚。故班固云："古之学者耕且养，三年而通一艺，存其大体，玩经文而已，是故用日少而畜德多，三十而五经立也。后世经传既已乖离，博学者又不思多闻阙疑之义，而务碎义逃难，便辞巧说，破坏形体。五字之文，至于二三万言。后进弥以义驰逐，故幼童而守一艺，白首而后能言。安其所习，毁所不见，终日自蔽。此学者之大患也。"[①]这种状况，至东汉以后，不仅没有改变，且愈演愈烈，除烦琐外，又加谶纬，妄谬其说，故《隋志》曰："六经之儒，不能究其宗旨，多立小数，一经至数百万言。……且先王设教，以防人欲，必本于人事，折之中道。上天之命，略而罕言，方外之理，固所未说。至后汉好图谶……先王正典，杂以妖妄，大雅之论，汩之以放诞。……驰骋繁言，以紊彝叙，谚谚成俗，而不知变，此学者之蔽也。"[②]这里，《汉志》、《隋志》均把烦琐、妖妄两事，看做是"学者之大患"或"学者之蔽"，经学面临着变革。

如果说王肃推引古学的目的，多在于扬弃充斥今文经学中的谶纬妄说，使经学从神学迷雾中解脱出来，以恢复经学的理性精神和现实性品格。那么王肃又综合今文，乃是吸收今文经学较为擅长义理的特点，以攻郑玄古文之繁碎所造成的对义理之遮蔽。在王肃看来，郑玄经学之所失，正是其今文中掺杂谶纬，而古文又陷入烦琐之章句。如果站在今古文不同学派的立场看王肃，则很难理解王肃的经学立场，正如皮锡瑞所指称的那样："肃善贾、马而不好郑，殆以贾马专主古文，而郑又附益今文乎？案王肃之学，亦兼通今古文，……故其驳郑，或以今文说驳郑之古文，或以古文说驳郑之今文。不知汉学重在颛门；郑君杂糅今古，近人议其败坏家法；肃欲攻郑，正宜分别家法，各还其旧，而辨郑之非，则汉学复明，郑学自废矣。乃肃不惟不知分别，反效郑君

---

① 《汉书》，中华书局 1965 年版，第 1723 页。

② 《隋书》，中华书局 1973 年版，第 947—948 页。

而尤甚也。”[①]皮氏自是不知王肃辨郑之非，即在于以今文说之义理，化约郑氏古文说之繁密；又以古文说之质直驳郑氏今文说之荒诞。因为烦琐会遮蔽或淹没义理；荒诞（谶纬）则易使义理变谬。故王肃不仅知今古文之分，且效郑君之综合古今，惟其对今古文之内容，自有取舍，而其取舍之标准是“惟义所在”。因为按着《汉志》和《隋志》的看法，无论今文还是古文，都同样存在烦琐和神秘主义，这乃是时代使然。因此，王肃经学综合古今的主要意义，乃在于既综合古今，又超越古今，从而克服“终日自蔽而不知变”的经学旧局面。

（三）援道入儒，潜创新说

张岂之先生在其主编的《中国儒学思想史》中首次提出一种说法，认为王肃“在经学衰微时代，引进了道家思想，把儒家的名教与道家的无为相互融合，建立了一种新的思想体系的雏形”。[②] 这一说法虽然有些夸大，但说王肃的经学视野已扩大到儒学以外的道家，却是可以成立的。对此，可以有以下几点证明。

首先是对“天”的看法。王肃在其礼注中，以“一天说”反对郑玄“六天说”。其所坚持的“一天”之天，非人格之天，实是对《毛诗传》“元气昊大，则称昊天；远视苍苍，则称苍天”的申说与继承。此与《庄子·齐物论》的“天之苍苍，其正色邪，其远而无所至极邪”的说法完全类似，已经有“自然之天”的义蕴。又郑玄《尚书注》对“禋于六宗”的解释，以“六宗”为天之神祇，即“星辰、司中、司命、风师、雨师”之谓。王肃引《家语》，以“四时也、寒暑也、日也、月也、水、旱也”为六宗。[③] 这也是以自然之物对“六天”或“六宗”的解释。又据《礼记·祭法》正义引魏明帝问王肃六宗，对曰：“坎为水、离为火、震为雷、巽为风、艮为山、兑为泽，乾坤六子也。”[④]此亦以水、火、雷、风、山、泽六种自然物为天也。

---

① 皮锡瑞：《经学历史》，台北：鸣宇出版社1970年版，第149—150页。

② 《中国儒学思想史》，陕西人民出版社1990年版，第265页。

③④ 见马国翰：《玉函山房辑佚书》第三册，广陵书社2005年版，第2044页。

其次是对“道”的看法。其注《周颂·昊天有成命》说:“言其修德常如始,日新之谓盛德也”;又注《周颂·我将》之“仪式刑文王之典,日靖四方”为“善用法文王之常道,日谋四方,维天乃大”。[1] 王肃引《易》之言,以“日新之谓盛德”解释“昊天有成命”,又以“善用法文王之常道”解释“仪式刑文王之典”。又注《大雅·思齐》“不闻亦式,不谏亦入,肆成人有德,小子有造”说:“不闻道而自合于法,无谏者而自入于道也,然则唯圣德乃然。故云性与天合。若贤智者则需学习,不能无过,闻人之谏乃合道也。文王性与道合,故周之成人皆有成德,小子未成,皆有所造为,进于善也。”[2]又注《大雅·皇矣》“帝迁明德,串夷载路”云:“天以周家善于治国,徙就文王明德,以其由世习于常道,故得居是大位也。”[3]这里所谓“闻道”、“入于道”、“合道”、“性与道合”、“习于常道”等具有从属性、具体性的道中,抽象出“道”或“常道”,实乃是对老子“道”或“常道”的借用。

第三,对“道”之内涵的看法。上述所谓“道”或“常道”,其内涵为何?王肃借孔子之口道出“道”的内涵:“贵其不已也,如日月东西相从而不已,是天道也。”[4]这是说,天道之所以为贵,即在于它“相从而不已”、“不闭而能久”、“无为而物成”这三大特点。这三大特点,都体现为自然而然,无为而然。因此,圣人就要顺应无为而自然的天道来治国、驭民、固位和保身。故“所谓圣者,德合于天地,变通无方,穷万物之终始,协庶品之自然,敷其大道而遂成情性。明并日月,化行若神。下民不知其德,睹者不识其邻。此之谓圣人”。[5] 这里所谓圣人,实际上已与《老子》中的圣人相差无几。他又借孔子的口说:“聪明睿知,守之以愚;功被天下,守之以让;勇力振世,守之以怯;富有四海,守之以

① 《王函山房辑佚书》第一册,第568—569页。
② 马国翰:《玉函山房辑佚书》第一册,第563页。
③ 《玉函山房辑佚书》,第563页。
④ 《孔子家语·大婚解》,时代文艺出版社2003年版,第23页。
⑤ 《孔子家语·五仪解》,第37页。

谦。此所谓损之又损之道也。"[①]至此,我们可看到,王肃所谓道,早已突破了儒家之道的内涵,"愚"、"让"、"怯"、"谦"、"损之又损",再加上前面的"无为"、"自然"等概念,俨然已由经注中的潜引道家,变成《孔子家语》的明引道家。其中最为明显者,莫过《观周》之文:孔子观周,"问礼于老聃","及去周,老子送之",且有临别赠言。由此,孔子"自周返鲁,道弥尊矣"。在周期间,"孔子入太祖后稷之庙。庙堂右阶之前有金人焉,三缄其口,而铭其背曰":

> 古之慎言人也,戒之哉,无多言,多言多败;无多事,多事多患。安乐必戒,无所行悔。勿谓何伤,其祸将长;勿谓何害,其祸将大;勿谓不闻,神将伺人。焰焰不灭,炎炎若何,涓涓不雍,终为江河。绵绵不绝,或成罗网。毫末不札,将寻斧柯。诚能慎之,福之根也。曰是何伤,祸之门也。强粱者不得其死,好胜者必遇其敌。盗憎主人,民怨其上。君子知天下之不可上也,故下之;知众人之不可先也,故后之。温恭慎德,使人慕之;执雌持下,人莫逾之。人皆趋彼,我独守此;人皆惑之,我独不徙。内藏我智,不示人技。我虽尊高,人弗我害,谁能与此?江海虽左,长于百川,以示其卑。天道无亲,而能下人,戒之哉![②]

如果说王肃在其经注中,由于受到经文的限制,还不能对道家思想畅其所言,那么,在其伪撰的《孔子家语》中,则随处见机发挥。此《金人铭》,无论是抄自它书还是其所独创,无论从语言文字还是从思想内涵,已足见其引进老子以为孔子张目,至此,我们已见其援道入儒矣。

总之,与郑玄相较,王肃经学的最显著特点,即在其摈弃谶纬、推引古学、删繁化简、引申义理、援道入儒、潜创新说。所谓"潜创",是指

---

① 《孔子家语·三恕》,第68页。

② 《孔子家语·观周》,第90页。此《金人铭》者,《御览》三百九十引为荀子之文,其小注谓"出于太公《金匮》、《家语》、《说苑》又载"。今本《荀子》佚之。以其文中明引《老子》,故其文晚出可知。

他还未能建立一种新的思想体系，只是在其经学中，有一种潜在的革新冲动。这种冲动，体现为经学内部的立异与纷争，由此推动了经学的发展。正如上世纪一位著名的日本汉学家所说："王肃在郑玄以外又出异说，以起波澜，对于经学不是恶结果，反而是欲造其极端，更给一转机，使回复其生命的。皮锡瑞说：'王学出而郑学衰。'然假令王肃祖述郑玄恰如元、明诸儒为宋儒之说作纂疏，愈加是没有生命的东西，同样，郑学反而更衰是无疑的。王肃所以出诡曲的异说，是由于易代革命不得已的事情，亦是个性敏锐的人物不堪立于人下所致。由此对于说经启示自由讨究的余地，实后来经学上伟大的功绩。"[①]这一评价可谓准的之论。

第二节　王弼经学的玄学化及其儒道会通思想

我们在王肃经学一节中，已经谈到，王肃与郑玄相较，其经学的显著特点，是其摈弃谶纬，推引古学，删繁就简，引申义理，援道入儒，潜创新说。而王弼经学，即是按着这条道路走下来的，只是比王肃走得更远。王肃还未能建立一种新的思想体系，而王弼则把王肃经学中潜在的革新冲动，引向经学的明显变革，并由此创造出一种新思想体系，遂使自东汉以来由扬雄、张衡、王充等人发轫开端的儒道融合会通的学术转型，由"渐靡"而至"顿变"。王弼经学以其《周易注》和《论语释疑》为代表，实现了由象数向义理的转变；开创了以老庄说易的先河。由此，作为六经之首的《周易》，率先进入了一个新的历史周期，从而使它在中国文化的演变进化中，具有了新的价值和意义。王弼亦由此成为名烁古今的经学大家。

---

① 〔日〕本田成之著，孙俍工译：《中国经学史》，上海书店出版社 2001 年版，第 174—175 页。

一、王弼家世与生平

王弼(226—249),字辅嗣,山阳高平(今山东邹县)人,生于魏文帝黄初七年,卒于魏废帝齐王芳正始十年。王弼一生仅活了二十四岁,但却为后世留下了许多质量很高、学术性甚强、影响力极大的著作,这些著作都具有创新性。尤其他开创了一代玄风,成为魏晋玄学的创始者;同时他又是一位具有划时代贡献的经学家,其《周易注》,东晋至唐以后,被列为学官,孔颖达称其为"独冠古今"之作。但对王弼的学术贡献,当时或稍后的人并未能完全认识,因此在陈寿撰著《三国志》时,并未为王弼单独立传,只在《钟会传》后,附简短数语。幸有裴松之在为《钟会传》作注时,引了何劭的《王弼传》和张华的《博物记》及孙盛的《魏氏春秋》,[①]才使我们今天能了解王弼的一部分家世及生平事迹。此外,有关王弼的生平事迹,还散见于《世说新语》、《三国志》、《晋书》等史籍传记资料中,但这些材料所记,均未超出《王弼传》及《博物记》所载内容。

关于王弼的家世出身,史籍记载并不详密。今天看来,若无《钟会传》注引《博物记》及《魏氏春秋》所载,王弼的家世出身将湮灭不传。《博物记》曰:

> 初,王粲与族兄凯俱避地荆州,刘表欲以女妻粲,而嫌其形陋而用率,以凯有风貌,乃以妻凯。凯生业,业即刘表外孙也。蔡邕有书近万卷,末年载数车与粲,粲亡后,相国掾魏讽谋反,粲子与焉,既被诛,邕所与书悉入业。业字长绪,位至谒者仆射。子宏字正宗,司隶校尉。宏,弼之兄也。[②]

---

① 何劭,西晋惠帝时为太子太师,通省尚书事,后转特近,累迁尚书左仆射。博学善属文,"陈说近代事,若指诸掌"。后迁司徒、太宰等官,著有《王弼传》、《荀粲传》,已佚。张华,仕魏为太常博士、著作佐郎等职。入晋征为太常、太子少傅、右光禄大夫、侍中、司空等职,著作有《博物志》、《张公杂记》等。孙盛,东晋经学家、史学家,著有《魏氏春秋》、《晋阳秋》等,均佚。

② 《三国志·钟会传》注引,《三国志》卷二十八,第796页。

从上述材料中我才可以得知：王弼的兄长王宏，他们的父亲王业，王业的父亲王凯，王凯与王粲是族兄，王凯之妻是刘表之女，故王弼为刘表曾外孙。又知蔡邕有书近万卷，末年载数车书与粲。粲亡后，其二子均参与魏讽谋反被诛，但为何“邕所与书悉入业”？《三国志》裴注引孙盛《魏氏春秋》：“文帝既诛粲二子，以业嗣粲。”即王弼的父亲王业，以族侄身份过继给王粲，即成为王粲的嗣子。王弼字辅嗣，抑或带有嗣孙继承光大祖粲之义。因此，若无《魏氏春秋》“以业嗣粲”一语，“邕所与书悉入业”的说法，便缺乏理由。故裴松之注引两书的这些文字，无疑对后世了解王弼这位在中国学术史上大放异彩的人物之身世，帮助甚大。又由此，我们才可通过王粲，上溯到王弼的四世、五世祖之家世情况。

据《三国志·王粲傳》，粲字仲宣，父谦，为大将军何进长史，“曾祖父龚、祖父畅，皆为汉三公”。这样我们即可把王弼的家族谱系联系起来，即：

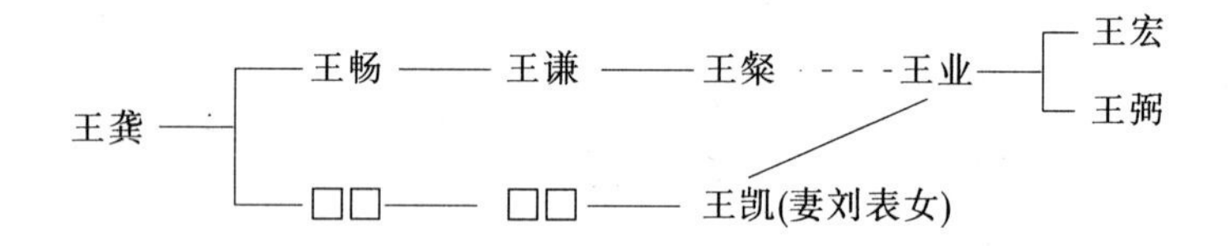

据《后汉书》王龚、王畅本传：龚，世为豪族，仕历安、顺两朝，官至太尉，善举贤士，深疾宦官专权，志在匡正，为东汉名臣。畅，仕历桓、灵之世，官至司空，秉承父志，在官严整，深疾豪族奢靡，故常布衣皮褥，车马羸败，以矫时弊。王粲，建安七子之一，汉魏之际著名诗人、文学家、名理学家。王弼生父王业，在魏任尚书郎，“位至谒者仆射”。其兄王宏，入晋曾任汲郡太守、卫尉、河南尹、大司农等要职，卒后追赠太常。可见，王弼家世，在汉晋之际，属世家大族。但其本支，看起来并不显赫，以其生祖王凯以上，史籍无载，而自其生父王业过嗣王粲后，才真正接续上这个显赫家族的传统。王弼之所以能够在暂短的一生中,造就学术上的异军突起,亦与这个家族的文化传统有极大关系(在下一节述及)。

至于王弼生平,也多以何劭《王弼传》所记为主要根据。《王弼传》说:“弼,幼而聪慧,年十余,好老氏,通辩能言。”又曰:“时裴徽为吏部郎,弼未弱冠,往造焉。徽一见而异之,问弼曰:‘夫无者诚万物之所资也,然圣人莫肯致言,而老子申之无已者何?’弼曰:‘圣人体无,无又不可以训,故不说也。老子是有也者,故恒言无所不足。’寻亦为傅嘏所知。”[①]这两条材料,说明王弼少年时期,即已崭露头角。“年十余”、“未弱冠”,皆指其成年之前,盖当正始中期以前,王弼约十五岁或十六岁左右,即为当时名士裴徽、傅嘏所知。

《世说新语·文学》载:“何晏为吏部尚书,有位望,时谈客盈坐,王弼未弱冠往见之。晏闻弼名,因条向者胜理语弼曰:‘此理仆以为极,可得复难不?’弼便作难,一坐人便以为屈,于是弼自为客主数番,皆一坐所不及。”此条材料,何劭《王弼传》未载。时间亦应在正始中期以前,与上述王弼往造裴徽的时间相若,即都在王弼弱冠之前。

又据《钟会传》载:“会弱冠与山阳王弼并知名。”钟会长王弼一岁,其弱冠时,王弼尚未弱冠,故弼当在十九岁(正始六年)。《王弼传》云:“弼与钟会善,会议论以校练为家,然每服弼之高致。何晏以为圣人无喜怒哀乐,其论甚精,钟会等述之。弼与不同,以为圣人茂于人者神明也,同于人者五情也。神明茂故能体冲和以通无,五情同故不能无哀乐以应物,然则圣人之情,应物而无累于物者也。今以其无累,便谓不复应物,失之多矣。弼注《易》,颍川人荀融难弼《大衍义》……”据这些材料的记载,可知王弼在弱冠前,即已与当时名士、才隽、高官在思想学术上有了较多的交流,并产生了较大的影响。尤其是与时任吏部尚

---

① 时裴徽、傅嘏,皆倾向司马氏。傅嘏与何晏不合,曾被何晏免官。其评何晏为“外静而内铦巧,好利,不念务本”,又指责何晏“言远而情近,好辩而无诚,所谓利口覆邦国之人也”。又言:“吾观此三人(指夏侯玄、何晏、邓飏)者,皆败德也,远之犹恐祸及,况昵之乎?”(《三国志·傅嘏传》及注引)足见当时政治斗争的复杂性。

书何晏的交往,引起何晏对他的欣赏和倚重。当时,司马氏集团正觊觎曹魏政权,双方展开了激烈的权力斗争,其中包括对士人及年轻士子的笼络和争夺亦在暗中进行。

何劭《王弼传》云:"正始中,黄门侍郎累缺。晏既用贾充、裴秀、朱整,又议用弼。"此时王弼22岁。[①] 但由于当时"丁谧与晏争衡,致高邑王黎于曹爽,爽用黎。于是以弼补台郎"。王弼还未正式踏上仕途便遭挫折,"黎夺其黄门郎,于是恨黎"。可见王弼还是很在乎黄门郎一职的得失。何晏出于无奈,"以弼补台郎"。台郎,尚书台之郎官,亦称尚书郎,要比黄门侍郎差一个等级。但不久,刚刚上任的黄门郎王黎病亡。此时王弼本有机会补黄门郎的空缺,因为这个职位本是由何晏推荐他做的,但曹爽再一次拒绝了王弼,而以王沈代黎,"弼遂不得在门下,晏为之叹恨",王弼对于政治盖亦由此"益不留意焉"。

曹爽屡不重用王弼,原因盖有三焉:一是曹爽对王弼的印象不佳。王弼"补台郎"之初,"觐爽,请间,爽为屏左右,而弼与论道,移时无所他及,爽以此嗤之。时爽专朝政,党与共相进用,弼通俊不治名高"(何劭《王弼传》)。在曹爽眼里,王弼只与论道,"移时无所他及",即没有在政治上表态并为他出谋划策,以"党与共相进用"的标准衡量,此谓政治立场不清,态度不明,故不能重用。二是从培养前途上看,王弼亦不适合。其中,"弼通俊不治名高"一语,是对王弼性格、能力的准确概括。其性格、能力在于"通俊"、"名高",而不在于治。即王弼本身是学术型而非治世型的人才。三是王弼虽"天才卓出,当其所得,莫能夺也",但他有"颇以所长笑人"、"为人浅而不识物情"的缺点,故为时人君子所疾。这一点从他与曹爽的谈话中亦可看出。但根本的原因还在于曹爽并不识人。其在正始年间所提拔的钟会、裴秀、贾充、王沈等

---

① 据《晋书·裴秀传》:"秀泰始七年薨,时年四十八",可知其生于魏文帝黄初五年(224)。又据《三国志·裴潜传》注引《文章叙录》:"秀……年二十五,迁黄门侍郎。"可知时在正始九年(248),时王弼22岁(周岁)。

黄门郎，在关键时刻都投靠了司马氏，甚至都成为晋朝开国的元勋之士。说明曹爽在当时并不得人心。

《王弼传》载："正始十年，曹爽废，以公事免。其秋遇疠疾亡，时年二十四，无子绝嗣。弼之卒也，晋景王闻之，嗟叹者累日，其为高识所惜如此。"由以上可知，王弼在正始九年23岁时，经过几番蹉跎，始得一"台郎"之官，但第二年(正始十年)春，时局发生巨变，司马氏发动高平陵政变，曹爽、何晏等曹魏重臣及政权骨干，几乎被一网打尽，皆伏诛、夷三族。至此，曹魏政权完全控制在司马氏手中，从本质上完成了政权的嬗代与转移。而只做了不到一年尚书郎的王弼也被免职，并于当年秋天因"疠疾"而亡，时年24岁。王弼亦由此结束了短促而充满传奇色彩的学术人生，为后人留下了几乎成谜的无尽暇想：一位不满24岁的青年，如何能在高才如云的中国学术史上，留下"独冠古今"的浓墨重彩？

综观王弼暂短的一生，其与政治并无太多关系，他虽然在弱冠后不久，企图参与仕进，并做了尚书郎，但时间不过一年，便被惨烈的政争所打断，不久便因病死亡。他的一生，除去婴幼儿期和其生命的最后两年，应该说其有效的学术撰述活动时间不会超过六年。因此，如果非要为王弼一生划分阶段的话，大致只可能划分为两个时期：从4岁至17岁为读书积累和知识消化时期[1]；从18岁至24岁为迸发新思想及广泛交流和学术撰述时期。因此，王弼的著作基本上应该是在18岁至24岁这六年中完成的。

二、王弼著述及其学术思想渊源

王弼一生虽然仅存二十四年，但其著述却异常丰富。以其短寿却

---

① 可参照钟会的读书经历，据《三国志·钟会传》注引会母传云："会年四岁授《孝经》，七岁诵《论语》，八岁诵《诗》，十岁诵《尚书》，十一岁诵《易》，十二岁诵《春秋左氏传》、《国语》，十三岁诵《周礼》、《礼记》，十四岁诵成侯《易记》，十五岁使入太学问四方奇闻异训。"钟会弱冠与王弼并知名，故王弼少年读书经历当与钟会相若。

著述丰赡,这在中国古代学术史上亦实属罕见。按历代史志及各类图书目录所著录,其著作多达十余种。计有:

《周易注》十卷　(《经典释文叙录》、《隋志》等)
《周易略例》一卷　(《释文叙录》、《隋志》)
《论语释疑》三卷　(《释文叙录》、《隋志》)
《周易大演论》一卷　(《旧唐志》,《新唐志》作《大衍论》)
《老子道德经注》二卷　(《释文叙录》、《隋志》等)
《玄言新记道德》二卷　(《旧唐志》、《新唐志》作《新记玄言道德》)
《老子指略》二卷　(《释文叙录》、《隋志》)
《道略论》　(《三国志·钟会传》注引何劭《王弼传》)
《老子杂论》一卷　(《隋志》注引)
《周易穷微》一卷　(陈振孙《直斋书录解题》)
《易传纂图》三卷　(焦竑《国史经籍志》)
《易辨》一卷　(《宋志》、《中兴馆图书志》)
《王弼集》五卷　(《隋志》)

以上十三种著作,虽均见于历代史志或各类藏书目录,但有些并不十分可靠。如《易传纂图》,首先,查王弼《周易注》,无一图式出现,因此可排除后人集王弼《易注》中的图式为《易传纂图》说;第二,王弼《易注》中,很少或几乎不注文字,不重训诂,因此更不可能以图式解说《周易》。以图解易,与王弼解易体例不合;第三,"查隋唐史志,并无纂图一类书名,至宋代图书之学兴,才有各种'纂图'出现"。[1] 由此可以断言,《易传纂图》非王弼所作,乃明以后,解王弼《易注》者为之。

至于《周易穷微》、《易辨》两书,皆出于宋代以后著录,其所以晚出,即属可疑。经王葆玹先生考证,此两书实为同书异名,并引陈振

① 王葆玹:《正始玄学》,齐鲁书社1987年版,第175页。"隋唐史志无纂图"说,并不十分严密,"纂图"即为图式,《隋志》易类即著录:"梁有《周易乾坤之象》、《周易新图》各一卷;又《周易普玄图》八卷,薛景和撰。"

孙、王应麟说，此两书皆“类《略例》”或“大类《略例》”。即把《周易穷微》、《易辨》两书，看做是王弼《周易略例》的类编，而非独立的著作。既然同意陈、王二氏《周易穷微》、《易辨》两书，皆“类《略例》”或“大类《略例》”的说法，即可得出：不仅《穷微》与《易辨》同书异名；而且《穷微》、《易辨》之与《周易略例》，亦应为同书异名。何以葆玹先生反得出“《穷微》、《易辨》都是《周易大衍论》的别名，并且是与《周易略例》不同的著作”？[①] 葆玹先生的这一结论，实令人费解。陈振孙、王应麟所以得出《穷微》、《易辨》“类《略例》”或“大类《略例》”，而不言“类《周易大衍论》”或“大类《周易大衍论》，即是因为他们看到过《穷微》与《易辨》的内容，多与《略例》相合，这是最具发言权的结论。且葆玹先生在其考辨之中，明确地引征了陈振孙《直斋书录解题》著录王弼《周易穷微》一卷后说：“称王辅嗣凡为论五篇。《馆阁书目》有王弼《易辨》一卷，其论《彖》、论《象》，亦类《略例》，意即此书也。”[②]很明显，“论《彖》”、“论《象》”，正是《周易略例》的主要内容，与《周易大演论》似无关系。且《周易大演论》至宋已佚，陈振孙、王应麟未能亲见其书，因此，据陈振孙、王应麟所见所议，《周易穷微》、《易辨》与《周易略例》同书异名、实为一书的看法是可以成立的。

至于《周易大演（衍）论》，情况比较复杂。其名称最早见于何劭《王弼传》。称“弼注《易》，颍川人荀融难弼大衍义，弼答其意”云云。所谓“大衍义”，盖指韩康伯《系辞注》引王弼不足八十字的所谓“大衍义”文。因这不足八十字的释文，发前人所未发，且对贯通《易》、《老》的形上学，起到振聋发聩的作用，故引起当时的争辩及后人的推崇。但《七录》、《隋志》等未见著录，孔颖达《周易正义》亦仅著录王弼《周易注》和《周易略例》，而《周易大演论》却未见著录。因此，《周易大演论》

① 《正始玄学》，第180页。

② 《正始玄学》，第178—179页。

的成书问题盖有两种可能：一、本无此书，何劭《王弼传》所称“荀融难弼大衍义”之“大衍义”三字，不是书名，而是“义指”（概括意义之旨），即是对王弼解《系辞》“大衍之数五十”之意的概括，而未成书；二，非义指，而是书名。即当时王弼已专就“大衍之义”写成专书或专文，但后来亡佚，故《七录》、《隋志》、《经典释文》等未能著录。

在上述两种可能中，第一种可能性最大。因王弼《易注》，在两晋即已产生巨大影响，至隋唐达至鼎盛，其《周易注》、《周易略例》不佚，奈何《大衍义》（或《周易大演论》）而独佚乎？很明显，新、旧《唐志》所著录的《周易大演论》（分别著录为一卷和三卷），已露出该书晚出之迹。不仅晚出，且编纂杂乱，已非何劭《王弼传》所标示的“大衍义”之专义微旨，而只是借“大衍义”之名，广编杂纂而已。[①] 正因这种散漫汇编的著作，其中虽必以王弼易学为主要内容，但与流传甚广的《易注》、《略例》多有重复，故不具版本价值，因此在其流传中，不久便归于亡佚。

总之，王弼著述流传下来的只有《周易注》、《周易略例》、《论语释疑》（部分佚文）、《老子注》、《老子指略》等六种。除《论语释疑》大部分亡佚、《道略论》、《王弼集》全佚外，可以说，王弼最主要的著作都保存下来了。而新、旧《唐志》及其以后的史志著录者，多为杂纂、汇编之类，故其虽亡，亦不足惜，因其未碍大局也。

关于王弼的思想学术渊源，自隋至清，学者多有论述，虽有不同看法，但其趋向基本一致。逮至近世，蒙文通、汤用彤等人亦多有阐发，使这一问题更趋明朗。总括古今议论，王弼经学（特别是易学的思想学术渊源），原其大略，盖有三端：

其一，可谓源自古文经学传统。据《隋书·经籍志》云，汉初，有施、

---

① 新、旧《唐志》除著录王弼《周易大衍论》外，尚著录有玄宗《周易大衍论》三卷、僧一行《周易大衍论》二十卷等。可见，该时的“大衍义”，已泛指易注易说或易论，而非指何劭《王弼传》中的“大衍义”专论。由此，王弼《周易大演（衍）论》盖仅为王弼易论汇编而已。

孟、梁、丘及京氏学，凡四家并立，而传者甚众。同时又有东莱费直传《易》，其本皆古字，号曰《古文易》，虽未得立于学官，但却大有其传。东汉陈元、郑众，皆传费氏易。后，马融又为其传，以授郑玄。玄作《易注》，荀爽又作《易传》，“魏代王肃、王弼，并为之注。自是费氏大兴”[①]据《隋书·经籍志》的说法，古学之兴，乃由于两汉之际谶纬之学盛行，俗儒趋时，附益其学，言五经者，皆凭谶纬为说，故有孔安国、毛公、王璜、贾逵之徒起，“因汉鲁恭王、河间献王所得古文，参而考之，以成其义，谓之古学。当世之儒，又非毁之，竟不得行。魏代王肃，推引古学，以难其义。王弼、杜预，从而明之，自是古学稍立”。[②]

从《隋志》的议论中，我们可以得到一个《古文易》的传授系统，即费直——马融——郑玄——荀爽——王肃——王弼。我们也须指出，在这个传授系统中，亦有许多复杂情况。因两汉的经学发展并非是一条直线，其中，今古文的交错互综至郑玄集大成。在郑玄经学中很难明析今古文的界限，但这并不影响经古文自身所具有的学术特征，特别是在易学的发展中，古文易学的最大特征在其扬弃谶纬。这一特征，越往后发展，表现越明显、越自觉，而至王弼则产生质的飞跃。因此，我们所以强调王弼经学的思想学术渊源，不在于表面确认形式化的师承关系，而在于揭示时代思潮转型所内涵的思想动因。如果离开这一点，我们便不能理解，何以王弼易学能超拔群儒而独冠古今？可以说，在王弼的易学体系中，古文易所开辟的思想道路，成为王弼易学思想的头脑和灵魂。因为以下所要论述的“渊源”，实皆离不开古文学传统。

其二，源自荆州学派后定之学。对此，近儒已论之详矣。汤用彤先生在其《王弼之〈周易〉、〈论语〉新义》一文中说：“王弼之《易》注出，而儒家之形上学之新义乃成。新义之生，源于汉代经学之早生歧异。

---

① 《隋书》卷三十二，第 912 页。

② 《隋书》，第 941 页。

远有今古学之争，而近则有荆州章句之后定。王弼之学与荆州盖有密切之关系。”[①]这是说，王弼易学的思想学术渊源，远有今古学之争，近有荆州章句之后定。今古学之争，前面已经述及，它作为一种远因，不仅对王弼产生影响，就是对整个荆州学派也产生巨大影响。在一定意义上说，荆州学派即是对经古文的延续和发展。荆州学派主要代表人物刘表、宋衷、司马徽、綦毋闿、李譔、尹默等人，其学多依准贾、马，异于郑玄。如《三国志·蜀志·李譔传》云：“譔父仁与尹默俱游荆州，从司马徽、宋衷等学。譔具传其业”，其著《古文易》、《尚书》、《毛诗》、《三礼》、《左氏解》、《太玄指归》等，“皆依准贾马”，即皆以经古文为归趋而创新义。

因此，王弼之《易》，源出古学，其最根本之途径乃是通过荆州后定之学而得其近因。这里也隐约地存在着一个荆州易学的传授系统，即刘表——宋衷——李譔——王肃——王弼。以上诸人皆治《周易》，且均有易著。在这一系统中，最有影响的人物当属宋衷。宋衷不仅治古文，且擅长太玄学。李譔学源宋氏，著《太玄指归》，王肃则直接从宋衷读《太玄》，且更为之解，撰《杨子太玄经注》七卷。从上述荆州易学的传播系统来看，其中一项最值得注意者，乃是太玄学已完全纳入当时务求创新的易学家的学术视野。在这一太玄学的思想运动中，可谓宋衷发其轫，而王肃集其成矣。

太玄学向易学的渗透，为根本上改变易学的面貌提供了基本的思想动力。如果说，王肃《太玄经注》七卷，集太玄学大成，但如何从根本上改变汉代易学面貌，融“太玄”于《周易》之中，则是王弼的任务。汤用彤先生率先指出了这一点，他说：“虞翻言‘经之大者，莫过于《易》。自汉初以来，海内英才解之率少。至桓灵之际，颍川荀谞(爽)号为知易’。可见汉末，孔门性道之学，大为学士所探索。因此而《周易》见重，并及《太玄》，亦当时学风之表现。而王弼之《易》，则继承荆州之

---

① 《汤用彤全集》第四卷，河北人民出版社2000年版，第73页。

风，而自有树立者也。”[①]

如果说，王弼易学从古学中主要吸取的是排斥谶纬，依理说经；那么他从延续并发展古文经学的荆州学派那里，主要得到两方面的启示：一是在解经体例上，上继古文学传统，下承荆州易学传统，即“引传证经”，“经传连合”和“以传附经”。虽其间各家深浅有别，但轻视后师章句，则基本相同。“《易》学至此，汉人旧说乃见衰颓，魏晋新学乃可兴起也”。[②] 二是在解经思想上，引进《老》、《庄》之学。此亦得益于荆州学派之太玄学传统及由太玄学上溯到汉代兼治《易》、《老》的传统。“汉代自严遵以来，兼治《老》、《易》之人固多矣。即若虞仲翔（虞翻）之《易》，世固谓之汉《易》矣。然于乾象引自胜者强，坤象引胜人者有力，屯卦辞引善建者不拔，下系引自知者明。以《老》、《庄》入《易》，不论其是否可为姤病，然在汉魏之时，此风已长，王弼用之，并非全为创举也。”[③]由此，我们亦可以大致勾画出王弼学术思想之易老结合之渊源，即：严遵——扬雄——王充——虞翻——王弼。

其三，家学渊源。焦循《周易补疏叙》云：“东汉末，以易学名家者，称荀、刘、马、郑。荀谓慈明爽，刘谓景升表。表之学受于王畅，畅为粲之祖父，与表皆山阳高平人。粲二子既诛，使业为粲嗣；然则王弼者，刘表之外曾孙而王粲之嗣孙，即畅之嗣元孙也。弼之学，盖渊源于刘表，而实根本于畅。”又云：“宏字正宗，亦撰《易义》，王氏兄弟皆以易名，可知其所受者远矣。”焦氏所言皆本自《三国志·钟会传》注引《博物记》及《魏氏春秋》。关于王弼家世前文已有所述，这里强调的仅是其家氏与汉末学术的关联亦十分紧密。

首先，王龚、王畅据后汉三公之位，在文化学术上亦占有重要地位和影响。刘表十七岁便从学于王畅，并在畅门下多年，关系密切。由

---

① 《汤用彤全集》，第74页。
② 《汤用彤全集》，第76页。
③ 《汤用彤全集》，第78页。

此可知,刘表之易学多源于畅。王畅又与荀爽的父亲荀淑有密切关系,《三国志·荀彧傳》注引《续汉书》云:"淑有高才,王畅、李膺皆以为师。"淑子爽,字慈明,汉末易学大家。王畅师事爽淑,授学刘表,而荀、刘恰为焦循所谓"东汉末,以易学名家者,称荀、刘、马、郑"之四家之半,而畅居其中,足贝其易学资源之深厚。不仅如此,且有王肃家学之交叉,王肃的父亲王朗早年师事杨赐,赐父秉,少传父业,兼明京氏易。杨秉、杨赐与王畅同时,且同朝为官,多有交往,故对杨氏易学应有所知。杨、王易学传至王肃,集其大成。且王肃与荆州学派关系密切,遂使王肃家学与刘表、宋衷之荆州易学发生关联。故王肃易学之所以成为王弼易学之先导,盖非偶然。这即是说,王弼家学传统,乃以王畅为中心,上承荀淑影响,下启刘表荆州之后定,中间又与杨氏易学交叉,遂成王弼家学之一大渊源。

王弼家学,至王粲达至一个新的高度。王粲为建安七子中最具有才气者。据《三国志》本传载,粲"博闻多识,问无不对";"性善算,作算术,略尽其理";参与制定朝廷典章制度,"兴一代之制";又善"校练名理"(《文心雕龙·论说》)。王粲对王弼的影响主要在两个方面:一是王粲的历史文化地位及思想影响;二是王粲所受蔡邕万卷书,粲死后,悉归弼父王业。王弼本是望门出身,其为刘表曾外孙、王粲嗣孙,而王粲曾祖王龚和祖父王畅,不仅为汉朝三公,且自有学术传统及有广泛的人脉及学术交游,其家族本身所积累的思想文化资源已足可观,再加上蔡邕的万卷藏书,已构成王氏家族培育出学术大家的所有必需的外部条件。仅就王弼所能看到的图书资料来说,在当时几乎无人能望其项背。《后汉书·王充传》注引《袁山松书》云:"充所作《论衡》,中土未有传者,蔡邕入吴始得之,恒秘玩以为谈助。其后王朗为会稽太守,又得其书,及还许下,时人称其才进。或曰,不见异人,当得异书。问之,果以《论衡》之益,由是遂见传焉。"又引《抱朴子》曰:"时人嫌蔡邕得异书,或搜求其帐中隐处,果得《论衡》,抱数卷持去。邕叮咛之曰:'唯我与尔共之，勿广也。'"[①]从这两条材料可知，当时能看到并阅读《论衡》的人并不多，王朗且能以《论衡》之益，称其才进，而况王肃、王弼之英才特进者乎？张湛《列子注序》亦言，其先君（盖张湛曾祖）与刘陶、傅敷（傅咸子），皆王氏之甥。永嘉之乱，图书散佚，张湛先祖即从扬州刺史刘陶处得《列子》四卷，在王弼女婿赵季子家得《列子》六卷，参校有无，《列子》书始得全备。可见，《列子》与《论衡》之类，盖皆蔡邕所赠之书也。永嘉之乱，晋室南渡，王氏家藏图书亦散佚矣。

综上所述，王弼的思想学术渊源，盖有以上三个方面，并构成远近两因。但一位学术大家的造就，仅凭外因还是不够的，此正如汤用彤先生所说："王弼之伟业，固不在因缘时会（"在"字前似应补一"全"字），受前贤影响。而多在其颖悟绝伦，于形上学深有体会。今日取王书比较严遵以至阮籍之《老子》，马融、虞翻之《周易》，王氏之注，不但自成名家，抑且于性道之学有自然拔出之建设。因其深有所会，故于儒道经典之解释，于前人著述之取舍，均随意所适。以合意为归，而不拘于文字，虽用老氏之义，而系因其合于一己之卓见。虽用先儒书卷之文，而只因其可证成一己之玄义。其思想之自由不羁，盖因其孤怀独往，自有建树而然也。"[②]

三、王弼易学的主要特点及其创新

王弼易学思想体系由《周易注》和《周易略列》两部分组成，《周易注》是其主体，而《周易略例》则是主体之侧翼。顾名思义，"略例"者，举释纲目，统明文理，错综而略録者也。它可以离开六十四卦的具体经文，而统论易理；而《周易注》则以六十四卦三百八十四爻之序为主，逐一加以解释，故注不能离经。故研究王弼易学思想，《易注》与《略例》不能相离。

---

① 《后汉书》卷四十九，中华书局 1965 年版，第 1629 页。

② 汤用彤：《魏晋玄学论稿》，《汤用彤全集》第四卷，第 78 页。

(一) 解《易》理论之创新

在中国易学史和老学史上,《易》与《老》基本上被分为两条不同的思想认识路线,因此也被看做是中国哲学的两大重要思想源头,故在王弼《周易注》产生以前,虽有古文家在注《易》的同时,也注《老》,但二者却难脱思想纠葛及章句旧习,遂使《易》理创新少而承袭多。很少能超拔前贤而独创体系。其中作得最好的要属扬雄《太玄》,其取老子玄义而独创玄经,而此"玄经"又非"易经"也。即于《周易》之易理未有针对性之突破,而是摹仿《周易》而另造新说。此非旧瓶装新酒,而是易旧瓶为新瓶,然后装玄义于新瓶之中,实使玄义受新瓶束缚而义理不彰。且仍未能解决《易》《老》之隔阂,《易》为《易》,《老》为《老》,二者不能融为一体,儒道亦各呈其殊,实有碍中国哲学理论思维的综合发展与中华文明之演进。

王弼之所以未像历史上那些经学大家遍注群经,而仅注《周易》、《论语》及《老子》,实际上却是抓住要害。对此,王弼在回答裴徽之问时便已露出端倪。在王弼看来,《易》与《老》、有与无、天道与人道,乃至儒家与道家、孔子与老子、本体与现象、理想与现实等,不能简单地分别高低,更不能绝对地加以隔裂,此即王弼《大衍义》之所由生也。其《大衍义》说:

> 演天地之数,所赖者五十也。其用四十有九,则其一不用也。不用而用以之通,非数而数以之成,其易之太极也。四十有九,数之极也。夫无不可以无明,必因于有,故常于有物之极,而必明其所由之宗也。[①]

可以说,王弼之《大衍义》是理解其《周易注》或其易学思想的一把钥匙,此即是把《老子注》中的有无、体用、本末思想融入《周易》的典型体现。在佛教思想未被中国化之前,《易》、《老》的结合和融汇,对充分吸

---

① 楼宇烈:《王弼集校释》,第547—548页。

收和消化佛教思想具有重要的理论意义。王弼的“大衍义”从两个方面论证体用、有无之相因相即:“一”为体,“四十九”为用。其一不用之体,正使四十九之用以通;其一非数之数,而四十九之数以成,故“一”为易之太极也。此证“用”不离“体”。但不能守此不变,离用而言体。因为“无不可以无明,必因于有”,无形之“体”必以有形之“用”来体现,此证“体”不离“用”。

汤用彤先生曾高度评价此说,认为“王弼注《易》,摈落象数而专敷玄旨,其推陈出新,最可于其大衍义见之。”并说:此说“立论极精,扫除象数之支离,而对于后世之易学并有至深之影响,诚中华思想史上之一大事因缘也。”[①]这里,“其推陈出新,最可于其大衍义见之”之语,可谓一语中的,深悟辅嗣易学创新之关键所在。考《周易正义》所引京房、马融、荀爽、郑玄、姚信、董遇诸子对大衍之数的解释,皆汉学象数之遗论,无关义理之深微。《正义》引京房云:

> 五十者,谓十日、十二辰、二十八宿也,凡五十。其一不用者,天之生气,将欲以虚来实,故用四十九焉。[②]

京房此说,乃源自《易纬乾凿度》:“五音六律七变,由此作焉。故大衍之数五十,所以成变化而行鬼神也。日十干者,五音也;辰十二者,六律也;星二十八者,七宿也。凡五十所以大阂物,而出之者也。”[③]

这里,京房及《易纬》所谓“大衍之数”,乃以五音之甲乙为角,丙丁为徵,戊己为宫,庚辛为商,壬癸为羽之十天干之数,加上十二辰,再加二十八宿,所凑成的五十为大衍之数,显然没有任何理论意义。其所谓“其一不用者”,实指“天之生气”的混沌状态,仍未脱离汉代宇宙构成论之藩篱。再看《正义》引马融及荀爽说:

---

① 《汤用彤全集》第四卷,第 54—55 页。

② 《周易正义》引,《十三经注疏》整理本,第 329 页。

③ 林忠军:《易纬导读》第 83 页,齐鲁书社 2002 年版。

马融云:“易有太极,谓北辰也。太极生两仪,两仪生日月,日月生四时,四时生五行,五行生十二月,十二月生二十四气。北辰居位不动,其余四十九转运而用也。”荀爽云:“卦各有六爻,六八四十八,加乾、坤二用,凡有五十。乾初九‘潜龙勿用’,故用四十九也。”①

按马融说,大衍之数五十,乃太极、两仪、日月、四时、五行、十二月、二十四气相加之总和,乃凑成五十之大衍之数。荀爽则以四十八爻加乾、坤二用,凑成五十,乾卦初九不用,故用四十九。这些解释都不免牵强附会。马、荀皆古文家,亦不免牵强。郑玄融合今古,亦无法摆脱困境,他的解释是:“天地之数五十有五,以五行气通。凡五行减五,大衍又减一,故四十九也。”②郑玄的解释,显然亦属牵合,且以天地之数为五十五(据《系辞》“凡天地之数五十有五”),与京房、易纬之“五十”说又生歧变,故又有姚信、董遇之流,牵强郑说,谓“天地之数五十有五者,其六以象六画之数,故减之而用四十九”。③

王弼之大衍义,对上述诸子旧论一概摈落,直取“其一不用”之义,而不用之“一”,命之曰“太极”。太极即一,一即太极,此亦所谓“道”也。王弼大衍义之“一即太极”说,明显来源于《老子》。其注《老子》三十九章云:

昔,始也。一,数之始而物之极也。各是一物之生,所以为主也。物皆各得此一以成,即成而舍以居成,居成则失其母,……守一则清不失,用清则恐裂也。故为功之母不可舍也。是以皆无用其功,恐丧其本也。④

又注《老子》四十章云:

---

① 《周易正义》引,《十三经注疏》整理本,第329页。

②③ 《周易正义》引,《十三经注疏》,第329页。

④ 楼宇烈:《王弼集校释》,第105—106页。

> 万物万形，其归一也。何由致一？由于无也。由无乃一，一可谓无。……从无之有，数尽乎斯，过此以往，非道之流。故万物之生，吾知其主，虽有万形，冲气一焉。百姓有心，异国殊风，而王侯得一者主焉。以一为主，一何可舍？愈多愈远，损则近之。损之至尽，乃得其极。[①]

王弼注《老》，得老子“一”之玄旨，以此用于注《易》，得“其一不用”之易道太极，此《易》、《老》结合之理论融合，使其对《易》之解释焕然一新。王弼《周易略例》说：“夫众不能治众，治众者至寡者也。夫动不能制动，制天下之动者，贞夫一者也。故众之所以得咸存者，主必致 也；动之所以得咸运者，原必无二也。物无妄然，必由其理。统之有宗，会之有元，故繁而不乱，众而不惑。故六爻相错，可举一以明也；刚柔相乘，可立主以定也。……故自统而寻之，物虽众，则知可以执一御也；由本而观之，义虽博，则知可以一名举也。”[②]由此，我们看到，王弼之《老注》与《易注》，以“一”而贯之。“一”即《老子》之道而《易》之太极。但考察《易》之原本，从先秦之《易传》，乃至汉代的各种易说，在解释“大衍之数”或易之“太极”时，均不以“无”立说，而王弼解《易》，拈出老子之“一”或“无”（“由无乃一，一可谓无”）来解释“太极”，即赋予“太极”以道家之义。其注《老子》六章云：

> 谷神，谷中央无者也。无形无影，无逆无违，处卑不动，守静不衰，物以之成而不见其形，此至物也。处卑守静不可得而名，故谓之玄牝。门，玄牝之所由也。本其所由，与太极同体，故谓之天地之根也。[③]

“本其所由与太极同体”，即谷神，即道。这样，《易》之太极，便是与老

---

① 《王弼集校释》，第117页。
② 《王弼集校释》，第591页。
③ 《王弼集校释》，第16—17页。

子的“道”、“无”、“一”等处于同等系列的范畴，而非汉儒所理解之太极也。“王弼虽知汉代宇宙学说，但其解《易》则扫旧说，专阐玄理”[①]，此即以玄学解易之实例，亦援《老》入《易》之新说也。汤用彤先生据此揭示玄学与汉学之别，认为玄学盖为本体论，而汉学则为宇宙论或构成论。如前文所引，汉儒如马融之“太极北辰”说、京房之“一为天之生气”说等等，皆以“太极”为天地未分之混沌，此即宇宙论或宇宙构成论之理论。按这种理论，万物始生于元气，“万物未形以前，元气已存：万物全毁之后，元气不灭。如此，则似万有之外、之后别有实体。如依此而言体用，则体用分为二截”。[②] 王弼以玄学解易或引《老》入《易》，其理论上的最大突破即在于以本体论取代了宇宙论，从而克服了宇宙论之体用二分的缺欠，此即其在《大衍义》中所强调的“夫无不可以无明，必因于有，故常于有物之极，而必明其所由之宗也”。

在一定意义说，王弼之《易》、《老》二注，即是这种“有无相明”、“体用相即”思想的体现。其通过注《老》，建立起“以无为本”的本体论；通过注《易》，则使这种本体理论，贯穿在社会人生的各个方面。在王弼看来，《老子》一书重在言道，而《周易》一书则重在事用。只有把道理落实在事用上，道理才不至凿空；反之，事用若无道理指导，则不免陷于质实和拘泥。因此，王弼注《易》，其最大特点，在即在于以“无”说“有”，以玄理说事用。故李鼎祚言：“自卜商入室，亲授微言，传注百家，緜历千古，虽竞有穿凿，犹未测渊深。唯王(弼)、郑(玄)相沿，颇行于代。郑则多参天象，王乃全释人事。”[③]后世多以李氏此言，病诟王弼偏滞人事而篡乱古经，而不知王弼《老》《易》相融、体用相即，实乃造就解易理论之创新，正在于以义理取代“天象”，或把象数融化于义理之中，从而真正在理论上达到“即体即用”、“明体达用”或“体用一如”的

① 《汤用彤全集》第四卷，第57页。

② 《汤用彤全集》，第57页。

③ 李鼎祚：《周易集解》第2—3页，中国书店1984年版。

理论高度。这不啻中国易学史和中国哲学史上的一场革命。故《经义考》引王宗炎曰:“辅嗣生当汉后,见象占之牵强拘泥,有乖于圣教,始一切扫除,畅以义理。天下耳目焕然一新,圣道为之复睹矣。”[①]黄宗炎这一看法,乃充分肯定了王弼以老庄解《易》所创之义理之学在易学史上的意义,实为颇有见地的看法。王弼《易注》扫除象数,畅以义理,使人耳目焕然一新,确有摧陷廓清之功。其对后世易学的发展亦有巨大的推动作用。后儒虽对王弼易学多有指斥,但其在易学史上的地位却一直未受动摇,其主要原因,即其解《易》理论之创新,此一创新,实开宋明义理学之先河。

(二)解《易》体例之创新

王弼易学不仅在其解易理论上有创新之义,且于《周易》文本及注经体例上,亦有所变动、发展和创新。这种变动和发展都体现了王弼易学创新之迹。朱彝尊《经义考》引宋代易学家李石《方舟易学》说:“王弼注易刻木偶为郑玄像,见其所误,则呼叱之。”这虽是一件异闻奇说,不论真假,但可反映王弼注《易》之求新求变精神。仅就《周易》文本说,经传合编亦是汉魏易学家对传统文本的改易。《经义考》引俞琰云:“易曰:‘初九潜龙勿用。’此爻辞也,文王之所作也。‘潜龙勿用,阳在下也。’孔子之所述也。古易爻传自为一篇,不以附经。自费氏以此解经,而郑康成传费氏之学,始移附各部经文之后,犹未若王弼以之分附于诸爻之下也。弼更以象爻置于爻辞之前,又于象辞之首并爻传之首,皆冠以‘象曰’二字,于是后人以象辞为大象,爻辞为小象。”[②]朱子亦言:“古易彖象文言各在一处,至弼始合为一,后世诸儒遂不敢与移动。”[③]可见,王弼对《周易》传统文本有改编之举。对此,后儒虽评说不一,但就其论彖与大象为一卦之体说,这种经传合编,对于经传对比、

① 朱彝尊:《经义考》册二卷十第8页,《四库备要·经部》,中华书局据扬州马氏刻本校刊。

② 《经义考》,第6页。

③ 《经义考》,第5页。

切近研究等给人带来的方便，不失为文本编纂体例的一种进步和创新。

至于王弼对解《易》体例的创新，则完全与其解《易》的思想理论相联系。解《易》体例是直接为其解易观点服务的，同时也是其解《易》体系的重要构成部分。所谓“体例”，是指对六十四卦卦名及卦爻辞的解释所采取的一种稳定形式或规范。通过解释，沟通卦爻象与卦爻辞之间的联系，并达到二者的一致。因为在《周易》的庞大体系中，卦爻象作为符号系统，在文字产生之前，即已成为先民认识世界和解释世界的一种方式，同时也作为筮法的重要数术手段来预测吉凶祸福。因此，在文字产生之前，它主要是通过对各种物象的模拟，设卦观象，以探求事物的变化。文字出现以后，又系辞焉而明吉凶。经过长期的实践，从中总结出一些具有一定概括性的方法条例，去解释卦爻象和卦爻辞，以便能够比较圆满地通释言、象所含有的意义，此即所谓“体例”。但要实现这一目的并不容易，仅靠一种或两种“体例”，并不能完全解决所有的矛盾。故“体例”越多，解释的余地也就越大，故从《易传》之十翼起，至汉代，便出现所谓取象说、互体说、爻位说、卦变说、爻辰说、旁通说、反对说、半象说、逸象说、约象说、两象说、特变说、御负说、谦位说等等，加在一起，不下几十种。仅逸象说所集之象，至汉末虞翻，即达一千二百八十七则，甚至出现“意动成象”，“人人言殊”，“牵强拘泥”，“穿凿附会”、“象既支离，理滋晦蚀”的局面。因此，精简或简化解易体例则势在必行。

王弼解易体例之创新，即是针对上述情况，在前人已有的一些解易体例的基础上，发展或重新提出新例，表现为解易体例之创新。这些创新，归纳起来，主要有取义说、一爻为主说、辩位说、爻变适时说等四个方面。[①] 本文所议，重点在阐明王弼取义说和爻变适时说在其解易体例中的地位、作用和意义，其余皆从略。

---

① 参见朱伯崑：《易学哲学史》第一卷第四章。

王弼解易体例之创新，主要体现为“取义说”和“爻变适时说”（亦可称“时变”说）两种。取义说重在扫象而言义理；爻变适时说重在“明爻通变”与“明卦适变”，而通变、适变又皆在“明时”。

取义说实际上亦源于“十翼”之《彖》、《象》二传，中间经过费氏、王肃、荀爽等人不同程度的阐发，至王弼集其大成。前面提到，汉易最突出特点是其象数学的发达，其中论象，虽亦源于《说卦》，但至汉末虞翻达至高峰。据《经义考》引朱震曰：“秦汉之时，易亡，孝宣时河内女子发老屋得《说卦》，至后汉荀爽《集解》又得八卦逸象三十有一。”惠栋《汉易学》称：“虞仲翔传其家五世孟氏之学，八卦取象，十倍于九家。”惠氏因述虞翻逸象，共得 331 事。张惠言著《周易虞氏义》，复增虞氏逸象 125 条，共得逸象 456 则。后又有清儒方申，尤精虞氏易，专门著有《虞氏易象》汇编，共得逸象 1287 则，可谓登峰造极。以《坤》象为例，《说卦传》仅有 12 则（坤为地、为母、为布、为釜、为吝啬、为均、为母子牛、为大舆、为文、为众、为柄、其于地也为黑）。至虞翻，坤象由《说卦传》的 12 则，猛增近十倍。据诸家考辨，虞翻之《坤》卦逸象计有 110 则：

> 坤为臣、为顺臣、为民、为万民、为姓、为小人、为邑人、为鬼、为形、为身、为牝、为母、为躬、为我、为自、为至、为安、为康、为富、为财、为积、为聚、为萃、为重、为厚、为致、为用、为包、为寡、为徐、为营、为下、为容、为裕、为虚、为书、为迩、为近、为疆、为无疆、为思、为恶、为理、为体、为礼、为义、为事、为业、为大业、为庶政、为俗、为度、为类、为闭、为藏、为密、为默、为耻、为欲、为过、为丑、为恶、为迷、为乱、为弑父、为怨、为害、为遏恶、为终、为永终、为敝、为穷、为死、为丧、为冥、为晦、为夕、为莫夜、为暑、为乙、为年、为十年、为户、为义门、为阖户、为闭关、为盍、为土、为积土、为阶、为田、为邑、为国、为邦、为大邦、为万国、为异邦、为方、为鬼方、为

裳、为绂、为车、为輹、为器、为缶、为囊、为虎、为兕、为黄牛、为牝牛。[①]

在上述一百多则坤象中,我们不难发现其烦琐、混杂、重复、矛盾等种种并无多少理据的传统取象说。在《周易》的发展过程中,取象说本有其合理因素,其来源于古人对自然界、人类社会及人所处之远近事物的仰观俯察,即《系辞》所说:"圣人有以见天下之赜,而拟诸其形容,象其物宜,是故谓之象。"这是指从本原上了解八卦的创制过程及其形成的机制原理,具有哲学反映论的特点。但当判断和考察卦爻象和卦爻辞的吉凶含义时,为了增加解释的范围,所立之象则越趋繁密。因为象如果不繁多,就不足以圆满解释卦爻象和卦爻辞之关系。因此,取象说便成为汉易解释学的最基本的占筮体例和解易体例。但尽管不断扩大象的范围和数量,仍不能满足卦爻所反映的客观世界的复杂性,因此在充分利用取象说解释功能的同时,又发明"互体说"的解易体例。而互体说的本质,实际上是为了成倍地扩大"象"的数量,以便在某一卦中能够找到与该卦的卦爻辞所诉诸的文字表达相统一的卦爻象,从而使卦爻象与卦爻辞的联系,成为一种"必然"的、可以解说的"互释"关系。这样,按互体说所创造的"一卦含四卦"的解易体例,其卦象便可增加四倍,从而使"圆满解释"的可能性亦增加四倍。如果再加上"变卦"体例,由"变卦"所得"之卦",亦含互体,这样,本卦与之卦所含之卦象,便是原来的八倍(包括互体产生的重复)。

自京房以二至四,三至五,各互一、三画之卦,至汉末虞翻又造"四爻互体法"、"五爻互体法"。四爻互体中又分"上四爻互体"、"中四爻互体"、"下四爻互体";五爻互体中又分"上五爻互体"、"下五爻互体",此即虞氏的"连互"之说。可以说,虞翻的"连互"说,即是通过对"互体"的推衍,使易象错综相生,连绵不绝,从而把汉易取象体例推向极

---

① 转引自简博贤《今存三国两晋经学遗籍考》第 57 页,台北:三民书局 1986 年版。

端而不知返。故王弼专门著《明象》以辨其异，提出“触类合义”之说：

> 解类可以为其象，合义可为其徵。义苟在健，何必马乎？类苟在顺，何必牛乎？爻苟合顺，何必坤乃为牛？义苟应健，何必乾乃为马？而或者定马于乾，案文责卦，有马无乾，则伪说滋漫，难可纪矣。互体不足，遂及卦变；变又不足，推致五行。一失其原，巧愈弥甚。从复或值，而义无所取。盖存象忘义之由也。忘象以求其意，义斯见矣。[①]

王弼的这段话，是其取义说的宗旨大纲。《系辞上》说：“方以类聚，人以群分”；又说：“触类而长之，天下之能事毕矣。”；《乾·文言》说：“本乎天者亲上，本乎地者亲下，则各从其类也。”这里的“类”字，有种属、种类之义。《孟子·告子上》：“凡同类者，举相似也。”《礼记·学记》：“九年知类通达”，郑玄注：“知类，知事义之比也。”可见，类又有“事义之比”的含义。故王弼“触类可以为象”之“触类”一词，不能简单地理解为“接触一类事物”或“与一类事物接触”。其可引申为“合类”或“知类”。而类又有“事义之比”之义，即一类事物的共性，亦即一类事物所共有之理或一类事物所共有之义。在王弼看来，“触类”是“为象”之前提，如果不了解义理，就不能更好地了解和运用易象。对此，王弼在其《乾·文言》注中说得更为明白。他说：

> 夫易者，象也。象之所生，生于义也。有斯义，然后明之以其物，故以龙叙乾，以马明坤，随其事义而取象焉。是故初九、九二，龙德皆应其义，故可论龙以明之也。至于九三，乾乾夕惕，非龙德也，明以君子当其象矣。统而举之，乾体皆龙；别而叙之，各随其义。[②]

这里，“随其事义而取象”、“龙德皆应其义，故可论龙以明之”，即前所

---

① 王弼：《周易略例·明象》，楼宇烈：《王弼集校释》下册，第 609 页。

② 楼宇烈：《王弼集校释》，第 215—216 页。

谓“触类可以为象”的注脚。或可以说，“触类可以为象”，即“随其事义而取象”；亦即卦象须应其义，方可论象以明之。否则即谓“不知类”或“不触类”也。因此，“触类可以为象”，是指随事义取象、应事义论象。取象、论象皆须以“触类”为基础，此其一也。其二，“合义可为其征”，是指其所象征的事物只有在符合其义理时，才具有意义。但符合义理之象，并不单指某一种物象，因为义理包含事物的共性，它是从多种物象中抽象出来的，因此在《周易》筮法的解释中，就不能拘泥于某一种物象以定其卦爻之义，否则就会出现矛盾而生伪说。

可见，王弼“触类合义”说的实质，乃在于强调以取义说修正或取代汉易取象说的烦琐和教条。从理论思维的角度看，王弼的取义说，乃是通过对《周易》占筮体例的改革创新，把《周易》的古老智慧，从传统占筮中解脱出来，从而把《周易》的象数之学转变为义理之学，“这在古代学术史上，可以说是一次解放”。①

“爻变适时”说，作为一种占筮体例，同样具有鲜明的义理学特征。虽然创立这种占筮体例的目的，仍是为了解释《周易》筮法中卦爻辞的吉凶悔吝，故仍属占筮范畴，但其中却包含了哲学或义理的思考。

王弼发挥了《易传》中“唯变所适”和“变通趋时”的观点，提出了“卦以存时，爻以亦变”的命题，从而创立了以“时”、“变”为核心的占筮体例。他说：

> 情伪相感，远近相追；爱恶相攻，屈伸相推；见情者获，直往者违。故拟议以成其变化，语成器而后有格。不知其所以为主，鼓舞而天下从，见乎其情者也。是故，范围天地之化而不过，曲成万物而不遗，通乎昼夜之道而无体，一阴一阳而无穷。非天下之至变，其孰能与于此哉！是故，卦以存时，爻以示变。②

① 朱伯崑：《易学哲学史》第一卷，第284页。

② 王弼：《周易略例·明爻通变》，楼宇烈：《王弼集校释》，第597—598页。

王弼的这段话，基本上源于《系辞》。但王弼思考的重点似不在于简单重复《系辞》的话，而在于强调：爻象的变化及爻与爻之间交互作用、感应排斥等，正是效法或体现天地万物乃至人事的运动变化。而这种变化，可谓千端万绪，“巧历不能定其算术，圣明不能为之典要；法制所不能齐，度量所不能均也。为之乎岂在乎大哉！”[①]在王弼看来，就是“巧历”、“圣明”、“法制”、“度量”等，对于包括天道、人事在内的“天下之至变”尚不能完全测知，更何况用某种固定不变的占筮体例去揣度卦爻之吉凶呢！这里，“为之岂在乎大”与前段引文“不知其所以为主”，都是反对用某种固定不变的占筮体例，去解释变动不居的卦爻之义。也就是说，某种占筮体例，虽然有时可以说通某卦某爻之关系，但不能概适用。这种例子在王弼《周易注》中比比皆是。如王弼在其《易注》中，也较多地运用了“比”的解释原则。其注《解》卦(䷧)九四“解而拇”时说：“失位不正，而比于三，故三得附之为其拇也。”意思是说，九四爻本是阳爻，却处于阴位，故曰“失位不正”。但九四爻与六三爻相邻，有“比”的关系，故曰“比于三”。因九四爻与六三爻相比，有着亲密关系，故六三附属九四而“为其拇也”。此即以“比”的占筮体例解释《解》卦之六四爻。但在王弼看来，这种占筮体例不是固定不变的，他在解释《屯》卦(䷂)六二“屯如邅如，乘马班如”时说：“志在乎五，不从于初。屯难之时，正道未行，与初相近而不相得，困于侵害，故屯邅也。时方屯难，正道未通，涉远而行，难可以进，故曰‘乘马班如。’”这里，王弼显然不再以“比”的体例解释《屯》之六二爻辞。按“比”的体例，六二与初九相比，但若以此解释六二，于义不通，故王弼以“志在于五，不从于初”之“应位”体例解之，并强调六二所处，乃屯难之时，正确的道路尚未打通，故“与初相近而不相得”。邢琦注曰：“近爻不必亲比，远爻不必相乘离。《屯》六二、初九爻虽相近，守贞不从”。此即王弼所言：“近不必比，远不必乘。……能说诸心，能研诸虑，睽而知其类，异而知其

① 《王弼集校释》，第597页。

通,其唯明爻者乎?"[1]这里所谓"明爻",即明变也。"观爻思变,变斯尽矣"。由此,王弼从其"明爻通变",进而提出"明卦适变通爻"之系统的"时变"说:

> 夫卦者,时也;爻者,适时之变者也。夫时有否泰,故用有行藏;卦有小大,故辞有险易。一时之制,可反而用也;一时之吉,可反而凶也。故卦以反对,而爻亦皆变。是故用无常道,事无轨度,动静屈伸,唯变所适。故名其卦,则吉凶从其类;存其时,则动静应其用。寻名以观其吉凶,举时以观其动静,则一体之变,由斯见矣。[2]

这即是说,卦的本质在"时",爻的本质在"变",此即《明爻通变》中所谓"卦以存时,爻以示变"之谓。而时与变又非孤立,它们紧密地联系在一起,故卦与爻之间的相互变化和与时推移,决定了卦爻的吉凶,如否时则需用藏,泰时则需用行。若不知行藏有时,则不吉。"卦有小大,辞有险易"语出《系辞》,韩康伯注曰:"其道光明曰大,君子道消则小,之泰则辞易,之否则辞险。"[3]故小大、险易,亦指卦时决定吉凶。"一时之制,可反而用也","制",止也、阻也。邢琦注:"一时有大畜之制,反有天衢之用。"即是引用王弼《大畜》(䷙)上九注:"处畜之极,畜极则通,大畜以至于大亨之时。……乃天之衢亨也。"按王弼注,"大畜"有"大阻(止)"之义。在王弼看来,大阻止到了极点,就会转化为大通,此即"一时之制,可反而用也。"

"一时之吉,可反而凶也",是指卦辞的吉凶与该卦各爻辞的吉凶,以及同一卦中各爻辞的吉凶所以有不同,其原因即在于其所处的时机不同。如王弼注《丰》(䷶)卦卦辞说:"大而亨者,王之所至。"《丰卦》象征丰满盛大,亦可引伸为"阐弘微细,通夫隐滞者也"。以丰亨不忧之

---

① 《王弼集校释》,第597页。
② 《王弼集校释》,第604页。
③ 韩康伯:《周易·系辞上注》,《周易正义》、《十三经注疏》整理本第312页。

德，宜处天中以普天下，是为吉也。此即以《丰》卦之制为吉。但《丰》卦上六爻辞却说："丰其屋，蔀其家，闚其户，阒其无人，三岁不觌，凶。"《丰》卦卦辞为吉，而其上六爻辞却为凶，王弼解释说："处于明动尚大之时，而深自幽隐以高其行，大道既济而犹不见，隐不为贤，更为反道，凶其宜也。"这是说，《丰》卦的主旨或时机本在于"明动尚大"，处此之时，正是"大道既济"而有所表现的时候，却"深自幽隐以高其行"，不能适时而动，违背"时变"之义，必然带来"凶其宜"的结果。其注该爻小象辞曰："可以出而不出，自藏之谓也。非有为而藏，不出户庭，失时致凶，况自藏乎？"此即以"时变"说或"趋时"说解释卦爻辞之间的矛盾。

又如《节》(䷻)卦初九爻辞说："不出户庭，无咎。"而该卦九二爻辞却说："不出门庭，凶。"同样都是"不出户(门)庭"，而结果却一为"无咎"，一为"凶"。对此，王弼亦用"时变"说加以解释。其注《节》卦初九曰："为节之初，将整离散而立制度者也。故明于通塞，虑于险伪，不出户庭，慎密不失，然后事济而无咎也。"其注该卦九二曰："初已造之，至二宜宣其制矣，而故匿之，失时之极，则遂废矣。故不出门庭则凶也。"在王弼看来，《节》之初九与《节》之九二的最大不同，即在于"时"。初九为创立制度的时期，因为知道出路已被阻塞，不出户庭意谓不能盲目节制，必须考虑到各种险伪，从而慎密周详地制定法度，这样才能于事有济而不出差错。而九二则是应该宣布这些制度的时候，因为初九已制定了制度，此时仍"不出门庭"，意谓制定了制度而不宣布，就会错过时机，坐以待毙。此谓"失时之极，则遂废矣，故不出门庭则凶也"。

以上皆为王弼用"时变"说解释"一时之吉可反而凶也"的占筮体例之具体运用。不仅卦辞与爻辞之间，或一卦中的各爻之间的吉凶悔吝可用"时变"说给以解释，而且对于反对卦亦可用"时变"说解释，此即"卦以反对，而爻亦皆变"。邢璹以《泰》、《否》两卦(反对卦)为例，解释王弼"卦以反对，而爻亦皆变"的看法，认为在王弼看来，《泰》之初九为"征吉"，《否》之初六为"贞吉"，虽然二爻皆吉，但其义有别。王弼认为,《泰》之初九所以“征吉”,因为《泰》卦之体,为大通之时,“三阳同志,俱志在外;初为类首,己举则从,若茅茹也。上顺而应,不为违距,进皆得志,故以其类征吉。”[①]而《否》卦与《泰》卦正相反对,三阳在上,三阴在下,故《否》卦之体为天地不交,万物闭塞不通之时,王弼注《否》之初六曰:“居否之初,处顺之始,为类之首者也。顺非健也,何可以征?居否之时,动则入邪,三阴同道,皆不可进,故茅茹以类,贞而不谄则吉亨。”这是说,《泰》卦之体为大通之时,《否》卦之体为闭塞之时,此谓“卦以反对”;《泰》之初九为阳,《否》之初六为阴,此谓“爻亦皆变”;阳为刚健,阴为柔顺,此谓“顺非健也”;刚健则利于出征,柔顺则利于守正,故《泰》之初九为“征吉”,《否》之初六为“贞吉”。邢璹注“卦以反对,爻亦皆变”亦说:“诸卦之体两相反,正其爻随卦而变。《泰》之初九‘拔茅,汇征’,《否》之初六‘拔茅,汇贞’。卦即随时,爻变亦准也。”[②]

王弼的时变说,把卦与时、爻与变紧密地联系起来,用以说明卦与卦、卦与爻、爻与爻之间的复杂关系,故观卦可以明时,观爻可以思变。观卦思时,时斯明矣;观爻思变,变斯尽矣。可以说,王弼继《易传》之后,最系统地把“时”、“变”的概念和原理引入对《周易》筮法的解释体系,其意义实已超越了单纯的筮法体例和占筮功能,从而把它上升为具有普遍意义的思维方式。这种“时变思维”,对中国哲学发生了极为深远的影响。根据这一思维方式,《周易》六十四卦的占筮结果,没有绝对的休与咎、吉与凶、是与非,一切都以时间、条件为转移,这就是王弼所谓的“用无常道,事无轨度,动静屈伸,唯变所适”。《周易》的六十四卦,三百八十四爻,可谓一卦一时,一爻一时。每一爻有变动,卦象和爻象就随之变动,没有超越时间、条件、绝对凝固不变的东西存在。这样,《周易》就以自己特有的思维方式,说明事物的性质,人与外界的关系,其中包括对占筮体例和占筮结果本身认识的相对性,其主旨即

---

① 王弼《泰卦》初九注,《王弼集校释》,第277页。

② 《王弼集校释》,第605页。

在于要求人们按时而动，要求人们根据外部条件，把握时机，由此决定自己的行动及取舍。如果说，取义说构成王弼易学大厦的基础，对传统易学有廓清之功；那么，时变说则是王弼解易体系的灵魂，为中国易学乃至中国哲学拓展了辩证思维的道路。这两点构成王弼易学解释学最具创新意义的两条最基本的解释体例。

(三) 解《易》方法之创新

王弼之解《易》方法，在中国易学史上亦可谓创新之举。实际上，前面所述及的王弼对《周易》解释的所谓理论创新、体例创新，在一定意义上说，都具有方法论意义。也就是说，理论与方法之间，并没有绝对界限，其区别似仅在于形式与内容、手段和目的之间的关系。王弼易学体系之建立，从根本目的上说，始终是为了变革汉代的学术旧习，其中包括今文经学天人感应的神学体系和古文经学训诂考据的支离烦琐，此二者共同构成汉代学术的主流。

就《周易》的研究情况看，汉代象数派的易学，要么把《周易》看做是受阴阳卦气支配的宇宙全息，企图以象数学的方法，达到对宇宙生成发展及变化的全部认识；要么以《周易》为占筮工具，附会天象与人事之间的感应关系，以探测吉凶福祸的根源。这样，"汉代象数派的易学不仅破坏了《周易》原有的逻辑结构，作了花样翻新的排列，而且歪曲了《周易》的性质，使它的哲学思想屈从于神学的支配。……汉代象数派的易学没有为王弼提供什么可以直接利用的成果，而只是设置了许多障碍。王弼必须针对这种情况来运用自己的方法。"[①]这里，论者虽然对汉易象数派的批评有些过头，但对于王弼易学解释所面临的困境，却有极为独到的体认。若不能对《周易》的解释提出新的方法，也就不能打破汉易象数之学所建立起来的极为牢固的思想藩篱。汤用彤先生在其《魏晋玄学论稿》中探讨魏晋玄学之方法时亦认为：研究时代学术之变迁，尤应注意研究其变迁之理由，"新学术之兴起，虽因于

---

① 任继愈主编：《中国哲学发展史》魏晋南北朝卷第125页，人民出版社1988年版。

时风环境，然无新眼光新方法，则亦只有支离片断之言论，而不能有组织完备之新学。故学术，新时代之托始，恒依赖新方法之发现。”[1]这个新方法，即魏晋时期被普遍称道的“三理”之一的“言意之辨”。[2]

汤用彤先生最先提出“言意之辨”为王弼解《易》之新方法，亦魏晋玄学之新方法。他说：“夫具体之迹象，可道者也，有言有名者也。抽象之本体，无名绝言而以意会者也。迹象本体之分，由于言意之辨。依言意之辨，普遍推之，而使之为一切论理之准量，则实为玄学家所发现之新眼光新方法。王弼首唱得意忘言，虽以解《易》，然实则无论天道人事之任何方面，悉以为之权衡，故能建树有系统之玄学。夫汉代固尝有人祖尚老庄，鄙荡事功，而其所以终未舍弃天人灾异通经致用之说者，盖尚未发现此新眼光新方法而普遍用之也。”[3]汤用彤此论有三点可特别注意：一是可称为“方法”者，可以“普遍推之，而使之为一切论理之准量”；“无论天道人事之任何方面，悉以为之权衡”。这里，“准量”、“权衡”，皆有标准之义。《墨子·天志中》：“中吾矩者，谓之方；不中吾矩者，谓之不方。是以方与不方，皆可得而知之。此其故何？则方法明也。”故“言意之辨”作为方法，即有以其作为判别或衡量一种理论是否能够成立的标准、尺度。二是，可称为“方法”者，必有其普遍适用性，即“普遍推之”、“普遍用之”、“悉以明之”、“此后可得而知之”。三是突出一个“新”字，即以前对此虽有所知，却未加运用。王弼用之，且“悉以为之权衡”。以上三个方面，足以说明，“言意之辨”作为王弼解《易》方法之创新，完全可以成立。

从言意之辨的史料或缘起说，其起源甚早。先秦诸子如孔、老、墨、孟、庄等，对此似皆有所涉及。《论语·阳货》记有孔子与子贡的对话：“子曰：‘予欲无言’。子贡曰：‘子如不言，则小子何述焉？’子曰：

① 汤用彤：《魏晋玄学论稿》，《汤用彤全集》卷四，第 22 页。

② 《世说新语·文学》：“旧云：王丞相过江左，止道声无哀乐、养生、言尽意三理而已。然宛转关生，无所不入。”

③ 汤用彤：《魏晋玄学论稿》，《汤用彤全集》卷四，第 22—23 页。

‘天何言哉？四时行焉，百物生焉，天何言哉？’”这里，虽未言意对举，但王弼对此即以言意之辨解之，后人亦以此为言意之辨的源头。《老子》一书，虽也未言意对举，但其“道可道，非常道；名可名，非常名”以及夷、希、微三者不可致诘之说，皆有言意相关之蕴。《墨子·经上》说：“循所闻而得其意，心之察也”；“执所言而意得见，心之辨也”。意思是说，根据所听到的而能把握言语中的真意，是心(思维)敏察的结果；凭借自己的言辞而能把自己的意思表达出来，这是心灵能明辨的缘故。这里，已见言意的对举。孟子自称知言，其批评告子“不得于言，勿求于心，不可”，又言“尽信书，则不如无书”。这里的“书”，虽然专指《尚书》，但其引申亦可为言，亦多少含有言意之义。至庄子，言意之辨或言与意这对范畴始渐明确。庄子曰：

> 世之所贵道者书也，书不过语，语有贵也。语之所贵者意也，意有所随。意之所随者，不可以言传也，而世因贵言传书。世虽贵之，我犹不足贵也，为其贵非其贵也。故视而可见者，形与色也；听而可闻者，名与声也。悲夫，世人以形色名声为足以得彼之情！夫形色名声果不足以得彼之情，则知者不言，言者不知，而世岂识之哉！[①]

庄子的这段话大致是说，世人之重道往往是重在书本上，而书本不过是语言文字的堆积。语言文字虽然有它的可贵处，但其可贵并不在语言文字本身，而在其所蕴涵的意义。而意义总是有所指向，其所指向的，却是不能用语言文字来表达。而世人因为贵重语言才传之于书。世人虽贵重书，我却以为不足贵，因为世人贵重的并不是真正应该贵重的。在庄子看来，世间的形色、名声，乃至语言、文字、书本，都不足以确知事物的真实。由此可见，庄子在言意关系上，主张“意之所随者，不可以言传也”，即认为言是不能完全表达意义的。不仅言不能表

---

① 《庄子·天道》，陈鼓应《庄子今注今译》中册，第356页，中华书局1983年版。

达意义，甚至意也有不能致者。庄子说：

> 可以言论者，物之粗也；可以意致者，物之精也；言之所不能论，意之所不能致者，不期精粗焉。[①]

在庄子看来，可以用语言讨论的，是粗杂的事物；可以用意理传达的是精细的事物。至于语言所不能议论，义理所不能传达的那就不期限于事物的精粗大小了。"不期精粗"者，实为老子的"无"和"道"之类。无和道，不仅语言不能讨论，就是"意"理亦不能达至。郭象注说："唯无而已，何精粗之有哉！夫言意者有也，所言所意者无也，故求之于言意之表，而入乎无言无意之域，而后至焉。"[②]从上述庄子的两条引文及郭象注来看，庄子不仅主张言不尽意，且有"无言无意"之倾向。但《庄子·外物》提出的筌蹄之喻，却又有不同。《外物》篇说："筌者所以在鱼，得鱼而忘筌；蹄者所以在兔，得兔而忘蹄；言者所以在意，得意而忘言。吾安得夫忘言之人而与之言哉！"这里，《外物》的"得意忘言"论，似乎又修正了外篇《天道》、《秋水》的"言不尽意"论。可见，关于言意之辨的思想，在《庄子》书中是不一致的。但从整体上说，包括老子和庄子在内的道家，基本上主张言不尽意却是可以确定的。

从文本角度说，"言不尽意"的命题首次见于文献者，在《易传·系辞》。由此亦可推测《系辞传》的成书，似应晚于《庄子》的《天道》、《秋水》，而约与《外物》同时或稍早。《系辞上》说：

> 子曰："书不尽言，言不尽意。然则圣人之意，其不可见乎？"子曰："圣人立象以尽意，设卦以尽情伪，系辞焉以尽其言，变而通之以尽利。"

这段话，乃借孔子之口说出，实际上却是《系辞传》作者自己的看法。历史上对这几句话的解释并不十分清楚。《系辞》原文既说"言不尽

---

① 《庄子·秋水》，《庄子今注今译》中册，第418页。

② 郭象：《庄子·秋水注》，郭庆藩：《庄子集释》第三册，第573页，中华书局1961年版。

意”，又说“圣人立象以尽意”。到底言尽意，还是言不尽意，并没有明确地回答，故引起后人解释的混乱。如有论者认为《系辞》作者表现了一种调和论的观点，既承认言不尽意，又立即补充说“立象以尽意”。汤用彤先生在理解这句话时，也只是说“夫易建爻象，应能尽意（参看李鼎祚《集解》引虞翻、陆绩、侯果、崔憬之注），其曰‘言不尽意’者自有其说。”[①]查李鼎祚《集解》引虞、陆、侯、崔之注，对“言不尽意”亦未多言，故汤用彤先生“‘言不尽意’者自有其说”的说法亦值得考辨。

据前面所引《庄子》：“书不过语，语有贵也。语之所贵者意也，意有所随。意之所随者，不可以言传也。”这几句话，从《系辞》作者的角度看，“书不过语”，即“书不尽言”；“意之所随，不可言传”，即“言不尽意”。故《系辞》“子曰：书不尽言，言不尽意”，不应看做是《系辞》作者的观点，而应是《系辞》作者托名于孔子对庄子或道家在言意问题上看法的概括，并把它作为反面材料加以徵引。因为在引出这两句话后，语气明显地发生转折，称“然则圣人之意，其不可见乎？”这是一种明显的诘问。即不同意“书不尽言，言不尽意”的看法，故接下来又托名孔子对自设的诘问加以回答，称“子曰：圣人立象以尽意，设卦以尽情伪，系辞焉以尽其言。”可见，立象以尽意，系辞以尽言，与书不尽言，言不尽意，是完全相反的判断，很难把它们折衷在一起。这也说明，从春秋末至战国中后期，关于言意的讨论，至《系辞传》的出现，又有了新的进展。儒家阵营的人开始把言意之辨正式引入对《周易》的讨论，并强调了象可以尽意，辞可以尽言，从而开启了汉代易学的发展。

汉易的最大特点是象数学的发达，在今古文经学的推动下，易学的研究以象数学为基础，最后走上了机祥灾变和支离烦琐的道路，受到魏晋思潮的质疑和批判，荀粲的言不尽意论便由此而生。《三国志·魏书·荀彧传》注引何劭《荀粲传》云：

---

① 《汤用彤全集》卷四，第24页。

> 粲诸兄并以儒学论议，而粲独好言道，常以为子贡称夫子之言性与天道，不可得闻，然则六籍虽存，固圣人之糠秕。粲兄俣难曰："《易》亦云圣人立象以尽意，系辞焉以尽言，则微言胡为不可得而闻见哉?"粲答曰："盖理之微者，非物象之所举也。今称立象以尽意，此非通于意外者也；系辞焉以尽言，此非言乎系表者也。斯则象外之意，系表之言，固蕴而不出矣。"

在这段材料中，荀俣难荀粲时，所引《易》云，只引"圣人立象以尽意，系辞焉以尽言"，而未引"书不尽言，言不尽意"，可见其亦不以"书不尽言，言不尽意"一语为孔子的观点。上述粲俣兄弟的辩论，正是典型的言尽意与言不尽意的辩论。荀粲所持的观点，即来自《庄子》："古之人与其不可传也死矣，然则君之所读书，古人之糟魄已失！"[①]故《易》引圣人之言，亦同于糟粕，不足为据。可见，荀粲的批评，乃直指《系辞》的"圣人立象以尽意"、"系辞焉以尽其言"的言尽意论，认为理之微者，不是物象所能表达的，故立象以尽之意，非"意外"之意，系辞以尽之言，非"系表"之言，这是因为"象外之意"、"系表之言"，本来就是"固蕴"而不能表现的。荀粲的"意外"、"象外"之说，是对道家言不尽意论的发展，以后至张韩的"不用舌"论，达到极端，此亦后来郭象"求之于言意之表，而入乎无言无意之域，而后至焉"之谓。

王弼的"得意忘象"、"得意忘言"之解《易》方法，即是在上述理论背景中产生的。其思想的基本宗旨，既不是言尽意论，也不是言不尽意论，而是在充分吸收老庄道家言不尽意思想基础上，综合儒道。

为此，王弼专门著有《明象》一文。在该文中，王弼系统地梳理了春秋战国以来儒、道、墨、名、法及《系辞传》等各家关于言意之辨的思想资料，并把它引入《周易》的解释系统，对《周易》的卦象、卦辞及卦义三者之间的关系做了全面的阐述。《明象》一文，与其《大衍义》一样，

① 《庄子·天道》，陈鼓应：《庄子今注今译》中册，第358页。

字数虽然不多，但其逻辑严密，思想超绝，可称得上是中国易学史中在对《周易》的理解、诠释方面极具理论深度的文章。

王弼与荀粲等人的观点不同，他不但没有否定言、象在易学解释中的作用，而且充分肯定了言、象作为易学传统中的基本概念所具有的地位和功能。他在《明象》一文的开篇即说：

> 夫象者，出意者也。言者，明象者也。尽意莫若象，尽象莫若言。言生于象，故可寻言以观象；象生于意，故可循象以观意。意以象尽，象以言著。[①]

这里，王弼首先肯定了象是可以表达意的，言是可以解释象的。在王弼看来，言、象之所以能够达意或尽意，是因为言、象、意三者并不是孤立的存在，因为言是由象产生的，所以可以根据言（卦辞）去揣摩象（卦象）；象是由意（易理）产生的，所以可以根据象（卦象）去探求义理或意义。言、象、意都是《周易》解释中不可或缺的重要环节。因此，卦的义理或意义，只能通过象来表达；同样，卦象的表征或象征，只能通过言来解释或说明（"意以象尽，象以言著"）。这样，王弼不仅肯定了《系辞》"立象以尽意"、"系辞以尽言"的言尽意思想，而且更加强调了言、象的作用，认为充分表达易理及其意义，没有比象更重要的了（"尽意莫若象"）；充分描述和解释易象及其特征，没有比言更重要的了（"尽象莫若言"）。显然王弼与荀粲不同，荀粲是用道家的言不尽意论，否定《系辞》的言尽意论。这体现了王弼对《系辞》重视言、象思想的继承，也是从《易》的产生或本源上，肯定言、象在《周易》中的地位，因为《系辞》也正是在《易》的起源意义上，强调"圣人设卦观象，系辞焉而明吉凶"；"易有四象，所以示也。系辞焉，所以告也"；"是故夫象，圣人有以见天下之赜，而拟其形容，象其物宜，是故谓之象"等等。总之，易不可以离象，离象而言易，易则不为易矣，故《系辞》曰："勿者象也。"可以

① 王弼：《周易略列·明象》，楼宇烈：《王弼集校释》，第609页。

说,王弼深谙象在《周易》中的地位,其所以注《易》,即在于区分经与子的关系。从解释学的角度看,尽管可以有解释的自由,但其解释又不能离开文本,因为文本是解释的基础。王弼以言意之辨的方法解《易》,在于经而非在于子,故其不能丢掉其解释的基础及易学的传统。

但王弼并未停止在易学的传统上,或者说他并不满足前面已有的结论。在他看来,汉易之所以走向支离烦琐和理论上的浅薄,其原因正在于汉易象数学太过于宗象、重言,以致被言、象束缚了头脑而无法摆脱。他们只知"存言"、"存象"而忽视"得意",实际上是把形式当做内容,手段当做目的,完全混淆了形式与内容、手段与目的的关系。于是其在继承《系辞》易学传统的同时,进一步提出:

> 故言者所以明象,得象而忘言;象者所以存意,得意而忘象。犹蹄者所以在兔,得兔而忘蹄;筌者所以在鱼,得鱼而忘筌也。然则,言者,象之蹄也;象者,意之筌也。[①]

这里,王弼直引《庄子·外物》的筌蹄之喻,把言、象比作筌蹄。言、象的作用如同筌的功用是捕鱼、蹄的功用是捕兔一样;言的功用是明象,象的功用是存意。因此,言对于象,象对于意,都是工具、手段,而不是目的。如果把手段当做目的,就只能是存言、存象而不能达到"得意"的目的。其原因在于:

> 存言者,非得象者也;存象者,非得意者也。象生于意而存象焉,则所存者乃非其象也;言生于象而存言焉,则所存者乃非其言也。然则,忘象者,乃得意者也;忘言者,乃得象者也。得意在忘象,得意在忘言。[②]

在王弼看来,一味地拘守名言,就不能真正得到象;一味地拘守于象,就不能真正得到意。因为象是由意产生的,如果离开意而一味地拘守

①② 《周易略例·明象》,第609页。

着象,那么其所守的象就不是真正能表意的象了;言是由象产生的,如果离开象而一味地拘守名言,其所守的言就不是真正能表象的言了。因此,只有摆脱对易象或事物现象的拘泥,才能得到真正的易义或意义;只有摆脱对卦爻辞及名言的拘泥,才能得到真正能够体现言辞的易象或物象。由此,王弼得出最后的结论:"得意在忘象,得意在忘言。"

王弼的这些论证,其宗旨及目的,主要在于寻找解《易》的新方法、新途径,以摆脱汉易宗象泥言的旧方法、旧途径。在王弼看来,汉代易学的解释,以象数学为代表,已深深陷入宗象泥言的巢穴而不能自拔,结果使《易》理及《易》义受言、象的束缚和遮蔽而不能彰显,因此失掉了《周易》的真正价值和意义。王弼"得意忘象"、"得意忘言"的理论方法之所以能够成为当时易学解释中的创新之论,主要体现为以下几点:

首先,忘象忘言志在得意,然而其所谓忘象、忘言,乃意谓不执著、不拘泥于言、象,亦即并非完全抛弃或弃绝言、象。不了解这一点,就不能真正理解王弼解《易》新论之内涵。如邵雍对王弼即有误解,其在《皇极经世·观物外篇》中批评王弼说:"有意必有言,有言必有象;象生则言彰,言彰则意显。"故"得鱼兔而忘筌蹄可也;舍筌蹄而求鱼兔则未见其得也。"实际上,王弼的筌蹄之喻,虽源于《庄子·外物》,但与庄子《天道》、《秋水》之言不尽意论又有区别。邢璹对王弼筌蹄之喻和"得意在忘象,得象在忘言"句作注说:"蹄以喻言,兔以喻象。存蹄得兔,得兔忘蹄。……求鱼在筌,得鱼弃筌。"此皆言:"弃执而后得之。"[①]显然王弼所论之意思,乃是先得鱼兔而后忘筌蹄,而非先舍鱼兔而忘筌蹄也。

其次,前一点体现了王弼解《易》之方法,不同于道家以及荀粲的言不尽意论,而是强调意不能离开言、象而悬空孤立存在,所以必须

---

① 《王弼集校释》,第611页。

"存蹄"、"在筌";以便"寻言观象"、"寻象观意",即承认观象、得意必有其观象、得意的手段、工具,离开手段、工具,也不能达到目的。可以说,这是对言尽意论的吸收或对《系辞传》传统的继承。但王弼又不完全同于言尽意论,所以在强调"尽意莫若象,尽象莫若言"的同时,主张在"得意"之后,又要"忘言"、"忘象",以摆脱言、象的束缚,找到并彰显淹没在象数派易学迷雾中的圣人之意,从而真正体会和领悟飘浮游离于言象之外的意义本身,这体现了王弼解《易》之方法,又充分吸收了道家及荀粲等人的言不尽意论。"因此,王弼所说的'得意',其着眼点也是双重的,包含着继承与创新两个方面,即不仅恢复那被淹没之意,而且要把握那更为深刻的'象外之意'。实际上,这就是一种创造性的理解。"①

第三,言意之辨作为王弼解《易》方法之创新,除前面阐述的一些必要条件外,还必须具有能够解释玄学本体论的能力。王弼的言意之辨,正是通过对《周易》言、象、意三者关系的厘清,从而对本体论或体用论进行论证。在王弼看来,言与象的关系,是名言与其所指之实物、实象的关系;象与意的关系,是名言所指之实物实象与名言所指之实物实象背后的义理或意义的关系。三者层次不同,其意义及作用亦不同。名言与其所指之实物实象皆有所限定,而其背后的义理、意义却不可限定。因此,有限定的言、象与无限定的义理、意义既不能混淆,也不能互相代替,更不能随意取消。此正合王弼《老子注》中本末、母子、体用之关系。故王弼的忘言、忘象以求意的言意之辨,与其本体论思想完全吻合贯通,并由此构成一个统一的解释体系。此即汤用彤先生所谓"忘象忘言之要法,亦且深契合于玄学之宗旨"也。

第四,言尽意论与言不尽意论的融汇为一、辩证统一,既体现王弼对诠释和理解的本质把握,同时也是其调和孔老、会通儒道在解释学和方法论上的创新。"虽然孔子重仁义,老庄尚道德;儒书言人事,道

---

① 余敦康:《汉宋易学解读》,华夏出版社 2006 年版,第 123 页。

家谈玄虚,其立足不同,趣旨大异。儒书多处如子见南子之类,虽可依道家巧为解说,而(甲)六经全豹实不易以玄学之管窥之,又(乙)儒书与诸子中亦间有互相攻击之文,亦难于解释。前者为儒道根本之差异,后者为文句上之冲突,二者均不得不求一方法以救之。此法为何?忘言得意之义是矣。"[①]王弼答裴徽之问、与何晏讨论圣人有情无情之说、名教本于自然无为之议等等,均可表现王弼之调和孔老、会通儒道之深意。可以说王弼思想理论体系的建立及其价值、意义,更多地体现为对儒道的会通与融合,这是汉末学术思想转型和中国本土文化发展的必由之路。在这条道路上,王弼解《易》方法之创新,远远超出了易学范围,对于以后思想、理论、文学、艺术乃至对经籍的解释、承传和发展均起到了无可替代的作用,并产生了深远的历史影响。

四、王弼《论语释疑》(佚文)的经学思想

王弼注《易》首唱得意忘言、得意忘象,以言意之辨的方法扫除旧习,不仅推动了对《周易》解释的创新,且把这一方法推至对《论语》的解释,体现了其理论与方法的统一及其普遍适用性。可惜其《论语释疑》一书没有留下全本,不能窥其全貌,但从仅存的佚文,犹可看出其经学思想的基本路径和基本特征,不失为研究王弼经学思想的宝贵材料。

《论语释疑》,最早著录于《隋书·经籍志》。《隋志》以前及《三国志·钟会传》注引何劭《王弼传》等,对该书皆无记载。《隋志》著录为三卷,《旧唐志》著录为二卷,《经典释文·序录》与《隋志》同。宋以后,该书不见著录。可见该书亡佚于唐宋之间。从史志前后著录的情况推测,该书应晚于王弼的《老子注》和《周易注》,当为王弼生前最后的著作,故当时未见称引,亦或流传不广。直到南朝梁皇侃《论语义疏》出,方见称引。据马国翰《玉函山房辑佚书》从皇侃《论语义疏》及邢昺的

---

① 汤用彤:《魏晋玄学论稿》,《汤用彤全集》卷四,第28—29页。

《论语正义》中，采辑佚文四十七条。这些佚文散见于《论语》大部分篇目中，除《子路》、《季氏》、《子张》、《尧曰》四篇外，其余十六篇中，均有佚文分布。综观其四十余条佚文及其所涉及的重要思想，可大致归纳为以下几个方面：

（一）以由用见体的体用论解释《论语》，以会通儒道。对此，余敦康先生在《何晏王弼玄学新探》一书中论证甚精。他认为本体论的思维模式可分为两个方面，一为“由用以见体”，一为“由体以及用”。王弼在解释《老子》时，主要侧重“由体以及用”；在解释《论语》时，主要侧重“由用以见体”。这样，王弼便把孔子关于名教的思想提到“体无”的高度。[①] 这种说法虽有割裂体用之嫌，但却从一个新的角度揭示了王弼《论语释疑》会通儒道、调合孔老的本质意义。关于这一点，何劭《王弼传》及《世说新语·文学》早已说得明白：“时裴徽为吏部郎，弼未弱冠，往造焉。徽一见而奇之，问弼曰：‘夫无者诚万物之所资也，然圣人莫肯致言，而老子申之无已者何？’弼曰：‘圣人体无，无又不可以训，故不说也；老子是有者也，故恒言无所不足。’寻亦为傅嘏所知。”[②]这条材料尝言老不及圣，可看做是王弼著《论语释疑》之前奏，其时弼虽未弱冠，而其思想却已成熟，故在《论语释疑》中，贯彻了本体论思想。他在解释《论语·里仁》“吾道一以贯之”说：

> 贯，犹统也。夫事有归，理有会。故得其归，事虽殷大，可以一名举；总其会，理虽薄，可以至约穷也。譬犹以君御民，执一统众之道也。[③]

这里，王弼的解释是否符合孔子的原意，按解释学的理论说已不重要，因为王弼距孔子已近八百余年，且孔子为儒家思想的代表，从历史与逻辑统一的原理来看，孔子当时未必会有这种“执一统众”的本体论思

---

① 余敦康：《何晏王弼玄学新探》，方志出版社 2007 年版，第 251—252 页。

② 《三国志·魏书·钟会传》注引，《三国志》卷二十八第 795 页。

③ 皇侃：《论语义疏》引，载《儒藏》精华编第 104 册第 276 页，北京大学出版社 2007 年版。

想。但通过王弼的解释,“吾道一以贯之”,却可以包涵王弼的思想,这虽然可能不符合孔子本意,却可以符合王弼的解释原理和解释方法。其所谓“事有归”、“理有会”、“得其归”、“一名举”、“以君御民”、“执一统众”等说法,在其《老子注》及《周易注》中皆有阐发。如《周易略例·明象》曰:

> 物无妄然,必由其理。统之有宗,会之有元,故繁而不乱,众而不惑。……故自统而寻之,物虽众,则知可以执一御也。由本以观之,义虽薄,则知可以一名举也。[①]

对照上述两条引文,我们可以发现,二者无论在文字上,还是在思想上,几乎完全一致。除“贯,犹统也”一句为文字训诂外,其余皆为义理的发挥。而这种发挥,又完全源于其《老子注》:“一,数之始而物之极也,各是一物之生,所以为主也。物各得此一以成,即成而舍以居成,居成则失其母”,又说:“万物万形,其归一也,……以一为主,一何可舍?”可见,“吾道一以贯之”之“一”,即“万物万形,其归一也”之“一”,亦即“大衍之数”“其一不用”之“一”。王弼的这一解释,把《老子》、《周易》与《论语》三部重要经典的义理及方法统一起来,以从孔子所阐述的具体言论中发掘或提升其深层意义,从而为摆脱汉代烦琐的文字训诂和章句之学对意义或义理的遮蔽开辟了新的道路。

王弼以道家本体论思想解释“吾道一以贯之”,从而合儒家之道为道家之道,此可谓“由用以见体”,即由具体到抽象。把孔子一句极普通的话,上升到本体高度,同时也就提升了孔子“圣人体无”的地位。不仅如此,他解释曾子“夫子之道,忠恕而已”时,再进一步以此方法论证忠恕品德的本体意义。他说:

> 忠者,情之尽也;恕者,反情以同物者也。未有反诸其身而不得物之情,未有能全其恕而不尽理之极也。能尽理极,则无物不

---

① 楼宇烈:《王弼集校释》,第591页。

> 统。极不可二，故谓之一也。推身统物，穷类适尽，一言而可终身行者，其唯恕也。[①]

按《论语》，孔子提出“吾道一以贯之”之后，门人似有不解，于是曾子作出“夫子之道，忠恕而已矣”的解答。但在何晏的《论语集解》中，其所集众人之解对此句均无义说，故王弼对该句的解释也渗透了道家思想，这在《论语》的解释史上亦实属首创。王弼以“尽情”为忠。其所谓情，乃自然之情。庄子在《德充符》中有一段与惠施讨论“情”的对话，即以“无情”为情：“吾所谓无情者，言人之不以好恶内伤其身，常因自然而不益生也。”庄子认为，他所谓情，非指情欲之情，而是指“居无思，行无虑，不藏是非美恶”的自然之情。王弼在《老子》二十九章注中说：“圣人达自然之性，畅万物之情，故因而不为，顺而不施”，此即自然之情。这种自然之情，是一种真实无妄的状态或不加任何限制的自然而然的本质存在。因此，在王弼看来，情即性也，性即真也。“道不违自然乃得其性，法自然也”。[②] 尽情说亦源于庄子。《庄子·天地》曰：“致命尽情，天地乐而万事销亡，万物复情，此之谓混冥。”这是说，最高的境界应该是究极性命，挥发性情，和天地共乐而不受万事牵累，天下万物都复归于真情实性，这就叫混同玄冥。由此可见，王弼正是以庄子之自然“尽情”论解释孔子的“忠”，扬弃了儒家对“忠”的道德说教性质和忠的具体内涵，从而赋予“忠”以抽象意义，此可谓王弼的“抽象继承法”亦无不可。

“恕者，反情以同物者也”，即以“反情同物”为恕。此所谓“反情”，即庄子之“复情”。即由自身内在的至诚无妄之真情实性反推到万事万物，从而使天下万事万物皆归于真实无欺、至诚无妄之真性情，此即“反情以同物者也”，亦即庄子之“万物复情”。这里，王弼同样以“抽象继承”的方法，抽空了儒家“恕”的内涵，把“己所不欲，勿施于人”的恕

---

① 皇侃：《论语义疏》引，《儒藏》精华编第104册第65页。

② 《老子·十七章注》，《王弼集校释》，第36页。

的内容,抽象出一种更广大无际的哲学道理,由儒家的伦理范畴推进到道家的形上玄学。反过来说,亦是为儒家的伦理思想、名教观念夯实了一个坚不可摧的本体论基础。因为在王弼看来,汉末名教危机,天下大乱的教训,距魏晋不远,仁义礼法、道德忠孝、政策法规、忠恕说教等等,定得再严密,喊得再响亮,吹得再高明,若不能做到反身而得物之情,全恕而尽理之极,那么整个社会从上到下,就将充满虚假欺诈,其后果亦不堪设想。因此,要把忠恕(尽情、复情)提到"能尽理极"的本体高度,方能"无物不统"。理极为体,统物为用。"统物"离不开"理极";"理极"也离不开"统物"。体用不离,此即"极不可二,故谓之一也。"

可见,王弼以真情实性为忠,以推身统物为恕。"一言而可终身行者,其唯恕乎",是王弼对恕的重视。但此"一言"之"一",非"极不可二,故谓之一"之"一","极不可二,故谓之一也"之"一",可视作王弼的本体论,即"吾道一以贯之"之"一"。"一言而可终身行者"之"一",乃数词之"一",意谓如果有一句话可终身践行,那就是恕了。因为真情实性之"忠"在己,只有把在己之忠,"推身统物"以致"穷类适尽",方可为恕,故曰:"一言而可终身行者,其为恕也"。由此亦可见,王弼关心的不仅是"由用以见体",为儒家名教建立形上基础;而且更关心把建立在道家形上基础上的儒家名教,推广施行,以挽救名教与社会的双重危机。

如果说,王弼上述对《论语》的"释疑"还不够明确表达其"由用以见体"的理论论证的话;那么,他对援道入儒,以老释孔的直白表达,则可更清楚地表明王弼的上述立场。《论语·述而》有两条材料尤可注意:

其一,王弼在解释"窃比于我老彭"曰:"老是老聃,彭是彭祖。老子者,楚苦县厉乡曲仁里人也。姓李氏,名耳,字伯阳,谥曰聃,周守藏室之史也。”[①]我们不能忽视这一解释。这种解释从表面看，只是一种人名的考证，无涉义理。但在《论语》的解释史上，就一般情况（非绝对）看，却往往暗涵分别：古文经学家常以“老彭”为老聃、彭祖二人；今文经学家则常以“老彭”为彭祖一人[②]。从儒道分别上看，儒家在解释这句话时，常以“老彭”为彭祖一人[③]；道家则常以“老彭”为老聃、彭祖二人。历史上最早以“老彭”为二人者，当属郑玄。但其似仅从训诂考据着眼，尚未尝援引老氏以释《论语》。王弼虽次之，但其用意却十分明显，即以训诂考据支持其援老释孔的观点，故释“老彭”为老聃、彭祖，以加强其说。

其二，王弼解释“志于道，据于德，依于仁，游于艺”说：“道者，无之称也，无不通也，无不由也。况之曰道，寂然无体，不可为象。是道不可体，故但志慕而已。”[④]这里，王弼以老子之道解释《论语·述而》“志于道”之“道”，直接将孔子之“道”赋予了宇宙本体意义。这是《论语释疑》中，以道释儒之最明显之处。在王弼看来，孔子之道与老子之道无别，皆为“无之称也”，无形无象，无声无体，但却是万物之所从出的本原之道、本体之道。因其不可体（即老子所谓视之不见，听之不闻，搏之不得），故只能“志慕而已”。王弼以玄学语言和玄学思想解释《论语》，其目的即在于“由用以见体”，加强《论语》一书和孔子思想的本体论意义，从而改变把《论语》仅看做是处世格言、道德散论的见用而不见体的局限。从这一意义上说，王弼的《论语释疑》或其经学思想，提升了《论语》在中国文化中的地位，无疑乃有功于“圣门”，可惜后儒由于门户之见、派别之争和时代局限，对此所见不多。

---

① 邢昺：《论语注疏》引，《儒藏》精华编第104册第671页。

② 康有为《论语注》说：“孔子为殷后，故曰我。《大戴礼·虞戴德》、《吕氏春秋·执一篇》、《世本》、《汉书古今人表》与包咸，皆以老彭为一人。惟郑氏以老为老聃，分作二人，盖古文伪说。”

③ 朱熹《论语集解》：“老彭，高贤大夫，见《大戴礼》。”亦以“老彭”为一人。

④ 邢昺：《论语注疏》引，《儒藏》精华编第104册，第673页。但《儒藏》对王弼此段文字的校勘，以“道不可体，故但志慕而已”为邢昺语，似不妥。据《玉函山房辑佚书》，“道不可体，故但志慕而已”为王弼语，只是“可”后衍一“为”字。楼宇烈《王弼集校释》已有说明，可参考。

(二)以举本统末、自然无名解释《论语》,以重新调整名教与自然的关系。王弼在《论语释疑》中,虽然没有以自然与名教对举,但从仅存的佚文看,其所关注的核心问题,除前面所论及的孔老道论外,就是在会通孔、老道论的基础上,重新以"举本统末"的自然无名论,调整自然与名教的关系。《论语·泰伯》:"子曰:兴于诗,立于礼,成于乐。"王弼解释说:

> 言为政之次序也。夫喜惧哀乐,民之自然,应感而动,则发乎声歌,所以陈诗采谣,以知民志。风既见其风,则损益基焉,故因俗立制,以达其礼也。矫俗检刑,民心未化,故又感以声乐,以和神也。若不采民诗,则无以观风;风乖俗异,则礼无所立;礼若不设,则乐无所乐;乐非礼,则功无所济。故三体相扶,而用有先后也。[①]

在现存的《论语释疑》佚文中,这是一段比较长的文字,足见王弼对孔子所主张的"兴于诗,立于礼,成于乐"的重视,并认为诗、礼、乐三者,乃是儒家名教为政的次第。在王弼看来,观风、立礼、作乐这些属于名教范围的为政之方和礼乐制度,对于国家是不可缺少的。但它们却有次第之分,在诗、礼、乐三者之中,王弼以诗为基础,因为诗的来源主要是"风",而"风"又是民心、民志和民俗的体现。因此,就为政的先后次序说,先要"陈诗采谣",然后才有"立制"、"达礼"、"感以声乐"等制礼作乐的过程。而王弼之所以重诗,是因为诗的形成又源于人的喜、惧、哀、乐等自然情感或心性。内在的情感或心性与外物相接,则动而发乎声歌,这完全是一种自然的过程。因此,在王弼看来,只有"自然",才是礼乐制度的始源性基础,亦即礼乐制度或儒家名教的合理性根据。这样,王弼便把其《老子注》中"天地任自然"、"万物以自然为性"的自然无为思想嫁接到《论语》的解释之中,在"道法自然"的观照下,

---

① 皇侃:《论语义疏》引,《儒藏》精华编第104册,第346页。

诗、礼、乐“三体相扶,而用有先后”,这是明显的以自然为体,以名教为用的表述。其在解释《论语·学而》“孝悌也者,其为仁之本与”时,亦取上述自然之说:

> 自然亲爱为孝,推爱及物为仁也。[①]

王弼同样肯定儒家“孝”、“仁”的道德规范,但却给以“自然”的解释,即强调儒家孝、仁等道德内涵,只有在以“自然”为基础的条件下,才具有合理性。“自然亲爱为孝”,是说孝的品德不是表现于外在的形式上,而是发自于内心的真情实感。因此孝若不出于自然,则必竞于外饰,流于虚伪,甚至成为欺世盗名的工具。又因为“孝为仁之本”,故孝不出于真,仁亦流于伪。只有以出于自然的爱为前提和基础,把它推广出去,才能实现没有任何偏私的普遍仁爱,此即“推爱及物为仁”。

王弼以“自然亲爱为孝”,以“推爱及物为仁”的仁孝观,同其前面所提到的忠恕观一样,“忠者情之尽也”、“恕者反情以同物者也”。这样,仁、孝、忠、恕等道德价值,在王弼这里,皆统一于自然的真情实感。这种出于自然的真情实感,是孔子或儒家道德论的基础。对此孔子确也实有申说。《论语·阳货》:“子曰:‘礼云礼云,玉帛云乎哉?乐云乐云,钟鼓云乎哉?’”王弼注曰:

> 礼以敬为主,玉帛者,敬之用饰。乐主于和,钟鼓者,乐之器也。于时所谓礼乐者,厚贽币而所减于敬,盛钟鼓而不合雅、颂,故正言其义也。[②]

同样,礼乐也必出于自然之真情实感,方可有礼乐之用。如一味奉之以玉帛,鸣之以钟鼓,则必“减于敬”而“不合雅颂”,故孔子有感而发,正言其义。“礼主于敬”、“乐主于和”,这又是王弼对礼、乐的界定。在《论语释疑》仅存的四十余条、不足二千字的佚文中,儒家的仁、义、礼、

---

① 《儒藏》精华编第104册,第218页。

② 《儒藏》精华编第104册,第523页。

乐、孝、敬、忠、恕等重要伦理范畴，皆有所论及。这不能不说，王弼对儒家名教思想的关注，是他为《论语》作“释疑”的主要目的之一。

王弼以“自然”解释“名教”，并不一定符合孔子的原意，特别是由于受思维方式和思想逻辑及语言、时代等条件的制约和限制，即使有所想而实说不出，故孔子有“天何言哉?”之叹。王弼是一位天才卓出、善于思考且驾驭语言能力极强的哲学家。他没有放过孔子的“不言”之叹，并对此做了本体论的发挥，以为孔子寻找名教之本。他说：

> 子欲无言，盖欲明本，举本统末，而示物于极者也。夫立言垂教，将以通性，而弊至于淫(鲍本作“湮”)；寄旨传辞，将以正邪，而势至于繁。既求道中，不可胜御，是以修本废言，则天而化行。以淳而观，则天地之心见于不言；寒暑代序，则不言之令行乎四时。天岂谆谆者乎?[①]

王弼的这段名言，论者常以此印证王弼的“言意之辨”和“圣人体无”之说，但其何以出于《论语释疑》? 其实，这段文字与王弼的自然与名教之辨有较大关系。在王弼看来，立言垂教、寄旨传辞的目的乃在于“通性”、“正邪”，此正为名教之所重。但由前所述，仁、孝、忠、恕、礼、乐等名教之目，又多沦于形式，丢其真实，故不得不寻立言垂教之根本宗旨。但“自然之道，其犹树也。转多转远其根，转少转得其本。”[②]转者，愈也。立言垂教愈多，而弊至于湮；寄言传旨愈多，而势至于繁。因此，须“修本废言，则天而行化”。因为“自然者，无极之称也，穷极之辞也”[③]，此即“举本统末，而示物于极者也”。孔子无言，盖欲明本；举本统末，示物于极，故效法天地之心见于不言者，法自然也。也就是说，王弼欲为儒家名教寻找一个自然之本。这个本，或为不言的天地之心，或为超言绝象之道或无，它们的本质特点都在“无名”。在王弼看

---

① 皇侃：《论语·阳货》义疏引，《儒藏》精华编第104册，第527页。

② 王弼：《老子》二十五章注，楼宇烈：《王弼集校释》上册，第65页。

③ 《老子》二十五章注。

来，只有无名才能统众名，只有自然才能统名教。《论语·泰伯》："子曰：大哉尧之为君也！巍巍乎，唯天为大，唯尧则之。荡荡乎！民无能名焉。"何晏《论语集解》引孔安国曰："则，法也。美尧能法天而行化也。"又引苞氏曰："荡荡，广远之称也。言其布德广远，民无能识名焉。"可见，何晏引孔、苞二氏对孔子这段话的解释，可能代表了当时何晏所能见到的各种解释的最高水平，而这种水平似乎也还是停留在一般文字的解释上，没有突显任何义理意义。王弼则不同，他解释说：

> 圣人有则天之德，所以称"唯尧则之"者，唯尧于时全则天之道也。荡荡，无形无名之称也。夫名所名者，生于善有所章，而惠有所存，善恶相倾，而名分形焉。若夫大爱无私，惠将安在？至美无偏，名将何生？故则天行化，道同自然，不私其子而君其臣，凶者自罚，善者自功。功成而不立其誉，罚加而不任其刑。百姓日用而不知所以然，夫又何可名也？①

这又是一段对《论语》别开生面的解释。可与对孔子"天何言哉"的解释联系起来，形成一个论述的整体。天何言哉，强调无言；此段解释则强调无名。无言、无名皆指自然；有言、有名则指名教。王弼认为，孔子所以盛称尧之伟大，即在于尧能够"全则天之道"。所谓"全则"，即无所偏私、无所遗漏地效法天道之自然。孔安国解"唯尧则之"为"法天而行化"；王弼则解为"全则天之道"。一个"全"字则使则天的范围扩大至无限，从而修正了"法天行化"的一般性结论。苞氏解"荡荡"为"广远之称"；王弼则解为"无形无名之称"，二者的差别亦明显可见。

王弼认为，所谓名教，即属有名之称，而天道自然之"荡荡"，却为无形无名之称。有名之称，"生于善有所章而惠有所存"，存惠彰善必会导致扬善抑恶，善恶相倾，甚至出现矛盾对立，故不能执其有名，用其有分；愈执则愈失，愈分则愈偏。此谓"术而得之，必有失焉；为而成

① 皇侃：《论语义疏》引，《儒藏》精华编第104册，第350页。

之，必有败焉。善名生，则有不善应焉。”[①]这里，王弼强调无求无为，即是为避免仁孝、忠恕、礼乐、诚信等道德条目和名教内涵被教条化、虚伪化和形式化，从而失去名教的真正作用。在王弼看来，如果能够像尧一样“全则”天之道，荡荡焉无形无名，就能克服世间对形、名的追求，而实现普天之下的“大爱无私”、“至美无偏”的和谐美好世界。对此，王弼已在其《老子注》中，为《论语释疑》的这番弘扬名教的言论和理想，作出了完备的理论证明。他说：

> 用不以形，御不以名，故仁义可显，礼敬可彰也。……载之以道，统之以母，故显之而无所尚，彰之而无所竞。用夫无名，故名以笃焉；用夫无形，故形已成焉。守母以存其子，崇本以举其末，而形名俱有而邪不生，大美配天而华不作。故母不可远，本不可失。[②]

很明显，这里的论证与《论语释疑》通过对尧有则天之德的解释，建立起充分的逻辑联系，它体现为由《老子注》所完成的本体论哲学，向《论语》道德哲学的辐射和贯通，亦即由老子代表的道家思想向以孔子为代表的儒家思想的融合和渗透，从而为儒道互补和自然与名教的统一，注入新的思想及理论动力。在这一学术思想变迁和选择的过程中，王弼更重视道家的作用，因此也就完成了“名教本于无为”、“名教本于自然”或“自然为仁义之母”这一具有重要思想文化意义的理论建构，在中国经学史和思想史的发展中产生巨大的影响。

（三）以“性其情”解释《论语》，建立性情一元论学说。在中国人性论史上，自孔子“性相近，习相远”一语出，遂演绎出无数议论。据《论衡》云：周人世硕以为人性有善有恶，在所养焉，故作《养性书》一篇；宓子贱、漆雕开、公孙尼子之徒，亦论情性，与世子相出入，皆言性有善有

---

① 王弼：《老子》三十八章注，《王弼集校释》上册，第93页。

② 《老子》三十八章注，《王弼集校释》上册，第95页。

恶；孟子作《性善》之篇，以为人性皆善，未为实也；告子与孟子同时，其论性无善无恶之分；孙卿反孟子，作《性恶》之篇，以为人性恶，其善者伪也；陆贾又以为天地生人，以礼义为性；董仲舒览孙孟之书，作情性之说；扬雄言人性善恶相混；刘子政言性为生而然者也。[①] 王充一口气列出十余家论情性者，然后总结说："自孟子以下至刘子政，鸿儒博生，闻见多矣。然而论情性，竟无定是。"[②]可见，在魏晋玄学产生以前，关于性情论的讨论，主要是沿着先秦时期人性善恶的论述发展下来的。孟子论性善，荀子论性恶，告子论性无善恶或可善可恶等等。至汉代，董仲舒、扬雄、王充等人的性情论，也未能完全摆脱以善恶论性的思想传统。可以说，以善恶论性，是秦汉人性论史上的主要理论形式，其内容虽然也涉及对人的本质的基本看法，但由于执著于或善或恶的价值判断，使人性理论的发展及对性情关系的看法，都很难避免性情二元论，或由此流于武断和极端。

王弼的人性论更多地受到老庄道家的影响，故在其著作中，"人性"一词，常以"物性"称之，提出"万物以自然为性"的命题。他说："万物以自然为性，故可因而不可为也，可通而不可执也。物有常性，而造为之，故必败也。……圣人达自然之性，畅万物之情，故因而不为，顺而不施。除其所以迷，去其所以惑，故心不乱而物性自得之也。"[③]人是万物的一部分，"万物以自然为性"，人也就必然以自然为性。而其所谓"自然"，是指"道"或"无"，即所谓"道不违自然乃得其性，法自然也。"既然人或物皆以自然为性，而"自然"又不是可闻可睹的实体，"其兆端不可得而见也，其意趣不可得而睹也"，它只是事物的一种本质属性，是形而上的。而善或恶都是人之具体可见的行为。在王弼看来，无论是善是恶，都不能成为人性中最本质的东西，因此也就不能以善

---

① 见王充《论衡·本性篇》，黄晖：《论衡校释》，中华书局1990年版第132—141页。

② 《论衡·本性篇》，《论衡校释》，第141页。

③ 《老子》二十九章注，《王弼集校释》上册，第77页。

恶论性。在此基础上,王弼所着力解决的问题,便是性与情的关系。《论语·阳货》:"子曰:性相近也,习相远也。"皇侃《论语义疏》引"一家旧释"云:

> 性者,生也。情者,成也。性是生而有之,故曰生也。情是起欲动彰事,故曰成也。然性无善恶,而有浓薄;情是有欲之心,而有邪正。性既是全生,而有未涉乎用,非唯不可名为恶,亦不可目为善,故性无善恶也。所以知其然者,夫善恶之名,恒就事而显,故老子曰:"天下以知美之为美,斯恶已。以知善之为善,斯不善已。"此皆据事而谈。情有邪正者,情既是事,若逐欲流迁,其事则邪,若欲当于理,其事则正,故情不得不有邪有正也。故《易》曰:"利贞者,性情也。"[1]

对于这段文字,皇侃只说"依一家旧释"云云,而未说这家"旧释"作者是谁。但从此段文字的内容看,与王弼的思想完全相合。王葆玹先生认为此段文字为王弼语[2],实有见地。在这段引文中,首先引《老子》加以说明。王弼在其《老子·二章注》中说:"美者,人心之所进乐也;恶者,人心之所恶疾也。美恶犹喜怒也,善不善犹是非也。喜怒同根,是非同门,故不可得而偏举也。此六者,皆陈自然,不可偏举之名数也。"王弼的这段老注,有两层意思,其一,"美恶犹喜怒也,善不善犹是非也",犹通"由"。从也,据也。《孟子·公孙丑上》:"然而文王犹方百里起"。孟子这里的"犹"字,即通"由"。王弼的意思是说,善恶皆在人心,但其通过喜怒、是非等表现出来。其二,美丑、善恶如同有无、难易、长短、高下、音声、前后一样,都是相对相依相较而然,不能单独偏举。此即"性既是全生,而有未涉乎用",故"非唯不可名为恶,亦不可目为善",其原因即在于"夫善恶之名,恒就事而显"。可见,王弼此处

---

① 《儒藏》精华编第104册,第303页。

② 见肖万源、徐远和主编《中国古代人学思想概要》,东方出版社1994年版,第136页。

引《老子》二章语,目的即在于说明上述两点。其三,该段文字又引《周易》,也正是王弼《周易注》文。王弼注《易·乾·文言》“乾者,始而亨者也;利贞者,性情也”说:“不为乾元,何能通物之始?不性其情,何能久行其正?是故始而亨者,必乾元也;利而正者,必性情也。”[①]

由上述可知,皇侃《论语义疏》所引“一家旧释”云者,实乃王弼语。但皇侃为何不直称王弼曰,而言“一家旧释云”?盖《论语释疑》一书,至皇侃时即已不见全本,故《子路》、《季氏》、《子张》、《尧曰》四篇释疑,皇侃未征引一字。可见,《论语释疑》至南朝萧梁时即已散佚,故皇氏《义疏》称“一家旧释云”者,盖引自散佚者或《论语释疑》的不同传本。

如果上述考辨可以成立的话,这段“一家旧释”所云,正体现了王弼的思想。其重点是强调不以善恶论性的主张。在王弼看来,“性既是全生而有,未涉乎用”,故不能把“性”名为恶,亦不能目为善。“未涉乎用”,是指没有具体发用。而善、恶却是一种发用,它是通过具体活动而显现的,此即“善恶之名恒就事而显”,离开人的具体活动,就无所谓善恶,而“性”正是因为“全生而有未涉乎用”,故不能以善恶称之。

由前所述,既然“万物以自然为性”,人性亦是“自然”,是本体道或无在人性上的体现,故无善无恶。王弼正是通过“万物以自然为性”这一具有普遍性的命题,把人性的本质规定为“无善无恶”,把人的“性”提到与“道”或“无”同等次的形上地位,建立起以“性”为本体的人性学说,扬弃了魏晋以前专以善恶论性的理论局限,实开宋明心性本体论之先河。

在魏晋以前的人性理论中,特别是自汉以来,由于拘泥于以善恶论性,直接影响到对“情”及性情关系的看法,故常常表现为性情二分或性情二元论。如董仲舒认为,“人之诚有贪有仁。仁、贪之气,两在于身。身之名取诸天。天两有阴阳之施,身亦有贪、仁之性。”[②]在董仲

---

① 《周易注》,《王弼集校释》上册,第217页。

② 董仲舒:《春秋繁·深察名号》,苏舆:《春秋繁露义证》,中华书局1992年版,第294—295页。

舒看来,人性中有“贪”之恶质,其恶质之表现即是“情”。因此,善质之仁便与恶质之情对立起来,此即所谓“身亦两有贪仁之性”。这实际上是主张“情”在“性”中,或性包含情。“身之有性情也,犹天之有阴阳也”[①]。此性与情对言尤其明显。

汉代董仲舒、班固、扬雄乃至王充等人,多是从善恶方面言性情,并把阴阳说引入人性理论,认为性属阳而情属阴,阳尊阴卑,故性善而情恶。魏晋时期的何晏,则从理欲方面论性情,认为性从理而情从欲。无论以善恶论性情,还是以理欲论性情,都构成性情二元论的说法。王弼的任务,即在于扬弃汉魏以来就事论事或具有经验论色彩的人性理论,从而对人的本质的探讨,提供了具有本体论意义的理论论证,为解决人性论中性情关系这一难题创造了条件。

在王弼看来,性与情的关系,犹母与子、体与用、动与静的关系。“性是生而有之”;“情是起欲动彰事”。性是静的,情是动的。因为性是静,是人生而有之,正如《礼记·乐记》所说:“人生而静,天之性也;感于物而动,性之欲也。”王弼借鉴并吸收了《礼记·乐记》的说法并给以改造,认为“动息则静,静非对动者也”,[②]动静非二,而动以静为本。因此,从动静关系说性情,应该是性静情动,情以性为本。按照前面的分析,既然“性无善恶”,而情又以性为本,因此性情不能二分,不能因性静情动而得出性善情恶的结论。这即是说,既不能以善恶论性,也不能以善恶论情。因为情是动,所以就具有趋善趋恶两种可能,因此也就不能一概而论地把“情”定为恶。这种性情不能二分的思想,在王弼与何晏关于圣人“有情”、“无情”的辩论中,已有明确表达。《三国志·钟会传》注引何劭《王弼传》载:

> 何晏以为圣人无喜怒哀乐,其论甚精,钟会等述之。弼与不同,以为圣人茂于人者神明也,同于人者五情也。神明茂,故能体

① 董仲舒:《春秋繁·深察名号》,《春秋繁露义证》,第 299 页。

② 王弼:《周易·复卦注》,楼宇烈:《王弼集校释》上册,第 336 页。

> 冲和以通无；五情同，故不能无哀乐以应物。然则圣人之情，应物而无累于物者也。今以其无累，便谓不复应物，失之多矣。[①]

何晏、钟会等持“圣人无情”论，而王弼则认为，圣人与普通人的差别仅在于“神明”，而相同的地方即都有“五情”。因为圣人有情，所以都有喜、怒、哀、乐、怨等情感的表现；与普通人不同的，只是圣人“神明”特达，故能正确处理情感的流露，而不被情感所牵累。因此不能因圣人不受情感牵累，就断定圣人无情。在王弼看来，性与情应该是统一的，有性即有情，有情即有性。因此，既不能离情言性，二者的关系是动与静、体与用的关系。何劭《王弼传》又说：

> 弼注易，颍川人荀融难弼“大衍义”。弼答其意，白书以戏之曰：“夫明足以寻极幽微，而不能去自然之性。颜子之量，孔父之所预在。然遇之不能无乐，丧之不能无哀。又常狭斯人，以为未能以情从理者也，而今乃知自然之不可革。足下之量，虽已定乎胸怀之内，然而隔逾旬朔，何其相思之多乎？故知尼父之于颜子，可以无大过矣。”[②]

王弼的《大衍义》早已佚失，只有不足百字的佚文，保存在韩康伯《系辞》注中。历来研究者都认为这是王弼解易的方式，阐述其玄学本体论的典型材料，其中并未涉及性情关系等问题。但上述这段材料，却从一个侧面反映了王弼与荀融在辩论“大衍义”时所涉及的性情问题。这是一个重要信息，值得深入研究。荀融其人，史志记载不详。荀融难弼《大衍义》文亦不传。从王弼答文中盖知，荀融主张圣人应以情从理，故不应有喜怒哀乐之情，与何晏“圣人无情”之论略同。对此，王弼引孔子对颜回的态度，证明圣人有情。不仅有情，而且这种情，实乃“自然之性”，是不能革除的。不仅圣人如此，普通人也一样：“夫喜哀

① 《三国志》卷二十八，第795页。

② 《三国志·钟会传》注引，《三国志》卷二十八，第795—796页。

乐,民之自然。"

表面看,王弼的《大衍义》似与性情无关,但他所以用性情关系的论述,作为对荀融难《大衍义》的回答,说明他所阐述的性情论,正是以《大衍义》中的体用论为根据,把"无不可以无明,必因于有"的体用论原理,应用到他对性情论的讨论,就必然得出,"神明之性"只有通过"喜怒哀乐之情"才能体现出来的结论。在王弼看来,真正的圣人,不但不必脱离日常生活,而且正是在日常生活当中体现其境界。此对宋儒"极高明而道中庸",实为殊途而同归。王弼的"性体情用"思想,对宋明理学有直接的启发作用。

王弼认为,圣人之所以有情,是因为圣人能以自己的"神明"鉴别情之邪正。有论者认为,王弼的性情关系说,主情有善恶论,并认为这是王弼的首创。但查遍王弼的著作,并无"情有善恶"的提法。王弼不仅不以善恶论性,也不以善恶论情,而是以邪正论情。前引皇侃《论语义疏》所谓"一家旧释"(实为王弼)云:

> 然性无善恶,而有浓薄,情是有欲之心,而有邪正。……情有邪正者,情既是事,若逐欲流迁,其事则邪,若欲当于理,其事则正,故情不得不有邪有正也。故《易》曰:利贞者,性情也。

这里的邪正,虽与善恶相近,但不等同于善恶。善恶是一种价值判断,而邪正是一种认知判断。《广韵·道术》:"邪,不正也。"《新书·道术》:"方正不曲谓之正,反正为邪。"故邪又通"斜"。《文选·张衡〈西京赋〉》李善注引薛综曰:"邪,伪也。"王弼以邪正论情,更多的是倾向于以真伪论情,这体现魏晋人用辞的转变,更体现魏晋思想的特点。王弼以邪正或真伪论情,正是企图避免用已被教条或泛化的善恶观念去讨论性情问题,从而避免以善恶论情导致的"情有善恶"或"性有善恶"的绝对化结论。既然"情有邪正",那么如何去矫邪归正呢?这是王弼性情论必须回答的问题。由此他在《论语释疑》中提出"性其情"的命题。他说:

> 不性其情，焉能久行其正？此是情之正也。若心好流荡失真，此是情之邪也。若以情近性，故云性其情。情近性者，何妨是有欲，若逐欲迁，故云远也。若欲而不迁，故曰近。但近性者正，而即性非正，虽即性非正，而能使之正。譬如近火者热，而即火非热，虽即火非热，而能使之热。能使之热者何？气也，热也（热，当为“火”）。[①] 能使之正者何？仪也，静也。又知其有浓薄者。孔子曰“性相近也”，若全同也，相近之辞不生；若全异者，相近之辞亦不得立。今云“近”者，有同有异，取其共是无善无恶则同也，有浓有薄则异也，虽异而未相远，故曰“近也”。[②]

皇侃《义疏》引这段话为“王弼曰”，其与前面所引“一家旧释云”者，在内容与思想上有紧密的逻辑关系。前者（所谓“旧释”）首先界定何谓“性”，何谓“情”。认为“性者生也，情者成也”。“生”强调先天性；“成”，强调后天性。即性为先天，情为后天。先天则为静，后天则为动。其次论证性与情的基本属性或内涵，认为“性无善恶，而有浓薄”；“情是有欲之心，而有邪正”。可见，所谓“旧释”的内容已为“王弼曰”的这段内容进行了思想与逻辑的铺垫。

“王弼曰”的这段引文，首先继其《周易注》提出的“性其情”的命题，加以阐释，主要解决性与情的关系。所谓“性其情”，又可称为“情近性”，或以性统情。王弼认为，若能“性其情”或以性统情，其情为真为正；若“不性其情”或不以性统情，就会心神流荡，失去真朴，其情则为邪为伪。因此，只要“以性统情”或“以情近性”，即使是有欲，也不妨碍人性的美好，因为欲望没有失去性的控制和约束而发挥正常。若任凭欲望流迁，失去性的统帅，则愈迁愈远，以致邪伪丛生。因此，情之邪正、真伪，取决于情与性之远近，近性则情真，远性则情伪。其二，

---

① “热”，当为“火”。前文作“近火者热，而即火非热”，又曰“虽即火非热，而能使之热”，皆火与热对举，以火为本，以热为用。若以热为热，则其譬喻失其类矣。

② 皇侃《论语义疏》引王弼语，《儒藏》精华编 104 册，第 515 页。

“能使之正者何？仪也，静也”。仪，指礼仪规范。静，指自然无为。这是说，性本无善无恶，发而为情则有正有邪。如何使情发为正而不为邪？只有回归于礼仪规范之自然无为(静)。情动能复归于自然无为，则行为自然符合礼仪规范，此即王弼《老子·三十八章注》所谓“何以得德？由乎道也，何以尽德，以无为用。以无为用则莫不载也”。此即是“近性”或“性其情”。其三，文中的火热之喻，即是以火喻性体，以热喻情之正。热离不开火，情之正亦离不开性体。这一比喻，与《老子注》中的母子、本末之喻相同，“仁义，母之所生，非可以为母；形器，匠之所成，非可以为匠”。性非情，但性可统情；犹母非子，但母可生子。故性者，母也、体也、本也；情者，子也、用也、末也。“守母以存其子，崇本以举其末，则形名俱有而邪不生，大美配天而华不作。故母不可远，本不可失。”此即“性其情”或“情近性”之谓。其四，王弼通过对孔子“性相近也，习相远也”的解释，完成了他对性情关系的论证，即以动静、本末、体用关系论证性情关系，提出了无善无恶为性之体的思想，既强调了以性为本体的人性论，又迂回地肯定了情感的合理性，从而建构了以性为本的性情一元论学说，为魏晋时期乃至宋明时期的心性论开辟了道路。

五、王弼经学的历史评价及其意义

王弼的《周易注》及《论语释疑》，集中代表了王弼对儒家经典的解释方法和解释立场，同时亦反映了其玄学化的经学思想之主旨，乃在于对孔、老的调和及儒道的会通，遂使经学为之一变，标志儒家经学由汉代的重训诂考据及谶纬秘说，一跃而为魏晋南北朝之重人事及义理的经学新阶段。新方法、新范式代替旧方法、旧范式的过程，即是学术思想分化和变迁的过程，也是新旧思潮迭荡、碰撞、排拒和受容的过程。王弼玄学化“新”经学的出现，同样经历了这样的过程。可以说自晋至清的千余年间，学者对王弼经学的批评，历代未绝。

东晋史学家孙盛批评王弼易学说：“易之为书，穷神知化，非天下之至精,其孰能与于此? 世之注解,殆皆妄也。况弼以附会之辨而欲笼统玄旨者乎? 故其叙浮义则丽辞溢目,造阴阳则妙赜无间,至于六爻变化,群象所效,日时岁月,五气相推,弼皆摈落,多所不关。虽有可观者焉,恐将泥夫大道。”[①]孙盛对王弼的批评,乃直接指斥其经学“笼统玄旨”,以老庄之学附会儒经。东晋经学家范宁对王弼的批评更为严厉,不仅全盘否定王弼的学说,甚至直斥其学,“罪深于桀纣”:“王、何蔑弃典文,不遵礼度,游辞浮说,波荡后生,饰华言以翳实,骋繁文以惑世。搢绅之徒,翻然改辙,洙泗之风,缅焉将坠。遂令仁义幽沦,儒雅蒙尘,礼坏乐崩,中原倾覆。古之所谓言伪而辩、行僻而坚者,其斯人之徒欤! 昔夫子斩少正于鲁,太公戮华士于齐,岂非旷世而同诛乎! 桀纣暴虐,正足以灭身覆国,为后世鉴戒耳,岂能迴百姓之视听哉! 王、何叨海内之浮誉,资膏粱之傲诞,画螭魅以为巧,扇无检以为俗。郑声之乱乐,利口之覆邦,信矣哉! 吾固以为一世之祸轻,历代之罪重,自丧之衅小,迷众之愆大也。”[②]范宁把礼崩乐坏、中原倾覆的责任一股脑地推到王弼、何晏等人的思想学说上,实为混淆了学术与政治的界限,并多以自己主观之好恶作为评价学术的标准,明显失之偏颇。《晋书·儒林传序》云:“有晋始自中朝迄于江左,莫不崇饰华竞,祖述玄虚,摈阙里之典经,习正始之余论,指礼法为流俗,目纵诞以清高,遂使宪章弛废,名教颓毁,五胡乘间而竞逐,二京继踵以沦胥,运极道消,可为长叹息者矣。”[③]孙盛、范宁二人,对王弼的批评,从某种意义上说,是代表了西晋灭亡后,晋室南渡所遭遇的亡国之痛刺激下的情绪化表现,也可以看做是对前朝灭亡教训在思想学术方面的总结和清算。故其思想不能不受政治的影响,这也是上述《晋书·儒林传序》所发出的“可为长叹息”在学术上的特殊表现形式。

---

① 《三国志·钟会传》注引,第796页。

② 《晋书》卷七十五,中华书局1974年版第1984—1985页。

③ 《晋书》卷九十一,第2346页。

但孙、范等人对王弼的尖锐批评和全盘否定，并未能阻止王弼以《周易注》为代表的经学思想在社会上的流行。《隋书·经籍志》云："玄作《易注》，荀爽又作《易传》。魏代王肃、王弼，并为之注。自是费氏大兴，高氏遂衰。梁丘、施氏、高氏，亡于西晋。孟氏、京氏，有书无师。梁、陈郑玄、王弼二注，列于国学。齐代唯传郑义。至隋，王(弼)注盛行，郑学浸微，今殆绝矣。"[①]至孔颖达奉旨作疏，始崇王注，从而确定了王弼的经学地位。其在《周易正义序》中说，自汉以来，世之传《易》者，"西都则有丁、孟、京、田，东都则有荀、刘、马、郑，大体更相祖述，非有绝伦。唯魏世王辅嗣之注独冠古今。所以江左诸儒，并传其学；河北学者，罕能及之。"[②]孔颖达对王弼《周易注》"独冠古今"的评价，乃是对王弼经学的最高赞许。自此以后，唐撰《正义》定用王弼易本及《易注》，而唐以前古注，其中包括《正义》所引之丁、孟、京、田、荀、刘、马、郑诸《易》皆废。足见王弼《易注》在中国经学史上的价值及影响。

入宋以来，易学及经学发展达至高峰，易学大家辈出。但由于理学占主导地位，说易者多以儒理入《易》，故对王弼以老庄说《易》持批评或否定态度。如司马光、晁说之、黄震、王炎、朱熹、陈振孙、赵汝楳、刘克庄、王应麟等诸儒，对王弼皆有不满。其中，以陈振孙为代表，他在《直斋书录解题》中说："自汉以来，言易者多溺于占象之学。至弼始一切扫去，畅以义理，于是天下宗之，余家尽废。然弼好老氏，魏晋谈玄，自弼辈倡之。易有圣人之道四焉，去三存一，于道缺矣。况其所谓辞者，又杂异端之说乎！范宁谓其罪深于桀纣，诚有以也。"[③]陈氏完全站在儒家立场，以王弼援老入易，为"杂乎异端之说"，故重提范宁"王何罪深于桀纣"论以讨之。宋儒对王弼的不满，主要是以老庄解易，认为王弼以老庄解易，其后果必然流于玄虚，有违圣道。如黄震说："易，

① 《隋书》卷三十二，中华书局1973年版，第912—913页。

② 孔颖达：《周易正义序》，《十三经注疏》整理本，第2页。

③ 朱彝尊：《经义考》册二，第6页，《四库备要·经部》。

圣人之书也，所以明斯道之变易，无往不在也。王弼间以老庄虚无之说参之，误矣。"[1]刘克庄亦云："京房、费直诸人，皆舍章句而谈阴阳灾异，往往揆之前圣而不合，推之当世而少验。至王辅嗣出，始研寻经旨，一扫汉学。然其弊，流而为玄虚矣。"[2]

明清之际，形势大变，一批具有启蒙色彩的思想家，不再深究王弼以老庄解易之非，而直以宽容之学术立场评价王弼经学，并对宋儒狭隘的学派立场和学术观点给予批评。其中最具代表性的看法是黄氏兄弟。黄宗羲说：

> 汉《儒林传》："孔子六传至菑川田何，易道大兴。"吾不知田何之说何如也。降而焦、京，世应、飞伏、动爻、互体、五行、纳甲之变无不具者。吾读李鼎祚《易解》，一时诸儒之说，芜秽康庄，使观象玩辞之理，尽入于淫瞽方技之流，可不悲夫！有魏王辅嗣，出而注《易》，得意忘象，得象忘言；日时岁月，五气相推，悉皆摈落，多所不关，庶几潦水尽而寒潭清矣。顾论者谓其以老、庄解《易》，试读其注，简当而无浮义，何曾笼络元旨？故能远历于唐，发为《正义》，其廓清之功，不可泯也。[3]

黄宗炎曰：

> 《易》以卜筮，独不罹秦火。其民间自相授受，亦止言卜筮，而不敢及乎理义。故汉儒易学，大抵多论灾祥福祸，以象数为重，盖其由来使然也。然其章句之沿习，与训诂之垂传者，固未尝废也。乃宋人竟诋之，谓秦火焚书而书存，汉儒穷经而经绝，岂其然哉？辅嗣生当汉后，见象占之牵强拘泥，有乖于圣教，始一切扫除，畅以义理，天下之耳目焕然一新，圣道为之复睹。唐太宗诏长孙无忌与诸儒，刊定义疏十余家，凡辞尚虚诞者，皆所不取，惟王注独

---

①② 《经义考》册二，第6页。

③ 黄宗羲：《易学象数论自序》，《黄宗羲全集》第九册，浙江古籍出版社2005年版，第1页。

> 冠古今，亦其学其辞有足以折服群贤，岂徒以当时习尚而漫为回护之者哉！乃宋儒竟诋之谓崇尚虚无，杂述异端，曲说晋魏谈玄自王倡始，至神州陆沉，中原鱼烂，皆辅嗣所肇，甚或拟其罪为桀纣。噫！亦太过矣！夫谈象数则斥之如彼，诠辞理则咎之如此，为宋以前之儒者，不亦难乎！[1]

上述二黄之说，职在推翻自晋至宋扣在王弼头上的偏颇之辞，充分肯定了王弼以《周易注》为代表的经学思想，在经学史上的地位、价值和影响。其中，最值得注意者，黄氏兄弟皆不以王弼以老庄解《易》为忤，他们虽然还保持儒学立场，但却以宽容、同情的态度，把王弼易学纳为同道，以肯定其易学对于易道之发扬，有“廓清之功”，“庶几使潦水尽而寒潭清”，“使天下耳目焕然一新，圣道为之复睹”等超越学派定见的看法。这些应该是对王弼经学历史评价的主流。若从现代学术的角度看，则更应抛弃门户之见，不以学派不同而论是非，则王弼经学之价值、意义会更符合其实际而不被抹杀或忽视。

首先，王弼经学具有建构中国解释学意义。在中国传统学术中，有丰富的解释传统，也有类似于西方解释学萌芽或原理，只是我们还没有把它们明晰地梳理出来。王弼经学虽然只有对《周易》和《论语》两部经典的解释，但其中却贯穿了“意义诠释”的主线。所谓“意义诠释”，是不受经文具体语句和语境的限制，忽视文本中的知识性目标或稳定的价值体系。如按西方诠释学所说，语言、文字、意义是解释的三个基本要素。文字的解释是对个别词语和内容的解释；意义的解释，是对词语背后可能潜藏的内涵的解释。对个别词语的解释，必然需要知识性向度；而对潜藏内涵的解释，则需要意义性向度。而在王弼经学中，特别是《周易注》及《周易略例》所提出的“得意忘象”、“得意忘言”的言意之辨的方法，所追求的即是有目的地放弃对言、象的执著解

---

① 朱彝尊：《经义考》册二，第8页。

释,而直接阐述其言象背后的意义。体现在解经过程中,最明显的是不逐句解释词语,甚至远离具体词语,也即是忽视训诂考据,而重视义理的发挥。

当然,汉代的训诂考据及《易》学象数学也是一种诠释方法,其优点在于能够保证意义向度的有效性,但缺点恰恰由于保证了某种意义向度的有效性,而失去了文本意义的丰富性,即失去了“言意之表”或“象外之意”。因此,王弼的《周易注》和《论语释疑》两部经学著作的主要价值,即在于通过“言意之辨”等方法,为《周易》、《论语》这两部重要的儒家经典,找到了具有相对统一的解释原则,从而丰富了儒家经学的意义指向,为建构中国经学的传统解释学开辟了道路。

第二,王弼经学从总体上提升了中国经学的义理功能和理性化水平,从而加强了经学在中国文化中的核心地位和理论指导能力。在汉代,《诗》、《书》、《礼》、《乐》、《易》、《春秋》被正式赋予“经”的地位。汉儒通过对六经的解释,创造了一种具有明显神道设教性质的经学体系,董仲舒称其为天人之学。即政治人事均受“天意”支配,“天人相与之际,甚可畏也。国家将有失道之败,而天乃先出灾害以谴告之;不知自省,又出怪异以警惧之;尚不知变,而伤败乃至。”[①]在此思想支配下,被列为六经之首的《周易》率先被神秘化,出现了以《周易》为号召的象数占验,阴阳灾变及天人感应种种小术,甚至把《周易》变成了占筮家、五行家、堪舆家、丛辰家、建除家、太一家等数术家及方士手中兜售其仰观、风角、占、相等骗财蒙人的工具,从根本上降低或抹煞了《周易》笼络天地大化和启迪人生智慧的基本属性和理论思维水平。与此同步出现的是,由于受到汉代政治、民俗、学风等因素的影响,今文经学亦走向谶纬化、神秘化;古文经学走向烦琐化、教条化。“四化”相加,又衍生出汉代经学虚伪化的最大弊端,从而导致经学指导下的汉末名教产生危机。经学之弊导致名教的衰落;反过来,名教的衰落,又使经

① 董仲舒:《天人三策》,《汉书》卷五十六,第2498页。

学本身失去动力。故经学改革势在必行。《四库全书·总目提要》称："易本卜筮之书，故末派寝流于谶纬。王弼乘其极弊而攻之，遂能排击汉儒，自标新学。"[1]

王弼经学之新，从其《周易注》看，一在排斥谶纬；二在摈落象数。排斥谶纬，意在恢复和加强《周易》的理性化水平；摈落象数，则在提升《周易》之义理化功能。加强理性化的意义，是把《周易》从天人感应、阴阳灾变等谶纬神学迷雾中解放出来，以恢复经学的理性权威；义理化的意义，则在排除烦琐象数的干扰及其工具化倾向，以加深经学对现实生活的理论指导和价值理性的高扬。尽管王弼仅对《周易》和《论语》作了注解和释疑，还未来得及注解其他几部经典，但从上述"自标新学"的意义上说，以《周易注》为代表的王弼新经学的出现，实可谓是中国经学史上的一次革命。

第三，援老入经，会通儒道，既扩充了对儒家经典的解释范围，又开拓了儒家经学的学术视野，从而促进了孔子与老子、儒家与道家、经学与子学等在更高层次上的会通与融合，此可谓是一次经学意义上的学术综合运动。

道家思想向儒学的渗透，或儒学对道家思想的吸收，这种不同学派的思想互动，其实早在战国时期即已开始，至汉代则愈趋明显。这种儒道互动的学术思想流变轨迹，从战国中、后期的《庄子》、《荀子》，到汉代的《淮南子》、《太玄经》、《论衡》等诸子书中，都可以看到。但这种互动、会通只停留在子学范围，远未触及到经学领域。其原因主要有二：其一，先秦时期虽然已有经学之实，却尚未有经学之名。其二，先秦时期，儒家尚未取得独尊地位，诸子平等，故其互动会通，亦不必受"权威"限制(因为诸子平等，本无权威)。由此两点，故先秦时期的儒道互动会通，不具经学意义。至西汉中期，汉武帝罢黜百家，独尊儒术，表章六经，于是经学成为当时中国社会的思想正统。"经学"的涵

---

① 《四库全书总目》卷一《经部·易类》，第3页，中华书局1965年版。

义,既已被确定为对儒家经典的注释、解说和阐发经义的学问,由此,子学与经学分途,诸子之间的自由交流,受到经学独尊的限制,儒道之间门户更加森严,诸子很难置喙于儒家经学。不仅诸子对经学难于置喙,就是儒学自身亦不能完全与经学等同。因为"经学"特定为训解和阐述儒家经典之学,因此,不直接训解或依据经典阐述儒家思想的著作或学说,即只能称其为儒学,而不能称其为经学,此即经子之别。当然,这种区别仅具相对意义,二者之间没有绝对界限。如《论语》、《孟子》本为子书,后来却相继上升为"经",即是经学与儒学的相通。后来更有"经学即史学"、"经学即理学"的说法,这只能是就经学的广义性而言。

王弼《周易注》与《论语释疑》,从形式上看,是典型的经学著作。但就其思想内容说,却与以往经学有重大差异。其主要表现,即是其《易注》和《论语释疑》皆援老以为说,即以老庄道家思想向儒家经典的渗透。且这种渗透,与王弼以前的扬雄、马融、王肃、何晏等人之援道入儒,不仅有量的不同,且有质的不同。王弼之援道入儒,可谓自成体系,自圆其说,是自汉代经学正式产生以来,儒道会通互补的成功典范。如此说,其根据有二:一是以《周易注》为代表的王弼经学得到儒家学者的普遍认可;二是由于援道入儒,以老注经,使儒家经学(尤其是易学)发生根本变化。

对于王弼经学得到儒家学者的普遍认可,可以孔颖达等人撰定《五经正义》为例。《五经正义》取王弼《易注》的主要理由,即是当时注《易》名家如荀、刘、马、郑诸儒,其易注"大体更相祖述,非有绝伦"。而弼注却是"独冠古今",其余学者"罕能及之"。王弼《易注》被选为《五经正义》中《易》之蓝本,一直延续到《十三经注疏》之刊行,其间历时近千年,说明王弼的援《老》入《易》,易老会通,儒道互补等解经体例及解经思想,得到了儒家学者的认可。其间虽然也有一些人强烈反对、尖锐批评,但都无碍于王弼《易注》在儒家经典注疏中的显要地位和巨大影响。

对于王弼援道入儒，以《老》注经，使儒家经学(易学)发生根本变化，可以《四库全书总目·经部·易类总叙》为例。《总叙》把中国易学史的发展演变概括为“两派六宗”。六宗为：太卜之遗法、京焦、陈邵、王弼、胡瑗程子、李光杨万里。六宗分为两派：象数学派与义理学派。而王弼为义理学派之创始，由“王弼尽黜象数，说以老庄”开始，“一变而胡瑗、程子始阐明儒理，再变而李光、杨万里，又参证史事”。这即是说，宋代义理学派的源头在王弼。其以老庄说《易》的历史与学术贡献，即在于开创了易学发展中的义理学派。若没有王弼之义理创新，即没有宋明以后义理学的发展。而王弼解《易》之义理创新，实赖其以老庄说《易》。由此不难看出，王弼援道入儒，以《老》解经的学术价值和理论意义。也即是说，道家思想向经学的渗透，提高了儒家经学的质量，由此亦改变了经学单靠儒家内部学派互动而发展的历史，儒家也更加自觉地通过对道家思维方式的借鉴和思想的吸收，把儒家经学及儒家思想的发展推向高峰。

第四，王弼经学的义理化创新，引发出中国经学史或中国哲学史中最具理论意义的本体论思考和体用论之完善。王弼的言意之辨，即是从象与意，或言与意的关系，来揭示本体与现象以及如何体认本体的问题。其对“大衍之数”的解释，则进一步阐明了有与无、一与多、体与用的关系，并由此得出“无不可以无明，必因于有”的体用统一论。可以说，王弼援道入儒，援《老》入《易》之经学变革在理论上的最大突破，即是把道家的本体论思维引进对儒家经典的解释，同时又通过对儒家经典的解释，发展和完善了对体用关系的辩证解决。其可谓援于道家，又超越道家；融入经学，又超越经学，从而使本体论和体用论思想成为晋唐以后，乃至宋明时期儒道两家的公共话语，其间虽经唐代韩愈提出道统说，以重新厘定“道”与“德”的涵义，以分离或疏远道家老庄之学，但却并未影响唐以后的儒家学者对王弼本体论和体用论的吸收和改造,并由此形成对佛教思想的全面回应、吸收、融合和同化的过程。

宋代易学的发展即体现了这一过程。以北宋易学义理学派的代表人物程颐为例,其义理之学,即是直接由王弼之易学转化而来。此一转化的思想学术背景,是佛教在唐宋间的广泛流行及其在社会上造成的巨大影响。佛教思想相对于中国本土文化而言,有其完整的理论体系、细密的逻辑思辨,以及对民间造成普遍影响的天堂地狱、轮回报应之说等等。这些影响对本土文化,特别是对儒家所关心的价值信仰体系,构成前所未有的挑战与冲击。当时的儒家学者如中唐以来的韩愈、李翱,宋初的孙复、石介、胡瑗等人,都针对佛道二教的这些影响和冲击进行了批判,但都似乎缺乏理论的高度。这不仅影响了儒家思想对外来文化的反应能力,同时也反映了当时儒家所面临的思想困境和理论上的困乏。因此,重建儒家自身的理论体系,特别是建立儒家的本体论、心性论、体用论等形上学,以回应佛道二教在这些理论问题上所构成的挑战,便成为有宋一代儒家学者的历史使命,这也是宋代易学复兴的思想动力和历史契机。

但犹如建立楼阁不能脱离基础一样,思想理论大厦的建立,也需要在前人研究的基础上形成。因此,王弼易学便成为宋代回应佛教挑战和易学复兴道路上一座不可忽视,亦不能逾越的必经桥梁。程颐说:"易有百余家,难为遍观。如素未读,不晓文义,且须看王弼、胡先生、荆公三家。理会得文义,且要熟读,然后却有用心处。"[①]这里,程颐推荐三家易作为"素未读《易》"者的入门之书,其中把王弼《易注》列于首位,可见其对王弼的重视。其实,对于"素未读《易》"者,先读王弼《易注》的主张,可能并非程颐本意,因为王弼《易注》扫除象数,专言义理,对于初学《易》者,是很难把握其要义的。程颐这样主张,只能反映其对王弼《易注》之专言义理的赞赏和肯定,因为程颐对王弼易学之援

① 《河南程氏遗书》卷十九,《二程集》第二册,中华书局 1981 年版,第 248 页。

《老》入《易》一直持批评和否定的态度。他认为王弼以老庄之意解释《周易》,实乃“元不见道”。[①] 在程颐看来,王弼只言道家之道,而实不知儒家之道也。对此,程颐深表不解,他说:“自孔子赞《易》之后,更无人会读《易》。只以庄、老解之,是何道理?”[②]

可见,程颐对王弼易学的态度,正是出于建立儒家自身理论体系的迫切需要,故力言王弼援道入《易》之非,而在其他如解易方法、解易休例、本体论、体用论等方面,可以说几乎完全抽象地继承了王弼易学的精要。特别是在本体论和体用论方面,程颐在列除或剥离了王弼以《老》说《易》的玄学外衣后,直接袭取了王弼易学本体论和体用论之合理内核。请试观其论:

有理而后有象,有象而后有数。《易》因象以明理,由象而知数。得其义,则象数在其中矣。必欲穷象之隐微,尽数之毫忽,乃寻流逐末,术家之所尚,非儒者之所务也。管辂、郭璞之徒是也。理无形也,故因象以明理。理既见乎辞矣,则可由辞以观象。故曰:得其义,则象数在其中矣。[③]

《易》之有卦,《易》之已形者也;卦之有爻,卦之已见者也。已形已见者可以言知,未形未见者,不可以名求。则所谓《易》者,果何如哉? 此学者所当知也。[④]

君子居则观其象而玩其辞,动则观其变而玩其占。得于辞,不达其意者有之矣;未有不得于辞而能通其意者也。至微者理也,至著者象也。体用一源,显微无间。……予所传者辞也,由辞以得其意,则在乎人焉。[⑤]

---

① 《河南程氏遗书》卷一《端伯传师说》:“王弼注《易》,元不见道,但却以老庄之意解说而已。”《二程集》第一册,第 8 页。

② 《河南程氏遗书》卷一,《二程集》,第 374 页。

③ 《答张宏中书》,《二程集》第二册,第 615 页。

④ 《易序》,《二程集》第三册,第 691 页。

⑤ 《易传序》,《二程集》第三册,第 689 页。

从以上几条材料中可以看出,程颐所关注的,也正是王弼所关注的。他们对言、象、意、数(王弼实未言数)关系的探讨,其目的即在于解决本体与现象之间的关系。无论程颐将“意”视为“理”,还是王弼将“意”视为“道”或“无”,(实际上,王弼亦有“物无妄然,必由其理”)他们都力图通过言、象及数,去探求言、象、数这些具有表象功能意义存在的根据、根源或本质。这个根源、根据或本质,即是他们所共同追寻的哲学本体。然本体又不是孤立存在的,它必须通过具体器物的名象或言辞去表达,或从其社会意义说,即是探寻道德或名教存在的根据,从而论证道德或名教存在的合理性。因此,道德或名教便成了表达哲学本体的“言”或“象”。

可以说,探寻哲学本体的最高目的,乃在于本体与现象、天理与道德、理想与现实的统一。只要体用统一了,那么这个本体无论是称作“道”、“一”、“无”,还是称作“理”或“太玄”,其实质差别就不那么重要了。由此,我们可以得出这样的结论:程颐的本体论思维完全脱胎于王弼,其思维水平亦不高于王弼。而其体用论虽也渊源于王弼,但其“体用一源,显微无间”的表述,则明显高于王弼的体用论思维。程颐易学的独特贡献,不在于其本体论或体用论的运用,而在于把易学本体论直接纳入儒学,消解了王弼的道家痕迹,使本体论思维成为儒学的自觉。故《四库总目提要》称王弼易学“一变而为胡瑗程子,说以儒理”。从而使儒学结束了近千年的本体论及形上学不足的理论欠缺和尴尬。从此,儒家以全新的面貌登上宋代学术思想和社会政治舞台,演绎出儒家经学的全面复兴,并由此把儒学推向高峰。若饮水思源,其间不乏王弼之力也。